KB034547

BFL 총서 ⑰

파생금융거래와 법(제2권)

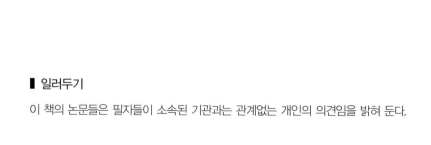

■ 일러두기

이 책의 논문들은 필자들이 소속된 기관과는 관계없는 개인의 의견임을 밝혀 둔다.

BFL 총서 ⑰

파생금융거래와 법(제2권)

박 준 교수 정년기념

정순섭 편저

小花

머리말

BFL 총서 제17권으로 출간되는 이 책은 2012년 파생금융거래와 법 제1권이 출간된 이후 제기된 파생금융거래 관련 법적 문제들을 다루고 있다. 자본시장법의 제정을 계기로 파생금융거래에 대한 규제법적 틀이 마련되긴 하였으나, 시장의 수요와 거래의 양태가 변화함에 따라 파생금융거래를 둘러싼 새로운 법률문제가 꾸준히 생겨나고 있다. 대표적인 예로는 파생금융거래 당사자들의 권리의무관계와 관련된 계약법적 쟁점, 규제회피 목적으로 활용되고 있는 총수익률스왑의 법적 규율 및 파생금융거래를 활용한 금융상품을 둘러싼 법적 분쟁 등을 들 수 있다. 한편 2008년 글로벌 금융위기를 계기로 부각된 문제들 가운데 금융기관의 도산절차, 청산결제 및 시스템리스크의 측면에서 파생금융거래에 어떻게 접근할 것인지에 관한 논의도 여전히 현재 진행형이다.

이 책은 모두 세 부분으로 구성되었다. 제1부에서는 파생금융거래와 관련된 새로운 동향을 계약법과 규제법적 측면에서 검토하였다. 박 준 교수님의 글은 2018년 글로벌 금융위기 10년을 맞아 리먼브러더스의 도산절차에서 제기된 파생금융거래 관련 법률문제들을 외국의 분쟁사례들을 중심으로 매우 상세히 다룬다. 제1부에 수록된 다른 글들은 박 준 교수님의 제자들이 본 총서의 출간을 맞아 파생금융거래와 관련하여 새롭게 제기된 법적 쟁점들을 검토하는 내용으로 작성하였다. 이 책의 제2부는 총수익률스왑과 관련된 법적 쟁점들을 다룬다. 총수익률스왑은 금융거래에서 형식과 실질의 이격 현상을 법적으로 어떻게 규율할 것인가라는 본질적인 문제를 제기하고 있다. 제2부에서는 2017년 BFL 제83호에 게재되었던 글들을 바탕으로 공정거래법, 회사법, 금융규제법 및 회계실무 등 다양한 영역에서 발생하는 문제들을 분석한다. 제3부에서는 파생결합증권과 관련된 법적인 문제들을 검토한다. 금융회사들이 수익률을 높이기 위해 설계하여 판매한 파생금융거래를 활용한 금융상품들을 둘러싼 법적인 문제들이 다양한 분쟁으로 이어지고 있는 추세이다. 이 책에서도 2016년 BFL 제80호 및 기존의 다른 저널에 발표된 원고들을 토대로 파생금융거래와 금융소비자 문제의 접점이 되는 다양한 사례들을 분석하는 글들을 담게 되었다.

이 책은 박 준 교수님의 서울대학교 정년퇴임을 맞이하여 제자들과 후배 교수·실무자들이 기획한 결과물이기도 하다. 박 준 교수님은 25년간 한국의 금융시장을 대표하는 변호사로 활동하시다가 2007년 서울대학교 교수로 부임하셔서 2020년 2월 정년을 맞이하셨다. 박 준 교수님은 2008년부터 6년간 BFL 공동편집위원장을 맡았을 때부터 퇴임하실 때까지 BFL에 게재된 모든 글이 적실한 정보와 합당한 법리를 전달할 수 있도록 어느 누구보다 많은 노력과 애정을 기울이셨다.

박 준 교수님은 이론과 실무의 측면에서 파생금융거래 관련 법리가 자리 잡고 발전할 수 있도록 이끌어 주셨다. 파생금융거래는 계약의 내용이 복잡하고 수리적인 내용을 포함하고 있으며 전문가들 사이의 거래로서 별다른 규제가 필요 없는 것으로 여겨졌었다. 그러나 파생금융거래는 위험의 이전과 수익의 추구, 금융거래의 형식과 실질의 분리, 도산과 시스템리스크, 금융소비자보호와 같은 매우 근본적인 문제를 제기한다. 박 준 교수님은 끊임없는 학문적 호기심과 열정으로 이러한 문제들에 대한 해답을 궁구하셨고, 특유의 혜안과 노력으로 저서 · 논문과 강의 · 세미나를 통하여 후배 연구자과 실무자들에게 파생금융거래의 계약법, 규제법 및 분쟁과 관련된 법리를 전수하고자 노력하셨다. 제자들과 후배들은 박 준 교수님의 가르침을 바탕으로 파생금융거래의 문제를 이론적으로 고민하고 실천적인 해결책을 모색하는 데 조금이라도 역할을 할 수 있다는 점이 그저 영광스럽다.

2012년 BFL 총서 제6권으로 파생금융거래와 법 제1권을 출간하며 앞으로 파생금융거래와 관련된 글을 다시 모아 BFL 총서로 발간하기로 약속하였다. 이 약속이 본 총서에서 그치지 않고 제3권으로 이어지기를 희망한다. 서울대학교 금융법센터와 본 책의 발간을 위해 노력해 주신 모든 분께 감사드린다.

2020년 8월
정순섭

차례

제3장　　장외파생상품거래와 증거금　　　　　　　　　　김성은

제2부 총수익스왑의 법적 문제

제6장 **총수익률스왑의 현황과 기업금융법상 과제** 정순섭

― 헤지, 자금조달, 의결권 제한, 그 밖의 규제회피기능의 법적 평가 ―

제9장   총수익률스왑의 회계처리 및 세무상 쟁점   이한상

제3부 파생결합증권 관련 법적 문제

제10장   최근 주가연계증권 소송과 민법상 조건성취 방해 법리   이상훈

제1부

파생금융거래의 새로운 동향:
계약법과 규제법

01

리먼브러더스의 도산절차에서 제기된 파생금융거래 관련 법적 쟁점[*]

박 준[**]

I. 서론

1. 개요

글로벌 금융위기의 진행과정에서 가장 충격적인 사건이라고 부를 수 있는 리먼브러더스(이하 '리먼')의 도산이 발생한 지 10년이 되었다. 금융과 경제의 관점에서는 리먼 도산의 원인과 영향에 관심을 기울이지만, 법적인 면에서는 그 도산 사건의 처리에도 주목할 필요가 있다. 리먼의 도산은 사업규모, 지역적 다양성, 취급한 금융거래의 복잡성 등 여러 면에서 전례가 없는 사건이었고, 증권회사 고객계좌의 이전,[1] 영국에서는 전

---

[*] 이 글은 BFL 제92호 (2018. 11)에 게재된 글을 수정·보완한 것이다.

[**] 서울대학교 경영대학 객원교수

1) 미국에서 증권업을 영위하던 리먼브러더스(Lehman Brothers Inc.)의 도산절차에서는

담중개업자(prime broker)의 고객자산 관리[2]와 재담보(rehypothecation),[3]
관계회사의 채권을 담보하기 위하여 취득한 담보권(extended liens)의 효
력,[4] 미국과 일본에서는 리먼 관계회사가 보유한 채권의 후순위 취급
(equitable subordination)[5] 및 도산절차 진행에 관한 국제적 협력[6] 등의

연방증권투자자보호법(Securities Investor Protection Act. 이하 'SIPA')[15 USC § 78fff-
2(f)]에 따라 파산관재인이 11만 명이 넘는 고객계좌를 다른 증권회사로 이전함으로써
고객들이 리먼의 파산과 관계없이 거래를 계속할 수 있게 되었으나, 영국에서는 금융
기관 도산법제상 고객계좌 이전장치가 없다는 점이 지적되었다. Ken Caputo / James
W. Giddens / Christopher K. Kiplok, "The Liquidation of Lehman Brothers Inc., the
New York Brokerage of the Lehman Global Enterprise", in Dennis Faber / Niels
Vermunt, eds., Bank Failure: Lessons from Lehman Brothers (2017), 38–39면; David
Ereira OBE, "The Management and Distribution of LBIE's Client Assets", in Dennis Faber
/ Niels Vermunt, eds., Bank Failure: Lessons from Lehman Brothers (2017), 169면.
2) 영국 Lehman Brothers International Europe(이하 'LBIE')은 전담중개업자로서 연기
금·기관투자자 등 고객의 자산을 신탁자산으로 보유하고 있었고, 금융감독청(Financial
Services Authority) 규정(Chapter 6 of Client Asset Sourcebook)상 신탁자산을 구분·관
리할 의무가 있다. 그런데 고객은 그의 자산을 LBIE 및 리먼 관계회사에 대한 채무를
위한 담보로 제공하였고, LBIE는 이 담보를 자신의 채무를 위한 담보로 재이용할 수
있었다. LBIE의 고객자산은 고객별로 구분·관리되지 않고 혼장관리되는 문제가 발생
하였고, LBIE의 도산재단이 회수한 자산에 대해 신탁의 수익자인 고객이 우선권을 가
지는지 아니면 일반채권자를 위한 자산인지가 문제 되었다. Ereira, 앞의 논문 각주 1,
147–158면.
3) 리먼 도산 관련 담보재이용에 대한 상세한 논의는 Joanna Benjamin, Lessons of LBIE:
Reuse and Rehypothecation, in Dennis Faber / Niels Vermunt, eds., Bank Failure:
Lessons from Lehman Brothers (2017), Oxford University Press, 171–226면. 국내 문헌
으로는 이상복, "프라임 브로커의 파산과 관련된 법적 쟁점과 그 시사점: 리먼 브라더
스의 파산과 투자자보호를 중심으로", 비교사법 제17권 제1호 (2010), 527–560면.
4) 이에 관한 논의는 Hamish Anderson, Extended Liens, in Dennis Faber / Niels Vermunt,
eds., Bank Failure: Lessons from Lehman Brothers (2017), Oxford University Press, 128–
146면.
5) 미국에서의 논의는 Harrison L. Denman, "Lehman Brothers and Equitable Subordination
in Cross-Border Proceedings", in Dennis Faber / Niels Vermunt, eds., Bank Failure:
Lessons from Lehman Brothers (2017), 89–106면. 일본에서의 논의는 杉本和士, "再生手
手續におけるグループ關連會社の債權に關する劣後化義務", NBL 第1121號 (2018.

법적인 쟁점들이 제기되었다. 특히 리먼은 수많은 장외파생금융거래를 체결했기 때문에 도산절차 진행과정에서 파생금융거래에 관한 여러 법적인 쟁점이 제기되었다.

이 글은 파생금융거래에 관한 법적 쟁점을 다룬다. 아래 I. 2.에서는 리먼의 도산과 파생금융거래를 개관하고, II.에서는 파생금융거래의 당사자 일방이 도산한 경우의 법률관계를 살펴본 후, III.에서 리먼의 도산절차 진행과정에서 리먼이 체결한 파생금융거래의 처리와 관련한 분쟁사례를 미국·영국·일본 및 국내 판결례를 중심으로 살펴본다.

2. 리먼의 도산

리먼은 도산 당시 미국에서 네 번째로 큰 투자은행으로 150년 이상의 역사를 가지고 있었으나, 사업모델을 전통적인 저위험 중개업무에서 고위험 투자업무로 변경하여 높은 부채비율로 상업용 부동산·고위험대출·사모투자 등에 치중한 결과 비유동성자산과 손실이 증가하였고 차입에 필요한 담보를 제공할 수 없게 되었다.[7] 결국 2008년 9월 15일 리먼그룹의 지주회사인 Lehman Brothers Holdings Inc.(이하 'LBHI')가 미국 뉴욕지역 연방파산법원에 연방파산법(Bankruptcy Code) 제11장 절차를 신청하였다. 당시 리먼은 자산과 부채가 6,000억 달러가 넘는 거대한 기

---

5); 水元宏典, "破産手續における特定債權の劣後化", NBL 第1121號 (2018. 5).

6) 여러 국가에서 진행되는 도산절차의 조율을 위하여 리먼그룹 소속회사의 관리인·파산관재인들이 Cross-Border Insolvency Protocol for the Lehman Brothers Group of Companies (May 19, 2009)를 체결하였다.

7) Anton R. Valukas / Robert L. Byman / Daniel Murray, "The Rise and Fall of Lehman Brothers", in Dennis Faber / Niels Vermunt, eds., Bank Failure: Lessons from Lehman Brothers (2017), 7-30면 ; Caputo / Giddens / Kiplok, 앞의 논문 각주 1, 38-39면.

업으로서[8] 여러 직간접 자회사를 통하여 세계 곳곳에서 사업을 하고 있었다. Lehman Brothers Inc.(이하 'LBI')가 미국에서 증권매매업과 중개업(broker-dealer)을 영위하였고, LBIE가 유럽에서 금융투자업을 영위하였으며, Lehman Brothers Special Financings Inc.(이하 'LBSF')와 Lehman Brothers Commercial Paper, Inc.(이하 'LCPI')가 파생금융거래와 자산유동화 등 구조화거래에 관여하였다. 이들을 비롯한 리먼그룹의 자회사들도 여러 나라에서 도산신청을 하였다(〈표 1〉).[9]

〈표 1〉 리먼그룹 주요회사의 도산신청

일자	회사명	국가
2008년 9월 15일	Lehman Brothers Holdings Inc.(LBHI)	미국
2008년 9월 15일	Lehman Brothers International Europe(LBIE)	영국
2008년 9월 16일	Lehman Brothers Japan Inc.(LBJ)	일본
2008년 9월 19일	Lehman Brothers Inc.(LBI)	미국[10]
2008년 10월 3일	Lehman Brothers Special Financings Inc.(LBSF)	미국
2008년 10월 5일	Lehman Brothers Commercial Paper, Inc.(LCPI)	미국

---

8) 2008년 5월 31일 재무제표상 자산 6,390억 달러, 부채 6,130억 달러였다. In re Lehman Brothers Holdings Inc., et al., Case No.08-13555 (Bankr. S.D.N.Y.) (Docket No.2) (September 14, 2009) (Affidavit of Ian T. Lowitt).

9) 리먼에 대하여 전 세계적으로 80개국 이상에서 76개 이상의 도산절차가 진행되었다. Caputo / Giddens / Kiplok, 앞의 논문 각주 1, 50면. 이 글에서 인용한 미국 연방파산법원에서의 리먼의 도산절차상 제출된 신청서와 법원의 허가 등은 모두 https://dm.epiq11.com/#/case/LBH/에 있다.

10) 미국 SIPA에 따른 절차이다. SIPA는 동법에 배치되지 않는 한 동법에 따른 청산절차가 연방파산법 제1, 3, 5장과 제7장의 제1~2절에 따라 이루어지도록 규정하고 있다. 15 USC § 78fff(b).

3. 리먼의 파생금융거래

LBHI 등 미국 도산절차에 들어간 리먼그룹 회사들은 약 6,000개의 국제스왑파생상품협회(International Swaps and Derivatives Association, Inc. 이하 'ISDA') 기본계약서를 체결하였고, 약 100만 개의 거래의 당사자로서 약 35조 달러의 파생상품을 가지고 있었으며, 이는 전 세계 파생금융거래 시장의 약 5%에 해당하는 금액이었다.[11)·12)] 파생금융거래는 리먼의 도산재단의 자산가치를 감소시키는 주된 요인이었고 도산절차상 여러 법적 쟁점을 제기하였다. 도산재단의 자산가치 감소는 파생금융거래의 조기종료 자체에 따른 손실과 조기종료의 처리비용에 기인한 부분도 있으나, 파생금융거래에 대한 도산법상 특례에 따라 파생금융거래상대방이 도산절차에 의하지 않고 지급받을 수 있다는 점에 기인한 면도 크다고 지적되고 있다.[13)]

---

11) 리먼의 파생금융거래 가운데 약 85%가 상위 20개의 거래상대방과 체결한 것이었고, 상위 3개의 거래상대방은 도이치은행·제이피모건·UBS였다. Stephen J. Lubben, "Lehman's Derivative Portfolio: A Chapter 11 Perspective", in Dennis Faber / Niels Vermunt, eds., Bank Failure: Lessons from Lehman Brothers (2017), 64면.

12) 유럽지역의 주된 자회사인 LBIE는 도산신청 당시 약 2,000개의 ISDA기본계약서를 체결하고 13만 4,000개의 장외파생금융거래의 당사자였다. Simon Firth, The English Law Treatment of Lehman's Derivatives Positions, in Dennis Faber / Niels Vermunt, eds., Bank Failure: Lessons from Lehman Brothers (2017), 227면.

13) Lubben, 앞의 논문 각주 11, 60면은 리먼의 대형 파생금융거래상대방은 거의 완전한 채권회수를 한 반면 무담보채권자는 28% 회수하는 데 그쳤다고 한다.

II. 파생금융거래의 당사자 일방의 도산 시 법률관계 개관

1. 파생금융거래 관련 계약상 당사자 일방의 도산의 취급

(1) 파생금융거래 관련 계약과 도산 시 처리

장외파생금융거래에서는 통상 ISDA가 만든 표준계약서 양식을 사용한다. ISDA에서 정한 파생금융거래계약서는 기본계약서(master agreement)[14]와 이에 부속되는 부속서(schedule), 담보계약에 해당하는 신용보강서류(credit support documents) 및 각 개별거래의 구체적인 조건을 기재하는 거래확인서(confirmation)로 구성된다.

ISDA기본계약서상 파생금융거래의 당사자 일방이 도산절차 개시 또는 개시신청을 포함한 일정한 채무불이행사유(event of default)가 발생한 경우 다음과 같이 모든 거래의 조기종료(early termination), 각 파생금융거래상 지급금액의 산정(calculation)과 일괄정산(close-out netting)의 3단계를 거쳐 당사자 간에 주고받을 최종정산금이 정해진다.

(2) 계약의 조기종료

ISDA기본계약서상 채무불이행사유 발생 시 자동적으로 조기종료되도록 정할 수 있다.[15] 그렇게 정하지 않은 경우에는 비유책당사자가 조기

---

14) ISDA기본계약서는 1992년 양식과 2002년 양식이 주로 사용된다. LBIE가 체결한 파생금융거래의 많은 부분이 1992년 양식을 사용하였다. Firth, 앞의 논문 각주 12, 229면.

15) Firth, 앞의 논문 주 12, 230면은 그러한 국가의 예로 스위스를 들고, 스위스에서 설립된 Lehman Brothers Finance SA가 체결한 파생금융거래는 전형적으로 자동종료되었

종료일을 정하여 통지함으로써 조기종료할 수 있다. 한편 ISDA기본계약서 제2조(a)(iii)은 어느 한 당사자의 지급의무는 상대방 당사자에게 채무불이행사유가 발생하지 않음을 선행조건으로 하도록 규정하고 있다. 따라서 유책당사자가 채무불이행사유를 치유하지 않는 한, 비유책당사자는 자신의 채무이행을 거절할 수 있도록 정하고 있다.

조기종료하면 비유책당사자가 지급채무를 부담할 상황(즉 out-of-the money)인 경우, 비유책당사자가 조기종료하지 않고 파생금융거래의 원래 조건에 따른 지급채무의 이행도 제2조(a)(iii)에 의거하여 거절하는 경우가 발생하게 된다. 리먼의 도산절차 진행과정에서 제2조(a)(iii)의 도산절차에서의 효력, 적용범위, 해석과 한계에 대한 분쟁이 미국과 영국에서 발생하였다(III. 1. 참조).

(3) 파생금융거래별 조기종료 시의 지급금액산정

계약이 종료되면 양 당사자 간 체결된 각 파생금융거래상 지급할 금액을 산정한다.

① 1992년 기본계약서는 시장호가(market quotation)방식과 손해액(loss)방식의 두 가지 중 하나를 선택하여 조기종료 시의 지급금액을 산정하도록 하였다. 선택하지 않은 경우에는 시장호가방식을 적용한다.

다고 한다. 일본에서는 "금융기관 등이 행하는 특정 금융거래의 일괄청산에 관한 법률"이 도산에 의한 계약해제가 당사자의 의사에 관계없이 행해진다는 것을 전제로 하기 때문에(동법 제2조 제6항: 일괄청산에 해당하는 요건으로 '당사자 쌍방의 의사에 관계없이 해당 일괄청산사유가 생긴 때에 있어서'라고 정한다) 자동조기종료가 선택되는 것이 통상이라고 한다. 相澤 豪 / 河合 健, "リーマン·ブラザーズ·グループの倒産處理手續: デリバティブ取引に關して生じた諸問題", アンダーソン / 毛利 / 友常法律事務所 編, クロスボーダー事業再生: ケース·スタディと海外最新實務, 商事法務, 第5章 (2015), 106면.

(i) 시장호가방식에서는, 조기종료된 거래가 조기종료되지 않았더라면 행했을 지급·인도와 경제적으로 동등한 가치를 유지하는 효과를 가지는 거래(대체거래)를 비유책당사자와 참조시장조성자(시장을 선도하는 매매업자)가 체결할 때 참조시장조성자가 대체거래의 체결대가로 제시하는 가액을 제시받아 이를 기초로 지급금액을 산정한다.

(ii) 손해액방식에서는 조기종료된 거래와 관련하여 입은 손해(또는 이익)를 성실하게 합리적으로 산정(reasonably determines in good faith)하고 이를 기초로 지급할 금액을 정한다. 손해액은 거래의 기회상실에 의한 손해(loss of bargain), 자금조달비용 또는 (당사자의 선택에 의하여 중복되지 않는 범위 내에서) 해당 당사자가 헤지거래 또는 기타 관련 거래상의 지위를 종료·청산·취득 또는 재구축한 결과 입은 손해와 비용(또는 이익)을 포함한다. 또한 손해액에는 관련 조기종료일 이전에 (필요한 선행조건이 충족되었다고 가정하고) 이행되었어야 함에도 이행되지 않은 지급·인도에 관한 손해와 비용(또는 이익)을 포함한다. 또한 손해액은 관련 시장의 선도적인 매매업자로부터 제시받은 가액에 기초하여 산정할 수도 있다.

② 2002년 기본계약서에서는 시장가액방식과 손해액방식을 통합한 일괄정산금액(close-out amount)이라는 개념을 사용한다. 일괄정산금액은 종료된 거래의 중요한 계약조건 또는 옵션권리를 대체하거나 또는 비유책당사자에게 경제적으로 그와 동일한 가치를 제공하기 위하여 비유책당사자가 부담해야 하는 손해·비용(이 경우에는 비유책당사자가 지급받는다) 또는 비유책당사자가 실현하게 되는 이익(이 경우에는 비유책당사자가 지급한다)을 의미한다. 일괄정산금액을 산정하는 산정당사자는 성실하게 (in good faith) 상업적으로 합리적인 결과를 얻기 위하여 상업적으로 합리적인 절차를 사용해야 한다. 산정당사자는 일괄정산금액을 정하기 위하여 (i) 제3자가 제공하는 대체거래를 위한 가격 제시(확정적 가격 제시 또는

구속력 없는 가격 제시), (ii) 제3자가 제공하는 각종 시장정보, (iii) 내부로부터 얻는 위 (i)과 (ii)의 정보(산정당사자가 통상의 업무과정에서 유사한 거래의 평가에 사용하는 종류의 정보에 한한다)를 포함한 각종 정보를 고려할 수 있다.

리먼의 도산으로 파생금융거래가 조기종료된 후 각 파생금융거래의 지급금액산정에 대하여 리먼과 거래상대방 사이에서 큰 차이를 보였고, 그 산정에 관한 ISDA기본계약서 조항의 해석에 대해서도 분쟁이 발생하였다(III. 2. 참조).

(4) 일괄정산(Close-out Netting)

조기종료한 모든 파생금융거래상 지급 또는 수령할 금액을 정산하여 순잔액기준으로 결제할 의무가 남도록 한다[ISDA기본계약서 제6조(e)].

(5) 상계

2002년 ISDA기본계약서는 일괄정산의 결과 일방 당사자가 상대방에게 지급할 금액이 정해지면, 비유책당사자는 다른 채권·채무(그 기본계약서에 따라 발생한 것인지 아닌지, 변제기 도래 여부, 통화 등을 불문)와 상계할 수 있도록 규정하고 있으며[제6조(f)], 1992년 ISDA기본계약서는 단순히 일괄정산의 결과 지급할 채권·채무액은 다른 채권·채무(그 기본계약서, 다른 계약 또는 법상 발생한 것인지 불문)와 상계할 수 있다고 규정하였다.

금융산업에서 금융그룹화가 진행되면서 동일한 금융그룹에 속한 복수의 회사가 동일한 거래상대방과 파생금융거래를 하는 경우, 그 그룹소속

회사들이 가진 채권·채무를 상계할 수 있는 특약을 ISDA기본계약서의 부속서에 규정하는 경우가 드물지 않게 되었다. 이러한 계약에 의한 삼자 간 상계가 도산절차에서 허용되는지의 문제가 제기된다. 특히 도산법상 파생금융거래에 대한 특례를 두고 있을 때 파생금융거래와 관련한 삼자 간의 상계가 그 특례에 의하여 허용될 수 있는지의 문제도 제기된다. 리먼의 도산절차 진행 중 이 쟁점을 다룬 미국과 일본의 판결례가 있다 (III. 3. 참조).

2. 도산법상 파생금융거래의 취급

(1) 도산법의 기본목적과 파생금융거래에 대한 특례

도산법은 채무자의 도산으로 채권자들이 채권을 전부 회수할 수 없는 상황하에서 채권자들이 공정하고 형평에 맞게 채권을 회수할 수 있게 하기 위한 규율을 한다. 이러한 목적을 달성하기 위하여 개별 채권자의 권리 행사를 일정한 범위 내에서만 허용하고 채권자 일반의 이익을 위하여 도산재단에 속하는 재산을 확보하고 채권자들을 공평하게 취급하기 위한 법적 장치들을 두고 있다. 예컨대 회생절차 개시신청 후 포괄적 금지명령에 의한 강제집행 등의 금지〔채무자 회생 및 파산에 관한 법률(이하 '채무자회생법') 제45조〕, 회생절차 개시 후 회생채권의 변제 금지(동법 제131조), 도산재단의 자산을 감소시키는 일정한 행위의 부인(동법 제100조 이하), 일정한 상계의 금지(동법 제144조 및 제145조), 회생계획 작성 시 같은 성질의 권리를 가진 자의 평등대우(동법 제218조), 파산절차에서 동일순위의 채권에 대한 채권액에 비례한 평등한 변제(동법 제440조) 등이 그것이다.

한편 파생금융거래에 대해서는 신용위험과 유동성위험의 확산에 따른 금융시스템 불안정의 예방, 일괄정산에 관한 법적 불확실성의 해소와 쌍방미이행 쌍무계약에 관한 관리인·파산관재인의 선별적 처리(cherry-picking)의 방지 등을 위하여 여러 국가에서 도산 시 특례를 인정한다. 채무자회생법 제120조와 제336조가 기본계약에 따른 일정한 적격금융거래의 당사자 일방에 대한 회생절차 개시 또는 파산선고 시 적격금융거래의 종료 및 정산에 관하여는 기본계약에서 정한 바에 따라 효력이 발생하고 해제, 해지, 취소 및 부인의 대상이 되지 않도록 규정하고 있는 것이 대표적인 예다.

(2) 미국 연방파산법과 파생금융거래

리먼의 주된 영업지인 미국의 연방파산법상 도산절차 개시신청이 있으면 채권자의 채무자에 대한 지급청구와 채권자에 의한 채무자 재산의 취득 등이 자동정지(automatic stay)되고(제362조), 파산채무자는 미이행계약(executory contract)을 이행하거나 이행을 거부할 수 있으며[제365조(a)], 도산 개시 또는 채무자의 도산상태나 재무상태를 이유로 하는 도산해지조항(ipso facto 조항)은 무효임[제365조(e)(1)]이 원칙이다.

그러나 파생금융거래를 포함한 일정한 금융거래에 대하여는 이에 대한 예외를 두었다. 즉 파생금융거래계약[16]을 종료·청산 또는 기한이익상실을 시킬 계약상 권리의 행사, 또는 종료·청산·기한이익상실로 인한 지급금액의 상계 또는 정산은 정지·부인·제한되지 않으며(제560조),

---

16) 미국 연방파산법 제560조와 제546조(g)는 스왑계약(swap agreement)이라는 용어를 사용하고 있으나 그 정의는 옵션, 선도, 선물거래를 포함한다[11 USC § 101(53B)].

파생금융거래계약에 따라 도산절차 개시 전에 이루어진 양도·이전은 일
정한 예외를 제외하고는 부인되지 않는다[제546조(g)]. 이러한 도산법상
의 특례조항을 미국에서는 안전항(safe harbor)조항이라고 부른다.[17] 리먼
의 파생금융거래 관련 계약이 이러한 미국 연방파산법상의 자동정지, 미
이행쌍무계약에 대한 조항, 도산해지조항의 무효화조항 등 일반적인 조
항에 위반되는지 여부 및 안전항조항에 의하여 허용된다고 볼 수 있는지
여부를 다룬 미국의 판결례들이 있다(III. 1., 3., 4. 참조).

(3) 영국의 도산법제와 파생금융거래

영국의 도산법제는 미국과 달리 엄격한 자동정지제도와 도산해지조항
을 무효로 하는 장치를 두고 있지 않다. 영국에서는 리먼의 도산절차와
관련하여 재산박탈금지원칙(anti-depriviation rule)과 채권자평등원칙(pari
passu rule)의 위반 여부가 문제 되었다(III. 1., 4. 참조). 재산박탈금지원
칙은 도산재단에 속하는 재산을 인출하여 도산재산의 가치를 떨어뜨
려 채권자를 해하는 행위를 무효로 한다. 채권자평등원칙은 도산절차에
서 채권자에 대한 평등배당조항을 계약(특정 채권자에게 그의 지분보다
더 많은 것을 주도록 하는 계약)으로 배제할 수 없다는 원칙을 반영한 것
이다.[18]

---

17) 미국 연방파산법은 리포(repo)계약과 일정한 증권계약, 상품계약 및 기본네팅계약을
종료·청산·기한이익상실을 시킬 계약상 권리의 행사를 보호하는 조항(11 USC § 559,
561)과 그러한 계약에 따라 도산절차 개시 전에 이루어진 양도·이전을 원칙적으로 부
인의 대상에서 배제하는 조항도 두고 있다[11 USC § 546(e), 546(f)].
18) Belmont 판결(뒤의 각주 91)의 콜린스 경의 판시(단락 1).

3. 리먼의 도산절차상 파생금융거래 처리에 관한 특별한 사항

(1) 리먼의 파생금융거래 처리 지연과 신속한 절차의 필요성

리먼이 체결한 파생금융거래를 처리하기 위해서는 조기종료 후 정산을 하거나 당사자들이 합의하여 제3자에게 양도할 필요가 있었다. 조기종료 시 리먼이 거래상대방으로부터 지급받아야 하는(즉 in-the-money) 거래에서는 거래상대방이 조기종료 통지를 하지 않는 경우가 있었고, 리먼이 지급받아야 하는 거래든 지급해야 하는 거래든 조기종료에 따른 지급금액에 관하여 합의를 이루지 못하는 경우도 많았다. 이 문제에 대처하기 위하여 미국에서의 리먼 도산절차에서는 ① 리먼이 in-the-money인 파생금융거래를 거래상대방과의 합의에 의한 제3자 양도,[19] ② 리먼이 파생금융거래상대방에 대해 가지는 채권에 관한 대체적 분쟁해결(Alternative Dispute Resolution. 이하 'ADR') 절차의 채택,[20] ③ 파생금융거래상대방이 리먼에 대해 파산채권을 가지는 경우에 관한 '파생채권 화해의 기본틀(derivatives claims settlement framework)'의 사용 등의 조치를 취하였다. 다음에서는 앞의 ②와 ③을 간단히 살펴본다.

---

19) In re Lehman Brothers Holdings Inc., et al., Chapter 11 Case No.: 08-13555 (JMP) (Docket No.2667) (January 28, 2009), Order Approving Consensual Assumption and Assignment of Prepetition Derivative Contracts.

20) 본문에서 설명한 일반적인 파생금융거래채권에 관한 ADR절차 이외에 파생금융거래채권이 100만 달러 이하인 경우와 거래상대방이 특별목적기구(Special Purpose Vehicle)인 경우에 관하여 별도로 ADR절차 허가가 있었다. 전자는 In re Lehman Brothers Holdings Inc., et al., Chapter 11 Case No.: 08-13555 (JMP), (Docket No. 11649) (September 27, 2010), 후자는 In re Lehman Brothers Holdings Inc., et al., Chapter 11 Case No.: 08-13555 (JMP), (Docket No.14789) (March 3, 2011).

(2) 리먼의 파생금융거래상대방에 대한 채권의 회수

2009년 9월 17일 미국 뉴욕남부 연방파산법원은 LBHI와 자회사들에
대한 미국 연방파산법 제11장 절차에서 파산채무자인 리먼이 파생금융거
래에 따라 보유한 채권에 대한 ADR절차 적용신청을 허가하였다.[21] 파산
재단에 속하는 재산인 리먼의 채권을 효과적으로 회수하기 위한 절차로
서 다음과 같은 내용으로 되어 있다.

파산채무자(리먼)는 거래상대방에게 법원의 허가서와 통지서(리먼이 청
구하는 근거와 금액을 표시하고 화해를 요구하는 내용)를 보냄으로써 특정
한 파생금융거래 관련 분쟁을 ADR절차 적용대상으로 지정할 수 있다.
거래상대방은 통지 수령 후 30일 이내에 회신하여야 하며, 회신으로 통지
에 기재된 조건에 합의할 수도 있지만 합의할 의무가 있는 것은 아니다.
적시에 회신하지 않는 등 성실하게 ADR절차를 준수하지 않는 경우에는
법원이 제재를 가할 수 있다. 제재에는 상대방 변호사비용의 부담, 조정
인비용의 부담, 거래상대방이 준수하지 않은 경우에는 리먼의 통지에 기
재된 금액범위 내에서 채권의 인정 등이 포함된다. ADR절차에서 화해가
성립되지 않은 경우, ADR절차를 성실하게 준수한 거래상대방이 가지는
권리와 항변이 침해·포기되는 것은 아니다. 이러한 통지와 회신절차를
통하여 분쟁이 해결되지 않으면 조정절차가 개시된다. 달리 합의하지 않
는 한 조정은 뉴욕에서 행하며, 조정절차는 조정인에게 준비서면을 제출
하고 조정기일에 출석하여 진행한다.

파산재단의 채권회수를 효율적으로 진행하기 위한 ADR절차의 적용으

---

21) In re Lehman Brothers Holdings Inc., et al., Chapter 11 Case No.: 08-13555 (JMP),
(Docket No.5207) (September 17, 2009): Alternative Dispute Resolution Procedures
Order for Affirmative Claims of Debtors Under Derivative Contracts.

로 비유책당사자인 거래상대방의 계약상 권리가 희생되었다고 보는 견해
도 있다. 이 견해는 거래상대방이 원래 계약상 ADR절차에 응할 의무가
없었으나 법원의 명령으로 ADR절차를 따를 의무를 지게 되었다는 점과
비유책당사자가 합리적이고 성실하게 정산금액을 산정하는 한 그 계산이
존중되어야 하는데, ADR절차에서는 리먼이 산정한 금액을 고려하여 상
당한 양보를 하지 않을 수 없었다는 점 등을 지적하였다.[22]

(3) 파생금융거래상대방의 리먼에 대한 파산채권

위에서 본 바와 같이 ISDA기본계약서는 조기종료에 따른 지급금액의
산정에 대하여 '시장호가방식', '손해액방식' 및 '일괄정산금액방식'을 사
용하고 있다. 이 방식들은 모두 기본적으로 비유책당사자가 파생금융거
래가 종료되지 않았던 것과 경제적으로 동등한 위치에 있도록 하는 데
필요한 비용(재구축비용)에 기초하여 지급할 금액을 산정한다. 이는 제3자
가 대체거래를 위하여 제시한 가격에 따르게 되므로 시장가격과의 사이
에 괴리가 생기기 쉽다. 제3자가 매도하는 경우 매도호가는 시장가격보
다 높을 것이고 매수하는 경우 매수호가는 시장가격보다 낮을 것이며, 비
유책당사자는 그 제시한 가격을 수용하여 산정할 것이기 때문이다. 매
도·매수호가의 차이(bid-offer spread)가 크면 그 괴리도 커진다. 또한 비
유책당사자가 반드시 대체거래를 체결해야 하는 것이 아니므로 위의 세
가지 방식에 따라 지급금액을 산정하여도 실제 대체거래 체결 또는 실제
의 손해액을 정확히 반영하지 않을 수 있다.[23]

---

22) 相澤 豪 / 河合 健, 앞의 논문 각주 15, 102면.
23) Hal S. Scott, Connectedness and Contagion: Protecting the Financial System from
   Panics (2016), 37-38면.

리먼 사건의 경우 시장이 불안정하였기 때문에 이 문제가 더 부각되었다. 리먼의 파생금융거래 조기종료 후 거래상대방이 산정한 지급금액과 리먼이 산정한 금액에 큰 차이가 있었다. 미국의 파산절차에서 파생금융거래 종료 시 지급금액에 관하여 리먼과 거래상대방 사이에서 해결을 보지 못하자,[24] 2011년 5월 리먼은 표준적이고 통일적이며 투명한 방법을 만들 의도로 '파생채권 화해의 기본틀(Derivatives Claims Settlement Framework)'을 13개 대형금융그룹에게 제시하였다.

이 기본틀은 ① 파생금융거래의 가치를 산출하는 기준일시를 특정한 후(2008년 9월 15~19일 사이의 특정한 일시), 그 일시의 파생금융거래의 시장중간값(market mid-rate)을 산출하고, ② 일정한 거래합산방법(portfolio aggregation methodology)을 사용하여 파생금융거래를 분류하고, ③ 그룹별로 일정한 추가비용(allowable additional charges)을 가산한 후, ④ 담보가치와 현금지급분을 가감하는 방식으로 파생금융거래의 정산금액을 산정하는 것으로 하고, ⑤ 관계회사의 채권·채무를 활용한 삼자 간 상계는 허용하지 않는 것으로 하였다.[25]

이러한 산정방법은 ISDA기본계약서상의 산정방법과는 크게 차이가 있었다. ISDA기본계약서상으로는 금액산정의 기준일이 조기종료일이지만 위의 기본틀은 통일적 일시를 사용하였고, 추가비용 가산으로 매도·매수호가의 차이를 일부 반영하기는 했지만 당시 그 차이가 매우 컸기 때

---

24) 리먼의 미국 도산절차에서 신고된 파산채권 중 96만 1,436건의 파생금융거래에 따른 약 453억 달러의 파산채권이 있었고(대형은행 비중 48%), 그 가운데 파생금융거래 조기종료에 따른 지급금액에 대해 합의가 된 것은 6만 9,684건의 거래에 따른 약 50억 달러에 그치고 나머지 약 402억 달러의 파산채권은 미해결상태였다. Lehman Brothers Holdings Inc., Plan Status Report, 16 (January 13, 2011).
25) Derivative Claims Settlement Framework, Section 2.

문에 거래상대방이 주장하는 재구축비용보다 작게 계산되었다.[26] 2011년 6월 말 리먼이 제시한 금액에 11.5% 높은 금액(그러나 채권신고액보다 약 40% 감소한 금액)으로 8개 금융그룹과 화해가 성립하는 등[27] 위 기본틀은 성공적이었지만,[28] 도산절차의 효율성을 위하여 도산채권자의 계약상 권리가 희생된 것으로 보는 견해도 있다.[29]

III. 리먼 도산 판결례에 나타난 파생금융거래 관련 법적 쟁점

1. ISDA기본계약서상 채무의 선행조건조항

(1) 쟁점

ISDA기본계약서상 당사자 일방(이하 '유책당사자')에게 채무불이행사유가 발생한 경우 비유책당사자는 그 사유 발생을 근거로 계약을 종료

---

26) 相澤 豪 / 河合 健, 앞의 논문 각주 15, 103면.
27) 相澤 豪 / 河合 健, 앞의 논문 각주 15, 104-105면.
28) Scott, 앞의 책 각주 23, 41면.
29) 相澤 豪 / 河合 健, 앞의 논문 각주 15, 102면, 105면. 거의 10년간의 분쟁 끝에 2017년 9월 29일 화해한 시티뱅크의 경우 리먼이 도산 전 시티뱅크에 예치한 현금담보 21억 달러 중 3억 5,000만 달러만 확보하고 17억 5,000만 달러를 반환하게 되었고, 2018년 7월 24일 화해한 크레디트 스위스의 파생금융거래채권은 청구액보다 약 8억 달러가 감소한 3억 8,500만 달러가 인정되었다. Lehman Brothers Holdings Inc., et al., Plan Administration Update, 6 (September 17, 2018). 각 거래의 특수성이 있어 평면적으로 비교하기 어렵겠으나, 시티뱅크와 크레디트 스위스의 화해보다는 2011년 6월 화해한 금융그룹의 청구금액 대비 화해로 인정된 금액의 비율이 훨씬 높다는 점에서 위 기본틀로 인하여 실질적으로 거래상대방의 계약상 권리가 희생되었다는 주장이 얼마나 설득력이 있는지 의문이다.

(termination)시킬 수 있다. 계약이 종료되면 각 파생금융거래를 평가 (valuation)하여 지급·수령할 금액을 산정하고 이를 일괄정산한 최종정산 금액을 지급·수령하게 된다. 그런데 ISDA기본계약서 제2조(a)(iii)은 어느 한 당사자의 지급의무는 상대방 당사자에게 채무불이행사유가 발생하지 않음을 선행조건으로 하도록 규정하고 있다.[30] 따라서 유책당사자가 채무불이행사유를 치유하지 않는 한 비유책당사자는 자신의 채무이행을 거절할 수 있다.[31]

예컨대 계약을 조기종료하면 파생금융거래상 유책당사자가 지급받고 비유책당사자가 지급해야 하는 상황, 즉 유책당사자가 내가격(in-the-money)이고 비유책당사자가 외가격(out-of-the-money)인 상황에서는 비유책당사자가 계약을 조기종료시키고 일괄정산할 유인이 없다. 비유책당사자의 지급의무에 대한 선행조건이 성취되지 않았고 따라서 유책당사자에게 채무를 이행하지 않아도 되기 때문에, 시장의 추이를 보아 비유책당사자가 지급받을 수 있는 상황이 되기를 기다리거나 지급의무가 있더라도 지급

---

30) 이 조항의 원문은 다음과 같다.

2. Obligations

(a) General Conditions.

(i) Each party will make each payment or delivery specified in each Confirmation to be made by it, subject to the other provisions of this Agreement.

....

(iii) Each obligation of each party under Section 2(a)(i) is subject to (1) the condition precedent that no Event of Default or Potential Event of Default with respect to the other party has occurred and is continuing, (2) the condition precedent that no Early Termination Date in respect of the relevant Transaction has occurred or been effectively designated and (3) each other condition specified in this Agreement to be a condition precedent for the purpose of this Section 2(a)(iii).

31) 유책당사자가 지급받을 권리는, 자신이 채무불이행을 하지 않을 것을 조건으로 한다는 점에서, 조건부자산에 해당한다고 하여 위 조항을 조건부자산조항(flawed-asset clause)이라고도 부른다.

하지 않고 기다릴 유인이 있다.[32] 특히 글로벌 금융위기 발생으로 각국이 양적 완화조치를 취하면서 전 세계적으로 금리가 하락하자, 리먼이 변동이자율 지급자인 이자율스왑거래의 상대방은 조기종료 시 정산금을 지급해야 하는 입장이 되자 조기종료하지 않고 위 선행조건조항에 의존하여 지급의무의 이행도 거절하는 경우가 발생하였다.

리먼이 도산하면서 위 선행조건조항의 적용범위와 한계에 대하여 논란이 제기되었다. 위 선행조건조항이 도산절차에서도 유효한지, 선행조건조항에도 불구하고 비유책당사자에게 계약 조기종료와 일괄정산의무가 있는지,[33] 선행조건조항에 의거하여 비유책당사자의 지급채무가 발생조차 하지 않는 것인지, 아니면 채무는 존재하지만 지급의무가 연기되는 것인지, 그 연기는 언제까지 계속되는 것인지, 지급의무가 면제된다고 볼 수 있는지 등의 문제가 제기되었다.

아래에서 보는 바와 같이 미국의 하급심판결에서는 자동정지를 규정한 연방파산법 제362조와 도산해지조항의 효력을 인정하지 않는 연방파산법 제365조(e)(1)에 따라 도산절차에서 위 선행조건조항의 효력이 인정되지 않는 것으로 보았다. 영국의 항소심판결은 위 선행조건조항의 효력

---

32) 영국에서는 리먼 도산 시 실제 제2조(a)(iii)을 근거로 조기종료를 하지 않은 사례는 많지 않고, 리먼의 거래상대방이 지급의무가 있는 경우(즉 out-of-the money 상태)에도 도산절차 개시 후 수일 또는 수주 내에 조기종료일을 지정하였다고 한다. 그 이유로는 ① 2008년 당시에는 위 조항이 책임재산박탈금지원칙 위반이 아니라고 할지 여부가 명확하지 않았고, ② 추후 위 조항이 효력이 없다고 판명되고 시장이 리먼의 거래상대방에게 불리하게 움직일 경우에는 즉시 조기종료한 때에 비하여 훨씬 큰 손해배상책임을 부담할 수 있으며, ③ 위 조항을 채무이행 거절수단으로 사용하게 되면 금융감독당국이 자기자본 규제상 위 조항에 대하여 불리한 조치를 취할 우려가 있어 아마도 금융회사가 무한정 위 조항에 의존해서는 안 된다는 전문가들의 압력이 있었을 것이라는 점을 들고 있다. Firth, 앞의 논문 각주 12, 234면.
33) 뒤의 각주 40에서 언급한 호주의 Enron Australia v TXU Electricity [2003] NSWSC 1169 판결은 비유책당사자가 계약을 조기종료시킬 의무를 지지 않는다고 판시하였다.

을 인정하되, 선행조건이 충족되지 않는 경우 비유책당사자의 채무(debt obligation)는 존재하지만 지급의무(payment obligation)가 연기되는 것이고, 선행조건 불충족이 치유되지 않은 상태로 거래의 만기가 도래하더라도 비유책당사자의 지급의무가 면제되거나 부활하는 것은 아니며, 이 조항이 도산절차상 책임재산박탈금지원칙에 어긋나지 않는다는 입장이다.

(2) 미국의 메타반테 사건[34]

먼저 이 사건의 사실관계를 간단히 요약하면 다음과 같다.

① 메타반테(Metavante Corporation)는 LBSF와 1992년 ISDA기본계약서에 따라 이자율스왑거래를 하였다. 채무불이행사유 발생 시 비유책당사자가 조기종료일을 정할 수 있게 되어 있었다. 이자율스왑거래는 명목금액 6억 달러(일정 기간 후 점차 감소)에 대하여 LBSF가 변동이자(3개월 LIBOR)를 메타반테에게 지급하고, 메타반테는 고정이자(연 3.865%)를 지급하는 것이고, 2012년 1월 종료 예정이었다.

② LBSF와 LBHI의 파산신청으로 채무불이행사유가 발생하였으나 메타반테는 계약을 조기종료하지 않고, 기본계약서 제2조(a)(i)과 (iii)의 선행조건조항에 따라 자신의 채무이행을 거절하였다.[35] 이에 LBSF · LBHI

---

34) Transcript of the US Bankruptcy Court's Ruling on a Motion by Lehman Brothers Special Financing Inc. to Compel Performance of Metavante Corporation's Obligations under Open Derivatives Contracts (Issued by Judge Peck on September 15, 2009). 이 사건에 관한 국내 문헌은 홍성균, "장외파생금융거래에 사용되는 'ISDA기본계약서'상 선행조건조항에 관한 연구", 상사법연구 제33권 제4호 (2015), 201-202면; 김창희, "ISDA기본계약 s.2(a)(iii)의 도산절차에서의 효력", 선진상사법률연구 제77호 (2017. 1), 244-248면.

35) 한편 메타벤테는 2008년 11월 3일부터 2010년 2월 1일까지의 기간 동안 대체헤지 (replacement hedge)거래를 하였다(각주 34의 Transcript, 106면).

는 메타반테의 채무이행을 명할 것을 청구하였다.

미국 뉴욕남부 연방파산법원의 제임스 펙(James M. Peck) 판사는 다음과 같은 이유를 들어 LBSF와 LBHI가 계약의 이행 또는 거부를 결정할 때까지 메타반테가 계약을 이행할 것을 명하였다.

① 연방파산법 제560조와 제561조의 안전항조항은 비유책당사자가, 제365조(e)(1)에 정해진 종류의 사유 때문에 스왑계약을 계약상 청산·종료 또는 기한이익상실을 시키거나, 스왑계약의 종료·청산 또는 기한이익상실에 따른 또는 이와 관련한 청산가치 또는 지급금액을 상계 또는 정산할 권리를 인정한다. 그런데 메타반테는 계약을 청산·종료·기한이익상실을 시키거나 이와 관련한 상계·정산을 하려 하지 않고 단순히 이행을 거절하고 있을 뿐이다.

② 메타반테가 안전항조항 또는 이 계약에 따라 채무이행을 거절하는 것은 허용되지 않는다. 이 계약은 통상의 미이행쌍무계약이다. 이 계약의 각 당사자는 명목금액에 변동금리 또는 고정금리를 적용한 금액을 분기마다 지급할 의무가 있다. 메타반테가 1년 동안 시장의 동향을 보면서 아무런 행동을 하지 않는 것은 용납할 수 없고 연방파산법의 정신에 반한다.

③ 메타반테가 안전항조항에 따라 조속히 행동할 기회는 지나갔다. 메타반테가 LBHI 또는 LBSF의 도산신청 시 즉시 조기종료할 의무를 지는 것은 아니라고 하더라도 그렇게 하지 않은 것은 현 시점에는 그 권리의 포기가 된다.

④ 메타반테의 주장 중 다른 특정채무불이행에 따른 교차불이행 주장은 그 다른 채무의 불이행이 입증되지 않았고, 파산채무자의 재무상태에 의존하여 채무이행을 거절하는 것은 도산해지조항으로 연방파산법 제365조(e)(1)(A)에 따라 효력이 없다.

⑤ 이 계약상 LBSF가 가지는 지급받을 권리를 메타반테가 통제하려는

시도는 파산재단에 속하는 재산을 통제하려는 시도이다. 이는 연방파산
법 제362조가 부과하는 자동정지에 위반한다.

메타반테는 위 결정에 대해 연방지방법원에 항소하였으나, 항소심판
결이 내리기 전에 LBSF · LBHI와 메타반테는 화해로 분쟁을 종결하였
다.[36] 화해의 내용은 파생금융거래의 원래 만기인 2012년 2월 1일 리먼
의 도산신청 이후 만기까지 상호 지급할 금액을 네팅하여 일괄지급하되,
다만 메타반테는 만기 전에 조기종료할 권리를 보유하였다. 이는 메타반
테가 파생금융거래를 조기종료할 권리를 상실하였고, 따라서 매 지급기
일에 LBSF · LBHI에게 지급할 의무가 있음을 인정한 위 결정과 달리
LBSF · LBHI가 상당히 양보를 한 것이다. LBSF · LBHI가 이러한 선택을
한 것은, 위 결정이 항소심에서 파기될 위험을 부담하지 않는 대신 위
결정을 다른 거래상대방에 대한 압박수단으로 사용하기 위한 전략적인
면이 있었던 것으로 지적되고 있다.[37]

(3) 영국

영국에서는 ISDA기본계약서 제2조(a)(iii)의 해석에 관하여 1심판결의
입장이 나뉘었다.[38] 이렇게 판결이 나뉘자 많은 논란이 있었고, 영국 항

---

36) In re Lehman Brothers Holdings Inc., et al., Chapter 11 Case No.: 08-13555 (JMP),
 (Docket No.8336) (April 15, 2010): Order Granting Debtors' Motion for Approval
 of a Settlement Agreement with Metavante Corporation; In re Lehman Brothers Holdings
 Inc., et al., Chapter 11 Case No.: 08-13555 (JMP), (Docket No.7780) (March 24,
 2010): Debtors' Motion for Approval of a Settlement Agreement with Metavante
 Corporation.

37) Mark N. Berman, et. al. Reading the Tea Leaves: The Lehman Brothers / Metavante
 Settlement, Nixon Peabody Bankruptcy Law Alert (March 29, 2010).

38) 지급예정일에 선행조건이 충족되지 않으면, 추후 선행조건이 충족된다고 하더라도

소법원은 네 개 사건의 항소심을 병합하여 판결[39]로 이 쟁점들을 정리하
였다. 제2조(a)(iii)에 관한 법적 쟁점이 제기된 두 개의 사건의 사실관계
를 요약하면 다음과 같다.

① 첫 번째 사건(Lomas v JFB Firth Rixson Inc & Ors)은 LBIE가 JFB Firth
Rixson Inc 등(이하 'JFB 등') 이자율스왑거래 상대방 회사들에게 스왑거래
에 따른 지급을 청구한 사건이다. JFB 등은 LBIE와 1992년 ISDA기본계약
서에 기초하여 2007년 11월 13일부터 2008년 1월 21일 사이에 이자율스
왑거래들을 체결하였다. 그 거래들의 만기는 LBIE의 관리절차 개시일인
2008년 9월 15일 이후에 도래하도록 되어 있었고, LBIE의 채무불이행사
유가 발생하지 않았다면 JFB 등이 LBIE에게 지급할 채무가 있었다. 기본
계약서 제6조에 따라 JFB 등은 조기종료일을 지정할 권한이 있었으나,
조기종료일을 지정하지 않고 제2조(a)(iii)에 의존하여 LBIE에 대한 지급
채무의 이행을 거부하였으며, 이에 LBIE가 지급청구소송을 제기하였다.

② 두 번째 사건[LBSF v Carlton Communications Limited(이하 '칼튼')]에
서는 LBSF(고정금리지급자)와 칼튼(변동금리지급자)이 두 개의 이자율스왑
거래를 체결하고 6개월마다 이자금액을 교환하였고 마지막 지급일인
2009년 3월 2일만 지급이 이루어지지 않았다. 마지막 지급일에는 칼튼이
LBSF에게 약 265만 파운드를 지급해야 했으나, 칼튼은 제2조(a)(iii)에 의

그 채무는 발생하지 않는다고 본 Marine Trade SA v Pioneer Freight Futures Co Ltd
BVI [2009] EWHC 2656 (Comm)와 채무불이행사유 발생으로 위 조항에 따른 선행조
건이 충족되지 않으면 비유책당사자의 지급채무가 정지되고 원래 정한 만기까지 충족
되지 않으면 지급채무가 소멸한다고 본 Lomas v JFB Firth Rixson Inc & Ors [2010]
EWHC 3372 (Ch) 등이 있었다. 이에 관한 국내문헌은 홍성균, 앞의 논문 각주 34,
174-176면.
39) Lomas v JFB Firth Rixson Inc [2012] EWCA Civ 419 (3 April 2012). 이 판결을 다룬
국내문헌으로는 홍성균, 앞의 논문 각주 34, 176-187면; 김창희, 앞의 논문 각주 34,
248-255면.

존하여 지급하지 않았다.

항소법원은 다음과 같이 판시하였다.

① 첫 번째 사건에 대한 판시

(i) 비유책당사자의 채무와 지급의무를 구별하여 위 조항은 지급의무에만 관련되는 것이고 그 근저에 있는 채무에는 영향이 없다고 보았다. 즉 위 조항에 따른 선행조건 불충족 시에도 비유책당사자의 채무는 존재하지만 지급의무가 정지된다. 채무불이행사유가 다양하므로 채무불이행사유 발생으로 인하여 지급의무가 소멸한다고 보는 것은 비유책당사자에게 과도하게 유리한 결과가 되기 때문이다. 조기종료되기 이전에 언제라도 선행조건 불충족이 치유되면 지급의무는 되살아난다. LBIE 관리인이 제기한, 제2조(a)(iii)가 조기종료 여부의 결정에 필요한 합리적 기간 동안만 지급의무를 정지시킨다는 주장과 비유책당사자는 조기종료일 지정 여부를 자의적·비합리적으로 행사해서는 안 된다는 주장은 배척하였다.[40]

(ii) 채무불이행사유의 치유 또는 조기종료일 지정 없이 원래 정한 만

---

40) 호주에서도 유사한 쟁점에 관한 판결례(Enron Australia v TXU Electricity [2003] NSWSC 1169)가 있다. 이 사건에서는 엔론 도산 시 엔론과 TXU 사이에 78개의 전기 스왑계약이 남아 있었다. 스왑계약을 조기종료하면 TXU가 지급의무를 부담해야 하는 상황(즉 TXU가 out-of-the-money)이었고, TXU는 조기종료 통지를 하지 않았다. 엔론의 파산관재인은 TXU가 조기종료일을 지정한 것과 마찬가지로 지급금액 정산절차에 들어가게 할 것을 청구하였으나 호주법원은 엔론의 청구를 기각하였다. 다만 이 사건에서는 ISDA기본계약서 조항에 추가하여 "당사자 X에게 채무불이행사유가 발생하고, 당사자 X가 제2조(a)(i)에 따른 지급·인도채무를 모두 이행하고 더 이상 상대방 당사자 Y에게 장래 지급·인도할 채무가 없으며, 당사자 Y가 제2조(a)(iii)의 선행조건에 근거하여 당사자 X에 대한 지급을 거절하는 경우"를 추가종료사유(additional termination events)로 하기로 하는 별도의 합의가 있었다. 법원은 엔론이 추가종료사유 조항에 따라 잔존 계약의 최종만기일에 엔론이 모든 채무를 이행하면, TXU가 더 이상 제2조(a)(iii)에 따라 채무이행을 거절할 수 없다는 점은 인정하였다.

기가 도래한 경우 비유책당사자의 지급의무가 되살아난다는 LBIE 관리인의 주장과 지급의무가 소멸한다는 거래상대방의 주장은 모두 계약상 근거가 없다. 채무불이행사유가 치유되거나 조기종료일이 지정되기까지는 지급의무 정지상태가 무한정 계속된다. 채무불이행사유를 치유하지 않은 상태로 원래 정한 만기가 도래하더라도 비유책당사자의 지급의무가 소멸하거나 부활하지 않는다.

(iii) 거래의 원래 정한 만기가 이미 도래한 이후에도 조기종료할 수 있고, 만기가 도래한 거래도 조기종료에 따른 일괄정산의 대상에 포함된다.

② 두 번째 사건에 대한 판시

(i) 제2조(a)(iii)은 도산재단에 속할 재산을 박탈하는 효과를 가지는 약정을 무효로 하는 책임재산박탈금지원칙에 어긋나지 않는다. 지급순위전환조항(flip clause)에 관한 영국 대법원판결[41]은 책임재산박탈금지원칙 적용 시 계약형식이 아닌 실질을 볼 필요가 있고, 문제 된 계약조항이 파산법을 회피하려는 정당하지 않은 시도인지 아니면 정당한 상업적 기반을 두고 있는지를 고려해야 한다고 판시하였다. 비유책당사자의 지급의무의 정지는 칼튼이 파산한 당사자와의 약정상 반드시 지급해야 함을 막는 것에 불과하고, 파산법의 효과를 회피하거나 비유책당사자에게 파산채권자로서 더 많이 배당을 주기 위하여 만들었다고 볼 수 없다. 이 사건에서 제2조(a)(iii)은 유책당사자가 채무를 이행할 수 없음에도 비유책당사자가 자신의 채무를 이행해야만 할 때 부담하게 되는 추가적인 신용위험으로부터 그를 보호하려고 하는 것이다. 무한정 비유책당사자의 지급의무를 정지하는 것이 불완전하다고 비판받을 수는 있으나, 그렇다

---

41) Belmont Park Investments Pty Ltd v BNY Corporate Trustee Services Ltd〔2011〕UKSC 38.

고 그것이 상업적이 아니라고 할 수 없다.

(ii) 제2조(a)(iii)은 청산에 따른 채권자 배당과 관련하여 원래 받아야 할 배당비율보다 더 많은 배당을 받도록 하는 약정 또는 청산하는 회사에 대한 채무를 법률에 정한 것과 다르게 취급하는 것을 무효로 하는 평등원칙에도 위반하지 않는다. 이 사건에서 LBSF에 지급할 채무는 채무불이행사유가 없을 것이라는 조건이 붙어 있다. 제2조(a)(iii)은 관련 채무의 변제기 도래를 막을 뿐이므로 평등원칙을 침해하지 않는다. 게다가 칼튼은 파산채권자가 아니라 파산재단에 대한 채무자이다.

(4) 검토

이 쟁점은 채무불이행사유 발생 시 비유책당사자가 조기종료일을 정하여 통지할 수 있는 경우에 발생할 수 있고, 자동조기종료에 합의한 경우에는 발생하지 않을 것이다. 정치하게 작성되었다고 평가받는 ISDA기본계약서의 기본적인 조항의 해석에 대하여 이와 같은 분쟁이 발생한 것을 보면, 계약서를 작성할 때 아무리 상상력을 동원하여도 발생할 수 있는 모든 상황을 빈틈없이 계약에 정해 놓는 것은 매우 어려운 일임이 잘 드러난다. 이러한 분쟁 발생 이후 ISDA는 비유책당사자가 무한정 조기종료를 하지 않고 자신의 채무 이행을 거부하여 분쟁이 발생하지 않도록 이 조항을 보완하는 계약서수정안을 발표하였다.[42]

---

42) ISDA Press Release (June 19, 2014), Amendment to the ISDA Master Agreement for use in relation to Section 2(a)(iii) and explanatory memorandum. 수정계약 조항의 주요 내용은 ① 채무불이행사유 발생 시 유책당사자가 비유책당사자에게 '조건종료일자(condition end date)'를 정하여 그 일자가 지나면 선행조건 위반을 주장할 수 없다는 취지의 통지를 할 수 있고(조건종료일자는 기본적으로 통지 후 90일로 하되 기본계약 체결 시 이를 달리 정할 수 있다), ② 통지 후 조건종료일자가 경과하면 제2조

　미국 연방파산법원의 결정은 도산해지조항을 무효로 하는 미국 연방파산법의 명시적인 조항의 위반 여부를 다룬 것이고, 영국 항소심판결은 영국의 도산법리인 재산박탈금지원칙과 평등분배원칙에 위반하는지 여부를 다룬 것이므로 두 법원의 입장이 명백히 충돌하는 것은 아니다. 양국의 도산법의 차이[43]에 따라 다른 결론에 이른 것이라고 할 수 있다.

　한국 채무자회생법상 이 문제는 어떻게 해석할 것인가? 위 조항은 파생금융거래당사자가 상호 부담하는 신용위험에 대비하기 위한 조항이라고 할 수 있고, 따라서 이 조항이 적용됨으로써 도산재단의 재산이 즉시 회수되지 않음만을 근거로 이 조항을 무효라고 하여서는 안 될 것이다.[44] 또한 채무자회생법 제120조 제3항은 적격금융거래의 종료 및 정산에 관하여는 기본계약에서 당사자가 정한 바에 따라 효력이 발생하고 해제 · 해지 · 취소 및 부인의 대상이 되지 않도록 규정하고 있다. 위 조항에 따라 적격금융거래의 종료시기 및 방법에 관하여도 기본계약에서 정한 바에 따라야 하는 것으로 해석해야 할 것이다. 따라서 기본계약상 비유책당사자가 조기종료할 수 있게 되어 있다면, 관리인 · 파산관재인이 쌍방미이행 쌍무계약의 해지를 선택할 수는 없다고 보아야 할 것이다. 또한 관리인 · 파산관재인이 쌍방미이행 쌍무계약을 해지하지 않고 이행을 요구하는 경우에는 원래의 계약조건에 따른 이행이 이루어져야 할 것이다. 위 조항은 그 계약조건의 일부를 이루므로, 거래상대방이 위 조항을 근거로 선행조건 불충족을 이유로 이행을 거절할 수 있을 것이다. 그러나 거래

　　(a)(iii)의 선행조건 위반의 효과가 소멸되어, 비유책당사자의 지급의무가 되살아나며, ③ (최초 채무불이행이 도산인 경우를 제외하고는) 추가적으로 채무불이행사유가 발생하면 위 통지는 효력을 상실하도록 하였다.

43) 권영준, "도산해지조항의 효력", 비교사법 제25권 제2호 (2018. 5), 771면은 "영국은 도산해지조항의 효력을 원칙적으로 긍정하는 나라에 가깝다"고 평가하였다.

44) 홍성균, 앞의 논문 각주 34, 207면.

상대방이 거래를 조기종료하지 않고 무한정 이행을 거절하면, 권리남용 또는 도산절차에서의 공서양속 위반의 문제가 제기될 수 있을 것이다.[45] 그러한 문제가 제기될 경우, 거래상대방이 기본계약상 조기종료를 선언할 권리를 포기한 것으로 보아야 한다거나,[46] 기본계약상의 선행조건조항에 따른 지급의무의 이행거절권은 상실되는 것으로 보아야 한다거나,[47] 채무자회생법 제120조 제3항이 인정하는 특례(기본계약에 따라 종료 및 정산함을 인정)가 적용될 수 없는 것 아닌가 등의 논의가 제기될 수 있을 것이다.

2. 파생금융거래 조기종료 시 지급의무

(1) 시장조성자의 가액제시의 성격과 시기[48]

1992년 기본계약서는 시장호가방식과 손해액방식의 두 가지 중 하나를 선택하여 조기종료 시의 지급금액을 산정하도록 하였다. 선택하지 않은 경우에는 시장호가방식을 적용한다[제6조(e)]. 시장호가방식에서는, 조기종료된 거래가 조기종료되지 않았더라면 행했을 지급·인도와 경제적으로 동등한 가치를 유지하는 효과를 가지는 거래(대체거래)를 지급금액

---

45) 위에서 언급한 ISDA의 계약서 수정안도 무한정 이행거부 및 조기종료 선언권 불행사가 불합리하다고 보기 때문에 제시된 것이다.

46) 홍성균, 앞의 논문 각주 34, 209면은 지나치게 긴 기간 동안 선행조건을 주장하면서 지급의무를 거절하는 것은 조기종료권한을 포기한 것으로 본다.

47) 김창희, 앞의 논문 각주 34, 262면은 기본계약하의 모든 거래의 원래 만기가 도래하는 시점에 지급의무가 부활한다고 본다.

48) 이하의 (1)~(3)은 박 준/ 한 민, 금융거래와 법 (2018), 557-560면에 기재된 내용을 수정·보완한 것이다.

을 산정하는 당사자(결정당사자)와 참조시장조성자(시장을 선도하는 매매업자)가 체결하고자 할 때 참조시장조성자가 대체거래의 체결대가로 제시하는 가액을 제시받아 그 금액을 기초로 지급금액을 산정한다. 세 개의 가액제시를 받은 경우에는 최고액과 최저액을 제외한 가액이 시장호가가 되고, 네 개 이상의 가액제시를 받은 경우에는 최고액과 최저액을 제외한 가액의 평균이 시장호가가 된다.

우리나라 하급심판결[49]은 리먼의 도산과 관련한 사건에서 참조시장조성자들이 청약이나 청약의 유인이 아니라 정보제공목적으로 하는 호가를 제시하였어도 이를 1992년 ISDA기본계약서에서 요구하는 호가로 인정하였다. 이 사건은 원고(국내 증권회사)가 Lehman Brothers Commercial Corporation Asia Limited(이하 'LBAL')와 체결한 장외파생금융거래가 지주회사인 LBHI의 도산신청으로 조기종료된 후 '조기종료 시 지급금액'을 산정하기 위하여, 조기종료일에 가까운 2008년 9월 25일을 기준으로 다섯 개의 국제적인 금융기관으로부터 호가를 받아 시장호가를 산정하였다. 이 사건에서 원고가 받은 다섯 개의 금융기관의 호가 중 세 개가 예시적 정보제공목적의 호가였지만, 원고는 그 세 개 금융기관이 제시한 호가를 기준으로 대체거래를 체결한 점도 그 호가가 계약상 유효한 것으로 인정되는 근거가 되었다. 이에 대해 피고(LBAL의 국제도산관리인)는 시장이 극도로 불안정한 상황이므로 시장호가방식을 적용하는 것이 부당하다는 주장도 하였으나, 법원은 이를 받아들이지 않았다.

영국 법원의 판결은 구속력 없는 예시적 가액제시(indicative quotation)가 아닌 실제 거래를 할 수 있는 확정적 가액제시(firm quotation 또는 live

---

49) 서울남부지방법원 2011. 11. 4. 선고 2010가합8779 판결. 이 판결을 설명한 문헌으로는 김창희, "장외파생상품거래의 조기종료에 따른 정산금 산정에 관한 연구", 선진상사법률연구 제69호 (2015. 1), 101–102면.

quotation)일 것을 요구한다.[50] 이 사건에서 Lehman Brothers Finance S.A.(이하 'LBF')가 체결한 닛케이255 주가지수 연계 옵션거래가 월요일인 2008년 9월 15일 자동 조기종료되었으나, 그날이 일본 공휴일이어서 도쿄증권거래소와 오사카증권거래소가 폐장하여 확정적인 가액제시를 구할 수 없어서 비유책당사자가 직전 거래일인 금요일 종가를 기준으로 시장호가를 산정하였다. 법원은 시장호가방식의 지급금액산정 시에는 실제 거래가 체결될 수 있는 가액제시(live quotation)를 받아야 하고, 그 가액제시는 조기종료일 또는 그후 합리적으로 가장 빨리 얻어야 하므로 과거의 시세를 기준으로 산정해서는 안 된다고 판시하였다.

일본에서는 Lehman Brothers Japan Inc.(이하 'LBJ')가 체결한 파생금융거래와 관련하여 1992년 ISDA기본계약서상 손해액방식에 따른 손해액산정을 위한 기준일이 언제인지가 문제 되었다. 이 분쟁에서는 LBJ가 체결한 통화파생금융거래와 닛케이주가지수에 연계된 스왑거래 등이 지주회사인 LBHI가 제11장 절차를 신청한 2008년 9월 15일자로 조기종료되었다. 그날이 일본의 휴일이어서 손해액산정을 위한 시세의 기준일을 어느 날로 할 것인가가 문제 되었다. 1992년 ISDA기본계약서는 조기종료일에 손해액을 산정하되 그렇게 합리적으로 실행할 수 없는 경우에는 합리적으로 실행 가능한 최초의 날짜에 손해액를 산정하도록 규정한다. ① 위 조항에 기초하여 2008년 9월 16일을 기준으로 손해액을 산정해야 한다는 견해와 ② 조기종료 직전 영업일인 2008년 9월 12일의 시세를 이용하여 조기종료일의 손해액을 추정하는 것이 합리적이고 조기종료일에 손해액 산정이 합리적으로 실행할 수 없는 경우라고 볼 수 없다는 견해로 나뉘

---

50) Lehman Brothers Finance SA v Sal. Oppenheim Jr. & CIE. KGAA [2014] EWHC 2627 (Comm) (July 29, 2014).

었다. 1심판결은 ①의 입장을 취한 판결[51]과 ②의 입장을 취한 판결[52]로 나뉘었다. 항소심판결[53]은 ②의 입장을 취하여 ①의 입장을 취한 판결을 파기하였다.

(2) 손해액산정 시 유책당사자의 신용을 고려할 필요성 유무

리먼브러더스 도산으로 인한 파생금융거래의 조기종료와 관련하여 손해액산정 시 유책당사자의 신용도를 고려할 필요가 있는지의 문제가 제기되었으나 영국 법원은 이를 부정하였다. 이 사건의 사실관계를 요약하면 다음과 같다. 2007년 이탈리아 연금인 Fondazione Enasarco(이하 'Enasarco')는 헤지펀드의 성과에 연계된 투자를 하기 위하여 LBIE가 디자인한 거래구조에 따라 명목회사(Special Purpose Company. 이하 'SPC')인 Anthracite Rated Investments (Cayman) Limited(이하 'ARIC')가 발행한 헤지펀드연계 채권에 7억 8,000만 유로를 투자하였다. ARIC은 이 채권발행 자금으로 자회사의 상환우선주를 매입하고 자회사는 그 자금으로 헤지펀드에 투자하였다. LBF는 1992년 ISDA기본계약서를 체결하고 ARIC에게 자회사의 상환우선주를 채권발행가액인 7억 8,000만 유로로 매입할 의무(풋옵션의무)를 부담하였으며, LBHI가 이를 보증하였다. 기본계약서는 채무불이행사유 발생 시 자동조기종료되도록 규정하였고, 조기종료 시 손해액방식을 선택하였다. 풋옵션거래는 LBHI의 도산신청으로 자동조기종

---

51) 東京地方裁判所 2012(平成24). 7. 20. 平22(ワ) 第46422號 判例タイムズ 第1403號, 209면.
52) 東京地方裁判所 2012(平成24). 7. 27. 平23(ワ) 第3159號 判例タイムズ 第1403號, 217면; 東京地方裁判所 2013(平成25). 1. 29. 平23(ワ) 第30412號 判例タイムズ 第1403號, 199면.
53) 東京高等裁判所 2013(平成25). 4. 17. 判例時報 第2250號, 14면.

료되었고 2009년 9월 16일 ARIC은 LBF에게 2009년 5월 6일자로 크레디
트 스위스로부터 받은 대체거래 호가를 이용하여 미화 6,150만 달러의
지급을 청구하였다. 이후 ARIC은 이 지급청구권을 Enasarco에게 양도하
였다.

이 사건에서 LBF는 크레디트 스위스가 도산 직전의 리먼보다 더 좋은
신용등급과 더 강한 재무제표를 가지고 있다고 하며, ARIC는 리먼 정도
의 은행의 원금보장을 상실한 것이지 신용등급이 더 높은 은행의 원금보
장을 상실한 것은 아니라고 주장하였다. 법원은 기본계약상 손해액의 정
의는 유책당사자와 동일한 신용등급을 가진 은행으로부터 받을 것을 요
구하고 있지 않다는 점 등을 이유로 이 주장을 배척하고, Enasarco가 미
화 6,150만 달러를 지급받을 권리가 있다고 판시하였다.[54]

(3) 2002년 ISDA기본계약서상 일괄정산금액산정 시 적용되는 기준

1992년 ISDA기본계약서의 손해액산정에 대해서는 '성실하게 합리적으
로 산정(reasonably determines in good faith)'하도록 하였으나, 2002년 ISDA

---

54) Fondazione Enasarco v. Lehman Brothers Finance SA & Anor〔2015〕EWHC 1307
(Ch) (12 May 2015). 이 사건에서 LBF는 ① 2009년 5월 6일이 기본계약 제6조에서
요구하는 조기종료 후 합리적으로 실행 가능한 가장 빠른 날짜가 아니라는 주장과
② 2009년 9월 16일이 조기종료 후 합리적으로 실행 가능한 가장 빠른 시기가 아니라
는 주장도 하였다. 법원은 첫째 주장에 대해서는 ① 비유책당사자가 손해액산정 시
합리적이지 않은 비유책당사자가 하는 결정에 이르지 않아야 하는 것이지 주의의무의
객관적 기준을 따라야 하는 것은 아니고, ② 손해액산정 시 시장호가는 시장조성자가
호가일에 계약을 체결할 의사가 있는 실제호가(real offer)이어야 한다고 판시하고, 해
당 사건에서 Enasarco는 대체거래에 관한 호가를 구하기 위하여 합리적으로 할 수
있는 모든 것을 한 것으로 보았고, 둘째 주장에 대해서는 2009년 9월보다 더 일찍
손해액을 산정하였어야 한다는 점에는 동의하지만 늦게 산정한 것이 손해액의 효력과
구속력에 영향이 없다고 판시하였다.

기본계약서는 '상업적으로 합리적인 결과(commercially reasonable results)를 얻기 위하여 상업적으로 합리적 절차(commercially reasonable procedures)를 사용'하여 일괄정산금액을 산정하도록 변경되었다. 최근 영국 고등법원(High Court)은 2002년 기본계약서의 위 조항을 '객관적이고 상업적으로 합리적인 결과'를 얻기 위하여 '객관적이고 상업적으로 합리적인 절차'를 거친다는 의미로 해석하였다.[55]

이 사건의 사실관계는 다음과 같다.

① 2007년 7월 18일 LBSF와 National Power Corporation(이하 'NPC')은 2002년 ISDA기본계약서에 따라 통화스왑거래를 하였다. NPC가 필리핀 페소가치의 하락을 헤지하기 위한 것이었다.

② 리먼의 도산으로 NPC는 2008년 11월 3일을 조기종료일로 하여 스왑을 조기종료하였다. NPC는 2008년 11월 3일 대체스왑(replacement swap)을 위하여 세계적인 투자은행들로부터 세 개의 예시적 호가를 받고 2008년 11월 7일 같은 곳으로부터 확정적 호가를 받은 후, 2008년 11월 14일 가장 유리한 조건을 제시한 UBS와 대체스왑을 체결하였다. 2009년 1월 26일 NPC는 UBS와의 대체스왑비용에 기초하여 미화 346만 달러를 청구하였다. LBSF는 이 금액이 상업적으로 합리적 절차를 사용하여 얻은 금액이 아니고, 오히려 NPC가 NBSF에게 미화 1,282만 달러를 지급해야 한다고 주장하였다.

③ 도산절차가 개시된 이후 2016년 10월 27일 NPC는 '수정산정서'를 LBSF에게 보내 미화 1,077만 달러의 지급을 청구하였다. 이 금액은 조기종료일에 받은 세 개의 예시적 호가에 기초한 것이다. NPC는 최초의 산

---

55) Lehman Brothers Special Financing Inc v National Power Corporation & Anor〔2018〕 EWHC 487 (Comm) (March 12, 2018).

정이 일괄정산금액의 정의에 맞지 않아 유효한 일괄정산금액산정이 아니고 비유책당사자로서 새로 산정할 수 있다고 주장하였다.

영국 고등법원은 NPC가 일단 일괄정산금액을 산정한 이상 이를 당사자들의 동의 없이 임의로 철회할 수는 없다고 보았다. 1992년 ISDA기본계약서는 손해액의 산정에 관하여 합리성의 기준만을 요구하고 있지만, 2002년 ISDA기본계약서는 일괄정산금액의 산정에 관하여 절차와 결과를 언급하여 객관성과 투명성을 증진하려는 것으로 보고, 일괄정산금액을 산정하는 당사자가 '객관적이고' 상업적으로 합리적인 결과를 얻기 위하여, '객관적이고' 상업적으로 합리적인 절차를 사용할 것을 요구하고 있다고 판시하였다. 이러한 관점에서 NPC의 최초산정은 대체거래에 기초한 것으로 일괄정산금액 정의상의 요건에 부합한다고 판시하였다.[56]

(4) 파생금융거래상 지급의무와 관련 계약상 채무불이행의 관계

스왑계약을 체결하게 된 배경인 거래상의 지급이 이루어지지 않은 경우, 그 거래와 관련하여 체결된 스왑계약상 당사자의 지급의무가 발생하지 않는다고 판시한 사례가 있다.

원고(LBIE)와 피고(국내 H투자증권)가 관여한 이 사건의 사실관계를 요약하면 다음과 같다.

① 2006년 대우건설 주식매각 시 리먼이 금호컨소시움에 참여하였다. 리먼은 아래와 같이 신용연계채권(Credit Linked Notes. 이하 'CLN')(금호산업의 신용위험을 투자자에게 이전하는 내용)을 피고에게 발행하여 투자자

---

56) 다만 위 판결은 LBSF와의 스왑거래상 NPC가 지급할 수수료 가운데 변제기가 도래한 금액이 포함되지 않은 점과 LBSF와의 스왑거래에서는 이미 소멸한 옵션이 대체스왑에 포함되어 있다는 점을 반영하여 최초산정금액을 수정해야 한다고 판시하였다.

금 3,000억 원을 조달하였다.[57]

② 2006년 11월 21일 Lehman Brothers Treasury Co. B.V.(이하 'LB Treasury')가 액면 미화 3억 1,864만 468달러로 CLN을 발행하고 피고가 인수대금을 납입하였다. CLN에는 정기적인 이자지급조항과 금호산업의 파산 등을 신용사건으로 하는 조항들이 있었고, LBHI가 보증하였다.

③ 2006년 12월 15일 원고 서울지점과 피고는, 정기적으로 피고가 원고에게 달러금액을 지급하고 원고는 피고에게 원화금액을 지급하는 스왑계약을 체결하였다. 스왑계약상 피고가 원고에게 지급할 금액(예컨대 Fixed Amount II)은 2006년 11월 21일자 최종조건(CLN의 발행과 인수에 관한 최종 합의사항)에 정의된 것(예컨대 Fixed Coupon Amount)을 그대로 이용하였다. 또한 스왑계약에는 "본건 거래는 피고가 CLN을 매입하는 것과 연관하여 체결된다"고 기재되어 있다.

④ 2008년 9월 15일 LBHI와 LBIE의 도산신청에 이어 2008년 9월 16일 LBIE 서울지점에 대한 금융위원회의 영업일부정지 및 채무변제금지명령이 있은 후, 원고 서울지점은 스왑계약상 피고에 대한 원화지급의무를 이행하지 않았고, 피고도 스왑계약상의 달러화 지급의무를 이행하지 않았다. 한편 LB Treasury는 2008년 9월 15일 지급할 CLN 이자를 지급하지 않았다.[58] 피고는 원고의 채무불이행사유 발생을 이유로 스왑계약을 2008년 12월 12일자로 종료하였다. 원고는 스왑계약 종료 전 2008년 9월 17일 발생하였으나, 이행되지 않은 달러화 금액(약 545만 달러)과 원화 금액(약 60억 원)을 종료일 현재의 환율(1달러당 1350.2원)로 환산하여 산정

---

57) LB Treasury는 CLN 발행으로 조달한 자금 중 대우건설 인수대금 상당액을 LBHI에게 대여하고, LBHI는 LCPI를 통하여 특수목적회사인 Merrit LLC에게 대여하여 Merrit가 대우건설 주식을 매수한 후, 그 주식을 주식대차계약에 따라 LBIE에게 대여하였다.
58) LB Treasury는 2008년 10월 8일 네덜란드 법원으로부터 파산결정을 받았다.

한 금액의 지급을 청구하였다.

이 사건에서 원고는 스왑계약이 피고로부터 CLN을 매수한 유동화전문회사[59]와 그 자산관리인인 피고의 외환리스크를 회피하기 위한 목적으로 체결된 것으로 이 건 CLN과는 무관하고 독립적인 내용의 파생상품이라고 주장하였다. 1심판결[60]은 "원·피고 사이에서는 피고가 이 사건 회사채로부터 파생된 이 사건 이자를 받는 것을 전제로 이 사건 스왑계약에 기한 원·달러 교환의무가 발생하는 것으로 예정하였다고 봄이 상당하고, 그와 같이 해석하는 것이 위 스왑계약의 준거법인 뉴욕법에 저촉된다고 보이지 않는다"고 판시하였다. 항소심판결[61]도 "'확정금액 II(Fixed Amount II)'는 … 리먼트레저리로부터 미화로 지급받는 이자를 의미하는 것이고 피고는 … 2008년 9월 15일 지급받아야 했던 이 사건 회사채의 이자 미화 545만 달러를 지급받지 못하였으므로, 결국 피고가 원고에게 이 사건 스왑계약에 따라 확정금액 II로 지급할 금원이 존재하지 않게 되었고, 따라서 피고가 2008년 9월 17일 원고에게 확정금액 II를 지급할 의무는 발생하지 않았다"고 판시하고 원고청구를 기각하였다. 대법원[62]도 상고를 기각하였다.

이 판결은 파생금융거래관련 계약서를 작성할 때 당사자들의 의사를 보다 명확하게 반영할 필요가 있음을 알려 준다. 고객이 위험회피목적으로 금융회사와 파생금융거래를 체결하는 경우, 금융회사가 회피대상 위험이 발생하는 거래(이하 '기초거래')의 당사자가 아닌 이상, 통상 금융회사는 기초거래상의 채무이행 여부와 관계없이 파생금융거래상의 권리·의

---

59) 피고는 CLN을 유동화전문회사에게 양도하여 자산유동화하였다.
60) 서울남부지방법원 2011. 2. 24. 선고 2009가합21547 판결.
61) 서울고등법원 2012. 2. 2. 선고 2011나28399 판결.
62) 대법원 2012. 6. 28. 선고 2012다24842 판결.

무가 발생한다고 생각할 것이다. 이러한 금융회사의 생각과는 달리 위 판결은 기초거래와 파생금융거래가 강력하게 연계되어 있다고 인정하였다. 이는 물론 위 사건의 사실관계상의 특수성에 기인한 것이라고 할 수 있을 것이나, 스왑계약에서 사용한 정의조항도 판단의 중요한 기준이 된 것으로 보인다. 파생금융거래가 기초거래와 법적으로 연계되지 않은 독립한 거래로서 파생금융거래당사자의 채권·채무가 파생금융거래계약에만 의하여 결정되도록 하기 위해서는 파생금융거래계약에 그 취지를 보다 명확하게 기재할 필요가 있다.

3. 관계회사 간 상계조항

(1) 문제의 소재

금융그룹은 소속회사의 파생금융거래에서 발생하는 위험을 그룹 전체적으로 관리하고 분산하고자 한다. 그룹에 속한 어느 회사가 상대방과 파생금융거래를 하는 경우 그 그룹소속 다른 회사들이 그 상대방과의 사이에서 가진 채권·채무를 상계할 수 있는 특약을 ISDA기본계약서의 부속서에 규정하는 때가 있다. 평상시에는 공서양속이나 강행법규에 위반하는 특별한 사정이 없는 한 그 특약의 당사자 사이에서는 그 특약의 효력이 인정될 것이다. 그러나 당사자 일방에 대해 도산절차가 개시된 경우에는 해당 파생금융거래의 당사자 사이에서 채권·채무가 상호대립하고 있지 않다는 점에서 그 특약의 효력이 문제 될 수 있다. 또한 이런 특약이 파생금융거래에서 사용된 경우에는 도산법상 특례가 적용될 수 있는지의 문제도 제기된다.

(2) 미국의 판결례

미국 증권매매·중개업자인 LBI에 대한 미국 SIPA에 따른 도산절차에서 관계회사 간 상계특약의 효력을 인정하지 않은 판결례가 있다.[63]
이 사건의 사실관계를 요약하면 다음과 같다.

① 파생금융거래계약: 2004년 7월 13일 LBI가 UBS AG와 1992년 ISDA기본계약서과 부속서 및 담보약정(Credit Support Annex. 이하 'CSA')으로 구성된 본건 파생금융거래계약을 체결하였다. 부속서 제5부(a)는 조기종료 시 비유책당사자는 '유책당사자가 비유책당사자 또는 그의 관계회사에게 부담하는 채무'를 '비유책당사자 또는 그의 관계회사가 유책당사자에 대하여 부담하는 채무'와 상계할 수 있다고 규정하였다.

② 파생금융거래의 조기종료와 담보반환 및 상계: UBS AG는 LBI에게 2008년 9월 16일을 조기종료일로 지정하는 조기종료 통지를 하였다. UBS AG는 조기종료 후 CSA 제8조(a)(iii)에 따른 상계를 거치고 남은 담보물의 반환채무 중 2,300만 달러의 반환채무에 대하여 부속서 제5부(a)에 따른 상계를 주장하였다. 그 반환채무에 대응되는 자동채권 중 2,130만 달러는 UBS Securities(UBS AG의 간접적 완전자회사)의 LBI에 대한 채권

---

63) 동일한 당사자 사이의 상계이지만 리먼의 도산신청 전 발생한 리먼에 대한 파생금융 거래채권과 도산신청 후 발생한 리먼에 대한 예금반환채무를 미국 연방파산법 제560조와 제561조의 안전항조항에 근거하여 상계하는 것은 미국 연방파산법상 허용되지 않는다는 판결례가 있다. 뉴욕남부 연방파산법원이 그 상계가 허용되지 않는다고 하며 예금을 반환할 것을 명하였고, 미국 뉴욕남부 연방법원이 리먼의 거래상대방인 스웨드뱅크의 항소를 기각하였다. Swedbank AB v. Lehman Brothers Holdings Inc. (In re Lehman Brothers Holdings Inc.), 445 B.R. 130 (S.D.N.Y. 2011), affirming In re Lehman Brothers Holdings Inc., 433 B.R. 101 (Bankr. S.D.N.Y. 2010). 이 사건에 관한 국내문헌으로는 김창희, "ISDA기본계약에 포함된 삼각상계조항의 효력에 관한 연구", 아주법학 제11권 제4호 (2018), 420-422면.

이었다.[64)]

③ LBI 파산관재인의 소송제기: LBI 파산관재인은 자동정지와 LBI 청산명령에 따른 정지를 UBS AG에게 집행함과 아울러 UBS AG가 보유하고 있는 2,300만 달러의 초과담보를 반환할 것을 청구하였다. UBS AG는 부속서 제5부(a)는 뉴욕주법상 유효한 계약이고, 이에 따른 상계권은 계약에 의한 권리이므로 제553조(a)가 적용되지 않으며, 설사 제553조가 적용된다고 하더라도 계약에 의한 상계권은 연방파산법 제561조[65)]의 안전항조항에 의하여 보호되기 때문에, 이 계약조항은 문언대로 집행되어야 한다고 주장하였다.

미국 뉴욕남부 연방파산법원의 제임스 펙 판사는 "동일 그룹에 소속한 다수의 관계회사에 의한 파산절차 밖에서의 네팅을 허용하는 계약상 상계권은 미국 연방파산법이 적용되는 사건의 개시 후에는 더 이상 인정될 수 없다"고 하며, 다음과 같은 이유로 UBS AG가 계약에 의한 제3자 상계권을 행사할 수 없다고 판시하였다.[66) · 67)]

---

64) 170만 달러는 도산신청 전 행한 착오자금이체에 따른 것이었으나 당사자들이 충분히 주장·입증하지 않아, 법원은 이 점에 대해 판단하지 않고 당사자들이 합의할 것을 강력히 권고하였다.

65) 제561조(a)의 관련 부분: "… 스왑계약상 또는 이와 관련하여 발생하는 정산금, 지급금액, 기타 양도가능채권을 상계 또는 네팅할 계약상 권리의 행사는 이 법의 조항 또는 이 법에 따른 절차상 법원 또는 행정기관의 명령에 의하여 정지·부인·제한되지 않는다."

66) In re Lehman Brothers Inc. 458 B.R. 134 (Bankr. S.D.N.Y., Oct. 4. 2011). 이 사건에 관한 국내문헌으로는 김창희, 앞의 논문 각주 63, 422-424면.

67) 위 판결문을 보면 유사한 쟁점에 대하여 델라웨어 연방파산법원이 계약에 의한 제3자 상계를 인정하지 않은 선례[In re SemCrude, L.P., 399 B.R. 388 (Bankr. D. Del. Jan. 9, 2009), aff'd, 428 B.R. 590 (D. Del. April 30, 2010)]가 있음을 이 사건 당사자들이 알고 있었으나, 그 선례의 법리가 이 사건에도 적용되는지를 다투었다.
SemCrude 사건에서는 ① 신청인 셰브런(Chevron)이 셈그룹에 속한 SemCrude, SemFuel 및 SemStream과 각각 네팅조항("어느 일방 당사자가 금전지급채무 또는 원유

① 뉴욕주법상 당사자들은 계약상 상계권을 보통법 또는 제정법에서 정한 것과 달리 자유롭게 만들 수 있다. 파산 맥락이 아니라면 부속서 제5부(a)가 유효하다. 하지만 계약당사자가 연방파산법의 제한을 따라야 하는 상황에서는 그렇게 이야기할 수 없다.

② 제553조(a)는 문언상 보통법상의 상계만이 아니라 계약상 상계권에도 적용된다. 제553조에 따라 상계할 수 있으려면 '(i) 파산채무자가 부담하는 채무가 개시신청 전에 발생한 채무이고, (ii) 파산채무자의 채권자에 대한 채권 역시 개시신청 전에 발생한 것이어야 하며, (iii) 파산채무자의 채권자에 대한 채권과 채권자에 대한 채무가 상호대립해야' 한다. 연방파산법은 상호대립성(mutuality)에 대하여 정의하고 있지 않으나 판례는 일관되게 채권·채무가 '동일한 당사자가 동일한 지위에서(between the same parties, standing in the same capacity)' 가지는 것이어야 한다고 보았다.

등 인도채무를 불이행하는 경우, 타방 당사자는 이 계약 또는 당사자들과 그들의 관계회사 간에 체결한 계약상의 인도 또는 지급채무를 상계할 수 있다")이 포함된 매매계약을 체결하고 원유·유류제품의 매매거래를 하여 오던 중 ② 2008년 7월 22일 셈그룹과 그의 자회사들(SemCrude, SemFuel 및 SemStream 포함)이 미국 연방파산법 제11장 절차를 신청하여 자동정지(automatic stay)의 적용을 받게 되었다. ③ 셈그룹의 도산신청시점에 셰브런은 SemCrude에게는 약 140만 달러의 채무를, SemFuel에게는 약 1,020만 달러의 채권을, SemStream에게는 약 330만 달러의 채권을 가지고 있었다. ④ 이에 셰브런은 위 계약조항에 근거하여 SemCrude에 대한 채무와 SemFuel·SemStream에 대한 채권을 상계할 수 있도록 자동정지의 적용면제를 신청하였다.

미국 델라웨어 연방파산법원은 도산신청 전에 체결된 계약상 삼각상계를 허용하는 조항이 있더라도 미국 연방파산법 제553조상 파산채무자에 대한 채권의 삼각상계는 상호대립성(mutuality)이 결여되어 금지되고, 상호대립성이 없는 채무가 당사자 간의 계약으로 상호대립성이 있는 채무로 변환될 수 없으며, 상호대립성요건에 대해 계약에 의한 예외는 인정되지 않는다고 판시하였고, 항소심에서 미국 델라웨어 연방지방법원은 파산법원의 결정을 유지하였다. 이 사건에 관한 국내문헌으로는 김창희, 앞의 논문 각주 63, 418-419면.

③ 계약상 관계회사에 대한 채무로 상계할 수 있음을 명시적으로 허용하였어도 '동일한 당사자가 동일한 지위에서' 가지는 채권·채무이어야 한다는 요건을 충족하지 못한다. 제553조의 상호대립은 문면상 상계대상 채무를 지는 특정 채권자와 묶여 있다. 제553조(a)에 대해 계약에 의한 예외는 없다. 상계목적상 자회사를 모회사와 같이 취급하는 것은 다른 채권자들에게 명백한 손해를 입히면서 회사들이 별도로 존재한다는 성격을 무시하는 것이다. 제3자 상계의 경우 엄격한 상호대립성에 대한 예외를 인정하는 것은 파산법원이 아니라 의회가 할 일이다. 의회가 아직 그렇게 하지 않았고 현행 연방파산법은 이를 허용하지 않는다.

④ 안전항조항은 스왑계약과 관련하여 계약상 상계권의 행사를 허용한다. 그러나 우선 그 권리가 존재해야 한다. 안전항조항의 입법연혁상 그 조항이 상호대립성요건을 제거할 의도였다는 언급은 전혀 없다. 상호대립성이 없으므로 UBS AG는 상계권이 없다. 연방파산법 제561조가 존재하지 않는 권리를 보호하는 것으로 해석할 수 없다.[68]

이 판결의 결론은 이후 다른 사건에서도 유지되고 있다. American Home Mortgage Investment Corp. (이하 'AHM')과 바클레이스 캐피털이 리포계약을, AHM과 바클레이스은행이 ISDA기본계약을 각각 체결하였고, ISDA기본계약은 바클레이스은행이 자신 또는 관계회사의 채권을 가지고 상계할 수 있도록 한 사건에서, 미국 델라웨어지역 연방파산법원은 리포계약상 바클레이스 캐피털의 채권과 ISDA기본계약상 바클레이스은행의 채무의 상계는 파산법상 상호대립성요건이 충족되지 않아 허용되지

---

68) Lubben, 앞의 논문 각주 10, 66면은 뉴욕을 관할하는 미국 제2항소법원이 안전항조항을 넓게 해석하는 입장과는 달리 이 판결이 안전항조항을 엄격하게 해석한 것으로 평가하며, 이 판결 이후 제2항소법원이 안전항조항을 넓게 해석한 판결들을 인용하고 있으나, 그 판결들은 삼자 간 상계에 관한 것은 아니다.

않는다고 보았다.[69]

(3) 일본의 판결례

일본의 LBJ에 대한 일본 민사재생법에 따른 도산절차에서 위 미국의 판결례와 유사한 법적 쟁점을 다룬 일본 최고재판소의 판결[70]이 있다. 이 사건의 사실관계를 요약하면 다음과 같다.

① 파생금융거래계약: 2007년 2월 1일 원고 LBJ (X)와 피고 노무라신탁은행(Y)이 ISDA기본계약서와 부속서로 구성된 기본계약(이하 'XY기본계약')을 체결하고 통화옵션거래와 통화스왑거래를 개시하였다. XY기본계약상 LBHI가 신용보증제공자이다. XY기본계약에는 (i) 일방 당사자의 신용보증제공자의 도산신청이 기한이익상실사유에 해당하여 당사자 간에 존재하는 모든 거래는 그 신청 직전에 조기종료한다는 조항과 (ii) 기한이익상실사유 발생으로 일방 당사자(이하 '갑')에 관하여 조기종료를 한 때에는 타방 당사자(이하 '을')는 을과 그 관계회사(직간접적으로 을의 지배를 받거나 을을 지배하거나 또는 을과 공통의 지배하에 있는 법적 주체를 말한다)가 갑에 대하여 가지는 채권을, 갑이 을과 그 관계회사에 대하여 가지는 채권과 상계할 수 있다는 조항(이하 '본건 상계조항')이 들어 있다. 한편 2001년 11월 26일 X는 노무라증권(Z)과 별도의 기본계약(이하 'XZ기본계약')을 체결하였다. Y와 Z는 모두 노무라홀딩스의 완전자회사이다.

② 파생금융거래의 조기종료와 정산금 채권·채무의 발생: 2008년 9월 15일 LBHI가 미국연방파산법 제11장 절차를 신청하여 XY기본계약과 XZ

---

69) Sass v. Barclays Bank PLC (In re American Home Mortgage, Holdings, Inc.), No. 11-51851 (CSS) (Bankr. D. Del. Nov. 8, 2013).

70) 最高裁判所 2016(平成28). 2. 8. 平成26年(受) 第865號 清算金請求事件.

기본계약에 따른 거래들은 모두 위 날짜에 조기종료되었다. 조기종료로 인하여 X는 Y에 대하여 약 11억 엔의 정산금을 청구하였으니 1심판결과 2심판결에서 약 4억 엔으로 인정되었고(이하 '본건 정산금채권'), Z는 X에 대하여 약 17억 엔의 정산금채권(이하 'Z 정산금채권')을 취득하였다.

③ X에 대한 도산절차와 X의 소송제기: 2008년 9월 19일 도쿄지방재판소는 X에 대하여 재생절차개시결정을 하였고, Y는 재생채권 신고기간 내에 본건 상계조항에 기하여 X가 Y에 대해 가지는 본건 정산금채권을 Z가 X에 대해 가지는 Z 정산금채권과 상계한다는 의사표시를 하였다. Z는 위 상계에 동의한다는 통지를 X에게 하였다. X는 Y에 대한 정산금채권의 지급을 청구하고, Y는 XY기본계약에 따른 제3자 상계로 항변하였다.

이에 대하여 원심판결[71]은 본 건에서는 재생절차개시시점에 재생채권자가 재생채무자에 대하여 채무를 부담하는 경우와 마찬가지로 상계의 합리적 기대가 존재한다고 하여, 본 건 상계는 채권자 간 공평·평등을 해한다고는 말할 수 없다고 보아 상계의 효력을 인정하고 원고 청구를 기각하였다.

---

71) 東京高等裁判所 2014(平成26). 1. 29. 平成25年(ネ) 第3891號. 원심판결은 다음과 같은 점들을 지적하였다.
① 상계의 합리적 기대가 존재하고 채권자 간 공평·평등을 해하지 않는 경우 그 상계는 민사재생법이 제한하는 상계에는 해당하지 않는다.
② 본건에서 상계조항 합의 시 X와 Y는 X의 Y에 대한 채권과 Z의 X에 대한 채권이 상호 충당될 수 있음을 충분히 인식하고 그룹기업 사이에서 총체적으로 리스크관리를 하는 것을 의도한 것이다. Z가 Y의 관계회사에 해당함은 X도 쉽게 인식할 수 있었다.
③ 민사재생신청에 의해 기한이익상실사유가 발생한 경우 거래상대방의 관계회사가 재생신청회사에 대하여 가지는 채권의 실질적인 가치는 상당 정도 하락하므로, X와 Y에게는 관계회사가 상계에 동의하는 것이 쉽게 상정될 수 있다. XZ기본계약에도 삼자 간 상계를 정한 조항이 있다.
④ 다수의 금융기관이 파생금융거래에 관여하고 있고 삼자 간 상계를 정하는 계약은 (지주회사의 설립 등에 의해) 분사화(分社化)가 진행된 금융기관에서 파생금융거래 관행이라고 할 수 있는 정도로 널리 이용되고 있다고 볼 수 있다.

그러나 일본 최고재판소는 다음과 같은 이유를 들어 원심판결을 파기하고 원고청구를 일부인용하였다.

① 일본 민사재생법 제92조 제1항은 '재생채무자에 대하여 채무를 부담하는' 것을 요건으로 하여, 일본 민법 제505조 제1항 본문에 규정한 2인이 서로 채무를 부담한다는 상계의 요건을 재생채권자가 하는 상계에도 채용하고 있는 것으로 해석된다.

② 재생채무자에 대한 채무자가 타인이 가지는 재생채권을 가지고 상계할 수 있다고 함은 서로 채무를 부담하는 관계가 없는 자 사이에서 상계를 허용하는 것과 다르지 않고, 일본 민사재생법 제92조 제1항의 위 문언에 반하고 재생채권자 간의 공평·평등한 취급이라고 하는 위 기본원칙을 몰각하는 것이다.

③ 이 점은 완전모회사를 같이 하는 복수의 주식회사가 각각 재생채무자에 대하여 채권을 가지거나 채무를 부담하는 때에는 이러한 당사자 간에 있어서 그 채권과 채무를 가지고 상계할 수 있다는 취지의 합의가 미리 있던 경우에도 다르지 않다.

④ 본건 상계는 재생채무자(X)에 대하여 본건 정산금채권의 채무자인 Y가 그 채권을 수동채권으로 하고, 자신과 완전모회사를 같이 하는 Z가 가지는 재생채권인 Z 정산금채권을 자동채권으로 하여 상계하는 것이므로, 일본 민사재생법 제92조 제1항에 의하여 할 수 있는 상계에 해당하지 않는다.

이 판결에는 "본건 상계조항에서 '관계회사'가 단지 공통의 지배하에 있는 동일 기업그룹의 법 주체라고 하지 않고 Y와 관계회사의 사이에 밀접한 조직적 관계 내지 협력적인 영업실태 등이 존재하는 자매회사인 경우에는 다시 검토할 필요가 있다'고 하면서, "예컨대 ① 관계회사가 X와의 사이에서 Y와 동종의 파생금융거래를 행하고 있어, Y와의 사이에서 자매회사로서의 당해 거래상의 협력·제휴관계가 있고, Y와 X의 거래에 관하여 일정한 정보를 공유하고 있으며, 실질적으로 하나의 거래관계로부터 채권·채무가 발생하고 있는 것과 같은 실태가 있고, 그러한 의미에서 문자 그대로 자매회사이고, 또 계약 체결 내지 그후 합당한 시기에 회사명이 특정되는 경우이거나, 또는 ② Y가 본 건 상계적 처리를 필요로 하는 것 같은 일정한 상황이 발생한 때에는 미리 정해진 조건하에서 관계회사로서 당연히 동의할 의무를 부담하는 것이 별도로 Y와 관계회사의 간에 합의되어 있고 그것이 X에게도 주지된 경우에는, Y와 관계회사의 조직 내지 영업상의 일체성이 인정되어 당해 파생금융거래에서 X에 대한 공통의 당사자로 보는 것이 불가능하지는 않고, 상호성의 요건을 충족한다고 해석할 여지가 있다"는 내용의 보충의견이 제시되었다.

이 판결에 대하여 일본에서 많은 평석과 논문이 발표되었고, 다수설은 일본 최고재판소의 판결을 지지하였다. 이 가운데 이토 마코토(伊藤 眞) 교수의 견해가 주목할 만하다.[72] 일본 민사재생법은 제92조 제1항에서 "재생채권자가 재생절차 개시 당시 재생채무자에 대하여 채무를 부담하는 경우, 채권과 채무 쌍방이… 채권신고기간 종료 전에 상계를 할 수 있게 된 때에는, 재생채권자는 당해 채권신고기간 내에 한하여 재생계획이 정하는 바에 의하지 않고, 상계를 할 수 있다"[73]고 하여 상계를 허용하는 조항을 두고, 제93조[74]와 제93조의2에서 각각 재생채권자와 재생

---

72) 伊藤 眞, "「相殺の合理的期待」はAmuletum(護符)たりうるか: 最二小判法平成28年7月 8日の意義", NBL 第1084號 (2016. 10), 4-13면.
73) 채무자회생법 제144조 제1항과 같은 내용이다.
74) 일본 민사재생법 제93조
① 재생채권자는 다음에 열거하는 경우에는 상계를 하지 못한다.
1. 재생절차개시 후에 재생채무자에 대하여 채무를 부담한 때.
2. 지급불능(재생채무자가 지급능력이 없기 때문에 그의 채무가운데 변제기가 도래한 것에 관하여 일반적이고 계속적으로 변제할 수 없게 된 상태를 말한다. 이하 같다)이 된 후에 계약에 의하여 부담한 채무를 오로지 재생채권을 가지고 하는 상계에 사용할 목적으로 재생채권자의 재산의 처분을 내용으로 하는 계약을 재생채무자와 사이에서 체결하고, 또는 재생채무자에 대하여 채무를 부담하는 자의 채무를 인수하는 것을 내용으로 하는 계약을 체결하는 것에 의하여 재생채무자에 대하여 채무를 부담한 경

채무자에 대해 채무를 부담하는 자가 상계할 수 없는 경우를 규정하고
있다(이하 위 조항을 합하여 '도산상계규정'). 즉 제92조 제1항에서 정한 요
건을 갖추고 제93조와 제93조의2에 정한 상계금지 사유에 해당하지 않
아야 상계할 수 있게 된다. 우리 채무자회생법상 제144조와 제145조의
규정 체계와 마찬가지이다.

이에 관하여 이토 마코토 교수는 도산상계규정을 상계의 허용성에 대
한 절대적 요건과 상대적 요건으로 나누어 설명한다. 일본 민사재생법
제92조 제1항이 요건으로 하는 재생절차 개시 당시의 채권·채무의 상호
성을 '절대적 요건'으로, 자동채권 또는 수동채권의 취득시기와 상계권자
의 인식의 관계에서 상계의 담보적 기능을 규율하는 동법 제93조 제1항
제2호 내지 제4호와 제93조의2 제1항 제2호 내지 제4호를[75] '상대적 조
건'으로 보았다. 이 사건의 원심판결이 중시한 '합리적 상계기대'는 상대
적 조건에서 ' … 전에 생긴 원인'의 판단기준으로 논의되는 것이고 절대
적 조건은 상계의 담보적 기능에 관한 합리적 기대의 유무에 의하여 조
정될 여지는 없다는 견해를 제시하였다.

한편 법정상계가 아닌 당사자 간의 합의에 의한 상계를 도산절차에서
어떻게 취급할 것인지에 대하여 기본적으로 ① 도산상계규정의 요건을
충족하지 않는 합의상계는 무효라고 보는 입장과 ② 도산상계규정이 법
정상계의 상계적상을 전제로 하지 않는 합의상계를 배제하는 것은 아니

우로서, 당해 계약 체결 당시 지급불능임을 알고 있었던 때.
3. 지급정지가 있은 후 재생채무자에 대하여 채무를 부담한 경우로서. 그 부담 당시
지급정지가 있음을 알고 있었던 때. 다만 당해 지급정지가 있던 시기에 지급불능이
아닌 때는 그러하지 아니하다.
4. 재생절차개시, 파산절차개시 또는 특별청산개시의 신청(이하 이 조 및 다음 조에서
"재생절차개시의 신청 등"이라고 한다)이 있은 후에 재생채무자에 대하여 채무를 부담
한 경우로서, 그 부담 당시 재생절차개시의 신청 등이 있음을 알고 있었던 때.
75) 채무자회생법 제145조 제3호 및 제4호의 본문과 유사한 내용이다.

라는 입장으로 나누어, 이토 교수와 같이 재생절차 개시 당시의 채권·채무의 상호성을 절대적 조건으로 보는 견해도 기본적으로 ①의 입장에 서 있다고 하면서, ②의 입장을 취하는 견해도 제시되고 있다.[76]·[77] 그러나 이 견해도 계약에 의한 삼자 간 상계의 대상이 된 채권·채무가 실질적 위기시기에 발생한 경우에는 채권·채무의 상호대립성이 없다는 점에서 통상의 양자 간 상계에 비하여 채권·채무의 청산에 관한 합리적 기대를 인정하기 곤란할 것으로 보고 있다.[78]

(4) 검토

삼자 간 상계를 하기로 하는 합의는 ① 일정한 사건이 발생하면 특정채권과 특정채무가 자동적으로 상계되도록 할 수도 있고, ② 합의당사자 중 1인의 의사표시에 의하여 그러한 상계의 효과가 발생하도록 정할 수도 있다. 유형 ①은 합의 시에 상계대상인 채권·채무를 특정할 수 있는 경우에 할 수 있고 조건부 채권양도·채무인수 행위로 볼 수 있을 것이다.

---

76) 松下祐記, "倒産手續における三者間相殺の取扱い", NBL 第1123號 (2018. 6), 61-62면.

77) Y를 위하여 법원에 제출한 의견서를 논설로 발표한 內田 貴, "三者間相殺の民事再生法上の有效性", NBL 第1093號 (2017. 3)도 대체로 본문의 ②의 입장에 속한다고 할 수 있다. 이 글은 "민사재생절차의 개시 전에 효력이 발생한 상계합의가 삼자 간에 존재하면 민사재생법 제93조의2 제1항 제1호를 적용할 여지는 없고 상대방의 채무는 소멸한다는 결론에 이를 수 있다"라고 주장하고, 그 배경으로 "강한 견련성을 가진 채권·채무를 가지는 당사자 간에서는 도산에 의한 리스크를 최소한으로 하기 위하여 채권·채무를 차감청산하는 실무적 필요성이 높다(예컨대 그룹기업 간 거래의 결제)"고 하며, "이 건은 파생금융거래라고 하는 같은 금융거래에 관여하는 세 당사자가 그 거래로부터 발생하는 견련성이 강한 채권·채무에 관하여 거래에 참가하고 있는 한 당사자의 도산절차가 개시되기 전에 차감청산하는 것을 합의한 사안으로 볼 수 있다"고 주장하였으나, 이 글은 도산법 조항과의 관계는 상세히 검토하지 않았다.

78) 松下祐記, 앞의 논문 각주 76, 65면.

위의 미국과 일본의 판결례에서 다룬 사건은 유형 ②로서 합의 시에 상계 대상 채권·채무를 특정할 수 없는 경우이다. 유형 ②는 일정한 범위의 채권·채무에 대하여 상계의 의사표시를 할 수 있는 권리를 부여하는 합의라고 할 수 있다. 어느 쪽으로 합의하더라도 평상시 합의당사자들 사이에서는 공서양속이나 강행법규를 위반하는 등의 특별한 사정이 없는 한 효력이 인정될 수 있을 것이다. 그러나 제3자가 상계의 목적물이 된 채권을 압류한 경우에는 압류채권자와의 우선순위의 문제가 발생하고, 그 합의당사자 중 1인이 도산한 경우에는 채무자회생법상 그러한 상계가 허용될 수 있는지가 문제 된다. 아래에서는 도산상황에서 유형 ②의 효력을 검토하기로 한다.

상계권을 규정한 채무자회생법 제144조 제1항[79]과 제416조[80]는 동일한 채권자와 채무자가 채권·채무를 상호 가지고 있는 경우 상계를 허용하고 있고 제145조와 제422조에서 상계의 금지를 규정하고 있다. 상계는 상호대립하는 채권·채무를 서로 이행 없이 채무를 면하고 채권의 만족을 얻는 간편한 결제방법이고, 채무자의 채무이행능력이 부족하여 채권의 가치가 하락하더라도 그 채권을 회수할 수 있게 한다는 점에서 다른 채권자보다 우선적으로 만족을 얻을 수 있는 일종의 담보적 효력을 가진다. 도산재단의 자산의 확보와 채권자 평등이라는 도산법의 기본원리에 따라 도산절차에서의 상계권의 행사는 일정한 범위로 제한된다. 도산법

---

79) 제144조(상계권)
　① 회생채권자 또는 회생담보권자가 회생절차개시 당시 채무자에 대하여 채무를 부담하는 경우 채권과 채무의 쌍방이 신고기간만료 전에 상계할 수 있게 된 때에는 회생채권자 또는 회생담보권자는 그 기간 안에 한하여 회생절차에 의하지 아니하고 상계할 수 있다. 채무가 기한부인 때에도 같다.

80) 제416조(상계권) 파산채권자가 파산선고 당시 채무자에 대하여 채무를 부담하는 때에는 파산절차에 의하지 아니하고 상계할 수 있다.

의 취지에 비추어 볼 때 합의에 의하여 부여된 상계권의 행사도 도산절차상으로는 채무자회생법의 위 조항들에서 규정된 범위 내에서 허용된다고 보는 것이 합리적이다. 제3자가 가진 채권이나 채무를 가지고 상계를 하는 것은 채권자와 채무자가 상호 채권·채무를 가지고 있는 것이 아니므로 '회생채권자·파산채권자가 채무자에 대하여 채무를 부담하는 경우' 상계할 수 있도록 한 채무자회생법 제144조 제1항과 제416조의 요건을 갖추지 못했다고 보아야 할 것이다. 위에서 살펴본 미국과 일본의 판결례와 마찬가지의 결론이다. 위에서 본 삼자 간 상계합의와 유사한 콘체른공제조항에 관한 독일 판례도 마찬가지 입장이다.[81]

한편 기본계약에 위와 같은 삼자 간 상계합의를 포함시킨 경우 채무자회생법 제120조 제3항에 의거하여 기본계약에 따라 상계가 효력을 발생할 수 있는지가 문제 될 수 있다. 채무자회생법 제120조 제3항은 적격금융거래의 종료 및 정산에 관하여는 기본계약에서 당사자가 정한 바에 따라 효력이 발생하고 해제, 해지, 취소 및 부인의 대상이 되지 않도록 규정한다. 위와 같은 삼자 간 상계의 합의가 위 조항의 적용을 받기 위해서는 그것이 적격금융거래의 종료 및 정산에 관한 것이어야 한다. ISDA 기본계약서상 조기종료 후 정산할 금액에 대해 다른 채권·채무와 상계하는 조항[82]이 조기종료조항(제6조)에 포함되어 있고 이에 대한 특칙으로 당사자가 별도로 합의하여 부속서에 기재한 이상, 그 상계도 조기종료

---

81) 독일의 콘체른공제조항은 자신의 상대방에 대한 채권(또는 채무)을 자신과 동일한 기업집단에 속한 다른 기업의 채무(또는 채권)를 가지고 상계하는 권리를 유보하는 조항으로서, 독일판례는 이 조항에 의한 상계를 금지하였고, 이에 찬성하는 학설이 많다. 최준규, "3자 간 상계계약의 대외적 효력", 저스티스 통권 제150호 (2015), 42-43면.

82) 1992년 ISDA기본계약서 제6조(e) 첫 단락 마지막 문장; 2002년 ISDA기본계약서 제6조(f).

및 정산에 관한 사항이라고 주장하는 견해도 있을 수 있다.[83]

그러나 채무자회생법 제120조 제3항이 일정한 적격금융거래에 대한 특례를 인정한 취지는, 일괄정산의 효력이 인정되지 않을 경우 발생할 수 있는 신용위험과 유동성위험의 증가 및 이에 따른 금융시스템 불안정의 예방, 쌍방미이행 쌍무계약에 관한 관리인·파산관재인의 선별적 처리의 방지, 일괄정산조항에 관한 법적 불확실성의 해소에 있으므로, 적격금융 거래에 해당하지 않는 다른 채권·채무와의 상계는 이 조항의 입법취지 와는 부합하지 않는다. ISDA기본계약서에 따른 적격금융거래의 조기종 료 및 정산 후 남은 금액의 지급채권·채무를 다른 채권·채무와 상계하 는 것은 성질상 적격금융거래의 종료 및 정산에 속한다기보다는 종료 및 정산 이후에 이루어지는 상계라고 보아야 할 것이고, 이는 채무자회생법 제120조 제3항에 규정된 '적격금융거래의 종료 및 정산'에 속하지 않는다 고 보는 것이 더 설득력이 있을 것이다.

4. 합성담보부증권 거래에서 신용스왑 상대방 도산 시 지급순위전환조항

(1) 합성담보부증권과 지급순위전환조항

전통적인 자산유동화거래에서는 자산보유자가 소유한 자산을 특별목 적기구(Special Purpose Vehicle. 이하 'SPV')에게 진정양도방식으로 양도하 고 SPV가 그 자산에 기초하여 유동화증권을 발행한다. 전통적인 자산유

---

83) 김창희, 앞의 논문 각주 63, 431면은 삼자 간 상계조항이 채무자회생법 제120조 제3항 의 보호를 받는다는 견해이다.

동화와는 달리 합성유동화(synthetic securitization)거래에서는 유동화자산을 SPV에게 양도하지 않고 단지 유동화자산의 위험(통상 신용위험)만을 SPV에게 이전하며, SPV는 그 신용위험을 반영한 합성담보부증권(Synthetic Collateralized Debt Obligations. 이하 '합성CDO')을 투자자에게 발행한다.

합성CDO거래의 내용 중 아래에서 보는 판결례와 관련되는 부분은 다음과 같다([그림 1] 참조).

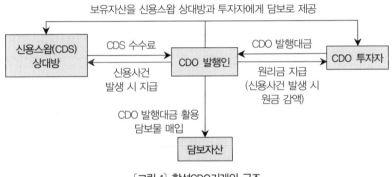

[그림 1] 합성CDO거래의 구조

① SPV에게 신용위험을 이전하기 위하여, 합성CDO거래를 주도하는 자산보유자(또는 자산을 보유하지 않은 투자은행 등)는 SPV가 보장매도자가 되어 신용위험을 인수하는 신용스왑(Credit Default Swap. 이하 'CDS')거래를 SPV와 체결한다. SPV는 신용위험을 부담하는 대가로 CDS거래 상대방으로 받는 수수료와 아래 ②에서 언급하는 담보자산에서 받는 이자 등 현금흐름을 이용하여 합성CDO상의 이자를 지급한다.

② SPV는 투자자로부터 받은 합성CDO 발행자금으로 통상 무위험 또는 저위험채권(이하 '담보자산')을 매입하고 이를 CDS거래상대방과 투자자에게 담보로 제공한다. 담보의 우선순위에 관하여, 평상시에는 CDS상 신용사건이 발생한 경우 CDS상 거래상대방에 대한 지급이 우선하지만,

CDS거래상대방이 도산한 경우에는 CDS거래의 조기종료에 따른 정산금의 지급보다는 투자자에 대한 원리금상환이 우선하도록 정하는 경우가 많다. 지급순위가 역전되기 때문에 이를 지급순위전환(waterfall flip)조항이라고 부른다.

원래 합성CDO거래는 유동화자산을 SPV에게 양도하지 않으면서도 유동화자산의 준거채무자의 신용위험에 대한 투자를 할 수 있도록 하는 것이 목적이므로, 투자자는 그 외의 다른 위험을 부담하고 싶어 하지 않는다. 지급순위를 역전시키는 조항을 두지 않으면, CDS거래상대방의 도산 시 ① CDS거래상대방이 내가격(조기종료에 따른 정산금을 SPV로부터 지급받을 상황)인 경우 담보자산을 처분하여 CDS거래상대방에게 지급하여야 하므로 투자자를 위한 책임재산이 줄고, ② CDS거래상대방이 외가격(조기종료에 따른 정산금을 SPV에게 지급해야 하는 상황)인 경우에는 CDS거래상대방이 도산했으므로 SPV가 전액 회수하지 못할 가능성이 높아진다.[84] 지급순위를 역전시키는 조항이 없으면 결국 투자자가 CDS거래상대방의 신용위험도 부담하게 되고, 이는 합성CDO 상품의 원래의 목적에 부합하지 않게 된다.

(2) CDS거래상대방의 도산과 지급순위전환조항의 효력

CDS거래상대방이 도산하고 CDS 조기종료 시 그가 SPV로부터 정산금을 받아야 할 상황(즉 in-the-money)인 경우, 도산을 원인으로 지급순위전환조항이 작동하여 지급받지 못하게 되었다는 점 때문에 지급순위전환이 도산재단을 해치는 것이 아닌가라는 문제가 제기될 수 있다.

---

84) 相澤 豪 / 河合 健, 앞의 논문 각주 15, 114면.

리먼이 CDS거래상대방이 되어 SPV가 합성CDO를 발행한 거래와 관련
하여 미국과 영국에서 이 문제를 다룬 판결례가 있다.

2009년 영국의 1심판결과 항소심판결은 지급순위전환조항이 유효하다
고 판시하였고, 2011년 영국 대법원이 이 결론을 유지하였다. 그러나
2010년 미국 연방파산법원은 영국 법원이 다룬 것과 동일한 사안에 관하
여 지급순위전환조항은 미국 연방파산법의 도산해지조항에 해당하고 파
생금융거래에 관한 안전항조항에 의한 예외에 해당하지 않는다고 보아
무효라고 판시하였다.[85] 동일한 사실관계에 대하여 영미 법원이 서로 반
대되는 판결을 내려 실무계에서 논란이 있었으나, 미국 연방파산법원은
2016년 파생금융거래에 관한 안전항조항이 적용되어 위 조항이 유효하
다고 판시하였고, 이를 항소심인 미국 연방지방법원의 2018년 판결에서
유지하였다. 이로써 영국과 미국의 법원이 이유는 다르지만 같은 결론에
이르게 되었다. 아래에서는 위 판결례들을 하나씩 살펴보기로 한다.

(3) 영국의 판결례

이 판결의 사실관계를 요약하면 다음과 같다.[86]

① 2002년 LBIE는 자신 또는 다른 리먼그룹회사가 가진 대출채권, 기
타 채권의 채무자의 신용에 연계된 합성CDO를 발행하는 프로그램을 설

---

85) 영국 법원의 판결과 미국 법원의 2010년 판결에 대한 국내문헌으로는 임지웅, "도산해
　지조항의 효력 및 범위: Flip-In 조항의 효력에 관한 영국과 미국의 판례분석을 중심으
　로", 도산법연구 제1권 제2호 (2010. 7), 도산법연구회, 25-47면; 김성용, "합성 CDO
　거래에서의 Flip Clause의 도산절차상 효력", 성균관법학 제23권 제3호 (2011. 12),
　1037-1059면. 영국 법원의 판결을 간단히 다룬 문헌은 홍성균, 앞의 논문 각주 34,
　198-199면.
86) 뒤의 각주 91의 영국 판결과 각주 94의 미국 판결에 언급된 사실관계에 기초하여
　정리하였다.

정하였다.[87] 원고 Perpetual Trustee Company Limited(이하 'Perpetual') 와 Belmont Park Investments Pty Ltd(이하 'Belmont')는 Saphir 등 세 개 발행인이 발행한 채권의 투자자 또는 투자자의 대표자이다. 피고 BNY Corporate Trustee Services Limited(이하 'BNY')는 Bank of New York Mellon의 영국 자회사로서 채권발행인이 발행자금으로 매입한 자산(이하 '담보물')을 수탁한 수탁회사이다.

② LBSF는 채권발행인과 CDS계약을 체결하였다. CDS계약상 (i) LBSF 는 채권상 지급할 이자액을 채권발행인에게 지급하고, 채권발행인은 담보물에서 수취하는 이자 상당액을 LBSF에게 지급하며, (ii) 채권만기(또는 조기상환 시)에는 LBSF는 채권발행인에게 ㉠ 준거채무자에게 신용사건이 발생하지 않은 경우에는 채권원금 상당액을, ㉡ 신용사건이 발생한 경우에는 채권원금 상당액에서 신용사건 발생한 준거채무자 해당금액을 공제한 금액을 지급하고, 채권발행인은 LBSF에게 담보물 처분가액을 지급하기로 하였다.

③ 채권은 (i) 주 신탁계약(principal trust deed), 추가신탁계약(supplemental trust deed)(당사자: 발행인·수탁회사·LBSF·LBHI)과 채권의 조건(terms and conditions)에 의하여 규율된다. 채권은 일정한 준거채무자의 신용에 연계되어 있고, 담보물로 담보되어 있으며, 주신탁계약과 추가신탁계약상 수탁회사는 담보물 처분대금을 평상시에는 스왑상대방(LBSF)에게 지급하지만(이하 '스왑상대방우선권'), 스왑상대방에게 '스왑계약상의 채무불이행사유'가 발생하면 순위가 바뀌어 투자자가 LBSF보다 우선하게(이하 '투자자우선권') 되어 있고(이하 '지급순위전환조항'), 이에 대해 스왑상대방도 동의

---

87) 2008년 9월 현재 19개의 SPV가 약 180건의 채권(원금총액 미화 125억 달러)을 발행하였다.

하였다. 스왑계약상 LBSF 또는 신용·보강자인 LBHI의 도산신청이 채무불이행사유에 해당하도록 규정되어 있다.

④ 채권발행인은 LBSF에게 스왑계약 조기종료 통지하고(LBSF의 연방파산법 제11장 적용신청을 채무불이행사유로 본다) 조기종료일(Perpetual건은 2008년 12월 1일, 다른 건은 2009년 3월 24일)을 지정하였다.

⑤ 글로벌 금융위기 발생으로 많은 신용사건이 발생하였고 스왑계약 조기종료 시 정산금을 LBSF가 지급받을 지위에 있을 것으로 예상되어, 담보물 처분대금의 지급순위에 따라 LBSF와 투자자의 회수금액이 크게 달라지게 되었다.

⑥ 2009년 5월 20일 LBSF는 미국 연방파산법원에 지급순위전환조항이 파산채무자의 계약상 권리를 변경하는 것으로서 미국 연방파산법 제362조 (a)(3), 제365조(e)(1), 제541조(c)(1)(B)를 위반한다고 주장하고, 2009년 6월 10일 미국 연방파산법원에 이에 관한 간이판결을 청구하였고, 2009년 6월 22일 BNY는 이를 기각할 것을 청구하였다. 한편 2009년 5～6월 합성CDO 투자자인 Perpetual은 영국 법원에 BNY를 상대로 투자자우선권에 따른 지급을 청구하는 소송을 제기하였다.[88]

영국에서는 지급순위전환조항이 책임재산박탈금지원칙에 위반하는지가 쟁점이었고, 영국의 1심판결[89]과 항소심판결[90]은 그 원칙 위반이 아

---

88) 영국 항소심판결과 미국 연방파산법원판결이 나온 후 Perpetual은 리먼과 화해함으로써 영국 상고심 당사자에서 빠지게 되었다.

89) Perpetual Trustee Co Ltd v BNY Corporate Trustee Services Ltd & Another〔2009〕 EWHC 1912 (Ch) (July 28, 2009).

90) Perpetual Trustee Company Ltd & Another v BNY Corporate Trustee Services Ltd & Others〔2009〕 EWCA Civ 1160 (06 November 2009). 누버거(Neuberger) 경의 주요 판결이유는 다음과 같다.
① 지급순위전환조항의 효과는 LBSF에게 부여된 재산을 박탈하거나 LBSF의 담보권을 박탈하는 것이 아니라 단순히 담보물매각대금에 관한 권리의 순위를 변경시키는 것에

니라고 보아 지급순위전환조항의 효력을 인정하였다. LBSF가 상고하였
으나 영국 대법원판결[91]은 상고를 기각하였다.

영국 대법원의 콜린스 경은 다음과 같이 판시하였다.[92] · [93]

① 책임재산박탈금지원칙이 적용되기 위해서는 도산법을 회피할 고의
적 의도가 필요하다. 당사자 자치가 영국 상거래법의 핵심이고 이 건과
같이 복잡한 금융거래에서는 자치를 더 중시해야 한다. 당사자 일방의

불과하다. 채무불이행사유가 발생해도 LSBF는 원래 합의된 내용의 권리를 보유하고,
투자자가 낸 자금으로 담보물을 구입했으므로 채무불이행사유 발생 시 LBSF가 투자
자보다 선순위가 아니라 후순위로 되어야만 하는 것이다.

② 담보물은 지급순위전환으로 혜택을 받는 담보권자가 제공한 자금으로 취득한 것이
고, 지급순위전환은 단지 LBSF가 담보물로부터 금전을 받기 전에 그 담보권자가 그가
제공한 자금을 (이자와 함께) 담보물로부터 상환받을 수 있도록 하기 위해 들어간
것이다.

③ 가사 지급순위전환이 박탈에 해당한다고 보더라도, 이 사건에서는 재산박탈금지원
칙이 적용되지 않는다. 왜냐하면 지급순위전환을 일으킬 수 있는 사건은 2008년 9월
15일의 LBHI의 제11장 절차신청이기 때문이다. 이는 LBSF의 도산신청일보다 18일 전
이므로 박탈은 LBSF의 청산 또는 이에 준하는 사유 이전에 발생하였다.

91) Belmont Park Investments PTY Ltd v BNY Corporate Trustee Services Ltd & Another
[2011] UKSC 38 (27 July 2011).

92) 콜린스 경은 순위전환이 처음부터 계약서에 명시되어 있다거나 스왑상대방우선권에
따르는 담보권이 원래 제한된 것이라는 조건부 자산(flawed asset) 이론에서 이 사건
의 문제의 해답을 찾아서는 안 된다고 하였다. 파산 시 결정될 수 있는 권리(조건부자
산)(이것은 재산박탈금지원칙 위반이 아니다)와 절대적 권리이지만 파산을 후행조건으
로 하여 효력이 없어지는 권리(이것은 위 원칙 위반이다)의 구별은 잘 정립되어 있지만,
파산 시 정해지거나 변경되는 모든 재산권이 재산박탈금지원칙 밖에 있는 것은 아니라
고 하였다. 나아가 자산의 생성 시부터 (도산 발생 기타 사유로) 자산보유자로부터 박
탈할 수 있음이 그 자산의 고유한 속성인 경우에는 그러한 조항의 효력을 인정해야
한다는 조건부 자산 이론을 일반적으로 적용하면 책임재산박탈금지원칙을 쉽게 회피
할 수 있는 문제가 있다고 지적하였다.

93) 맨스(Mance) 경은 스왑상대방우선권의 성격에 대해 "관련 계약서는 일정한 사건이
발생하기 전에는 LBSF가 계약상 우선권을 누릴 수 없는 것으로 해석된다. 투자자우선
권이 적용되는 사건 발생으로 LBSF가 스왑상대방우선권의 형태로 종전부터 가진 재
산을 박탈당하는 것이 아니다. 그 사건은 LBSF가 스왑상대방우선권을 취득하지 못하
게 하는 것이다"고 판시하여 항소심판결과 유사한 입장을 취하였다.

파산 시 그의 자산을 박탈하고자 하는 것이 주된 목적이거나 주된 목적
의 하나인 경우가 아닌 한 선의의 상업적 약정은 위 원칙 위반이 아니다.

② 이 사건에서 문제 된 계약조항은 선의로 체결한 복잡한 상거래의
일부이고, 상업적 실질을 보면 담보물은, 선의로 체결한 복잡한 상거래의
조건에 따라 투자자들이 자신의 채권을 담보하기 위하여 제공한 것이다.
지급순위전환조항이 도산법을 회피할 것을 고의적으로 의도했음을 시사
하는 것도 없다. 투자자는 (i) 발행인이 채무불이행할 신용위험, (ii) 담보
물 가치하락의 위험, (iii) LBSF가 발행인에게 원리금지급에 필요한 자금
을 지급하지 않을 위험을 부담하는데, 투자자우선권 조항은 (iii)의 LBSF
위험을 처리하기 위한 것이다.

(4) 미국 뉴욕남부 연방파산법원의 2010년 판결[94](이하 'BNY판결')

이 판결의 배경이 되는 계약관계와 리먼의 도산에 따른 스왑계약의 종
료에 관한 사실관계는 영국 판결의 사실관계 ①~⑤와 같고 추가적인 사
실관계는 다음과 같다.

⑥ 2009년 5월 20일 LBSF는 BNY를 상대로 (i) 이 건 거래계약상 채무
불이행사유 발생 시 LBSF의 지급순위를 전환하는 계약조항이 연방파산
법 제365조(e)(1)와 제541(c)(1)(B)에 위반한 도산해지조항으로 집행 가
능하지 않고(unenforceable), LBSF가 스왑계약상 우선지급을 받을 권리가
있다는 확인판결과 (ii) 도산신청 결과 LBSF의 지급순위를 전환하고자 하
는 조항을 실행하는 행동은 연방파산법 제362조(a)의 자동정지에 위반한

---

94) Lehman Bros. Special Fin. Inc. v. BNY Corp. Trustee Servs. Ltd. (In re Lehman Bros. Holdings Inc.), 422 B.R. 407 (Bankr. S.D.N.Y. 2010) (JMP).

다는 확인판결을 구하였다.

이에 대하여 미국 뉴욕남부 연방파산법원의 제임스 펙 판사는 다음과 같은 이유로 LBSF의 청구를 인용하였다.

① 도산해지조항은 일반적으로 집행할 수 없다. 연방파산법 제365조(e)(1)은 "(파산) 사건 개시 후 파산법상 사건의 개시를 조건으로 하는 계약조항만을 이유로 … 미이행계약이 종료되거나 변경될 수 없고, 그 계약상 어떠한 권리·의무도 종료되거나 변경될 수 없다"고 규정한다. 미이행계약은 '파산자와 계약상대방이 미이행하여 어느 한 당사자가 이행을 완료하지 못하는 것이 다른 당사자의 이행을 면제하는 중대한 위반이 될 수 있는 계약'을 의미한다. 이 건 거래계약상 당사자들의 의무가 계속되고 이행되어야 할 부분이 남아 있으며, 이 건 거래계약이 미이행계약의 기능적 정의를 충족하는 데 대해서는 의문의 여지가 없다. 스왑계약도 미이행계약이고 연방파산법 제365조가 스왑계약에 적용된다.

② 당 법원은 외국법원의 판결을 인정할 의무는 없다. 당 법원은 영국 고등법원과 항소법원 판결의 구속력을 인정하지 않고 연방파산법을 적용하여 이 사건의 쟁점에 대하여 결정한다.

③ 이 건 거래계약상 지급순위전환 또는 조기종료금액 산정방법의 변경의 효력이 발생하려면 일정한 적극적 행위(담보물의 매각 또는 실행에 따른 지급)가 필요한데, LBSF의 도산신청일 이전에 그러한 행위가 이루어지지 않았다. 따라서 LBSF는 도산신청일에 가치가 있는 계약상 재산권[95])을 가지고 있었고 이는 파산재단으로 보호받을 자격이 있다. 이 건 거래계약상 우선순위 전환발생 여부의 기준시점은 LBSF의 도산신청일이지 LBHI의 도산신청일이 아니다.[96])

---

95) 스왑상대방우선권을 의미한다.
96) 이 부분 판시는 이해하기 어렵다. 위 판결과 동일한 사실관계에 대한 영국 판결(각주 91)에 부록으로 첨부된 계약의 주요조항을 보면 추가신탁계약 제8.3조와 채권의 조건 제44조에서 스왑계약상 채무불이행사유가 발생하면 지급순위가 전환되도록 규정되어 있다. LBSF의 도산신청뿐 아니라 LBHI의 도산신청도 스왑계약의 채무불이행사유에 해당하므로 위 계약의 내용은 LBHI의 제11장 절차신청 시 지급순위전환이 일어나도록 정한 것으로 보인다. 영국의 1심판결과 항소심판결도 LBHI의 제11장 절차신청 시

④ 입법연혁을 보면 연방파산법의 위 조항은 파산채무자에 대한 파산절차 개시뿐 아니라 파산채무자와 일정한 관련이 있는 다른 파산절차 개시도 포함한다고 보아야 한다. 다른 사안에서는 어떻게 해석하든 LBHI와 그 관계회사의 연방파산법 제11장 사건은 도산해지 관련조항을 해석함에 있어서 특별한 사건(singular event)이다. 이 건에서는 LBHI의 도산 신청일을 기준시점으로 보아도 연방파산법 제365조(e)(1)과 제541조(c)(1)(B)에 따라 지급 순위전환은 허용되지 않는다.[97]

⑤ 따라서 연방파산법 제11장 적용신청만을 이유로 LBSF의 우선배분받을 권리를 변경하 려는 이 건 거래계약조항은 집행할 수 없는 도산해지조항이고 그 조항을 실행하려는 것은 자동정지에 위반한다.

⑥ 연방파산법 제560조의 안전항조항은 스왑계약의 비유책당사자가 가지는 (i) 제365조 (e)(1)에 규정된 종류의 사유 때문에 스왑계약을 청산·종료·기한이익상실을 시키거나 (ii) 스왑계약의 종료·청산 또는 기한이익상실에 따라 또는 이와 관련하여 발생하는 청산 가치 또는 지급금액을 상계 또는 정산할 계약상 권리를 보호한다. BNY는 투자자우선권 조항과 채권의 조건 제44조가 스왑계약의 일부를 이룬다고 주장하지만 스왑계약에는 추가신탁계약, 투자자우선권조항 또는 채권의 조건 제44조[98]에 대한 언급이 없다.[99] 투자자우선권 조항과 채권의 조건 제44조는 위 조항의 보호의 대상이 아니다.

지급순위전환이 작동된다고 판시하였다.

97) 펙 판사는 판결문 결론에서 해당 파산채무자의 도산신청이 아닌 관계회사의 도산사건 을 도산해지조항 해당 여부의 판단 기준으로 삼은 전례는 없다는 점을 언급하면서, 이 판시가 논란이 있을 것임을 예상하고 있다고 적었다. 이 판결에 대한 항소허가(아 래 각주 100의 본문)도 이 판시에 대한 논란을 이유로 삼았고, 결국 이 판시의 논거는 2016년 BOA판결에서 부정되었다.

98) 채권의 조건 제44조는 LBSF가 스왑계약상 채무불이행하면 채권상 조기상환금액의 산 정을 변경하도록 하였다.

99) 영국 판결에서는 본문의 판시와 같은 내용을 언급하고 있지 않다. 영국 판결(각주 91)에 첨부된 ISDA기본계약서 부속서 제5부(g)는 개별 파생금융거래와 관련하여 기본계약서 의 각 당사자는 신탁계약의 조건을 따르고, 개별 파생금융거래의 조건과 신탁계약의 조건이 충돌하는 경우 신탁계약의 조건이 우선하며, 채권발행인이 제공한 담보권을 실행할 권리는 신탁계약에 정해진 바에 따라 제한된다는 내용이 포함되어 있다는 점에 서 위 판시가 얼마나 설득력이 있는지 의문이 있다.

이 판결에 대하여 미국 뉴욕남부 연방지방법원의 콜린 맥마흔(Colleen McMahon) 판사는 위 판결이 중간판결이지만, 계약당사자 자신의 도산신청을 조건으로 한 조항을 무효로 하는 것이 그동안의 판례인데 전례가 없는 결정을 한 점을 들어 의견의 차이에 관한 상당한 근거가 있고, 위 판결의 즉각적인 재검토가 소송의 최종적 종결을 진전시킬 것이라고 보아 BNY의 항소를 허가하였다.[100] 그러나 리먼과 BNY 및 Perpetual의 화해로 사건이 종결되었다.[101]

(5) 미국 뉴욕남부 연방파산법원의 2016년 판결[102](이하 'BOA판결')과 이에 대한 미국 뉴욕남부 연방지방법원의 항소심판결[103]

이 사건의 사실관계를 요약하면 다음과 같다.

① LBSF는 합성CDO 발행과 관련하여 그 발행인과 CDS거래를 하였다. 2008년 9월 15일 LBHI의 파산신청과 2008년 10월 3일 LBSF의 도산신청으로 신용스왑이 조기종료되었다. 일부 CDS거래상 조기종료 후 LBSF가

---

100) Lehman Bros. Special Fin. Inc. v. BNY Corp. Trustee Servs. Ltd. (S.D.N.Y) (JMP)-Decision and Order Granting BNY Corporate Trustee Services Limited's Motion for Leave to Appeal (September 20, 2010).
101) Order Pursuant to Rule 9019 of the Federal Rules of Bankruptcy Procedure for Approval of a Settlement Among Lehman Brothers Special Financing Inc., BNY Corporate Trustee Services Limited, Perpetual Trustee Company Limited, and Others, Relating to Certain Swap Transactions with Saphir Finance Public Limited Company (Docket. No.13511) (December 16, 2010).
102) In re Lehman Bros. Holdings Inc., 553 B.R. 476 (Bankr S.D.N.Y. 2016) 또는 Lehman Bros. Special. Fin. Inc. v. Bank of America, N.A., et al. (In re Lehman Bros. Holdings Inc.), No.08-13555, AP No.10-03547 (Bankr. S.D.N.Y. June 28, 2016) (SCC).
103) Lehman Brothers Special Financing Inc. v. Bank of America National Association, No.17-cv-01224, 2018 WL 1322225 (S.D.N.Y. Mar. 14, 2018).

CDO발행인으로부터 지급받을 금액이 있었으나(즉 in-the-money), 지급순위전환조항이 작동되어 후순위가 되었고, 담보자산 처분대금으로 CDO투자자에게 지급한 후 LBSF에게 지급할 자산이 없었다.

② LBSF는 CDS를 체결한 44개의 합성CDO거래의 수탁자, CDO투자자와 CDO발행인을 상대로 (i) 지급순위조항은 연방파산법 제365조(b)(2)를 위반하여 집행할 수 없는 도산해지조항이고 안전항조항의 보호를 받을 수 없음을 확인하고, (ii) 피고들에게 지급된 약 10억 달러를 반환할 것을 청구하였다.

BNY판결과는 달리, 미국 뉴욕남부 연방파산법원의 셸리 채프먼(Shelley C. Chapman) 판사는 다음과 같은 이유로 LBSF의 청구를 기각하였다.[104]

① LBSF가 우선지급을 받을 권리를 가지고 있었으나 LBHI의 도산신청으로 투자자보다 후순위로 되도록 한 거래유형(유형 1)은 도산해지계약에 해당하지만, 지급순위조항의 실행은 스왑계약을 청산 또는 종료시키는 스왑참여자의 계약상 권리의 행사이고, 이는 연방파산법 제560조의 안전항조항에 의하여 보호된다. 제560조의 청산(liquidate)에는 담보물의 처분과 분배가 포함되고, 지급순위조항의 실행과 이에 따른 지급은 제560조에 의하여 보호된다.

② LBSF의 채무불이행 이외의 사유로 조기종료될 것을 조건으로 LBSF가 우선지급을 받을 권리를 가지도록 한 거래유형(유형 2)(이 소송에서 다투어진 다수의 거래가 이 유형에 속한다)은 집행 불가능한 도산해지조항이 아니다. LBHI의 도산신청은 LBSF의 귀책사유에 해당하고, LBSF는 CDO투자자들보다 우선하여 지급받을 권리를 취득한 적이 없으며, LBHI의 도산신청으로 LBSF의 권리가 변경된 것이 아니다.

---

104) LBSF의 주(州)법상 청구(부당이득, 의제신탁, 계약위반 등)도 모두 기각하였다.

③ LBSF가 LBHI의 도산신청일을 기준으로 도산해지조항 해당 여부를 판단할 수 있는 법적 근거가 있는지에 대해 새로 검토한 결과, BNY판결이 제시한 '특별한 사건 이론(singular event theory)'을 배척한다. 연방파산법의 문언에 따라 LBSF의 도산신청일 이전에 발생한 LBSF의 권리 변경은 도산해지 금지조항 위반의 근거로 삼을 수 없다.

LBSF가 항소하였으나, 미국 뉴욕남부 연방지방법원의 로나 스코필드(Lorna G. Schofield) 판사는 항소를 기각하였다.[105]·[106] 이 판결은 위에서 본 채프먼 판사의 판결과는 달리 거래유형을 나누어 판단하지 않고 미국 연방파산법 제560조의 안전항조항에 초점을 맞추었다.

① 지급순위조항이 도산해지조항이라고 가정하더라도 지급순위조항은 제560조의 안전항조항에 의하여 보호된다. 제560조의 목적은 도산에 들어간 스왑계약 해약(unwinding)이 초래할 혼란으로부터 증권시장을 보호하기 위한 것이다.

② 제560조는 청산을 정의하고 있지 않으나 법률, 금융, 일반 사전상 청산의 의미는 사업·약속(undertaking)을 종료시키고 자산을 지급·분배하는 것을 의미한다. 이 사건의 맥락에서는 청산의 단순한 의미는 지급순위조항에 따라 담보물을 분배하여 스왑계약을 종료시키는 것을 의미한다. LBSF가 주장하는 해석은 제560조가 스왑계약에 제공하는 보호를 무력화시키기 때문에 타당하지 않다. 지급순위조항은 ISDA기본계약서의 부속서에 명시적으로 기재되어 있거나 신탁계약을 부속서에 인용하는 방법으로 반영되어 있다.

③ BNY판결 및 이와 같은 내용의 Ballyrock판결[107]의 판시와 어긋난

---

105) 이 판결도 LBSF의 주법상 청구를 모두 기각하였다.
106) 2018년 4월 13일 LBSF는 위 판결에 대해 제2항소법원에 다시 항소하였다.
107) Lehman Bros. Special Fin. Inc. v. Ballyrock ABS CDO 2007-1 Ltd., et al. 452 B.R.

다는 LBSF의 주장에 대해서는, (i) BNY판결과 Ballyrock판결은 지배적인 선례가 아니고, (ii) 이 사건과는 달리 BNY 사건에서는 문제 되는 지급순위조항이 스왑계약의 일부가 아니었으므로 BNY 사건과는 구별되며, (iii) 펙 판사가 최근 판결[108)]에서 제560조의 단순한 해석이 청산행위와 이를 실행하는 방법 양자를 보호한다고 판시한 점 등을 들어 배척하였다.

④ 제560조는 스왑참여자 또는 금융참여자가 가지는 계약상권리의 행사에만 적용된다. 이 사건에서 지급순위조항의 실행은 스왑참여자임이 분명한 CDO발행인이 가지는 권리이다. 제560조는 스왑참여자의 계약상 권리의 행사(exercise "of" a swap participant's contractual right)를 요구하고 있으므로 그 권리가 스왑참여자에 의하여 행사될(exercised "by" the swap participant) 필요는 없다. 수탁자가 스왑을 종료시키고 지급순위조항을 실행할 때, 수탁자는 CDO발행인의 권리(rights "of" the issuers)를 행사한 것이다.

(6) 검토

1심판결부터 대법원판결에 이르기까지 지급순위전환조항의 효력을 인정한 영국과 달리 미국의 2010년 BNY판결에서는 그 조항이 도산해지조항으로서 연방파산법에 위반하여 효력이 없고 안전항조항의 보호를 받지 못한다고 하였으나, 2016년 BOA판결과 그 항소심판결에서는 안전항조항의 보호를 받는다고 판시하였다. BOA판결은 몇 가지 시사점을 준다. 우선 BOA판결에서 행한 거래유형별 분석, 즉 도산채무자(LBSF)의 우선권이 정지조건부인지 아니면 해제조건부인지에 대한 분석은 매우 유용하

---

31 (Bankr. S.D.N.Y. 2011).

108) Michigan State Housing Development Authority v. LBSF (In re Lehman Bros. Holdings Inc.), 502 B.R. 383 (Bankr. S.D.N.Y. 2013).

다. 계약조항의 법적 효과를 판단하기 위해서는 그 계약의 내용을 파악하고 법적 성격을 분석하는 것이 선행되어야 함은 당연하면서도 매우 중요한 사항이다.

BOA판결이 BNY판결과 다른 결론을 내린 이유 가운데 하나는 BNY판결에서와는 달리 BOA판결의 사안에서는 스왑계약에 지급순위전환조항이 포함되어 있었다는 점이다. 이러한 차이는 한국에서 유사한 법적 쟁점이 제기되는 경우 채무자회생법 제120조 제3항이 적용될 수 있는지 여부의 판단 시에도 중요한 고려요소가 될 수 있다.

채무자회생법 제120조 제3항은 적격금융거래의 종료 및 정산에 관하여는 기본계약에서 당사자가 정한 바에 따라 효력이 발생하고 해제, 해지, 취소 및 부인의 대상이 되지 않도록 규정한다. 만약 관련 조항이 해당 파생금융거래에 따른 당사자 간의 지급채무액 자체를 변경하는 조항이고 그 조항의 작동이 통상 조기종료에 수반되는 것이라면, 이 조항은 적격금융거래의 종료 및 정산의 범위에 속하는 데 대해 의문이 없을 것이다. 한편 기본계약에 포함된 지급순위전환조항이 파생금융거래당사자가 제공한 담보물의 처분금의 지급순위를 변경하는 것인 경우에는 채무자회생법 제120조 제3항 제4호에 규정된 '제1호 내지 제4호의 거래에 수반되는 담보의 처분·충당'에 해당된다고 보는 것이 법문에 충실한 해석일 것이다. 그렇다면 지급순위전환조항이 기본계약의 일부를 이루는 한, 채무자회생법 제120조 제3항에 따라 그 조항의 작동에 따른 당사자 간 지급금액의 변경은 기본계약에서 당사자가 정한 바에 따라 효력이 발생한다고 보아야 할 것이다.

채무자회생법 제120조 제3항이 정한 특례조항에 의존하지 않더라도 다음과 같은 점을 고려할 때 한국의 도산절차에서 위의 판결례에서 다룬 지급순위전환조항의 효력이 인정되어야 할 것으로 생각된다.

채무자회생법은 미국 연방파산법과 달리 도산해지조항을 광범위하게 일반적으로 금지하는 조항을 두고 있지 않다. 대법원 2007. 9. 6. 선고 2005다38263 판결도 도산해지조항을 일반적으로 금지하는 법률이 없음을 지적하고 "도산해지조항이 회사정리법에서 규정한 부인권의 대상이 되거나 공서양속에 위반된다는 등의 이유로 효력이 부정되어야 할 경우를 제외하고, 도산해지조항으로 인해 정리절차개시 후 정리회사에 영향을 미칠 수 있다는 사정만으로는 그 조항이 무효라고 할 수는 없다"고 판시하였다.

도산법상 효력이 문제 될 수 있는 도산해지조항의 범위에 대해서 위 대법원판결은 '채무자인 회사의 재산상태가 장래 악화될 때에 대비하여 지급정지, 회사정리절차의 개시신청, 회사정리절차의 개시와 같이 도산에 이르는 과정상의 일정한 사실이 그 회사에 발생하는 것을 당해 계약의 해지권의 발생원인으로 정하거나 또는 계약의 당연 해지사유로 정하는 특약을 도산해지조항으로 정의하여 좁은 개념으로 파악하였다.[109] 이러한 정의는 관리인·파산관재인의 쌍방미이행 쌍무계약 이행·해지 선택권을 침해하는지 여부의 관점에서 도산해지조항의 효력을 논의하는 것[110]과 궤를 같이한다. 이렇게 접근하는 경우, 위 지급순위전환조항은 도산해지조항에 포함되지 않고 관리인·파산관재인의 선택권도 침해하지 않는다고 할 수 있다.

이와는 달리 지급정지·도산신청 등을 사유로 하여 계약이나 계약상

---

109) 미국의 BNY판결이 종전의 미국 판례와 달리 판시하여 비판받고 그 논리가 나중에 BOA판결에서 부정된 쟁점이었던, LBSF의 도산신청이 아닌 LBHI의 도산신청을 이유로 계약을 해지하는 조항은 위 대법원판결에서 사용한 도산해지조항의 범주에 들어가지 않는다.

110) 권영준, 앞의 논문 각주 43, 778-779면은 도산해지조항을 무효로 하는 명문조항이 없더라도 도산해지조항은 관리인이 쌍방미이행 쌍무계약을 이행 또는 해지할 수 있는 선택권을 규정한 채무자회생법 제119조의 취지에 반하는 탈법행위로서 원칙적으로 효력을 인정할 수 없다고 본다.

의 권리가 변경되는 조항은 광의의 도산조항[111]으로서, 도산재단의 자산 확보에 영향을 미친다는 점에서 그 조항의 효력을 문제 삼을 수 있어야 한다는 주장도 있을 수 있다.[112] 그러나 채무자회생법의 부인권조항 등 구체적인 조항의 해석에 기초하지 않고 회생절차의 공서양속으로 규율하는 것은 매우 신중해야 할 것이다. 또한 리먼이 행한 것과 같은 거래구조에서의 지급순위전환조항은 스왑상대방에 대한 신용위험 부담을 통제하는 수단으로 사용되는 것이고, 이는 다른 특별한 사정이 없는 한 상업적 합리성과 상당성이 있다고 보아야 할 것이다.

채무자회생법이 영국의 재산박탈금지원칙과 동일한 조항을 두고 있지 않다. 유사한 취지의 조항으로는 채무자회생법 제100조와 제391조의 부인권에 관한 조항을 들 수 있다. 합성CDO를 발행하는 SPC와 지급순위전환조항이 포함된 신용스왑계약을 체결하는 스왑상대방은 그러한 합성 CDO를 발행하는 거래구조를 만들어 합성CDO를 발행하는 것이 자신의 영업활동의 하나일 것이다. 스왑상대방이 정상적으로 행한 영업활동(고의로 자신의 순자산을 감소시킬 목적으로 자신에게 불리한 조건으로 한 것이 아닌 거래)에 대해 자신이 도산했을 때 파산채권자·회생채권자를 해하는 것을 알면서 행한 것이라고 보기는 어려울 것이다. 특히 위와 같은 CDO 거래에서는 발행인이 투자자들이 증권을 인수하면서 납입한 자금으로 담보물을 매입한다는 점에서 신용스왑거래가 스왑상대방의 일반채권자를 해하는 행위가 되기는 더 어려울 것이다. 또한 지급순위전환조항이 포함

---

111) 협의의 도산해지조항과 광의의 도산조항의 구별에 관한 논의는 한 민, "미이행쌍무계약에 관한 우리 도산법제의 개선방향", 선진상사법률연구 제53호 (2011. 1), 60–64면.
112) 임지웅, 앞의 논문 각주 85, 40면은 이 문제를 제기하고 한국 법원이 지급순위전환조항의 효력을 부인하는 판결을 내릴지 다소 부정적이라는 견해이며, 한 민, 앞의 논문 각주 111, 72면은 계약의 구체적인 조건과 제반 사정에 따라 부인권의 대상이나 공서양속 위반이 인정되면 효력이 부정된다는 견해이다.

되어 있음만을 이유로 스왑거래가 무상행위 또는 스왑상대방의 의무에
속하지 않는 행위에 해당한다고 볼 수는 없을 것이다.

결론적으로 리먼이 행한 거래와 같은 파생금융거래에서 기본계약에
지급순위전환조항이 포함되었을 때, 채무자회생법에 따른 파산·회생절
차에서는 원칙적으로 그 조항에 따른 지급순위전환의 효력을 인정해야
할 것으로 보인다.[113]·[114]

IV. 맺음말

파생금융거래에 따른 당사자의 권리·의무는 계약 조항에 반영된다.

---

113) 지급순위전환조항을 무효로 볼 가능성이 거의 없다는 견해로는 김성용, 앞의 논문
각주 85, 1056-1058면.
114) 일본에서는, ① 지급순위전환조항은 합성CDO에의 투자위험에 스왑상대방의 신용위
험이 미치는 영향을 줄이기 위한 것으로서 증권화상품의 안전성을 높이는 데에 합
리적이고 유용한 수단이므로 명시적인 법 규정 없이 그 효력을 부정하기 어렵다는
견해[仲田信平, "リーマン・ブラザーズ破綻とデリバティブ契約(下)", 金融財政事情
No.2876 (2010. 3. 22), 41면], ② 위 견해 ①과 같은 이유로 일본 법원이 지급순위전
환조항의 효력을 인정하는 판단을 내릴 것을 충분히 생각해 볼 수 있다고 하면서도,
다수의 파생금융거래를 행한 증권회사 등 금융회사의 도산 시 모든 파생금융거래
의 지급순위전환조항이 발동되면 파산재단이 대폭 감소하여 스왑상대방의 회생
또는 채권자에 대한 배당률에 악영향을 미칠 우려가 있다는 점에서 도산절차의
취지·목적을 해하는 것으로 효력이 부정될 수도 있다는 견해[齊藤 崇/上田 瓦,
"デリバティブを組み込んだ證券化商品に關する近時の諸問題", 事業再生と債權管
理 No.131 (2011. 1. 5), 162면], ③ 위 견해 ②와 같은 이유로 도산절차의 취지·목적
에 반한다고 하여 무효로 될 가능성이 있지만, 지급순위전환조항은 성질상 사업의
계속에 불가결하다고 말할 수 있는 계약의 계속의 문제가 아니라 계약종료 후의
자산분배의 문제에 불과하기 때문에 반드시 도산절차의 취지와 목적에 반한다고
말할 수는 없다는 견해(相澤 豪/河合 健, 앞의 논문 각주 15, 117면) 등이 제시되고
있다.

파생금융거래 당사자 일방이 채무불이행하거나 도산하는 경우에는 소송 또는 도산절차를 통하여 그 계약조항의 효력과 그 조항이 실제 어떻게 작동하는지를 점검할 수 있게 된다. 특히 도산 시에는 평상시 문제 되지 않던 법적 쟁점이 제기된다. 리먼의 도산절차에서 제기된 파생금융거래에 관한 분쟁에 대한 외국의 판결례들은 다양한 법적 쟁점을 다루었다. 물론 외국의 판결례들은 해당 국가의 도산법제의 특수성을 반영한 것이다. 국내 도산절차에서 유사한 분쟁이 발생할 경우에는 채무자회생법 등 국내법이 적용될 것이고, 반드시 외국의 판결례와 동일한 결론에 이르지는 않을 것이다. 그러나 외국의 판결례에서 제시한 논거와 결론은 국내 분쟁 발생 시 중요한 참고가 될 것이다. 또한 분쟁 발생 이전에 파생금융거래 관련 계약을 작성할 때도 이러한 분쟁사례를 참고할 필요가 있다.

02

채무자 회생 및 파산에 관한 법률의 적격금융거래에 대한 특례조항의 비판적 검토[*]

이영경[**]

I. 서론

파생금융거래는 지난 수십 년 동안 급성장하여 세계 금융시장의 중요한 분야로 자리잡았다. 단기금융 수단인 환매조건부 채권매매거래(repur-chase agreement, '리포거래') 또한 비약적으로 발전하였다. 이러한 금융거래에서는 동일 당사자들 사이에 다수의 거래를 체결하고 거래 종료시 일괄정산(close-out netting)을 하는 것이 일반적이다.[1] 일괄정산이란 일방

---

* 이 글은 서울대학교 法學 제60권 제2호 (2019. 6)에 게재된 것이다. 이 글은 개인적 학술활동을 쓴 것으로서 전적으로 본인의 의견에 따른 것이며, 본인이 속하여 있는 기관의 의견과는 무관하다.
** 김 · 장법률사무소 변호사
1) 일괄정산조항은 파생금융거래의 대표적인 기본계약인 ISDA Master Agreement, 환매조건부 증권매매거래에 사용되는 Global Master Securities Repurchase Agreement, 증권대차거래에 사용되는 Global Master Securities Lending Agreement 등의 기본계약에 포함되어 있다.

당사자가 도산 등 일정한 사유가 발생한 경우 거래를 종료하고 양 당사자 간에 체결한 다수 거래의 채권채무액을 차감정산하여 하나의 순잔액 채권으로 만드는 것이다. 여러 국가들은 일정한 금융거래에서 이루어지는 일괄정산과 그에 수반한 담보에 대하여 법적 효력을 인정하는 법률 조항('특례조항')[2]을 두고 있다.[3]

우리나라도 국제적 흐름에 따라 2005년 채무자 회생 및 파산에 관한 법률('채무자회생법') 제정 시 제120조 제3항으로 적격금융거래에 대한 특례조항을 마련하였다.[4] 그런데 도산법상 파생금융거래 등에 대하여 특별한 취급을 하는 조항을 두는 것이 시스템 위험(systemic risk)을 막아 금융시장의 안정에 기여할 것이라는 입법취지와 달리, 2008년 글로벌 금융위기 시 그로 인해 오히려 대형 금융기관의 존속이 어려워지고 금융시장에 혼란을 가져왔다고 하는 비판론이 미국을 중심으로 거세게 일어나고 있다. 금융안정위원회(Financial Stability Board. 이하 'FSB')와 바젤 은행감독위원회(Basel Committee on Banking Supervision. 이하 'BCBS') 및 사법통일 국제연구소(International Institute for the Unification of Private Law. 이하 'UNIDROIT') 등은 현재까지 각국에 대하여 파생금융거래 등 금융계약에 대한 도산법상 특례를 인정하는 법조항을 마련하도록 국내법제를 정비할 것을 촉구하면서, 대형 금융기관의 정리제도에서 특례조항이

---

2) 나라마다 특례를 인정하는 법조항의 내용은 모두 다른데, 이 글에서는 편의상 이들을 일괄하여 특례조항으로 부른다. 이 글에서 개별 법률에서 문제 되는 조항들을 예컨대 채무자회생법상 특례조항, 미국 연방파산법상 특례조항 등과 같이 기술하는 경우, 특례조항이라는 동일한 표현에 불구하고 그 구체적인 내용에는 차이가 있다.

3) ISDA는 2018년 6월 네팅조항의 효력을 인정하는 입법현황을 발표하였는데, 50여 개국이 이러한 법조항을 가지고 있다(https://www.isda.org/2018/06/12/status-of-netting-legislation/).

4) 채무자회생법 제120조는 회생절차에 관한 조항으로, 파산절차에 관하여는 제336조에서 제120조를 준용하고 있다.

조화를 이루도록 할 것을 강조하고 있다.

이 글에서는 이러한 국제적인 법적 환경을 배경으로 채무자회생법 (2017. 12. 12. 개정)의 적격금융거래에 대한 특례조항을 비판적으로 검토 하고, 그 운영방안에 대하여 연구한다. 이를 위해 II장에서는 미국의 비판 론을 검토하는 전제로서 미국 도산법상 특례조항을 개관하여 보고, III장 에서는 특례조항의 전통적인 근거에 대하여 살펴보며, IV장에서는 특례 조항에 대한 비판론자들의 주장을 검토한다. V장에서는 현재 특례조항에 대한 국제기구의 입장이 어떠한지 살펴본다. VI장에서는 이상의 검토 내 용을 토대로 우리나라에서의 시사점과 채무자회생법상 특례조항의 운영 방안에 대하여 생각해 본다. 채무자회생법 제120조는 제3항의 파생금융 거래 등 이외에 동조 제1항의 지급결제제도 및 제2항의 청산결제제도에 대한 특례를 포함하는데, 최근의 미국에서의 비판론은 주로 지난 금융위 기에서 문제가 된 신용스왑(credit default swap)과 같은 파생금융거래와 리포거래에 관한 것이다. 이 글에서도 이들 거래를 중심으로 하여 채무 자회생법 제120조 제3항을 연구대상으로 삼는다.

II. 미국 도산법상 특례조항

미국은 세계 주요 금융시장 중 하나로서 파생금융시장을 주도하는 대 형 금융기관들이 있으며, 도산법상 금융거래에 대한 특례조항을 처음 도 입하여 다른 국가들에게 큰 영향을 미쳐 왔다. 파생금융시장의 대표적인 유관기관인 International Swap Dealers Association(이하 'ISDA')은 각국이 파생금융계약의 일괄정산조항의 도산법상 효력을 인정하는 법제화를 하 도록 수십 년간 힘을 기울여 오고 있는데, 미국의 입법례를 성공례로 들면서 다른 국가들도 일괄정산의 효력을 법률로서 부여할 것을 권유하고 있다.[5] 우리나라에서 채무자회생법에 적격금융거래에 대한 특례조항이 입법되는 과정에서도 ISDA의 입법활동과 미국의 입법례가 상당히 영향을 미친 바 있다.[6] 이처럼 미국의 입법례는 도산법상 금융거래에 대한 특례조항을 이해하는 기본 배경이 되며, 최근 미국에서의 비판론을 검토하기 위한 전제로서 필요하므로 이에 대하여 살펴본다.

1. 특례조항의 제정 및 확대[7]

(1) 최초 입법 시부터 1990년 개정 연방파산법에 의한 스왑계약 도입 시까지

미국은 1978년 연방파산법(Bankruptcy Code)에 처음 금융거래에 대한

---

5) ISDA, 2018 ISDA Model Netting Act and Guide (2018), 7.1 (https://www.isda. org/a/X2dEE/FINAL_2018-ISDA-Model-Netting-Act-and-Guide_Oct15.pdf.) ISDA는 세계 각국이 도산법상 특례조항을 도입하는 것을 가이드하기 위하여 1996년 모범네팅법(Model Netting Act)을 만들어 2018년판까지 계속 업데이트하여 오고 있다.

6) Riz Mokal, "Liquidity, Systemic Risk, and the Bankruptcy Treatment of Financial Contracts", Brooklyn Journal of Corporate, Financial and Commercial Law, Vol.10, Issue1 (Fall 2015), 80면은 ISDA의 입법활동의 예 중 하나로 우리나라의 채무자회생법상 특례조항 도입과정을 기술하고 있다.

7) Steven L. Schwarcz / Ori Sharon, "The Bankruptcy-Law Safe Harbor for Derivatives: A Path-Dependence Analysis", Washington and Lee Law Review, Vol.71, No.3 (Summer 2014), 1724-1736면; Stephen D. Adams, "Derivatives Safe Harbors in Bankruptcy and Dodd-Frank: A Structural Analysis" (2014. 3. 30), 6-7면; Rhett G. Campbell, "Financial Markets Contracts and BAPCPA", American Bankruptcy Law Journal, Vol.79, Issue3 (Summer 2005), 698-706면; Charles W. Jr. Mooney, "The Bankruptcy Code's Safe Harbors for Settlement Payments and Securities Contracts: When Is Safe Too Safe?", Texas International Law Journal, Vol.49, Issue2 (Spring 2014), 245-250면.

특례조항을 마련하였다. 상품선물시장의 취약성을 이유로 상품선물중개업자가 도산한 고객과의 거래의 일괄정산을 허용하여 도미노 효과가 생기지 않도록 할 필요가 있다고 하여, 상품선물 및 선도거래에 대하여 연방파산법의 자동정지(automatic stay)와 부인권의 행사를 제한하는 특례조항이 도입되었다. 이후 금융시장의 발달에 따라 특례조항은 점차 범위를 확대해 나갔다. 1982년 연방파산법 개정에서는 증권계약(securities contract)을 추가하였고, 1984년 동법 개정에서는 양도성예금증서, 미국정부 증권 등에 관한 리포거래를 추가하였다. 1985년 ISDA가 설립되어 표준화계약의 제정 등으로 장외파생상품이 크게 발달하면서, 다양한 파생금융거래를 반영하기 위하여 1990년 연방파산법이 개정되었다. 동 개정에서는 스왑계약(swap agreement)을 스왑, 옵션, 선물, 선도, 현물거래 등과 이들이 혼합된 거래 및 그 밖에 현재 및 장래에 스왑시장에서 거래되는 것으로 광범위하게 정의하여 대부분의 파생금융거래를 포함시키는 포괄조항(catch-all)으로 삼고, 특례를 인정하였다.

(2) 1998년 LTCM 사태와 2005년 개정 연방파산법

2005년 연방파산법 개정은 적용대상 거래를 한층 더 확대시켰다. 법개정의 배경에는 1998년 Long-Term Capital Management(이하 'LTCM')의 위기가 있었다. LTCM은 미국 최대 규모의 헤지(hedge)펀드 중 하나였는데, 1998년 여름 갑작스러운 러시아 루블화의 폭락으로 대규모 손실을 입고 위기에 처하였다. 뉴욕 연방준비위원회(New York Federal Reserve)는 14개의 주요 채권자들로 하여금 출자 등을 통해 LTCM을 구제하도록 하였는데, 연방파산법의 특례조항에 따라 LTCM의 거래상대방들이 한꺼번에 거래를 종료하고 권리를 행사하면 LTCM은 파산하게 될 것이고, 그 영향이 시장 전체에 미칠 수 있다는 점을 구제 이유로 들었다. 이 결정에 대하여는 연방파산법의 특례조항은 금융시장의 시스템 위험을 방지하기 위하여 마련된 것인데 이율배반적으로 특례조항이 오히려 위기를 가져온다고 하여 구제가 이루어졌다는 비판이 있었다.[8] LTCM 위기가 마무리되면서 1999년 재무부, 연방준비제도이사회, 증권거래위원회, 상품선물거래위원회로 구성된 워킹그룹은 LTCM 사태를 검토한 보고서(Hedge Funds, Leverage, and the Lessons of Long-Term Capital Management: Report of President's Working Group on Financial Markets)를 발표하였다. 동 보고서는 만약 LTCM이 구제되지 않고 실패하였다면 파생금융거래 등의 상대방들은 특례조항에 따라 손실을 완화하였을 것이고 그 결과 금융시장 불안가능성이 감소되었을 것이라고 분석하고, 특례조항을 확대할 것을 권고하였다.[9] 이러한 권고는 2005년 파산남용방지 및 소비자보호법(Bankruptcy Abuse Prevention and Consumer Protection Act)의 제정을 이끌었다. 동법은 특례조항의 적용 범위를 크게 확대시켜 시장에서 거래되는 거의 모든 파생금융거래와 그와 관련한 담보가 포함되도록 하였다. 특히 2008년 금융위기시 크게 문제가 된 모기지 관련 증권, 채권 등을 대상으로 하는 리포거래도 특례조항의 적용대상에 추가하였다.

---

8) Franklin Edwards / Edward R. Morrison, "Derivatives and the Bankruptcy Code: Why the Special Treatment?", Yale Journal on Regulation, Vol. 22, Issue 1 (Winter 2005), 112-113면.

9) Department of the Treasury, Board of Governors of the Federal Reserve System, Securities and Exchange Commission, Commodity Futures Trading Commission, Hedge Funds, Leverage, and the Lessons of Long-Term Capital Management: Report of President's Working Group on Financial Markets (1999. 4), 19-20면, 40면. 이 보고서에 대하여는, LTCM 사태에서 특례조항은 정상적인 시장에서 개별 상대방에 대한 위험완화 기능을 발현할 수 있지만 위기 상황에서는 유동성에 문제를 만들고 오히려 시스템 위험을 증가시킨다는 것을 보여 주었는데, 보고서는 위기상황을 고려한 분석에 실패하였다는 비판이 있다. Mokal, 앞의 논문 각주 6, 76-77면.

2. 미국 도산법상 특례조항의 내용[10]

미국의 도산법은 채무자가 규제 금융기관인 경우와 그렇지 않은 경우를 나누어 규율한다. 일반 채무자에 대하여는 연방파산법이 적용되고, 은행 등 연방 예금부보 금융기관이 도산한 경우에는 연방예금보험법(Federal Deposit Insurance Act)이 적용된다. 그리고 증권 중개-매매업자(broker-dealer)의 청산 시 증권투자자보호법(Securities Investor Protection Act)이 적용된다. 금융위기 이후 제정된 도드-프랭크 월가개혁 및 소비자보호법(Dodd-Frank Wall Street Reform and Consumer Protection Act. 이하 '도드-프랭크법')은 Title II에서 시스템적 중요 금융기관(systemically important financial institutions)에 대한 질서정연한 청산절차(orderly liquidation authority)를 도입하였다.

(1) 연방파산법상 특례조항

연방파산법은 상품계약, 선도계약, 리포계약, 스왑계약 등 거래유형들을 명시하여 동법상 도산해지 금지조항(*ipso facto* clauses)에 불구하고 계약의 청산, 종료 또는 기한이익의 상실과 그로 인한 지급액을 정산하는 계약상 권리가 정지되거나 부인되지 않는다고 규정한다.[11] 그리고 자동정지 조항[12] 및 부인권 조항[13]에서 그러한 거래들은 적용대상에서 배제

---

10) Peter Marchetti, "Amending the Flaws in the Safe Harbors of the Bankruptcy Code: Guarding Against Systemic Risk in the Financial Markets and Adding Stability to the System", Emory Bankruptcy Developments Journal, Vol.31, Issue2 (2015), 334-338면; Mooney, 앞의 논문 각주 7, 250면.

11) 11 U.S.C. §§ 559(리포거래), 560(스왑계약), 561(기본네팅계약) 등.

12) 11 U.S.C. § 362(b)(6),(7),(17),(27).

13) 11 U.S.C. §§ 546(e),(f),(g),(j), §§ 555-556, §§ 559-561.

된다는 점을 명시하고 있다. 이에 따라 채무자의 도산 시 상대방은 연방 파산법상 도산해지 금지조항 및 관재인(trustee)의 미이행쌍무계약의 선택권(cherry-picking)의 제한을 받지 않고 계약을 해지하고, 복수 거래의 채권채무액을 정산하여 순채권액의 단일채권으로 만들 수 있다. 그리고 파생금융거래 등 대상 거래 및 관련 담보는 자동정지[14] 되지 않아 자유롭게 권리를 행사할 수 있다. 파생금융거래 등은 가치가 계속 변동하는 특성상 수시로 담보물을 주고받는데, 부인권의 대상에서 면제되어 도산절차와 상관없이 담보를 제공하고 처분할 수 있다.

그 결과 파생금융거래 등의 상대방은 도산절차에서 완전히 벗어나 자유롭게 권리행사를 할 수 있고, 여타 채권자들보다 우선적으로 권리의 만족을 받게 된다. 이러한 이유로 이들 거래는 특례조항에 따라 최우선순위(super-priority)가 부여된다고 하거나[15] 면책된다(immune)고 이야기된다.[16]

(2) 특별법상 특례조항

가. 연방예금보험법(Federal Deposit Insurance Act)

은행 등 연방 예금부보 금융기관이 도산한 경우 연방예금보험법이 적

---

14) 자동정지제도는 미국 파산법의 기초를 이룬다. 연방파산법상 채무자에 대한 파산보호 신청 즉시 채권자의 권리행사는 자동적으로 정지되어 채권자는 채권추심이나 강제집행을 할 수 없고, 소송을 제기할 수 없으며 이미 제기된 소송은 중지된다. 채무자의 재산에 대한 담보권 설정이나 실행도 금지된다(11 U.S.C. §362).

15) Mark J. Roe, "The Derivatives Market's Payment Priorities as Financial Crisis Accelerator", Stanford Law Review, Vol.63, Issue3 (2011. 3. 6), 547-549면; Vail Cloar, "Safely Subsidized: Derivative and Repo Financing Under the U.S. Bankruptcy Code", Arizona State Law Journal, Vol.45, Issue4 (Winter 2013), 1669면; Vincent Johnson, "International Financial Law: The Case against Close-Out Netting", Boston University International Law Journal, Vol.33 (2015), 103면.

16) Riz Mokal, 앞의 논문 각주 6, 39면.

용된다. 은행과 같은 금융기관의 정리는 상대적으로 장기간이 소요되는 법원의 도산절차에 의하는 것보다 연방예금보험공사(Federal Deposit Insurance Corporation)가 신속히 절차를 진행하는 것이 바람직하다고 본 때문이다.[17) 은행이 도산한 경우 연방예금보험공사가 관리인(conservator) 이나 청산인(receiver)으로 선임되는데, 관리인이 되면 은행을 계속기업으로서 경영하기 위하여 자산의 매각, 영업 일부의 중단 등을 하게 되고, 청산인이 되면 은행을 청산하기 위한 업무를 한다. 실제로는 관리절차가 진행되는 예는 극히 드물고, 청산을 위해 임시로 경영을 하다가 제3자 등에게 자산을 이전한 후 청산시키는 것이 일반적이다.[18) 동법은 증권계약, 상품계약, 선도계약, 리포계약, 스왑계약 등을 적격금융계약(qualified financial contracts)으로 규정하고[19) 이에 대하여 다음과 같이 정하고 있다.

첫째, 청산절차에서 적격금융계약의 상대방은 계약조항에 따라 계약을 해지, 청산 또는 기한이익을 상실시킬 수 있고, 그에 관한 담보계약상 권리를 행사할 수 있다.[20) 다만 연방예금보험공사가 청산인으로 선임된 날의 다음 영업일의 오후 5시(동부시간)까지는 권리행사가 정지된다. 그 때까지 연방예금보험공사는 적격금융계약을 제3자에게 이전할 것인지 여부를 정하여 고지하고, 그동안 상대방은 청산인의 선임만을 이유로 하여 계약의 해지, 청산, 네팅을 할 수 없다.[21) 한편 관리절차에서는 적격

---

17) Kimberly Anne Summe, "Lessons Learned from the Lehman Bankruptcy in Theory and Practice, Systemic Risk in Theory and Practice", Board of Trustees of Leland Stanford Junior University (2010), 65면.

18) John L. Douglas / Randall D. Guynn, "Restructuring and liquidation of US financial institutions", in Eugenio A. Bruon, ed., Global Financial Crisis: Navigating and Understanding the Legal and Regulatory Aspects (2009), 235-236면.

19) 12 U.S.C. § 1821(e)(8)(D)(i).

20) 12 U.S.C. § 1821(e)(8)(A)(i).

21) 12 U.S.C. § 1821(e)(10)(B)(i).

금융계약의 상대방은 관리인의 선임, 도산 또는 채무자의 재정적 상황만을 이유로 하여 계약을 해지, 청산 또는 네팅할 수 없다.[22]

둘째, 연방예금보험공사는 적격금융계약과 관련한 금전 또는 재산의 이전에 대하여 그 인수인이 채무자의 채권자들이나 관리인 또는 청산인에 대한 방해, 지연, 기망의 의사가 있었던 것이 아닌 한, 이를 부인하지 않는다.[23]

셋째, 연방예금보험공사는 관리인 또는 청산인으로서, 어떤 적격금융계약이 도산한 부보 금융기관에게 부담이 되는 것으로서 이를 부인함으로써 부보 금융기관의 질서정연한 사무처리를 증진시킬 수 있는 경우, 이를 거절할(disaffirm or repudiate) 수 있다. 이때, 특정 당사자 및 그 계열사와 사이의 모든 적격금융계약에 대하여 같은 결정을 하여야 하고, 이를 선별하여 달리 취급할 수 없다.[24] 이는 연방예금보험공사가 채무자에게 불리한 거래만을 거절하는 위험(cherry picking)을 방지하기 위함이다.

넷째, 연방예금보험공사는 관리인 또는 청산인으로서 모든 적격금융계약 및 그와 관련된 권리와 담보를 제3자에게 이전하거나 이전하지 않을 수 있고, 이때 선별하여 이전 여부를 달리 정할 수 없다.[25]

동법상 관리절차에서는 적격금융계약의 일괄정산에 대한 특례는 인정되지 않지만, 청산절차에서는 상품계약, 선도계약, 리포계약, 스왑계약 등에 대하여 연방파산법상 특례조항과 유사한 조항을 두고 있어 청산절차에 불구하고 상대방은 일괄정산, 담보 제공 및 처분 등을 할 수 있다. 다만 연방파산법과 달리 상대방의 조기종료권의 일시정지(temporary stay

---

22) 12 U.S.C. §1821(e)(10)(B)(ii).
23) 12 U.S.C. §1821(e)(8)(C)(ii).
24) 12 U.S.C. §1821(e)(11).
25) 12 U.S.C. §1821(e)(9).

on early termination rights)를 인정하여, 연방예금보험공사가 청산인으로 선임된 후 1영업일 동안 권리행사가 정지된다는 점에서 차이가 있다. 부실은행의 정리 시 가교 금융기관 또는 제3의 기관에 자산이전을 하기 위해 실사를 하여 어떠한 자산을 이전하고 청산대상으로 할 것인지를 판단할 시간을 주기 위함으로, 연방예금보험공사는 동일한 당사자와의 적격금융계약을 일체로 이전하거나 거절한다.[26]

지난 금융위기에서는 연방예금보험법의 적용을 받지 않는 Lehman Brothers Holdings Inc.(이하 'LBHI')와 그 계열회사들에 대하여 연방파산법의 Chapter 11의 절차가 진행되었고, AIG도 연방예금보험법의 적용대상이 아니어서, 이들 사안에서 연방파산법상 특례조항이 문제 되었다. 연방파산법은 상대방의 조기종료권의 일시정지제도가 없고 관재인의 선택권도 전면 배제되어 있기 때문에 거래상대방들은 자유롭게 거래를 종료시키고 권리행사를 하는 것이 가능했다.

나. 증권투자자보호법(Securities Investor Protection Act of 1970)

증권회사 등 증권 중개-매매업자의 도산 시에는 회생절차가 아닌 청산절차가 진행된다. 연방파산법 Chapter 7의 Subchapter III은 주식브로커(stockbroker)의 청산절차에 대하여 정하고 있고, 이와 별도로 증권투자자보호법(Securities Investor Protection Act of 1970)에서 증권 중개 매매업자(securities broker-dealer)의 청산절차를 두고 있다. 증권투자자보호법은 1960년대에 증권회사가 여럿 실패하여 투자자 보호가 사회적으로 문제되자 증권투자자보호공사(Securities Investor Protection Corporation)를 설립하고 그 회원인 증권 중개-매매업자들로부터 기금을 모아 회원의 실패

---

26) Summe, 앞의 논문 각주 17, 66면.

시 고객을 보호하도록 하고 시장의 신뢰를 도모하고자 제정되었다.[27] 실무에서는 증권 중개 매매업자의 실패 시 연방파산법보다 증권투자자보호법의 절차에 의하는 것이 일반적이다.[28] 증권투자자보호공사는 증권 중개 매매업자가 채무초과 상태에 빠지는 등 일정한 사유가 발생한 경우 법원에 보호명령(protective decree)을 신청하고 법원은 명령을 내린 후 관재인(trustee)을 선임하며, 증권투자자보호공사의 관여하에 청산절차가 진행된다.[29]

증권투자자보호법에서는 연방파산법상 특례조항에 따른 채권자의 권리를 일반적으로 인정한다. 즉 동법은 연방파산법 제362조의 자동정지 조항에 불구하고, 증권투자자보호법상 증권투자자보호공사의 신청이나 법원의 명령이 증권계약, 상품계약, 선도계약, 리포거래, 스왑계약, 기본 네팅계약(이들은 연방파산법상 정의에 따름) 상대방의 다음 계약상 권리를 정지시키도록 작용하지 않는다고 규정한다. ① 청산, 해지 또는 기한이익 상실의 권한, ② 해지금액, 지급금액 또는 인도채무의 상계 또는 네팅, ③ 현금담보의 집행.[30] 다만 예외적으로 증권에 대한 담보권과 리포거래, 증권대차거래의 계약에서 채무자가 매도 또는 대여한 증권의 경우, 증권투자자보호공사의 신청, 법원의 명령은 위 증권의 처분, 집행에 대한 정

---

27) Daniel J. Morse, "When a Securities Brokerage Firm Goes Broke a Primer on the Securities", ABI Journal (2006. 2. https://www.abi.org/abi-journal/ when-a-securities-brokerage-firm-goes-broke-a-primer-on-the-securities-investment); Michael E. Don / Josephine Wang, "Stockbroker Liquidations under the Securities Investor Protection Act and Their Impact on Securities Transfers", Cardozo Law Review, Vol.12(2) (1990. 12), 510–513면.

28) https://www.uscourts.gov/services-forms/bankruptcy/bankruptcy-basics/securities-investor-protection-act-sipa.

29) 15 U.S.C. §§ 78eee(a)(3)(A), (b)(1), (3), (d).

30) 15 U.S.C. § 78eee(b)(2)(C)(i).

지로 작용한다고 규정한다.[31] 실무상 증권투자자보호공사는 증권투자자
보호공사나 관재인의 승인 없이 하는 리포거래 등의 대상증권의 처분, 담
보물인 증권의 처분 및 집행을 일정기간 정지하는 명령을 법원에 요청한
다. 이는 증권투자자보호공사와 관재인이 당해 거래의 대상증권이 도산
한 채무자의 고객의 채권의 만족을 위해 필요한 것인지 여부를 판단할
수 있도록 하기 위함이다. 이러한 정지명령은 시장변동성에 따라 상대방
에게 상당한 손실을 가져올 수 있으므로 증권투자자보호공사는 증권의
필요 여부를 최대한 빨리 정한다는 입장을 취하고 있다. 만약 일정한 증
권이 필요한 것으로 인정되는 경우, 증권투자자보호공사는 관재인에게
계약상 채무를 이행하거나 대가를 지급하고 당해 증권을 수령해 올 것을
요구한다.[32] 그 밖의 경우 증권투자자보호공사는 거래상대방으로부터
기망의사 없음 등을 확인하는 서류를 징구한 후 동의하여 상대방이 권리
를 행사할 수 있도록 한다.[33]

Lehman Brothers의 최종 모회사인 LBHI와 몇몇 계열회사들에 대하여
연방파산법 Chapter 11의 절차가 진행되었고, 미국 내 브로커 딜러인
Lehman Brothers Inc.에 대하여는 증권투자자보호법상 청산절차가 진행
되었다. 후자의 절차에서 증권에 대한 담보, 리포거래 및 증권대차거래의
대상증권의 처분 및 집행이 정지되었으나, 파생금융거래 및 현금담보에

---

31) 15 U.S.C. §78eee(b)(2)(C)(ii). 연방파산법의 특례조항에서도 증권투자자보호법상 절
    차는 예외로 한다고 규정하고 있다(11 U.S.C. §§555, 559).
32) Morse, 앞의 논문 각주 27; Don / Wang, 앞의 논문 각주 27, 517-519면.
33) Cleary Gottlieb, Qualified Financial Contracts and Netting under U.S. Insolvency
    Laws (2017. 4. 25), 53~54면; Katten Muchin Rosenman LLP, Treatment of Customers
    and Financial Counterparties in Stockbroker Liquidations under SIPA and the
    Bankruptcy Code (2008. 6. https://www.kattenlaw.com/Treatment-of-Customers-and-
    Financial-Counterparties-in-Stockbroker-Liquidations-Under-SIPA-and-the-Bankruptcy
    -Code-06-04-2008.

대하여는 연방파산법상 특례조항과 같은 내용의 특례가 인정되어 거래상 대방들은 계약상 권리와 현금담보를 자유롭게 실행하였다.[34]

다. 도드-프랭크법 및 Chapter 14 개혁안

① 도드-프랭크법

금융위기 후 2010년 시행된 도드-프랭크법은 Title II에서 시스템적 중요 금융기관의 실패 시 이를 질서정연하게 청산시키는 절차를 도입하였다. 금융위기 시 Lehman Brothers에 대하여 연방파산법에 의한 절차가 진행되면서 여러 문제점이 노정되어, 연방예금보험법 등 특별법의 적용을 받지 않는 금융기관에 대하여도 특별한 정리절차가 필요하다는 인식 하에 새로 마련한 것이다. 시스템적 중요 금융기관으로 인정되는 경우 은행지주회사, 중앙청산기구, 대규모 헤지펀드 등이 동 절차의 적용대상이 될 수 있다. 동 절차는 연방예금보험공사가 청산인이 되어 진행하며, 연방예금보험법상 은행 등에 대한 청산절차와 유사한 내용으로 되어 있다. 그리고 연방예금보험법과 같이 증권계약, 상품계약, 선도계약, 리포계약, 스왑계약 등 적격금융계약에 대한 특례조항을 두어 상대방의 일괄정산 및 관련 담보에 관한 권리행사를 인정하고, 방해, 지연, 기망 등의 의사가 있지 않은 한 부인권의 행사를 배제한다. 연방예금보험공사는 적격금융계약을 거절하는 경우 이를 전체로서 하고 선별적으로 취급하지 않으며, 이를 전체적으로 이전하여야 한다는 것도 동일하게 정하고 있다. 또한 상대방의 조기종료권의 일시정지제도를 두어 예금보험공사가 청산인으로 선임된 날의 다음 영업일의 오후 5시(동부시간)까지 상대방은 거래를 해지, 청산 및 네팅할 수 없도록 한다. 1영업일 내에 일정한

---

34) Gottlieb, 앞의 논문 각주 33, 5면.

거래가 가교 금융기관이나 제3의 기관에 이전되는 것으로 결정되지 않은 경우 거래상대방은 즉시 거래를 종료하고 담보처분 등을 할 수 있게 된다.[35]

② Chapter 14 개혁안

도드-프랭크법은 2010년에 오바마 정부가 마련한 금융규제법안인데, 현재 트럼프 정부는 동법을 대폭 수정하는 개혁안을 진행시키고 있다. 그중 하나로서 Chapter 14를 만들어 대형 금융기관의 정리를 연방파산법에서 우선적으로 처리하도록 하는 방안이 논의되고 있다. 현행 연방파산법은 파생금융거래, 리포거래 등을 많이 하는 금융기관이 위기에 처하는 상황을 고려하고 있지 않다. Chapter 14의 개혁안에서는 이러한 금융기관에 대하여 도드-프랭크법의 질서정연한 청산절차를 진행하기 위해 시스템적 중요 금융기관인지 여부를 결정하는 등의 복잡한 과정을 거치도록 하는 대신 연방파산법에 의하여 정리할 수 있게 한다. 정리절차가 신속히 이루어지도록 채무자는 법원에 파산 신청을 하여 48시간 내에 가교기관 등에 자산 및 부채를 이전시키는 것에 대한 허가를 구할 수 있고, 법원은 자산 및 부채의 이전이 금융안정성의 심각한 악영향을 방지하는 데 필요하고, 가교기관 등이 이전받은 부채, 적격금융거래 등을 이행할 수 있을 것 등의 요건이 인정되면 이를 허가하게 된다. 재무부가 발표한 질서정연한 청산권한 및 파산 개혁을 위한 보고서(Report to the President of the United States pursuant to the Presidential Memorandum issued April 21, 2017, "Orderly Liquidation Authority and Bankruptcy Reform")는 금융기관의 정리시 파생금융거래 등의 상대방이 특례조항에 따라 계약상 권리를 대규모로 행사하면 위기에 빠진 채무자가 급격하게 유동성 부족을 겪게 되

---

35) Dodd-Frank Act §§ 210(c)(8)(A),(C), (8)(D)(i), (9)(A), (10)(B)(i), (11).

고, 자산을 급매각하게 되며, 시장에서 동일한 자산을 보유하는 다른 회사들도 가격하락과 가치손실을 겪게 되는 문제점을 인정하였다. 그리고 이를 해결하기 위해 연방파상법상 특례조항을 존치시키되 상대방의 조기 종료권을 일시정지시키는 방안을 제안한다. 48시간[36] 동안의 일시정지는 자산 및 부채의 이전절차가 진행되는 동안 채무자에게 유동성이 유지되도록 하고, 금요일부터 개시되는 정리주말(resolution weekend) 사이에 절차를 진행하여 월요일에 금융업무를 하는 자회사가 영업을 재개하도록 하여 시장혼란을 최소화하려는 것이다. 동 개혁안은 도드-프랭크법의 질서정연한 정리절차는 최후의 보루로 남겨 두는 것으로 하고 있다.[37]

III. 특례조항의 근거 및 비판론

1. 근거

특례조항은 일괄정산의 유용성을 기초로 금융시장의 시스템 위험을 방지하기 위하여 필요하다는 점을 근거로 도입되어 계속 확대되어 왔다. 이와 함께 금융시장의 신용제공 능력이 제고된다는 점이 주장되고 있으며, 일부에서는 파생금융거래와 같은 금융거래는 성격상 도산법의 자동

---

36) 일시정지 기간에 대하여는 48시간으로는 부족하고 예컨대 10일 정도의 정지기간이 필요하다는 주장도 있다. Mark J. Roe / Stephen D. Adams, "Restructuring Failed Financial Firms in Bankruptcy: Selling Lehman's Derivatives Portfolio", Yale Journal on Regulation, Vol.32, Issue2 (Summer 2015), 393면.
37) Department of the Treasury, Report to the President of the United States pursuant to the Presidential Memorandum issued April 21, 2017, Orderly Liquidation Authority and Bankruptcy Reform (2018. 2. 21), 2-3면, 18면, 25-28면, 46면.

정지 제도를 적용할 필요가 없다는 해석을 내놓는다.

(1) 시스템 위험 방지

가. 일괄정산의 개별 거래 수준에서의 유용성

최근 수십 년간 파생금융시장과 리포시장은 급속히 성장하였고, 일괄정산 방식은 금융시장에서 현대 금융거래 기법으로 자리잡았다. 일괄정산은 두 당사자 사이의 채권액을 총채권액(gross exposure)이 아니라 순채권액(net exposure)으로 만들어 상대방의 신용위험에 대한 노출액을 감소시키고,[38] 은행이 국제결제은행(BIS)의 바젤기준에 따른 규제자본요건을 충족시키기 위하여 보유하여야 할 자본금액을 낮춤으로써 비용절감 효과를 가져온다는 점에서 유용한 수단으로 인정받고 있다.[39]

일괄정산 방식의 이러한 유용성은 개별 거래 및 기관에 관한 것이다. 파생금융시장의 주요 참가자인 금융기관들은 대규모로 파생금융거래의 포트폴리오를 보유하고 있어 상대방 위험을 효율적으로 관리하는 것이 영업상 매우 중요하고, 더 많은 거래를 하기 위하여 자본비용을 낮추고 제한된 담보를 최대한 활용할 필요가 있다.[40] 이러한 이유로 일괄정산조항의 법적 효력을 보장받는 것이 매우 중요하게 된다. 이를 위해 개별적

---

[38] 네팅은 장외파생금융거래의 위험노출액을 85% 이상 줄이는 효과가 있다고 한다. David Mengle, "The Importance of Close-out netting", ISDA Research Notes, No.1 (2010), 1면(https://www.isda.org/a/USiDE/netting-isdaresearchnotes-1-2010.pdf).

[39] ISDA, Benefits of Close-out Netting of Derivative Transactions (2016. 6. 29. http://assets.isda.org/media/db2b424a/4301aea7-pdf/). 이에 대한 국내 문헌으로, 김성은, "파생금융거래 일괄정산의 규제자본에 대한 효과", 박 준 / 정순섭 편, BFL 총서 6: 파생금융거래와 법 제1권 (2012).

[40] Robert R. Bliss / George G. Kaufman, "Derivatives and Systemic Risk: Netting, Collateral, and Closeout", FRB of Chicago Working Paper No.2005-03 (2005), 62면.

수준의 일괄정산의 유용성과 함께 다음에 살펴볼 시스템 위험 방지기능을 근거로 그 법적 효력 확보에 목소리를 높여 왔으며, 자국 금융시장의 경쟁력을 확보하려는 정책자들의 유인이 더해져 여러 주요 국가들의 국내법제화를 이끌어 냈다.

나. 시스템 위험 방지
① 개관

특례조항은 채권자들의 개별적인 권리행사를 정지시키고 도산절차에 따라 평등하게 배분받도록 함으로써 채무자의 회생을 도모하고 전체 채권자들의 이익을 보호하는 도산법상 기본원칙에 대한 중대한 예외이다. 이를 인정하기 위하여는 합당한 근거가 필요한데, 일괄정산이 개별 거래나 금융기관 수준에서 신용위험 감소와 비용절감의 유용성을 가진다는 점에서 나아가 시스템 위험을 방지할 수 있다는 점이 주장되어 왔다. 만일 당사자 일방의 도산 시 일괄정산의 법적 효력이 인정되지 않고 도산법의 제한을 받게 되면 상대방은 감내할 수 없는 손실을 입어 실패할 수 있으며, 그 실패는 도미노처럼 다른 시장참가자들에게 미쳐 금융시장 전체의 불안을 가져올 수 있다는 것이다. 시스템 위험 방지는 미국 연방파산법을 개정하여 특례조항을 확대할 때마다 그 입법 이유가 되어 왔고,[41] 우리나라에서 채무자회생법에 특례조항이 도입되는 데에도 주요 근거가 되었다.[42]

---

41) Schwarcz / Sharon, 앞의 논문 각주 7, 1724-1736면; Summe, 앞의 논문 각주 17, 69-70면.

42) 박 준 / 홍선경 / 김장호, "채무자회생 및 파산에 관한 법률 제120조의 해석: 지급결제제도, 청산결제제도 및 적격금융거래에 대한 특칙의 적용범위", BFL 제22호 (2007. 3), 62면; 정순섭, "통합도산법상 금융거래의 특칙에 관한 연구: 채무자회생및파산에 관한법률 제120조 제3항의 해석론을 중심으로", 증권법연구 제6권 제2호 (2005. 12),

② 파생금융거래의 시스템 위험 요인

시스템 위험은 특히 파생금융거래에 의하여 발생될 가능성이 크다고 보아 왔는데, 파생금융거래는 변동성이 매우 크며, 이를 취급하는 금융기관들 사이의 복잡한 연결을 통해 어느 한 금융기관이 실패하면 그 위험이 도미노처럼 전염되어 결국 시장 전체의 실패를 가져올 수 있다고 우려된다.

(i) 변동성

파생금융거래는 그 개념상 다른 기초자산의 가치에 따라 그 가치가 변동된다. 이자율, 환율 등의 기초자산의 가치는 매일 달라지므로 파생금융계약의 가치도 계속 달라지는데, 이러한 변동성은 사채나 은행대출 등과 다른 점이다. 파생금융거래의 당사자가 도산하여 계약을 이행하지 못하는 경우 상대방은 시장변동성에 대한 노출을 제한하기 위해 새로운 계약을 체결할 필요가 생기는데, 도산절차에 들어간 상대방이 계약을 이행할 것인지를 명확히 알 수 있을 때까지 새로운 거래를 하기가 어렵다. 만일 추후에 거래가 거절되면 상대방은 위험에 그대로 노출되고 만다. 도산절차는 일반적으로 장기간에 걸쳐 이루어지고 관재인의 선택권의 행사는 상당 기간이 소요되기 때문에, 그동안 상대방이 적절히 위험관리를 하지 못하고 변동성에 직면하게 되면 상대방도 위기를 겪게 될 가능성이 크다.[43] 이러한 결과는 상대방에게 지나치게 가혹하므로 즉시 거래를 종료하고 조속히 새로운 거래를 체결하여 위험을 헤지할 수 있게 하여야 한다는 것이 특례조항의 주요 근거가 되고 있다.

248면.

[43] Bliss / Kaufman, 앞의 논문 각주 40, 64-65면; Mark D. Sherrill, "In Defense of the Bankruptcy Code's Safe Harbors", Business Lawyer, Vol.70, Issue4 (Fall 2015), 1024-1026면.

(ii) 상호연결성

파생금융시장의 주요 참가자들은 상호간에 다수의 거래를 하고 있음이 특징적이다. 일반 회사들은 특정 상대방과 일정한 거래를 이처럼 반복적으로 하는 예가 많지 않은데, 파생금융거래는 당사자들 사이에 하나의 기본계약을 체결하고 그것을 기초로 계속하여 거래한다. 그리고 하나의 거래를 한 후 다른 기관과 백투백(back-to-back) 거래를 체결하는 경우가 많다.[44]

특히 파생금융시장은 몇 개의 대형 금융기관에 거래가 집중되어 있다. 딜러라 불리는 소수의 대형 금융기관들이 파생금융시장을 주도하고 있고,[45] 이들은 헤지펀드, 자산운용사, 기업 등을 고객으로 두고 이들과 거래를 하고, 이와 매치되는 거래를 다른 고객이나 다른 딜러와 하며, 매치되지 않는 거래는 보유하면서 고유재산으로도 거래를 한다.[46] 이들을 중심으로 시장참가자들이 복잡하게 연결되어 있어 어느 한 기관이 도산할 경우 다른 기관에도 타격이 생기는 도미노 현상이 발생되어 시장 전체에 위기가 확산되는 시스템 위험이 존재한다고 보고 있다.[47]

---

44) Philipp Paech, "The Value of Financial Market Insolvency Safe Harbours", Oxford Journal of Legal Studies, Vol.36, Issue4 (Winter 2016), 861면; Marchetti, 앞의 논문 각주 10, 321면.

45) Roe / Adams, 앞의 논문 각주 36, 366면은 2014년 미국 통화감독국(Office of the Comptroller of the Currency) 발표자료를 들어 미국 파생금융시장은 Bank of America, Citigroup, Goldman Sachs, JP Morgan Chase, Morgan Stanley의 5개 회사에 집중되어 있다고 한다. ISDA도 시장조사를 통해 전 세계 14개의 주요 딜러그룹의 파생금융거래 중 총 37%가 5개의 미국 딜러와 체결한 것이라고 한다. David Mengle, "Concentration of OTC Derivatives among Major Dealers", ISDA Research Notes, Issue4 (2010), 1-2면 (https://www.isda.org/a/VSiDE/concentrationrn-4-10.pdf).

46) Darrell Duffie, "The Failure Mechanics of Dealer Banks", Journal of Economic Perspectives, Vol.24, No.1 (Winter 2010), 54면; Bliss / Kaufman, 앞의 논문 각주 40, 61면.

47) Marchetti, 앞의 논문 각주 10, 321면.

(2) 금융시장의 신용제공 능력의 제고

도산법상 특례조항은 파생금융거래와 리포거래 등을 활성화하여 금융시장의 신용제공 능력을 제고한다는 점을 또 다른 인정 근거로 한다. 이 논거는 시스템 위험 방지가 비판을 받으면서 주목받고 있다. 국가들은 자국 금융시장의 유동성을 풍부히 하고, 경쟁력을 갖추게 하려는 유인을 가진다. 이를 위해 은행의 자본비용을 줄이고, 파생금융거래, 리포거래 등이 원활히 이루어지도록 하여 시장참가자들이 위험관리를 효과적으로 하고 유동성의 공급과 수요에 부응하는 것은 각국의 정부 입장에서 중요한 정책적 목표가 되고 있다.[48] 이러한 관점에서 ① 일괄정산 방식에 법적 효력을 부여하는 것이 어떻게 신용제공 제고 효과를 가져오는가와 ② 금융시장의 신용제공의 측면에서 파생금융거래, 리포거래 등이 왜 보호대상이 되어야 하는가에 대하여, 특례조항을 지지하는 입장에서는 다음과 같이 설명한다.

가. 일괄정산의 신용제공 제고 기능
특례조항은 파생금융거래 등에서의 일괄정산 방식의 법적 효력을 보호하는데, 일괄정산은 다음과 같은 점에서 시장에 신용제공을 늘리는 역할을 한다.

첫째, 일괄정산 방식은 순채권액을 기준으로 위험을 관리하도록 하는데, 만일 일괄정산이 인정되지 않아 당사자들이 순채권액이 아닌 총채권액을 기준으로 위험을 관리하게 되면 시장의 유동성과 신용제공 능력의

---

48) Philipp Paech, "Close-Out Netting, Insolvency Law and Conflict-of-Laws", Journal of Corporate Law Studies, Vol.14, Issue2 (2014. 10), 428면.

현저한 감소를 가져오게 될 것이다.[49)]

둘째, 일괄정산시 순채권액을 기준으로 담보를 제공하면 되므로, 동일한 양의 담보로 훨씬 많은 거래를 할 수 있게 된다. 시장에서 선호되는 담보물은 국채, 현금 등으로 제한적인데,[50)] 이러한 한정된 자산을 최대한 활용할 수 있어 신용제고 효과가 생긴다.

셋째, 은행은 일괄정산의 법적 효력이 보장되면 순위험노출액을 기준으로 위험가중자산비율을 계산하여 자기자본을 구비하면 되므로, 동일한 자기자본으로 더 많은 신용을 시장에 제공할 수 있다.[51)]

넷째, 특례조항은 세계 주요 국가들의 도산법에서 받아들여져 국제적으로 상당한 수준의 조화를 이루었는데, 이를 통해 국가 간 법제가 다름에 따른 장애를 없애고 국제 금융거래의 활성화와 자산의 역외 활용이 촉진된다.[52)]

나. 파생금융거래와 리포거래의 중요성

특례조항은 파생금융거래, 리포거래 등을 보호하는데, 이들은 오늘날 금융시장에서 매우 중요한 역할을 하고 있어 보호되어야 한다는 점이 특례조항을 지지하는 근거가 되고 있다.

파생금융거래는 당사자들이 위험을 이전시키고 효과적으로 관리하도록 하여 경제적 효율성을 높이도록 한다.[53)] 다양한 금융기법의 발달로

---

49) ISDA, 앞의 논문 각주 5, 1.12항.

50) ISDA의 2004년 자료에 의하면, 담보물 중 약 79%가 현금이고(51%는 미달러, 23%는 유로화), 국채 등 정부 증권이 16%를 차지한다. Bliss / Kaufman, 앞의 논문 각주 40, 64면.

51) Paech, 앞의 논문 각주 48, 428면.

52) Paech, 앞의 논문 각주 44, 870-871면; Mokal, 앞의 논문 각주 6, 58-59면.

53) Adam R. Waldman, "OTC Derivatives & Systemic Risk; Innovative Finance or the Dance into the Abyss?", American University Law Review, Vol. 43, No. 3 (Spring

당사자들은 파생금융거래를 이용하여 효율적인 자금조달 및 운영 방법을 창출해 낸다. 파생금융거래는 이용범위가 크게 확대되어 대규모 기업들은 대부분 헤지목적으로 파생금융거래를 하고 있다.[54]

리포거래는 최근 수십 년 사이 급성장하여 전통적인 은행예금에 비견될 만큼 금융시장에 신용을 제공하는 중요한 역할을 하고 있다. 기관투자자 등은 예금보험의 부보금액을 넘는 고액을 예치하여 현금을 운용하려는 수요가 있는데 리포거래가 이에 부응한다. 리포거래는 요구불 예금처럼 단기 채무로서, 유동성을 보장하기 위하여는 도산절차의 제한을 받지 않을 필요가 있다.[55] 이러한 점에서 리포거래가 파산절차에서 담보부 대출로 취급되어 자동정지된다고 한 1982년의 Lombard-Wall 판결[56]은 시장에 큰 파장을 일으켰고, 1984년 연방파산법 개정 시 리포거래를 특례조항의 대상으로 추가하였다. 리포거래는 단기금융의 역할뿐 아니라 증권의 발행 및 인수 등에서 유용하게 사용되며, 특히 미국에서 리포거래는 연방준비제도(Federal Reserve)의 통화정책의 수단으로 중요하여 특례를 인정하여야 한다는 주장에 무게가 실렸다.[57]

1994), 1038면.

54) ISDA의 survey에 의하면 2009년 기준 Fortune Global 500개 회사 중 471개 회사가 파생금융거래를 이용하고 있다고 한다. ISDA, ISDA Derivatives Usage Survey, ISDA Research Note, No.2 (2009. https://www.isda.org/a/SSiDE/isda-research-notes2.pdf).
55) Nathan Goralnik, "Bankruptcy-Proof Finance and the Supply of Liquidity", Yale Law Journal, Vol.122, Issue2 (2012. 11), 484–485면.
56) Lombard-Wall Inc. v. Bankers Trust Co. (In re Lombard-Wall, Inc.), 23 B.R. 165 (Bankr. S.D.N.Y. 1982). 증권회사인 Lombard-Wall이 파산 신청을 하자 리포거래의 상대방은 담보물인 증권을 매각하려고 하였는데, 파산법원은 담보물 매각금지 임시명령을 내리면서 리포거래는 증권매매거래가 아니라 담보부 대출이므로 자동정지에 구속된다고 하였다.
57) David A. Jr. Skeel / Thomas H. Jackson, "Transaction Consistency and the New Finance in Bankruptcy", Columbia Law Review, Vol.112, Issue1 (2012. 1), 161면.

(3) 파생금융거래 등의 대체자산이론

특례조항을 지지하는 입장 중 동 조항의 적용대상인 금융거래는 채무자가 사업을 계속 영위하기 위해 보유하여야 하는 특정자산(firm specific assets)이 아닌 대체자산(fungible assets)이므로 도산법상 자동정지의 대상으로 할 필요가 없다고 주장하는 견해가 있다. 자동정지제도는 채무자가 계속기업으로서 존속할 수 있도록 필요한 자산을 보유하게 하여 채무자의 회생을 돕기 위한 것이다. 채무자의 존속에 필수적인 자산은 채무자가 사업을 하는 데 반드시 필요한 것으로서, 예컨대 항공회사의 경우 비행기나 제조업 회사의 기계설비와 같은 것이 이에 해당된다. 이러한 자산은 특정 회사의 수요에 맞추어 제작되었거나 특정 산업에서 제한적으로 사용되는 것으로서, 이를 다른 자산으로 대체하기 쉽지 않다. 또한 특정 회사가 사용할 때 그 가치가 충분히 활용될 수 있고, 통상 이를 달리 활용할 방도가 없기 때문에 그 회사가 보유하도록 하는 편이 사회적으로도 바람직하다. 그런데 파생금융거래나 리포거래 등은 채무자에게 고유한 가치를 가지는 특정자산이 아니고 시장에서 대체가능하므로, 이를 반드시 채무자에게 보유하도록 할 이유는 크지 않다고 한다. 반면 거래상대방의 입장에서는 자동정지의 대상이 되면 변동성에 장기간 노출되어 매우 불리한 상황에 처하게 되므로, 양자를 비교형량할 때 특례를 인정하여야 한다고 주장한다.[58] 그리고 파생금융거래 등에서 제공되는 담보물은 현금, 증권 등으로, 담보권자가 이를 점유·관리하는 것이 일반적인 바, 기계설비 등은 담보로 제공한 후에도 채무자가 점유하면서 계속 이용하는 것과 비교할 때 파생금융거래 등의 담보물에 대하여 도산절차에서

---

58) Edwards / Morrison, 앞의 논문 각주 8, 118-126면.

법적으로 달리 취급하는 것은 합리화될 수 있다고 한다.[59]

2. 비판론

미국에서는 최근 연방파산법의 특례조항을 비판하는 목소리가 높다. 특례조항에 대한 비판은 좀 더 일찍이 1998년 LTCM 사태에서 불거졌다. 그러나 II. 1. (2)에서 살펴본 바와 같이 비판론에 불구하고 2005년 연방 파산법 개정 시 대부분의 파생금융거래와 모기지 증권 등에 대한 리포거 래를 특례대상으로 포함시켰는데, 그로부터 몇 년 지나지 않아 금융위기 를 맞게 된다. 2008년 Lehman Brothers가 파산보호 신청을 하고 AIG에 대한 구제금융 등이 이루어지면서, 언론 등에 의한 거센 비판과 함께 학 계에서는 특례조항을 폐지하거나 축소하자고 하는 논문이 여럿 발표되었 다. 2011년 미국 파산연구소(American Bankruptcy Institute)[60]는 연방파산 법 Chapter 11의 개혁안을 연구하기 위하여 위원회를 구성하고 산하에 파생금융거래 및 특례조항 위원회(Derivatives and Safe Harbor Committee) 를 포함하여 13개의 하부위원회를 만들었는데, 위원인 Lubben, Stephen J. 교수 등을 비롯하여 특례조항을 비판하는 목소리가 높았다.[61] 반대론 은 입법활동으로 이어져 연방파산법의 특례조항 폐지법안이 국회에 상정되 기도 하였다. 파산법의 대가로 하버드 로스쿨 교수였던 Elizabeth Warren 상원의원은 11 U.S.C. §§ 555, 559~562의 폐지를 담은 법안(S. 1282, 113th Cong. §5 (2013))을 국회에 제출하였고, John Tierney 하원의원 또한 같은

---

59) Bliss / Kaufman, 앞의 논문 각주 40, 60면.
60) 미국 최대의 파산 분야의 연구소로서, 판사, 변호사, 교수, 은행가 등 13,000여 명의 전문가들이 회원으로 가입되어 있다(https://www.abi.org/about-us).
61) Mark D. Sherrill, "Bankruptcy Safe Harbors under Attack", Pratt's Journal of Bankruptcy Law, Vol.9, Issue7 (2013. 10), 642-643면.

취지의 법안[H.R. 3711, 113th Cong. §5 (2013)]을 냈다. 동 법안들은 국회를 통과하지는 못하였지만 미국에서의 비판론이 단순히 학계의 논의 수준에 머무는 것이 아님을 보여 준다.[62]

(1) 시스템 위험 방지에 대한 회의론

가. 시스템 위험 발생요소인 변동성과 상호연결성에 대한 반박

파생금융거래는 기초자산에 따라 매일 그 가치가 달라지는 변동성으로 인해 관재인의 선택권에 종속시키면 안된다고 하는 것이 특례를 인정하여야 한다는 주된 논거 중 하나이다. 그러나 비판론자들은 파생금융거래가 변동성을 가져 관재인의 선택권을 인정하면 시장변동성에 노출될 수 있다고 하여, 그러한 거래의 상대방을 도산절차에서 면제시켜 다른 채권자들에게 손실을 전가할 이유가 되지는 못한다고 반박한다. 채무자의 도산 시 채권자들은 모두 손실을 일정하게 감당하여야 하고 파생금융거래의 상대방도 예외가 될 수는 없다고 주장한다. 파생금융거래의 변동성에 따른 상대방 보호는 관재인의 선택권의 행사기간을 단기간으로 제한하는 방법이 대안이 될 수 있다고 제안한다.[63]

파생금융시장은 이를 지배하는 소수의 금융기관들에 의해 상호연결되어 있어 도미노 효과가 발생된다는 것에 대하여서는, 특례조항으로 인해 이들 금융기관의 거래규모가 커지고 상호연결성이 증가된 측면이 있음이 지적된다. 이로 인해 오히려 시스템 위험이 커지는 역기능이 발생된다고

---

62) Sherrill, 앞의 논문 각주 43, 1009면.
63) Mokal, 앞의 논문 각주 6, 91면, 94면; Stephen J. Lubben, "Subsidizing Liquidity or Subsidizing Markets: Safe Harbors, Derivatives, and Finance", American Bankruptcy Law Journal, Vol.91, Issue3 (Summer 2017), 474면.

한다.[64]

나. 시스템 위험의 증가: 런(run)의 발생

특례조항은 시스템 위험을 막기 위해 마련되었는데, 그것이 위기상황에서 오히려 시스템 위험을 증가시키는 요인이 된다는 점이 비판론의 핵심적 주장 중 하나이다. 서브프라임 모기지 사태에서 비롯된 금융위기에서 서브프라임 모기지 증권과 관련한 파생금융거래, 리포거래 등이 Lehman Brothers, Bear Sterns, AIG 등의 위기의 중요한 요인이었는데, 특례조항이 이들 거래에서 상대방들의 런을 발생시켜 위기를 악화시키고 시장 전체를 불안정하게 만들었다고 한다.

① Lehman Brothers와 Bear Sterns의 위기

투자은행인 Lehman Brothers[65]는 구조화 금융거래 등을 통해 서브프라임 모기지 증권 관련 자산을 다량 보유하고 있었는데 부동산 시장의 하락으로 큰 손실을 입고 그룹의 최종 모회사인 LBHI가 연방파산법상 Chapter 11 절차를 신청하게 된다. 당시 Lehman Brothers는 파생금융거

---

64) Steven L. Schwarcz, "Derivatives and Collateral: Balancing Remedies and Systemic Risk", University of Illinois Law Review, Vol.2015, Issue2 (2015), 708면; Bliss / Kaufman, 앞의 논문 각주 40, 61–63면, 67면.

65) 2008년 9월 15일 최종 모회사인 LBHI가 연방파산법 Chapter 11의 파산보호 신청을 하였고, 수개월 내에 Lehman Brothers Special Financing 등 미국 내 자회사들도 뒤따라 동법상 파산보호 신청을 하였다. 이들은 당시 파생금융시장의 주요 참가자들이었다. 이 글에서는 이들을 Lehman Brothers라 부르고, 연방파산법의 절차를 중심으로 검토한다. 그 밖에 그룹 내 자회사 중 미국 내 브로커 딜러인 Lehman Brothers Inc.에 대하여는 증권투자자보호공사법에 의한 청산절차가 진행되었고, 영국에 기반한 브로커 딜러인 Lehman Brothers International(Europe)을 비롯하여 미국 외 계열회사들에 대하여 80여 개 국가의 도산법이 문제 되었다. 미국 및 유럽 내 계열회사들을 포함한 그룹의 구조도와 미국 내 파산절차의 진행에 관한 상세한 내용은, Michael J. Fleming and Asani Sarkar, "The Failure Resolution of Lehman Brothers", FRBNY Economic Policy Review (2014. 12) 참조.

래를 9만 건 이상 하고 있었는데, 절차 신청 후 얼마 지나지 않아 이들 거래는 거의 다 해지되어 자산과 유동성을 크게 잃었다.[66] 파산보호 절차가 진행되는 동안 채권자들의 운명은 판이하게 갈렸는데, 다른 채권자들은 파산보호 신청으로 권리행사가 자동정지 되고 부인권의 대상에 있었지만, JP Morgan은 특례조항으로 인해 파생금융거래에 관하여 기존 담보 170억 달러 규모의 현금과 증권에 더하여 50억 달러의 담보를 추가로 확보하고 즉시 담보권을 행사할 수 있었다. 결국 다른 채권자들이 더 많은 손실을 입게 되었는데, Lehman Brothers가 구조화금융에서 발행한 상업어음과 사채를 인수한 Reserve Fund가 그중 하나였다. 미국의 가장 오래된 머니마켓펀드였던 Reserve Fund가 크게 손실을 입자 펀드 투자자들은 환매를 서둘렀고, 갑작스럽게 환매요청이 몰려들어 결국 펀드는 실패하게 되었다. 정부는 그 여파로 머니마켓펀드 시장 전체가 불안정해지자 공적 자금을 투입하여 진정시켰다.[67]

---

66) 반면 Lehman Brothers 파산 시 특례조항이 시스템 위험을 방지하는 기능을 수행하였음을 보여 주었다는 주장도 있다. 예컨대, United States Congress, Exploring Chapter 11 Reform: Corporate and Financial Institution Insolvencies; Treatment of Derivatives, Hearing before the Subcommittee on Regulatory Reform, Commercial and Antitrust Law of the Committee on the Judiciary House of Representatives One Hundred Thirteenth Congress Second Session, Serial No.113-90 (2014. 3. 26), 38-39면. Seth Grosshandler는 Lehman Brothers 파산보호 신청 후 3개월 내에 대부분의 파생금융거래는 종료되고 약 3%의 거래만이 남았는데, 거래상대방들 중 아무도 실패하지 않았다고 하면서, 특례조항이 있었기 때문에 신속히 거래를 종료하고 익스포저를 줄일 수 있었기 때문이라고 진술하였다. 같은 취지로, Sherrill, 앞의 논문 각주 43, 1028-1030면. 이러한 주장은 거래상대방(Lehman Brothers와 파생금융거래 등을 한 금융기관) 측의 입장을 반영하고 있음에 반해, 비판론에서는 채무자(Lehman Brothers)의 문제와 채무자 실패에 따른 시스템 위기를 지적하고 있다.

67) Roe, 앞의 논문 각주 15, 553-554면; Gary B. Gorton / Andrew Metrick, "Regulating the Shadow Banking System", Brookings Papers on Economic Activity, Vol.41, Issue2 (2010), 280면.

Lehman Brothers의 위기는 리포거래로 더욱 심화되었다. 리포거래는 만기가 1일인 초단기인 것을 포함하여 1주일, 1개월, 3개월 등의 단기인 것이 대부분인데, 만기 시 기간을 연장하는(roll over) 방식으로 신용이 제공된다.[68] Lehman Brothers는 1일물인 초단기 리포거래(overnight repo)를 통해 유동성의 상당 부분을 공급하고 있었는데, 평소에는 거래가 계속 연장되던 것이 Lehman Brothers가 위기를 겪자 기간연장이 거부되거나 haircut[69]을 급격히 늘렸다. Lehman Brothers는 리포거래에 의한 차입금을 상환하기 위하여 자산을 급하게 염가에 매각(fire sale)하게 되고, 자산손실과 유동성 고갈을 겪었다.

이러한 현상은 그보다 먼저 위기를 겪은 Bear Sterns에게도 일어났다. 투자은행인 Bear Sterns는 자금조달 수단으로 1일물 리포거래에 크게 의존하고 있었는데, 시장에서 위기설이 나돌자 리포거래의 상대방들이 자금을 서둘러 회수하려는 런이 일어났다. Bear Sterns는 연방파산법상 파산보호 절차를 신청하는 방안을 검토하였는데, 재무부와 연방준비위원회는 특례조항의 적용대상 거래에서 대규모 권리행사가 일어나 시장이 불안해질 것을 염려하여 파산보호 신청은 가능하지 않다고 보았다.[70] 이후 Bear Sterns는 구제금융의 지원하에 JP Morgan Chase에게 인수되었다.

---

68) JM Peck, Riz Mokal / Ted Janger, "Financial engineering meets Chapter 11 safe harbors and the Bankruptcy Code", presented at: 85th Annual National Conference of Bankruptcy Judges, Tampa, US (2011), 1-2면; Darrell Duffie / David A. Jr. Skeel, "A Dialogue on the Costs and Benefits of Automatic Stays for Derivatives and Repurchase Agreements", Faculty Scholarship at Penn Law Paper 386 (2012), 9면.

69) 리포거래에서 증권매도인은 담보물의 시가변동 등의 위험을 완화하기 위해 증권매매금액을 실제 증권가치보다 적게 하는데 그 차이가 haircut이다. Gorton / Metrick, 앞의 논문 각주 67, 264면.

70) Skeel / Jackson, 앞의 논문 각주 57, 163면.

② AIG의 위기

글로벌 보험회사인 AIG는 2008년 금융위기가 발생될 당시 계열회사인 AIG Financial Products Corporation을 통해 신용스왑 거래를 대규모로 하고 있었다. 신용스왑은 준거자산의 채무불이행 등 신용사건이 발생하면 보장매도인(protection seller)이 손실을 보상하기로 하고 보장매수인(protection buyer)은 보장매도인에게 수수료를 지급하는 것이다. 이 상품은 실질적으로 보험과 같은 기능을 하는데, 신용파생거래는 법령상 규제 밖에 있었고, AIG는 위험자산에 대한 자본금 유보를 적절히 하지 않고 과도하게 위험을 인수하였다. AIG가 취급한 신용스왑 중에는 서브프라임 모기지를 포함한 모기지 관련 증권에 관한 신용위험을 보장하는 것이 상당 부분을 차지하였다.[71] 상대방들은 금융위기 전 부동산 시장의 활황과 AIG의 높은 신용도를 기초로 AIG와 무담보로 거래를 하면서, 일정한 수준 이하로 신용등급이 하락하면 담보를 제공받기로 하였다. 금융위기 직전 부동산 시장에 문제가 생기고 AIG가 손실을 겪게 되자 2008년 9월 신용평가회사들은 AIG의 신용등급을 낮추었고, Goldman Sachs를 포함한 거래상대방들은 AIG에게 담보를 요구하였다. 도산 직전의 채무자의 담보제공은 부인권의 대상이 될 수 있지만, 이들은 특례조항으로 면제되어 담보를 받는 데 문제가 없었다.[72] AIG는 상대방들이 수일 사이 대규모로 담보제공을 요구하는 담보 런이 발생하자 급박한 상황에 처하였고, 급히 자산을 매각을 할 수밖에 없었다. 일반적으로 이러한 상황에서는

---

71) 2007년 12월 31일 기준 명목금액 기준 5,270억 달러의 신용스왑을 인수하고 있었다. 이중 780억 달러 정도가 프라임 모기지, 서브프라임 모기지 등 다중자산을 기초자산으로 하는 CDOs에 관한 것이었다. Robert McDonald / Anna Paulson, "AIG in Hindsight", The Journal of Economic Perspectives, Vol.29, No.2 (Spring 2015), 91면.

72) Roe, 앞의 논문 각주 15, 550-551면; 11 U.S.C. §547은 채무초과 상태의 채무자가 절차 신청 90일 전 이내에 한 편파적인 이전행위는 부인의 대상으로 한다.

Chapter 11 절차를 신청하여 자동정지를 통해 회생 기회를 가질 수 있지만, 특례조항으로 담보를 요구하는 채권자들의 거래는 자동정지로부터 면제되어 선택가능한 방안이 되지 못하였다.[73]

AIG의 또 다른 위기발생 축은 증권대차거래에서 비롯되었다. AIG는 증권대차거래를 통해 자금을 조달하여 서브프라임 모기지 관련 증권 등에 상당 규모로 투자하였다. 그러나 부동산 시장에 문제가 생기고 AIG의 투자등급이 하락하는 시점에 이르러 위기감을 느낀 증권대차거래의 상대방들은 거래를 중단하고 자금을 회수하였다. 증권대차거래는 단기금융으로 상대방의 해지로 곧 상환의무가 발생되는 반면 AIG는 상대적으로 장기 상품에 투자하여 만기불일치 문제가 존재하였다. AIG가 증권대차거래로 조달한 자금으로 투자한 모기지 관련 증권들은 비유동적인 것으로 단기간에 이를 처분하여 현금을 마련하는 것이 어려웠던 반면, 상대방은 거래를 종료하고 권리를 행사함으로써 유동성 고갈을 가져왔다.[74]

이처럼 신용스왑, 증권대차거래의 상대방들의 런으로 인해 AIG는 존립이 어려운 상황에 처하였고, 상대방들도 일시에 증권 등 담보물을 처분하려고 나서 시장에서 담보물의 가격하락이 생기고 동일한 증권 등을 보유하고 있는 다른 금융기관에도 영향을 미치게 되었다.[75] 미국 정부는 시장불안정이 심각해지자 결국 AIG에 대한 구제금융을 결정하게 된다.[76]

---

73) Stephen J. Lubben, "Repeal the Safe Harbors", American Bankruptcy Institute Law Review, Vol.18, Issue1 (Spring 2010), 319–320면.

74) McDonald / Paulson, 앞의 논문 각주 71, 84–87면.

75) Roe, 앞의 논문 각주 15, 568–569면. 담보 전염(collateral contagion)이라고 표현한다. Mokal, 앞의 논문 각주 6, 27면. 자산가치 전염(asset value contagion)으로 표현한다. Skeel / Jackson, 앞의 논문 각주 57, 166면.

76) AIG의 위기 진행과 구제금융 지원에 관한 상세한 내용은, McDonald / Paulson, 앞의 논문 각주 71, 93–100면.

③ 소결

특례조항은 어느 한 금융기관의 도산이 다른 금융기관의 도산으로 이어지는 도미노 효과의 발생을 막고자 도입된 것으로, 금융기관이 도산한 채무자의 거래상대방인 경우를 상정한 것이다. 그런데 Lehman Brothers, Bear Sterns, AIG와 같은 대형 금융기관이 채무자로서 위기를 겪는 상황이 되자, 상대방들이 특례조항에 기대어 한꺼번에 자금을 회수하거나 담보를 요구하는 런이 발생함으로써 이들 금융기관의 생존을 크게 위협하고 위험이 시장 전체에 전염되어 시스템 위험을 높이는 결과가 생겼다고 지적된다.[77] 특례조항의 비판론자들은 이러한 금융위기에서의 경험을 통해 특례조항이 시스템 위험을 방지한다는 주장은 설득력을 잃게 되었고, 오히려 시스템 위험을 증가시키는 요인으로 작용한다고 주장한다.[78]

다. 특례조항의 적용범위에 대한 재검토

비판론자들은 특례조항을 폐지하거나 적어도 현재의 특례조항은 지나치게 광범위하여 이를 축소할 필요가 있다고 한다. 시스템 위험과 관련성이 있는가라는 측면에서 특례조항의 적용대상자와 적용대상거래를 제한하자는 제안이 나오고 있다.

① 적용대상자의 제한

특례조항의 취지가 시스템 위험을 감소시키는 것이라면 시스템 위험과 관련이 적은 당사자에 대하여도 특례조항을 적용시키는 이유를 설명

---

77) Roe, 앞의 논문 각주 15, 565-567면; Bliss / Kaufman, 앞의 논문 각주 40, 68-69면; Schwarcz, 앞의 논문 각주 55, 707-709면.
78) Schwarcz, 앞의 논문 각주 64, 711면, 716; Roe, 앞의 논문 각주 15, 566-569면; Cloar, 앞의 논문 각주 15, 1676면.

하기 어렵게 된다. 연방파산법의 특례조항은 시스템 위험과 무관한 금융기관 이외의 채무자와 거래한 상대방에 대하여도 특례를 인정함으로써 애초의 입법취지를 넘어서 특정 금융거래의 상대방을 지나치게 우대하고 있다는 비판을 받고 있다.

예컨대 항공회사가 유가변동에 대비해 헤지목적으로 유가를 기초자산으로 한 파생금융거래를 하였는데 항공회사가 도산한 경우, 그 거래상대방은 다른 채권자들과 달리 즉시 거래를 종료하고 담보물을 처분할 수 있다. 그런데 특정 금융기관과 몇 건의 파생금융거래를 한 항공회사의 도산이 거래상대방인 금융기관의 도산을 가져와 시스템 위험을 가져올 가능성은 크지 않다.[79] 반면 대규모 제조업 회사가 도산하면 그 연쇄효과로 하청업체 등이 도산하게 되는 도미노 효과가 발생될 가능성이 있음에도 도산법상 특별한 취급을 받고 있지 못하다. 이와 같이 특례조항은 특정한 금융거래 유형이 시스템 위험을 가져올 가능성이 크다는 이유로 특별한 취급을 하는데, 실제로는 시스템 위험 여부와 상관없이 보호 여부를 완전히 달리하는 불평등이 초래되어 구체적 타당성을 결하게 된다고 비판을 받는다.

② 적용대상거래의 제한

(i) 전기, 가스 등 공급계약

미국의 하급법원에서는 거래의 실질을 중시하여 특례조항의 적용대상을 엄격히 보는 판결을 하기도 하였는데, In Nat'l Gas Distributors 판결[80]이 그러하다. 천연가스회사인 National Gas Distributors, LLC는 연방파산법 Chapter 11 절차에 들어갔는데, 관재인은 채무자가 일부 고객들

---

79) Lubben, 앞의 논문 각주 73, 329면; Cloar, 앞의 논문 각주 15, 1664면, 1677-1678면.
80) Hutson v. E.I du Pont de Nemours & Co. (In re Nat'l Gas Distributors, LLC), 556 F.2d 247 (4th Cir. 2009).

과 체결한 천연가스공급계약에서 가스공급이 시가보다 저렴한 가격으로 이루어졌다고 하여 부인권을 행사하였다. 고객들은 채무자와 천연가스매매기본계약(Base Contract for Sale and Purchase of Natural Gas)에 기초하여 개별 거래를 하였는데, 동 기본계약에서 채무자는 일정 기간 동안 고정가격으로 가스를 공급하기 위하여, 고객에게 계약가격으로 가스를 공급하거나 시장가격과 계약가격의 차액을 정산하기로 하였다. 고객은 이 계약은 선도거래로서 연방파산법상 스왑계약(swap agreement)에 해당되므로 부인의 대상이 되지 않는다고 주장하였다. 파산법원은 이 거래는 특정 소비자와 사이의 상품매매계약으로 실물로 결제되고 거래소나 금융시장에서 거래되지 않는데, 이에 대해 특례를 인정하는 것은 국회에서 특례조항을 인정한 입법의도인 도미노 효과로 인해 금융시장의 혼란과 불안정을 가져오는 위험을 피하기 위한 것이라는 점과 맞지 않고 그 적용범위를 지나치게 확대시키는 것이라고 하여 고객의 주장을 받아들이지 않았다. 그러나 상급심(Fourth Circuit)은 이를 뒤집었는데, 연방파산법상 스왑계약(swap agreement)의 정의는 매우 광범위하고, 당해 거래가 실물로 결제되는지, 거래소나 금융시장에서 거래되는지 여부와 상관없이 정의에 해당된다면 특례조항이 적용된다고 하였다.[81] 이에 대하여는, 하급심은 계약의 실질을 중시한 것이지만 연방파산법의 스왑계약의 정의가 넓게 되어 있는 이상 특례조항의 적용을 인정할 수밖에 없을 것이며, 시장에서 일반 공급계약을 특례조항의 적용대상거래로 만들어 이를 남용할 우려가 있다는 지적이 있다.[82] 특정 거래를 불합리하게 우대하지 않으려면

---

81) 이 판결 이후에도 공급회사와 고객 사이의 가격변동을 헤지하는 조건을 포함한 가스, 전기 등 공급계약을 스왑계약으로 보아 특례를 인정하는 판결이 나왔다. 예컨대 Lightfoot v. MXEnergy Elec., Inc., 690 F. 3d 352 (5th Cir. 2012); (5th Cir. Aug. 2, 2010).

82) Cloar, 앞의 논문 각주 15, 1682-1683면.

거래의 법형식보다 시스템 위험요소가 있는지 여부에 따라 적용여부를 정할 필요가 있을 것이다. 미국 파산연구소의 연방파산법 Chapter 11의 개혁안에서도 가스, 전기 등에 관한 공급계약은 가격변동에 대한 헤지 (hedge)를 위한 거래 조건이 포함되는 경우가 많지만, 공급자와 고객 사이의 직접 거래로서 딜러(dealer)인 금융기관이 개입되지 않는 실물거래인 경우에는 특례조항의 입법목적이 상정하는 시스템 위기상황이 발생될 가능성은 별로 없으므로, 특례조항의 적용대상에서 제외시킬 것을 제안하였다.[83]

(ii) 유동성 여부에 따른 구별

비판론자들 중 일부는 특례조항을 축소하여 시스템 위험이 크지 않은 일부 유동적인 거래에 한하여 특례를 적용하여 특례조항의 문제를 줄이면서도 신용제공 기능을 살리도록 하자고 주장한다. 유동적인 거래란 중앙청산기구 등의 제3자가 가격 및 담보 관리를 하고 청산하는 파생금융거래와 대상증권이 유동적인 리포거래와 같은 것이고, 비유동적인 거래는 당사자들의 수요에 맞추어 개별화된 거래이다. 이들을 달리 취급하려는 것은 금융위기에서 특히 문제 된 거래유형이 유동성이 떨어지는 것들이었다는 점에서 비롯된다.

그 대표적인 예로서, AIG는 비유동적인 모기지 증권화 상품인 합성 CDO(Synthetic Collateralized Debt Obligations)에 대한 신용스왑 거래를 하였다. CDO란 다양한 채무들을 집합하여 그 위험도에 따라 나누어 증권을 발행하는 것인데, 합성 CDO에서 은행은 모기지 채권 등에 관한 신용위험을 이전하기 위하여 AIG와 신용스왑 거래를 하였다.[84] 이러한 CDO

---

83) Michelle M. Harner, "Final Report of the ABI Commission to Study the Reform of Chapter 11", Book Gallery, Book 97 (2014), 107-110면.
84) 미국 서브프라임 사태 시 이루어지던 CDO의 거래구조에 관하여는, 박 준, "서브프라

및 신용스왑은 유동적으로 거래되지 않았기 때문에 AIG나 거래상대방이
이들 거래를 시장에 매각하여 거래에서 벗어나거나 해지 후 대체거래를
찾는 것이 어려웠고, AIG를 파산시키지 않기로 결정한 정부가 신용스왑
에서의 보장금액을 거래상대방에게 지급하고 CDO 자체를 사들이는 방
안을 취할 수밖에 없었다. 이를 위해 엄청난 금액의 공적 자금이 지불되
었다.[85] 이와 같이 비유동적 파생금융거래의 무질서한 청산은 시장에 혼
란을 가져오므로 특례조항의 적용대상에서 제외시켜 일반 도산절차에 따
라 처리하자고 주장한다.[86]

리포거래도 금융위기에서 모기지 증권 등을 대상증권으로 한 비유동
적인 것들이 특히 시장혼란을 가중시켰다. 이에 비해 미국 정부 증권, 양
도성 예금증서 등은 위기 시에도 유동적으로 거래되어 이를 대상으로 한
리포거래는 시장에서 크게 문제되지 않았다. 비판론자들은 비유동적인
모기지 증권 등에 관한 리포거래에는 특례를 인정하지 말고, 시스템 위험
이 크지 않으면서도 전통적인 신용제공 기능을 하는 거래는 보호할 필요

임 대출관련 금융위기의 원인과 금융법의 새로운 방향 모색", 국제거래법연구 제17집
　제2호 (2008. 12), 7면.
85) Bruce Tuckman, "Amending Safe Harbors to Reduce Systemic Risk in OTC
　Derivatives Markets", CFS Policy paper (2010. 4. 22), 8면. 이와 달리 Lehman
　Brothers의 파생금융거래는 바닐라 이자율스왑(vanilla interest swap) 등 유동적인 것
　이 상당부분 차지하였기 때문에 상대방들은 거래를 조기종료한 후 시장에서 이를 대
　체하는 거래를 손쉽게 찾을 수 있었고, 그 결과 시장의 혼란이 상대적으로 덜하였다고
　한다; McDonald / Paulson, 앞의 논문 각주 71, 97면. 뉴욕 연방준비은행(Federal
　Reserve Bank of New York)은 특별목적기구인 Maiden Lane III을 설립하여 AIG가
　보장한 CDO를 그 상대방들로부터 매입하였다.
86) Tuckman, 앞의 논문 각주 85, 7-8면, 12-13면(중앙청산기구를 통해 청산되는 파생금
　융거래에 한하여 특례를 인정하자고 한다); Duffie / Skeel, 앞의 논문 각주 67, 20-24면
　(공저자인 David A. Skeel과 Darrell Duffie는 다른 견해를 표하는데, Darrell Duffie는
　중앙청산기구를 통해 청산되는 파생금융거래에 한하여 자동정지가 일시정지되도록
　하자고 하고, David A. Skeel은 모든 파생금융거래에 대하여 자동정지를 적용하자고
　한다).

가 있으므로 미국 정부 증권, 양도성 예금증서 등 유동성이 큰 증권을 대상으로 하는 리포거래에는 특례를 인정하자고 한다.[87)·88)] 이러한 입장은 미국 파산연구소의 연방파산법 Chapter 11의 개혁안에 채택되기도 하였다.[89)]

(2) 신용제공 기능의 재고: 위험한 신용제공의 증가

파생금융거래, 리포거래 등은 금융시장에서 위험을 관리하고 신용을 제공하는 중요한 역할을 하지만, 특례조항으로 인해 당사자들이 이들 거래를 방만하게 취급하였다는 비판이 있다. 그리고 금융위기에서 신용스왑, 리포거래 등이 취약성을 드러냈다고 한다.

가. 신용스왑

연방파산법의 개정이 거듭되면서 특례조항이 확대되는 동안 파생금융시장은 괄목할 만한 성장을 하여 1980년대 명목금액 기준 약 1조 달러였

---

87) Stephen J. Lubben, "The Bankruptcy Code without Safe Harbors", American Bankruptcy Law Journal, Vol.84, Issue2 (Spring 2010), 137-138면, 141-143면; Edward R. Morrison, Mark J. Roe / Christopher S. Sontchi, "Rolling Back the Repo Safe Harbors", Business Lawyer, Vol.69, Issue4 (2014. 8), 1017-1019면, 1032-1036면, 1044면; Skeel / Jackson, 앞의 논문 각주 57, 156-157면; Duffie / Skeel, 앞의 논문 각주 68, 18-19면; Mooney, 앞의 논문 각주 7, 253면.

88) 종래 미국 정부 증권, 양도성예금 등에 관한 리포에 한하여 인정되던 것을 2005년 연방파산법 개정으로 모기지 대출, 모기지 관련 증권 및 그에 관한 이자에 관한 리포거래에까지 특례조항의 적용대상이 확대되었는데, 개정 이전으로 돌아가자는 것이다.

89) Harner, 앞의 논문 각주 83, 101-102면. 위원 중에는 리포시장이 글로벌화되었음을 이유로 리포거래에 대한 보호수준을 낮추지 말아야 한다는 주장도 있었지만, 모기지 증권을 대상으로 한 리포거래는 런(run)에 취약하고, 비유동적인 리포거래는 시장에 유동성을 높인다는 특례조항의 취지와 맞지 않는다는 점 등을 고려하여 이러한 거래는 특례조항의 적용대상에서 제외하자는 입장이 개혁안에 채택되었다.

던 것이 2006년에는 약 280조 달러에 이르렀다.[90] 금융위기시에는 파생
금융거래, 특히 일부 신용스왑 거래가 문제 되었는데, AIG의 신용스왑
거래도 그중 하나였다. AIG는 서브프라임 모기지 증권 등을 기초자산으
로 한 CDO 거래에 대하여 보장매도인이 되어 신용위험을 이전받고, 은
행은 위험자산인 서브프라임 모기지 증권 등과 관련한 위험을 이전시켜
자본비용을 절감시켰다.[91] 이러한 거래를 통해 은행은 자본요건규제를
회피할 수 있었지만, 그 위험이 AIG에게 이전하였고 규제 밖에 있던 신
용파생상품의 과도한 취급은 AIG의 실패를 가져와 결국 정부의 구제대
상이 되었다. 구제금융 후 AIG의 이러한 위험한 거래는 많은 비판을 받
았고,[92] 일부에서는 당사자들이 위험한 거래를 방만하게 하는 데 특례조
항이 일조하였다고 주장한다. AIG는 부동산 시장에 대한 기대로 위험자
산에 대한 보장매도인의 포지션을 계속 늘려 갔고, 거래상대방들은 특례
조항으로 언제든 권리를 행사할 수 있다는 점에 의존하였다. 예컨대 거
래상대방들은 문제가 발생되면 언제든 담보를 요구할 수 있었기 때문에
무담보로 거래를 하다가 AIG의 신용등급이 하락되자마자 수일 동안 한
꺼번에 담보를 요구하였다.[93] 결국 이로 인해 AIG의 실패와 시장혼란이

---

90) Michael Simkovic, "Secret Liens and the Financial Crisis of 2008", American Bankruptcy Law Journal, Vol.83, Issue2 (Spring 2009), 283면.

91) 은행은 주택저당부 대출을 하거나 이를 매입한 후 특별목적기구에 양도하고, 특별목적기구는 채권을 발행하여 발행대금을 은행에 지급하는 부외거래 방식을 이용하였다. 은행은 이러한 거래를 통해 주택저당부 채권을 소유하는 것으로 취급되지 않아 회계 및 최소자본금 요건에서 자유로울 수 있었다. Duffie, 앞의 논문 각주 46, 59면.

92) AIG의 신용스왑과 은행의 규제차익 거래에 대한 언론의 비판이 이어졌다. 예컨대, Porter Stansberry, "How AIG's Collapse Began a Global Run on the Banks", Dailywealth (2008. 10. 4. http://www.dailywealth.com/506/aig-collapse-global-bank-run).

93) 2008년 9월 14일에 주요 3개 신용평가회사가 AIG의 신용등급을 낮추자 직전 9월 12일과 비교하여 담보 요구가 86억 달러 증가하였다. McDonald / Paulson, 앞의 논문 각주 71, 94면.

초래되었고, 그 손실은 정부와 납세자에게 전가되었다. 비판론에서는 특례조항이 없었다면 AIG가 그 정도로 신용스왑을 인수하지는 못했을 것이라며 문제를 제기한다.[94]

나. 리포거래

1984년 연방파산법의 개정으로 리포거래가 특례조항의 대상이 된 후 리포거래는 크게 증가하였다. Bear Sterns는 리포거래 규모를 계속 늘려 갔는데, 1986년 자본구조의 6%가 리포거래였고, 1994년에는 11%, 2008년에 18%였다. 리포거래는 시장 전체에서도 매우 큰 비중을 차지하였다. 금융위기 직전인 2007년 6월 미국 전체적으로 1일물의 리포거래의 규모는 약 2조 5,000억 달러였는데, 당시 부보 은행예금은 그 두 배가 채 안 되었던 것과 비교하면 그 비중이 어떠했는지 알 수 있다.[95]

2005년 연방파산법 개정은 모기지 관련 증권 및 채권에 관한 리포거래를 특례조항의 적용대상에 포함시켰는데,[96] 이후 이러한 리포거래가 많아졌다. 그러나 리포거래는 안전하다는 믿음과 달리 금융위기에서 취약한 신용제공 수단임이 드러났다. 리포거래는 절반 이상이 만기가 1일인 초단기 거래이고, 그 밖에 3일, 1주일, 1개월, 3개월 등으로 일반적인 담보부 대출에 비하여 만기가 단기이다.[97] Lehman Brothers와 Bear Sterns는 1일물 리포거래에 크게 의존하고 있었는데, 위기징후가 나타나자 상대방이 만기연장을 해주지 않아 순식간에 자금을 잃게 되었다. AIG 또한 증권대차거래를 통해 자금을 조달하고 있다가 위기 시 거래가 종료되어

---

94) Roe, 앞의 논문 각주 15, 550–551면, 579면.
95) Roe, 앞의 논문 각주 15, 543면, 564면.
96) 11 U.S.C. §101(47).
97) Duffie / Skeel, 앞의 논문 각주 68, 9면.

자금원을 잃었다. 이처럼 전통적인 담보대출과 달리 리포거래와 증권대
차거래에서는 위기신호가 나타나면 상대방은 손쉽게 자금을 회수하여 채
무자의 유동성이 고갈된다. 이들 거래는 전통적인 은행의 금융과 대비되
는 그림자 금융(shadow banking)의 대표적인 수단 중 하나인데, 상대방들
이 한꺼번에 자금회수를 함으로써 뱅크런(bank run)과 같은 런이 발생된
것이다. 은행의 경우 뱅크런을 방지하기 위하여 예금자보호제도가 마련
되어 있지만, 이들 거래에서는 아무런 제도적 방비가 없어 런에 취약하였
다.[98] 특례조항은 금융기관들이 이러한 불안정한 신용제공 수단에 지나
치게 의존하게 하여 취약한 상태로 만들고, 시장위험을 키웠다는 비판을
받고 있다. 리포거래가 시장에 유동성을 제공한다는 점은 분명하지만, 전
통적인 대출수요를 이전시킨 부분이 있고 시장의 위험성을 키우는 데 일
조하였다는 점에서 그 의미가 제한된다고 한다.[99]

(3) 파생금융거래의 대체자산 이론에 대한 반박

특례조항의 근거로서 파생금융거래 등은 대체가능한 자산이어서 회생
하고자 하는 채무자에게 이를 보유시킬 필요가 상대적으로 크지 않다는

---

98) Morrison / Roe / Sontchi, 앞의 논문 각주 87, 1029면; Roe, 앞의 논문 각주 15, 565면;
Schwarcz, 앞의 논문 각주 64, 708-709면; Duffie, 앞의 논문 각주 46, 61면; Iman
Anabtawi / Steven L. Schwarcz, "Regulating Ex Post: How Law Can Address the
Inevitability of Financial Failure", Texas Law Review, Vol.92, Issue1 (2013. 11), 85면.
리포거래에서의 런(run)에 관한 상세한 논의는, Gary B. Gorton / Andrew Metrick,
"Securitized Banking and the Run on Repo", Journal of Financial Economics, Vol.104,
Issue3 (2012).
99) Skeel / Jackson, 앞의 논문 각주 57, 167-168면; Morrison / Roe / Sontchi, 앞의 논문
각주 87, 1025면, 1028-1029면; Duffie / Skeel, 앞의 논문 각주 68, 8-9면; Mokal, 앞의
논문 각주 6, 66-67면.

해석론에 대하여, 비판론자들은 그러한 해석은 채무자가 일반 회사인 경우에는 설득력이 있지만 파생금융거래 등이 영업 및 유동성의 중요한 부분을 차지하는 금융기관에 대하여는 타당하지 않다고 반박한다. Lehman Brothers는 파생금융거래가 자산의 주요한 부분을 차지하였고 리포거래를 통해 유동성을 확보하고 있었는데, 위기를 겪는 상황에서 이러한 거래가 종료되고 유동성이 일시에 빠져나감으로써 생존이 어렵게 되었다. 이러한 경우에는 파생금융거래 등의 금융자산은 채무자의 필수자산으로 보아야 하므로, 상대방의 선택으로 거래를 종료시킬 것이 아니라 채무자가 이를 보유할 수 있도록 하는 편이 바람직하다고 한다.[100]

한편 비판론자 중에는 거래의 기능에 따라 다르게 취급하자는 입장도 있다. 스왑 등 파생금융거래는 헤지의 주요수단으로서 보험과 같이 취급하여 이행시킬 필요가 있으므로 채무자의 특정자산으로 볼 필요가 있는 반면, 리포거래는 담보부 대출과 같은 기능을 하므로 특히 유동성이 높은 증권을 대상으로 하는 것은 자동정지에서 면제시킬 수 있다. 다만 파생금융거래도 대출과 같은 경제적 기능을 하는 것은 회사의 특정자산으로 보호할 필요는 없고, 특례를 인정하여도 무방하다고 한다.[101]

(4) 채권자의 감시기능 약화와 도덕적 해이

특례조항으로 파생금융거래 등에서 채무자의 도산위험으로부터 자유로워지자 채권자의 도덕적 해이가 발생되었다는 비판이 제기되고 있다.

---

100) Roe, 앞의 논문 각주 15, 580면.
101) Skeel / Jackson, 앞의 논문 각주 57, 172–185면. Frank Partnoy / David A. Jr. Skeel, "The Promise and Perils of Credit Derivatives", University of Cincinnati Law Review, Vol. 75, Issue3 (Spring 2007), 1049–1050면.

비판론자들은 구체적으로 다음과 같이 주장한다. 상대방은 특례조항에 의해 도산절차에 구속될 염려가 없으므로 채무자의 신용도에 비하여 더 많은 거래를 체결하게 된다. 계약체결시 채무자의 높은 신용등급이나 자본금 등을 요구하지 않는 등 거래요건을 완화하고, 채무자에 관한 정보수집에 소홀해진다. 그리고 거래 후에도 채무자를 감시할 유인이 줄어든다.102) 채무자의 도산시 파생금융거래 등의 상대방이 입었을 손실은 다른 채권자들에게 이전되는데, 만일 위험을 이전받은 자가 파생금융거래 등의 상대방 대신 감시기능을 충실히 한다면 문제가 줄어들 수도 있을 것이다. 그러나 일반 채권자들의 감시능력은 파생금융거래 등을 하는 전문적인 금융기관에 비하여 떨어진다. 특히 정부가 채무자를 구제하는 경우 정부와 납세자가 손실을 안게 되는데, 이들에게 감시기능을 기대하기는 어렵다. 이처럼 특례조항은 채무자를 감시할 능력이 있는 당사자의 감시유인을 낮추는 한편, 감시능력이 부족한 자에게 손실을 넘김으로써 시장규율을 낮추고 있다는 비판을 받고 있다. 특례조항을 폐지 또는 축소하면 파생금융거래 등의 상대방은 거래조건을 엄격히 하고, 채무자에 대한 감시를 보다 철저히 하며, 담보를 충분히 확보하게 되어 시장규율이 높아질 것이라고 한다.103)

(5) 특례조항의 남용 우려

금융시장의 안정이라는 정책적 목적을 위하여 특정 금융거래에 한하

---

102) Skeel / Jackson, 앞의 논문 각주 57, 166-167면; Roe, 앞의 논문 각주 15, 555면; Mokal, 앞의 논문 각주 6, 54면; Adams, 앞의 논문 각주 7, 13면.
103) Roe, 앞의 논문 각주 15, 555-556면, 560-564면, 570면; Partnoy / Skeel, 앞의 논문 각주 101, 1033면.

여 특례를 인정하였는데, 여타 거래도 특례를 누리기 위해 법형식의 변환을 이용하여 이를 잠탈할 우려가 있다. 전통적인 대출거래는 구조를 변경하여 파생금융거래 형식으로 만들 수 있다. 예컨대 회사가 금융기관과 대출계약을 체결하고 자금을 차입하여 자산을 매입하는 대신에 대상 자산에 관하여 총수익스왑계약(total return swap)을 체결한다. 총수익스왑계약에 따라 금융기관은 자산에서 발생되는 모든 수익을 회사에 지급하고 회사로부터 스왑기간 동안 이자를 받으며, 당사자들은 채무이행을 담보하기 위하여 담보물을 제공한다. 이로써 회사는 자산을 보유하는 것과 같은 경제적 효익을 얻는 한편, 금융기관은 채무자가 도산하는 경우 담보부 대출계약을 했었더라면 채무자의 도산절차에 구속되었을 것이지만 총수익스왑계약을 하였기 때문에 계약을 해지하고 담보를 처분할 수 있게 된다.[104] 실제 실무가들은 전통적인 담보부 대출계약 대신 파생금융계약을 하여 상대방의 도산 시 발생될 수 있는 위험에서 안전하게 보호를 받으려는 시도를 하고 있다고 한다.[105] 특례조항은 채권자 평등원칙에 대한 예외로 입법자가 의도한 범위 내에서 인정되어야 할 것임에도, 다른 거래들도 법형식을 바꾸어 적용을 받음으로써 특례조항이 남용되는 문제가 발생되고 있는 것이다.

(6) 대형 금융기관의 효율적 정리와의 부조화

특례조항은 파생금융거래 등의 채무자가 도산한 경우 상대방이 개별

---

104) Tuckman, 앞의 논문 각주 85, 7면 및 각주 21. 대출거래를 스왑계약 형식으로 만드는 것에 관하여, Michael H. Weiss, "Using Derivatives to Create Bankruptcy Proof Loan", California Bankruptcy Journal, Vol.30, Issue3 (2010), 252-253면.
105) Schwarcz / Sharon, 앞의 논문 각주 7, 1752-1753면.

적으로 거래를 종료하고 권리를 행사하는 것을 허용한다. 이는 특히 대형 금융기관의 정리 시 문제를 일으킬 수 있다. 파생금융거래를 대규모로 하는 금융기관이 어려움을 겪는 경우에는 회생가능성을 높이고 시장의 혼란을 줄이기 위하여는 거래상대방들의 개별집행 방식이 아니라 정리권한기관의 판단에 따라 우량자산을 다른 금융기관이나 가교기관 등에게 이전하는 것이 효율적일 수 있다.[106] 그러나 특례조항은 이러한 방식을 사용할 틈도 없이 파생금융거래 등의 상대방이 즉시 거래를 종료하여 담보를 행사하는 등의 방법으로 채권의 만족을 꾀할 수 있게 한다. Lehman Brothers의 파산 시 파생금융거래의 상대방들은 개별적으로 거래를 청산하였는데,[107] 질서정연하게 정리되었더라면 줄일 수 있었던 손실이 발생되었고, 파생금융거래의 상대방들이 종료된 거래를 대체하기 위하여 급히 새로운 거래를 찾게 되면서 사회적 비용이 발생되었다는 비판이 있다.[108]

이처럼 특례조항에 따른 상대방들의 권리행사는 대형 금융기관의 효율적인 정리를 저해하고 시장혼란을 가중시키게 되므로, 특례조항으로 개별 채권자들의 권리실행을 도모하는 것보다 파생금융거래 등 금융거래를 전체적으로 가교기관이나 제3의 기관 등에 이전할 수 있도록 하는 편

---

106) George G. Kaufman, "A Proposal for Efficiently Resolving Out-of-the-Money Swap Positions at Large Insolvent Banks", Journal of Banking Regulation, Vol.9, Issue1 (2007), 4–11면. Lehman Brothers와 같은 대형 금융기관의 실패 시 그 보유 파생금융거래 자산의 정리방안을 제안하는 문헌으로, Roe / Adams, 앞의 논문 각주 36.

107) Lehman Brothers의 계열사들이 Chapter 11 절차를 신청한 후 5주가 지난 시점 93만여 개의 파생계약 중 약 74만 개 계약이 상대방에 의하여 해지되었다. 조기해지를 선택하지 않은 거래상대방들은 주로 외거래 상태인 경우였다. 100여 일이 지난 시점에서는 전체 파생거래 중 약 3%만이 남아 있었다. Summe, 앞의 논문 각주 17, 78–79면.

108) Schwarcz, 앞의 논문 각주 64, 716면; Roe / Adams, 앞의 논문 각주 36, 386–387면.

이 시스템 위험을 막는 방안이 될 것이라고 제안된다.

(7) 소결

미국에서는 금융위기시 대형 금융기관들의 실패를 막기 위한 정부 보조로 천문학적인 금액이 지출되었는데, 이를 통해 실패한 기관과 파생금융거래 등을 한 금융기관의 손실이 전보되는 결과가 생기자 불공정한 우대라는 인식이 생겨났다.[109]

특례조항은 파생금융거래 등의 상대방에게 여타 채권자들에 비하여 우월한 지위를 인정하는데, 비판론자들은 이를 정당화할 근거에 의문을 제기하면서 특례조항이 특정 금융거래를 하는 채권자들을 법에서 우선시함으로써 채권자들 사이를 불합리하게 불평등하게 취급을 하고 있다고 주장한다. 특례조항이 미국 연방파산법에 도입된 배경에는 금융기관의 이익을 대변하는 로비가 있었고,[110] 시종일관 시스템 위험 방지라는 명분하에 그 타당성에 대하여 충분한 점검을 하지 않은 채 적용범위를 넓

---

109) 구제금융으로 지원된 금액 중 상당액이 AIG를 통해 Goldman Sachs에게 지급되어 위험한 거래를 한 상대방의 손실을 막는 데 사용되었다는 언론의 비판으로, Noam Scheiber, "Finally, the Truth About the A.I.G. Bailout", The New York Times (2014. 9. 28. https://www.nytimes.com/2014/09/29/opinion/finally-the-truth-about-the-bailout. html).

110) Shmuel Vasser, "Derivatives in Bankruptcy", Business Lawyer, Vol.60, Issue4 (2005. 8), 1510-1511면; Johnson, 앞의 논문 각주 15, 121-123면; 2005년 연방파산법 개정 시에는 ISDA를 비롯하여 은행연합회(American Bankers Association), ABA 증권협회 (ABA Securities Association), 채권시장연합회(Bond Market Association), 이머징마켓 트레이더스 연합회(Emerging Market Traders Association), 외환위원회(Foreign Exchange Committee), 선물산업연합회(Future Industry Association), 증권산업연합회(Securities Industry Association) 등의 특례조항 확대를 지지하는 서신이 국회에 전달되었다. Bliss / Kaufman, 앞의 논문 각주 40, 57면.

히는 입법이 계속되어 왔다고 지적된다.[111] 시스템 위험 방지론은 금융
위기의 경험을 통해 그 타당성에 의문이 제기되었고, 파생금융거래와 리
포거래 등이 오늘날 금융시장에서 중요하다고 하여도 이들을 다른 거래
보다 우대할 필연적인 이유가 될 수는 없다고 한다. 국가경제에는 이들
이외에도 공공산업 등 필수적인 분야들이 많은데, 파생금융거래 등만 도
산절차에서 면제시켜 다른 채권자들이 이들을 재정적으로 보조하는 결과
를 가져온다는 것이다.[112]

이러한 특별취급으로 파생금융시장과 리포시장은 지난 수십 년 동안
인위적이고 비정상적인 성장을 하였고,[113] 대형 금융기관들은 이들 거래
의 규모를 키워 시스템적 불안 요소가 늘어났다고 주장한다. 특례조항이
금융거래에 있어서 신용노출액을 순채권액으로 감소시켜 개별 금융기관
이나 거래 수준에서 신용위험을 감소시킨다고 하여도, 대형 금융기관들
이 런에 취약한 금융거래 규모를 늘리는 유인을 제공하고, 위기 시 급격
한 담보제공 요구와 담보권 행사 및 거래를 일시에 조기종료하는 런을
발생시켜 시스템 위험에 불리한 요소를 키웠다는 것이다. 특례조항은 금
융위기 발생 전 파생금융시장에 대한 낙관론과 자유주의가 기반이 되었
다.[114] 그러나 금융위기를 겪으면서 파생금융거래, 리포거래 등에 관한
규제논의가 활발해지고 있으며, 도산법에서의 특례도 재고되어야 한다고
주장되고 있다.

---

111) Schwarcz / Sharon, 앞의 논문 각주 7, 1737-1739면; Schwarcz, 앞의 논문 각주 64,
702-703면.
112) Roe, 앞의 논문 각주 15, 581면.
113) Cloar, 앞의 논문 각주 15, 1680면; Adams, 앞의 논문 각주 7, 13면.
114) Adams, 앞의 논문 각주 7, 9면; Skeel / Jackson, 앞의 논문 각주 57, 153-154면. 금융
위기 전 장외파생거래는 증권위원회 및 상품선물위원회의 규제를 받는 대신 자율규
제(self-regulating)하에 있었고, 도산법에서도 면제되는 자유구역에 있었다고 기술하
고 있다.

이러한 비판론과 규제논의는 우리에게도 시사하는 바가 크다. Lehman Brothers, AIG, Bear Sterns의 위기에는 부동산 시장의 급격한 하락, 당사자들의 방만한 담보관리 관행, 파생금융거래와 리포거래 등에 대한 적절한 규제미비 등 여러 요인이 복합적으로 존재하였는데, 위기국면에서 파생금융거래, 리포거래 등의 상대방들이 특례조항에 기대어 거래의 조기종료, 추가담보 요구 등을 한 것이 상황을 악화시키는 기폭제가 되었다. 이러한 부작용은 특례조항의 입법 및 확대과정에서 충분히 고려되지 못한 것으로, 우리나라에서의 입법 과정에서도 그러하였다. 따라서 단순히 일괄정산 방식의 이점만 중시할 것이 아니라 특례를 인정함에 따른 부작용을 막을 방안과 특례조항의 합리적인 적용범위에 대한 숙고할 필요가 있다. 이 글에서는 이에 대하여 V장에서 특례조항의 운용방안을 중심으로 살펴본다.

IV. 국제기구의 원칙 및 권고

금융안정위원회, 바젤은행감독위원회, 사법통일을 위한 국제연구소, 세계은행 등 주요 국제기구들은 파생금융거래 등에 대한 도산법상 특례조항의 필요성을 인정하고 있다. 이들은 국가들이 국내법으로 금융거래의 일괄정산조항의 법적 효력을 인정하는 법제화를 하고, 금융기관의 정리제도와 조화를 이루도록 할 것을 권고한다. 금융위기 시 발생된 문제점을 인식하고 대형 금융기관의 정리제도에서 특례조항이 효율적인 정리에 장애가 될 수 있음을 인정하고, 그에 대한 방편으로 정리제도하에서 상대방의 조기종료권이 단기간 제한될 수 있도록 하는 일시정지 제도를 도입할 것을 제안한다.

1. 금융안정위원회의 금융기관의 유효한 정리제도를 위한 핵심원칙[115]

금융안정위원회는 글로벌 금융위기에 국제적으로 대응하기 위하여 2009년 4월 금융안정포럼이 개편된 협의체로서, 금융위기에서 나타난 문제점들을 해결하기 위하여 각국이 따라야 할 원칙과 권고들을 마련하고 있다. 금융안정위원회는 G-20의 요청에 따라 금융기관의 유효한 정리제도를 위한 핵심원칙(Key Attributes of Effective Resolution Regimes for Financial Institutions. 이하 '핵심원칙')을 발표하였는데, 이 원칙은 2011년 11월 칸에서 열린 G-20 정상회담에서 새로운 국제기준으로 승인되었다.[116]

핵심원칙은 국제적인 금융기관의 정리제도에 관한 주요 사항을 정하고, 각국의 국내법제 정비와 협력을 요구한다. 그중 하나로서 금융거래의 일괄정산의 중요성을 강조하는 한편 일괄정산에 대한 특례가 금융기관에 대한 정리조치의 효과적 시행과 조화되도록 하는 방안을 제안하였다. 핵심원칙은 일괄정산을 특례조항으로 보호하는 것은 정상적인 시장에서는 전염위험을 감소시키지만, 금융기관의 정리가 이루어지는 상황에서는 금융기관의 핵심기능을 보전하기 위한 정리조치의 시행과 상충될 수 있으며, 금융기관의 가치 훼손과 함께 담보물의 대량 청산으로 급매각 등 시장혼란이 발생될 수 있음을 인정하였다.[117] 핵심원칙은 이러한 문제에

115) 이영경, "대형 금융기관의 정리제도에 관한 국제기준과 법제화", 금융법연구 제15권 제2호 (2018. 8), 195-197면의 내용을 이 글에 맞추어 요약하였다.
116) FSB, Key Attributes Assessment Methodology for the Banking Sector (2016. 10. 19), 1면. 이후 금융안정위원회는 2014년에 몇 개의 부속서를 덧붙인 핵심원칙의 개정본을 냈는 바, 이 글은 2014년 개정본을 기준으로 정리하였다. FSB, Key Attributes of Effective Resolution Regimes for Financial Institutions (2014. 10. 15. http://www.financialstabilityboard.org/2014/10/r_141015/).
117) FSB, Consultative Document — Effective Resolution of Systemically Important

대응하기 위하여 상대방의 조기종료권의 일시정지제도를 도입하도록 한
다. 동 제도는 채무자가 계약상 의무를 계속 이행하는 한 정리절차의 개
시나 정리권한기관의 권한행사만을 이유로 하여 상대방이 기한이익을 상
실시키거나 계약을 조기종료시키는 것을 제한한다. 이때 상대방의 권리
보호를 위하여 조기종료권의 일시정지는 2영업일과 같이 엄격히 제한된
기간 동안 하고, 정지기간의 시기와 종기를 명확히 하며, 금융계약의 완
전성(integrity)을 보호하고 상대방에게 예측가능성을 부여하기 위한 보호
장치를 마련할 것을 요구한다(핵심원칙 4.2 및 4.3). 상대방의 보호장치
(safe guards)로서 금융기관이 청산절차에 들어갔을 경우와 비교하여 더
큰 손실을 입는 경우 보상을 받을 권리를 가지도록 하는 청산가치의 보장
("no creditor worse off than in liquidation")을 정한다(핵심원칙 5. 2). 핵심원칙
은 부속서(I-Annex 5: Temporary stay on early termination rights)에서 조기종
료권의 일시정지제도에 관한 지침을 제공하고 있다. 이에 의하면, ① 일시
정지의 대상이 되는 금융계약의 전부를 함께 제3자에게 이전하여야 하고
그중 일부만 이전하여서는 안 되며("no cherry-picking" rule), ② 정리권한
기관이 정리대상 금융기관에게 해당 계약이 이전되지 않는다는 것을 통
보한 때에는 정지기간 만료 전이라도 상대방은 즉시 계약을 종료시킬 수
있고, ③ 제3의 금융기관, 가교기관 또는 다른 공공기관에 이전되지 않은
금융계약들은 정지기간 만료 후 상대방에 의해 종료될 수 있다.

2. 바젤은행감독위원회의 역외 은행정리제도에 관한 권고사항

바젤은행감독위원회는 그 산하의 역외은행정리그룹(Cross-border Bank

Financial Institutions Recommendations and Timelines (2011. 7. 19), 72면.

Resolution Group)으로 하여금 은행정리제도를 연구·검토하도록 하고, 2010년 3월 그 결과를 담은 보고서(Report and Recommendations of the Cross-Border Bank Resolution Group)를 통해 역외 은행정리제도에 관한 10가지 권고사항(Recommendations)을 발표하였다. 동 보고서는 금융위기시 AIG 사태를 들면서 파생금융거래가 국제 금융시장에서 큰 이익을 가져오지만 그와 함께 국제적인 위기 전염을 가져올 수 있는 중대한 위험요인이 될 수 있다고 보았다. 그리고 이에 대응하여 국가들은 장외파생금융계약의 표준화, 중앙청산소를 통한 청산 및 결제와 네팅계약 등 위험완화 메커니즘을 폭넓게 사용할 것을 권고하였다. 특히 금융계약과 그 담보에 관한 일괄정산에 대한 법적 확실성을 보장하기 위한 법제 개혁을 강조하고 있다.[118]

금융계약의 일괄정산은 일반적인 시장에서는 감염위험을 감소시키지만, 만약 실패한 은행의 모든 상대방들이 정리조치의 개시와 함께 거래를 해지하고 채권 및 담보권을 행사하면 금융안정성을 훼손하고 위험전염을 가속화할 것임을 지적하였다. 정리권한기관이 금융계약을 다른 건전한 금융기관, 가교기관 등에 이전할 수 있도록 상대방의 조기종료권의 즉각적 행사를 일시적으로 중단시킬 법적 권한을 부여할 것을 권고한다. 이 때 정지기간은 단기간으로 하고, 정리권한기관은 동일한 상대방과의 개별 거래를 선택하지 않고 전체적으로 제3의 금융기관이나 가교기관 등에게 이전시킨다. 상대방의 권리를 보호하기 위하여, 만일 금융계약이 다른 기관에 이전되지 않게 되면 원래대로 상대방은 계약을 종료시킬 수 있고, 네팅 및 담보물을 실행할 수 있는 계약적 권리를 가지도록 한다(Recom-

---

118) BCBS, Report and Recommendations of the Cross-Border Bank Resolution Group (2010. 3.)의 paragraph 105, 106 및 Recommendation 8 (https://www.bis.org/publ/bcbs169.pdf).

mendation 9).[119]

3. 사법통일을 위한 국제연구소의 일괄정산조항의 운영에 관한 원칙

사법통일을 위한 국제연구소는 회원국 간 사법의 통일과 조화를 위한 연구와 조약 및 입법 작업을 하는 국제기구이다. 2013년 동 연구소는 일괄정산조항의 운영에 관한 원칙(Principles on the Operation of Close-Out Netting Provisions. 이하 '일괄정산 운영원칙')[120]을 발표하여 일괄정산에 관한 국내법제를 정비하려는 회원국들에게 입법지침을 제공하였다. 일괄정산 운영원칙은 8개의 원칙을 담고 있다. 이 중 원칙 6은 일괄정산조항의 운영에 관한 일반원칙으로서, 국가의 법률은 일괄정산조항이 계약에 따라 효력을 가지도록 하여야 한다고 정한다. 원칙 7은 도산절차 및 정리제도에서의 일괄정산의 운영에 관한 것으로, 국가의 법률은 당사자에게 도산절차나 정리제도의 개시가 있는 경우 일괄정산조항의 운영이 정지되어서는 안 되고, 관재인이나 법원, 정리권한기관은 일괄정산조항의 적용을 받는 거래 중 어떤 것은 이행을 거절하면서 상대방에게 다른 거래의 이행을 요구하여서는 안 되며, 일괄정산조항이 채권자 평등원칙과 일치하지 않는다는 이유로 부인되어서는 안 된다고 정한다. 일괄정산 운영원칙은 서문에서 일괄정산은 양 당사자 사이에 위험완화기법으로 효과적이지만, 금융시장이 불안정해지는 시기에는 위기에 처한 금융기관의 상대방

---

119) 이영경, 앞의 논문 각주 115, 189면, 196면.
120) UNIDROIT, Principles on Close-Out Netting (2013. http://www.unidroit.org/en/instruments/capital-markets/netting). 이에 대해 상세히 소개하는 국내 문헌으로, 이헌묵, "일괄정산네팅(close-out netting)규정의 운용을 위한 UNIDROIT 원칙의 소개", 국제사법연구 제20권 제2호 (2014. 12).

들이 급격하게 거래를 종료하고 정산을 함으로써 시스템 위험을 조장할 수 있음을 인정한다. 특히 금융기관에 대한 정리조치가 시행되는 때에는 상대방의 조기종료권을 일시정지하여 정리권한기관이 금융안정성에 대한 위험을 완화하면서 실패 금융기관을 질서정연하게 정리할 수 있도록 해야 한다고 밝혔다.[121] 원칙 8은 상대방에 대한 적절한 보호장치를 두는 것을 전제로 일괄정산 운영원칙은 국가가 금융기관의 정리제도에서 정하는 정지 또는 다른 조치에 해를 가하지 않는다고 한다. 금융기관의 정리제도에 있어서도 일괄정산에 관한 법적 취급은 명확하고 투명하여야 하지만, 그렇다고 하여도 일괄정산이 금융기관에 대한 정리조치의 효과적인 시행을 저해하여서는 안되며, 이를 위해 권한기관은 거래상대방의 조기종료권을 정지시킬 수 있는 권한을 가져야 한다. 동 원칙은 상대방에 대한 적절한 보호장치에 관한 국제기준으로서 금융위원회의 핵심원칙 4, 5 및 부속서 IV를 든다. 그리고, 금융기관 정리제도에 있어서 일괄정산 운영에 관한 국제기준과 국내 법률은 현재 진화하고 있으므로, 향후 그 내용이 달라질 수 있음을 단서로 달고 있다.[122]

4. 국제상거래법위원회의 도산법 입법지침

유엔의 국제상거래법위원회(United Nations Commission on International Trade Law, UNCITRAL)는 국제상거래법의 표준화 작업을 하는 국제기구이다. 동 위원회는 2004년 6월 25일 도산법 입법지침(Legislative Guide on Insolvency Law)[123]을 제정하였는데, 동 지침에서 금융계약의 일괄정산과

---

121) UNIDROIT, 일괄정산 운영원칙, 서문의 단락 7.
122) UNIDROIT, 일괄정산 운영원칙, 원칙 8 및 그 주석.
123) https://www.uncitral.org/pdf/english/texts/insolven/05-80722_Ebook.pdf.

그에 수반한 담보 보호의 중요성을 강조하였다. 상품계약, 선도계약, 옵션, 스왑, 리포계약, 기본네팅계약 및 그 밖에 이와 유사한 계약들을 포함하는 금융계약(para. 209)은 국제 자본시장의 중요한 구성요소가 되었고, 이들은 신용제공을 높이고 환율, 이자율 등 시장변동에 대한 위험을 헤지하는 중요한 수단이 되고 있다(para. 208). 도미노 효과로 불리는 시스템위험은 도산법상 금융계약에 대한 특별취급의 중요한 정책적 근거인데 (para. 213), 이를 위하여 금융계약에 대한 특례조항은 폭넓게 규정하는 것이 바람직하다고 한다(para. 215). 도산법은 당사자의 도산절차 개시 즉시 금융계약을 종료할 수 있는 계약상 권한과 조기종료시 순채권액으로 일괄정산하는 것 및 담보권 행사를 인정하고, 이들을 부인권의 대상에서 제외할 것을 권고한다(Recommendations 101 내지 104). 그리고 당사자 중 일방이 금융기관인지 여부와 상관없이 특례를 적용하도록 한다(Recommendation 106).

이상의 내용은 2004년에 마련된 도산법 입법지침에 담긴 것인데, 2008년 금융위기 후 다시금 검토되었다. 국제상거래법위원회의 워킹그룹은 2013년 12월 보고서에서 도산법 입법지침의 위 권고사항들은 더 이상 모범 실무(best practice)를 반영하고 있지 못하고, 사법통일을 위한 국제연구소의 일괄정산 운영원칙과도 맞지 않아 수정이 필요하다고 하였다.[124] 그러나 현재까지 워킹그룹의 수정의견에 불구하고 금융계약의 도산법상 취급에 관한 부분은 변경되지 않고 있다.[125]

---

124) UNCITRAL, Report of Working Group V (Insolvency Law) on the work of its forty-fourth session (Vienna, 16-20 December 2013), 8면 (https://undocs.org/en/A/CN.9/798).
125) 세계은행(World Bank)의 도산 및 채권자 권리 기준(Insolvency and Credit Rights Standards)의 태스크포스(task force)도 도산법 입법지침이 사법통일을 위한 국제연구소의 일괄정산 운영원칙과 금융안정위원회의 핵심원칙보다 뒤처져 있다고 지적하

5. 세계은행의 효과적인 도산 및 채권자 · 채무자 권리 시스템을 위한 원칙

세계은행은 각국이 벤치마크로 삼도록 하기 위하여 효과적인 도산 및 채권자 · 채무자 권리 시스템을 위한 원칙(Principles for Effective Insolvency and Creditor/Debtor Rights Systems. 이하 '세계은행의 원칙')을 마련하였다.[126] 국제사회에서 도산제도와 채권자 및 채무자 권리에 관한 시스템은 금융 안정성에 있어 매우 중요한 요소로 인정되어 이에 관한 국가간 합의와 국내법제화를 위한 기준이 요청됨에 따른 것이다. 세계은행의 원칙은 앞의 4.에서 살펴본 국제상거래법위원회의 도산법 입법지침과 통합되어 도산 및 채권자 권리 기준(Insolvency and Credit Rights Standards. 이하 'ICR Standard')으로 정비되었는데, 금융안정위원회는 ICR Standards를 건전한 금융시스템을 위한 핵심기준 중 하나로 인정하였다.[127]

세계은행의 원칙은 담보권 등에 관한 채권자 및 채무자의 권리, 위험 관리 및 기업구조조정 등을 위한 법제와 도산제도 및 그 시행에 관한 광 범위한 내용을 담고 있다. 이 중 금융거래의 일괄정산에 관하여는, 도산 법상 특례는 일괄정산이 제한되면 금융시장의 안정성에 위험이 생기는 특정 유형의 금융거래에 한하여 명확히 정한 범위에서 인정되어야 한다

였다. World Bank, Updating the Insolvency and Creditor/Debtor Regimes (ICR) Standard Task Force Meeting Insolvency and Creditor/Debtor Regimes (2014. 10. 24), 7면 (http://siteresources.worldbank.org/EXTGILD/Resources/WB_ICR_TaskForce_2014_RapporteurSynopsis_Rodriguez.pdf).

126) World Bank, Principles for Effective Insolvency and Creditor/Debtor Rights Systems (2016. http://documents.worldbank.org/curated/en/518861467086038847/Principles-for-effective-insolvency-and-creditor-and-debtor-regimes.

127) http://www.worldbank.org/en/topic/financialsector/brief/the-world-bank-principl es-for-effective-insolvency-and-creditor-rights.

고 정한다. 그리고 은행정리 시 질서정연하게 계약을 이전하기 위하여 상대방의 조기종료권은 단기간 정지할 수 있어야 하되, 상대방에 대한 적절한 보호장치가 마련되어야 함도 정하고 있다.[128]

6. 소결

금융시장에 관여하는 주요 국제기구들은 거의 다 기본적으로 파생금융거래 등에 대한 특례를 인정하여야 한다는 입장을 견지하면서,[129] 금융위기 시 드러난 문제점을 인정하고 이를 해결하기 위하여 상대방의 조기종료권의 일시정지제도의 도입을 권고하고 있다. 파생금융거래 등에서 일괄정산 방식은 거래상대방의 입장에서 신용위험이 줄어든다는 명확한 이점이 있으며, 이를 통해 시장 전체적으로도 위험을 줄인다는 점을 인정한 것이다. 금융위기에서 드러난 문제점에 대하여는 상대방의 조기종료권의 행사를 수일 동안 정지하고 그사이 정리권한기관의 신속한 권한행사로 파생금융거래 등을 제3의 기관에 이전하는 등의 조치를 취함으로써 문제가 상당히 줄어들 수 있을 것으로 판단한 것으로 보인다. 우리나라도 국제사회의 일원으로서 이러한 흐름에 함께 놓이게 될 것이다. 다만 그렇다고 하여도 자국의 국내법제화의 구체적 내용에 대하여는 국가적 정책판단과 국내법제와의 조화를 고려하여 정하게 되므로, 현재 우리나라의 채무자회생법에서 과도하게 특례를 인정하고 있는 측면은 없는지, 채권자 평등원칙과 상치되는 문제를 줄일 수 있는 특례조항의 운영방법

---

128) World Bank, 세계은행의 원칙, C10.4 및 각주 9.
129) 국제기구가 기본적으로 특례조항의 법제화를 지지하는 입장을 견지하는 것에 대하여, 지배적인 흐름에 거스르게 되면 생길 수 있는 명성비용(reputational cost)을 회피하려는 것이라는 비판이 있다. Mokal, 앞의 논문 각주 6, 84-85면.

은 어떠하여야 하는지에 대하여 진지한 고민이 필요하다. 그리고 상대방의 조기종료권의 일시정지제도의 도입과 그 밖의 규제적 방안 마련에 대한 검토도 함께 이루어져야 할 것이다.

V. 우리나라에서의 시사점

1. 미국 연방파산법과 우리나라 채무자회생법상 특례조항의 비교

미국에서의 비판론을 우리나라 채무자회생법상 특례조항에 대하여도 그대로 적용할 수 있는지를 판단하기 위하여, 미국 연방파산법상 특례조항과 우리나라 채무자회생법상 특례조항을 비교해 본다. 양자는 모두 기본적으로 특정 금융거래의 일괄정산과 관련 담보제공 및 실행의 법적 효력을 인정하기 위한 법조항인데, 구체적인 적용 대상과 효과의 면에서는 다소 차이를 보인다. 그러나 파생금융거래를 포함한 일정한 금융거래에 대하여 도산법의 여러 중요한 조항들을 배제하여 일괄정산과 담보의 법적 효력을 보호한다는 점에서 기본 맥락을 같이하는바, 양 법제에 차이는 있지만 미국에서의 논의는 우리나라에서도 의의를 가질 수 있을 것이다. 이하 구체적으로 살펴본다.

(1) 적용대상거래

미국 연방파산법의 특례조항은 대상이 되는 거래를 증권계약, 리포거래, 스왑계약 등 개별 항목별로 정의하고 이들에 대한 특례를 인정하는 조문들을 두고 있다.[130] 특히 스왑계약은 매우 포괄적으로 정의되어 이를 통해 사실상 거의 대부분의 파생금융거래 등이 특례조항의 적용을 받는 것으로 이해되고 있다.[131]

우리나라의 채무자회생법 제120조 제3항은 기본계약에 근거하여 이루어지는 각호 소정의 거래를 적격금융거래로 부르고, 각호에서 "1. 통화, 유가증권, 출자지분, 일반상품, 신용위험, 에너지, 날씨, 운임, 주파수, 환경 등의 가격 또는 이자율이나 이를 기초로 하는 지수 및 그 밖의 지표를 대상으로 하는 선도, 옵션, 스왑 등 파생금융거래로서 대통령령이 정하는 거래 2. 현물환거래, 유가증권의 환매거래, 유가증권의 대차거래 및 담보콜거래 3. 제1호 내지 제2호의 거래가 혼합된 거래 4. 제1호 내지 제3호의 거래에 수반되는 담보의 제공·처분·충당"을 정하고 있다. 위 제1호에 따라 동법 시행령 제14조는 파생금융거래의 기초자산이 될 수 있는 것을 좀 더 자세히 정하면서 제5호에서 "그 밖에 자연적·환경적·경제적 현상 등에 속하는 위험으로서 합리적이고 적정한 방법에 의하여 가격·이자율·지표·단위의 산출이나 평가가 가능한 것"이라고 하여 다양한 파생금융상품이 해당될 수 있도록 포괄적으로 규정하고 있다.[132] 이는 미국 연방파산법의 스왑계약의 포괄적 정의조항과 같은 취지이다. 리포거래의 경우 미국 연방파산법에서는 2005년 법개정으로 대상증권에 모기지 증권 및 채권 등을 포함하도록 확대시킨 것에 관한 논의가 많은데, 채무자회생법은 제120조 제3항 제2호에서 "유가증권의 환매거래"라고 하고 달리 유가증권의 범위에 대하여 제한을 두고 있지 않아 매우 광

---

130) 이에 대하여는 II. 2. (1) 참조.
131) Vasser, 앞의 논문 각주 110, 1519-1521면; Waldman, 앞의 논문 각주 53, 1068-1069면.
132) 임치용, "지급결제제도에 관한 회생 및 파산절차의 특칙 제120조의 해석론", 인권과 정의 제356호 (2006. 4), 105면.

범위하게 정하고 있다. 한편 채무자회생법 제120조 제3항은 기본계약의 존재를 요건을 부과하고 있는데, 실무에서 많은 거래가 기본계약을 존재로 하고 있다는 점에서 우리나라에서도 상당 부분의 파생금융거래, 리포거래 등이 특례조항의 적용을 받게 된다.

이상에서 살펴본 바와 같이 양국의 도산법상 특례조항은 구체적인 법기술적 방법은 다르지만, 금융위기 시 문제 되었던 파생금융거래, 리포거래 등을 광범위하게 적용대상으로 하고 있다는 점에서 마찬가지이다.

(2) 적용대상자

채무자회생법 제120조 제3항은 적용대상자를 금융기관 등으로 제한하지 않고 누구든 적격금융거래를 하는 경우 대상이 되도록 하여 매우 광범위하다. 미국 연방파산법은 적용거래별로 적용대상자를 정하는데, 예컨대 선도계약의 경우에는 금융참가자(financial participant) 및 선도계약상인(forward contract merchant)을 적용대상으로 한다.[133] 다만 리포거래와 스왑거래의 경우에는 각각 리포참가자(repo participant)[134]와 스왑참가자(swap participant)[135]를 적용대상으로 하는데, 그 실질적인 의미는 리포거래 또는 스왑계약을 체결하는 자를 뜻하는 것이어서 누구든지 리포거래

---

133) 금융참가자란 신청일 또는 그 전 15개월 동안 채무자와 사이에 최소 10억 달러 이상의 명목금액 또는 원금이나, 시가평가(mark-to-market) 1억 달러 이상의 증권계약, 상품계약, 스왑계약, 리포계약 또는 선도계약을 하고 있는 자이다. 11 U.S.C. § 101(22A). Harner, 앞의 논문 각주 83, 100면. 선도계약상인이란 연방준비은행(Federal Reserve Bank)과 그 밖에 선도계약의 체결을 영업으로 하는 자를 말한다. 11 U.S.C. § 101(26).
134) 11 U.S.C. § 101(46).
135) 11 U.S.C. § 101(53C).

또는 스왑계약을 하면 특례조항의 적용을 받게 된다.[136) 그 결과 이들 거래에서는 적용대상자에 제한이 없게 되고, 시스템 위험을 가져오지 않는 경우에까지 특례를 인정하는 것은 지나치게 확대적용되고 있다고 비판을 받고 있다. 결국 미국의 연방파산법은 다양한 파생금융거래를 포괄하는 스왑계약과 리포거래의 경우 적용대상자에 제한이 없는바, 이 점에서 우리의 채무자회생법과 일치한다.

(3) 도산법 조항의 면제

미국 연방파산법의 특례조항은 자동정지, 미이행쌍무계약의 이행 및 거절 선택권, 부인권, 도산해지조항의 금지 조항을 면제하여 대상거래의 일괄정산조항 및 그에 수반한 담보의 효력을 인정하고 있다.[137) 우리나라의 채무자회생법 제120조 제3항은 적격금융거래의 종료 및 정산 및 그에 수반한 담보의 제공·처분·충당에 대하여 미이행쌍무계약의 이행 및 해제권과 그 전제로서 도산해지조항의 금지, 부인권, 중지명령 및 포괄적 금지명령이 적용되지 않도록 규정한다.

이러한 점에서 양국의 특례조항의 적용효과는 기본적으로 비슷하다. 다만 미국의 경우 연방파산법상 자동정지 제도가 있어 특례조항으로 대상거래에 이를 적용하지 않도록 하고, 파생금융거래와 관련하여 체결한 담보계약에 의한 권리가 자동정지의 대상이 되지 않는다는 점을 명시적으로 규정[138)하고 있다는 점에서 차이가 있다. 우리나라의 채무자회생법은 자동정지 제도는 없고 포괄적 금지명령 및 중지명령 제도가 있는

---

136) Lubben, 앞의 논문 각주 87, 128-129면.
137) 이에 대하여는 Ⅱ. 2. (1). 참조.
138) 11 U.S.C. § 362(b)(17).

바,[139] 채무자회생법 제120조 제3항은 적격금융거래가 이들로부터 배제됨을 명시하고 있다. 다만 채권자의 개별집행금지조항과 회생절차에 의하지 않은 담보의 처분 및 충당에 관한 조항이 명시적으로 배제되어 있지 않아 학설상 견해가 나뉘고 있다. 이에 관하여는 아래 2. (3). 나에서 자세히 살펴본다.

Lehman Brothers, AIG나 Bear Sterns의 경우 파생금융거래, 리포거래 등의 상대방들에 의해 거래의 조기종료, 대량의 추가 담보요구 및 청산이 있었는데, 이와 같은 상황이 가능하였던 것은 연방파산법의 특례조항으로 이들 거래를 조기종료하는 데에 문제가 없고 담보에 대하여 부인권이 배제된 때문이다. 이러한 런의 위험은 우리나라의 채무자회생법하에서도 상정해 볼 수 있는바, 이러한 점에서 미국에서의 논의는 우리나라에서도 의미가 있다고 할 수 있다.

2. 채무자회생법의 특례조항의 검토

(1) 입법경위와 정당화 근거

가. 입법경위

우리나라는 2005년 채무자회생법 제정 시 제120조 제3항에 적격금융

---

139) 연방파산법의 자동정지 제도에 대하여는 각주 14 참조. 연방파산법의 자동정지 제도는 파산보호 신청으로 자동적으로 광범위하게 정지효과가 발생되는 데 비해, 우리나라 채무자회생법의 중지명령과 포괄적 금지명령은 회생 개시결정 또는 파산선고로 효과가 발생된다. 그 결과 절차의 신청과 개시시점까지 사이에 채무자의 재산보호에 미흡해진다는 점에서 우리나라에서도 자동정지 제도의 도입이 주장된다. 반면 도산절차의 남용가능성, 담보권자의 보호문제 등을 이유로 하여 반대론도 있다. 이에 관한 상세한 논의는, 이제정, "미국연방도산법의 자동정지 제도에 관한 소고", 저스티스 제122호 (2011. 2), 152-161면.

거래에 대한 특례조항이 도입되었다. 동법 제정 이전의 구 파산법과 구 회사정리법에는 이러한 명문의 조항은 없었지만 이들 거래에서 일괄정산 조항의 법적 효력이 인정되어야 한다는 해석이 있었다.[140] 그렇지만 이를 해석으로 해결하기보다는 입법으로 명확히 하는 것이 바람직하다고 보아 채무자회생법에 명문의 조항을 두기로 하였다. 그런데 구법하에서 해석론으로 인정되던 것은 일괄정산조항에 의하여 순채권액에 의한 하나의 채권을 만드는 것이었는데, 채무자회생법 제120조 제3항은 이것뿐 아니라 담보와 부인권에 대한 특례를 인정하였다. 특례조항의 도입은 종래의 법적 불확실성을 해결하고, 금융시스템의 안정과 국제 금융환경과의 정합성을 고려한 시의적절한 입법이라고 환영받았는데,[141] 한편에서는 채권자 평등원칙과 상충되는 문제에 대한 우려의 목소리도 있었다.[142]

나. 정당화 근거

특례조항의 도입 배경에는 시스템 위험 방지와 국제적 정합성 확보가 크게 자리잡고 있었다.[143] 그런데 만일 시스템 위험을 방지한다는 근거가 충분한 설득력을 갖추지 못한다면, 채권자 평등원칙에 대한 중대한 예외를 인정하면서 특례를 인정할 명분이 크게 약화된다. 적격금융거래에 대한 특례는 거래상대방의 실패를 막음으로써 시스템 위험 발생가능성을

---

140) 김건식, 스왑거래에 관한 법적 연구 (한국금융연구원, 1997), 81면; 석광현, 국제사법과 국제소송 제2권 (박영사, 2001), 516-518면.
141) 박 준 / 홍선경 / 김장호, 앞의 논문 각주 42, 81면.
142) 정순섭 / 김필규 / 이종구 / 한 민, "좌담회: 파생상품거래와 국내법상 합성증권화의 가능성", BFL 제14호 (2005. 11), 29면; 오수근 / 김나영, "적격금융거래의 일괄정산에 관한 입법론", 이화여자대학교 법학논집 제8권 제2호 (2004. 2), 49-50면; 임치용, 앞의 논문 각주 132, 110면.
143) 김건식, 앞의 논문 각주 140, 65면; 오수근, "도산절차와 결제제도: 신도산법 제120조 해석론", 증권예탁 제62호 (2007), 7, 9-10면; 정순섭, 앞의 논문 각주 42, 250면.

줄이는 측면이 있지만, 이러한 거래를 많이 하는 채무자의 입장에서는 특
례조항에 기하여 상대방들이 거래를 단기간 동안 집중적으로 청산하여
존속을 위협받고, 시장불안을 가져와 오히려 시스템 위험이 증가되는 면
이 있다. 이처럼 특례조항은 시스템 위험을 줄이는 역할과 증가시키는
효과를 모두 가지기 때문에, 순기능만 보고 정당화하기에는 부족하다. 시
스템 위험방지 측면을 중시하여 특례조항을 존치하려면 상대방의 거래종
료권의 일시정지제도와 같이 역기능을 줄이는 방안을 두는 것이 중요하
다. 이와 함께 특례조항에 의존한 적격금융거래에의 집중, 도덕적 해이
등 문제들을 다루기 위하여 파생금융거래, 리포거래 등에 관한 자본규제,
공시의무 등 규제적 방안 마련에도 관심을 기울여야 한다.

　우리나라는 현실적으로 국제 금융시장을 주도하기보다 뒤쫓아 가는
입장에 있음을 도외시하기는 어렵다. 다른 나라들도 자국 은행이 자본비
용에서 불이익을 받는 것은 상당히 불리하다는 점을 인식하고, 금융시장
의 경쟁력 제고라는 측면에서 일괄정산조항의 법적 효력을 부여하는 법
제화를 하는 수가 늘고 있다.[144] 우리도 금융시장의 활성화와 국제경쟁
성 확보가 특례조항의 정책적 이유가 될 수 있을 것이다. 다만 이것을
이유로 한다면 그 해석은 엄격히 할 필요가 있다. 특례조항이 도입되기
전에도 학설상 일괄정산조항에 의하여 복수의 채권채무를 순채권액의 단
일채권으로 만드는 것을 유효하다고 보는 견해가 유력하였는데, 특례조
항으로 이를 확인한 것으로 보고 그와 같이 운용하는 데에는 문제가 없
을 것이다. 그러나 이에 나아가 담보에 대한 특례를 인정하고 부인권을

---

144) Paech, 앞의 논문 각주 48, 429면; Waldman, 앞의 논문 각주 53, 1080-1081면(미국
　　의 파생금융시장이 고객을 다른 국가의 시장에 뺏기지 않기 위하여 시장의 자유를
　　부여하고, 네팅의 법적 확실성을 부여하여야 한다고 제안한다); Mokal, 앞의 논문
　　각주 6, 74면은 각국이 자국 시장의 경쟁력 확보를 위하여 사회 이익과 공평성의
　　측면에 대한 검토를 등한시한 채 특례조항을 도입하여 오고 있다고 비판한다.

배제한 것 등 해석으로 인정하기 어려운 것을 입법으로 허용한 부분에 대하여는 채권자 평등원칙과의 상충 문제를 최소화하는 방향으로 운용하는 것이 바람직하다.

(2) 적용대상자

우리나라에서 처음 채무자회생법에 적격금융거래에 대한 특례조항을 입법할 당시, 시스템 위험 방지를 근거로 한다면 이러한 위기를 가져올 수 있는 것은 거래당사자가 금융기관인 경우이므로 그 적용대상자를 금융기관으로 한정하여야 한다는 주장이 있었다.[145] 그러나 금융기관 이외의 자에 의한 파생금융거래가 늘고 있고, 금융기관에만 적용한다면 동일한 유형의 거래를 하는 채권자들 사이에 채권자 평등원칙에 반한다고 하여 채무자회생법 제120조 제3항의 적용대상자에 특별한 제한을 두지 않는 것으로 입법되었다.[146] 동일한 거래유형에 있어 당사자를 달리 취급하면 평등권 침해가 생긴다는 입장이지만, 특례조항은 적격금융거래를 하는 자 이외의 채권자들에 대하여는 채권자 평등원칙에 반하는 예외를 인정하는 것이라는 점을 간과하여서는 안된다. 따라서 특례를 통한 예외는 입법목적에 부합하는 자에 대하여만 인정하는 것이 바람직하다. 특히 양 당사자가 모두 일반 회사인 경우는 시스템 위기 방지와 금융시장 안정이라는 정책 목표와 은행의 자본비용 감소 등 경쟁력 확보와 관련성이 크지 않으므로,[147] 법개정을 통해 일방 당사자가 금융기관인 경우로 한

---

145) 정순섭, 장외파생금융상품거래의 도산절차상취급에 관한 법제도 정비방안, 한국법 제연구원 (2003. 6), 78면.
146) 오수근/김나영, 앞의 논문 각주 138, 58-59면.
147) 예컨대, Ⅲ.2.가.(3)(나)1)에서 가스, 전기 공급계약이 금융기관 개입없이 공급회사와 소비자 사이에 이루어지는 경우가 그러하다.

정하는 것을 고려해 볼 수 있을 것이다. 일본의 경우 금융기관 등이 행하는 특정금융거래의 일괄청산에 관한 법률(金融機關等が行う特定金融取引の一括淸算に關する法律) 제2조 제2항에서 적용대상자를 양 당사자 중 적어도 한 당사자는 금융기관일 것으로 제한하고 있음은 입법례로 참고할 만하다.[148]

(3) 적용효과

채무자회생법 제120조 제3항에 따라 기본계약에 의해 이루어진 적격 금융거래의 종료 및 정산과 그에 수반한 담보에 대하여는 관리인의 미이행쌍무계약의 이행 및 해제권과 그 전제로서 도산해지조항의 금지, 부인권, 중지명령 및 포괄적 금지명령이 배제된다. 앞의 V. 2. (1) 나.에서 검토한 바와 같이, 특례조항이 일괄정산조항에 의하여 당사자들 사이의 채권액을 총채권액이 아니라 순채권액으로 만드는 것의 법적 효력을 유효한 것으로 보는 것에는 문제가 없다. 이에 나아가 담보에 대하여도 특례를 인정하고 부인권을 제한하는 것에 대하여는 보다 엄격한 해석이 필요하다. 이하 동 조항에 따른 구체적인 효과에 관하여 차례대로 살펴본다.

---

148) 동법은 은행법상 은행, 증권거래법상 증권회사, 외국증권업자에 관한 법률상 외국 증권회사 등 일본에서 허가, 면허, 등록 등을 받은 금융기관에 한하여 특례를 인정한다(동법 제2조 제2항). 일본 파산법은 제58조에 파생상품거래 등에 특례조항을 신설하여, 거래소 기타 시장의 시세가 있는 상품의 거래에 관한 일괄청산네팅의 효력을 인정하였다. 동 조항은 금융기관 이외의 자들 사이의 거래에도 적용되지만 계약의 해제와 손해배상액 산정에 관하여만 효력을 인정하고 담보를 규정하고 있지 않다. 이처럼 일본의 특례는 우리나라의 채무자회생법 제120조 제3항과 비교하여 제한적인 범위에서 인정되고 있다.

가. 일괄정산에 의한 순채권액의 도출

특례조항은 상대방의 도산신청 등을 이유로 한 해지권을 부여하는 도산해지조항을 유효한 것으로 인정하고, 관리인의 미이행쌍무계약의 선택권을 배제함으로써, 당사자들이 기본계약에 정한 바에 따라 일괄정산을 하여 순채권액으로 계산하여 단일채권을 만드는 것의 법적 효력을 부여한다. 종래 특례조항의 입법 전 학설에서도 일괄정산조항에 의하여 순채권액으로 감소시키는 것의 효력을 인정하였는데,[149] 채무자회생법 제120조 제3항은 이러한 해석론을 명확히 하였다는 의의를 가진다. 이를 인정하지 않으면 당사자들은 총채권액을 기준으로 위험을 관리하게 되고, 은행의 자본비용의 상승을 가져오며, 담보의 효율적 활용이 어려워지는 등 사회적 비용이 발생될 것이다. 반면 순채권액으로 정산하는 것 자체는 시스템 위기를 증가시키는 요인으로 작용되지 않으며, 그 효력을 인정하는 것은 채무자회생법상 상계에 관한 조항의 해석이나 상호정산 등 유사제도에 대한 취급과도 일관성이 유지된다.[150] 따라서 채무자회생법 제120조

---

149) 김건식, 앞의 논문 각주 140, 81면; 석광현, 앞의 책 각주 140, 516–518면; 오수근 / 김나영, 앞의 논문 각주 138, 45면.

150) 채무자회생법상 회생채권자, 회생담보권자 또는 파산채권자가 지급정지, 회생절차 개시신청, 파산신청 후에 그 사실을 알고 채무를 부담한 때에는 이를 회생채권 또는 파산채권과 상계하지 못한다(동법 제145조, 제422조). 이에 대한 예외로서 지급정지 등이 있는 것을 알기 전에 생긴 원인에 의한 때에는 상계가 허용된다(동법 제145조 제2호 나목, 제422조). 파생금융거래 등의 일괄정산의 경우 대상채무는 지급정지 등의 사실을 알고 취득하거나 부담한 채무는 아니며, 해지의 의사표시를 지급정지 등 이후에 한 경우에도 지급정지 등이 있는 것을 알기 전에 생긴 원인에 의한 것으로 볼 수 있으므로, 상계금지 조항에 반하지 않는 것으로 볼 수 있다. 임치용, 앞의 논문 각주 132, 108–109면; 석광현, 앞의 책 각주 140, 515–516면. 상호계산은 상인 간 또는 상인과 비상인간에 상시 거래관계가 있는 경우에 일정한 기간의 거래로 인한 채권채무의 총액에 관하여 상계하고 그 잔액을 지급할 것을 약정하는 것으로(상법 제72조), 당사자 일방에 대하여 회생절차의 개시 또는 파산선고 있는 경우에는 종료의 의사표시가 없어도 당연히 상호계산은 종료된다(채무자회생법 제125조, 제343조).

제3항으로 일괄정산조항에 따라 순채권액으로 정산하여 단일채권화하는 것의 법적 효력을 부여하는 것은 타당하다고 본다.

나. 개별집행 금지 및 담보권행사의 제한

채무자회생법 제120조 제3항은 제58조의 개별집행금지 조항 및 회생 절차 외 변제 등 채권소멸행위 금지 조항인 제131조, 제141조 제2항을 명시적으로 배제하고 있지 않다. 이에 따라 회생절차 개시 후 담보권의 개별적 실행이 가능한지에 대하여 논란이 있다. 파생금융거래에서 담보 제공은 크게 담보권설정방식과 소유권이전방식으로 나뉘는바, 각각의 경우를 살펴본다.

① 소유권이전방식

소유권이전방식은 증권이나 현금 등의 담보물의 소유권을 채권자에게 이전하고, 채무불이행 사유의 발생, 기간 만료 등으로 거래가 종료되는 경우 등가대체물 반환채무를 포함하여 양 당사자 사이의 모든 채권채무를 일괄정산하는 방식이다. 이 방식에서는 담보물의 소유권이 이전되고 추후 거래종료 시 등가대체물 반환채무가 기본계약하에서 체결된 여러 거래들의 채권채무와 일괄정산되는바 이는 채무자회생법 제120조 제3항 소정의 적격금융거래의 정산으로 볼 수 있다.[151] 따라서 동 조항에서 적 격금융거래의 종료 및 정산은 동법의 규정에 불구하고 기본계약에서 정

상호계산 종료 시 당사자들은 계산을 폐쇄하고 잔액을 계산하여 그에 따른 지급청구 권을 도출한다.

151) 예컨대 ISDA 계약서의 소유권이전방식의 담보서류인 영국법 Credit Support Annex 의 Paragraph 6은 조기해지 시 기제공 담보액(Credit Support Balance)을 조기해지 시 지급금액 산정에서의 미지급금액(Unpaid Amount)으로 간주하여 일괄정산에 포 함시킨다. 리포거래의 경우 예컨대 2000년판 TMBA-ISMA Global Master Repurchase Agreement의 제10조는 대상증권 및 담보물의 등가대체물 반환채무를 일괄정산의 대상으로 포함시키고 있다.

한 바에 따라 효력이 발생하도록 한 것에 따라 기본계약에 의한 정산이 가능하다고 해석할 수 있다.[152]

② 담보권설정방식

담보권설정방식은 질권 등 일반적인 담보권을 설정하는 것인데, 회생절차 개시 후 실행가능 여부에 관하여는 학설이 나뉜다. 긍정설은 담보의 처분 및 충당은 독립된 행위가 아니고 넓은 의미의 결제의 일부이므로 도산절차 개시와 동시에 결제가 시작된 이상 그 후의 담보 처분도 계약에서 정한 바에 따라 효력이 발생되어야 한다고 하거나,[153] 담보권설정방식과 소유권이전방식은 경제적 효과가 동일하고 회생절차에서 이들 사이에 우위를 달리할 만한 실질적 차이가 없으므로, 담보권설정방식 또한 예외를 인정하는 것이 거래실정을 더 잘 반영한다고 한다.[154] 부정설은 담보권을 설정하고 채무불이행 사유가 발생한 경우 담보권을 실행하는 사적 집행 절차를 거치므로 채무자회생법 제58조 제1항 제2호 및 회생계획에 규정한 바에 따르지 않은 변제 등 채권소멸행위를 금지하는 동법 제131조, 제141조 제2항의 취지에 비추어 담보물의 처분 및 충당은 허용되지 않는다고 해석한다.[155] 사견으로는, 소유권이전방식과 담보권방식은 법적 형식 및 성격과 구체적인 법률관계가 다르며, 특례조항을 엄격히 한다는 입장에서 부정설을 취하는 것이 타당하다고 생각한다. 소유권이전방식은 담보물의 소유권을 상대방에게 완전히 이전하고 이후 상대방은 등가물을 반환할 채무를 지게 되어, 결국 채권적 관계가 된다. 담보의 실행방법 또한 일반적인 담보권의 집행방식이 아니라 등가물 반환채

152) 박 준 / 홍선경 / 김장호, 앞의 논문 각주 42, 76, 80면.
153) 오수근, 앞의 논문 각주 143, 31면.
154) 박 준 / 홍선경 / 김장호, 앞의 논문 각주 42, 80면.
155) 서울중앙지방법원 파산부 실무연구회, 회생사건실무(상) 제4판, 160면; 임치용, 앞의 논문 각주 132, 108면.

무를 일괄정산조항의 적용대상에 포함시켜 다른 채권채무와 네팅하도록
한다. 이처럼 소유권이전방식은 담보로서의 경제적 기능을 하더라도 엄
밀히 보아 담보권은 아니므로 채무자회생법상 물권인 담보권에 대한 조
항들이 적용되지 않는 것으로 해석할 수 있고,[156] 일반 담보권과 달리
일괄정산조항에 의해 정산된다는 점에서 특례를 인정할 여지가 크다고
할 수 있다. 따라서 담보권설정방식은 채무자회생법의 회생담보권에 관
한 제한을 받는 것으로 보고, 특례조항의 적용을 엄격히 하여야 할 것이
다. 다만 채무자회생법 제120조 제3항의 법문상 해석에 논란의 소지가
있으며, 입법자의 의도가 소유권이전방식에 한하여 회생절차 개시 후 담
보실행을 허용하려는 것인지 분명하지 않으므로, 법개정을 통해 이와 같
은 점을 분명히 할 필요가 있을 것이다. 참고로, 사법통일을 위한 국제연구
소의 일괄정산 운영원칙은 소유권이전방식의 담보(title transfer collateral
arrangements)만을 적용대상으로 하고 있다.[157] 일본의 경우에도 금융기
관 등이 행하는 특정금융거래의 일괄청산에 관한 법률에서 적용대상거래
인 담보거래를 담보의 목적으로 행하여지는 금전 또는 유가증권의 대차
또는 임치로 규정하여 소유권이전방식으로 한정하고 있다.[158] 우리나라

---

156) 예컨대 상계도 담보적 기능을 하지만 채무자회생법은 상계에 대하여 회생담보권과
　　 별도의 조항을 두고 달리 취급하고 있다.
157) 일괄정산 운영원칙 4(1)(a)(iii). 소유권이전방식은 담보물의 소유권이 완전히 이전되
　　 어 추후 담보물의반환채무가 일괄정산의 대상에 포함될 수 있는 반면, 담보권설정방
　　 식은 소유권이 담보권설정자에게 남아 있어 일괄정산의 대상이 되지 못하고 일괄정
　　 산 후 순잔액채권에 대한 담보권 집행 절차를 하게 된다는 이유를 든다(동 원칙의
　　 para 72, 73).
158) 融機關等が行う特定金融取引の一括清算に關する法律施行規則(平成十年十一月
　　 二十七日總理府・大藏省令第四十八号) 第一條 一. 질권은 이 조항에서 특정금융
　　 거래로 인정되는 담보거래에 포함되지 않으므로, 회사갱생법상 갱생절차 밖에서 개
　　 별집행될 수 없다는 원칙이 적용된다고 해석된다. 渡辺宏之, "店頭デリバティブ取引
　　 における『一括清算』と『担保』をめぐる問題', 金融法務事情 第1976號 (2013), 10면.

도 입법적 판단을 하여 소유권이전방식에 한하여 특례를 인정하는 방안
을 검토할 수 있을 것이다.

③ 소결

실무에서는 파생금융거래시 채무자가 우리나라에 소재하는 자산에 담
보를 제공하고자 질권을 이용하는 예가 종종 있는데,[159] 부정설에 의하
면 회생담보권에 관한 채무자회생법 제141조 제2항, 제131조에 따라 상
대방은 회생절차개시결정 후에는 질권을 집행하지 못하고 회생담보권자
로서 회생계획이나 법원의 허가에 따라 변제를 받게 된다. 만일 법원이
이러한 해석론을 받아들인다면 적어도 회생절차 개시 후에는 채권자들의
개별적인 담보권 행사가 제한되어 적격금융거래의 상대방들의 산발적 권
리행사로 인한 재산유출과 채무자의 회생이 저해되는 문제가 줄어들 수
있을 것이다. 그러나 소유권이전방식의 경우 이러한 제한이 없으며, 회생
절차 개시 전에 이루어지는 담보권 행사는 중지명령 및 포괄적 금지명령
을 통해 저지할 수 없어, 상당한 정도의 담보실행이 이루어질 수 있
다.[160] 동 조항 입법 당시 담보거래를 일괄정산에 포함시켜야 입법취지
를 살릴 수 있다는 주장[161]에 무게가 실렸다. 금융거래에서 담보의 중요
성이 크며 담보까지 포함해야 적격금융거래에 대한 보호가 확실해진다는
입장이 수용된 것이다. 그러나 그 타당성은 다시 한 번 생각해 볼 필요가

---

159) 예컨대 국내 은행에 예치한 현금에 담보를 제공하는 경우 예금채권에 대한 근질권설
정 방식을 취한다. 파생금융거래에서 국내 담보의 제공에 관한 자세한 논의는, 한
민 / 홍선경, "장외파생상품거래와 담보: Rehypothecation 문제를 중심으로", BFL 제
44호 (2010. 11).
160) 법안을 준비하는 과정에서 회생절차 신청 후 개시까지 한 달 정도의 기간이면 충분
히 담보를 실행할 수 있으므로 개시 전의 담보권실행만 풀어주면 충분하다는 의견도
있었다고 한다. 정순섭 / 김필규 / 이종구 / 한 민, 앞의 글 각주 142, 28면.
161) 오수근 / 김나영, 앞의 논문 각주 142, 57면.

있다. 파생금융거래는 변동성이 크기 때문에 상대방은 도산절차에서 장기간 불안정한 상태로 놓여 있는 것을 감내하기 어려울 수 있지만, 이러한 사정은 관리인의 선택권을 배제하고 순채권액의 단일채권으로 일괄정산하는 것의 효력을 인정하면 될 것으로 이에 나아가 담보에 대하여도 특례를 인정하여 손실을 줄여 주어야 하는지는 의문이 있다. 다만 담보 보호수준이 상대적으로 미흡하다는 점은 우리나라 금융시장의 경쟁력에 불리한 요소가 될 수도 있을 것인바, 금융시장의 경쟁력을 확보함으로써 국가경제에 가져오는 이익과 도산법의 기본원칙인 채권자 평등원칙의 후퇴를 비교형량하여 전자가 후자를 넘어서는 이익인지의 입법적 판단이 요구된다. 이때 특정 유형의 금융거래에 특혜를 부여하여 시장에서 이러한 거래가 지나치게 늘어날 여지는 없는지, 도덕적 해이 문제와 일반 대출거래가 적격금융거래로 변형되어 특례조항이 남용될 우려 등 제반 요소들을 고려하여야 한다. 이러한 점에서 담보를 특례대상에서 완전히 배제하는 것이 국제적 정합성의 측면에서 어렵다면, 절충적으로 소유권이전방식에 한하여 특례를 인정하는 방안을 검토해 볼 수 있을 것이다.

다. 부인권

채무자회생법 제120조 제3항은 적격금융거래에서 일괄정산에 의한 채권액 소멸과 담보의 제공 및 실행의 효력을 보호하기 위하여 부인권을 배제한다. 도산절차에 불구하고 순채권액에 의한 단일채권으로 만드는 것은 효력을 인정하여야 하므로 이에 대하여 부인권을 배제하는 것은 타당하지만, 담보에 대하여도 부인권을 면제할 것인지에 관하여는 검토가 필요하다.

파생금융거래는 가치가 계속 변동하므로 이를 시가평가하여 수시로 담보물을 제공하도록 약정하는 것이 통상적이다.[162] 리포거래에서도 대상증권과 담보물을 시가평가하여 증거금을 계속 관리한다.[163] 계약을 체결하면서 향후 상대방의 신용등급이 일정 수준 이하로 하락하는 등 사유가 발생하는 경우 담보를 제공하기로 약정하는 경우도 있다.[164] 이들 경우에 당사자들이 정상적인 상황에서 사전에 담보계약을 체결하는 것을 전제로 하면, 다음과 같은 점에서 부인권이 문제 될 수 있다.

① 비본지행위에 대한 위기부인

채무자회생법상 채무자가 지급정지, 회생절차 개시신청, 파산신청(이하 '지급정지 등')이 있은 후 또는 그전 60일 내에 한 채무자의 의무에 속하지 않는 행위는 부인의 대상이 된다(동법 제100조 제1항 제3호). 판례는 동 조항의 요건에 관하여 여신거래약정서 등에 "채무자의 신용변동, 담보가치의 감소 기타 채권보전상 필요하다고 인정될 상당한 사유가 발생한 경우에는 채무자는 채권자의 청구에 의하여 채권자가 승인하는 담보나 추가담보의 제공 또는 보증인을 세우거나 이를 추가한다"라는 약관조항에 의한 일반적·추상적 의무로는 채무자의 의무에 속한다고 하기 부족하고 구체적 의무를 부담하여 채권자가 그 구체적 의무의 이행을 청구할 권리를 가지는 경우여야 한다고 보고 있다.[165] 파생금융거래에서는 담보계약에서 구체적으로 합의하여 상대방에게 이행을 청구할 권리를 부여한다. 따라서 판례에 의하더라도 정상적인 상황에서 체결한 담보계

---

162) 예컨대 ISDA 계약서에 의한 파생금융거래에서 사용되는 담보서류 중 뉴욕주법을 준거법으로 하는 Credit Support Annex('CSA')의 경우 Paragraph 3은 매 평가일에 신용담보금액(Credit Support Amount)과 기제공된 인도금액을 비교하여 부족분을 추가로 제공하거나 초과분을 반환받도록 한다(뉴욕주법 CSA의 Paragraph 3).

163) 2000년판 TMBA-ISMA Global Master Repurchase Agreement의 제4조.

164) 금융위기 시 AIG 사태에서 신용스왑거래의 상대방의 추가담보 요구에도 AIG가 응한 것이 이러한 경우에 해당된다.

165) 대법원 2000. 12. 8. 선고 2000다26067 판결.

약에 따라 시가평가하여 담보를 제공하거나 신용등급이 일정 수준 이하로 하락하여 담보를 제공하는 것은 위 제100조 제1항 제3호 소정의 비본지행위에 대한 위기부인의 대상이 되기 어려울 것이다. 따라서 이러한 범위에서 특례조항이 부인권을 배제한 것은 특별히 문제가 되지 않는다.[166)]

② 본지행위에 대한 위기부인

채무자의 지급정지 등이 있은 후에 이루어진 채권의 소멸에 관한 행위, 담보의 제공은 채무자의 의무에 속하는 것이라 하여도 부인될 수 있다(채무자회생법 제100조 제1항 제2호). 동 조항에 따라 지급정지 등 후에는 사전에 합의한 담보약정에 따라 담보를 제공하는 행위도 부인권의 대상이 될 수 있는데, 적격금융거래의 경우 특례조항으로 부인권이 면제될 것인지가 문제 된다.

우선 지급정지 등으로 인해 계약이 자동해지되거나 상대방이 거래를 해지하면 더 이상 담보제공의무는 발생되지 않을 것이다. 그런데 상대방은 시장의 변동을 지켜보면서 자신에게 유리하게 되는 시점에서 거래를 해지하기 위하여 지급정지 등 후에도 거래를 유지하려는 유인을 가질 수 있다.[167)] 만약 상대방이 이러한 이유로 해지권을 행사하지 않고 계약을 유지하면서 추가로 담보를 제공받는다면 어떠한가. 이러한 경우는 채무

---

166) 김성용, "파생금융거래에 관한 도산법의 특칙 재검토", 도산법연구 제1권 제1호 (2010. 1), 80면도 담보약정에 따른 정규적인 담보제공에 관하여 같은 입장이다.
167) 지난 금융위기에서 실제 이러한 상황이 발생되었다. Lehman Brothers와 파생금융거래를 한 상대방들은 자신의 거래가 내거래인 경우에는 거래를 종료하고 권리를 행사한 반면, 외거래인 경우에는 종료하지 않고 자신에게 유리하게 될 시점을 기다려 Lehman Brothers에게 손실을 안겼다. Schwarcz, 앞의 논문 각주 64, 717면; Summe, 앞의 논문 각주 17, 78-79면; Fleming / Sarkar, 앞의 논문 각주 65, 185-186면. 상대방의 이러한 행위가 문제 된 판결로 In re Lehman Brothers Holdings Inc, et al. (Metavante) Case No.08-13555 (2009)이 있다.

자회생법 제120조 제3항 단서의 채무자가 상대방과 공모하여 회생채권자 또는 회생담보권자를 해할 목적으로 적격금융거래를 행한 경우에 해당된다고 보아 특례를 적용하지 말고 부인권의 대상으로 삼아야 할 것이다. 단서의 예외가 "공모하여 ... 해할 목적으로"라고 규정하고 있어 공모의 의미가 무엇인지, 단순히 인식을 한 것으로 충분한지 등에 대하여 의문의 여지가 있지만, 채권자가 지급정지 등이 있은 이후에도 유리한 시점을 찾기 위해 거래를 유지하면서 담보를 제공받는 것에 대하여는 단서를 적용할 수 있다고 생각한다.[168]

③ 소결

이상의 검토한 내용을 종합하면, 당사자들이 사전에 정상적인 상황에서 구체적으로 담보약정을 하여 시가평가 또는 신용등급 하락 등에 따라 수시로 담보를 주고받는 것은 파생금융거래 등의 변동성과 채권보전 필요에 따른 시장의 거래관행에 부합하는 것으로서, 이것에 대하여 부인권을 행사할 것은 아니다. 그러나 이 경우에도 지급정지 등이 있은 후에는 원칙적으로 거래를 종료하고 담보제공을 추가로 하지 않아야 하고, 만일 상대방이 특별히 합리적 이유 없이 단순히 유리한 시점에서 거래를 종료하기 위하여 거래를 유지하면서 담보제공을 받은 경우에는 채무자회생법 제120조 제3항 단서를 적용하여 부인권 행사가 가능하다고 보아야 한다.

---

168) 서울중앙지방법원 파산부 실무연구회, 앞의 책 각주 155, 189면. 특칙을 적용하지 않는 예외로서 ISDA 기본계약서의 자동종료조항과 달리 회생절차 개시 후에도 거래가 해지되지 않도록 계속 거래할 수 있도록 약정하거나 채무불이행 사유가 발생한 후에 추가 담보제공을 요구할 수 있도록 하는 조항을 둔 경우를 든다. 이 경우 기본계약의 요건을 결하였다고 보거나 채무자와 상대방이 특칙을 남용하기 위하여 공모한 것으로 추정할 수 있다고 한다.

3. 금융기관의 정리제도와 파생금융거래 등

(1) 금융기관 정리제도에서의 파생금융거래 등의 취급

우리나라에서 은행 등 부실금융기관의 정리제도는 금융산업의 구조개선에 관한 법률(2017. 10. 31. 개정, '금산법')과 예금자보호법(2018. 12. 11. 개정)에서 정하고 있는바, 금산법의 "제3장 부실금융기관의 정비", "제4장 금융기관의 청산 및 파산"과 예금자보호법의 "제4장 부실 금융기관의 정리"가 그것이다. 은행 등 부실금융기관의 정리시 금산법을 기본으로 하면서 예금보험제도의 적용을 받는 기관의 경우 예금자보호법에 의한 부실 금융기관의 정리에 관한 규정의 적용을 받게 된다. 이와 관련하여 우리나라에서 은행, 증권회사 등 금융기관에 대하여 채무자회생법에 의한 회생절차가 개시될 수 있는가 하는 문제가 있다. 채무자회생법은 금융기관을 동법의 적용대상이 되는 채무자의 범위에서 명시적으로 배제하고 있지 않으므로 이론적으로는 동법에 의한 절차가 개시될 여지도 있다. 그러나, 실무상 금융위원회와 같은 금융감독당국이 주도하여 금산법 등의 특별법에 의한 조치를 취하게 될 가능성이 크다. 그런데 금산법 및 예금자보호법은 채무자회생법 제120조 제3항과 같은 적격금융거래에 대한 특례조항을 명시적으로 두고 있지 않아, 금융기관이 금산법상 적기시정조치를 받는 등의 경우에 동 금융기관과 파생금융거래 등을 한 상대방은 거래를 해지하고 담보를 처분하는 등 권리행사를 할 수 있는지에 대하여 의문이 있을 수 있다. 금산법 및 예금자보호법은 채무자회생법과 달리 권한기관의 미이행쌍무계약의 선택권, 부인권 등의 규정을 두고 있지 않다. 금산법 제10조의 적기시정조치는 부실 금융기관 및 그 임직원에 대하여 내리는 것으로서, 동 금융기관과 거래한 채권자의 권리행사를 직접적으로 제한시키는 내용을 명문으로 담고 있지는 않다. 그러나 정리권한 기관의 계약이전결정에서 이전대상에 관하여 선택권이 행사될 수 있고, 영업양도나 계약이전 등 조치에서 실질적으로 상대방의 권리행사에 제한을 가져오는 내용이 포함될 가능성도 있다. 또한 도산해지조항의 금지에 관한 논의는 정리조치의 경우에도 적용되어, 부실 금융기관의 효과적 정리를 위하여 정리조치만을 이유로 한 거래의 조기종료는 허용될 수 없다는 주장도 있을 수 있다.

이처럼 여러 가지 점에서 파생금융거래 등의 취급에 관하여 의문의 여지가 있음에도, 채무자회생법과 달리 아무런 명문의 조항을 두고 있지 않아 법적 불명확성이 있는 것으로 보인다. 채무자회생법상 특례조항의 역기능에 관하여 주의할 필요가 있지만, 법적 불명확성이 존재하는 것은 바람직하지 않으므로 입법적 개선이 필요한 부분이다. 파생금융거래 등의 취급이 기본적으로 채무자회생법과 동일선상에서 이루어질 수 있도록 하고, 금융기관의 효과적 정리에 저해가 되지 않도록 하는 방안을 함께 마련하여야 할 것이다.

(2) 상대방의 조기종료권의 일시정지제도

대형 금융기관이 위기를 겪는 경우 적격금융거래의 상대방들은 채무자회생법상 특례조항에 따라 즉시 거래를 종료하고 자금을 회수하거나 추가 담보제공을 요구할 수 있다. 이로 인해 채무자는 생존가능성에 크게 위협을 받게 되고, 대량의 거래청산으로 금융시장에도 충격이 가해질 수 있다. 대형 금융기관이 부실화된 경우 해당 금융기관이 보유하는 파생금융거래 등이 개별적으로 청산되는 것보다는 이를 건전한 금융기관 등에게 이전시키는 것이 시장의 혼란을 줄일 수 있을 것이다. 금산법상 계약

이전 제도 및 예금자보호법상 정리금융회사 제도[169]를 통해 파생금융거래 등을 일체로 이전할 수 있을 것인바, 정리권한기관이 개입하여 자산이전을 위한 실사를 하고 계약이전을 완료하기 위하여는 일정한 시간이 필요하다. 그동안 거래상대방의 계약해지 및 담보 제공, 처분 등을 일시적으로 정지시킬 필요가 있으므로, 입법론으로서 우리나라에서도 상대방의 거래종료권의 일시정지제도를 도입하는 것을 검토하여야 할 것이다.

VI. 결론

특례조항은 금융시장을 주도하는 은행 등 금융기관과 관련 단체의 주도하에 전 세계적으로 입법이 확대되고 있다. 그러나 최근 미국에서는 이에 대한 비판론이 거세다. 특히 금융위기를 통해 그간 주장되어온 시스템 위험 방지론은 크게 도전을 받고 있다. 2008년 금융위기 시 Lehman Brothers, AIG 사태에서 채권자 런(run)의 발생, 리포거래의 취약성, 도덕적 해이 등의 문제가 드러났다. 금융위기는 미국 부동산 시장의 버블과 파생금융거래, 리포거래 등에 대한 자유주의 등이 맞물려 발생된 것으로서, 그 경제적 상황이나 구조가 우리나라와 같은 것은 아니다. 그러나, 이를 통해 특례조항의 정당성에 대한 근본적 의문이 제기되고 있어 우리에게도 큰 시사점을 준다. 금융시장의 활성화와 국제 경쟁력 확보라는 정책적 목표를 인정하더라도 특례조항은 채무자회생법의 대원칙인 채권자 평등원칙에 대한 중대한 예외이므로 그 해석을 엄격히 할 필요가 있다.

채무자회생법 제120조 제3항은 기본계약의 일괄정산조항에 따라 채권

---

169) 금산법 제10조 제1항 제8호 및 예금자보호법 제36조의3.

액을 차감정산하여 순채권액의 단일채권으로 만드는 것의 법적 효력을 분명히 하였다는 점에서 의의를 찾을 수 있으며, 이에는 특별한 문제가 없다고 생각한다. 동 조항은 이에 나아가 적격금융거래에 수반한 담보도 특례대상으로 포함시키고 부인권을 배제하고 있는데, 이에 관하여는 엄격히 볼 필요가 있다. 이러한 점에서 채무자회생법상 개별집행금지 원칙을 유지하고 담보권설정방식의 담보는 회생담보권으로의 취급함으로써 여타 채권자의 이익과 조화를 꾀하는 것이 바람직하다. 입법론으로서 소유권이전방식의 담보에 한하여 특례를 인정하는 방안을 검토해 볼 수 있다. 그리고, 사전의 담보계약에서 정한 바에 의하여 시가평가에 따른 일상적인 담보제공이나 상대방의 신용도 하락 등을 이유로 한 담보제공에 대하여는 부인권이 배제되지만, 그 경우에도 지급정지 이후에 합리적인 사유 없이 거래를 유지하면서 담보제공을 하는 것에 대하여는 채무자회생법 제120조 제3항 단서를 적용하여 부인권을 행사할 수 있다고 보아야한다. 나아가 입법론으로서 금산법 및 예금자보호법상 금융기관의 정리에 있어서의 파생금융거래 등의 취급에 관하여 명확히 하고, 상대방의 조기종료권의 일시정지제도를 마련하는 방안을 검토하여야 할 것이다.

03

장외파생상품거래와
증거금

김성은[*]

I. 서론

2008년 글로벌 금융위기를 계기로 금융시장의 시스템 리스크를 축소하기 위한 각종 규제개혁안이 각국의 입법을 통하여 점진적으로 시행되어 왔지만, 아직 추가적인 입법과 집행이 필요한 부분들이 남아 있다. 비청산 장외파생상품거래에 대한 증거금제도가 그 가운데 하나이다.[1]

비청산 장외파생상품거래에 대한 증거금 규제는 장외파생상품거래의

---

[*] 변호사, 법학박사

1) 바젤 은행감독위원회(Basel Committee on Banking Supervision, BCBS)와 국제증권감독기구(International Organization for Securities Commission, IOSCO)는 2020년 4월 3일 보도자료를 통하여 2020년 9월 및 2021년 9월부터 개시증거금 교환의무가 발생하였던 기관들의 개시증거금 교환의무를 각 1년간씩 연기할 것을 권고하였다. BCBS/IOSCO, Press release (3 April 2020. https://www.iosco.org/news/pdf/IOSCONEWS560.pdf)

표준화 및 중앙청산소를 통한 청산을 장려하기 위한 제도이다.[2] 이와 같이 비청산 장외파생상품에 대한 증거금규제와 장외파생상품에 대한 청산의무는 동전의 양면과 같은 측면을 가지고 있으므로, 비청산 장외파생상품거래에 대한 증거금 규제를 전체적으로 조감하기 위하여는 청산의무대상인 장외파생상품거래를 하는 경우의 효용 및 청산대상 장외파생상품거래에 대한 증거금 적용기준을 검토할 필요가 있다.

이하에서는 장외파생상품거래의 증거금 규제에 대한 국제적인 논의의 배경 및 미국, 유럽연합과 한국의 규제 현황을 살펴보고(II장), 청산대상 장외파생상품거래에 대한 증거금 규제(III장)와 비청산 장외파생상품거래에 대한 증거금 규제 및 관련 표준계약의 내용(IV장)을 검토하고자 한다.

II. 장외파생상품거래에 대한 증거금규제의 현황

1. 국제적인 합의 및 기준 정립

2008년 글로벌 금융위기 이후, 2009년 피츠버그에서 열린 G20정상회담에서 금융시장의 시스템 리스크를 축소하기 위하여 G20국가 간에 협력할 사항에 대하여 합의하였다. 합의된 주요 사항은 표준화된 장외파생상품거래의 경우 중앙청산소(Central Counterparty, CCP)를 통하여 청산하는

---

2) BCBS / IOSCO, final framework for margin requirements for non-centrally cleared derivatives (September 2013, https://www.bis.org/publ/bcbs261.htm.), 2면은 비청산 장외파생상품거래에 대한 증거금규제의 목적을 시스템리스크의 감축(reduction of systemic risk) 및 중앙청산소의 활성화(promotion of central clearing)라고 명시하고 있다.

것을 의무화하고, 중앙청산소를 통하여 청산되지 않는 비청산 장외파생
상품거래에 대하여는 거래정보저장소(Trade Repository, TR)에 보고하도록
하며, 중앙청산소를 통한 장외파생상품거래의 청산을 유도하기 위하여
중앙청산소를 통해 청산되지 않는 비청산 장외파생상품거래에 대하여는
보다 엄격한 자본요건을 적용하는 것이었다.[3] 비청산 장외파생상품거래
에 대한 증거금규제의 도입은 2011년 칸느에서 열린 G20정상회담에서
명시적으로 합의되었다.[4] 2011년 바젤 은행감독위원회(Basel Committee
on Banking Supervision. 이하 'BCBS')와 국제증권감독기구(International Or-
ganization for Securities Commission. 이하 'IOSCO')가 증거금제도 실무반
(Working Group on Margin Requirements, WGMR)을 구성하여 여러 차례 의
견수렴을 거친 끝에 2013년 9월 증거금규제에 대한 국제적인 최소기준에
대한 최종지침(이하 'BCBS / IOSCO 지침')을 제시하였다.[5]

　금융위기 이후 장외파생상품에 대한 규제의 핵심은 장외파생상품거래
로 인한 거래상대방의 신용위험(counterparty risk)을 감축하여, 일방거래
당사자의 채무불이행이 금융시스템 위기로 전이되는 것을 방지하는 데

---

3) 20 Leaders Statement: The Pittsburgh Summit (September 24-25, 2009. http://www.
g20.utoronto.ca/2009/2009communique0925.html); Jon Gregory, Central Counterparties,
Wiley (2014), 44면.
4) Cannes Summit Final Declaration, No.4, (2011. available at http://www.g20.utoronto.
ca/2011/2011-cannes-declaration-111104-en.html).
5) BCBS / IOSCO, final framework for margin requirements for non-centrally cleared
derivatives (September 2013. https://www.bis.org/publ/bcbs261.htm). 동 지침은 2019년
7월에 최종개정되어 개시증거금 교환의무의 도입시점을 2021년 9월 1일로 연장하였다
(https://www.bis.org/bcbs/publ/d475.htm). 동 지침은 장외파생상품거래에 따른 자
본금 요건은 'survivor-pay'의 접근방법인 반면, 증거금요건은 'defaulter-pay'의 접근방
법으로, 거래당사자가의 모든 활동에 적용되는 자본금 요건과 달리 장외파생상품거래
의 위험에 특화된 위험관리수단이라고 도입부분에서 설명하고 있다(BCBS / ISOCO,
Margin and Capital).

있다. 2008년 글로벌 금융위기이전에도 일부 표준화된 이자율 장외파생
상품의 경우 중앙청산소를 통하여 청산되고 있었으나, 중앙청산소를 통
한 청산의무가 강제되지는 않았다.[6] 그런데, 리만 브라더스의 도산상황
에서 중앙청산소를 통하여 결제·청산되는 장외파생상품거래의 경우 안
정적으로 조기에 정산·종료되었기 때문에 중앙청산소를 통한 강제청산
의무를 부과하는 것이 장외파생상품거래로 인한 시스템위기를 감축하는
해결책으로 인식되었다.[7] 이에 따라 G20 정상회의에서 표준화된 장외파
생상품에 대하여는 청산의무가 부과하는 한편, 비청산 장외파생상품에
대하여는 중앙청산소가 청산회원에게 부과하는 증거금 체계와 유사한 증
거금규제를 도입하였다.

2. 미국의 규제현황

(1) 일반규정

미국은 2010년 7월 발효된 도드-프랭크 월가개혁 및 소비자보호법(이

---

6) 금융위기 이전 미국 상품거래소법(Commodity Exchange Act)상 파생상품청산소(Deri-
vative Clearing Organization)에 대한 규제체제에 대하여는 남길남, "미국 금융규제개혁
법상 장외파생상품 매매·청산·보고 인프라", 박 준·정순섭 편, BFL 총서 6: 파생금
융거래와 법 (2012), 323-325면.

7) Gregory, 앞의 책 각주 3, 41-43면에 따르면 2008년 9월 Lehman Brothers의 도산 시에
Lehman Brothers는 중앙청산소인 LCH. Clearnet인 Swap Clear를 상대로 USD 9 trillion
에 상당하는 거대한 포트폴리오를 보유하고 있었다. 2008년 9월 15일 Swap Clear의 회원
인 Lehman Brothers Special Financing Inc.(LBSF)가 Swap Clear에 대한 증거금지급의
무를 불이행하자 Swap Clear는 몇 시간 만에 채무불이행을 선언하고, LBSF가 지급하였
던 개시증거금의 3분의 1을 사용하여 10월 3일까지 LBSF의 포트폴리오에 대한 일괄정
산 및 경매절차를 성공적으로 마무리하고, 남은 개시증거금은 Lehman Brothers의 파
산재단에 속하게 되었다.

하 '도드–프랭크법' 또는 'DFA')[8]의 제정을 통하여 장외파생상품거래에 대한 규제를 포함한 전면적인 금융규제개혁법의 제정을 선도하였다.[9]

장외파생상품거래 및 시장에 대한 규제를 정한 도드–프랭크법 제7장 (Title VII)은 청산의무, 거래저장소에 대한 장외파생상품거래의 보고의무, 스왑집행기구(swap execution facility)에서의 거래의무, 비청산 장외파생상품거래에 대한 증거금교환의무에 대한 근거규정을 두고 있다.[10] 장외파생상품에 대한 세부규제는 규제대상기관에 따라 건전성감독기관(Prudential Regulators. 이하 'PR'),[11] 상품선물거래위원회(Commodity Futures Trading Commission. 이하 'CFTC'), 증권거래위원회(Securities Exchange Commission. 이하 'SEC')의 하위규정을 통하여 구체적으로 법제화하고 집행하도록 되어 있다. 비청산 장외파생상품에 대한 증거금규제와 관련하여 PR의 건전성 규제를 받고 있는 은행의 경우 PR의 증거금 규제의 적용을 받고,[12] PR의 규제를 받지 않는 비은행 스왑딜러 및 주요시장참여자(major swap

---

8) The Dodd-Frank Wall Street Reform and Consumer Protection Act, Pub. L. No.111–203, 124 Stat. 1376 (2010).

9) Alexey Artamonov, "Cross-Border Application of OTC Derivatives Rules: Revisiting the Substituted Compliance Approach", Journal of Financial Regulation (2015. 1), 219–220면; 도드–프랭크법 이전의 미국의 장외파생상품거래에 대한 설명은 맹수석, "Dodd-Frank Act의 장외파생상품 거래에 대한 주요 규제내용과 법적 시사점", 증권법연구 제11권 제3호 (2010), 83–87면.

10) 김홍기, "미국 금융규제법상 장외파생상품 규제의 주요내용과 우리나라의 은행업무에 대한 시사점", 은행법연구 제3권 제2호 (2010. 11), 155면.

11) 건전성감독기관은 연방준비위원회이사회(Board of Governors of the Federal Reserve System), 통화감독관(Comptroller of the Currency), 연방예금보험공사(Federal Deposit Insurance Corporation), 농업신용국(Farm Credit Administration), 연방주거기업감독청(Federal Housing Finance Agency) 등을 의미한다. DFA, §711, CEA §1(a)(39); 주강원, "장외파생상품거래의 규제에 대한 연구: 미국의 도드–프랭크법('Dodd-Frank Act')의 규제를 중심으로", 홍익법학 제13권 제1호 (2012), 720면.

12) DFA, §731; CEA §4s. (e).

participants)의 경우 증권기초스왑(security-based swap)에 대하여는 SEC 규정의 적용을 받고, 그 이외의 장외파생상품에 대하여는 CFTC규정의 적용을 받는다.[13] 증거금 규제와 관련된 PR, CFTC 및 SEC의 규정은 약간씩의 차이는 있지만 대동 소이하다. 이하에서는 CFTC증거금규정[14]을 중심으로 검토하기로 한다.

청산의무조항인 도드–프랭크법 제723조에 따라 미국 상품거래소법(Commodity Exchange Act. 이하 'CEA') 제2조(h)(1)를 신설하여 CFTC가 강제청산대상으로 지정한 스왑은 CFTC에 등록되거나 등록면제된 중앙청산소인 파생청산기관(Derivative Clearing Organization)을 통하여 청산하는 것을 강제하되, 비금융기관 거래당사자(Non-Financial Counterparties. 이하 'NFC')의 경우에 한하여 강제청산의무에서 제외되도록 하였다.[15] CFTC는 2012년 일정한 이자율파생상품 및 신용파생상품을 강제청산대상으로 지정한 이후, 강제청산대상 범위를 확대하고 있다.[16]

비청산 장외파생상품거래에 대한 증거금규제는 도드–프랭크법 제731조에 의하여 신설되었다. 이에 따라 개정된 미국 상품거래소법 제4s조에 따라 CFTC는 2016년 1월 CFTC증거금규정을 제정하였다.[17]

---

13) 주강원, 앞의 논문 각주 11, 716–718면, DFA, § 731; CEA § 4s. (e).
14) 17 CFR Parts 25 and 140 (Margin Requirements for Uncleared Swaps for Swap Dealers and Major Swap Participants; Final Rule), Federal Register / Vol.81, No.3 / Wednesday, January 6 (2010).
15) Jonathan Lindenfeld, "The CFTC's Substituted Compliance Approach: An Attempt to Bring About Global Harmony and Stability in the Derivatives Market", Journal of International Business and Law, Vol.14, Issue.1 (2015), 130–131면; 김홍기, 앞의 논문 각주 10, 156면; 맹수석, 앞의 논문 각주 9, 90–92면.
16) CEA, § 2(h); 17 CFR Part 50 (Swap Transaction Compliance and Implementation Schedule: Clearing Requirement Under Section 2(h) of the CEA).
17) 17 CFR Parts 25 and 140, I. Background.

(2) 역외적용규정

도드-프랭크법 제715조은 미국의 금융규제에 상응하는 금융규제를
갖추지 않은 외국 금융기관의 미국시장 참여를 금지하는 권한을 미국의
금융규제당국에 부여하고 있다. 또한, 도드-프랭크법 제722조 (d)항은
상품거래소법 제2조(i)를 개정하여 미국 상품거래법의 적용범위는 원칙
적으로 미국내의 행위에 한정되지만, 미국 외에서의 행위가 미국내의 활
동과 직접적이고 중대한 연관성이 있거나 영향을 주는 경우(direct and
significant connection with activities in, or effect on, commerce of the United
States) 또는 도드-프랭크법의 적용을 우회하고자 하는 경우에는 적용된
다고 규정하고 있다.[18]

이와 같은 역외적용의 범위는 외국인이 미국인(U. S. Person)에게 청산
대상 장외파생상품 청산서비스를 제공하고자 하는 경우에는 CFTC에 등
록하거나 등록면제를 받아야 하는 요건으로 구현된다.[19] 한편, CFTC는

---

18) Sean F. Griffith, "Substituted Compliance and Systemic Risk: How to Make a Global
   Market in Derivative Regulation", 98 Minnesota Law Review 1291 (2014), 1329-1330면;
   Lindenfeld, 앞의 논문 각주 15, 132면; 도드-프랭크법상의 역외적용의 범위는 역외에
   서 발생하는 거래에 대한 미국법의 적용범위에 중점을 둔다는 측면에서 기존에 SEC의
   주도로 논의되어 온 외국 금융기관의 미국 내의 행위에서 미국법의 적용범위와 논의
   의 중점을 달리한다.

19) CFTC Regulation 30.4; 한국거래소는 CEA, § 5b(h)에 따라 2015. 10. 26. CFTC로부터
   파생청산기관(Derivative Clearing Organization)로 등록하지 않고도 미국인(U. S.
   Person)에게 청산서비스를 제공할 수 있다는 등록면제 허가를 받았다. 다만, CFTC는
   등록면제의 유지요건으로 미국인에게 제공하는 청산서비스는 미국인의 자기계산 스
   왑포지션(proprietary swap position)에 한정되고, 한국거래소가 CFTC의 검사, 감독에
   응하는 등 등록면제를 유지하기 위한 여러가지 조건을 부과하였다(https://www.cftc.
   gov/sites/default/files/idc/groups/public/@otherif/documents/ifdocs/krxdcoexemptor
   der10-26-15.pdf.) 장외파생상품 청산업무규정 시행세칙 제104조 제1항은 CFTC의 한
   국거래소 등록면제 조건의 내용을 열거하고 있다.

2016년 5월에 CFTC의 증거금규정의 역외적용에 대한 별도의 규정(이하
'CFTC증거금역외적용규정')[20]을 마련하였다. 동 역외적용규정에 따라
CFTC의 규제를 받는 모든 스왑기관(Covered Swap Entity, 또는 CSE)[21]은
국경 간 거래에 대하여 CFTC의 증거금규제를 적용을 받는다. 다만, 외국
증거금규제의 적용도 동시에 받는 일정한 역외 스왑거래에 대하여는
CFTC가 외국의 증거금규제가 CFTC의 증거금규정에 상응하는 동등성이
있다고 결정하는 경우 외국 증거금 규제를 준수하면 미국 증거금규정을
준수한 것으로 인정하는 대체준수(substituted compliance)를 인정하고 있
다.[22] 예를 들면, CFTC에 등록된 외국 스왑딜러기관은 외국에서 외국인

---

20) 17 CFR Part 23 (Margin Requirements for Uncleared Swaps for Swap Dealers and
    Major Swap Participants-Cross-Border Application of the Margin Requirements),
    Federal Register / Vol.81, No.104 / Tuesday, May 31, 2016.
21) CFTC 은 미국 금융기관에 한정되지 않고, CFTC에 스왑딜러로 등록한 외국금융기관에
    도 적용된다. 2020년 2월 27일 현재 CFTC에 등록된 스왑딜러의 숫자는 108개 기관이다.
    CFTC, Provisionally Registered Swap Dealers (https://www.cftc.gov/LawRegulation/
    DoddFrankAct/registerswapdealer.html). 스왑딜러 등록요건은 미국내에서의 거래나
    미국인과의 거래로 명시적으로 한정되어 있지 않기 때문에 외국인 간의 거래라도 그
    러한 거래가 미국내에 있는 직원에 의하여 주선되거나 협상이 이루어진 경우에는 미국
    과의 연결성이 인정되어 스왑딜러 등록요건에 해당하는 것으로 이해되어 왔고, 이와
    같은 스왑딜러 등록 요건에 대하여는 미국법의 과도한 역외적용이라는 비난이 있다
    [ISDA, Whitepaper-Cross-Border Harmonization of Derivatives Regulatory Regimes:
    A risk-based framework for substituted compliance via cross-border principles
    (September 2017. https://www.isda.org/a/9SKDE/ISDA-Cross-Border-Harmonization-
    FINAL2.pdf, 5면); Interpretive Guidance and Policy Statement Regarding Compliance
    With Certain Swap Regulations, 78 Fed. Reg. 45, 292 (Cross-Border Guidance)]. 스왑
    딜러의 등록요건인 최소 장외파생상품거래의 규모는 연간 총명목거래금액 USD 8
    billion을 기준으로 한다(CFTC, Commission Adopts Permanent $8 Billion De Minims
    Exception to the Swap Dealer Definition, No.5 (2018. https://www.cftc.gov/sites/
    default/files/2018-11/AdoptingRelease_factsheet110518.pdf).
22) 17 CFR Part 23, § 23.160(c)에 따라 동등성 신청을 하는 금융기관이나 외국의 규제당
    국은 비청산 장외파생상품거래의 증거금 규제에 대한 12가지 요건에 대한 내용을 기
    재하여 제출하여야 한다. CFTC는 외국의 규제가 요소별로 동등하지 않더라도 규제의

과 체결한 거래가 미국인에 의하여 보증된 거래가 아닌 경우에는 외국의
증거금규제에 대한 대체준수가 허용된다.[23]

3. 유럽의 규제현황

(1) 일반규정

유럽연합은 2010년 9월 15일 장외파생상품, 중앙청산소 및 거래저장
소에 대한 규제초안을 발표하였다.[24] 이와 같은 규제는 유럽시장인프라

목적이 달성되는 경우 동등성결정을 할 수 있다고 하지만, 여전히 외국규제의 각 요소
들을 검토한다는 점에서 요소별 검토요소가 강한 것으로 평가된다. 이와 같은 대체준수
의 허용기준이 EU의 동등성 평가기준(equivalence standard)에 비하여 지나치게 까다롭
고, 국제적인 규제의 정합성과 조화를 저해한다는 비난을 받아왔다. ISDA, Regulatory
Driven Market Fragmentation (January 2019. https://www.isda.org/a/MlgME/Regul
atory-Driven-Market-Fragmentation-January-2019.pdf).

23) CFTC Issues Final Cross-Border Margin Rule (May 24, 2016), Release No.7370-16
(https://www.cftc.gov/PressRoom/PressReleases/pr7370-16); 미국이 자국의 규제를
광범위하게 적용하게 된 배경에는 미국을 본사로 한 금융기관의 해외 계열사가 체결
한 장외파생상품거래가 계열사 간 백투백(back to back) 거래를 통하여 미국 본사로
위험이 이전되거나, 해외 계열사가 체결한 장외파생상품거래에 대하여 미국의 본사가
보증을 제공한 결과, 해외 계열사의 장외파생상품거래의 위험이 미국의 금융기관을
전이된 경험이 자리잡고 있다. 이에 따라, 원칙적으로 미국 스왑딜러의 해외자회사에
대하여도 CFTC의 증거금 규정을 적용하되, 미국 스왑딜러의 해외자회사나 외국 스왑
딜러가 외국인과 체결한 거래가 미국인에 의하여 보증되지 않은 경우에는 대체준수를
허용하고 있다. 17 CFR Part 23, § 23.160 (b). 미국 증거금 규정은 변동증거금에 대하여
는 변동증거금의 징수(collect) 및 제공(post)에 대하여 따로 규제하고 있지 않은 반면,
개시증거금의 경우에는 징수 및 제공의무를 별도로 규정하고 있어 경우에 따라서는
개시증거금의 징수 또는 제공 중 한 방향에만 대체준수가 허용되고, 다른 방향에 대하
여는 미국의 증거금규정이 적용되는 구조로 되어 있다. 대체준수가 허용될 수 있는
경우의 수는 CFTC증거금규정(17 CFR Part 23), Table A에 자세히 열거되어 있다.

24) European Commission, Proposal for a Regulation of The European ParliaMent and
of The Council on OTC derivatives, central counterparties and trade repositories,

규제(European Market Infrastructure Regulation, 이하 'EMIR')라는 명칭으로 2012년 7월 4일 유럽의회와 유럽연합위원회에 의하여 최종 승인되어, 2012년 8월 16일자로 유럽연합 소속 국가에서 효력이 발생하였다.[25] EMIR의 일부규정은 2019년 5월 20일 개정되어 2019년 6월 17일자로 효력이 발생하였다.[26] 비청산 장외파생상품거래에 대한 증거금 규제는 2016년 10월 4일 제정된 EMIR 하위규정인 비청산 장외파생상품거래에 대한 위험감축규정(이하 'EMIR증거금규정')[27]에서 구체적인 내용을 규율하고 있다.

COM (2010) 484 final, 2010 / 0250(COD)

25) Regulation (EU) No.648 / 2012 of the European Parliament and of the Council of 4 July 2012 on OTC derivatives, central counterparties and trade repositories

26) REGULATION (EU) 2019 / 834 OF THE EUROPEAN PARLIAMENT AND OF THE COUNCIL of 20 May 2019 amending Regulation (EU) No.648 / 2012 as regards the clearing obligation, the suspension of the clearing obligation, the reporting requirements, the risk-mitigation techniques for OTC derivative contracts not cleared by a central counterparty, the registration and supervision of trade repositories and the requirements for trade repositories; 2019년 개정된 EMIR는 EMIR Refit으로 지칭되며, 중요 변경사항은 EMIR의 적용을 받는 금융기관 거래당사자(Financial Counterparties. 이하 'FC')의 범위를 확장하여 유럽연합 외에서 설립된 대체투자기구(Alternative Investment Fund)라도 유럽연합에서 규제대상에 해당되는 자산운용사가 운용하는 경우 FC로 포함되었고, 소규모 FC에 대하여 강제청산대상의무의 적용을 면제하고, 강제청산의무의 적용기준(clearing threshold)의 계산방법을 변경한 것 등을 들 수 있다. Ashurst, Global Markets Group Briefing: EMIR: Refit finally arrived-all change please, 07 June 2019, available at https://www.ashurst.com/en/news-and-insights/legal-updates/emir---refit-finally-arrived---all-change-please/; ISDA, ISDA Explanatory Note on Application of EMIR REFIT to Alternative Investment Funds(AIFs), May 14, 2019 (https://www.isda.org/2019/05/14/isda-explanatory-note-on-application-of-emir-refit-to-alternative-investment-funds-aifs/).

27) Commission Delegated Regulation (EU) 2016/2251 of 4 October 2016 supplementing Regulation (EU) No 648/2012 of the European Parliament and of the Council on OTC derivatives, central counterparties and trade repositories with regard to regulatory technical standards for risk-mitigation techniques for OTC derivative contracts not cleared by a central counterparty.

EMIR의 적용을 받는 기관은 중앙청산소, 금융기관 거래당사자(financial counterparties. 이하 'FC'),[28] 거래저장소이며, 일정한 경우에는 중앙청산소 이외의 NFC에게도 적용된다.[29] 유럽증권시장청(European Securities and Markets Authority, 또는 'EMSA')은 유럽연합 각국에서 강제 청산의무의 대상이 되는 장외파생상품을 지정한다.[30]

강제 청산의무는 EMSA가 지정한 장외파생상품이 EMIR 제4조에서 열거하고 있는 청산의무를 부담하는 당사자 간에 체결된 경우에 발생한다. 즉 ① EMIR 제4a조 (1)의 요건[31]을 충족하는 FC(이하 'FC+') 간의 거래, ② FC+와 EMIR 제10조 (1)(b)의 요건을 충족하는 NFC(이하 'NFC')[32] 간의 거래, ③ NFC+ 간의 거래, ④ FC+ 또는 NFC+를 일방 거래당사자로 하고, 유럽연합에서 설립되었더라면 청산의무를 부담하게 될 제3국의 기관 간의 거래 및 ⑤ 유럽연합에서 설립되었더라면 청산의무를 부담하

---

28) 금융거래당사자는 금융업허가를 받은 투자회사, 대출기관, 보험기관, 재보험기관, 집합투자기구, 연기금, 대체투자기관을 의미한다. EMIR, art. 2 (7).

29) EMIR, art.1(2); 정순섭, "자본시장 인프라에 관한 법적 연구", 증권법연구 제12권 제3호 (2011), 80–82면.

30) EMIR, art.5; 정순섭, 앞의 논문 각주 29, 82면.

31) EMIR, art. 4a.는 EMIR art.10(4)에서 정하는 바에 따라 2019년 6월 17일 기준으로 지난 12개월간 월말 잔액기준으로 청산의무 적용여부를 계산하여 해당 금융당국에 보고하도록 한다. 다만, 2019년 6월 17일 기준으로 청산의무 적용여부의 계산·보고를 하지 않는 FC는 FC+에 해당하는 것으로 간주한다.

32) NFC+는 EMIR 제10조(1)(b)에 따라 청산의무를 지는 non-financial counterparties를 지칭하여 일반적으로 사용되는 용어이다. NFC+에 해당하는지 여부는 2012년 제정된 EMIR상으로는 직전 30영업일 기준 평균잔액(rolling average position over 30 working days)이 청산의무 발생기준금액(clearing threshold)을 초과하는지 여부에 따라 결정되었으나, 2019년 개정 EMIR 제4a조에 의하여 청산의무 발생기준금액의 계산방법은 직전 12개월간 월말 평균잔액(aggregate month-end average position for the previous 12 months)기준으로 변경되었다. EMIR증거금규정 제37조는 청산의무 발생기준금액을 비청산대상 장외파생상품거래의 잔존거래금액 EUR 3,000 billion으로 정하고 있다.

였을 제3국 당사자 간의 거래로 그러한 거래가 유럽연합에 직접적이고, 실질적이고 예측가능한 영향이 있는 경우(the contract has a direct, substantial and foreseeable effect within the Union) 또는 EMIR의 규정을 회피하는 것을 방지하기 위하여 청산의무를 부과하는 것이 적정한 경우이다.

한편, EMIR 제11조에 의하여 중앙청산소의 청산대상이 아닌 장외파생상품거래를 체결하는 FC와 NFC는 거래상대방 위험과 운용위험을 모니터링하고 감축할 의무를 부담한다. 그러한 의무의 일환으로 잔존 비청산 장외파생상품에 대하여 일일평가(mark-to-market on daily basis)하여야 하고,[33] 신속하고 정확하게 증거금을 교환하고 필요한 경우 적절히 분리보관하는 위험관리절차(risk-management procedures that require the timely, accurate and appropriately segregated exchange of collateral)를 수립할 의무를 부담한다.[34]

(2) 역외적용규정

EMIR 제25조에 의하여 제3국에서 설립된 중앙청산소가 유럽연합내에 설립된 청산회원에게 청산서비스를 제공하고자 하는 경우 해당 제3국 중앙청산소는 ESMA로부터 인정받은 중앙청산소일 것을 요건으로 한다. ESMA가 제3국 중앙청산소를 적격 중앙청산소로 인정하기 위하여는 제3국 중앙청산소가 제3국에서 감독당국에 의하여 건전성 감독을 받고, 제3국 중앙청산소에 대한 정보제공 요구 등 접근권이 보장되는 등의 요건을 갖추어야 한다.[35] 한국거래소는 한국내에 있는 유럽연합에 본국을 두고

---

33) EMIR, art. 11(2).
34) EMIR, art. 11(3).
35) EMIR, art. 25 (2); Jeremy Okonjo, "Assessing the Impact of the Extraterritorial

한국에 지점을 둔 유럽연합 금융기관에 대한 청산서비스를 제공하기 위하여 2016년 4월 22일 ESMA로부터 적격 중앙청산소로 인정을 받았다.[36]

한편, 비청산 장외파생상품거래의 경우 거래당사자 일방이 NFC+가 아닌 NFC(이하 'NFC−')[37]인 경우에는 증거금교환의무가 면제된다.[38] 한편, 제3국 거래당사자가 유럽연합에서 설립되었더라면 FC+나 NFC+에 해당할 경우에는 EMIR증거금규제를 받게 된다. 다만, 제3국의 거래당사자는 EMIR증거금규제에 따라 교환하여야 하는 증거금을 계산함에 있어서 제3국에의 증거금규제가 있는 경우, 당해 제3국의 증거금규제에 따라 비청산 장외파생상품거래에 대한 증거금을 계산할 수 있다.[39]

유럽연합위원회가 제3국의 규제가 EMIR와 동등성(equivalence)이 있다고 결정하는 경우에는 제3국 당사자는 제3국의 규정을 준수함으로써 EMIR 제11조의 증거금 규제를 준수한 것으로 인정하는 대체준수가 인정된다.[40]

Provisions of the European Markets Infrastructure Regulation (EMIR) on Emerging Economics' OTC Derivatives Markets: A Doctrine of Proportionality Perspective Challenges and Unresolved Issues", The Indian Journal of International Economic Law, Vol.VII, (2015), 24–27면; 남희경, "장외파생상품거래의 규제와 역외적용", YGBL 제4권 제2호 (2012. 12), 90–91면.

36) ESMA로부터 적격 중앙청산소로 인정받은 제3국 중앙청산소의 목록은 ESMA가 정기적으로 공개하고 있다. ESMA, List of third-country central counterparties recognized to offer services and activities in the Union, updated on 3 (December 2019. https://www.esma.europa.eu/sites/default/files/library/third-country_ccps_recognised_under_emir.pdf).

37) NFC−는 EMIR 제10조(1)(b)에 의하여 계산된 청산의무 적용기준금액에 미달하는 규모의 장외파생상품거래잔액을 보유하고 있는 비금융거래당사자를 지칭한다.

38) EMIR증거금규정, art.24.

39) EMIR증거금규정, art.26.

40) EMIR, art. 13(3); Jeremy Okonjo, 앞의 논문 각주 35, 37면.

4. 한국의 규제현황

(1) 중앙청산제도와 증거금규제의 도입

　한국도 G20의 합의사항에 따라 2013년 4월 5일 법률 제11758호로 자본시장과 금융투자업에 관한 법률(이하 '자본시장법')을 개정하여 중앙청산소제도를 도입하였다. 자본시장법 제2장의2(자본시장법 제323조의2부터 제323조의20)를 신설하여 중앙청산소인 금융투자상품거래청산회사의 인가 및 청산업무규정제정 및 감독에 대한 근거규정을 두었다. 금융투자상품거래청산회사로 인가를 받은 한국거래소는 2014년 장외파생상품 청산업무규정(이하 '청산업무규정') 및 시행세칙을 제정하고, 2016년 6월 30일부터 적격원화 이자율스왑거래에 대한 청산업무를 개시하였다.[41] 자본시장법 제166조의3에 따라 금융투자업자는 다른 금융투자업자 및 외국 금융투자업자(동법 시행령 제186조의3 제1항)와 원화이자율스왑(동법 시행령 제186조의3 제2항)을 체결하는 경우 한국의 중앙청산소 또는 외국의 중앙청산소에서 강제청산의무를 부담한다. 자본시장법의 문언상 청산의무대상자는 모든 금융투자업자로 정하고 있지만, 한국거래소 장외파생상품 청산업무규정 제8조는 청산회원의 가입자격을 장외파생상품에 관하여 투자매매업의 인가 또는 예비 인가를 받았거나 신청한 자로 한정하고 있다.[42]

　한편, 비청산 장외파생상품거래에 대하여는 금융감독원은 2017년 3월 1일부터 행정지도의 방식으로 "비청산 장외파생상품거래 증거금 교환제

---

41) 금융위원회, "파생상품시장 발전방안" (2014. 6. 17.자 보도자료).
42) 장외파생상품 의무청산에 대한 개괄적인 논의는 이헌영, "장외파생상품 의무청산의 현황과 법적 개선과제", 증권법연구 제16권 제3호 (2015).

도에 대한 가이드라인"(이하 '증거금 가이드라인')을 제정하여 시행하고 있다.[43)]

증거금 가이드라인에 따라 증거금규제의 대상이 되는 금융기관들은 2017년 9월 1일부터 변동증거금(variation margin)의 교환을 시작하였으며, 2021년 9월 1일부터는 다수의 국내 금융기관들이 개시증거금(initial margin)을 교환하여야 할 의무가 발생한다.[44)] 금융위원회는 2019년 9월 24일 자본시장법 개정공고를 통하여 제166조의5를 신설하여 증거금 교환 대상 기관이 중앙청산소에서 청산되지 않는 장외파생상품을 거래하는 경우에는 증거금을 교환하도록 하는 의무를 법제화하는 개정안을 마련하였다.[45)] 동 개정안은 2020년 3월 3일 국무회의를 통과하여 향후 국회에 제출예정이다.[46)]

(2) 역외적용규정

자본시장법은 동법을 적용함에 있어서 속지주의가 아닌 효과주의를 채택하고 있다.[47)] 따라서, 외국 중앙청산소의 국내 기관에 대한 청산서비스 제공이나 역외에서의 비청산 장외파생상품거래에 대하여 자본시장

---

43) 동 행정지도는 2020년 8월 31일까지 유효하다.
44) 금융감독원은 BCBS / IOSCO의 권고에 따라 2020년 5월 6일 개시증거금 시행시기를 1년간 연기하였다. 증거금가이드라인에 따라 2020년 9월부터 개시증거금 교환의무가 발생하는 경우에는 2021년 9월부터 개시증거금의무가 발생하는 경우에는 2022년 9월부터 개시증거금 교환의무를 부담하도록 하였다(금융감독원, '비청산 장외파생상품 개시증거금 교환제도 도입 1년 연기, 2020. 5. 6).
45) 금융위원회, 입법예고/ 규정변경예고: 자본시장과 금융투자업에 관한 법률 일부개정 법률안 입법예고 (2019. 9. 24).
46) 금융위원회, "자본시장과 금융투자업에 관한 법률 개정안 국무회의 통과: 장외파생상품시장의 투명성이 제고되고 시스템 리스크가 감소합니다" (2020. 3. 3.자 보도자료).
47) 자본시장법 제2조.

법의 규정 및 증거금규제가 적용된다고 해석할 여지가 없지는 않지만, 관련 규정에서 구체적인 정함이 없는 이상 역외적용의 범위를 확장하기는 어려울 것이다.

자본시장법이나 관련규정상 청산대상 장외파생상품거래와 관련하여 외국의 중앙청산소가 한국인에게 청산서비스를 제공하는 경우, 외국의 중앙청산소가 한국 금융당국으로부터 승인을 받아야 한다는 규정은 두고 있지 않다.[48] 다만, 장외파생상품 청산업무규정 제135조는 한국거래소가 외국 감독기관에 중앙청산소로 등록하거나 등록면제 등을 받기 위하여 필요한 경우 청산업무의 범위, 청산위탁자의 자격요건 등을 제한할 수 있으며 구체적인 사항은 세칙으로 정할 수 있다고 정하여, 한국거래소가 외국에서 중앙청산소로 등록하거나 등록면제를 받기 위한 규정제정 및 변경근거를 두고 있다.

비청산 장외파생상품거래에 대한 증거금 규제와 관련하여 증거금 가이드라인은 적용대상기관을 매년 3, 4, 5월말 명목 거래잔액의 평균 금액이 3조원이상인 은행, 금융투자회사, 보험회사 등 장외파생상품을 취급하는 금융회사로 정하고 있다.[49] 국외 설립금융회사(외국금융회사, 외국금융회사의 국내지점, 국내 금융회사의 현지법인) 간의 거래에 대하여는 가이드라인과 해외 감독기관의 증거금 규제 내용의 유사성이 인정되는 경우에는 대체준수를 허용한다.[50] 현행 증거금가이드라인상 유사성 인정에 대한 절차는 구체적으로 마련되어 있지 않고, 구체적인 절차가 마련되기 전까지는 해외 감독기관 등이 증거금 규제안을 공개하거나, 증거금 규

---

48) 남희경, 앞의 논문 각주 35, 85면.
49) 증거금 가이드라인 II.2.
50) 증거금 가이드라인 IV.2.

제를 법에 반영한 국가에 대해서는 증거금 가이드라인과 유사성이 인정된 것으로 본다.[51]

III. 청산대상 장외파생상품거래에 대한 증거금규제

1. 서설

비청산 장외파생상품거래에 대한 증거금 규제의 도입으로 청산대상 장외파생상품거래와 비청산 장외파생상품거래 간의 증거금 비용의 차이가 줄어들고 있지만, 여전히 청산대상 장외파생상품거래와 비규제 장외파생상품거래를 포함한 양자 간 장외파생상품거래(bilateral OTC derivative transaction)는 거래상대방 위험 감축의 방법에서 차이점이 있다. 이하에서는 청산대상 장외파생상품거래의 증거금 제도를 비청산 장외파생상품에 대한 증거금제도와 비교하여 검토하고, 비청산 장외파생상품거래와 차별화되는 청산대상 장외파생상품거래의 특성을 검토한다.

2. 청산대상 장외파생상품거래의 증거금

청산대상 장외파생상품거래에 대한 증거금은 크게는 ① 중앙청산소가 보유한 포지션을 시가로 평가해 현재시점까지의 손익을 수수하는 변동증거금(variation margin)성격의 일일정산금과, ② 미래 발생가능한 손실 추정액을 산출하여 결제이행을 위한 담보로 거래소에 납부하는 개시증거금

(initial margin) 성격의 청산증거금으로 나뉜다.

(1) 변동증거금(일일정산차금)

가. 교환주기

청산대상 장외파생상품거래의 경우, 거래상대방과의 청산대상 거래가 중앙청산소로 이전된 후, 중앙청산소의 규정에 따라 중앙청산소를 상대로 변동증거금을 교환하게 된다. 변동증거금의 계산방법 및 지급주기는 중앙청산소의 규정에 따라 정해지는데 일반적으로 일일정산을 원칙으로 하고 있다.

한국거래소의 장외파생상품 청산업무규정 제65조에 따른 변동증거금은 일일정산차금으로 정의되어 있으나, 그 실질은 청산대상 거래의 현재 가치의 변동에 따라 매영업일 상호 지급되는 금액으로 비청산 장외파생상품거래의 변동증거금과 같은 개념이다.

비청산 장외파생상품거래에 대한 증거금 규제이전에는 당사자 간의 합의에 따라 변동증거금의 교환주기를 주단위 또는 그보다 더 긴 기간으로 설정하는 것이 가능하였는데, 증거금 규제의 도입에 따라 비청산 장외파생상품거래에 대하여도 일일정산하여야 할 의무가 발생함에 따라 청산대상거래에 대한 일일정산차금 수수와 차이가 거의 없게 되었다고 볼 수 있다.[52]

---

52) BCBS / IOSCO 가이드라인 3.14는 변동증거금의 계산 및 교환은 주기적으로 할 것을 권고하고 있고, 증거금가이드라인 2.2.3.은 변동증거금의 계산은 주기적으로 실시하되, 시가변동에 따른 익스포저를 효과적으로 관리하기 위해서 매일 실시하는 것이 바람직하다고 정하고, 증거금가이드라인 4.3.은 변동증거금은 거래일 이후 최대한 빠른 시일에 결제가 이루어져야 하며, 거래당사자 간 합의로 정한 현지 영업일을 기준으로 최대 3영업일 이내에 결제가 이루어져야 한다고 정하고 있다. 한편, CFTC 증거금

나. 면제한도

면제한도는 거래상대방에 대한 신용공여금액으로 거래에서 발생하는 일정한 거래상대방 위험액까지는 담보가 면제되는 한도로 무담보 익스포저(uncollateralized exposure)를 의미한다.[53] 청산대상 장외파생상품의 경우 중앙청산소가 변동증거금을 계산할 때 별도의 면제한도(threshold)[54]를 두지 않는다.[55]

비청산 장외파생상품거래의 경우 증거금규제가 도입되기 이전에는 거래상대방의 신용도에 따라 면제한도를 부여하는 경우가 일반적이었다.[56] 그러나 증거금규제가 도입된 후부터는 비청산 장외파생상품거래에 대한 변동증거금을 계산할 때에도 면제한도를 "영"으로 하도록 정하고 있다.[57]

규정은 변동증거금의 일일정산의무를 부과하고 있고(CFTC증거금규정 § 23.153(b)), EU증거금규정도 같다[(EU) No.2016 / 2251, art. 9(1)]. 이에 따라 비청산 장외파생상품거래에 대한 표준 신용보강서류인 VM CSA도 일일정산을 기준으로 작성되어 있어 사실상 변동증거금 교환에서 일일정산이 원칙으로 자리잡고 있다. VM CSA에 대한 논의는 이하 IV. 2. (3).

53) Michael Simmons, Collateral Management: A Guide to Mitigating Counterparty Risk, Wiley (2019), 380–381면.

54) 면제한도(threshold)는 증거금 교환의무가 발생하였을 경우, 거래 상대방 간 증거금을 교환하지 않을 수 있는 신용공여 금액을 말한다(증거금가이드라인 3.8.); threshold는 신용한도액 또는 담보면제액이라고도 지칭된다. 박 준 · 한 민, 금융거래와 법 (박영사, 2019), 588면.

55) 청산업무규정 제65조 제1항은 일일정산차금을 거래소가 당일에 채무부담등록을 한 청산거래약정거래의 경우 당일의 순현재가치에 해당하는 금액("당일차금")으로 하고, 그 이외의 기존 청산약정거래에 대하여는 당일의 순현재가치에서 직전 영업일의 순현재가치를 차감한 금액('갱신차금')을 거래소와 수수하도록 하고, 이에 더하여 정산차금의 수수에 따른 조정이자를 더하여 지급하도록 정하고 있다.

56) Jon Gregory, 앞의 책 각주 7, 150면; 박 준 / 한 민 , 앞의 책 각주 54, 588면.

57) 증거금가이드라인 3.2.1.

다. 일중증거금

청산대상 장외파생상품거래의 경우 중앙청산소는 청산소규정에 따라 일일단위로 정산하는 변동증거금 이외에 일중에 청산대상거래의 가치의 급격한 변동에 대처하기 위한 일중증거금을 부과할 수 있는 권한을 가지고 있는 경우가 많다.[58] 한국거래소의 청산대상 장외파생상품의 경우에도 일중 급격한 금리변동에 따라 포지션의 추가손실이 과도하다고 판단될 때 일중청산증거금을 부과한다.[59]

반면에, 비청산 장외파생상품에 대한 증거금규제상으로는 일중증거금 요건은 부과하고 있지 않고 있다.

(2) 개시증거금(청산증거금)

한국거래소 청산업무규정상 개시증거금은 순위험청산증거금으로 정의하고 있으며,[60] 순위험청산증거금은 역사적 금리자료에 기초한 청산계좌 내 청산약정거래의 위험상당액으로서 5년간의 역사적 금리자료, 5일간의 가격변동위험 및 99.7%의 신뢰수준을 가정하여 산출한다.[61] 청산

---

58) Jon Gregory, 앞의 책 각주 7, 150면.
59) 한국거래소, KRX 청산결제의 이해 (2019. 12), 65면; 청산업무규정 제82조, 동규정 시행세칙 제54조.
60) 청산업무규정 제81조, 동규정 시행세칙 제49조; 청산증거금은 순위험청산증거금에 일정한 경우 유동성위험증거금액을 가산하여 산정된다.
61) 청산업무규정 시행세칙 별표 5; 이와 같이 과거 시장자료를 이용하여 일정 기간동안 일정 신뢰구간에서 발생할 수 있는 손실을 통계학적으로 분석하여 산출하는 최대예상 손실액을 Value at Risk(VaR)라고 한다. Francesca Taylor, Mastering Derivatives Markets (4th edition), Pearson Education Limited (2011), 250-251면. VaR를 이용한 개시증거금의 산출에 대하여는 경기순응성(procyclicality)을 악화시킨다는 우려가 제기되고 있다. 개시증거금과 경기순응성에 대한 논의는 아래 IV. 3. (4).

증거금은 거래소의 자산과 분리되어 보관된다.[62] 청산증거금은 청산회
원과 중앙청산소 간에 상호 수수되는 일일정산차금과 달리 청산회원이
중앙청산소에 대하여 일방적으로 예탁하도록 되어 있다.[63] 또한 청산회
원이 청산회원 고객의 위탁거래를 중앙청산소를 통하여 결제하는 경우
한국거래소는 고객이 청산회원에게 지급한 청산증거금과 청산회원의 자
기거래에 따른 청산증거금을 분리보관한다.[64]

증거금규제의 도입에 따라 비청산 장외파생상품거래에 대하여도 청산
대상 장외파생상품거래와 유사하게 개시증거금 제공의무 및 개시증거금
의 분리보관의무가 부과됨에 따라,[65] 청산대상 장외파생상품거래와 비청
산 장외파생상품거래 간에 개시증거금에 따른 거래비용의 차이가 줄어들
었다고 할 수 있다.[66]

3. 중앙청산의 특성

비청산 장외파생상품거래에 대한 증거금 규제의 도입으로 청산대상

---

62) 청산업무규정 제86조 제1항.
63) 청산업무규정 제65조, 제81조; 다만 잔존거래에 대한 평가액의 변경으로 청산회원이
    예탁하여야 할 청산증거금의 금액이 감소한 경우 청산회원은 청산증거금을 인출할
    수 있다(청산업무규정 제84조, 제85조).
64) 청산업무규정 제86조 제2항.
65) 비청산 장외파생상품거래에 대한 개시증거금의 규제에 대한 설명은 아래 IV.3.
66) 다만, 청산대상 장외파생상품거래에 대한 청산증거금(개시증거금)의 계산방법과 비청
    산 장외파생상품거래에 대한 개시증거금의 계산방법은 반드시 일치하지 않는다. 최근
    중앙청산소에 예탁하는 개시증거금으로 인한 경기순응성을 완화시키기 위하여 중앙
    청산소에 대한 개시증거금 계산방법을 개선하는 방안에 대한 논의들이 이루어지고
    있다. 최근의 논의를 정리한 것은 Atsushi Maruyama and Fernando Cerezetti, "Central
    Counterparty Anti-Procyclicality Tools: A Closer Assessment", The Journal of Financial
    Market Infrastructure, Vol.7, No.4 (2018).

장외파생상품거래와 비청산 장외파생상품거래 간의 담보 비용의 차이는 유사해졌다고 볼 수 있지만, 아래에서 보는 바와 같이 청산대상 장외파생상품거래의 경우 비청산 장외파생상품거래와 대비하여 볼 때에 다자간 차감(multilateral netting), 결제불이행 시 위험관리절차 및 청산회원 간 손실분담이라는 특징을 가지고 있다.

(1) 다자간 차감

일반적으로 청산대상 장외파생상품거래가 신용위험의 감축에 유리하다는 입장의 근거로 제시되는 것은 다자간 차감효과이다. 청산대상 장외파생상품거래는 거래체결 당시 거래상대방이 다르다고 하더라도 결국 중앙청산소가 거래상대방이 된다. 따라서, 거래당사자의 입장에서 별개의 다른 거래상대방과 장외파생상품거래를 체결하더라도 그 거래상대방이 중앙청산소로 집중되므로, 다자간 차감의 효과가 발생한다. 즉 거래당사자 A의 입장에서 거래상대방 B와 특정 기초자산의 위험을 인수하는 방향(long position)의 거래 1을 체결하고, 다른 거래상대방 C와 같은 기초자산의 위험을 전가하는 방향(short position)의 거래 2를 체결하는 경우, 거래 1과 거래2의 거래상대방이 중앙청산소로 집중되면서 거래당사자 A와 중앙청산소 간의 장외파생상품거래의 위험액은 차감되어 감축되는 효과가 발생한다. 한편 위 거래 1과 거래 2가 청산대상이 아닌 경우에는 거래당사자 A의 입장에서는 거래 1의 거래상대방인 B와 거래 2의 거래상대방인 C에 대하여 별도의 신용위험을 부담하게 된다. A의 입장에서는 거래상대방 B 또는 C와 각각 반대방향의 거래를 체결하는 경우에만 양자 간 네팅(bilateral netting)을 통한 위험감축효과를 볼 수 있다.

다만, 청산대상 장외파생상품거래가 다자간 차감을 통하여 거래위험을 감축하는 효과가 있다고 하더라도, 거래당사자의 전체적인 포트폴리오의 입장에서는 거래위험 감축효과가 한정적일 수 있다. 중앙청산소를 통한 청산대상거래는 표준화된 장외파생상품거래에 한정되므로, 거래당사자 간 기본계약에 따라 양 당사자가 네팅을 통하여 일괄정산하는 경우에 비교하여, 포트폴리오 구분효과로 인하여 오히려 신용감축효과가 저해된다는 주장도 있다. 예를 들면 구조화된 이자율 스왑과 그 반대방향으로 위험을 상쇄하는 표준화된 이자율 스왑이 동일한 당사자 간에 체결된 경우에 기본계약하에 양 거래를 동시에 가치평가하고 담보를 교환하면 양 거래 간의 신용위험(exposure)이 상쇄되어 교환하여야 할 담보금액이 줄어들게 된다. 한편, 구조화된 스왑은 양 당사자 간에 담보를 교환하도록 하고 표준화된 스왑을 중앙청산소에 이전하여 청산하는 경우에는 양 방향의 반대방향 거래에 대하여 거래상대방과 중앙청산소에 각각 담보를 제공하여야 하여야 하므로, 양 거래 간에 리스크가 상쇄되는 네팅효과를 보지 못하게 될 수 있다.[67] 또한 표준화된 장외파생상품거래에 대하여 다수의 중앙청산소를 이용하여야 하는 경우에는 양 당사자 간의 거래 포트폴리오를 여러 개로 나누는 결과가 되므로 양 당사자 간 네팅(bilateral netting)에 의존하는 경우보다 금융 시스템내의 전체적인 거래상대방 리스크가 증가할 가능성도 있다.[68]

---

67) Gregory, 앞의 책 각주 7, 71-73면; Darrell Duffie / Haoxiang Zhu, "Does a Central Clearing Counterparty Reduce Counterparty Risk?", Review of Asset Pricing Studies, Vol.1. No.1, 2011.

68) Evangelos Benos / Wenqian Huang / Alber Menkveld, and Michalis Vasios, "The Cost of Clearing Fragmentation", BIS Working Papers No.826, December (2019); Duffie / Zhu, 앞의 논문 각주 67; 다수의 중앙청산소로 인한 다자간 차감효과의 감축에 대한 이상적인 해결책은 전 세계적으로 단일 중앙청산소를 설립하는 것이다. 그러한 경우 단일 중앙청산소 자체가 금융 시스템 리스크의 원인이 될 수 있을 뿐만 아니라, 국제적으로 단일 중앙청산소를 설립한다는 것이 현실적인 해결책이 될 수는 없다. 다수

(2) 결제불이행 시 위험관리절차

중앙청산소는 양 당사자 간의 청산대상 장외파생상품거래에 대한 채무부담을 통하여 양 당사자에 대하여 각각 거래상대방의 지위를 취득하므로, 중앙청산소의 전체적인 리스크는 완전하게 헤지가 된 위험중립상태(matched book)를 유지하게 된다. 그런데 청산회원의 채무불이행이 발생하는 경우 중앙청산소는 그 반대방향의 거래에 대하여 계속적으로 의무를 이행하여야 하는 위험에 노출된다. 중앙청산소는 이와 같은 상황에서 다시 위험중립상태를 회복하기 위한 여러가지 수단을 사용할 권한을 가지고 있다.[69] 즉 중앙청산소는 ① 채무불이행 청산회원의 거래를 중지하고 해당 청산회원이 제공한 증거금을 처분·충당하고,[70] ② 채무불이행이 발생한 청산약정거래가 전부 해소될 때까지 계속적으로 의무이행을 하여야 하는 반대거래에 대한 위험을 헤지하기 위하여 중앙청산소의 명

중앙청산소로 인한 리스크의 분산을 집중하여 다자간 차감효과를 제고하기 위하여 다수 중앙청산소 간의 연계서비스(CCP Interoperability)가 해결책으로 제시된다. Jon Gregory, 앞의 책 각주 7, 143-145면. 중앙청산소 간의 연계서비스가 이루어지는 경우 다수의 중앙청산소에서 청산서비스를 이용하는 청산회원 간의 거래에 대한 다자간 차감이 인정된다. 유럽연합에서는 일부 중앙청산소 간의 청산기능 연계서비스가 이루어지고 있다. 이에 대한 자세한 내용은 European Systemic Risk Board, "CCP interoperability arrangements", January 2019, available at https://www.esrb.europa.eu/pub/pdf/reports/esrb.report190131_CCP_interoperability_arrangements~99908a78e7.en.pdf.

69) Gregory, 앞의 책 각주 7, 139-140면; 청산회원의 도산과 관련된 문제의 검토는 홍선경·정성구·박일규, "장외파생상품의 중앙청산에 있어서의 도산법 문제에 대한 고찰: 청산회원의 도산을 중심으로", BFL 제53호 (2012. 5), 109-113면; 중앙청산소의 리스크관리에 대한 일반적인 논의는 고영미, "금융시장인프라 안정을 위한 중앙청산소의 리스크 관리, 복구 및 정리방안: 장외파생상품 청산소를 중심으로", 경영법률 제28권 제1호 (2017).

70) 청산업무규정 제101조.

의로 헤지거래(손실회피거래)를 체결하며,[71] ③ 채무불이행이 발생한 포지션 및 손실회피거래 포지션을 해소하여 중앙청산소의 거래상대방 리스크를 다시 위험중립상태로 복구하기 위한 경매절차를 실시할 수 있다.[72]

이와 같은 중앙청산소의 위험관리절차는 비청산 장외파생상품거래상 거래상대방에게 채무불이행이 발생한 경우 비유책당사자의 계약상 권리구제수단은 거래당사자 간의 일괄정산(Close out)[73] 및 일괄정산액에 대한 담보권 실행으로 제한되는 것과 차별화되는 청산대상 장외파생상품거래의 특징이라고 할 수 있다.

(3) 손실분담

청산회원에 의한 결제불이행이 발생하는 경우, 중앙청산소는 반대방향거래 및 손실회피거래에 대한 결제이행을 위하여 우선적으로 결제불이행 청산회원의 청산증거금 및 결제불이행 회원이 사전에 적립한 공동기금(default fund)[74]을 우선 사용한다.[75] 그후에도 여전히 결제이행을 위한

---

71) 청산업무규정 제107조, 동 규정 시행세칙 제81조; 청산업무규정에서는 이와 같은 헤지거래를 손실회피거래로 칭하고 있고, 외국 문헌에서는 macro-hedge라는 용어를 사용한다. Gregory, 앞의 책 각주 7, 140면.

72) 청산업무규정 제108조, 제109조; 동 규정 시행세칙 제81조의2부터 제85조; 일반적으로 채무불이행이 발생한 포트폴리오를 리스크별, 만기별로 세분하고 그러한 리스크에 대응하는 손실회피거래와 결합하여 리스크를 최대한 줄인 포트폴리오에 대하여 경매가 진행된다. Gregory, 앞의 책 각주 7, 140면.

73) 비청산 장외파생상품거래에서 거래상대방의 채무불이행이 발생한 경우에는 ISDA 기본계약 제6조에 따라 일괄정산이 이루어진다. 자세한 내용은 박 준/ 한 민, 앞의 책 각주 54, 570-578면.

74) 회원공동기금은 결제불이행의 발생으로 인한 손해를 배상하기 위해 회원이 거래소에 적립하는 재원으로, 2018년 말 현재 증권시장은 2,990억 원, 파생상품시장은 7,872억 원, 장외파생상품 청산시장은 5,015억 원의 공동기금을 보유하고 있다. 손해배상공동기금은 매월 Stress-Test실시 결과 산출된 공동기금적립 필요액을 산출하여, 장내파생

재원이 부족한 경우에는 중앙청산소의 결제적립금을 선투입한 후,[76) 다른 정상 청산회원의 공동기금을 사용한다.[77) 정상 청산회원의 공동기금이 소진된 이후에는 중앙청산소의 잔여결제적립금을 사용한다.[78) 중앙청산소의 잔여결제적립금도 모두 소진된 경우에는 정상 청산회원에게 이전에 적립하였던 공동기금의 100% 이내에서 추가손실분담금을 징수할 수 있다.[79) 추가손실분담금의 사용으로도 손실을 보전할 수 없는 경우에는 일일정산 시 차감결제현금의 수취액이 지급액보다 큰 순수취청산회원에게 지급할 차감결제현금을 사용하여 손실을 보전할 수 있다.[80) 이와 같이, 청산대상 장외파생상품거래의 경우 청산회원은 중앙청산소에 증거금 납입의무를 부담하는 이외에도 다른 청산회원의 채무불이행으로 발생한 중앙청산소의 위험관리를 위하여 추가적인 손실분담(loss allocation)을 하게 된다. 이와 같은 청산회원의 공동기금지급의무 및 순수취청산회원

상품시장의 경우 산출일 다음 영업일 17시 이내에 적립하도록 하고 장외파생상품의 경우 산출일 당일 적립하도록 한다(한국거래소, 앞의 자료 각주 59, 78-80면; 청산업무규정 제26조).

75) 청산업무규정 제112조 제1항, 제113조 제1항.

76) 중앙청산소가 적립하여 둔 결제적립금을 다른 정상 청상회원의 공동기금에 선투입하는 것을 중앙청산소의 "skin in the game"으로 지칭한다. Gregory, 앞의 책 각주 7, 141면. 한국거래소, 앞의 자료 각주 59, 82면에 의하면 한국거래소는 총 500억 원을 결제적립금으로 보유하고 있고, 결제이행재원의 사용순서(waterfall)에 따라 250억 원을 선투입하고(청산업무규정 제113조 제2항), 나머지 250억 원은 정상 청산회원의 공동기금을 소진한 후 사용한다.

77) 청산업무규정 제113조 제3항.

78) 청산업무규정 제113조 제4항.

79) 청산업무규정 제114조.

80) 청산업무규정 제115조; 이와 같이 순수취청산회원에게 일일정산금을 지급하지 않는 것을 variation margin haircut이라고 한다(Gregory, 앞의 책 각주 7, 142면) 이와 같은 정상회원의 이익금을 사용하는 방법 이외에도 결제불이행이 발생한 포지션의 반대포지션을 가지고 있는 정상 청산회원의 거래를 선택적으로 종료시키는 tear-up 기법이 사용되기도 한다. Gregory, 앞의 책 각주 7, 142면. 다만 청산업무규정상 중앙청산소의 tear-up권한을 명시하고 있지는 않다.

의 정산차금 회수는 비청산 장외파생상품거래에서 발생하지 않는 추가비
용이다.

IV. 비청산 장외파생상품거래에 대한 증거금규제 및
표준계약

1. 증거금의 종류와 관련계약서

(1) 변동증거금과 개시증거금

증거금은 장외파생상품거래에서 거래상대방의 신용위험에 대처하기
위하여 현금(또는 쉽게 현금화가 가능한 증권)을 주고받는 장치이다. 증거
금은 변동증거금(variation margin)과 개시증거금(initial margin)으로 구분되
는데, 변동증거금은 거래상대방에 대한 피담보채무의 시장가치의 변화
(market-to-market)에 대한 신용보강수단인 반면, 개시증거금은 거래상대
방의 채무불이행발생(default) 이후 거래종결(close-out) 시까지 잠재적 위
험(예를 들면 담보물의 시장가치의 변경, 일괄정산 시의 비용)을 담보하는 증
거금이다.[81]

증거금규제가 도입되기 이전에도 비청산 장외파생상품거래를 하는 경
우 변동증거금을 교환하는 것이 일반적이었다. 다만 증거금규제로 인하
여 변동증거금을 교환하여야 하는 의무를 부담하는 거래당사자의 범위가

---

81) BCBS / IOSCO 지침 3(c), 3(d); 증거금가이드라인 3.1, 3.2; CFTC증거금규정 § 23.150;
    EU증거금규정, Definitions.

확장되었고, 변동증거금의 교환주기를 일일단위로 하는 등 변동증거금 교환의 기준이 더 엄격하게 되었을 뿐이다.

증거금규제 도입 이전에는 개시증거금이라는 용어를 사용하지 않고, 당사자 간의 합의에 의하여 정하는 독립담보(Independent Amount)라는 장치를 통하여 변동증거금 이외에 추가로 담보를 제공하였고, 독립담보로 제공된 담보에 대한 담보수취인의 담보재활용(rehypothecation)이 가능하였다.[82] 하지만 증거금 규제에 의하여 지급하여야 하는 개시증거금은 담보 재활용이 금지되고 제3보관기관에 별도 분리보관하여야 하여야 한다.[83] 개시증거금을 제3보관기관에 별도 분리보관하고 재활용을 금지하는 요건에 대하여는 장외파생상품거래시장을 위축하고, 나아가 시장위험을 더 가중할 것이라는 우려가 제기되기 등 규제의 도입과정에서 많은 논의가 이루어진 부분이다.[84] 따라서 증거금규제의 핵심은 개시증거금 의무의 부과라고 할 수 있다.

(2) 관련 계약서

비청산 장외파생상품거래에 대한 증거금규제를 준수하기 위하여 당사

---

82) 한 민/ 홍선경, "장외파생상품거래와 담보: Rehypothecation 문제를 중심으로", 박 준/ 정순섭 편, BFL 총서 6: 파생금융거래와 법 (2012), 251-255면.
83) BCBS / IOSCO 지침, 5(iv); 증거금가이드라인 5.2.; CFTC증거금규정, §23.157(c); EU 증거금규정, art. 20(1).
84) Dominic O'Kane, "Initial Margin for Non-Centrally Cleared OTC Derivatives", EDHEC-Risk Institute, June (2016), 61면; Jon Gregory, 앞의 책 각주 7, 51면. 한편, ISDA는 제3자기관에 대한 보관은 원칙적으로 찬성하되 담보의 재활용을 허용할 것을 제안하였다. ISDA, Docket No. OCC-2011-008 / RIN 1557-AD43; Docket No. R-1415 / RIN7100 AD74; RIN3064-AE21; RIN3052-AC69; RIN2590-AA45, No. 24 (2010. https://www.isda.org/a/MTiDE/isda-pr-proposed-margin-rules-letter-112414.pdf).

자들은 증거금규제에 부합하는 내용의 신용보강서류를 체결하여야 한다. 변동증거금계약은 증거금규제 도입이전의 신용보강서류와 큰 차이가 없지만, 개시증거금계약의 경우 개시증거금의 제3자 보관의무를 준수하기 위하여 제3자 보관기관과의 계약을 추가로 체결되어야 하므로, 과거의 신용보강서류와는 큰 차이가 있다.[85] 한국 당사자의 경우 증거금으로 국공채를 사용하는 것을 선호하기 때문에 국공채를 변동증거금 또는 개시증거금으로 교환하기 위하여 ISDA의 뉴욕법 신용보강서류에 더하여 한국법을 준거법으로 하는 부속계약(Korea Addendum. 이하 '한국부속계약')을 체결하는 것이 일반적이다.[86] 이하에서는 증거금 규제의 내용이 신용보강서류에 어떠한 방식으로 반영되는지를 뉴욕법을 준거법으로 하는 신용보강서류를 기준으로 살펴본다. 증거금규제 이전의 신용보강서류의 내용에 대하여는 1994 ISDA Credit Support Annex(Security Interest-New York Law. 이하 '1994년 뉴욕법 CSA'), 변동증거금에 대한 신용보강서류로는 The 2016 ISDA Credit Support Annex For Variation Margin (VM) under New York Law(이하 '뉴욕법 VM CSA'), 개시증거금에 대하여는 The 2018 Credit Support Annex for Initial Margin (IM) (Security Interest-New York Law. 이

---

85) 개시증거금을 보관하는 제3보관기관이 은행(Bank Custodian)인 경우에는 IM CSA와 Account Control Agreement (ACA)를 체결하고, 제3보관기관이 Euroclear나 Clear-stream인 경우에는 각 예탁기관의 회원가입서류(membership documents)에 더하여 Collateral Transfer Agreement (CTA) 및 Security Agreement (SA)를 체결하게 된다. 양 당사자가 다른 보관기관을 선임하는 경우 개시증거금 관련 계약은 각 당사자 간에 다른 양식을 사용할 수 있다. ISDA, "Navigating Initial Margin Documentation: Where Do I Begin?" (https://www.isda.org/a/Z47TE/ISDA_Initial-Margin-Documentation-Where_to_Begin_FINAL.pdf).
86) ISDA Korean Title Transfer Addendum to 1994 ISDA Credit Support Annex (Security Interest-New York Law), published on August 31, (2017. https://www.isda.org/book/isda-korean-title-transfer-addendum-to-1994-isda-credit-support-annex-security-interest-new-york-law-published-on-august-31-2017/).

하 "2018년 뉴욕법 IM CSA")[87]를 위주로 검토한다.

2. 변동증거금

(1) 적용대상기관

증거금 규제 이전 비청산 장외파생상품거래에 대한 변동증거금 교환여부의 결정은 거래상대방에 대한 신용위험에 따라 당사자 간의 협상에 의하여 결정되었다. 변동증거금 규제의 도입이후에는 변동증거금 교환의무를 위반한 경우에는 실정법이나 가이드라인의 위반에 해당하게 되었다.

증거금가이드라인상 증거금규제의 적용대상기관은 매년 3~5월 말 명목 거래잔액의 평균 금액이 3조 원 이상인 은행, 금융투자회사, 보험회사 등 장외파생상품을 취급하는 금융회사이고, 금융회사에 해당하지 않는 일반회사나 중앙은행, 공공기관 또는 국제결제은행 등 국제기구는 적용대상에서 제외된다.[88]

한편, 2019년 9월 24일자 입법예고한 자본시장법 개정법률안에 의하면 장외파생상품 거래잔액이 3조 원 이상으로 대통령령이 정하는 규모(산정방식은 대통령령으로 정함) 이상인 금융기관(법 제9조 제5항 제3호에서 정하는 금융기관과 외국 금융투자업자로서, 여신전문금융회사는 제외)이 장외파생상품을 거래하는 경우 증거금을 교환하여야 한다(동개정법률안 제166조

---

87) 2018년 뉴욕법 IM CSA는 개시증거금 의무가 최초로 적용된 Phase 1의 대상기관인 대형 sell-side 금융기관 사이에 사용된 2016 Phase One Credit Support Annex for Initial Margin (IM) (Security Interest-New York Law)를 수정하여 2019년부터 개시증거금 교환의무를 부담하는 금융시장참가자인 헤지펀드와 같은 buy-side 이용자도 염두에 두고 작성되었다.
88) 증거금가이드라인 2.

의5 제1항).[89] 자본시장법상 증거금규제의 적용대상기관의 범위는 미국
이나 유럽의 증거금규제에 비하여 적용대상의 범위가 좁다.[90]

한편, 증거금규제의 대상기관은 청산의무를 부담하는 것으로 정해진
금융투자업자(자본시장법 제166조의 3) 이외에도 보험회사 기타 각종 협동
조합중앙회[91]까지 포함하고 있어 청산의무의 대상기관보다는 범위가 넓
다. 증거금규제와 청산의무는 서로 연결되어 있으므로, 향후 증거금규제
의 적용대상기관의 범위와 청산의무의 적용대상기관의 범위를 일치하도
록 할 필요가 있을 것으로 생각된다. 다만, 보험회사 등 장외파생상품거
래에 대한 투자매매업의 인가를 받지 않은 금융기관에도 청산의무를 부
과하기 위하여는 위탁청산제도가 활성화되어 중앙청산소의 청산회원이
되지 않더라도 청산의무를 이행할 수 있는 기반이 마련되어야 할 것이다.

증거금규제에 따라 의무적으로 변동증거금을 교환하여야 하는 당사자
는 증거금 규제의 효력발생일 이후의 거래에 대하여 증거금규제에 부합

---

89) 다만, ① 증거금교환의무를 부담하는 기관이 아닌 자와의 거래, ② 중앙청산소를 통한
   청산대상 장외파생상품거래, ③ 실물로 결제되는 장외파생상품 등 신용위험 등을 고
   려하여 증거금 교환의 실익이 없는 거래로 대통령령으로 정하는 장외파생상품의 거
   래, ④ 거래당사자가 모두 외국금융감독기관의 감독을 받는 외국금융기관으로 당사자
   간 합의에 따라 외국법령이 정한 방법에 따라 담보 또는 증거금을 교환하는 거래의
   경우에는 자본시장법상 증거금교환의무를 면제하고 있다(동법률안 제166조의5 제1항
   단서).
90) 증거금가이드라인 각주 8은 금융투자회사인 자산운용사가 설정한 집합투자기구나 은
   행, 증권사등의 신탁계정은 증거금가이드라인의 적용대상이 아님을 명시하고 있다.
   이에 대한 비판은 이헌영, "비청산 장외파생상품거래 증거금규제에 관한 연구", 은행
   법연구 제10권 제2호 (2017. 11), 67–68면.
91) 증거금가이드라인상 각종 협동조합중앙회는 적용대상기관에 포함되어 있지 않지만
   2019년 9월 24일 입법예고된 자본시장법 개정안 제166조의5에 따라 증거금규제의 적
   용대상기관을 자본시장법 제9조 제5항 제3호에서 정하는 금융기관으로 정하고 있어,
   동법 시행령 제10조 제2항에 열거된 금융기관들(은행, 보험업자, 금융투자업자, 각종
   협동조합중앙회, 종합금융회사, 증권 금융회사, 금융지주회사 등)이 증거금규제의 적
   용을 받게 된다.

하는 신용보강서류에 따라 변동증거금을 교환하여야 한다.[92]

(2) 적격담보

증거금규제에 따라 거래상대방에게 제공할 수 있는 적격담보(eligible collateral)는 일반적으로 유동성과 신용등급이 높은 담보에 한정된다. 예를 들어, 거래상대방의 신용위험에 직접적으로 정(正)의 상관관계를 가지고 있는 담보로서 거래상대방의 도산 시에 담보가치가 없어지는 담보(예를 들면, 거래상대방이나 그 계열사가 발행한 회사채)는 적격담보로 인정되지 않는다.[93] 또한 증거금규제상 담보종류에 따라 최소 차감률(haircut)을 적용하도록 하여 유동성이나 신용등급에 따라 담보가치가 적은 담보는 낮은 평가비율(valuation percentage)을 적용하고, 나아가 장외파생상품거래의 기본계약상 일괄정산금액을 정하는 통화와 담보물의 통화가 다른 경우에는 추가적인 외환차감률(FX haircut)을 적용하도록 정하고 있다.[94] 이러한 차감율은 신용보강서류의 양식에도 반영되어 있다.[95]

---

92) 뉴욕법 VM CSA, paragraph 1(c)는 과거 거래에 대한 신용보강서류인 Other CSA와 뉴욕법 VM CSA에따른 증거금교환을 위한 익스포저를 따로 계산할 수 있도록 정하고 있다. 다만, 당사자 간의 합의에 따라 과거 거래에 대한 변동증거금 교환도 뉴욕법 VM CSA에 의하여 하도록 변경하는 것도 가능하다. 과거거래와 증거금규제 이후의 거래에 대한 신용보강서류의 체결에 대한 선택지에 대하여는 이헌영, 앞의 논문 각주 90, 44-46면.
93) BCBS / IOSCO지침 4; 증거금가이드라인 1.2.; 이러한 담보를 소위 오방향위험 담보 (wrong way risk collateral)라고 한다. Paul C. Harding & Abigail J. Harding, A Practical Guide to the 2016 ISDA® Credit Support Annexes For Variation Margin under English and New York Law (2018), 136면.
94) BCBS / IOSCO 지침, Appendix B; 증거금가이드라인 표 3; CFTC증거금규정, §23.155, Standardized Haircut Schedule; EU증거금규정 Annex II.
95) 뉴욕법 VM CSA, paragraph 12. (g).

증거금규제에 따라 적격담보 및 차감률이 정해짐에 따라 ISDA의 변동
증거금 신용보강서류의 적격담보(eligible collateral)조항에서 담보가치비
율(valuation percentage)에 대한 정의조항을 추가하고, 각 당사자에게 적
용되는 관련 증거금규제에서 허용하는 담보가치비율보다 높은 비율로 신
용보강서류상 기재된 경우에는 관련 증거금규제에서 허용하는 최대 비율
로 계약상 담보가치비율이 적용된다는 문구가 추가되었다.[96] 또한, 부적
격담보(Legally Ineligible Credit Support (VM)]라는 개념을 추가하여 거래상
대방이 지급한 변동증거금이 증거금규제에 부합하지 않게 된 경우에는,
이를 담보제공자에게 통지하여 당해 담보의 가치를 영(zero)으로 계산하
고 새로운 담보를 요청할 수 있도록 하는 계약조건이 표준 신용보강서류
에 반영되었다.[97]

(3) 교환주기

증거금규제에서 정하는 주기에 따라 변동증거금을 교환할 의무가 발
생한다. 한국의 증거금가이드라인 상으로는 변동증거금지급의무 발생일
인 거래체결일로부터 최대 3영업일 이내에 지급하는 것을 허용하나,[98]
미국이나 EU의 증거금규정상으로는 증거금규제의 적용을 받는 거래당사
자들은 변동증거금의 일일정산의무를 부담한다.[99]

뉴욕 VM CSA상으로도 변동증거금을 계산하여 통지한 당일에 변동증
거금을 지급할 의무가 발생하도록 하고 있다. 즉 정규 결제일(regular

---

96) 뉴욕법 VM CSA, paragraph 13. (c)(v).
97) 뉴욕법 VM CSA, paragraph 11. (g).
98) 증거금가이드라인 4.3.
99) CFTC증거금규정 § 23.153(b); EU증거금규정, art. 9(1).

settlement day)라는 개념을 도입하여, 변동증거금의 통지시간을 기준으로 업무시간 내에 통지된 금액에 대하여는 당일 지급하고, 업무시간 이후에 통지된 금액에 대하여는 익일 지급의무가 있다고 정하고 있다.[100]

(4) 변동증거금의 재활용

증거금규제하에서는 개시증거금의 경우 담보의 재활용(rehypothecation)이 허용되지 않지만,[101] 변동증거금의 경우에는 재활용이 여전히 허용된다.[102] 2017년 금융투자업 규정 개정 이전에는 증권에 대한 질권설정방식으로 증거금을 제공하는 경우 담보의 재활용이 전질권을 통하여서만 한정적으로 허용되었기 때문에 한국의 거래상대방과 장외파생상품거래를 체결하는 경우 담보물의 조달비용이 높아지는 문제가 있었다.[103] 2017년 금융투자업규정 제5-25조 제4항을 신설하여 국채증권 또는 통화안정증권에 대한 담보목적 대차거래가 허용됨으로써 장외파생상품거래에 대한 기본계약에 따른 변동증거금으로 제공된 증권을 환매조건부 매매, 제3자에 대한 담보 또는 증거금의 방법으로 재활용하는 것이 가능

---

100) 뉴욕법 VM CSA, paragraph 4.(d), paragraph 12.
101) 증거금가이드라인 5.2.
102) 뉴욕법 VM CSA, paragraph 6.(c).
103) 담보물의 재활용이 허용되는 경우에는 거래당사자A로부터 받은 담보물을 재활용하여 거래당사자B에게 담보로 제공하는 것이 가능하므로, 담보물의 조달비용(소위 funding cost)이 낮아지지만, 담보물의 재활용이 허용되지 않는 경우에는 거래상대방에 대한 담보물 제공의무를 이행하기 위하여는 시장에서 담보물에 대한 리포거래를 하거나 매수하는 등 추가적인 조달비용이 발생하게 된다. 장외파생상품거래와 관련하여 국내 담보에 대한 질권설정방식 및 담보의 재활용에 대한 법적 분석에 대하여는 한 민/ 홍선경, 앞의 논문 각주 82, 255-267면; 담보의 재활용에 일반적인 법적 분석은 이영경, "금융거래에서의 담보물의 재활용", 서울대학교 法學 제61권 제1호 (2020. 3)

하게 되었다.[104]

3. 개시증거금

(1) 개시증거금의 계산

변동증거금은 일괄정산을 전제로 한 당사자 간의 익스포저,[105] 즉 순액
기준(net basis)으로 지급되는 반면에, 개시증거금은 총액기준(gross basis)
으로 지급한다. 개시증거금 신용보강서류에서는 개시증거금〔Margin Amount
(IM)〕이라는 개념을 사용한다.[106]

---

104) 담보목적 대차거래의 경우 대차대상이 된 증권의 재활용방법이 환매조건부 매매 및
   제3자에 대한 증거금제공의 방법으로 한정하고 있어 뉴욕법 VM CSA paragraph 6.
   (c)상 허용되는 허용되는 담보재활용 범위에 비하여 제한적이다. 대상증권의 재활용
   범위를 한정하는 것의 실익에 대하여는 의문이 있다. 담보물의 재활용방법이 지나치
   게 한정적이어서 원래 담보의 재활용을 허용한 취지가 퇴색되는 면이 있다.
105) 익스포저는 ISDA기본계약 Section 6(e)에 의하여 기본계약하의 장외파생상품거래를
   일괄정산하는 경우의 당사자 간의 정산금액(Close-out Amount)을 의미한다(뉴욕법
   VM CSA paragraph 12). ISDA 기본계약상 일괄정산금액(Close-out Amount)은 당사
   자 간의 거래에 대한 일괄정산 네팅을 전제로 계산된다.
106) 2018년 뉴욕법 IM CSA paragraph 3.(c)(i); 개시증거금 신용보강서류에 따라 지급하
   여야 하는 담보필요금액인 Credit Support Amount (IM)의 금액은 개시증거금 계산방
   법에 의하여 산출된 Margin Amount (IM)와 기존거래에 대한 신용보강서류상 독립담
   보금액인 Margin Amount (IA)와의 관계에 따라 달라지게 되는데, 2018년 뉴욕법 IM
   CSA paragraph 3.(c)(iii)에 따라 세 가지 선택이 가능하다. 첫째는 Distinct Approach
   로 개시증거금 신용보강서류상 Margin Amount (IM)과 기존 신용보강서류(Other
   CSA)상의 독립금액인 Margin Amount (IA)는 별개로 취급한다. 둘째는 Allocated
   Approach로 개시증거금 신용보강서류상 Margin Amount (IM)의 지급금액만큼 기존
   신용보강서류상 독립금액인 Margin Amount (IA)의 지급액이 감소되도록 한다. 셋째
   는 Greater of Approach로 개시증거금 신용보강서류상 Margin Amount (IM)의 금액과
   기존 신용보강서류상 독립금액인 Margin Amount (IA)의 지급액을 비교하여 큰 금액
   을 개시증거금 신용보강서류상 개시증거금으로 지급하고, 그 지급범위에서 기존 신용
   보강서류상 독립담보의 지급의무를 영(zero)으로 한다. ISDA, Margin Approaches:

개시증거금을 계산하는 방법은 각국의 증거금규제에 포함되어 있는
표준모형산식에 따라 계산하거나 감독당국으로부터 승인받은 계량모형
에 따라 계산할 수 있다.[107] 다만 ISDA가 개발한 계량모형인 SIMM
(Standard Initial Margin Model)을 사용하는 경우에는 금융감독원에 보고·승
인없이 사용할 수 있다.[108] 표준모형산식은 기본적으로 장외파생계약 기
초자산별 명목금액에 자산종류 및 파생거래의 잔존만기에 따라 정해진
개시증거금률을 적용한 금액을 사용하여 계산되는 데 반하여,[109] 계량모
형은 비청산 장외파생상품 계약 또는 적격 상계계약을 통해 상계된 포트
폴리오 기준으로 보유기간 최소 10일을 기준으로 단측 신뢰구간 99%에
서 측정한다.[110] 계량모형을 사용하는 대부분의 금융회사가 ISDA SIMM
을 사용하고 있으며, ISDA SIMM을 사용하여 계산되는 개시증거금이 거
래의 명목금액을 기준으로 하는 표준모형산식을 사용하는 경우보다 개시
증거금이 적게 산출되는 것이 일반적이다.[111] 다만 계량모형을 유지, 관

The Relationship between Independent Amount and Regulatory IM, Aug 9 (2019.
https://www.isda.org/a/6NhME/Margin-Approaches-9th-Aug-2019.pdf).

107) 증거금가이드라인 2.1.1., 2.1.2.

108) 증거금가이드라인 2.1.6. 및 각주 17; ISDA SIMM의 최신버전에 대한 설명은 ISDA,
ISDA SIMMTM Methodology, version 2.2. Effective Date: December 1 (2019. https://
www.isda.org/a/osMTE/ISDA-SIMM-v2.2-PUBLIC.pdf).

109) 증거금가이드라인 2.1.1. 표 4; 표준모형산식에 따른 개시증거금 산출액은 은행법상
자기자본비율계산을 위한 커런트 익스포저 방식 및 자본시장법상 파생상품매매거래
에 대한 영업용 순자본비율 산정방식과 유사하다. 이에 대한 설명은 김성은, "파생금
융거래 일괄정산의 규제자본에 대한 효과", 박 준 / 정순섭 편, BFL 총서 6: 파생금융
거래와 법 (2012), 360-364면.

110) 증거금가이드라인 2.1.2. 표 5b. (v).

111) 포트폴리오 구성에 따라서는 Grid methodology 또는 Schedule로 지칭되는 표준모형
산식에 의하여 계산된 개시증거금이 ISDA SIMM 계량모형에 따라 계산된 개시증거
금보다 7배나 큰 경우도 있다. ACADIASOFT, SIMMTM vs. Schedule (https://www.
acadiasoft.com/umr_compass/wp-content/uploads/2018/09/SIMMvsSCHEDULE-1.
pdf).

리하기 위한 내부적인 절차구축을 위한 비용과 노력이 발생한다는 단점이 있다. 증거금 계산 서비스를 제공하는 제3의 서비스업체를 사용하는 경우가 많으며, ISDA는 SIMM을 사용하여 개시증거금 계산 서비스를 제공할 수 있는 서비스제공업자들의 리스트를 웹사이트에 게재하고 있다.[112] ISDA의 개시증거금 신용보강서류도 ISDA SIMM을 사용하는 것을 전제로 하고 있다.[113]

(2) 개시증거금 규제의 중복적용과 대체준수

개시증거금에 대한 각국의 규제는 BCBS / IOSCO 지침을 기준으로 하고 있으므로, 각국의 입법내용이 유사하지만, 개시증거금 적용기준이 되는 평균 장외파생상품거래 명목잔액의 계산기준, 개시증거금 의무의 적용대상거래, 개시증거금의 면제금액 등에 대하여는 각국의 법규에 따라 약간의 차이가 있다.[114] 따라서 양 당사자 간의 비청산 장외파생상품거

---

112) ISDA, Licensed ISDA SIMMTM Vendors, as of January 11 (2019. https://www.isda.org/a/ytTME/LicensedSIMMVendorContacts_20190111.pdf).
113) 2018년 뉴욕법 IM CSA paragraph 13은 당사자 간에 적용되는 법체계를 선택하는 Regime Table을 두고 있다. Regime Table은 ISDA SIMM을 기본선택사항으로 하고, SIMM이 적용되지 않는 경우를 예외사항으로 취급하고 있다.
114) ISDA, Regulatory Driven Market Fragmentation, January (2019. https://www.isda.org/a/MlgME/Regulatory-Driven-Market-Fragmentation-January-2019.pdf.), 10면에서는 증거금의 교환주기, 적격담보의 조건, 계열사 간 증거금교환의무여부, 개시증거금 계산모델인 SIMM에 대한 백테스팅(back-testing) 요건, 개시증거금 면제한도가 각국의 증거금규정마다 차이가 있음을 지적하고 있다. 개시증거금의 면제한도는 거래상 대방 금융회사가 속한 금융 그룹전체를 기준으로 적용하는데, 증거금가이드라인상 교환해야 될 개시증거금이 650억 원 이하인 경우에는 개시증거금을 면제하고 있다(증거금가이드라인 3.1.). CFTC증거금규정상 개시증거금면제한도는 USD 50million(CFTC 증거금규정, § 23.151.) EU증거금규정 개시증거금 면제한도는 5,000만 유로이다(EU 증거금규정, art.29(1)). 또한 개시증거금이 적용되는 거래의 범위도 나라마다 약간씩

래에 적용되는 법규에 따라 개시증거금 제공의무 부담 여부, 개시증거금 의무의 발생시기 등에 차이가 발생할 수 있으므로 개시증거금 교환에 적용되는 증거금 관련 법규를 명확히 정하는 것이 중요하다.

증거금규제의 역외적용효과에 따라 동일한 당사자 간의 장외파생상품 거래에 대하여 복수 국가의 법규가 중복 적용되는 경우가 있다. 또한 당사자가 담보제공자인지 담보권자인지에 따라 다른 법규가 적용될 수도 있다.[115] ISDA의 개시증거금 신용보강서류상으로 법규체계표(legal regime table)가 새롭게 포함되어, 일방 당사자가 담보권리자(secured party)인 경우와 담보제공자(pledgor)의 경우 및 그 반대의 경우를 별개로 적용되는 법규를 모두 표시하도록 되어 있다. 다만, 당사자 간에 적용되는 법규는 법률상 적용이 강제되는 법규 이외에 당사자 간에 적용하기로 합의하는 법규도 선택할 수 있다.[116] 여러 법규가 중복적으로 적용되는 경우 각 담보제공금액(delivery amount)과 초과담보반환금액(return amount)을 계산

의 차이가 있어 어느 나라의 증거금규정에 따라 개시증거금을 계산하는지에 따라 개시증거금액이 달라지게 된다. 각국의 개시증거금의 대상거래를 정리한 자료는 ISDA, Derivatives Subject to Non-Cleared Margin Rules (Initial and Variation Margin), February 17, (2020. https://www.isda.org/a/GpXTE/ISDA-In-Scope-Products-Chart-Uncleared-Margin.pdf.

115) 미국의 경우 개시증거금을 징수(collect)하는 의무와 개시증거금을 제공(post)하는 의무를 별개로 규정하고 있다. 즉, 거래상대방이 미국의 증거금규제의 적용을 받는 미국 Consolidated Swap Entity(CSE)인 경우에는 미국 CSE가 외국기관으로부터 증거금을 징수(collect)하는 경우에는 반드시 미국규정을 따라야 하지만, 미국 CSE가 외국 금융기관에게 증거금을 제공(post)하는 경우에는 거래상대방 국가의 규정을 따를 수 있도록 대체준수를 허용하고 있다. 다만, 이러한 대체준수는 미국의 규제당국이 다른 나라의 규정이 미국의 규정과 동등(comparable)하다는 것을 인정하는 경우에 한하여 허용된다. CFTC증거금역외적용규정, Table A는 CSE가 미국기관인지, 외국기관인지 여부, 외국 거래상대방이 미국인인지 아닌지 여부에 따라 CFTC증거금규정이 반드시 적용되어야 하는 경우와 대체준수가 허용되는 경우를 개시증거금의 징수와 제공의 경우를 구분하여 정리하고 있다.

116) 2018년 뉴욕법 IM CSA, paragraph 13, General Principles.

할 때, 가장 엄격한(strictest of) 법규 기준으로 금액을 계산하도록 하고 있다.[117] 다만, 만일 중복 적용되는 법규 중 하나의 법규를 준수함으로써 다른 법규도 준수한 것으로 간주되는 대체준수가 인정되는 경우에는,[118] 개시증거금 신용보강서류상 특약조항을 통하여 대체준수로 갈음할 수 있다.[119]

(3) 개시증거금의 분리보관(segregation)

증거금규제가 도입되기 전에는 ISDA 신용보강서류상 독립담보(Independent Amount)라는 개념을 통하여 신용도가 낮은 거래당사자가 신용도가 높은 거래당사자(통상 금융기관)에게 지급하는 담보필요금액(credit support amount)를 정할 때, 거래당사자 간의 익스포저에 독립담보를 더하여 지급하는 방식으로 제공되었다.[120] 증거금규제 이전에는 담보의 사용에 대한 별도의 제한이 없었기 때문에 독립담보를 포함한 담보필요금액에 대한 재활용(rehypothecation)이 허용되었다.[121]

---

117) 2018년 뉴욕법 IM CSA, paragraph 13, General Principles (hh), (kk).

118) ISDA, Guide to the Cross-border Application of US, EU and Japan Margin Rules for Non-Cleared Derivatives, January (2020. https://www.isda.org/a/ohJTE/Guide-to-Cross-border-Application-of-US-EU-and-Japan-Margin-Rules-for-Non-cleared-Derivatives.pdf)은 미국 증거금규정, 유럽연합 증거금규정, 일본 증거금규정상 증거금규정의 적용대상이 되는 기관, 대체준수를 인정하는 기준의 차이에 따라 각 증거금규제의 중복적용을 받는 당사자 간에 다른 증거금규제의 법체계가 적용되는 여러가지 다른 경우를 설명하고 있다.

119) 2018년 뉴욕법 IM CSA, paragraph 13, General Principles (cc)는 중복적용되는 법규 중 대체준수가 허용되는 법규가 있더라도 신용보강서류상 당사자 간에 명시적으로 대체준수에 합의하지 않는 이상, 중복적용을 원칙으로 하고 있다.

120) 1994년 뉴욕법 CSA, paragraph 3; 박 준/ 한 민, 앞의 책 각주 54, 587-588면.

121) 1994년 뉴욕법 CSA, paragraph 6 (c); Paul C. Harding and Christian A. Johnson, Mastering the ISDA® Collateral Documents (second edition), Pearson Education

증거금규제상 개시증거금(regulatory initial margin)의 중요한 요소 중의 하나는 개시증거금 수취인의 다른 자산과 분리(segregation)되는 것이다. 또한, 증거금규제에 따라 제공되는 개시증거금에 대하여는 원칙적으로 재활용이 금지된다.[122] 이러한 요건을 충족하기 위하여 증거금규제에 따른 신용보강서류에서는 증거금규제 이전의 신용보강서류에서 일반적으로 허용되던 담보물의 재활용규정 조항이 대폭 수정되어 개시증거금을 제3자보관기관에 의하여 관리되는 독립계좌(segregated account)에서 보관하고,[123] 개시증거금의 재활용을 금지하는 조항이 포함되었다.[124] 제3보관기관은 개시증거금 신용보강서류의 당사자가 아니므로 담보제공자와 담보취득자 및 제3보관기관과의 별도의 Control Agreement의 체결이 필요하다.[125] 개시증거금에 대한 신용보강서류상 담보권자가 담보를 처분하는 등 권리행사를 하기 위해서는(즉, 담보권자 권리행사사유(secured party rights event)가 발생하기 위해서는) 기본계약상 잔존계약을 전부 일괄정산하기 위한 조기종료일(early termination date)의 지정이 있어야 한다.[126]

Limited (2012), 66-67면.
122) BCBS / IOSCO 지침 5(iv); 증거금가이드라인 5.2.; CFTC증거금규제, §23.157(c); EU 증거금규제, art.19(3).
123) 2018년 뉴욕법 IM CSA, paragraph 1(d).
124) 2018년 뉴욕법 IM CSA, paragraph 6(b); 다만, 증거금 규제도입 이후에도 증거금 규제 도입이전에 체결된 비청산 장외파생상품거래나 개시증거금 대상거래가 아닌 거래에 대하여는 다른 CSA(Other CSA)에서 정하는 조건에 따라 담보를 교환할 수 있다(2018년 뉴욕법 IM CSA, paragraph 1 (c)).
125) 2018년 뉴욕법 IM CSA, paragraph 6, 첫번째 문장. 당사자들이 별도로 합의한 경우 Control Agreement에서 정하는 사유가 발생한 경우에는 제3보관기관에게 담보물에 대한 전속적인 통제권한을 가진다는 통지(notice of exclusive control)를 할 수 있다 (2018년 뉴욕법 IM CSA, paragraph 13 (i)).
126) 2018년 뉴욕법 IM CSA, paragraph 13(h), paragraph 8(a); 이는 1994년 뉴욕법 CSA, paragraph 8(a)상 담보권자가 권리를 행사하기 위한 조건은 채무불이행 사유 또는 특정 조건(Specified Condition)의 발생만으로도 가능하였던 것과 차이가 있다. 한편 뉴욕법 VM CSA paragraph 8(a)상 담보권자의 권리행사요건도 조기종료일의 지정을

(4) 개시증거금의 분리보관의 경제적 효과

개시 증거금으로 제공된 양질의 담보물이 제3의 보관기관에 예치되어 재활용이 금지되므로, 양질의 자산에 대한 유동성이 낮아질 수 있다. 또한, 경기악화를 이유로 장외파생상품거래의 가치평가(valuation)가 급락하는 경우, 증거금 제공의무를 이행하기 위하여 적격담보물을 매입하는 과정에서 거래당사자의 유동성 위기를 심화하고, 경기순환성을 가속화하는 경기순응성(procyclicality)의 문제가 발생할 수 있다는 우려가 제기되었다.[127] 그러나, ISDA와 국제적인 대형 금융기관을 중심으로 개시증거금의 금액을 명목금액이 아니라 리스크 중심으로 계산하는 표준계량방식이 개발되어 일반적으로 사용되게 되면서 명목금액 기준으로 개시증거금을 계산하는 경우에 비하여서는 개시증거금으로 인한 유동성악화 및 경기순응성에 대한 우려가 어느정도 완화된 것으로 인식되고 있다.[128]

요건으로 하지 않는 점에서 1994년 뉴욕법 CSA paragraph 8(a)와 동일한 요건을 유지하고 있다.

127) O'Kane, 앞의 논문 각주 84, 61면; Gregory, 앞의 책 각주 7, 51면.

128) ISDA SIMM은 Value-at-Risk (VaR)방법으로 리스크금액을 계산하는 경우 시장지표의 변화에 따라 요구되는 개시증거금의 금액의 변동성이 커지고, 명목금액기준으로 계산할 경우 거래의 위험을 반영하지 않는 과다한 개시증거금이 요구되므로, 대상 거래 포트폴리오 별로 위험에 상응하는 그리스 함수값을 정하여 개시증거금의 계산에 일관되게 적용함으로써 경기순응성의 문제를 완화하는 데 목적을 두고 있다(ISDA, Standard Initial Margin Model for Non-Cleared Derivatives, December (2013. https://www.isda.org/a/cgDDE/simm-for-non-cleared-20131210.pdf). 또한, 2019 유럽연합 중앙은행(European Central Bank)도 Var모델에 따른 개시증거금 계산방법보다 SIMM에 의한 계산방법이 경기변동성에 대처하는 데 안정적이라는 조사결과를 발표하였다. European Central Bank, Investigating initial margin procyclicality and correct tools using EMIR data, 29 October (2019. https://www.ecb.europa.eu/pub/financial-stability/macroprudential-bulletin/html/ecb.mpbu201910_5~6c579ba94e.en.html#toc1).

(5) 개시증거금의 제공 · 처분 · 충당과 채무자회생법

채무자회생 및 파산에 관한 법률(이하 '채무자회생법') 제120조의 제3항에 따라 기본계약하에서 이루어진 장외파생상품거래의 일괄정산에 대하여는 기본계약상 정한 바에 따라 효력이 발생하고 채무자에 수반되는 담보의 제공 · 처분 · 충당에 대하여는 회생절차상 중지명령 및 포괄적 금지명령의 대상이 되지 않는다. 장외파생거래에서 담보제공방식이 영국법 CSA에 따라 소유권이전방식으로 이루어지고, 담보제공 자체가 적격금융거래로 인정되는 경우에는 담보의 제공 · 처분 · 충당은 적격거래에 대한 일괄정산으로 보지만,[129] 담보제공이 담보권설정방식으로 이루어지는 경우 제120조의 제3항의 회생절차의 개시 이후에 담보의 제공 · 처분 · 충당이 허용되는지 여부에 대하여는 해석이 통일되어 있지 않다.

우선, 담보의 제공과 관련하여서는 회생절차가 개시된 이후에도 기본계약상 일괄정산및 담보의 처분 · 충당이 이루어지지 않은 경우, 양 당사자가 신용보강서류에 따라 계속 담보를 제공하여야 하는지 여부가 문제될 수 있지만, 도산절차가 개시된 이후에 양 당사자가 상호 간에 담보를 수수할 현실적인 가능성은 거의 없다.[130] 따라서 제120조 제3항 제4호의

---

129) 박 준/ 한 민, 앞의 책 각주 54, 596면; 다만 한국법상 담보대차방식으로 소유권이 이전되는 담보제공방식은 뉴욕법 CSA에 대한 부속서류이므로 뉴욕법 CSA의 구조에 따라 소유권이전방식의 담보가 아니라 담보권설정방식의 담보로 보고, 제120조 제3항 제4호의 적용여부를 논의하여야 할 것이다.
130) 1994년 뉴욕법 CSA, paragraph 4.(a), 뉴욕법 VM CSA, paragraph 4.(a), 2018년 뉴욕법 IM CSA, paragraph 4.(a)는 모두 담보제공 및 반환의무는 모두 거래상대방에게 채무불이행사유가 발행하지 않는 것을 전제로 하므로, 거래상대방에게 채무불이행사유가 발생한 경우는 비유책당사자는 담보제공 및 반환을 중단하게 된다. 한편 도산사유 등으로 인한 채무불이행 사유가 발생한 유책당사자 역시 비유책당사자가 담보제공을 중단한 상황에서 계속 담보를 제공할 이유는 없다.

적용범위가 실질적으로 문제가 되는 것은 회생절차 개시 이전에 담보의
처분·충당이 이루어지지 않은 경우, 그러한 담보의 처분·충당을 회생절
차 개시 이후에 하는 것이 동조항에 따라서 허용되는지 여부이다.

증거금 규제의 적용을 받지 않는 신용보강서류나 변동증거금에 대한
신용보강서류상으로는 거래상대방에 대한 채무불이행 사유가 발생한 경
우에는 일괄정산을 위한 조기종료일이 지정되지 않은 경우에도 증거금에
대한 권리의 실행이 가능하다.[131] 다만 개시증거금에 대한 신용보강서류
상으로는 유책당사자가 담보권자 권리행사사유의 발생을 일괄정산을 위
한 조기종료일의 지정을 전제로 하므로,[132] 개시증거금의 처분·충당이
회생절차개시 이후에 발생할 가능성도 배제할 수는 없다. 회생절차의 개
시 이후에도 담보의 처분·충당이 가능하다는 견해에 의할 경우에는 기
본계약상 정한 바에 따른 담보권 행사가 가능하다.[133] 하지만 회생절차
개시 이후에는 기본계약상 제공된 담보의 처분·충당이 제한되어야 한다

---

131) 1994년 뉴욕법 CSA, paragraph 8.(a); 뉴욕법 VM CSA, paragraph 8.(a).

132) 2018년 뉴욕법 IM CSA, paragraph 7. (a), paragraph 13.(h); 2020년 ISDA Mater
Agreement, Section 6(a)에 따라 거래상대방에게 채무불이행사유가 발생하여 지속되
는 경우, 비유책당사자(Non-defaulting Party)는 채무불이행을 발생하였음을 통지하
고 통지일로부터 20일 내의 기간내에 조기종료일(Early Termination Date)을 지정할
수 있다. 조기종료일의 지정은 20일 기간을 다 채우지 않고 훨씬 조속한 시기로 정해
지는 것이 일반적이다. Paul. C. Harding, Mastering The ISDA Master Agreements
(1992 and 2002) (third edition), Pearson Educated Limited (2010), 253면.

133) 박 준·한 민, 앞의 책 각주 54, 596–597면에서는 담보제공이 영국법 CSA상 소유권이
전방식으로 이루어지는 경우에는 담보의 처분·충당이 적격금융거래의 일괄정산의
일환으로 이루어지므로, 제120조 제3항 제4호의 해석과 관계없이 기본계약상 정한
대로 효력이 발생하지만, 담보권설정방식으로 담보제공이 이루어져서 일괄정산 후
남는 단일 잔액채권을 담보하기 위하여 담보가 제공되는 경우 소유권이전방식과 달
리 논란의 여지가 있을 수 있다고 한다. 다만 적격금융거래에 따른 담보제공의 법적
형식에 따라 담보취득자의 권리에 실질적으로 큰 차이를 두는 것은 합리적이지 않다
고 본다.

는 견해도 있다.[134) 당사자의 조기종료일 지정시기에 따라 담보의 처분·충당의 법적 효력이 달라진다는 것은 법적 불확실성을 증대하고, 금융시스템 안정을 제고하고자 하는 증거금규제의 도입취지와도 배치된다고 할 수 있다.[135) 채무자회생법 제120조 제3항 제4호상 담보의 처분 및 충당행위가 회생절차개시 이후에도 인정된다는 해석이 정립되어야 할 것

---

134) 서울회생법원 파산실무연구회, 회생사건실무(상) (제5판 2019), 202면; 제120조 제3항에 개별집행금지의 원칙(동법 제58조)에 대한 명시적인 예외규정을 두고 있지 않음을 근거로 회생절차개시 후에 담보의 처분이 허용되지 않는다고 본다. 한편, 이영경, "채무자 회생 및 파산에 관한 법률의 적격금융거래에 대한 특례조항의 비판적 검토", 서울대학교 法學 제60권 제2호 (2019. 6), 258-261면은 소유권이전방식의 담보의 경우에는 환가처분이 허용되지만 담보권이전방식의 경우에는 환가처분이 제한된다고 보는데, 당사자 간의 합의에 따라 담보제공방법을 정할 수 있는 거래의 실질에 비추어 형식적인 논리구성으로 생각된다. 또한 장외파생상품거래에 대한 증거금규제의 도입으로 비청산 장외파생상품거래와 제120조 제2항의 적용을 받는 청산대상 장외파생상품거래에 대한 법적·경제적 실질이 근접하고 있는 상황에서 제120조 제2항과 제3항의 해석 간에도 조화가 필요할 것이다. 제120조 제2항에 따라 중앙청산소는 청산회원의 증거금에 대하여 회생절차의 개시 여부에 관계없이 청산업무규정에 따라 권리를 행사할 수 있도록 되어 있다. 한편 중앙청산소에 도산사유가 발생한 경우 청산회원은 제120조 제3항에 따라 권리행사를 하게 되므로, 중앙청산소에 대한 회생절차의 개시 여부에 따라 청산회원의 권리행사가 제한될 수 있는데, 타당한 결과라고 보기 어렵다. 제120조 제3항의 해석상 회생절차개시 이후에도 청산대상 파생거래 및 비청산대상 장외파생거래에 대한 담보의 처분·충당이 모두 허용된다고 보는 것이 타당할 것이다. 중앙청산소를 거래상대방으로 하는 청산대상 장외파생상품의 일괄정산에 대한 논의는 남희경, "금융투자상품거래청산회사를 통한 장외파생상품의 청산 및 결제", 증권법연구 제13권 제2호 (2012), 181면; 이헌영, 앞의 논문 각주 42, 110-115면.

135) 증거금규제상 부도·파산에 따른 담보권 집행이 불확실한 국가의 금융회사의 경우 개시증거금을 상호 교환하지 않을 수 있는데, 이는 자본금 계산 등에 부정적인 영향을 주어 장외파생상품거래의 비용을 증가하는 결과를 가져올 수 있다(증거금가이드라인 2.1.3.); 17 CFTC Part 23. §23.160.(e); 중국의 경우 네팅법제가 정비되지 않아 중국의 장외파생상품거래의 발전에 저해요소로 지적되어 왔고, 특히 증거금 규제의 도입과 관련하여 중국 거래상대방과의 거래비용이 증가하는 문제에 대한 ISDA 등을 중심으로 지속적으로 제기하고 있다(ISDA CEO Scott O'Malia Opening Remarks at China Close-out Netting Event, January 15, (2020. https://www.isda.org/2020/01/15/isda-ceo-scott-omalia-opening-remarks-at-china-close-out-netting-event/).

으로 생각된다.

한편 담보제공자는 담보취득자에게 채무불이행사유(Event of Default)
가 발생하거나 담보접근조건(Access Condition)에 해당하는 종료사유
(Termination Event)가 발생하여 담보제공자가 조기종료일(Early Termination
Date)을 지정한 이후에는 일괄정산 후 잔존하는 담보에 대하여 반환권을
행사하거나, 담보권자에 대한 모든 채무를 기초로 한 상계권(Set-off)을 행
사할 수 있다.[136)]

V. 결론

2008년 글로벌 금융위기 이후 도입된 청산대상장외파생상품거래에 대
한 강제청산의무의 부과와 비청산 장외파생상품거래에 대한 증거금규제
는 청산대상거래와 비청산거래 간의 거래위험과 비용의 간극을 줄이는
결과를 가져왔다. 즉 증거금규제하에서 변동증거금에 대한 면제한도를
허용하지 않고 일일정산하도록 하고, 개시증거금의 경우 제3기간에게 분
리보관되고 재활용을 금지됨으로써, 비청산 장외파생상품거래의 증거금
요건은 청산대상 장외파생상품거래의 증거금 요건과 유사해졌다. 하지만,
중앙청산소가 개시증거금을 계산하는 방법에 따라 ISDA SIMM을 사용하
여 개시증거금을 산출하는 비청산 장외파생상품거래보다 청산대상 장외
파생상품거래가 경기순응성의 측면에서는 더 위험할 수도 있다. 또한, 청
산대상 장외파생상품거래의 경우 청산회원은 증거금 이외에 중앙청산소

---

136) 2018년 뉴욕법 IM CSA, paragraph 13(j), paragraph 8(b); 담보제공자의 권리행사를
    위하여는 담보권자에 대한 조기종료일의 지정이 발생하여야 하는 것은 1994년 뉴욕
    법 CSA, paragraph 8(b)와 뉴욕법 VM CSA, paragraph 8(b)의 경우에도 마찬가지이다.

에 대한 공동기금납부 등 추가적인 비용을 부담한다. 따라서, 향후 청산대상 장외파생상품거래에 대한 중앙청산소의 업무범위의 확장과 비청산 장외파생상품거래에 대한 증거금규제를 세부적으로 집행함에 있어서, 금융시스템내의 전체적인 위험을 종합적으로 고려하여 제도를 발전시켜 나가는 것이 필요할 것이다.

04

파생·구조화 금융거래와 전문가의 민형사상 책임[*]
— 자본시장법 제178조의 해석을 중심으로 —

김정연[**]

I. 도입

1. 금융시장에서의 전문가의 역할과 책임

중요한 금융규제란 금융위기에 대한 반응으로 생겨나곤 한다.[1] 21세기 들어 미국의 회사법 및 금융관련 법제는 2001년 12월에 일어난 엔론의 도산과 2008년 9월의 리먼브라더스의 도산으로 노정된 문제점들을 분석하여 재발을 방지하기 위하여 대대적으로 개편되었고, 그 성과물이 바로 사베인즈–옥슬리법(The Sarbanes-Oxley Act)과 도드–프랭크법(The Dodd-

---

* 이 글은 증권법연구 제20권 제2호 (2009)에 게재된 논문 "금융투자상품거래와 전문가의 민형사상 책임: 자본시장법 제178조의 해석을 중심으로"를 기초로 작성되었다.
** 인천대학교 법학부 조교수
1) Roberto Romano, Regulating in the Dark and a Postscript Assessment of the Iron Law of Financial Regulation, 43(1) Hoftsra L. Rev. 25, 28면 (2014).

Frank Act)이다.[2] 각 법률은 내부통제 강화(사베인즈-옥슬리법), 대형금융
기관의 정리절차 마련, 자기자본 비율 규제 및 자기자본을 활용한 투자
제한 등(도드-프랭크법)을 주요 내용으로 하는 한편 회계법인, 법무법인
및 신용평가업자 등이 기업의 위법행위를 조력하지 못하도록 규제를 강
화하는 내용을 포함하고 있다.[3] 자산총액 기준으로 7위를 기록했던 에너
지 기업 엔론 및 네 번째로 큰 규모의 투자은행이었던 리먼브러더스의
도산이라는 대형 위기가 발생하기까지 이들 전문가들은 자본시장의 문지
기역할을 방기하고 고객의 부정행위를 방조하고 묵인하였다는 비판이 쏟
아졌기 때문이다.[4]

　자본시장의 문지기(gatekeeper)라고 불리는 회계사, 변호사, 신용평가
업자 등은 보수를 지급받고 특정 기업에 대해서 서비스를 제공하지만, 시
장에 대하여 객관적 평가 및 정확한 정보를 전달하는 기능을 수행할 것
이 기대된다.[5] 이들은 시장에서 구축해 온 평판자본을 기초로 반복적 행
위자(repeat player)로 활동하기 위하여 기업의 위법행위를 억지하고 예방
할 유인이 크며, 협조를 거부함으로써 위법행위의 발생을 저지할 능력을
갖춘 전문가 집단이다.[6] 이러한 문지기들이 엔론의 부정한 회계처리나
리먼브러더스의 과도한 위험인수를 분식하는 회계처리를 조력하고, 주택

2) John C. Coffee Jr., "The Political Economy of Dodd-Frank: Why Financial Reform Tends to be Frustrated and Systemic Risk Perpetuated", 97 Cornell L. Rev. 1019, 1020-1021 (2012).
3) Coffee, 앞의 논문 각주 2, 1043-1047면, 1065-1076면.
4) John C. Coffee Jr., Gatekeepers: The Professions and Corporate Governance (2006), 15면.
5) 번역에 관한 국내의 논의는 김정연, "기업 변호사의 문지기 책임에 관한 고찰", 서울대학교 법학 제52권 제3호 (2011. 9), 543면 주 5.
6) Jennifer Payne, The Role of Gatekeepers, in Niamh Moloney / Ellis Ferran / Jennifer Payne, eds., The Oxford Handbook of Financial Regulation (2016), 254-255면.

담보대출채권이나 이를 기초로 구조화된 부채담보부채권의 발행·유통을 위하여 신용등급을 부풀림으로써 금융위기 발생에 일조한 행태는 "짖지 않는 감시견"이라는 비난을 받을 만하다.[7]

2. 게이트키퍼 책임론과 선행연구

미국의 길슨 교수와 크라아크만 교수가 기업의 위법행위가 발생한 경우 이를 조력한 제3자에게 책임을 물을 수 있는 집행전략(enforcement strategy)으로서 문지기책임론을 제기한 이래,[8] 엔론 사태 및 글로벌 금융위기를 계기로 각 직역의 문지기 실패를 개선할 수 있는 아이디어들이 제시되었다.[9] 이러한 논의의 일부는 사베인즈-옥슬리법 및 도드-프랭크법에 반영되어 문지기의 보수구조 개선을 통한 이익충돌 문제의 해소 및 문지기의 시장 진입 및 영업행위에 대한 국가기관의 직접적인 통제 강화로 귀결되었고,[10] 다른 일부는 시장에 전달된 왜곡된 정보에 근거하여 투자하여 손해를 입은 투자자들이 계약관계가 없는 문지기에 대해서 민사상 책임을 묻는 법리를 정립하는 방향으로 이어졌다.[11] 한편, 최근에

---

7) United States Senate Committee on Governmental Affairs, 107th Cong., Financial Oversight of Enron: The SEC and Private-Sector Watchdogs (2002), 21-22면; United States Senate Permanent Subcommittee on Investigations, Wall Street and the Financial Crisis, Anatomy of Financial Collapse (2011), 242면.
8) Ronald Gilson / Reinier Kraakman, The Mechanism of Market Efficiency, 70 Va. L. Rev. 549 (1984), 604-607면.
9) Payne, 앞의 논문 각주 6, 255.
10) Payne, 앞의 논문 각주 6, 261-9.
11) Frank Partnoy, Barbarians at the Gatekeepers, 79 Wash. Univ. L. Q. 498 (2001); Assaf Hamdani, Gatekeeper Liability, 77 S. Cal. L. Rev. 533 (2003). 미국의 이론적 논의를 정리한 국내 문헌으로는 안태준, "금융시장에서의 게이트키퍼책임의 이론", BFL 제82호 (2017).

는 기업의 위법한 금융거래가 실행되기 위해서는 다양한 직역의 문지기들
의 협력이 요구되므로 전문가 상호 소통 및 검증을 강제하거나, 자금세탁
방지 규제에 착안하여 문지기들에게 고객의 위법행위를 감독당국에 익명
으로 보고할 의무를 부과하는 하는 등의 새로운 법리도 제시되고 있다.[12]

국내에서도 2000년 대우그룹 회계분식 사건을 계기로 금융시장에서의
문지기들의 역할과 책임에 대한 관심이 촉발되었고, 각 직역의 전문가들
이 위법행위를 억지할 수 있도록 하는 제도의 정비와 법리의 발전이 뒤
를 따랐다. 미국에서와 마찬가지로 회계법인 및 신용평가업자 등의 영업
행위 규제를 강화하는 방안과 투자자들에 대한 책임을 강화하는 방안이
모두 강구되었는데, 특히 자본시장과 금융투자업에 관한 법률(이하 '자본
시장법')의 제정을 계기로 입법된 제178조에 의하여 후자의 책임이 제도
화 되는 계기가 마련되었다는 평가가 있다.[13] 이미 일부 국내 연구에서는
사기적 부정거래를 금지하는 미국의 1934년 증권거래소법(이하 '1934년법')
제10조(b)항과 같은 일반 조항을 제정하고, 이를 금융거래에서 위법행위
에 조력한 전문가들이 부담하는 민사적 책임의 근거로 삼기 위한 법리를
발전시킬 필요성을 강조한 바 있다.[14] 또 자본시장법이 시행된 이후에는
신종 금융거래 유형이나 기존의 민형사적 법리로 접근하는 데 한계가 있
던 사안 유형에 대하여 자본시장법 제178조의 적용 가능성을 검토해 보
는 연구들도 많이 이루어지고 있다.[15]

---

12) 전자로는 Andrew Tuch, Multiple Gatekeeper, 96 V. Law Rev. 1583 (2010); 후자로는
   Stavros Gadinis / Colby Mangels, Collaborative Gatekeepers, 73 Wash. & Lee L. Rev.
   797 (2016).
13) 심 영, "미국법상 증권사기 관여자에 대한 민사책임", 상사법연구 제27권 제2호 (2008),
   한국상사법학회, 324-325면.
14) 김홍기, "미국의 1934년 증권거래법 제10조(b)항 및 Rule 10(b)-5를 중심으로", 부산대
   학교 법학논총 제45권 제1호 (2004).
15) 김태진, "가장납입에 관한 새로운 해석론: 자본시장법 제178조의 부정거래로서 포섭",

3. 본 논문의 문제의식 및 논문의 구성

본 논문은 국내외의 선행연구들을 바탕으로 금융투자상품거래에 조력을 제공한 전문가들이 해당 금융거래가 위법한 것으로 밝혀지는 경우 부담하게 되는 민형사상 책임과 관련하여, 자본시장법 제178조를 적용할 때 발생할 수 있는 구체적 법률문제들을 검토하는 것을 목적으로 삼는다. 특히 금융투자상품거래 가운데에서도 성질재결정 위험이 있는 금융거래,[16] 특수목적기구(special purpose vehicle)를 활용한 구조화된 금융상품 및 파생금융거래 등과 관련하여 회계처리 및 규제 준수 목적을 위해 회계법인, 법무법인, 신용평가업자 등의 조력이 요구되는 경우가 많다. 물론 주식이나 채권의 공모 등과 같이 단순·반복적인 금융투자상품 거래 시에도 문지기들의 조력을 통해 시장에 정확한 정보를 공급함으로써 정보 불균형을 해소할 것이 기대된다.[17] 그러나 파생·구조화 금융거래에서는 문지기들이 자금조달기업으로부터 정보를 취합·유통시키는 데 그치지 않고, 적법한 거래 또는 적정한 투자대상이라는 외관을 만들어 내는 데 핵심적인 역할을 한다. 파생·구조화금융거래는 부채 또는 위험을 이전시키는 목적으로 활용되는 경우가 많고, 복잡하게 설계되었기 때문에 거래 당사자나 제3자가 위험의 일시적 이전에 따른 경제적 기능과 법적 형식의 불일치 현상을 이해하기 어렵기 때문이다. 한편 문지기들이 거래

상사법연구 제32권 제1호 (2013); 옥선기, "황금전환사채 발행 사건 연구: 업무상 배임죄 성립 여부 및 자본시장법상 규제체계 개선 검토", 법조 제694호 (2014).

16) 당사자가 의도한 거래의 형식과 거래의 경제적 실질에 차이가 존재하는 경우, 규제 당국 및 사법 당국 등에 의해 경제적 실질을 중시하여 거래의 법적 형식을 새로 결정함으로써 규제위반 또는 제재 대상이 될 위험을 의미한다. 정순섭, "총수익률스왑의 현황과 기업금융법적 과제", BFL 제83호 (2017), 16면.

17) Tuch, 앞의 논문 각주 12, 1594면.

당사자의 위법행위에 공모하여 가담한 것이 아닌 이상 현행 법규범 및
직무 규범을 준수하여 회계감사의견, 법률의견 및 신용평가 의견의 형태
로 제공한 결과물에 대해서까지 민형사상 책임을 지는 것은 정당화될 수
없으며 거래비용만 증가시킬 것이라는 반론도 제기될 수 있다.

　자본시장법 제178조는 사기적 부정거래에 관한 민형사적 책임을 부과
하는 일반 규정의 성격을 지니고 있다. 자본시장법에서는 발행시장과 유
통시장에서의 공시에 조력한 전문가들의 민형사적 책임과 관련해서는 구
체적 조문을 두고 있으며,[18] 해당 조문에 근거하여 회계법인 등을 상대
로 하는 소송도 활발히 진행되고 있다. 제178조는 장외파생상품계약이나
자본시장법상 모집이나 매출에 해당하지 않는 거래, 전문가들 사이의 거
래 및 비전형적 금융거래에서 발생하는 사기적 부정거래 및 그 조력행위
를 규율하기 위한 근거규범으로서 독립적인 의의가 있다.

　본 논문에서는 이러한 파생·구조화 금융거래에 조력한 전문가들에
대해 자본시장법 제178조를 근거로 책임을 물을 수 있는지 여부 및 민형
사사건에서의 책임 성립 요건과 입증 책임 및 입증 정도에 관하여 검토
한다. 이하 II.에서는 실제로 미국에서 발생한 엔론 및 리먼브라더스의
파산과 관련이 있는 두 가지 파생·구조화 금융거래 사안을 분석한다. 해
당 사안에 관해서는 회계법인 및 법무법인이 조력하지 않았더라면 과도
한 위험인수를 초래하는 위법·부정한 거래가 이루어지지 않았을 것이라
는 비판이 여러 차례 제기된 바 있다.[19] III.에서는 유사한 사안이 국내에

18) 백승재, "자본시장법 제정에 따른 기업감시자책임(Gatekeeper Liability)에 대한 고찰",
　　증권법연구 제11권 제3호 (2010).
19) Coffee, 앞의 책 각주 4, 26-35면; David Kershaw / Richard Moorhead, Consequential
　　Responsibility for Client Wrongs: Lehman Brothers and the Regulation of the Legal
　　Profession, 76(1) MLR 26, 27 (2013).

서 발생하는 경우 자본시장법 제178조를 활용하여 거래에 조력한 전문가들에 대해서 민형사상 책임을 물을 수 있는지에 관하여 검토한다. 형사적으로는 거래를 조력한 전문가들의 고의를 인정하기 위한 기준을 정립하는 것이 핵심적 쟁점이 될 것이다. 민사적으로는 이 전문가들이 제178조에서 제시한 여러 유형의 부정거래행위의 위반 주체에 포함될 수 있는지, 과실에 의한 조력에 대해서도 책임이 발생하는지 등의 문제가 남는다. 이와 관련하여 자본시장법 제178조의 모태가 된 미국 1934년법 제10조 (b)항 및 미국 증권거래위원회(Securities Exchange Commission. 이하 'SEC') 규칙 제10b-5조 및 일본 금융상품거래법 제157조와 제158조의 해석론을 필요한 범위에서 함께 검토한다. IV에서는 논의를 요약·정리하고 자본시장법 제178조에 의거하여 민형사상 책임을 부과할 때 제기될 수 있는 문제점 및 그 개선방안 등을 제시한다.[20]

II. 파생·구조화 금융거래에서 전문가 책임이 문제 된 사례

1. 엔론의 마호니아 거래

(1) 엔론의 특수목적 법인 활용 거래

엔론은 특수목적법인을 설립하여 자산을 양도한 다음 해당 특수목적

---

20) 최승재, "자본시장법 제178조 제1항 제1호에 대한 연구", 금융법연구 제6권 제2호 (2009), 7면; 김태진, "자본시장법상 포괄적 사기금지조항에 대한 약간의 해석론: 일본 금융상품거래법 제157조, 제158조와의 비교법적 고찰을 중심으로", 상사판례연구 제29권 제2호 (2016).

법인과의 거래를 통해 수익을 발생시키는 방식을 빈번히 활용하였다.[21] 예를 들어 엔론은 JEDI(Joint Energy Devolopment Investment Limited)의 설립을 주도하고 JEDI와의 거래를 통해 발생하는 수익을 자신의 재무제표에 기재해 왔다. 1997년 말 JEDI의 외부투자자가 지분을 처분하고자 하였는데, 당시 회계원칙에 따르면 엔론으로서는 3% 이상의 지분을 보유할 다른 투자자를 찾지 못하면 JEDI와 연결법인이 되어 그 부채를 떠안아야 할 위험에 처하였다. 그러자 엔론은 추코(Chewco)라는 특수목적법인을 설립하여 JEDI의 외부투자자의 지분을 인수하도록 했는데, 엔론은 추고가 독립적 외부투자자로 취급될 수 있도록 회계법인 아더 앤더슨(Arthur Andersen) 및 로펌 빈슨 앤드 엘킨스(Vinson & Elkins)와 커클랜드 앤드 엘리스(Kirkland & Ellis)의 조력을 받아 그 외부투자자가 되는 법인들(big river and little river)을 설립하고 자금을 제공하였으며, 최고재무책임자인 패스토의 부하 마이클 코퍼(Michael Kopper)를 그 관리자로 선임하였다.[22]

이후 엔론의 경영진들은 부채 전가 목적으로 특수목적법인을 더 적극적으로 활용하게 되었는데, 가장 대표적인 예로 거론되는 것이 마호니아(Mahonia)라는 특수목적법인을 통한 금융거래이다.[23] 2003년 7월 28일 SEC는 제이피모건체이스(JP Morgan Chase) 등이 대금선불조건의 거래(prepays. 이하 '선도거래')를 활용한 엔론의 분식회계를 방조했다는 이유로 벌금부과 및 이익반환의 소송을 제기하고, 동 은행들이 벌금 납부와

21) 엔론의 2001년 10-K에 기재된 계열회사는 3,000개를 넘어선다. William Bratton, Enron and the Dark Side of Shareholder Value, 76 Tul. L. Rev. 1275, 1305 (2002).
22) In Re Enron Corp. Securities, Derivative & ERISA Lit., 235 F. Supp. 2d 549 (S.D. Tex. 2002).
23) Susan Koniak, When the Hurleyburly's Done, 103 Col. L. Rev. 1236, 1241 (2003).

이익반환에 합의한 사실을 발표하였다.[24] SEC는 해당 선도거래가 마호니아에 대한 은행의 대출을 마호니아와 엔론(자회사) 간의 영업활동에 따른 현금흐름으로 분식하기 위한 목적으로 활용되었다고 밝힌 바 있는데,[25] 엔론의 투자자들이 제기한 대표소송[26] 및 해당 거래의 지급채무를 담보하기 위해 제공된 보증신용장상의 지급을 청구하는 별도의 소송[27] 등에서 밝혀진 사실관계(이하 '마호니아 거래')는 다음과 같다.

① 제이피모건체이스은행은 2001년 9월 28일(이하 '계약일') 마호니아(저지에 설립된 특수목적법인)에 3억 5,000만 달러를 지급하고, 2002년 3월 26일 마호니아가 제이피모건체이스에게 2003년 3월 25일의 천연가스선물가격에 기초하여 산정한 금액을 지급하고, ② 마호니아는 계약일에 ENAC(Enron North America Corporation)에 3억 5,000만 달러를 지급하고, 2002년 3월 26일 ENAC가 마호니아에게 2002년 3월 25일의 천연가스 선물가격에 기초하여 산정한 금액을 지급하고, ③ ENAC는 2002년 3월 26일 제이피모건체이스에게 3억 5,596만 1,258.40달러를 지급하고, 제이피모건체이스은행은 ENAC에게 2002년 3월 25일 천연가스선물가격에 산정하여 기초한 금액을 지급한다.

위 세 가지 스왑거래를 합쳐 보면 엔론의 자회사인 ENAC가 3억 5,000만

---

24) 씨티그룹이 합의한 민사벌금액은 4,850만 달러, 이익환수금은 5,275만 달러이고 제이피모건체이스가 합의한 민사벌금액은 6,500만 달러, 이익환수금은 6,500만 달러(이자 500만 달러)이다. SEC, Securities Exchange Act of 1934 Release No.48230 (July 28, 2003); Litigation Release No.18252.

25) SEC Press Release 2003-87 (July 28, 2003).

26) In Re Enron Corp. Securities, Derivative & ERISA Lit., 235 F. Supp. 2d 549 (S.D. Tex. 2002).

27) Mahonia Ltd. v JP Morgan Chase [2003] EWGC 1927(보증신용장 지급거절 항변의 배척하는 간이판결을 구한 사건). 해당 거래에 따른 채무의 이행과 관련하여 영국과 미국에서 각각 진행된 소송상 쟁점 및 경과와 관련해서는 박 준 / 한 민, 금융거래와 법 (2018), 585-587면.

달러를 받은 후 동 금액을 계약일부터 2002년 3월 26일까지 보유하고, 제이피모건체이스에게 596만 1,258.40달러를 추가로 지급하는 거래라고 할 수 있다.[28] 즉 제이피모건체이스가 자신이 지배하는 특수목적법인인 마호니아를 통해서 ENAC에 대해 자금을 대출하면서도, 복수의 스왑계약을 동시에 체결하는 형식을 취하여 ENAC의 장부에 부채로 기재되는 것을 회피하고, ENAC가 마호니아와의 거래를 통해서 이익을 얻은 것처럼 분식하는 경제적 효과가 있는 거래를 조력하는 결과가 발생한 것이다.

(2) 마호니아 거래에 대한 전문가의 조력

마호니아 거래에서 위 ①~③ 개별 거래의 형식을 존중하자면 각각은 가격변동 위험회피 목적의 파생금융거래로 파악될 수 있으나, 이 세 가지 거래를 동시에 인식한다면 마호니아라는 도관을 통해서 이자부 소비대차와 마찬가지로 자금이 이동한 것으로 보지 않을 수 없다. 마호니아 거래의 부분을 이루는 각각의 계약은 다른 두 계약의 이행을 전제 조건으로 하지 않고는 성립될 이유가 없다는 점을 들어, 이를 영업활동에 따른 선도거래로 파악하는 것은 사기(fraud)에 불과하다는 비판이 제기되었다.[29]

엔론의 투자자들은 엔론의 거래상대방인 제이피모건체이스 등 금융기관, 회계법인인 아더 앤더슨, 법무법인인 빈슨 앤드 엘킨스 및 커클랜드 앤드 엘리스 등이 모두 엔론의 사기에 가담하였다는 주장을 폈다.[30] 아더 앤더슨은 1997~2000년 엔론의 회계감사 업무를 담당하였고, 엔론이나 거래상대방의 사내변호사들 또는 외부 법무법인들은 특수목적법인의

---

28) 박 준 / 한 민, 앞의 책 각주 27, 586면.

29) Koniak, 앞의 논문 각주 23, 1242.

30) 235 F. Supp. 2d 549.

설립이나 개별 금융거래와 관련하여 법률 자문 서비스를 제공하였지만 모든 행위가 법적 책임으로 귀결될 수는 없다.[31] 다만 수잔 코니악 교수는 특히 마호니아 거래와 같은 사기적 거래에서는 변호사들이 심지어 회계법인보다도 중요한 역할을 수행하였다고 주장하였는데, 왜냐하면 변호사들이 제공하는 진정매매(true sale) 여부 및 연결대상 여부에 관한 법률의견이 대출이 아니라 매매거래로 회계처리하는 데 필수 불가결했기 때문이라고 한다.[32] 법률의견이 회계처리에 불가결한 요소라고 하여 법무법인이 회계부정에 대해서 회계법인과 함께, 심지어 더 무거운 책임을 부담해야 하는지에 관한 문제는 아래 리먼브러더스의 Repo 105 거래에서도 마찬가지로 제기된다.

2. 리먼브러더스의 리포(Repo) 105 거래

(1) 리포 105의 법적 성격

2008년 글로벌 금융위기가 초래한 파국을 드러내 주는 가장 대표적인 사건은 그해 9월 15일 이루어진 리먼브러더스(이하 '리먼')의 파산 신청일 것이다.[33] 리먼은 주택담보부채권 및 부채담보부 증권 등 부동산을 기초

---

31) 법원은 다른 거래상대방 및 외부 서비스 제공자들의 경우와 달리 (언론의 공시나 투자권유와 무관하게) 언론과 특수목적법인 간의 거래에 관련된 법률자문만 제공한 커클랜드 앤드 엘리스의 소각하 청구를 인용하였다. 주된 근거는 미국 1934년법 제10조(b)항 위반의 조력 및 교사(aid and abet)에 대해서는 개인이 손해배상을 청구할 권리가 인정되지 않는다는 점이었다. 235 F. Supp. 2d 549, 706.

32) Koniak, 앞의 논문 각주 23, 1242. 변호사 직무 윤리 관점에서는 김정연, 앞의 논문 각주 5, 563면.

33) Ben S. Bernanke / Timothy F. Geithner / Henry Paulson, Firefighting: The Financial Crisis and Its Lessons (2019), 61-69면.

자산으로 한 구조화·파생상품 관련 익스포저가 매우 컸는데, 부동산 가격의 하락으로 인한 신용 경색 국면에서 단기자금 조달 및 부채비율 완화를 위해서 리포 거래(repurchase agreement)를 적극적으로 활용하였다.[34] 리포는 실질적으로 자금조달자가 담보를 제공하고 자금제공자로부터 단기자금을 빌리는 차입거래이지만, 자금조달자가 담보부증권(이하 '리포 증권')을 자금제공자에게 매도하고 특정시점에 이를 환매할 의무를 부담하는 환매조건부 매매거래의 형식을 취한다.[35] 리먼은 소위 '리포 105' 거래[36]를 적극적으로 활용하면서 다른 리포 거래와는 달리 담보부 차입이 아니라 매매로 회계처리하였는데, 부채규모를 축소하기 위하여 부정한 회계처리와 공시를 한 것이 아닌지 문제 되었다.[37] 실제로 리먼은 각 분기 말 리포 105 거래량을 급격히 늘렸고, 분기별 회계처리 기준 시점이 종료한 다음 리포 증권을 환매하는 방식으로 공시서류상 부채비율을 줄였다.[38]

미국 회계원칙(Generally Accepted Accounting Principle, GAAP) 및 이를 구체화한 재무회계기준(Statement of Financial Accounting Standard. 이하

---

34) United States Bankruptcy Court Southern District of New York, In re Lehman Brothers Holdings Inc., et al., Debtors, Report of Anton R. Valukas, Examiner, 733 (2012).

35) John Armour / Dan Awrey / Paul Davies / Luca Enriques / Jeffrey N. Gordon / Colin Meyer / Jennifer Payne, Principles of Financial Regulation (2016), 453~454면.

36) 리포 105란 리먼이 100달러를 차용하면서 105달러 상당의 담보를 제공하여 헤어컷이 5%가 되는 거래를, 리포 108이란 100달러를 차용하면서 108달러 상당의 담보를 제공하여 헤어컷이 8%가 되는 거래를 의미하며, 리포 108도 리포 105와 마찬가지로 매매거래로 회계처리되었다. United States Bankruptcy Court Southern District of New York, In re Lehman Brothers Holdings Inc., et al., 앞의 보고서 각주 34, 732면.

37) United States Bankruptcy Court Southern District of New York, In re Lehman Brothers Holdings Inc., et al., 앞의 보고서 각주 34, 751면.

38) 2008년 1사분기 말 리포 105 거래로 인하여 부채비율이 17.3X에서 15.4X로 줄어드는 효과가 있었다고 한다. United States Bankruptcy Court Southern District of New York, In re Lehman Brothers Holdings Inc., et al., 앞의 보고서 각주 34, 748면.

'SFAS') 140에 의하면 리포 거래는 양도 자산에 대한 유효한 지배권이 포기되었는지(surrendered) 여부에 따라 담보부차입 또는 자산의 매매거래 가운데 하나로 회계처리될 수 있다. 유효한 지배권의 포기란 ① 양도된 자산이 자산 양도인의 도산으로부터 절연되고(SFAS 140.9a), ② 자산 양수인이 양도받은 자산을 담보로 제공하거나 처분할 수 있고(SFAS 140.9b) 및 ③ 양도인이 환매계약을 통하여 양도된 자산에 대한 유효한 지배력을 보유하고 있지 않을 것(SFAS 140.9c)을 요구한다.

첫 번째 요건과 관련해서는 리포 증권의 헤어컷 비율을 2% 이상으로 초과담보를 제공하면 양도인이 유효한 지배를 포기했다고 간주되었기 때문에, 리포 105와 관련해서는 문제의 소지가 없었다.[39] 나머지 두 요건의 충족 여부는 "리포에 적용되는 법률에서 해당 거래를 당사자들이 이름 붙인 바와 같이 '환매조건부 매매'라고 간주하는지 또는 거래의 성질을 재결정하여 담보부 대출로 취급하는지"에 달려 있었다.

(2) 리포 105 거래에 대한 전문가의 조력

리먼은 미국법에 따라서는 해당 거래를 환매조건부 매매로 볼 수 있다는 확실한 법률의견(이하 '매매 의견')을 받을 수 없었기 때문에 런던의 브로커-딜러 법인인 리먼브러더스 인터내셔널 유럽(이하 'LBIE')으로 하여 금 동 거래를 체결하게 하고, 런던의 법무법인인 링클레이터스(Linklaters)로부터 매매 의견을 징구하였다.[40] 링클레이터스가 2001~2007년 수차

---

39) 대출로 회계처리하는 것을 피하기 위해서 통상적인 상업적 거래관계에서는 일반적이 지 않은 과도한 비용을 지불한 결과라는 평가는 Anton Valukas, Examiner's Report 각주 35, 878-881면.
40) United States Bankruptcy Court Southern District of New York, In re Lehman Brothers

례에 걸쳐 LBIE에 대하여 제공한 법률의견에서는 영국법에 따라 체결된 리포 계약에서는 "매도인은 매매대상 증권에 대한 전체의 재산적 권리를 매매를 통하여 처분한 것"이라는 결론이 제시되었다.[41] 이 법률의견은 LBIE가 체결한 계약상 후일 계약 해소 시점에 계약 상대방이 LBIE에 대해서 리포 증권과 동일한 증권이 아니라 [설령 동일한 CUSIP(Committee of Uniform Security Identification Procedures) 번호를 부여받은 증권이라고 하더라도] '실질적으로 동일한 증권(종류물)'을 인도받을 수 있다면 LBIE는 양도된 리포 증권에 대해서 소유권을 계속 보유하려는 의도가 없는 것이라는 기준(제2.2조)에 따라 판단한 것이다.[42] 이러한 결론은 당사자가 계약서상 취한 법적 형식이 그러한 법적 형식을 창출한 당사자의 의도와 부합하는 경우에는 형식을 존중하는 영국 판례의 태도하에서 가능하다고 해석된다.[43] 한편 링클레이터스는 리먼의 파산절차조사위원 보고서에서 제기된 부정회계 조력 혐의를 부정하면서 "혐의를 정당화 할 수 있는 어떠한 사실관계나 정황을 알지 못하였다"고 해명하였다.[44]

위 조사위원보고서에서는 리먼의 회계감사 업무를 담당한 회계법인(Ernst & Young)은 리포 105를 매매라고 회계처리하여 부채 비율을 축소한 공시 서류가 제출되는 데 조력한 점에 대해서도 직무상 과실이 있었

Holdings Inc., et al., 앞의 보고서 각주 34, 740.

41) United States Bankruptcy Court Southern District of New York, In re Lehman Brothers Holdings Inc., et al., 앞의 보고서 각주 34, Appendix 17, Linklaters Letter (May 31, 2006), 5.

42) United States Bankruptcy Court Southern District of New York, In re Lehman Brothers Holdings Inc., et al., 앞의 보고서 각주 34, Appendix 17, Linklaters Letter (May 31, 2006), 2.2.

43) Kershaw / Moorhead, 앞의 논문 각주 19, 34-35면.

44) The Guardian, Linklaters Defends Handling of Lehman Brothers Deals (March 12, 2010). 공개된 자료에서 링클레이터스의 법적 책임을 문제 삼은 소송 및 제재 절차가 진행되었는지 여부는 확인되지 않는다.

다는 점을 지적하고 있다.[45) 언스트 앤 영은 리포 105의 회계처리에 조
력한 사실 자체보다는 리먼의 재무제표 부실공시에 관여한 것이 문제 되었
는데, 후자의 혐의에 관하여 리먼의 투자자들이 소송을 제기하자 9,900만
달러의 합의금을 지급하였다.[46)

3. 소결

엔론의 마호니아 거래와 리먼의 리포 105 거래는 거래 당사자 일방의
부채 규모를 외관상 축소시키기 위하여 구조화·파생 거래 또는 특정한
구조의 리포 계약을 설계하는 데 회계법인 및 법무법인이 조력하였다는
공통점이 있다. 전통적으로 증권법상 공시 책임은 투자자가 진실한 정보
를 투자 판단의 근거로 삼도록 하여 정보 불균형을 해소하는 데 중점을
두었고, 게이트키퍼에게도 투자자에게 전달되는 정보를 검증하는 기능이
기대되었다. 그러나 리포 105 거래나 마호니아 거래를 조력한 전문가들
은 부실 정보의 '전파'에 직접적으로 기여한 것이 아니라 법적·회계적
공백을 의뢰인이 적극적으로 활용하여 이익을 취할 수 있도록 도움을 준
것에 가깝다.[47) 이하에서는 해당 거래와 유사한 사안이 국내에서 발생하

---

45) United States Bankruptcy Court Southern District of New York, In re Lehman Brothers
Holdings Inc., et al., 앞의 보고서 각주 34, 746-747면.
46) Reuters, Ernst & Young to pay $99 million to end Lehman investor lawsuit (October
19, 2013). 김정연, "증권변호사의 문지기 역할과 책임", BFL 제82호 (2017), 93면.
47) 리처드 페인터 교수는 같은 취지로 엔론의 특수목적법인 활용 거래와 리먼 브라더스
의 리포 거래에 조력한 변호사들의 업무수행을 통상의 게이트키퍼 역할과 구별하여
'루프홀 엔지니어(loophole engineer)'라고 지칭한다. Richard Painter, Transaction
Cost Engineers, Loophole Engineers or Gatekeepers: The Role of Business Lawyers
after the Financial Meltdown, in Claire Hill / Brett McDonnell, eds., Research Handbook
on the Economics of Corporate Law (2012), 261-263면.

는 경우, 전문가들에 자본시장법 제178조에서 폭넓게 규정하고 있는 사기적 부정거래에 따른 책임을 물을 수 있는지 여부에 관하여 상세하게 검토한다.

III. 위법한 금융투자상품 거래에 조력한 전문가의 자본시장법상 책임: 제178조의 적용

1. 왜 자본시장법 제178조인가

(1) 자본시장법 제178조의 연혁 및 취지

가. 연혁 및 취지

자본시장법 제178조는 미공개중요정보 이용행위(제174조) 및 시세조종(제176조)으로 포섭되지 않는 새로운 유형의 불공정한 거래에 효과적으로 대처하기 위하여 자본시장법 제정을 계기로 신규 도입된 조항이다.[48] 동 조항은 금융투자상품의 매매, 그 밖의 거래와 관련하여 ① 부정한 수단, 계획 또는 기교를 사용하는 행위(동조 제1항 제1호), ② 중요사항에 관하여 거짓의 기재 또는 표시를 하거나 타인에게 오해를 유발시키지 아니하기 위하여 필요한 중요사항의 기재 또는 표시가 누락된 문서, 그 밖의 기재 또는 표시를 사용하여 금전, 그 밖의 재산상의 이익을 얻고자 하는 행위(동조 동항 제2호), ③ 금융투자상품의 매매, 그 밖의 거래

---

48) 한국증권법학회, 자본시장법 주석서 I (2015), 1148면; 김건식 / 정순섭, 자본시장법 (제3판, 2013), 471면.

를 유인할 목적으로 거짓의 시세를 이용하는 행위를 금지하며, 또한 금융투자상품의 매매, 그 밖의 거래를 할 목적이나 그 시세의 변동을 도모할 목적으로 풍문의 유포, 위계(僞計)의 사용, 폭행 또는 협박을 금한다(동조 제2항).

해당 조문은 미국 1934년법 제10조 (b)항과 이를 구체화한 SEC 규칙 제10b-5처럼 사기적 부정거래를 일반적으로 포섭하려는 취지로 입법화되었다.[49] 한편 일본은 구 증권거래법 제정 시점부터 사기적 부정거래를 포괄적으로 금지하는 규정을 두고 있었는데(제58조 제1항), 금융상품법거래법이 제정·시행됨에 따라 동일한 내용을 제157조와 제158조에서 규정하게 되었다.[50] 선행연구들에서는 자본시장법 제178조가 1934년법 제10조 (b)항 및 SEC 규칙 제10b-5조와 문언상 반드시 일치하지는 않으며,[51] 일본의 금융상품거래법 제157 및 158조와 문언상 유사성이 인정되더라도 입법연혁·취지에서 다소 차이가 있다는 점을 지적한 바 있다.[52] 그럼에도 불구하고 자본시장법 제178조가 사기적 부정거래 행위에 대한 일반적·보충적 조항으로서의 성격을 갖는다는 점에는 변함이 없으므로, 미국과 일본에서 전개되어 온 사기적 부정거래에 관한 해석론을 필요한 범위에서 참고할 수 있다.[53]

---

49) 정순섭, "증권 불공정거래 법제 개관", 정순섭 / 노혁준 편, BFL 총서 14: 증권불공정거래의 쟁점 제1권 (2019), 31면.
50) 神田秀樹 / 松尾直彦 / 黑沼悅郎, 金融商品取引法コンメンタール〈4〉不公正取引規制・課徵金・罰則: 第157條~第227條 金融商品の販賣等に關する法律 (商事法務, 2011), 5면, 15면.
51) 한국증권법학회, 앞의 책 각주 48, 1151-1152면; 정순섭, 앞의 논문 각주 49, 32면.
52) 김태진, 앞의 논문 각주 20, 128면.
53) 임재연, "부정거래행위의 성립요건과 유형", 정순섭 / 노혁준 편, BFL 총서 14: 증권불공정거래의 쟁점 제2권 (2019), 362-368면.

나. 공시책임과의 구별

본 논문에서 다루는 사안들과 관련해서 허위·부실공시에 관한 책임이 아니라 불공정거래를 금지하는 조항에 의거하여 책임을 검토하고자 하는 사유는 다음과 같다. Ⅱ.에서 언급한 사안에서 엔론과 리먼은 증권시장에 상장된 기업이기 때문에, 마호니아 거래 및 Repo 105 거래를 통해 줄어든 부채를 반영한 재무제표를 공시한 경우, 허위·부실공시에 대한 민형사적 책임이 문제 될 수 있을 것이다. 그러나 부실공시를 위한 회계처리의 근거가 되는 개별 거래를 검토, 자문한 회계사, 변호사 등에 대하여 자본시장법상 발행, 유통공시의 거짓의 기재 등에 의한 배상 책임(제125조 및 제162조) 및 유통공시 위반에 대한 형사책임(제443조 제13호 및 제18호)에 관한 조항을 적용하는 데에는 한계가 있다.

발행·유통공시에 관한 배상책임을 부담하는 주체는 법문상 열거되어 있는데, 그 가운데 발행회사에 대해서 조력을 제공한 전문가는 "그 증권신고서(사업보고서 등)의 기재사항 및 그 첨부서류가 진실 또는 정확하다고 증명하여 서명한 공인회계사·감정인 또는 신용평가를 전문으로 하는 자 등(그 소속단체를 포함한다) 대통령령으로 정하는 자[54](제125조 제1항 제3호, 제162조 제1항 제3호)" 및 "그 증권신고서(사업보고서 등)의 기재사항 및 그 첨부서류에 자기의 평가·분석·확인 의견이 기재되는 것에 대하여 동의하고 그 기재내용을 확인한 자"로 제한되어 있다. 또 주식회사 등의 외부감사에 관한 법률이 작용되는 경우에는 감사인의 회계처리기준 위반 등에 대해서 손해배상책임(동법 제32조), 과징금(제35조) 및 형사처벌(제39조 내지 제42조). 그러나 이러한 책임은 공시서류 자체에 대한 검

---

54) 변호사·세무사·변리사 등 공인된 자격을 가진 자(그 소속단체 포함)를 의미한다(자본시장법 시행령 제135조 제1항).

중 및 확인을 전제로 하는 것이기 때문에 공시서류에 노출이 되지 않는 개별거래를 자문 · 조력한 전문가는 발행 · 유통 공시책임 부담 주체에서 배제되는 것으로 보아야 할 것이다.[55]

특히 법문에서 책임을 부담하는 주체를 열거한 경우에는 이를 조력한 자들에 대해서까지 민형사상 방조 책임을 묻는 데에는 한계가 있다. 민사적으로는 방조자에 대해 민법상 공동불법행위 책임에 관한 제760조 제3항을 적용할 수 있다고 해도, (i) 전문가들이 해당 거래가 재무제표의 분석을 위하여 사용될 것인지 확인할 주의의무까지도 부담하는지, (ii) 허위 · 부실공시에 관한 예견가능성이 인정되어 전문가들의 조력행위와 손해 사이에 상당인과관계가 성립할 가능성이 있는지[56] 입증하기 어렵다. 형사적으로는 법조문에서 발행회사의 공시를 직접 조력한 발행회사 이외의 제3자를 일정한 제한 내에서 수범 주체로 규정하고 있기 때문에, 죄형법정주의 원칙상 열거된 수범주체 이외의 자에 대해서까지 형사책임을 묻기 쉽지 않다.[57]

(2) 사안에의 적용

가. 자본시장법 제178조 적용의 유효성과 한계

허위 · 부실공시에 대해서 개별 거래를 조력한 전문가에 관하여 자본

---

55) 김정연, 앞의 논문 각주 5, 581면.
56) 대법원 2014. 3. 27. 선고 2013다91597 판결.
57) 대법원은 미공개중요정보 이용행위의 행위주체를 제1차 수령자로 제한한 법문의 취지를 감안하여, "제2차 수령자의 존재가 반드시 필요하고, 제2차 정보수령자가 … 당해 정보를 이용하는 행위가 당연히 예상되더라도" 그와 같은 관여행위에 관하여 이를 처벌할 수 있는 규정이 없는 이상 제2차 수령자를 공범으로 처벌할 수 없다고 판단하였다. 대법원 2002. 1. 25. 선고 2000도90 판결; 김건식 / 정순섭, 앞의 책 각주 48, 404면.

시장법상 책임을 묻는 데 법리적 한계가 따르는 점을 감안한다면, 자본시장법 제178조는 다음과 같은 측면에서 유효한 대안이 될 수 있다.

첫째, 자본시장법 제178조에 따라 책임을 물을 수 있는 대상 상품 및 거래의 범위가 매우 넓다. 자본시장법 제178조는 "금융투자상품의 매매, 그 밖의 거래"를 모두 포섭하고 있기 때문에 공시규제나 미공개중요정보 이용행위, 시세조종과 달리 비상장증권이나 장외파생상품거래 등 장외에서의 대면거래를 포함한다.[58] 따라서 자본시장법 제178조는 자금조달기업의 상장 여부를 묻지 않으며, 전문투자자들 사이에서 이루어지는 거래나 모집·매출·매매·담보설정 등 모든 유형의 거래에 대해서 적용될 수 있기 때문에 구조화·파생거래를 활용한 부정거래행위도 예외가 될 수 없다.

둘째, 제178조는 개개의 거래행위에 대하여 적용될 수 있으므로 자금조달 기업의 허위·부실공시에 대한 책임의 경우보다 조력을 행한 전문가들의 거래의 위법성에 대해서 갖는 인식이나 과실, 조력과 위법한 거래와의 인과관계를 입증하기가 용이하다. 또한 형사적으로도 자본시장법 제178조의 각 위반행위를 범할 수 있는 자의 범위가 한정되어 있지 않으므로 방조범 법리를 적용하는 데 별다른 어려움이 없다.

셋째, 자본시장법 제178조 제1항 제1호에 규정된 부정한 수단, 계획 또는 기교를 사용하는 행위 유형을 적용하는 경우에는 전문가의 조력행위를 방조·조력자 책임이 아니라 행위자 책임으로 구성할 여지가 있다. 회계부정 기타 사회통념상 부정한 목적의 거래의 성립을 위해 필수불가결한 일련의 행위를 맡아서 한 자는 설령 거래의 당사자가 아니라고 하더라도 부정한 '계획'을 행한 자로 볼 수도 있기 때문이다.[59]

---

58) 임재연, 앞의 논문 각주 53, 369면.
59) 임재연, 앞의 논문 각주 53, 374면.

그렇다고 자본시장법 제178조를 금융투자상품 거래와 관련된 모든 위법·위규행위 및 그 조력행위에 대한 민형사적 책임을 묻는 근거규범으로 활용할 수는 없다. 특히 제178조 제1항 제1호의 부정한 계획, 기교 및 수단의 사용행위는 행위 유형과 주관적 요건에 구체적 제한을 두고 있지 않으므로, 해석하기에 따라서는 위법·위규의 의심이 있는 모든 금융투자상품 거래에 대해서 무한히 확대 적용될 수 있기 때문이다.

자본시장법 제178조는 미공개중요정보 이용행위(제174조), 시세조종(제176조)에서 요구되는 것과 같은 정도로 시장에 위험을 미칠 가능성, 즉 '악질성'이 있는 행위에 대해서만 적용하는 것이 타당하다. 해당 조문은 기존의 불공정거래 규제로 규율하기에는 기술적 한계가 있는 다양한 거래 유형들을 포섭하기 위하여 입법되었고, 자본시장의 공정성과 신뢰성이라는 보호 법익을 시세조종 등 불공정거래에 관한 규범과 공유하고 있으며, 그 위반에 대해서도 다른 불공정거래 행위 위반의 경우와 동일한 형량이 규정(제443조 제1항 제8~9호) 되어 있기 때문이다.[60]

나. 구체적 사례에의 활용 가능성
① 리포 거래의 법적 성격과 회계처리

엔론의 마호니아 거래나 리먼의 리포 105 거래 등에서 제기된 문제는 국내에서도 언제든지 발생할 수 있다. 거래 당사자들이 회계사, 변호사 및 신용평가업자 등의 조력을 받아 금융투자상품 거래를 하였는데 그 거래가 자본시장법 제178조에서 규정하는 다양한 부정거래 유형에 포섭되는 경우가 여기에 해당할 것이다.

국내법상 리포 거래는 (i) 기본계약상 표현된 당사자의 의사, (ii) 계약

---

60) 정순섭, 앞의 논문 각주 49, 32-34면, 39-41면.

서상 리포 증권의 소유권 이전 조항, (iii) Repo 거래를 환매권 유보부 매매로 인정한 대법원 판결(대법원 1988. 3. 22. 선고 87누451 판결) 및 (iv) 자본시장법상 대고객 리포 거래를 투자매매업으로 정의한 입법자의 의사 등을 감안하여 매매거래로 해석하는 견해가 유력하다.[61] 반면 회계상으로는 담보부 대출로서의 경제적 실질을 반영하여 차입금의 성격을 나타내는 과목으로 처리하도록 한다.[62]

한편 환매조건부매매거래를 설계함에 있어 계약서의 작성, 법률의견의 징구, 감독당국과의 협의 등에 따라 경제적 실질도 매매로 '보이게' 하는 데 성공할 수 있다면 이를 반드시 차입금으로 회계처리해야 하는지에 관해서는 정해진 답은 없다. 리먼이 이미 대다수의 리포 거래를 차입이라고 회계처리하고 있었음에도 불구하고 리포 105 거래라는 특정한 유형의 환매조건부 매매거래를 설계하여 매매로 회계처리하였던 점[63]을 감안하면 더욱 그러하다.

② 규제회피목적의 총수익률스왑 거래와 제178조의 적용

그렇다고 성질재결정의 위험을 내포한 모든 파생·구조화 금융거래를 조력하는 행위에 관하여 자본시장법 제178조 위반을 문제 삼을 수는 없다. 최근 들어서는 총수익률스왑(Total Return Swap. 이하 'TRS') 거래가 위험회피 목적뿐만 아니라 회사법, 공정거래법 및 자본시장법상의 각종 규제회피 목적으로 활용되는 경우가 많은데,[64] 복잡한 거래구조의 설계 및 성질재결정으로 인한 제재 리스크 회피를 위하여 전문가의 조력을 받는

---

61) 정순섭, 은행법, 2017, 527-528면.
62) 한국회계연구원, 환매조건부채권매매(Repo)거래의 회계처리에 관한 질의 (2002. 3. 11).
63) United States Bankruptcy Court Southern District of New York, In re Lehman Brothers Holdings Inc., et al., 앞의 보고서 각주 34, 751면.
64) 정순섭, 앞의 논문 각주 16, 6면.

것이 일반적이다.[65]

2018년에는 공정거래위원회가 기업집단 효성의 총수일가 사익편취를 위한 TRS에 대해서 시정명령 및 과징금 30억 원을 부과하고 형사고발한 사건이 있었다. 사안에서는 주식회사 효성이 그룹 내 소규모 부동산회사인 HID를 교사하여 총수가 62.78% 지분을 보유한 부실기업 갤럭시아일렉트로닉스가 발행하는 250억 원 규모의 전환사채를 인수하는 특수목적회사들(금융회사가 설립)과 TRS를 체결함으로써 동 전환사채 발행에 따른 위험을 인수하고 자금을 지원한 행위가 문제 되었다.[66]

2019년에는 한국투자증권이 SK 최태원 회장과 특수목적법인 간의 TRS를 중개함으로써 금융투자업자에 대하여 "장외파생상품 중개·주선의 상대방이 일반투자자인 경우에는 일반투자자의 위험회피 목적 이외에는 거래를 하는 것"을 금지하는 자본시장법 제166조의 제1항 제1호를 위반한 것이 인정되어 과태료 및 기관경고 등의 제재를 받았다.[67] 한국투자증권은 발행어음으로 조달한 1,673억 원을 특수목적법인에 대출하고, 동 특수목적법인은 대출자금으로 SK실트론 지분 19.4%를 인수하면서, SK실트론 지분을 기초자산으로 하는 자산유동화 전자단기사채(Asset-Backed Short-Term Bond. 이하 'ABSTB')를 발행하였는데, 이 과정에서 최태원 회장이 위 특수목적법인과 TRS를 체결한 것이다.[68] 그 결과 특수목적법인은 SK실트론 지분의 법적인 소유자가 되고 최태원 회장은 SK실트론 주가 변동에

---

65) 금융거래에 제공되는 법률의견의 종류 및 내용에 관해서는 Geoffrey Yeowart, CLLS Guide to English Opinion Letters in Financial Transactions, 6(1) Law and Financial Markets Review 21, 22–23면.
66) 공정거래위원회, "기업집단 '효성'의 총수일가 사익편취 행위 엄중 제재" (2018. 4. 4자, 보도자료).
67) 금융감독원, 제재내용공개안 (2019. 6. 26), 4–5면.
68) ABSTB는 한국투자증권이 매입하였다. 증권선물위원회, "한국투자증권 1698억 불법 대출 인정 … 과태료 5천만 원" (2019. 5. 22).

따른 수익과 리스크를 부담하는 것이 될 수 있다.[69]

전문가의 금융거래 조력책임은 거래당사자들이 의도한 행위가 자본시장법 제178조를 위반하는 것을 전제로 한다. 파생금융거래를 통하여 거래의 법적 형식과 실질의 차이를 활용함으로써 규제의 적용을 받지 않도록 하는 행위가 사회통념상 허용되지 않는 부정한 행위일지는 어디까지나 가치판단의 문제이다. 그러나 파생금융거래가 위험회피 목적으로 사용되지 않는다고 하여 무조건 사기적 부정거래로 단정하기는 어렵고, 당사자가 의도한 법적인 형식을 무시하고 항상 경제적 실질을 기준으로 판단하는 것도 금융거래의 유연성, 창의성 및 법적 안정성을 위하여 바람직하지 않다.[70]

③ 허위·부실공시 책임을 넘어선 다양한 부정거래 행위

자본시장법 제178조는 부실공시로 인한 손해의 사후적 구제에 한정되지 않는 다양한 유형의 부정거래행위를 포섭할 수 있다. 재무제표의 부실공시로 인하여 투자자의 손해가 발생한 경우 감사업무를 담당한 회계법인 및 담당회계사에 대해서는 자본시장법 및 주식회사 등에 관한 외부감사에 관한 법률(이하 '외부감사법')상 배상책임의 법리가 판례를 통해서 축적되어 왔다.[71] 그러나 금융거래에 관한 전문가의 조력은 자본시장법상 발행·유통공시에 필요한 서류의 작성·확인에 그치지 않으며, 외부감사법의 적용을 받지 않는 소규모 법인이나 개인 또한 자본시장법상 부정거래행위 규제가 추구하는 자본시장의 공정성·신뢰성·효율성[72]을 해하는 주체가 될 수 있고, 죄질에 비추어 형사책임을 부과할 필요가 큰

---

69) 서울경제 2019. 5. 19.자, "검찰, 한투증권 1,600억 불법대출의혹 수사 착수."

70) 정순섭, 앞의 논문 각주 16, 16면.

71) 심현지, "감사보고서상 거짓기재와 감사인의 손해배상책임", BFL 제82호 (2017), 68-69면.

72) 대법원 2018. 4. 12. 선고 2013도6962 판결.

사례도 있기 때문이다.

예컨대 주식연계증권(Equity Linked Securities. 이하 'ELS')의 상환조건 성취 방해를 위하여 기초자산인 주식을 만기상환일 대량매도한 증권회사에 대해 부정한 수단, 계획 또는 기교 사용을 금지한 자본시장법 제178조 제1항 제1호가 적용된 바 있다.[73] ELS는 주로 상장되지 않는 경우가 많고, 발행 이후 이루어진 기초자산 거래행위가 문제 되기 때문에 자본시장법상 연계시세조종행위보다 사기적 부정거래행위로 포섭하는 것이 타당하다.[74] 만일 사내 법무책임자 또는 외부 법무법인이 사후적으로 투자자 보호의무 위반으로 판정된 대량매도행위를 허용하는 가이드라인을 사전에 검토, 작성하였다면 이들도 사기적 부정거래행위에 조력한 자들로 판단되어야 하는 것일까.

또 회계법인이 주의의무에 위반한 유가증권 분석결과를 토대로 공모가액을 부당하게 고액으로 산정한 데 대하여 투자자에 대한 손해배상 책임이 인정된 판례가 알려져 있다.[75] 자본시장법 제정 이전의 사안이었으나, 이때 회계법인 및 담당 회계사가 자금조달회사의 부실을 알았거나 조금만 주의를 기울였다면 알 수 있었던 경우 자본시장법 제178조의 부정한 수단, 계획 또는 기교의 사용(제1항 제1호) 및 허위표시·부실기재(제1항 제2호)의 조력자 책임이 문제 될 여지도 있다.

자본시장법 제178조의 모태가 된 미국의 1934년법 제10조 (b)항 및

---

73) 대법원 2015. 4. 9.자 2013마1052 결정; 반대 결론으로는 2016. 3. 24. 선고 2012다108320 판결.
74) 김연미, "주가연계증권 관련 소송을 통해 본 불공정거래규제상 쟁점", BFL 제80호 (2016), 43-44면.
75) 대법원 2010. 1. 28. 선고 2007다16007 판결; 평석으로는 김용철, "증권회사가 유상증자하는 경우 투자자에 대한 보호의무 및 공모가액 결정에 관여한 유가증권 평가기관의 책임", BFL 제41호 (2010).

SEC 규칙 제10b-5조는 위법한 거래를 조력한 전문가에 대한 책임을 묻기 위한 근거로 빈번하게 활용되어 왔다.[76] 국내에서는 아직까지 위법한 금융거래에 조력한 회계사·변호사에 대해 자본시장법 제178조를 적용한 대법원 판결은 찾기 어렵다. 각 행위유형의 주관적·객관적 성립요건을 사안에 대입시켜 보면 책임의 성립을 위해 풀어야 할 법리적 쟁점도 많다. 이하에서는 외국의 판례와 이론을 참고하여 자본시장법 제178조의 적용과 관련된 문제들을 민형사적 측면으로 나누어 살펴본다.

2. 형사적 책임

(1) 행위자 책임

가. 객관적 요건
① 부정한 계획의 사용행위

부정한 목적의 금융거래의 성립을 위해 필수불가결한 조력을 제공한 전문가는 자본시장법 제178조 제1항 제1호의 부정한 수단, 계획, 기교 가운데 '계획'을 사용한 행위자(이하 '부정한 계획 사용 행위')로 볼 여지가 있다. 자본시장법 제178조의 포괄적 성격상 규율 대상 거래는 거래 주체나 거래의 법적 형식에 제한이 없다. 따라서 행위자의 매매거래, 제3자의 매매거래 또는 행위자나 제3자에 의한 증권의 모집, 매출, 공개매수, 합병, 주식 교환 등이 모두 포섭될 수 있다.[77] 개별 투자자 간 장외거래에 관해서도 반론이 없지는 않지만 제178조가 적용될 수 있다는 견해가 유력하다.[78]

---

76) 김홍기, 앞의 논문 각주 14, 332면.
77) 임재연, 앞의 논문 각주 53, 371-372면.
78) 서울남부지방검찰청, 자본시장법 벌칙해설, 2019, 147면.

이때 '계획'이란 SEC 규칙 제10b-5조의 'scheme'에 대응되는 말인데, 예비행위를 포함한 일련의 준비행위 및 방조행위를 가리킨다고 해석된 다.[79] 따라서 부채비율을 줄이기 위한 회계처리 및 이를 위하여 불가결 한 법률의견의 제공은 일련의 부정한 계획의 구성요소로 볼 수 있을 것 이다.[80] 이때 계획을 직접 사용한 자인지 아니면 계획의 사용을 조력한 방조범에 지나지 않는지를 판단함에 있어서는 행위지배가 있었는지를 기 준으로 구별된다. 즉 공동의 의사로 각자의 역할 분담에 따라 분업적으 로 구성요건을 실현하는 행위지배자이면 공동정범으로서 행위자 책임이 성립할 것이다.[81]

동 조항에서 규정한 부정성이란 미국 1934년법 제10조 (b)항 및 SEC 규칙 제10b-5조의 "defraud"보다 넓은 것으로서 반드시 기망을 포함하는 사기적 행위일 필요가 없다는 해석이 우세하다.[82] 대법원 판결도 부정한 수단 등을 '사회통념상 부정하다고 인정되는 일체의 수단, 계획 또는 기 교'라는 입장을 취하고 있다.[83] 제178조의 보호법익이 개인의 재산적 이 익이 아니라 시장에 대한 신뢰라는 점에서 본다면 타당한 해석이라고 생 각된다.[84]

---

79) 임재연, 앞의 논문 각주 53, 374면; 서울남부지방검찰청, 앞의 책 각주 78, 151면.
80) 수단, 계획, 기교를 특별히 구별한 실익은 없으며 미국에서도 법률 적용 시 각각의 개념을 명확히 구별하지는 않는다. 김학석 / 김정수, 자본시장법상 부정거래행위, SFL 그룹 (2015), 195면.
81) 박재윤 편, 주석 형법(제2판), 2011, 227면.
82) 임재연, 앞의 논문 각주 53, 376면; 한국증권법학회, 앞의 책 각주 49, 1153-1154면. 반론으로는 김학석 / 김정수, 앞의 책 각주 80, 203-204면.
83) 대법원 2011.10.27. 선고 2011도8109 판결. 일본 최고재판소도 부정한 수단, 계획, 기교 사용을 금하는 제157조의 '부정성' 요건을 '사회통념상 부정하다고 인정되는 일체 의 수단'이라고 판시한다. 일본 최고재판소 판결 1965(쇼와 40). 5. 25.
84) 대법원 2014. 1. 16. 선고 2013도9933 판결; 한국증권법학회, 앞의 책 각주 49, 1155면. 형법상 사기죄와 자본시장법상 부정거래행위의 규제 목적이 본질에 있어서 다르지

그렇다고 부정성의 요건을 마냥 넓히는 것은 죄형법정주의에 반하고, 불공정거래의 규제 목적을 넘어설 위험이 있다. 부정성이란 비록 사기에는 이르지 않더라도 같은 조문에서 규정하는 구체적 행위 유형들, 즉 재산상 이익의 취득(자본시장법 제178조 제1항 제2호), 유인목적의 허위시세 이용(동법 동조 동항 제3호) 및 위계의 사용(동법 동조 제2항)에 준하는 정도의 불법성을 지녀야 한다.[85] 따라서 기존의 공시규제 및 불공정거래에서 금지하는 행위 유형과 유사하지만 일부 요건을 충족시키지 못하는 행위(ELS 부정거래, 부당하게 높은 가액으로 증권을 공모하는 행위)와 달리, 불공정거래와는 규제목적이 다른 법규의 회피를 목적으로 TRS 등 금융상품 거래를 설계·이행하는 행위를 '부당하다'고 일괄적으로 평가하기는 어렵다. TRS를 통해서 거래 당사자가 공정거래법상 부당지원행위 및 자본시장법상 영업행위 등의 규제를 회피하는 행위는 "다른 투자자들로 하여금 잘못된 판단을 하게 함으로써 공정한 경쟁을 해치고 선의의 투자자에게 손해를 전가"[86]할 위험을 방지하려는 자본시장법 제178조의 규율 대상에 포함된다고 단정하기 어렵다.

② 부실기재 및 위계 사용행위

자본시장법 제178조 제1항 제2호는 "중요사항에 관하여 거짓의 기재 또는 표시를 하거나 타인에게 오해를 유발시키지 아니하기 위하여 필요한 중요사항의 기재 또는 표시가 누락된 문서, 그 밖의 기재 또는 표시를 사용하여 금전, 그 밖의 재산상의 이익을 얻고자 하는 행위"를 금지하고, 자본시장법 제178조 제2항은 "금융상품의 매매, 그 밖의 거래를 할 목적이나 그 시세의 변동을 도모할 목적으로 풍문의 유포, 위계의 사용"을 금

않다는 견해로는 김태진, 앞의 논문 각주 20, 151면.
85) 임재연, 앞의 논문 각주 53, 376–377면.
86) 대법원 2014. 1. 16. 선고 2013도4064 판결.

지한다. 이때 금전, 그 밖의 재산상의 이익이란 무형적 이익 및 적극적 이득, 소극적 이득, 장래의 이득을 모두 포함하지만[87] 전문가가 직무수 행의 대가로 받는 보수는 여기에 포함된다고 볼 수 없다. 또 금융상품의 매매 등을 목적으로 하는 위계사용은 "거래 상대방이나 불특정 투자자를 기망하여 일정한 행위를 유인할 목적의 수단, 계획, 기교"를 사용하는 것 이므로[88] 조력 제공행위 자체를 유인목적의 기망행위로 볼 여지는 없다. 다만, 전문가들이 고객으로부터 전체 거래의 구조와 목적에 대한 정보를 제공받고, 그 목적이 성취될 수 있도록 조력하고 대가를 받거나, 심지어 거래의 일정 수익을 나누는 등 관여의 정도가 큰 경우에는 법상 규정하 고 있는 행위 유형을 직접 범하는 주체가 아니더라도 공범으로 처벌할 수 있을 것이다.[89]

나. 주관적 요건

① 형사·민사책임에서의 주관적 요건 관련 미국 판례의 태도

제178조 위반행위에 대해서는 과실범 처벌 규정이 없으므로, 업무상 주의의무 위반만으로는 형사 책임이 성립할 여지가 없는 것은 확실하다. 그렇다면 고객의 부정한 거래를 조력하는 전문가는 그 계획에 대해서 어 느 정도의 인식을 가지고 있어야 형사처벌이 가능한 것일지 검토가 필요 하다. 자본시장법은 공시규제, 불공정거래규제와 관련하여 수범자의 행 위준칙을 정하고 이를 위반할 경우 손해배상 책임과 형사책임이 함께 부

---

87) 대법원 2009. 7. 9. 선고 2009도13374 판결.
88) 대법원 2008. 5. 15. 선고 2007도11445 판결.
89) 미공개중요정보 이용행위 금지 규정의 문언상 2차 수령자가 행위주체에서 빠져 있어 서 형법의 일반 규정상 공범, 종범의 법리가 적용되지 않지만, 제1차 수령자와 범행을 공모하고 자금지원, 수익배분 등을 한 제2차 수령자는 책임을 부담한다는 판결이 있 다(대법원 2009. 12. 10. 선고 2008도6953 판결).

과되도록 하는 경우가 많다. 민사법의 일반 원칙상 배상 책임의 발생을 위해서는 고의와 과실은 동일하게 취급되지만, 형사법의 일반원칙상으로는 특별한 규정이 없는 이상 과실범은 처벌되지 않기 때문에 각 책임의 성립을 위한 주관적 요건의 판단 기준을 확립할 필요가 있다.[90]

미국 1934년법 제10조 (b)항 및 SEC 규칙 제10b-5조 위반에 대한 형사 책임과 관련해서도 같은 문제가 제기된다. 미국 대법원은 1976년 제10b-5조 위반을 이유로 하는 손해배상 책임의 성립을 위해서는 다른 객관적 요건과 함께 주관적 요건(scienter)이 필요하다고 설시하였다.[91] 해당 판결에서는 행위자의 주관적 요건이란 기망, 조종 또는 사기의 의도라고 좁게 정의하였지만, 이후 다수의 하급심 판결에서는 무모함(recklessness) 또한 행위자의 인식에 포함될 수 있다는 태도를 취하였다.[92]

한편 미국 1934년법 제32조에서는 누구든지 "고의로(willfully)" 이 법을 위반한 자는 벌금 또는 구속에 처해질 수 있다고 규정하고 있다.[93] 아직까지 미국 연방대법원은 '고의'의 개념이 무모함을 포함하는 민사소송의 주관적 요건(scienter)과 어떻게 다른지에 관해서 명시적으로 판단한 바는 없고, 다양한 하급심 판결들에서 제시된 기준이 난립하여 혼란이 가중된다는 문제제기가 있다.[94] 사무엘 부엘 교수가 분류한 미국의 하급심 판

---

90) 과실에 의한 부정한 수단, 계획, 기교사용행위의 민사책임 성립을 부정하는 견해로는 임정하, "자본시장 불공정거래행위에 대한 손해배상책임", BFL 제86호 (2017), 71면.
91) Ernst & Ernst v. Hochfelder, 425 U.S. 185 (1976).
92) Thomas Lee Hazen, The Law of Securities Regulation (6th ed.), Thompson / West, 457-458면 (2009).
93) 미국 1933년 증권법도 제17조에서 미국 1934년법 제10조 (b)항과 유사한 문언으로 증권의 매도와 관련한 사기적 부정거래를 금지하는 규정을 두고 있으며, 제24조에서 고의의 위반행위에 관한 형사책임을 부과할 수 있다고 규정한다. Samuel Buell, What Is Securities Fraud, 61 Duke L. J. 511면, 551면 (2011).
94) Buell, 앞의 논문 각주 93, 555면.

결상 고의의 판단 기준은 행위의 부정성(반드시 불법성일 필요는 없음)에 대한 인식, 오해 유발의 목적을 의미하는 구체적 기망 의도, 관련 기재, 허위사실의 묵인 또는 허위의 발생가능성에 대한 의도적 무시를 알고 있는 것을 포함하는 구체적 기망 의도, 피고가 해당 기재의 허위를 알 수 있었거나 알았어야 하는 사정에서 무모하게 행위 한다는 것을 포함하는 구체적 기망 의도, 단순한 인식, 단순한 무모함, 주의의무 위반까지 매우 다양하다.[95]

② 자본시장법 제178조의 부정한 계획 사용의 고의

물론 자본시장법 제178조의 부정한 계획 사용에 관한 주관적 요건으로 인식을 넘어서는 목적을 요구하지 않는 것은 분명하고, 업무상 과실만으로는 형사책임이 성립할 수 없음도 당연하다. 다만 대법원이 시세조종과 관련된 형사사건에서 미필적 인식만으로도 주관적 요건인 유인목적이 성립하며[96] 간접사실을 종합적으로 고려하여 유인목적을 판단할 수 있다는 입장을 고수하고 있는 것으로 판단할 때, 사기적 부정거래에 관해서도 고의의 입증 정도 및 입증 방법에 있어서 완화된 기준을 취할 가능성이 있다. 미필적 고의란 적극적 의욕이나 확정적 인식은 아니더라도, "결과발생의 가능성에 대한 인식이 있음은 물론 결과발생을 용인하는 내심의 의사"가 있어야 하므로[97] 고객이 의도하는 거래가 부정한 목적에 활용될 수 있다는 것을 알고 조력했어야만 전문가들에게 형사책임이 인정될 것이다.

파생·구조화 금융거래는 참여 당사자가 많고, 특수목적 법인을 활용

---

95) Buell, 앞의 논문 각주 93, 557면.
96) 대법원 2013. 7. 11.선고 2011도15056 판결; 대법원 2018. 4. 12. 선고 2013도6962 판결 등.
97) 대법원 2004. 2. 27. 선고 2003도7507 판결.

하거나 다수의 분절된 개별 거래로 구성되는 경우가 많기 때문에 특정한 고객을 위하여 사무 처리를 위탁받은 전문가들로서는 전체구조를 파악할 것으로 기대되는 것이 불가능하다는 반론도 강력하게 제기될 수 있다. 또 시세조종과 관련된 판례의 태도에 따르면 간접사실을 통해서 주관적 요건의 충족 여부가 판단될 수 있으므로 전문가와 고객의 교신내용 등을 파악함에 있어서 전문가들의 평소 업무 태양 및 행위 준칙이 소환되지 않을 수 없을 것이고, 따라서 사실상 (중)과실과 고의의 구별이 불분명해질 우려가 있다.[98] 따라서 전문가들이 조력 대상 거래가 형식과 실질의 분리를 위하여 활용될 가능성을 인식하는 것만으로는 부정한 계획 사용에 대한 고의가 있다고 인정하기에는 부족하다. 고객이 부정한 목적을 갖고 있고, 그 목적이 현실화 될 수 있다는 가능성이 있다는 점을 구체적으로 인식하도록 요구하여야 할 것이다.

다. 소결

특정 금융거래에 조력한 전문가들에 대해 자본시장법 제178조를 위반한 행위자로서 형사책임을 부과하기 위해서는 고의의 입증이 쉽지 않다. 파생·구조화 금융거래의 특징상 전문가가 해당 거래를 형식을 통해서 달성하려는 실질이나 경제적 목적을 구체적으로 알기 어렵다는 점에서 특히 그러하다. 다만 대법원 판례의 태도에 비추어 미필적 인식과 간접 사실의 입증만으로 사기적 부정거래의 고의가 인정된다고 한다면, 업무상 과실과 고의의 경계가 불명확해질 우려가 있으므로 전문가의 구체적 인식 여부에 대한 입증을 엄격하게 요구할 필요가 있다.

---

98) Buell, 앞의 논문 각주 93, 560면.

(2) 조력자 책임

가. 조력자 책임이 성립되는 부정거래 유형

부정한 금융거래를 조력한 전문가들에 대해서는 행위자 책임이 인정되지 않더라도, ① 부정한 계획 사용(자본시장법 제178조 제1항 제1호), ② 부실표시 사용행위(동법 동조 동항 제2호) 및 ③ 위계 사용행위(동법 동조 제2항)에 대한 방조범으로서 책임이 성립할 여지가 있다. 방조범은 죄를 범하는 정범에게 행위의 지배를 맡겨 놓는 자로서, 행위자로서의 죄책을 부담하지 않고 감경된 형을 적용받는다(형법 제32조 제2항).[99] 부정한 계획 사용행위와 관련해서는 고객과 전문가들이 계획을 의사 분담하에 실행(소위 '행위지배')한 것이 인정되지 않는다고 하더라도, 고객이 설계한 일련의 부정한 계획에 대해 전문가가 조력을 제공한 것으로 볼 수 있다. 한편 자본시장법 제178조 제1항 제2호의 부실표시 사용행위나 자본시장법 제178조 제2항의 거래 목적 위계 사용행위는 경제적 대가의 취득 또는 기망을 통한 거래 행위를 객관적 요건으로 삼기 때문에, 처음부터 전문가와 고객의 공모하에 거래가 설계되고 실행되지 않은 이상 전문가가 방조범으로서 죄책을 부담하는지가 주로 문제 될 것이다.

나. 조력자 책임 성립을 위한 인과관계와 방조의 고의

부정한 금융거래에 조력한 전문가들의 방조책임이 인정되려면 이들로부터 도움을 받아 거래한 고객들이 자본시장법 제178조에서 규정된 각 행위에 대한 정범으로서의 책임이 성립하여야 하는 것은 물론이고, 인과관계 및 방조의 고의가 인정되어야 한다. 형법의 일반원칙상 통설과

---

99) 박재윤 편, 앞의 책 각주 81, 227면.

판례[100]는 방조행위가 본범에 대하여 인과적이어야 한다고 하면서, 정범의 범죄행위에 대한 원인을 제공하였다는 점이 인정되어야 한다고 본다.[101] 다음으로 방조에 있어서의 인과관계는 방조행위에 대한 고의와 정범의 범죄실현에 대한 이중의 고의를 요구한다.[102] 정범의 범죄 실현에 대한 인식과 의사도 방조범에게 인정되어야 할 고의의 내용을 이루기 때문에 전문가가 고객의 의도 또는 조력 대상 거래를 통해 달성하려는 전체적인 거래구조를 몰랐던 경우에는 부정한 계획 사용에 대한 방조범으로서의 책임도 지지 않을 것이다. 예컨대 리포 105 거래 등에서 회계법인이나 변호사들은 그 거래의 실질은 대출임에도 매매로 분식하려는 의도에 대한 고의뿐만이 아니라 그 분식을 기초로 작성된 서면을 활용하여 경제적 이득을 취하거나 거래 상대방 및 투자자를 기망하려는 의도에 대한 고의가 있는 경우에만 범죄가 성립될 수 있다.

다. 소결

특정 금융거래에 조력한 전문가들에 대해 고객의 자본시장법 제178조를 위반행위와 관련된 방조 책임을 부과하기 위해서는 방조행위와 고객의 부정행위의 인과관계 및 고객의 부정행위에 대한 인식이 요구된다. 부정한 계획 사용행위에 관한 제178조 제1항 제1호를 적용하는 경우에는 고객의 거래 의도를 인식하였다면 형사책임을 부담할 수 있다. 한편 허

---

100) 대법원 1983. 4. 12. 선고 82도43 판결; 대법원 1986. 2. 25. 선고 85도2533 판결.
101) 박재윤 편, 앞의 책 각주 81, 229면. 본 논문에서는 형법상 인과관계론에 대한 구체적인 검토는 하지 않는 대신, 전문가의 조력이 없었더라면 고객의 부정한 거래가 성립하지 못했을 것이라는 필수불가결성은 인과관계의 성립을 인정하는 주된 징표가 될 수 있다는 점만 언급하고자 한다.
102) 대법원 2007. 10. 26. 선고 2007도4702 판결; 대법원 2005. 4. 29. 선고 2003도6056 판결 등.

위·부실표시 또는 위계 사용에 관한 조력 제공에 관해서는 인과관계나 방조의 고의 측면에서 입증이 어려울 가능성이 높다.

3. 민사적 책임

(1) 개관

가. 자본시장법상 부정거래행위에 관한 민사 책임의 성립

자본시장법 제178조를 위반한 자에 대하여 "그 위반행위로 인하여 금융투자상품의 매매, 그 밖의 거래를 한 자가 그 매매, 그 밖의 거래와 관련하여 입은 손해를 배상할 책임"이 부과된다(제179조 제1항). 따라서 부정한 금융거래에 조력한 전문가들이 자본시장법 제178조에 위반하여 ① 부정한 계획 사용행위(자본시장법 제178조 제1항 제1호), ② 허위·부실 기재(동법 동조 동항 제2호) 및 ③ 위계 사용행위(동법 동조 제2항)를 하거나 이러한 행위를 하는 데 조력한 경우에는 제179조에 따른 손해배상 책임이 발생할 수 있다. 또 자본시장법 제179조에 따른 책임은 민법상 불법행위 책임의 특칙이므로 제179조 제2항의 단기소멸시효 완성 시에는 민법 제750조에 따른 손해배상 책임이 발생할 수도 있다.[103]

이때 거래에 조력한 전문가가 위 ①~③ 유형을 거래주체와 처음부터 공모하고 거래에 재산상 이익을 분배하는 등의 경우에는 해당 전문가가 제178조를 위반한 자에 해당하는 것에는 의문이 없다. 다음으로 전문가가 부정한 계획을 사용하는 행위가 성립하기 위해 필요한 역할을 분담하는 경우에는 스스로 자본시장법 제178조 제1항 제1호에 위반된 행위를

---

103) 임정하, 앞의 논문 각주 90, 70면.

한 자로 취급될 수 있다. 앞서 검토한 바와 같이 부정한 계획이란 예비행위·방조행위를 포함하는 넓은 개념으로 해석될 수 있기 때문이다.[104] 마지막으로 전문가들은 고객이 행한 ①~③ 유형의 부정거래행위에 대한 조력자로서 손해배상 책임을 부담할 수도 있다. 자본시장법 제179조의 문언은 "제178조를 위반한 자"로 되어 있으나, 방조자를 공동행위자로 간주하는 민법 제760조 제3항에 따라 조력자도 고의·과실 및 위법성의 요건을 충족시키는 한 공동불법행위자로 취급될 수 있기 때문이다.[105] 민법 제760조 제3항을 근거로 조력자에 대하여 자본시장법 제179조에 따른 책임을 직접 부과하기 어렵더라도, 거래의 주체가 민법 제750조에 따른 불법행위 책임을 부담하는 것을 전제로 방조자의 책임을 묻는 것은 얼마든지 가능하다.

나. 손해배상 책임의 제한 필요성

자본시장법 제178조 위반에 대한 손해배상책임은 미국과 일본의 사기적 부정거래 행위 관련 배상 책임에 비해서 성립 범위가 넓다. 미국에서는 1994년 연방대법원에서 1934년법 제10조 (b)항 및 SEC 규칙 제10b-5조 위반에 대해서는 교사 및 방조 책임이 인정되지 않는다는 Central Bank of Denver 판결이 선고되었다.[106] 이후 미국에서는 거래를 조력한 전문

---

104) 임재연, 앞의 논문 각주 53, 374면.
105) 민법 제760조는 제750조 이하의 일반 불법행위 책임이 성립하는 것을 전제로 한다. 송덕수, 채권법 각론 (제3판, 2018), 498면. 따라서 민법 제760조 제3항이 조력자에 대한 자본시장법 제179조상의 책임을 인정하는 직접적 근거가 될 수 있는지 의문이 제기될 수 있다. 그러나 자본시장법 제179조의 책임은 민법 제750조에 따른 불법행위 책임의 특칙이라는 점, 민법 제760조를 통하여 공동불법행위자의 범위를 넓히는 것이 피해자 보호를 두텁게 하기 위한 목적이라는 점 등을 감안한다면 조력자를 민법 제760조 제3항에 근거하여 제179조 책임의 주체로 포섭하는 것이 타당하다.
106) Central Bank of Denver, N. A. v. First Interstate Bank of Denver 511 U.S. 164.

가들이 '1차 행위자'로 취급되지 않는 경우라면 교사 · 방조행위만으로는 손해배상 책임의 성립이 부정되었다.[107] 한편 일본에서는 부정거래행위에 관한 금융상품거래법 제157조 및 제158조 위반에 관하여 별도의 손해배상 책임 특칙을 두고 있지 않다. 따라서 금융상품거래법상 부정거래행위 관련 조문은 피해자의 민사적 구제를 위한 직접적 근거규정으로 해석될 수는 없고, 불법행위 책임에 관한 일본 민법 제709조의 요건을 만족시키는 경우에만 손해배상을 청구할 수 있게 된다.[108] 오히려 부정거래행위 금지 조항은 공공의 이익을 보호하는 목적을 지니기 때문에 그 위반에 대해 손해배상을 청구할 수 없다는 견해도 있다.[109] 미국과 일본에서 제시된 법리는 투자자의 피해발생에 대한 직접적 관여가 없는 자에 대해서는 사기적 부정거래로 인한 손해배상 책임을 묻기 어렵다는 취지를 전제하는 것으로 해석될 수 있다.

반면 대법원에서는 자본시장법 제179조에 따른 손해배상 책임은, "다수의 시장참여자에게 영향을 미치고 자본시장 전체를 불건전하게 할 수 있기 때문에 그러한 부정행위를 규제함으로써 개개 투자자의 이익을 보호함과 아울러 자본시장의 공정성과 신뢰성을 높이기 위한 것이다"라고 판시함으로써 반드시 개인 손해의 전보만을 목적으로 하고 있지 않다는 점을 강조한 바 있다.[110] 민사상 손해배상 책임은 형사책임과 달리 원칙적으로 과실에 의한 행위에 의해서도 성립할 수 있으며, 행위자 책임과

공공주택기관이 부동산 개발을 위한 채권 발행시 채권의 수탁자였던 피고가 담보 부동산의 평가액에 대한 의문을 가졌으나 발행기관의 요청으로 채권 발행 이후로 평가를 연기하였는데, 발행기관의 파산으로 채권 상환이 이루어지지 않은 사안이다.

107) Hazen, 앞의 책 각주 92, 525면.
108) 神田秀樹 / 松尾直彦 / 黒沼悅郎, 앞의 책 각주 50, 13면.
109) 証券法制硏究會 編, 逐條解說證券取引法, (商事法務, 1995), 698면.
110) 대법원 2015. 4. 9.자 2013마1052, 2013마1053(병합) 결정.

조력자 책임 가운데 어느 것에 해당하는지에 따라 투자자에 대한 책임의 경중이 달라지지도 않는다.[111] 그 결과 자본시장법 제178조의 해석상 손해배상 책임의 부담 주체나 주관적 요건을 지나치게 넓게 인정할 우려가 있다.

(2) 사기적 부정거래 유형별 민사책임에 관한 법리적 쟁점

가. 부정한 계획 사용 행위: 행위자 책임
① 부정한 계획 사용행위의 성립 요건

부정한 금융거래에 대한 전문가의 조력제공행위가 자본시장법 제178조 제1항 제1호에서 규정된 부정한 계획에 해당하는지에 관한 판단 기준은 형사책임과 손해배상책임에 있어서 차이가 날 이유가 없다.[112] 즉 전문가가 의뢰인과의 공모에 따라 경제적 수익을 배분하지 않더라도, 사회 통념상 부정한 계획을 기능적으로 역할 분담하여 수행한 것이면 행위자로서의 손해배상책임을 질 수 있다.

한편 민사상 손해배생책임은 형사책임과 달리 과실에 의한 위법행위에 대해서도 성립할 수 있기 때문에 부정한 거래를 조력하는 전문가의 주의의무의 내용과 한계를 밝힐 필요가 있다. 자본시장법 제178조 제1항 제1호의 '부정성'의 개념상 과실에 의한 위반행위가 성립될 수 없다는 견해가 있지만,[113] 대법원이 부정성의 판단기준을 기망성이 아닌 사회통념

---

111) 자본시장법 제178조에서 규정하는 행위 유형에 따라 책임의 주관적 요건이 달라질 수 있고, 공동불법행위자들 상호 간의 구상관계에 따라 내부적 책임 분담 범위가 달라질 수 있다는 점은 당연하다.
112) 김태진, 앞의 논문 각주 20, 141면.
113) 임정하, 앞의 논문 각주 90, 71면.

위반 여부로 삼고 있는 이상[114] 고의와 과실을 동일하게 취급하는 원칙의 예외를 인정할 필요가 있는지는 의문이다.[115]

② 전문가의 주의의무의 내용

금융거래를 조력하는 전문가들의 직무수행상의 의무 위반 여부를 판단하는 기준은 무엇인가. 첫째, 문지기들에게는 자본시장에서 반복적으로 직무를 수행하는 공인된 전문가들로서 위법행위 억지기능이 기대되므로,[116] 위법행위 억지에 실패한 모든 경우에 업무상 주의의무 위반을 인정하되 전문가에게 최대한 주의를 다하였다는 항변(due diligence defense)을 허용하는 방법이 가능하다. 둘째, 전문가들의 과실을 폭넓게 인정하는 경우에는 결국 거래비용의 상승을 초래하고 전문가 서비스의 과소 공급을 초래할 수 있으므로 전문가가 의뢰인의 부정한 의도를 알았던 것과 동일하게 취급할 수 있는 중과실의 경우에만 민사책임을 부담해야 한다는 주장도 가능하다.[117] 셋째, 전문가에게는 고객의 위법행위를 사전에 탐지하거나 거래의 의도를 파악할 의무가 인정되지 않으므로, 회계처리에 관한 규칙이나 변호사 윤리에 관한 각종 규범을 준수하여 행위 한 이상 과실은 없다고 판단할 수도 있다.[118]

전문가의 조력이 금융투자상품거래를 통하여 회계부정, 탈세 및 각종 규제회피 등 부정한 목적을 달성하는 계획을 구성한다고 할 때, 전문가들은 특수목적법인, 개인, 자금조달회사 등 한 당사자만을 조력하므로 전체

---

114) 대법원 2011. 10. 27. 선고 2011도8109 판결.
115) 김정연, 앞의 논문 각주 46, 95면. 과실에 대한 책임을 부정한다기보다는 과실 여부를 엄격하게 해석해야 한다는 취지이다.
116) Reinier Kraakman, Gatekeepers: The Anatomy of a Third Party Enforcement Strategy, 2 Journal of Law, Economics and Organization 53 (1986), 53면.
117) 심 영, 앞의 논문 각주 13, 325면.
118) 문지기 책임의 주관적 요건에 관한 법경제학적 논의는 Hamdani, 앞의 논문 각주 11, 102-105면.

거래 구조를 파악할 수는 없고, 이를 문의할 직무상의 의무도 없다. 한편 전문가들의 이해를 돕고 원하는 의견을 얻어 내기 위하여 전체적 거래 구조나 당사자들의 거래의도가 제공되는 경우도 드물지 않다. 고객과 전문가 간의 비밀유지 의무는 별론으로 한다면,[119] 전문가들이 고객들로부터 배경설명을 들었거나 전체적인 거래구조를 제공받아서 조금만 주의를 기울였더라면 고객의 부정한 거래의도를 충분히 파악할 수 있었던 경우에까지 회계규칙 및 변호사 윤리규범에 어긋나지 않은 업무수행을 이유로 주의의무 위반이 없었다고 주장하기는 어려울 것이다.[120]

③ 손해배상 책임 청구권자 및 인과관계의 입증

전문가들이 부정한 계획의 사용자로서 자본시장법 제178조 제1항 제1호를 위반하고 업무수행상 기대되는 주의의무를 준수하지 않았다고 판단되는 경우라면 해당 부정한 계획 사용행위로 인하여 거래한 자의 손해를 배상할 의무가 있다(제179조 제1항). 손해배상을 청구하는 자는 손해의 발생과 자본시장법 제178조 위반행위와 인과관계를 입증해야 하는데, 이때 인과관계란 위반행위와 손해배상청구권자의 거래 사이의 인과관계를 의미하지는 않고, 위반행위와 손해 사이의 인과관계로 족하다.[121] 따라서 부정한 계획 사용행위와 같이 제3자가 전문가들이 제공한 거래의 결과물을 활용하여 거래로 나아가는 것을 요구하지 않는 유형에 대해서도 손해배상 책임이 성립할 수 있다. 다만, 여전히 손해 인과관계는 요구되는데, 전문가들이 제공한 조력이 금융투자상품 거래 성립에 필수불가결하였다고 해서 무조건 손해 인과관계가 인정될지는 의문이다.

119) 법률자문서비스를 제공하는 변호사의 비밀유지의무의 의미와 한계에 관해서는 김정연, 앞의 논문 각주 5, 555-556면.
120) 같은 취지, 김정연, 앞의 논문 각주 46, 93면.
121) 임정하, 앞의 논문 각주 90, 73면.

④ 허위·부실기재 및 위계 사용행위에 대한 방조책임의 성립

자본시장법에서는 허위·부실기재 및 기재누락을 사용하여 재산상 이득을 얻는 행위(제178조 제1항 제2호) 및 금융투자상품의 매매, 그 밖의 거래를 할 목적으로 위계의 사용(동조 제2항)을 금지한다. 따라서 재산상 이득을 취득하거나 금융투자상품의 거래 목적이 없는 것이 명백한 조력자는 거래 당사자와 처음부터 공모하고 경제적 이익을 나누기로 하지 않는 이상 그 행위자로서 민사적 책임을 부담할 수 없음은 형사적으로 명백하다.

한편 민법 제760조 제3항에 따라 방조자도 공동불법행위자로서 책임을 질 수 있는데, 대외적으로는 손해배상청구권자들에 대하여 직접 가해행위를 한 자와 부진정연대채무 관계에서 전부급무의무를 부담하게 된다.[122] 즉 자본시장법 제178조의 문언상 허위·부실기재 행위와 위계사용 행위에 대해서는 전문가가 직접 가해행위자가 될 수 없음에도 불구하고 과실에 의한 조력 행위만으로도 투자자에 대한 배상책임 전부를 부담하는 결과를 낳을 수 있는 것이다. 물론 그것이 피해자에 대한 보호를 두텁게 하려는 공동불법행위 제도의 취지[123]에 부합한다고 하더라도, 방조자의 책임이 무한하게 확대하는 것을 방지하고, 전문가가 조력을 제공할 때 준수해야 할 주의의무의 내용을 정할 필요가 있다.

⑤ 과실에 의한 방조책임 성립의 제한

대법원 판례는 과실에 의한 방조도 가능하다고 하면서도[124] 그에 따른 책임을 제한하기 위한 몇 가지 기준을 마련해 놓고 있다. 판례에 따르면

122) 송덕수, 앞의 책 각주 105, 558–559면.
123) 송덕수, 앞의 책 각주 105, 551면.
124) 대법원 2014. 3. 27. 선고 2013다91597 판결; 대법원 2016. 5. 12. 선고 2015다234985 판결.

과실의 내용은 불법행위에 도움을 주지 말아야 할 주의의무를 전제로 하는 것이고, 방조행위와 피해자의 손해발생 사이에는 상당인과관계가 인정되어야 한다.[125] 상당인과관계를 판단할 때에는 "과실에 의한 행위로 인하여 해당 불법행위를 용이하게 한다는 사정에 관한 예견가능성"[126]과 과실에 의한 방조가 피해 발생에 끼친 영향, 피해자의 신뢰 형성에 기여한 정도를 종합적으로 고려하여 판단하도록 한다. 또 판례는 과실에 의한 방조책임이 책임이 지나치게 확대되지 않도록 신중을 기하여야 한다는 원칙을 설시하였다.[127]

예컨대 공인중개사가 매수인의 토지지분 매수행위를 중개하면서 등기부등본조차 확인하지 아니하여 토지의 경매 진행 사실을 알리지 못한 사안에서, 공인중개사가 토지의 권리 관계나 상태 등을 확인할 주의의무는 위반하였다고 하더라도 매도인이 진정한 권리자인지 여부를 확인할 의무는 없으므로 매도인의 위법행위에 대한 방조책임까지는 인정되지 않았다.[128] 금융투자상품 거래를 조력하는 전문가들은 의뢰받은 범위 내에서 회계규칙이나 법률규범을 준수하여 요구받은 의견을 제공하면 되고, 설사 추가적 조사를 통해 전체적인 거래 구조나 거래 의도를 알 수 있었다고 하더라도 이를 파악하여 조력 제공을 중단할 의무까지 인정되기는 어려울 것이다.

⑥ 미국법상 사기적 부정거래에 대한 방조자의 손해배상책임 제한

미국에서는 Central Bank of Denver 판결 이전까지는 거래를 조력한 전문가에 대해서 1934년법 제10조 (b)항 및 SEC 규칙 제10b-5조 위반으

---

125) 대법원 2016. 5. 12. 선고 2015다234985 판결.
126) 대법원 2014. 3. 27. 선고 2013다91597 판결.
127) 대법원 2015. 1. 29. 선고 2014다28336 판결; 김용담 편, 주석민법 (제4판, 2016), 623면.
128) 대법원 2014. 3. 28. 선고 2013다91597 판결.

로 인한 금전배상 책임을 묻는 경우가 많았다.[129] 위 판결에서는 1934년
법 제10조 (b)항 및 SEC 규칙 제10b-5조의 문언상 조력행위자의 책임을
묻는 근거가 없고, 남소 및 소용비용 증가의 우려가 있다는 점 등을 근거
로 조력자의 손해배상책임을 부정하였기 때문에,[130] 향후 조력자들을 방
조 또는 교사자가 아니라 주된 행위자로 인정하기 위한 기준이 다양한
하급심 판결을 통해서 제시되었다.[131] 미국의 여러 연방항소법원에서 설
시한 기준은 엄격한 순서대로 (i) 허위 표시 또는 기재를 직접적으로 한
경우에만 주된 행위자에 해당한다는 엄격해석기준(bright line test), (ii) 사
기적인 부실표시가 포함된 서류를 단독으로 또는 타인과 함께 작성한 경
우 주된 행위자라는 공동작성자 기준(co-author test) (iii) 부실표시를 작성
하는 데 실질적 역할을 한 경우에도 주된 행위자에 해당한다는 실질적 참
여 기준(substantial participation test) 등이다.[132] 미국 연방대법원은 2008년
Stoneridge 판결에서 사기적 부정거래에 따른 책임을 부담하는 회사의
거래상대방이었던 피고는 허위·부실기재 서류(misstatement)를 직접 작
성해야 하는 것은 아니지만, 주된 행위자로 인정되기 위해서는 실질적인
조력 이상의 무엇인가가 요구된다고 설시하였다.[133]

　이러한 법리는 허위·부실기재에 관한 전문가의 관여 책임에 관한 것
이지만 다음과 같은 점에서 자본시장법 제178조 위반의 조력자 책임에

---

129) Hazen, 앞의 책 각주 92, 525면.
130) Central Bank of Denver, N. A. v. First Interstate Bank of Denver 511 U.S. 164,
　　176-180면.
131) 심 영, 앞의 논문 각주 13, 305면.
132) 서류에 서명이 되었는지 여부, 서류의 작성 사실이 투자자에게 알려졌는지 여부 등에
　　관하여 다른 기준이 적용될 수 있다. 각 기준에 관한 상세한 설명으로는 심 영, 앞의
　　논문 각주 13, 305-307면.
133) Stoneridge Investment Partners, LLC v. Scientific-Atlanta, Inc., 552 U.S. 148; Hazen,
　　앞의 책 각주 92, 526면.

관하여 직접 적용하는 데 한계가 있다. 첫째, 민법상 공동불법행위에 따르면 방조자나 주된 가해행위자 모두 손해액 전부에 대해서 배상 책임을 부담할 수 있기 때문에 방조자건 가해행위자건 책임의 범위에 차이가 없다. 둘째, 자본시장법은 SEC 규칙 제10b-5조와 달리 허위·부실기재의 사용행위 자체가 아니라 이를 사용하여 재산상 이익을 얻고자 하는 행위를 금지하고 있기 때문에 재산상 이익을 공유하지 않은 이상 허위·부실기재 가담 정도에 의해 방조자를 가해행위자로 취급할 수도 없다. 다만 자본시장법 제178조 위반의 조력자 책임을 판단함에 있어서 핵심이 되는 주의의무 위반 여부와 관해서는 가해행위자와 동일하게 취급할 만한 사정이 있는지를 참작한다면 손해배상 책임의 주체가 무한히 확대되는 것을 제어할 수 있을 것이다.

IV. 검토 및 제언

파생·구조화 금융거래는 단순하고 반복적으로 거래되는 금융상품과 달리 거래 구조가 복잡하고 특수목적 법인을 포함한 다수의 당사자가 관여될 수 있으며 위험을 회피할 목적 이외에도 부정 거래를 위한 다양한 목적을 위하여 활용될 수 있다. 엔론의 마호니아 거래와 리먼브러더스의 리포 105 거래에서 보듯이 파생·구조화 거래는 거래 당사자의 부채를 줄이기 위한 분식의 수단으로 이용될 수 있는데, 회계사 및 변호사 등 공인된 전문가들은 각 거래의 단계에서 당사자가 의도한 목적 달성에 필수불가결한 조력을 제공한다.

자본시장법은 증권시장에서 투자자를 보호하기 위하여 공시되는 정보의 정확성을 보장하고 검증하는 전문가들에 대해서 일정한 요건을 충족시키는 경우 민형사적 책임을 부과하고 있지만(제125조, 제162조, 제443조 제13호 등), 책임의 주체 및 대상 금융투자상품의 범위에 제한이 있는 부실·허위 공시 책임만으로는 부정한 목적의 파생·구조화 거래에 조력한 전문가들의 책임을 묻는 것은 사실상 불가능하다. 반면 제178조는 책임 주체의 자격에 제한이 없고, 조력자에 대해서도 민형사 책임을 묻는 데 장애가 없으며 증권 이외에도 장내파생상품을 포함한 다양한 금융거래를 포섭할 수 있기 때문에 본 논문에서 다룬 다양한 구조화·파생거래의 조력자에 대한 책임의 근거규범으로 활용할 여지가 크다.

다만 개별 거래에 조력한 회계사 및 변호사 등에 대해서 제178조를 적용할 수 있다고 해서 거래를 주도한 당사자들에 대해서와 같은 기준을 적용하여 민형사상 책임을 물을 것은 아니다. 첫째, 전문가들이 부정한 거래를 계획하는 데 공모하고, 거래에 따른 경제적 이익을 분배받는 등 주도적으로 관여하는 경우에는 자본시장법 제178조에서 규정한 부정한 계획 사용행위(동조 제1항 제1호), 허위·부실표시를 사용한 경제적 이익 취득(동조 동항 제2호) 및 매매, 그 밖의 거래를 할 목적의 위계 사용행위(동조 제2항)의 행위자로서 민형사상 책임을 지는 것은 명백하다. 둘째, 부정한 계획 사용행위와 관련해서는 사전 공모가 없더라도 부정한 거래가 성립하기 위하여 필수 불가결한 행위를 한 것이라면 행위자로서 민형사 책임을 부담할 여지가 있다. 이때 형사책임의 성립을 위해서는 고의가 인정되어야 할 것인데, 전문가들로서는 거래가 부정한 목적으로 활용될 수 있다는 가능성을 구체적으로 인식해야 한다.

마지막으로 허위·부실표시를 사용한 경제적 이익 취득(동조 제1항 제2호) 및 매매, 그 밖의 거래를 할 목적의 위계 사용행위(동조 제2항)의 조력자 책임을 부담할 가능성도 있다. 국내법에서는 형사책임의 경우 방조범에 대한 처벌이 가능하고, 민사책임의 경우 방조행위에 대해서도 공동불법행위자 책임이 성립될 수 있기 때문이다. 거래에 조력한 전문가들의 책임을 무한히 확장할 경우 정책적으로 관련 서비스의 과소 공급과 거래 비용의 상승이 우려될 수 있으므로 방조 및 조력 행위에 대한 책임을 제한하기 위한 법리를 마련할 필요가 있다. 특히 민사책임과 관련해서는 일본의 금융상품거래법에서는 사기적 부정거래에 관한 민사책임 조항의 특칙을 두지 않고 있으며, 미국에서는 연방대법원 판결을 통해 1934년법 제10조 (b)항 및 SEC 규칙 제10b-5조 위반에 대한 방조 및 교사 책임을 묻지 않는 것도 책임의 성립 범위를 제한하려는 취지에서 비롯된 것으로 해석된다. 국내법상으로는 대법원 판례를 통해서 발전해 온 과실에 의한 방조의 책임 성립을 제한하는 법리를 활용할 수 있지만, 금융시장의 거래 당사자들에게는 예견 가능성이 떨어지는 방안이다. 따라서 자본시장법 제179조의 손해배상 책임을 부담하는 자에서 거래의 조력자에 관한 특칙을 두어 책임의 범위를 제한하는 방안 등과 같은 입법적 해결 방안도 함께 고려할 필요가 있다.

05

국제장외파생금융계약상 선행조건조항과 기회주의[*]
― 계약법과 도산법, 그리고 ISDA의 사적 규제 ―

I. 서론

대개의 상거래는 이상 상황 없이 잘 굴러 가기 마련이다.[1] 게다가 국제장외파생상품시장과 같이 전문가들이 주로 참여하는 ― 그래서 소위 repeat player가 대부분인 ― 분야의 거래라면, 일시적으로 시장의 신뢰

---

* 이 글은 필자가 이미 발표한 홍성균, "장외파생금융거래에 사용되는 'ISDA 기본계약서' 상의 선행조건조항: 계약해석 및 도산법상의 쟁점을 중심으로", 상사법연구 제33권 제4호 (2015)의 내용을 '기회주의적 행동의 규율'이라는 주제로 다시 정리하고 여기에 선행조건조항 및 규제이론에 관한 최근의 논의, 그리고 신용부도스왑에서의 인위적 개입 문제를 새로이 반영한 것임을 밝혀 둔다. 특히 본고에서는 신의성실의 원칙에 관한 내용을 상세히 추가한 대신, 위 논문에서 다루었던 가상의 사례는 대부분 삭제했다.

** 법학사, 법학석사(LL.M.)

1) Roger Brownsword / Rob A.J. van Gestel / Hans-W. Micklitz, "Introduction ― Contract and Regulation: Changing Paradigms", in Roger Brownsword / Rob A.J. van Gestel / Hans-W. Micklitz, eds., Contract and Regulation: A Handbook on New Methods of Law Making in Private Law, 1-35, Cheltenham, UK & Northampton (2017).

에 반해 기회주의적인 행동을 하는 것은 그 자체로 비합리적인 선택인 경우가 많다. 그에 불구하고 나타나는 국제 장외파생상품시장에서의 기회주의적 행동은 법적으로 어떻게 규율되는가? 본고는 국제스왑파생상품협회(International Swap and Derivatives Association. 이하 'ISDA')가 작성한 표준계약서[2]와 관련한 법적 분쟁을 소재로 삼아 계약법과 도산법이 각각 장외파생상품거래와 관련한 기회주의적 행동을 어떻게 규율하는지를 살핀다. 그리고 이러한 사례분석을 기초로 하여 ISDA가 표준계약서를 발판으로 삼아 수행하는 사적 규제(私的 規制 · private regulation · Privatregulierung)의 실효성을 규제이론의 관점에서 검토한다.

본고가 특히 중점적으로 살펴보려는 것은 'ISDA 기본계약서(ISDA Master Agreement)'의 이른바 선행조건조항[제2조 (a)항 (iii)호]이다. 그 표준계약 조항은 간단히 말해 상대방에게 도산을 비롯한 미리 정해진 '채무불이행사유'가 있으면 해당 거래에서 발생한 지급의무(payment obligation)를 이행하지 않아도 된다는— 또는 그 지급의무가 발생하지 않는다는—내용이다. 금융위기를 거치면서 리먼 브러더스와 같이 특정 거래에서는 내가 격에 있으면서도 별도의 채무불이행사유(파산신청)가 있는 사례들이 다수 발생했다. 그 경우 ISDA 기본계약서는 책임이 없는 거래상대방(비유책당사자)이 조기종료권한을 행사하고 거래를 최종 정산할 것을 예정하고 있다. 선행조건조항은 그 조기종료 과정에서 비유책당사자가 당장 이행기에 다다른 자신의 지급의무를 이행하지 않고 잠시 미뤄 둔 상태에서 정산과정을 마칠 수 있도록 하는 것에 취지가 있다. 그런데 정작 그 문언

---

2) 그러한 표준계약서의 대표적인 사례가 바로 'ISDA 기본계약서(ISDA Master Agreement)' 다. 영국 고등법원은 국제장외파생상품거래의 90%가량이 'ISDA 기본계약서'를 사용하여 이루어지고 있다는 ISDA의 조사결과를 인용한 바 있다. Anthony Victor Lomas & Others v JFB Firth Rixson, Inc. & Others [2010] EWHC 3372 (Ch) at [5].

에는 이행을 거절할 수 있는 범위나 한계가 전혀 정해져 있지 않았다. 도산당사자의 상대방이 이를 기화로 자신이 정산금을 지급해야 할 거래에서 조기종료권한을 행사하지 않은 채 자신의 지급의무까지 끝내 이행하지 않으려 하는 사례가 생겼다. 이 문제와 관련하여 영국 법원과 미국 연방파산법원의 판결이 있었으며, 당사자들이 위 조항을 손쉽게 수정할 수 있도록 ISDA가 표준특약조항을 공표하기에 이르렀다.

시장에서는 위 사례와 같이 지급의무를 무기한 연기하는 행태를, 계약문언의 모호성을 기화로 시장에서 받아들이고 있던 취지와 다른 계약상 권리를 주장하는 것으로 받아들였으며, 이 점에서 이러한 행태는 일응 기회주의적인 행동이다.[3] 현재 국제장외파생상품에 관한 ISDA 표준계약서 체제는 이러한 기회주의적 행동을 적절히 규제하고 있는가, 또는 규제할 수 있는가? ISDA의 사적 규제체제는, 정치하게 작성된 표준계약서를 당사자들이 실제 계약으로 편입시키고 그 내용이 각 법역의 계약법을 통하여 집행됨으로써 실현된다(이른바 '계약에 의한 규제'). ISDA는 이를 위해 실제 분쟁해결절차에서 표준계약조항이 ISDA가 생각하는 바와 동일하게 해석되도록 유도하는 장치들을 두고 있다. '파생상품시장의 사정에 밝지 않은 판사에 의한 의외의 판결'을 막아야 한다는 것이다. 이를 위해서 ISDA의 표준계약서는 ① 계약문언을 중시하는 계약해석법리를 채택한 뉴욕주법과 영국법을 표준적인 준거법으로 채택했고 관할 법원도 그곳을 관할하는 법원으로 정했으며, ② 주요 표준계약조항의 해석이 실제 소송의 쟁점이 될 경우 ISDA가 해당 법정에 의견을 제출하고 있을뿐 아니라, 근래에는 아예 ③ 분쟁해결방법 자체를 바꾸어 금융중재를 활성화하려는 노력을 기울이고 있다.

---

3) 물론 구체적인 거래구조나 양태에 따라 그것이 부당한지 여부 내지는 얼마나 부당한지가 달라질 수 있다. 기회주의적 행동 일반에 대해서 이하 III. 1. 참조.

위 ①과 ②는 형식주의적 계약해석법리에 의존해서 시장이 의도한 결론을 법원에서도 관철하고자 하는 것이고, ③은 아예 법원을 배제하고 국제장외파생상품시장 별도의 논리로 분쟁을 해결하고자 하는 취지라고 평가할 수 있다. 그러나 아래 VI에서 보듯이 표준계약서 작성이나 표준계약조항의 문언해석만으로는 기회주의적 행동을 적절히 규율하기 어렵다. 금융중재에 한계가 있다는 점도 분명하다. 결국 신의성실의 원칙을 동원하거나, 특히 유책당사자가 도산절차에 들어간 경우라면 도산조항(도산절차 개시를 이유로 상대방의 계약상 권리를 제약하는 조항)에 관한 법리를 적용하는 등의 방법으로 법원이 직접 기회주의적 행동을 규율할 수 있어야 한다. 표준계약 또는 계약법의 한계는, 최근 불거진 신용부도스왑(Credit Default Swap. 이하 'CDS')에 대한 인위적 개입 관련 사례에서 더 극명하게 나타난다.

어느 모로 보나 현재 국제장외파생상품시장에 대한 ISDA의 규제 체제는 기회주의적 행동을 규율하는 데 한계가 있다. 이 점에서 국제장외파생금융거래에 대한 실효적인 사법(私法)상 규율은 여전히 사법부(司法府)에 — 간접적으로는 금융규제당국에 — 맡겨져 있음을 지적하는 것으로 본고는 끝맺는다.

II. 선행조건조항의 의의

1. 개관

거래에 임하는 사람은 상대방의 불이행에 대비한 여러 계약상 장치를 둔다. 민법은 쌍무계약에 있어 일반적으로 그러한 당사자의 의사를 추단

해서 동시이행의 항변권과 불안의 항변권(제536조)을 두고 있다. 계약당
사자 일방이 그 계약상 의무를 이행하지 않거나 이행하지 못할 것이 분
명히 예상되는 경우라면, 그 계약 상대방이 자신의 반대채무를 이행하지
않는다는 이유만으로 채무불이행에 따른 책임을 지지 않는다는 것이다.
이러한 쌍무계약에서의 이해관계는 국제적으로 이루어지는 장외파생금
융거래에 있어서도 마찬가지로 나타난다.

ISDA 기본계약서[4]의 제2조 (a)항 (iii)호는, 각 계약당사자의 지급의무
가 그 각 상대방의 채무불이행사유(event of default)[5]가 없다는 선행조건
(condition precedent)에 걸려 있다고 규정하는 방법으로 그러한 이해관계
를 규율하고 있다. 일방에게 채무불이행사유가 발생한다면 그 거래 결과
와 상관없이 그 상대방에게는 지급의무가 없다는 것이다. 다시 말하면,

---

4) ISDA의 표준계약서는 1987년 이자율스왑거래와 관련하여 처음 마련(Interest Rate and
Currency Exchange Agreement, IRCEA)된 이후 장외파생거래 일반을 규율할 수 있는
내용으로 1992년과 2002년 대폭 개정되었다. 현재 사용되는 것은 대부분 1992년판과
2002년판이다. 개정에 불구하고 당사자 사이에서 1992년판이 여전히 채택되고 있다는
점은 특기할 만한데, 다만 리먼 브러더스의 파산 이후에는 2002년판의 사용비율이
늘어나는 추세라고 한다. Schuyler K. Henderson, Henderson on Derivatives (2nd
revised), LexisNexis (2010); Josh Clarke, "Why Corporates Are Slow to Use New Isda
Standard", 23 International Financial Law Review 64 (2004)(조기종료에 따른 지급금액
산정방법 및 교차불이행과 관련한 개정사항이 사실상 딜러보다 금융소비자인 일반 기
업들에게 불리하고, 그 때문에 2004년 당시까지 2002년판이 사용된 예가 별로 없다고
한다). 이 글에서는 특별히 구별할 필요가 없는 한 1992년판과 2002년판 모두를 "ISDA
기본계약서"로 통칭한다.

5) ISDA 기본계약서상 만기 이전에 기본계약을 중도에 종료시키는 '조기종료(early termi-
nation)' 사유로는 채무불이행사유(event of default)와 종료사유(termination event: 법
률의 개정과 같이 일반적으로 당사자들에게 책임을 돌리기 어려운 계약종료사유들)의
두 가지가 있다. 이와 관련해서 신용진, 장외파생상품 거래계약 해설 (2013), 58면 각주
49에서는 "event of default"를 기한이익 상실사유로 번역해야 한다고 주장한다. 그러나
본고에서는 '종료사유'와 대비되는 의미에서 '채무불이행사유'로 번역하는 것이 그 의미
를 살리는 데 더 적절하다고 보았다.

귀책사유가 없는 일방[비유책당사자(non-defaulting party)]은 자신이 외가
격(out-of-money)에 있어 유책상대방에 대한 지급의무를 부담하게 될 상
황에 있더라도 이를 지급할 필요가 없다.[6]

선행조건조항은 사실 크게 주목받던 계약조항이 아니었다. 그렇지만
리먼 브러더스 그룹의 도산[7]을 불러온 2008년의 세계적 금융위기는 위
선행조건조항에 대한 일종의 시험대가 되었다. 미국 내 수위권의 대규모
투자은행이었던 리먼 브러더스는 파산신청 직전까지 수많은 장외파생거
래 포지션을 보유하고 있었고,[8] 파산신청은 그 자체로 채무불이행사유였
다. 그중에는 유책당사자임에도 불구하고 리먼 브러더스가 정산금을 지
급받을 상황에 있는 거래도 상당수 있었다. 어떤 경우이든 ISDA 기본계
약서는 책임이 없는 거래상대방(비유책당사자)이 조기종료권한을 행사하
고 거래를 최종 정산할 것을 예정하고 있지만, 정작 위 계약조항의 문언
만으로는 비유책당사자 측이 조기종료를 미루면서 지급의무도 무한정 거
절할 수 있을 것처럼 보이기도 한다. 여기에서 법적 분쟁이 초래되었던
것이다.

---

6) 이러한 계약조항이 삽입된 계약상의 채권은 애초 채권자 자신의 채무불이행이 없을
   것을 조건이 부착된 자산이라는 맥락에서, 영국에서는 위 제2조 (a)항 (iii)호와 같은
   취지의 조항을 "조건부 권리 조항(flawed-asset clause)"이라고 부르기도 한다. 이 번역
   은 앞에서 필자가 사용했던 용어인 '하자 있는 권리 조항'보다 더 적절하다고 생각하여
   택한 것이다. 박 준, "리먼브러더스의 도산절차에서 제기된 파생금융거래 관련 법적
   쟁점", BFL 제92호 (2018), 14면 참조.
7) 본고에서 '도산(insolvency)'은 채무자 회생 및 파산에 관한 법률의 회생절차 및 파산절
   차 내지는 그에 상응하는 외국의 절차가 개시된 경우를 가리키는 것으로 사용한다.
   ISDA 기본계약서 제5조 (a)항 (vii)호의 "파산(bankruptcy)"은 그 규정 내용상 위 도산사
   유가 발생한 경우 전반을 포섭하고 있다.
8) 박 준, 앞의 논문 각주 6, 8면 참조.

2. 선행조건조항의 내용

선행조건조항의 실제 문언은 다음과 같다.[9]

(a) 일반조건

(i) 각 당사자는 본 계약의 다른 조항에 따라 각 거래확인서에 정해진 지급 또는 인도를 한다.

(ii) ....

(iii) 제2조 (a)항 (i)호에 기한 각 당사자의 각 의무는 다음을 선행조건(condition precedent)으로 한다. (1) 채무불이행사유 또는 잠재적 채무불이행사유가 타방 당사자에 대해서 발하였거나 계속되고 있지 않다는 선행조건, (2) 해당 거래에 대한 조기종료일이 도래하거나 유효하게 지정되지 않았다는 선행조건, (3) 본 계약에서 본 제2조 (a)항 (iii)호의 목적상 선행조건으로 된다고 명시한 기타의 조건.[10]

(a) General Conditions.

(i) Each party will make each payment or delivery specified in each Confirmation to be made by it, subject to the other provisions of this Agreement.

(ii) ....

(iii) Each obligation of each party under Section 2(a)(i) is subject to (1) the condition precedent that no Event of Default or Potential Event of Default with respect to the other party has occurred and is continuing, (2) ....

위 제2조 (a)항 (iii)호에서 가장 중요한 의미를 가지는 것은 (1)목이며, (2)목과 (3)목은 큰 의미가 없다.[11] 일단 조기종료일이 지정되어 조기종

---

9) 후술하듯이 ISDA는 본 조항을 수정할 수 있는 표준특약조항을 발표하였다.

10) 1992년판에서는 (3)목이 "본 계약에서 명시한 기타 적용 가능한 선행조건"이라는 문언으로 되어 있었다.

11) Edward Murray, "Lomas v Firth Rixson: A Curate's Egg?", 7(1) Capital Markets Law

료가 이루어지면 평상시의 지급의무를 정하는 제2조는 더 이상 작동하지 않으므로〔제6조 (c)항 (ii)호,[12] 그런 만큼 부속서에서 자동조기종료 특약을 선택하면 본 선행조건조항은 의미가 없게 된다〕 거기에 포함된 위 (2)목 역시 적용되지 않는다. 한편 ISDA 기본계약서 자체에는 이것 외에 다른 어떤 것도 선행조건으로 정해진 바 없다. 그러므로 계약당사자가 직접 기본계약서를 수정해서 별도의 선행조건을 포함시킨 경우가 아닌 한 (3)목도 적용될 일이 없다. 논의의 편의상 본고에서 '선행조건조항'이라고 함은 위 제2조 (a)항 (iii)호의 (1)목만을 가리키는 것으로 본다.

3. 선행조건조항의 기능

(1) 본 조항에서 정하는 '선행조건'의 법적 성질

본 선행조건조항은 거래상대방의 채무불이행사유가 자기 지급의무에 대한 '선행조건'이 된다고만 정하고, 그것의 구체적인 의미가 무엇인지에 대해서는 침묵하고 있다. 일반적으로 선행조건이라 함은 '시간의 경과 외의 일정한 사건으로서 어떤 의무를 이행하기 전에 반드시 존재 또는 발생해야 하는 것'이라고 정의된다.[13] 영국의 계약법 교과서에서도 조건 (contingent condition)을 선행조건(condition precedent)과 후행조건(condition subsequent)으로 구별하면서, 전자는 특정 사건이 발생해야만 계약의 구속력이 발생토록 하는 것이고 후자는 특정 사건이 발생하면 계약의 구

Journal 5 (2011), 7-8면 주 9 참조.

12) 조기종료일 지정의 효과가 발생하게 되면 종료된 거래와 관련해서 제2조 (a)항 (i)호에 따른 지급의무는 이행될 필요가 없으며 조기종료에 따른 지급액은 제6조 (e)항에 따라 정해진다는 취지의 조항이다.

13) Henry Campbell Black, Black's Law Dictionary (9th, 2009), 334면.

속력을 종료시키는 것이라고 설명한다.[14] 미국 계약법 리스테이트먼트
의 경우에도 마찬가지다.[15] 이 점에서 '선행조건'의 일반적인 의미는 우
리나라의 민법에서 말하는 정지조건과 크게 다르지 않아 보인다.[16] ISDA
에서도 아예 이행기 당시 각 선행조건이 충족되어야 비로소 지급의무가
발생하는 것이며 선행조건이 불충족된 상태에서는 아예 지급의무가 발생
조차 않는다는 것이 본 표준계약조항의 취지라는 견해를 근래 공표한 바
있다.[17] 선행조건조항을 다룬 문헌들 역시 같은 취지로 이해하고 있다.[18]

　그런데 영국 항소법원은 본 조항의 작동범위를 보다 자세히 분석하여
채무(debt obligation)는 위 선행조건과 상관없이 유효하게 발생해서 존속
하는 것이고 단지 지급의무에 선행조건이 부착되어 있을 뿐이라고 설시
했다. 선행조건조항이 포함된 제2조 자체가 지급의무에 관한 조항이라는
이유에서다.[19] 이는 우리 민법상 연기적 항변권을 연상시킨다. 아래에서

14) Ewan McKendrick, Contract Law, London: Palgrave (11th ed., 2015), 174-175면. 영국
　계약법상 'condition'은 우리법상 조건과 무관하게 일정한 유형의 계약조항 전반을 가리
　키는 용어로 사용(warranty와 대별되는 의미)되기도 한다는 점에 유의할 필요가 있다.
15) 다만 제2차 계약법 리스테이트먼트에서는 선행조건·후행조건 사이를 구별하던 종래
　의 태도를 바꾸어 '조건(condition)'은 선행조건만을 의미한다고 정하고 있다.
16) 석광현, 국제사법과 국제소송 제1권, 박영사, 2002, 581-582면은 국제대출계약의 맥락
　에서, 선행조건이 '대출의무의 발생에 대한 정지조건'이라고 볼 수는 있겠지만 엄격한
　의미에서 우리 민법상의 '정지조건'과 동일한 개념인 것은 아니라고 설명하고 있다.
17) ISDA, Guidance Note on the Form of Amendment to ISDA Master Agreement for
　Use in Relation to Section 2(a)(iii) (2014), 3면 주 4.
18) Edward Murray, "Lomas v Firth Rixson: 'As You Were!'", 8(4) Capital Markets Law
　Journal 395 (2013), 401면 주 29; Mark I. Greenberg, "Proposed Changes to ISDA
　Section 2(a)(iii) and "Flawed Asset" Approach", 2(17) Bloomberg Law Reports (2011),
　미주 2 등 참조.
19) 아래에서 소개하는 Lomas v. Firth Rixson 판결의 [24]-[28], [35] 문단(선행조건조항
　에 의해서 채무 자체가 소멸한다고 보는 것은 과도하다는 점도 이유로 들어졌다).
　호주 빅토리아주 대법원 역시 선행조건은 '이행(performance)'에 대한 조건이라고 설
　시한 바 있다(상대방의 채무불이행을 선행조건으로 하는 조항이 들어간 증권대차거래
　가 문제 된 Primebroker Securities Ltd v Fortis Clearing Sydney Pty Ltd (No.2) [2010]

보듯이 위 선행조건조항의 실제 기능 역시 동시이행의 항변권 또는 불안의 항변권과 매우 유사하다. 그렇지만 적어도 지연이자와 관련해서는 다르다. 민법상 동시이행의 항변권에 따라 자기의무의 이행을 거절하는 경우에는 지연이자가 붙지 않아야 한다. 그런데 2002년 ISDA 기본계약서 제9조 (h)항 (3)호 (A)문에서는 연기된 기간 동안 일정한 이자(지급의무자가 주요 은행으로부터 제시받은 익일물 수신금리)가 붙는다고 정하고 있다.[20]

대한민국법하에서 위 선행조건조항의 법적 성질이 무엇인지를 밝히는 것은, 대한민국법을 준거법으로 수정해서 ISDA 기본계약서를 체결하였을 경우 구체적으로 발생하는 계약해석상의 문제들을 해결하기 위해서다. 이를 위해서는 '선행조건'이 일반적으로 어떤 법률용어에 대응하는 것인지를 살피는 것보다도, 당사자들이 '선행조건'이라는 문언을 사용했을 때 의도한 것이 무엇이었는지를 각 쟁점별로 살펴보는 것이 필요할 것이다.

(2) 선행조건조항의 실질적 기능[21]

앞에서 설명한 이유에서 선행조건조항은 채무불이행사유가 발생했음에도 조기종료가 이루어지지 않은 경우(그 당연한 전제로 부속서에서 자동조기종료가 선택되지 않았어야 한다)에만 적용된다. 또한 그 내용상 당연히 비유책당사자가 외가격에 있어 지급의무를 부담하는 경우에만 문제가 된

VSC 358 판결]. 이 판결에 대한 간략한 소개로는 Scott Farrell / Jeremy Green, "Close-Out Netting: Even More Reassurance", 28 International Financial Law Review 36 (2009).

20) 1992년판의 경우 규정이 없었고, 해석상으로는 채무불이행사유가 치유되지 않은 이상 이자가 붙지 않는다고 해석되어 왔다고 한다. Henderson, 앞의 책 각주 4, 917면.

21) 구체적인 사례를 들어 자세히 설명한 것으로는 홍성균, "장외파생금융거래에 사용되는 "ISDA 기본계약서"상의 선행조건조항: 계약해석 및 도산법상의 쟁점을 중심으로", 상사법연구 제33권 제4호 (2015), 165면 이하.

다. 이를 전제로 기초자산가치의 변동에 따라 지급의무의 방향이 함께 변동하는 장외파생상품의 특징을 염두에 두면, 선행조건조항의 기능을 두 가지로 분석할 수 있다.

첫째, 선행조건조항은 기본적으로 불안의 항변권을 부여하는 것과 동일한 기능을 한다.[22] 비유책당사자는 본 선행조건조항을 들어 자신에게 반대채무를 이행할 수 있을지 여부가 불분명한 유책상대방에게 자기채무의 이행을 거절할 수 있으며, 이로써 그 유책상대방에 대한 자신의 다른 반대채권과 관련한 신용위험을 줄일 수 있는 것이다. 장외파생상품시장의 참여자들은 대개 하나의 거래만 하는 것이 아니고 여러 거래를 하나의 기본계약하에서 한다. 그러므로 비유책당사자가 특정 거래에서는 외가격인 포지션에 있더라도 다른 거래에서는 내가격일 수 있다.[23] 또한 스왑과 같이 계속적 거래인 경우에는 그 자체로 특정 시점에 외가격이었다 하더라도 기초자산의 가치가 변동함에 따라 향후 내가격이 될 수도 있는 것이다.

둘째, 선행조건조항은 비유책당사자가 조기종료 권한을 행사하기 위한 시간적 여유를 부여하는 기능을 한다.[24] 비유책당사자는 상대방의 채무불이행사유를 들어 그 거래를 조기종료할 수 있는 권한을 가지며, 이를

---

22) 신용진, 앞의 책 각주 5, 59면은 동시이행의 항변권으로 설명하고 있는데, 엄밀히 보면 여기에서 문제 되는 채권채무가 꼭 서로 동시에 이행되어야 할 성질의 것은 아니므로 불안의 항변권으로 이해하는 것이 정확하다고 본다.

23) 아래 Marine Trade 판결의 사안이 실제로 그러했다.

24) 비유책당사자가 조기종료 권한을 행사해서 모든 거래를 종결시키기까지 어느 정도 '숨 쉴 시간'을 마련해 준다는 HM Treasury, Establishing Resolution Arrangements for Investment Banks, 119 (2009) 및 Murray, 앞의 논문 각주 11, 8면의 설명, 그리고 조기종료를 선택해서 거래관계를 완전히 종결시키지 않고 어느 정도 문제가 자연스럽게 해결되기를 기다릴 시간을 벌어 준다는 Scott Farrell, "Court Upholds Isda's Flawed-Asset Provision", 23 International Financial Law Review 33 (2004), 33면 등 참조.

통해 유책당사자와의 관계를 해소하는 것은 매우 자연스러운 일이다. 그런데 조기종료는 당해 거래를 포함한 기본계약하의 모든 거래에 대해서 일괄적으로 이루어져야 하므로,[25] 조기종료가 간단한 문제는 아니다. 채무불이행사유에 따라서는 시간의 경과에 따라 치유될 수 있는 것도 있고, 그렇다면 조기종료 권한을 행사하지 않은 채 거래가 정상적으로 이루어질 수 있기를 기다리는 것이 더 나은 선택일 수 있다.[26] 또한 비유책당사자로서는 조기종료금액을 산정하는 것 자체에 상당한 시간이 필요할 수도 있다. 만약 선행조건조항이 없다면, 비유책당사자는 다음 지급일이 도래할 경우 유책상대방에 대한 지급을 피할 수 없으므로 사실상 그전에 조기종료 권한을 행사할 수밖에 없다. 이렇게 되면 채무불이행이라는 비상상황 하에서 유연한 대처가 어려워진다.

III. 선행조건조항의 편법적 원용과 계약법

1. 개관: 기회주의적 계약조항 원용

앞에서 소개한 바를 종합하면, 선행조건조항은 첫째로 비유책당사자

---

25) 비유책당사자는 조기종료의 의사 및 그 사유를 특정하여 통지함으로써 조기종료권한을 행사한다[제6조 (a)항]. 한편 기본계약하에서 이루어진 수개의 거래는 모두 하나의 계약 아래 이루어진 것으로 간주되기 때문에[제1조 (c)항의 '단일계약조항(single agreement clause)'] 일부 거래만 선별적으로 조기종료할 수는 없다.

26) 자동조기종료가 선택된 경우에는 이러한 유연한 대처가 애초에 불가능해지는 문제가 있다. 또한 미국에서는 실무상 자동조기종료가 선택되는 경우는 많지 않다고 한다. 자동조기종료의 경우 조기종료시점이 채무불이행사유가 발생한 시점 당시로 소급하게 되어 조기종료금액을 산정하는 것이 어려워지기 때문이다. Henderson, 앞의 책 각주 4, 965면 이하 및 1003면 이하.

에게 불안의 항변권 내지 동시이행의 항변권을 제공하고, 둘째로 (잠재적) 채무불이행사유 발생 시 지급을 강제당하지 않는 여유시간을 부여하며 그동안 최종적으로 거래를 종료하고 정산하도록 한다. 그런데 여기에서 첫째 기능은 둘째 기능을 위한 수단이다. 다시 말하면 조기종료를 만연히 미룰 수 있게 하려는 것이 아니라 오히려 조기종료로 나아가는 일련의 과정을 정한 것인 셈이다. 그렇지만 선행조건조항의 문언은 단순히 비유책당사자에게 지급의무를 거절할 수 있는 권한을 제한 없이 부여하고 있었다. 2000년대 경제지표의 급격한 변동과 리먼 브러더스 파산을 거치면서, 비유책당사자가 선행조건 위반을 이유로 자신이 외가격에 있는 거래를 무작정 정산에 포함시키지 않거나(III. 2.) 이를 이유로 조기종료를 무한정 미룬(III. 3.) 사례들이 생겨났다.[27]

일반적으로 계약당사자의 기회주의(opportunism) 또는 기회주의적 행동(opportunistic behavior)을 정의하는 방법에는 여러 가지가 있으나, 그중 일반적으로 받아들여지는 것 하나는 '쌍방당사자 사이의 합의나 계약규범(contractual norms) 또는 일반적인 도덕법칙(conventional morality)에 기초한 일방 당사자의 합리적 기대에 반하는 상대방 당사자의 행동'으로 이를 정의하는 것이다.[28] 즉 계약 당시 형성되었던 합리적 기대에 반하는

---

27) 그렇기는 해도 리먼 브러더스 파산과 관련해서 실제로 선행조건 위반을 원용하면서 지급의무를 장기간 거절한 사례가 많았던 것은 아니다. 그 이유에 대해서는 Simon Firth, "The English Law Treatment of Lehman's Derivatives Positions", in Dennis Faber / Niels Vermunt, eds., Bank Failure: Lessons from Lehman Brothers (2017), OUP, 234면; 박 준, 앞의 논문 각주 7, 14면 주 32 참조.

28) George M. Cohen, "The Negligence-Opportunism Tradeoff in Contract Law", 20(4) Hofstra Law Review 941 (1992), 957면. 그 외 이를 기회주의적 행동을 정의하는 여러 학설에 관해서는 Hans-Bernd Schäfer / Hüseyin Can Aksoy, "Good Faith", in Alain Marciano / Giovanni Battista Ramello, eds., Encyclopedia of Law and Economics (2015), 1-8면 참조.

일방 당사자의 행동이 기회주의적 행동이다. 기회주의적 행동은 시장의 거래비용을 증가시키므로 이를 제약할 필요가 있으며, 법원은 특히 계약해석(형식주의와 맥락주의 모두 그러한 기능을 한다)과 신의성실의 원칙을 통해서 이를 규율한다.[29)]

선행조건조항에 관한 위 사례들도 아래에서 자세히 보듯이 시장에서 일반적으로 받아들여지는 선행조건조항의 의미 또는 애초 선행조건조항이 작성되었던 ISDA의 취지와는 실질적으로 반대되는 것이었다는 점에서 '편법적', 즉 '기회주의적'인 선행조건조항 원용이었다고 할 수 있다. 아래에서는 위 각 사례가 실제 법원의 판결까지 이르렀던 영국에서의 분쟁들을 위주로, 그러한 계약당사자의 기회주의적 행위가 계약법적으로 어떻게 다루어질 수 있는지를 검토한다.

2. 선행조건 위반과 지급정산네팅

(1) 문제의 소재

ISDA 기본계약서 제2조 (c)항에서는 쌍방 당사자의 대립하는 복수의 채권채무가 '동일한 이행기(지급일)에 동일 통화로 이루어질 것'[제1문 (i)호]으로서 '동일한 특정 거래로부터 발생한 것'[제1문 (ii)호]이라면 이를 모두 차감 또는 상계하고 남는 하나의 지급의무만을 이행하도록 정하고 있다. 이를 '지급정산네팅(payment netting)'이라고 한다. 나아가 제2조 (c)항 제2문부터 제4문은, 계약당사자들이 특약으로 (ii)호를 배제함으로써 이른바 '복수거래 지급정산네팅(multiple transaction payment netting)' 특

---

29) Schäfer / Aksoy, 앞의 글 각주 28.

약을 할 수 있다고 정한다. 이 경우 해당 기본계약하에서 이루어진 모든 지급의무에 대해서, 그 각 이행기와 통화가 같다는 전제하에 일괄적으로 지급정산네팅이 이루어진다.

그와 같이 복수거래 지급정산네팅이 선택되었더라도 일방이 선행조건 조항을 원용해서 지급의무를 거절하는 경우 지급정산네팅이 불가능한 것은 아닌지 문제 될 수 있다. 예컨대 甲은행과 乙회사가 하나의 기본계약하에서 두 개의 차액결제형 이자율스왑거래를 했는데 지급일이 도래한 현재 첫째 거래에서는 甲이, 둘째 거래에서는 乙이 각기 내가격에 있게 되었다고 하자. 이 경우 복수거래 지급정산네팅이 이루어지면 乙의 지급액과 甲의 지급액 사이에 정산이 이루어져 기본계약상 하나의 지급채권만이 성립한다. 나아가 그렇게 지급정산을 하면 甲이 내가격에 있는 상황이라고 하자. 그런데 가령 甲에게 선행조건 위반사유가 있게 되면, 乙이 단순히 지급정산네팅 후의 지급의무만을 거절할 수 있는 것이 아니라 처음부터 첫째 거래에서의 지급의무를 거절할 수 있는 것은 아닌지 의문이 있을 수 있다. 그렇게 되면 甲은 애초 지급정산네팅 자체를 주장하지 못하고 둘째 거래에 따라 결정된 액수 전액을 지급할 의무를 부담하게 된다.

사실 乙의 그와 같은 주장은, 시장에서 일반적으로 ISDA 기본계약서의 내용으로 이해해 왔던 바와는 명백히 상충되는 것이었다. ISDA가 당사자들 사이의 복수 거래를 묶어 하나의 '기본계약서' 형식으로 규율하려 한 취지가 바로 지급정산네팅에 있었기 때문이다. 다시 말하면, 다수거래를 포괄하는 '기본계약'이라는 계약구조를 사용한 것에는, 이로써 당사자들 사이에 지급되어야 할 채권채무의 액수를 차감하고 이를 통해서 신용위험을 덜어 낸다는 데에 취지가 있었다. 기본계약하에서 이루어진 거래들이 모두 '하나의 계약하에서 이루어진 것으로 취급하는 것〔제1조 (c)항, 단일계약조항(single agreement clause)〕도 그 때문이다. 그 여러 거래에서 발생한 동일한 이행기의 쌍방 지급금액에 대해 한꺼번에 기본계약상의 지급정산네팅조항을 적용해서 하나의 채무만을 '지급의무'로 인정하는 것이야말로 거래당사자들이 ISDA 기본계약서를 사용하는 가장 중요한 목적이다.

(2) 영국 고등법원 상사부의 Marine Trade v Pioneer 판결[30]

원고(Marine Trade)는 2007년 5월경부터 피고(Pioneer)와 사이에서 발틱해운거래소에서 발표하는 운임지수를 기초로 차액결제를 하는 수개의 운임선도거래(이른바 'FFA')를 하여 왔다. 위 거래는, 위 거래소의 운임지수를 기초로 산출되는 결제운임(Settlement Rate)과 미리 거래당사자들이 합의한 계약운임(Contract Rate)의 차이에 계약수량을 곱하여 매월 산정되는 금액을 기준으로 하여, 결제운임이 더 높으면 매도인이 그 금액의 지급의무를 부담하고 계약운임이 더 높으면 매수인이 지급의무를 부담하는 구조로 되어 있었다.

피고는 2008년 금융위기를 겪으면서 2009년 1월경부터 지급불능상태(채무불이행사유에 해당)에 빠졌고, 그 당시 결제금액 기준 원고는 자신이 매도인이었던 거래에서 미화 약 700만 달러만큼, 반대로 피고는 자신이 매도인이었던 거래에서 미화 약 1,200만 달러만큼 각각 내가격에 있었다(위 각 채무의 이행기는 2009. 2. 6). 그리고 2009년 5월경 원고에 대해서도 채무불이행사유가 발생했다.

이러한 사안에서 원래대로라면 원고는 ISDA 기본계약서 제2조 (c)항

---

30) 〔2009〕 EWHC 2656 (Comm); 〔2009〕 2 CLC 657. 참고로 영국의 고등법원(high court)은 중요 사건을 담당하는 제1심 법원이다. 이하 소개하는 내용에 대응되는 판결문의 문단번호를 참고하기 위해서는 홍성균, 앞의 논문 각주 21, 174면 이하 참조.

의 네팅조항에 의해서 위 각 금액을 정산·차감한 약 500만 달러를 지급할 의무가 있다.[31] 그런데 원고는 자신이 외가격에 있던 금액은 무시하고 자신이 내가격에 있던 약 700만 달러 전액을 자신에게 지급할 것을 요구하였다. 유책당사자인 피고가 선행조건을 충족시키지 못했으므로 비유책당사자인 원고 자신이 외가격에 있던 약 1,200만 달러에 대해서는 지급의무가 없다는 것이 그 근거였다.[32]

영국 고등법원 상사부는 원고의 위 주장을 받아들였다. ISDA 기본계약서 전반을 고려하면 '지급되어야 할 금액'이라는 문언은 '즉시 집행될 수 있는 지급의무의 대상인 금액'이라는 의미로 해석되어야 한다는 이유에서였다. 그와 같이 선행조건을 충족하지 못해서 지급의무가 없게 된 이상, 그 대상 거래에서 결정된 지급액은 지급정산네팅의 대상이 될 수 없었다.

(3) 영국 항소법원의 LBSF v Carlton Communications Limited 판결[33]

이 사건은 리먼 브러더스의 특수금융부문(Lehman Brothers Special Fi-

---

31) 위 사건에서 사용되었던 FFABA 계약서 제9조는 아예 당해 계약서에 편입되는 ISDA 기본계약서의 제2조 (c)항 (ii)호를 배제했다. 즉 복수거래 지급정산네팅 특약을 표준조항으로 정하고 있었다.

32) 그 자세한 근거는 다음과 같다. ISDA 기본계약서의 지급정산네팅에 관한 조항인 제2조 (c)항의 문언은, 각 당사자가 각자에게 "지급되어야 할 금액(amounts ... otherwise be payable)"이 있다면 동일한 금액의 한도에서 '지급의무(obligation to make payment)'가 이행된 것으로 보고 남은 금액에 대한 일방의 지급의무만이 각자의 의무를 대체한다고 되어 있다. 그런데 피고의 선행조건 불충족으로 인해서 원고는 1,200만 달러에 대해서 지급의무를 부담하지 않게 되었으므로 지급정산네팅의 대상인 '지급되어야 할 금액' 또는 '지급의무'가 아니게 되었다는 것이다.

33) [2012] EWCA Civ 419. 아래 3. (2)에서 소개하는 Lomas v. Firth Rixson 사건과 항소심에서 병합되어 심리 및 판결이 이루어졌기에 동일한 인용번호가 부여되어 있다. 본 판결에 대해서는 박 준, 앞의 논문 각주 7, 16면 이하 참조.

nancing, 이하 'LBSF')과 통신회사 사이에서 이루어진 두 개의 이자율스왑 거래에 관한 것이다. 여기에서 항소법원은 위 Marine Trade 판결과는 반대되는 결론을 제시했다. 1992년 ISDA 기본계약서의 취지는, 동일한 이행기에 있는 한 개 이상의 거래에서 반대되는 채권채무를 서로 자동으로 정산하도록 함으로써 상대방의 신용위험을 줄이고자 하는 것에 있다는 것이다. 계약해석에 있어 이러한 명백한 상업적 목적은 존중되어야 하는데, 지급정산네팅이 아예 불가능하다고 보는 것은 이에 반해 비유책당사자에게 지나친 이득이 된다는 논리였다. 물론 이 사건에서의 이 부분 설시는 사건의 해결과 직접 연결되어 있는 것은 아니었지만, 항소법원은 이렇게 해석하는 것이 아래에서 보는 재산박탈금지원칙 위반 여부 판단에 있어 중요한 고려요소가 된다고 보았다.

(4) 검토

한국법 및 그 법원이 각각 준거법 및 관할법원으로 합의되었다면 어떻게 될 것인가? 지급정산네팅을 거부할 수 없다는 영국 항소법원의 판단과 같은 결론이 내려질 가능성이 높다.

대법원은 법률행위 해석을 '당사자의 진정한 의사를 발견하는 것이되 그 대상은 표시행위를 통해서 추단된 효과의사로서 그 표시행위에 부여한 객관적인 의미를 합리적으로 해석하는 것'(대법원 2000. 10. 6. 선고 2000다27923 판결 등)이라고 본다. 그러므로 먼저 본 선행조건조항의 문언을 자세히 볼 필요가 있다. 문언상 선행조건이 부가된 것은 '제2조 (a)항 (i)호에 따라 이행할 의무'이다. 그리고 제2조 (a)항 (i)호에 따르면 그 의무는 거래확인서와 기본계약서상의 제반 조항에 따라 정한다. 그렇다면 선행조건에 걸려 있는 '지급의무'란, 제2조 (c)항의 지급정산네팅까지 모두 이루어져 차감된 것을 말한다고 보는 것이 자연스럽다.[34] 그렇지만 Marine Trade 판결에서와 같은 결론이 불가능한 것도 아니다. 다만 적어도 계약문언상 선행조건 위반 시 지급정산네팅이 불가능하다는 것이 명확히 정해져 있다고 할 수 없음은 분명하다.

둘째, 대법원이 설시하는 '법률행위가 이루어지게 된 동기 및 경위, 당사자가 법률행위에 의하여 달성하려고 하는 목적과 진정한 의사, 거래관행'(대법원 2012. 7. 26. 선고 2010다37813 판결 등) 또는 '약관의 객관적·통일적 해석'[35]을 고려하면 선행조건 위반 여부가 지급정산네팅 여부에까지 영향을 끼친다고 보아서는 안 된다. 여기에서 중요한 것은 앞에서 설명하였던 '기본계약'이라는 형식을 선택한 ISDA 기본계약서의 의도다. 지급정산네팅을 통해서 신용위험을 줄이는 것은 기본계약 형태로 여러 거래를 묶어 단일한 계약으로 규율하고자 한 ISDA 기본계약서의 가장 중요한 취지 중 하나였다. 거시적으로 보면 이는 장외파생거래에서 야기되는 시스템위험을 줄이려는 노력과도 연결되어 있으며, 조기종료 시 일괄정산네팅의 효력을 도산절차에서도 인정하는 채무자회생 및 파산에 관한 법률(이하 '채무자회생법') 제120조 제3항에도 그대로 반영되어 있다.[36]

---

34) Henderson, 앞의 책 각주 4, 1074면도 같은 취지. 이에 따르면, 차감된 하나의 지급의 무만이 기본계약상의 채권 내지 의무에 해당하는 것이겠으나, 본고에서는 지급정산네팅이 이루어지기 전에 산정된 쌍방의 서로에 대한 지급금에도 편의상 '채권', '채무'로 일단 칭하기로 한다.

35) 약관의 규제에 관한 법률 제5조 제1항 후단 및 대법원 2012. 4. 12. 선고 2010다 21849 판결(보통거래약관의 내용은 개개 계약체결자의 의사나 구체적인 사정을 고려함이 없이 평균적 고객의 이해 가능성을 기준으로 하여 객관적·획일적으로 해석해야 한다) 참조. 한편 후술하는 바와 같이 ISDA 기본계약서도 위 법률 제2조 제1호에서 규정하는 '약관'에 해당한다.

36) 일괄정산네팅과 시스템위험 감소에 관해서는 정순섭, "통합도산법상 금융거래의 특칙에 관한 연구: 채무자회생 및 파산에 관한 법률 제120조 제3항의 해석론을 중심으로", 증권법연구 제6권 제2호 (2005), 248-250면 참조.

이는 ISDA 기본계약서라는 약관이 사용되는 일반적 목적으로서, 약관의 체계적·통일적 해석에 있어 반드시 고려되어야 할 사항이기도 하다.[37] 한편 경미한 채무불이행사유만으로도 지급정산네팅 자체가 불가능하게 된다고 보는 것은 유책당사자에게 지나친 불이익을 부여하는 것이다.[38]

요컨대 '지급되어야 할' 금액만 지급정산네팅의 대상이 된다고 볼 여지가 있다는 이유만으로 선행조건 위반 시 지급정산네팅을 거부하고자 하는 비유책당사자의 기회주의적 행태는 주로 ISDA 기본계약서를 사용하는 당사자들의 일반적 목적(신용위험 감축)과 선행조건조항의 일반적인

---

37) 이에 더해 유책당사자가 지급정산네팅을 주장하는 상황을 본 선행조건에 의한 항변권이 붙어 있는 지급채권을 자동채권으로 하는 상계를 주장하는 것과 유사할 수 있음에 주목해서, 이는 상계가 허용되는 상황임을 논한 것으로, 홍성균, 앞의 논문 각주 21, 180-181면 참조. 물론 상계와 지급정산네팅은 다르다[박 준 / 홍선경 / 김장호, "채무자회생 및 파산에 관한 법률 제120조의 해석: 지급결제제도, 청산결제제도 및 적격금융거래에 대한 특칙의 적용범위", 박 준 / 정순섭, BFL총서 6: 파산금융거래와 법 (2012), 353면 주 34 참조]. 가령 복수거래 지급정산네팅특약이 선택되지 않았을 때 다른 유형의 거래들 사이, 또는 그렇지 않더라도 지급일이 서로 달리 정해진 거래들 사이에서는 애초 지급정산네팅은 불가능하고 일반적인 상계만 가능하다. ISDA 기본계약서 제14조 정의조항에서 일반적인 상계가 이루어질 수 있다고 정하며, 2002년 ISDA 기본계약서 제6조 (f)항에서는 비유책당사자가 조기종료금액을 자동채권으로 해서 별개의 채무와 상계할 수 있다고 정한다. 이 경우에는 먼저 상계의 준거법이 문제 되고 이에 대해서는 석광현, "영국법이 준거법인 채권 간의 소송상 상계에 관한 국제사법의 제 문제", 법학 제57권 제1호 (2016); 한 민, "국제금융과 국제도산법에 관한 소고: 실무상의 문제점 분석을 중심으로", 석광현 / 정순섭 편, BFL총서 4: 국제금융법의 현상과 과제 (2009), 394-395면 참조. 대한민국법이 준거법이라면 유책당사자가 ISDA 기본계약서상 지급채권을 자동채권으로 해서 상계를 주장하는 것은 항변권이 부착된 채권을 자동채권으로 하는 상계로서 금지된다고 볼 가능성이 높다. 나아가 채무불이행사유가 '파산(bankruptcy)'이고 그 절차가 대한민국에서 개시되었으면, 도산법정지법인 채무자회생법이 정하는 상계요건을 충족해야 한다. 대법원 2009. 4. 23. 선고 2006다28782 판결; 임치용, "국제도산사건의 실무상 문제", BFL 제53호 (2012. 5), 56-59면 참조.

38) 같은 입장을 취한 것으로 Firth, 앞의 논문 각주 27, 235-236면. 적어도 계약문언상으로 Marine Trade 판시가 불가능한 것은 아니지만, 그러한 근거에서 상업적 합리성 (commercial sense)에 반한다고 본다.

취지(조기종료권한 행사를 위한 여유 부여), 정책적 측면(시스템 위험 감소)을 강조하는 계약해석으로 방지될 수 있다. 유의할 만한 부분은, 위 근거들은 대부분 맥락주의적 계약해석의 요소이지 형식주의적 계약해석 또는 문언해석의 요소가 아니라는 점이다.

3. 선행조건 위반 주장의 한계

(1) 문제의 소재

상대방에게 채무불이행사유가 발생해서 그의 반대채무 이행을 더 이상 기대하기 어렵다면, 그 거래를 중도에 종료(해지)시켜서 유책상대방과의 계약관계를 해소하는 것이 자연스럽다. 그러나 선행조건을 들어 자신의 지급의무를 미룰 수 있다면, 외가격에 있는 비유책당사자는 오로지 시장상황의 변동(기초자산 가치의 변동)만을 기다리면서 거래를 종료하지 않으려 할 유인이 있다. 이른바 '쌍방향지급방식'을 택한 이상 비유책당사자라고 해서 ISDA 기본계약서상 조기종료에 따른 정산금을 지급하지 않아도 되는 것은 아니기 때문이다.[39]

이러한 행태는 선행조건조항의 원래 의도에 부합하지 않는 것일 뿐만 아니라, 채무불이행사유가 장기간 계속되는 성질의 것이라면 이로 인해서 해당 거래가 장기간 미결제 상태로 방치된다는 점에서도 문제다. 실

---

[39] 반대로 일방향지급방식은 실무상 거의 선택되지 않는다. 한편 이와 관련해서 조기종료금액 정산에 관한 내용을 개략적으로 소개한 것으로는 홍성균, 앞의 논문 각주 21, 169-170면; 김홍기, "2002 ISDA 기본계약서의 내용과 장외파생상품거래를 위한 국내용 표준계약서의 필요성", 부산대학교 법학연구 제47권 제2호(2007), 91-96면 등 참조. 이하에서 '조기종료금액'은 조기종료에 따라 당사자 일방에게 타방이 지급해야 할 정산금을 통칭하는 것이다.

무상 금융기관은 규제상의 문제를 고려해서 대차대조표에 나타나는 그러한 부담을 장기간 안으려 하지 않기 때문에 위와 같은 행태는 비금융기관에게서 주로 나타났다. 특히 도산에 해당하는 채무불이행사유가 발생하였다면, 이는 사실상 종국적이고 사후적으로도 치유가 어렵다. 그럼에도 비유책당사자가 조기종료를 선택하지 않고 선행조건 위반을 주장하면서 계약을 유지하는 것은, 기초자산의 변동방향을 잘못 예측한 비유책당사자가 상대방의 채무불이행을 기화로 그 시장위험을 회피하는 기회주의적 행동으로 평가할 수 있다.

(2) 영국 항소법원의 Lomas v JFB Firth Rixson 판결[40]

리먼 브러더스 인터내셔널의 유럽지사〔Lehman Brothers International (Europe). 이하 'LBIE'〕는 2007년 말부터 2008년 초까지 일반 제조업 종사회사인 JFB 퍼스 릭슨(JFB Firth Rixson) 등 네 개 회사(이하 '피항소인')와 사이에서 이자율스왑거래를 했다. LBIE에 대해서는 주지하는 바와 같이 2008년 9월 15일 영국 도산절차의 일종인 관리절차(administration)가 개시되었다〔로마스(Lomas)는 관리절차에서 LBIE의 관리인으로 선임된 자이다〕. 당시 위 각 거래의 만기(종료일)는 모두 위 2008년 9월 15일로 정해져 있었으며(판결이 내려질 당시에는 그 각 거래의 만기가 이미 도래했다) 그 당시 LBIE가 내가격에 있어서 상당한 금액을 지급받아야 하는 상황에 있었다. 그러자 비유책당사자인 피항소인들은 조기종료권한을 행사하지 않은 채 선행조건조항을 들어 그 지급의무를 이행하지 않았고, 유책당사자에 해당하는 위 관리인 측이 그 지급을 구하는 취지의 이 사건

---

40) 〔2012〕 EWCA Civ 419.

소를 제기했다.

먼저 문제 된 것은 이행기 이후에도 선행조건이 계속 충족되고 있어야 하는지였다. 법원은 이행기에 선행조건이 만족되었으면 충분하고, 그 이후에 도산절차에 들어감으로써 선행조건을 위반하게 되었는지 여부는 문제 되지 않는다고 보았다. 즉 2008년 9월 15일 전에 이미 이행기가 도래한 지급의무에 대해서는 피항소인이 선행조건 위반을 주장할 수 없다.[41] 만약 이렇게 보지 않으면, 이행기에 지급의무를 이행하지 않았던 일방 당사자가 그 후 상대방에게 채무불이행사유가 발생했다는 이유만으로 자신의 의무불이행을 정당화할 수 있게 된다.

그렇더라도 위 일자 이후에 이행기가 도래한 지급의무는 일단 선행조건이 위반된 것이다. 그렇지만 그 선행조건 위반을 언제까지 주장할 수 있는 것인가? 관리인 측에서는 선행조건이 충족되지 않은 상태가 지속되더라도 그 상태에서 해당 거래의 만기가 도래하면 지급의무를 이행해야 한다(즉 지급의무가 부활한다)고 주장했고, 피항소인 측에서는 반대로 만기가 도래하면 연기된 지급의무가 소멸한다고 주장했다.[42] 제1심 법원은 피항소인 측의 주장을 받아들였는데, 그 이유로는 관리인 측 주장에 의할 경우 선행조건조항이 적용되는 동안 조건부 권리가 무한정 존속하게 되어 불합리하다는 점과 거래 만기 후에는 그 거래를 대체할 수 있는 거래를 찾을 수 없어 '시장호가'를 상정하기 어려운 점을 이유로 들었다.

항소심 법원은 현재 지급의무가 없다는 제1심 법원의 결론은 받아들였지만, 그 논리에 있어서는 항소인과 피항소인 누구의 주장도 받아들이지 않았다. 법원은 선행조건이 이행기에 일단 충족되지 않았으면 지급의무

---

41) 이 부분에 있어서는 앞에서 본 Marine Trade 판결도 같은 결론이었다.
42) 지급의무가 소멸한다면, 만기 이후에는 선행조건을 치유할 여지가 없게 된다. 위반된 선행조건의 치유에 대해서는 후술.

는 무한정 연기될 수 있으며, 이후 거래 만기가 도래한다고 해서 지급의
무가 되살아나거나 소멸하는 것은 아니라고 보았다. 선행조건 해석에 있
어서 (이행기가 아닌) 만기가 도래했는지 여부는 중요하지 않다는 것이다.
이는 법정조언자로 소송에 참가한 ISDA의 의견서(amcus curiae's brief)를
따른 것이었는데, 법원은 그 근거로 다음 네 가지를 들었다. 첫째, 지급의
무가 소멸한다는 명시적 계약 문언이 없는 이상 계약당사자들은 그에 따
른 결과를 수인해야 한다.[43] 둘째, 거래 만기 후에 비로소 조기종료가 이
루어지더라도 조기종료금액 산정이 불가능한 것도 아니다(조기종료금액
을 정하는 산식 중 시장호가 부분의 가치가 0이 될 뿐이다). 셋째, 당사자들
은 자동조기종료 특약을 선택함으로써 상대방의 조기종료 권한 행사를
강제할 수 있었음에도 그렇게 하지 않았다. 넷째, 조기종료 권한은 비유
책당사자를 보호하는 장치이다. 즉 다시 지급의무가 되살아난다고 봄으
로써 만기까지 사실상 조기종료권한을 행사하도록 강제할 것은 아니라는
것이다.

(3) 관련 문제: 선행조건의 사후적 충족(치유)은 불가능한가?

유책당사자에게 일단 채무불이행사유가 발생해서 선행조건이 위반되
었더라도 이후 채무불이행사유에서 벗어나는 경우가 있을 수 있다. 그
경우에도 여전히 비유책상대방은 선행조건 위반을 주장하면서 자신의 지

---

43) 명시적인 계약문언이 없음에도 보충적 해석을 통해서 일정한 내용이 계약에 포함되어
있다고 볼 것인지 여부는 이른바 묵시적 계약조건(implied terms)에 관한 계약법 법리
에 따라 해결된다. 영국의 판례에 따르면, 계약문언의 해석에 의해 계약당사자들이
의도했으리라고 인정되는 계약조건만 보충적 해석으로 포함될 수 있으며, 단순히 그
러한 계약조건을 넣는 것이 더 합리적이라는 이유만으로는 그렇게 볼 수 없다고 한다.
Ewan McKendrick, Contract Law (12th, 2017), 170-172면.

급의무를 거절할 수 있을까? 종국적이지 않은 채무불이행사유와 관련해서는 이 문제가 선행조건 주장에 중요한 한계로 작용할 수 있다.

앞에서 보았던 Marine Trade 판결에서 법원은, 일단 선행조건이 충족되지 않았으면 지급의무는 완전히 소멸하고 이후 선행조건이 다시 충족되더라도 지급의무가 되살아나지는 않는다고 보았다(once-and-for-all test). FFABA 계약서 전반의 구조를 고려하면 위 선행조건 충족 여부는 매월 특정 결제금액과 관련해서 그 이행기를 기준으로 평가되어야 한다는 것이다. 다만 이는 그 판결 결과와는 상관없는 부수적 설시였다(obiter dictum). 반면 위 Lomas 판결에서는 위 태도가 비유책당사자에게 지나치게 유리한 결과를 가져온다고 보았다. 가령 모자란 금액만을 지급하고 그로부터 3일 내에 부족분을 더 지급하지 않은 경우 또는 정당하지 않은 청산신청 또는 파산신청이 있었는데 그럼에도 30일 내에 그 신청이 기각되지는 않은 경우와 같이, (잠재적) 채무불이행사유 중에는 매우 경미한 사유들도 있다. 이때에도 선행조건 치유의 가능성을 주지 않고 상대방의 지급의무가 종국적으로 소멸한다고 보는 것은 지나치다는 것이다.

(4) 검토: 한국법에 따를 경우

가. 선행조건은 지급일에만 만족되어 있으면 되는지 여부

이는, 지급일이 지난 후 비로소 상대방에게 채무불이행사유가 발생하였을 때에도 선행조건 위반을 주장할 수 있는지 여부의 문제다.[44] 이것이 문제 되려면 비유책당사자가 애초 자기 지급의무의 이행을 지체하고

---

44) 계약문언상 지급일 전에 채무불이행사유가 있었다는 것만으로는 선행조건 위반이 아님은 분명하다.

있었어야 한다. 예컨대, 甲과 乙이 이자율스왑거래(지급일이 2019. 3. 31)를 했는데 2019년 3월 31일 甲이 1만 달러만큼 외가격에 있었다고 하자. 그리고 乙은 그 이후인 2019년 5월 중순경 파산절차에 들어갔다고 하자. 甲은 특별한 사정이 없는 한 2019년 4월 30일 1만 달러 상당의 지급의무를 부담하고 있었다. 만약 甲이 실제로 이를 이행기에 맞추어 지급했다면 당연히 선행조건이 문제 되지 않는다. 甲이 乙의 파산신청일까지 지급의무를 이행하지 않았기 때문에 비로소 선행조건을 이유로 그 이행을 정당하게 거절할 수 있는지가 문제 되는 것이다.

그렇다면 비유책당사자가 선행조건이 충족되어 있던 당시에는 지급을 지체하고 있었음에도 불구하고 상대방에게 채무불이행사유가 있었다는 이유로 여전히 선행조건의 보호를 받을 수 있는지를 고려해야 한다. 이와 관련해서는 ISDA 기본계약서의 문언이 말하고 있는 바가 없으므로, '합리적 거래당사자라면 무엇을 의도했을 것인지 여부'가 계약해석의 기준이 된다. 그리고 준거법이 대한민국법이라면 우리의 법제가 이에 대해 어떤 가치판단을 내리고 있는지를 고려할 수밖에 없다.[45]

위 Marine Trade 판결과 Lomas 판결은 이러한 가치판단에 있어서 모두 비유책당사자에게 보호가치가 없다고 보았다. 그러나 우리 법제에서

---

45) 계약해석은 계약당사자들 사이의 합치된 의사를 확인하는 작업이지만, 본문의 쟁점과 같이 계약문언이나 제반 사정으로부터 그에 대한 의사를 확인할 방법이 없다면 결국 합리적 당사자의 가정적 의사로 표상되는 가치판단이 개재될 수밖에 없다. '계약당사자들의 현실적 의사를 확인하기 어려운 경우, 계약해석이 의제적·구성적 성격을 갖는 것은 불가피'하고 '의제나 구성의 기준은 원칙적으로 합리적 다수의 관점이 되어야 한다는 최준규, "계약법상 임의규정을 보는 다양한 관점 및 그 시사점", 법조 제62권 제9호 (2013), 97면 참조. 대법원이 설시해 온 계약해석법리 역시 유사한 궤에 있다(사회정의와 형평의 이념에 맞도록 논리와 경험의 법칙, 그리고 사회 일반의 상식과 거래의 통념에 따라 계약내용을 합리적 해석. 대법원 2002. 5. 24. 선고 2000다72572 판결 등 참조).

는 다르게 볼 여지가 있다. 위 상황은 쌍무계약의 당사자 일방이 이행을 지체하고 있는 상황에서 상대방의 후이행의무의 이행기가 도래한 경우에도 위 일방이 동시이행의 항변권을 행사할 수 있는지와 매우 유사하다. 그런데 대법원은 그러한 상황에서도 일관되게 동시이행의 항변권을 행사할 수 있다고 보고 있다(대법원 2001. 7. 27. 선고 2001다27784, 27791 판결 등 다수). 이는 곧 일방이 이행을 지체하여 보호가치가 없다는 사정보다는 쌍무계약으로부터 기대되는 '이행의 견련성'을 더 중요시하고 있다는 뜻이다.[46] 따라서 대한민국 법 아래에서는, 채무불이행사유가 발생한 것이 지급일 이후이더라도 비유책당사자는 여전히 선행조건 위반을 주장하면서 자기 지급의무의 이행을 거절할 수 있다고 볼 여지가 있다.

이를 좀 더 밀고 나가면, 지급일 이후에 발생한 채무불이행사유를 이유로 자기 지급의무를 거절하려는 비유책당사자의 행태에 대한 평가가 영국법과 우리 법 사이에서 달라짐을 뜻한다. 영국 법원은 그러한 행태가 기회주의적인 것으로서 선행조건의 보호범위에 포함되지 못한다고 본 것이고, 반면 쌍무계약의 견련성을 중시하는 우리 법제하에서는 보호가치가 없다고 볼 정도로 기회주의적 행태는 아니라고 볼 수 있다는 것이 된다.

---

46) 한편 본 상황은 '지급금지명령을 받은 제3채무자가 그후 취득한 채권을 자동채권으로 하여 상계하는 것을 금지하는 민법 제498조에 관한 대법원의 해석론'(특히 대법원 2012. 2. 16. 선고 2011다45521 전원합의체 판결 중 양창수 대법관의 보충의견은, 이행을 지체하고 있던 제3채무자가 압류채권자보다 보호가치가 없음을 지적하였다)이 규율하는 상황과도 유사하다. 그러나 쌍무계약 당사자 사이의 관계를 규율함에 있어 '압류채권자와 제3채무자' 사이의 관계에 관한 법리를 유추하는 것은 타당하지 않다. 나아가 피압류채권과 제3채무자의 자동채권이 동시이행관계에 있다면, 설령 그 자동채권을 압류 후에 취득했더라도 상계가 가능하다는 것이 대법원의 태도다. 이는 우리 법제가 쌍무계약에서의 견련성을 매우 중요하게 취급한다는 점을 암시하는 것이다. 최준규, "계약해석과 관련된 최근 대법원 판례들의 개관: 사회제도와 사적자치", 비교사법 제20권 제4호 (2013), 967-968면도 참조.

나. 선행조건 위반의 치유가 가능한지 여부 및 만기 도래 시 지급의무
　　소멸 여부

이 문제 역시 선행조건조항의 문언에는 나타나 있지 않으므로 보충적
해석을 해야 하고, 여기에는 앞에서 보았듯이 우리 법제의 일반적 가치판
단이 영향을 끼친다. 비록 선행조건이 우리 민법상 조건 또는 불안의 항
변권과 완전히 일치하는 것은 아니지만, 이에 관한 우리 법제의 태도가
이 문제와 관련된 가치판단을 보여 준다는 점은 분명하다. 그리고 그 가
치판단은 아무래도 치유가 가능하다는 쪽으로 기울어져 있다.

우선 조건이라는 측면에서 본다. 선행조건조항은 지급의무의 발생에
대한 조건을 정한 것이지 지급의무의 소멸에 관한 조건을 정한 것은 아
니다. 즉 조건이라고 한다면 정지조건에 가까운 것이지 해제조건을 정한
것은 아니다. 일반적으로 정지조건은 기한이 아니므로 특별한 사정이 없
는 한 특정 시점까지 정지조건을 충족해야 하는 것은 아니다. 결국 의사
표시 해석의 문제이기는 하나 적어도 원칙상으로는 정지조건을 다시 충
족하는 것이 불가능하지 않다. 불안의 항변권이라는 측면에서도 마찬가
지다. 추후 불안할 사정이 사라졌다면 불안의 항변권이 소멸해야 한다는
점에 별 의문이 없다.

한편 만기 도래 시 지급의무가 완전히 소멸해 버리는지 여부와 선행조
건의 치유 문제는 동전의 양면과 같은 관계이다. 만기에 지급의무가 소
멸한다는 것은, 만기까지만 치유가 가능하다는 뜻이다. 이에 대해서 영국
에서는 다음과 같은 이유로 지급의무 소멸을 부정하고 무한정 치유가 가
능하다고 본 위 Lomas 판결의 태도가 지지를 받고 있다. ① 어떤 거래의
'만기'라는 것은 계속적 거래의 종료일을 뜻할 뿐이고 거기서 나아가 이
미 발생한 지급의무의 존속기간까지 뜻하는 용어로 이해되지 않는다.
② 선행조건조항에 따라 연기된 지급의무에 대해서 일정한 이자가 부가

됨을 정한 2002년 기본계약서 제9조 (h)항 (3)호 (A)문 역시 지급의무에 대한 어떤 시간적 제한을 예정하지 않고 있다. ③ 지급의무가 소멸하지 않는다고 보아야, 그러한 대차대조표상의 부담을 무한정 안고 가는 것이 부담스러운 비유책당사자에게 조기종료 권한을 행사해서 그 포지션을 해소하도록 할 유인이 있다.[47]

우리나라에서도 만기는 거래의 종료일일 뿐이다. 이를 그 거래에서 이미 발생한 채권의 존속시한으로 보는 것은 '만기'라는 문언해석에 부합하지 않는다. 대차대조표상 지급의무의 부담을 안지 않고 선행조건 위반을 주장하며 지급의무와 조기정산을 함께 회피하려는 비유책당사자의 기회주의적 계약조항원용은, 그와 같은 문언해석과 약관의 통일적 해석원칙 (조속히 조기종료 권한을 행사하도록 하여 거래를 청산하는 것을 예정했던 기본계약서의 취지)에 의해서 방지할 수 있는 셈이다.

다. 선행조건 위반을 주장하는 시간적 한계와 만기 도래 시 지급의무 부활 여부

선행조건 위반을 주장하면서 지급의무 이행을 거절하는 데에 시간적 한계가 있는가? 이 문제는 특정 시점(특히 거래 만기)에 이르러서 지급의무가 완전히 부활하는지 여부와 직결되어 있다. 지급의무가 만기에 부활한다면 비유책당사자로 하여금 사실상 만기까지만 선행조건을 주장할 수 있게 하는 것이고, 나아가 그전까지 조기종료권한을 행사하도록 강제하

---

47) Murray, 앞의 논문 각주 11, 12면; Jeremy D. Weinstein / Bruce McIntyre / William F. Henze II, "Escape From the Island of the One-Way Termination: Expectations and Enron v. TXU", 24(8) Futures & Derivatives Law Report 1 (2004), 4면. 제2조 (a)항 (iii)호에 불구하고 위와 같은 취지에서 비유책당사자들은 결국 조기종료를 선택하고자 할 유인이 있다고 한 ISDA 사내변호사의 견해를 소개. 한편 Murray, 앞의 논문 각주 18, 407면은 이러한 결론이 시장에서 일반적으로 이해하고 있던 바와도 부합하던 것이라고 한다.

는 것과 다를 바 없다.

그렇지만 ISDA 기본계약서 제2조 (a)항 (iii)호의 문언은 어떤 시간적 한계도 예정하고 있지 않다. 오히려 ISDA 기본계약서에서는 부속서에서 자동조기종료를 선택할 수 있는 기회까지 주고 있음에도 계약당사자들은 이를 선택하지 않았다. 단순히 조속한 거래청산을 의도한 ISDA 기본계약서의 취지만 들어서 위와 같은 계약문언에 반하는 해석을 하기는 어렵다. 우리나라에서도 처분문서인 계약서의 문언은 존중되어야 한다.[48]

그렇다면 영국에서든 우리나라에서든 계약해석법리만으로는 선행조건을 주장하면서 자신의 지급의무를 무한정 이행하지 않으려는 비유책당사자의 행태를 막기 어렵다는 결과로 된다.[49] 그러나 그러한 행태가 객관적으로 방지되어야 할 기회주의적 행태인 것이 분명하다면, 우리나라 법원은 신의성실의 원칙을 적용하려 할 수 있다. 다음 항에서 이에 대해 자세히 살핀다.

4. 신의성실의 원칙의 적용 가능성

민사법의 영역에서 기회주의적 행위를 규율할 수 있는 구체적인 법률 또는 법리가 없을 경우 그 공백을 보충하는 것이 신의성실의 원칙이다.[50]

---

48) 가령 '계약당사자 사이에 어떠한 계약내용을 처분문서인 서면으로 작성한 경우에 문언의 객관적인 의미가 명확하다면 특별한 사정이 없는 한 문언대로의 의사표시의 존재와 내용을 인정하여야 하고, … 특히 문언의 객관적 의미와 달리 해석함으로써 당사자 사이의 법률관계에 중대한 영향을 초래하게 되는 경우에는 그 문언의 내용을 더욱 엄격하게 해석하여야 한다'고 하는 대법원 2010. 12. 9. 선고 2010다67319 판결 참조.
49) 반대의견으로는 김창희, "ISDA 기본계약 s.2(a)(iii)의 도산절차에서의 효력", 선진상사법률연구 제77호 (2017), 262면(기본계약서하의 모든 거래의 원래 만기가 도래하는 시점에 지급의무가 부활한다고 본다).
50) Schäfer / Aksoy, 앞의 글 각주 28.

앞에서 보았듯이 선행조건 위반을 주장하면서 지급정산네팅 자체를 부정
하려는 계약당사자의 주장은 계약해석법리를 통해서도 쉽게 배척될 수
있을 것이다. 반면 상대방에게 채무불이행사유가 발생했음을 기화로 그
거래를 정산하지 않은 채 선행조건 위반만을 주장하면서 무한정 지급의
무 이행을 거절하려는 행태는 일반적인 계약해석법리로 막기 어렵다. 이
를 막기 위해서는 '만기'라는 문언을 선행조건 주장의 한계 또는 지급의
무의 부활시점이라는 의미로 새롭게 이해할 수 있어야 하는데, 이는 계약
문언을 사실상 창설하는 것에 가깝기 때문이다. 즉 선행조건조항 자체의
문언은 물론이고 ISDA 기본계약서 전반의 문언 어디에서도 그와 같이 이
해할 수 있는 근거를 찾기 어렵다. 이 점에서 최후의 수단으로서 신의성
실의 원칙 내지는 권리남용금지의 법리가 검토되어야 한다.[51]

(1) ISDA 기본계약서상 표준 준거법에서 정하는 신의칙

우리가 신의성실의 원칙으로 부르는 법리에 상응하는 영미법상의 법
리가 있다면 이는 '신의성실과 공정한 거래의 원칙(principle of good faith
and fair dealing)'이라고 할 수 있다(편의상 이를 '신의칙'으로 느슨하게 표현
하기로 한다). 여기에서 영국과 미국 뉴욕주법에서의 신의칙을 상세하게
살피는 것은 사실상 불가능하지만, 논의에 필요한 범위에서 먼저 이를 검
토해 보기로 한다.

---

51) 박 준, 앞의 논문 각주 7, 19면 및 주 45 참조("거래상대방이 거래를 조기종료하지
않고 무한정 이행을 거절하면, 권리남용 또는 도산절차에서의 공서양속 위반의 문제
가 제기될 수 있을 것"이라고 하고, 차후 발표되었던 ISDA의 계약서 수정안 역시 무한정
이행거부 및 조기종료 선언권 불행사가 불합리하다고 보았기 때문임을 지적하고 있다).

가. 영국법·뉴욕주법상 신의칙의 인정 범위와 근거

어느 법역에서든 신의칙은 기본적으로 계약 문언만으로는 도출되지 않는 권리의무를(또는 그 계약상 권리의무의 이행방법을) 법원이 인정하기 위해서 활용하는 근거이다.[52] 그러나 영미법상의 신의칙은 그 구체적인 적용 범위나 내용이 한국법상의 신의칙과 차이가 있다.[53] 무엇보다도 영국에서든 뉴욕주에서든 신의칙은 기본적으로 묵시적 계약조항(영국에서의 implied term, 미국에서의 implied covenant)의 한 내용으로 인정된다.[54] 우리나라 민법 제2조가 신의칙을 민사법의 대원칙으로 천명하고 있는 점과 비교되며, 그래서 명시적 계약문언에 반하여 신의칙상 의무를 부과할

---

52) 미국에서의 논의로는 Harold Dubroff, "The Implied Covenant of Good Faith in Contract Interpretation and Gap-Filling: Reviling a Revered Relic", 80(2) St. John's Law Review 559 (2006), 562면, 564~571면(형식주의적 계약해석법리에 따른 지나치게 경직된 결론을 피하기 위해서 신의칙이 활용되었다고 한다), 영국에서의 논의로는 Hugh Collins, "Implied Terms: The Foundation in Good Faith and Fair Dealing", 67(1) Current Legal Problems 297 (2014), 314면 참조. 미국에서의 논의를 소개한 것으로 윤진수, "美國 契約法上 Good Faith 原則", 법학 제44권 제4호 (2003), 89~91면이 있으며, 영국법과 대륙법계의 비교로는 Ewan McKendrick, "Good Faith: A Matter of Principle?", in A. D. M. Forte, ed., Good Faith in Contract and Property (1999), 42면 이하(특히 54면 이하에서 신의칙을 영국법이 전면적으로 받아들일 경우 문제되는 개별 법리들을 소개하고 있다)가 있다.

53) Sir Jack Beatson / Andrew Burrows / John Cartwright, Anson's Law of Contract (29th ed., 2010), 213면 ("good faith의 개념이 크게 다르다"). 그러나 McKendrick, 앞의 논문 각주 52, 41면은 결론에 있어서 대륙법계와 영국법의 태도 사이에 큰 차이는 없다고 설명한다.

54) 이와 관련하여 신의칙의 이론적 근거를 계약 외에서 찾을 것인지 아니면 계약당사자의 합리적 의사에서 찾을 것인지에 관한 미국에서의 논의를 자세히 소개한 윤진수, 앞의 논문 각주 52, 50~62면을 참조할 만하다. 영국법과 관련해서는 Andrew Burrows, A Restatement of the English Law of Contract (2016), OUP, 93면 참조(영국법은 별도로 신의칙에 따라 계약을 이행할 의무를 인정하지 않지만, 계약의 이행은 신의칙에 맞게 이루어져야 한다고 하는 묵시적 계약조항을 인정함으로써 사실상 같은 결론에 이르는 경우가 종종 있다고 설명).

수는 없다는 점이 거론된다.[55]

한편 미국과 영국 사이에 차이가 없는 것은 아니다. 미국에서는 통일
상사법전(U.C.C.)과 제2차 계약법 리스테이트먼트를 통해서 신의칙에 따
라야 한다는 묵시적 계약조항이 일반적으로 인정된다는 점이 정립되어
있다(뉴욕주 역시 상법전을 통해 통일상사법을 입법화했다). 뉴욕주 법원도
'모든 계약에서 신의칙에 따를 묵시적 의무가 인정된다'는 원칙을 받아들
이고 있다.[56] 반대로 영국에서는 신의칙상 의무가 적어도 일반적으로는
인정되지 않는다.[57]

반면 해당 계약에서 일방 당사자에게 일정한 재량의 여지를 주고 있
는 경우 그 재량권 행사와 관련해서 계약당사자가 신의칙에 따를 묵시적
의무가 있다는 점은 뉴욕주에서든 영국에서든 일반적으로 인정된다.[58]

---

55) 가령 영국의 경우 Ewan McKendrick, "Good Faith in the Performance of a Contract
in English Law," in Larry DiMatteo / Martin Hogg, eds., Comparative Contract Law:
British and American Perspectives (2016a), OUP, 201면; Ewan McKendrick, "Reply
to Steven J. Burton, 'History and Theory of Good Faith Performance in the United
States'", 같은 책 (2016b), 224면; Burrows, 앞의 책 각주 54, 49-50면. 미국 뉴욕주의
경우 Murphy v. American Home Products Corp., 58 N.Y.2d 293, 304 (1983); Dalton
v. Educ. Testing Serv., 87 N.Y.2d 384, 389 (1995); Havell Capital Enhanced Mun.
Income Fund, L.P. v. Citibank, N.A., 84 A.D.3d 588, 589 (1st Dept. 2011) 등 다수의
판결 참조("The implied obligation is in aid and furtherance of other terms of the
agreement of the parties. No obligation can be implied ... which would be
inconsistent with other terms of the contractual relationship").
56) "모든 계약에는 신의성실과 공정한 거래의 원칙이라는 묵시적 합의가 포함되어 있다"
는 것이 뉴욕주 보통법의 한 내용으로 되어 있다. Dalton, 87 N.Y.2d at 389; Wieder
v. Skala, 80 N.Y.2d 628, 634 (1992) 등.
57) McKendrick, 앞의 논문 각주 55 (2016b), 223-224면. 미국에서 영국과 다른 내용의
신의칙이 발달하게 된 연혁을 소개하는 것으로 이춘원, "Common Law에서 신의성실
의 원칙", 비교사법 제23권 제3호(2016), 964면 이하 참조.
58) 영국법과 관련해서는 Burrows, 앞의 책 각주 54, 93면 및 그곳에 인용된 판결들을,
뉴욕주법의 경우 Lehman Bros. Int'l (Europe) v. AG Fin. Prod., Inc., 969 N.Y.S.2d
804 (Sup. Ct. 2013) 및 그곳에 인용된 판결들을 각 참조. 그리고 계약상 일방 당사자

본고의 맥락에서 보자면, 선행조건조항도 지급의무의 이행을 언제까지 거절할 것인지에 관한 재량을 비유책당사자 측에 부여하고 있는 것이라 볼 수 있다. 그러므로 이 부분에 대해서 좀 더 자세히 살펴볼 필요가 있다.

나. 계약상 부여된 재량에 대한 통제 수단으로서의 신의칙

영국에서는 계약당사자 일방의 재량행사를 법원이 통제하기 위한 법적 근거를 개별 계약마다 도출되는 묵시적 합의(implied terms in facts)에서 찾는 경우가 많다. 일방 당사자가 (상대방에게 영향을 끼치는) 재량적 권한을 행사할 때에는 '부정직하게, 또는 부적절한 목적에서, 또는 변덕스럽거나 제멋대로(dishonestly, for an improper purpose, capriciously or arbitrarily)' 이를 행사해서는 안 된다는 묵시적 합의가 인정된다는 것이다.[59] 개별 상황에 따라 그러한 묵시적 합의가 인정되지 않을 가능성도 없지는 않지만, 계약당사자의 합리적인 기대에 비추어 일반론으로 위와 같은 묵시적 합의가 인정될 가능성은 높다.[60]

이러한 묵시적 의무가 구체적으로 어떤 의미인지와 관련해서, 한 영국 법원의 판결[61]은 공법상 재량행사통제법리[62]를 거론한 바 있다. 즉 '합리적 주의의무'에서 말하는 합리성을 결여한 정도가 아니라, 공법상 재량권남용이라고 볼 만큼 전적으로 합리성을 결여한 정도에 이르러야 한다는 것이다. 이것이 객관적 의미의 비합리성을 이야기하는 것은 아니며,

---

의 재량권 행사를 통제할 필요성에 대한 이론적 검토로는 Richard Hooley, "Controlling Contractual Discretion", 72(1) Cambridge Law Journal 65 (2013) 참조.

59) Hooley, 앞의 논문 각주 58, 68-69 및 그곳에 인용된 판결들 참조.

60) Hooley, 앞의 논문 각주 58, 70.

61) Socimer International Bank Ltd. v Standard Bank London Ltd., [2008] EWCA Civ 116 at [66].

62) 영국에서는 흔히 "Wednesbury unreasonableness"로 불린다.

신의칙에 반한다는 그 당사자의 주관적 의사가 요구된다.[63]

한편 뉴욕주 법원은 신의칙에 의한 계약상 재량의 통제와 관련해서 다음과 같이 설시한 바 있다.[64]

> (신의칙에 따른) 묵시적 합의가 인정된 판결례는 주로 두 가지로 분류된다고 보인다: [P] 첫 번째로, 어떤 계약에서 일방당사자의 재량권행사를 인정하면서도 그 재량이 합리적으로 행사될 것을 명시적으로 요구하지는 않는 경우에 묵시적 합의 주장이 인정될 수 있다. ... [P] 둘째로, 일방당사자가 해당 계약상 상대방의 이익을 박탈하고 스스로 이익을 얻기 위해서 그 계약상 권리를 악의적으로(malevolently) 행사한 경우 묵시적 합의를 위반하였다고 인정될 수 있다. 이를 위해서는, ... '상사거래라는 탈을 쓴 악의적 불성실'이 인정될 수 있어야 한다. ... [P] 그러나 협상된 계약조항이, 피고가 "불공정하게" 또는 "억지로" 상대방의 계약상 이익을 빼앗으려 행동했다고 하는 추정적 주장에 의해서 뒤집어질 수는 없다(판결 인용 생략). 마찬가지로, 계약이 쟁점이 된 문제에 대해서 명시적 규정을 두고 있음에도 법원이 그 문제에 관한 묵시적 합의를 별도로 인정할 수도 없다.

앞 판결에서 첫 번째 유형으로 들어진 판결례로는 Dalton v. Educ. Testing Serv. 판결[65]이 있다. 시험주관기관이 응시를 취소하기 전에 응시자가 제출한 자료를 검토해야 할 계약상 의무를 부담하고 있던 사안이었는데, 법원은 시험주관기관이 그에 관한 재량을 "제멋대로 또는 비합리적으로(arbitrarily or irrationally)" 행사하지 않을 묵시적 의무가 법에 의해서 인정(implied in law)된다고 판시하였다. 그리고 두 번째 유형으로 들어

---

63) Hooley, 앞의 논문 각주 58, 76, 79는 상사계약에서 당사자들의 판단을 법원의 판단으로 대체하는 잘못을 저지르지 않아야 한다고 하면서 이 점을 강조하고 있다.
64) Lehman Bros., 969 N.Y.S.2d at *2-3.
65) 87 N.Y.2d at 392.

진 판결례로는 Richbell Info. Servs., Inc. v. Jupiter Partners, L.P.[66]이
있다. 여기에서 원고는, 피고가 원고 회사의 부도를 유도하려는 의도에
그 회사가 자금조달 수단으로 삼으려 했던 기업공개에 반대했음을 주장
하면서 신의칙에 따를 묵시적 합의 위반을 청구원인으로 삼았는데, 법원
은 주장 자체로 청구원인이 성립하지 않는 것은 아니라는 이유에서 피고
의 '사실심리 전 기각판결신청(motion to dismiss)'을 기각했다.[67] 한편 계
약에서 명시적으로 정한 쟁점에 관해서는 신의칙에 따를 묵시적 합의를
별도로 인정할 수 없다고 하는 위 인용문의 마지막 부분에 관해서 위 판
결은 Fesseha v. TD Waterhouse Inv. Servs., Inc. 판결[68]을 인용하고 있
다. 여기에서 피고 증권회사의 고객이던 원고는 피고가 자신의 증권을
사전 고지 없이 매각한 것이 신의칙에 따를 묵시적 의무를 위반한 것이
라고 주장했는데, 그들 사이의 계약에서 피고가 원고를 위해서 필요하다
고 판단할 경우 원고의 포지션을 청산시킬 수 있다고 하는 명시적 규정
을 두고 있었음을 이유로 법원이 위 주장을 배척했다.

그렇다면 ISDA 기본계약서상 비유책당사자가 선행조건을 들어 장기간
지급의무 이행을 거절하는 경우 이것이 뉴욕주법 또는 영국법상 신의칙

---

66) 765 N.Y.S.2d 575 (App. Div. 2003).
67) 그 외에 두 번째 유형으로 들어진 다수의 판결례 중 일부를 소개하면 다음과 같다.
ABN AMRO Bank, N.V. v. MBIA Inc., 952 N.E.2d 463 (N.Y. 2011)(피고 보험회사가
사해적으로 자기 자산을 계열회사에 무상으로 이전해서 원고에 대한 보험금지급의무
를 이행하지 못하는 무자력 상태에 이르렀음을 이유로 신의칙에 따를 묵시적 합의
위반을 청구원인으로 삼은 사안에서, 이에 대한 피고의 사실심리 전 기각판결 신청을
기각함) 및 Merzon v. Lefkowitz, 289 A.D.2d 142, 143 (1st Dept 2001)〔계약에서 콘도
미니엄 개발 사업이 시행될 경우 원고에게 추가보수를 지급하기로 되어 있었고 피고
가 "결과를 작출해 내기 위해서(in engineering the outcome)" 사업을 악의적으로 포기
했다고 원고가 주장한 사안에서, 위 악의 여부에 대해 사실심리가 필요하다는 이유로
'변론기일 전 약식판결신청(motion for summary judgment)'을 기각〕 등.
68) 305 A.D.2d 268 (1st Dept 2003).

에 위반되는 재량권행사라고 주장할 수 있을 것인가? 다음과 같은 이유에서 그러한 주장은 인정되기 어려우리라 예측한다. ① ISDA 기본계약서는 선행조건을 정하면서 기한을 전혀 정하지 않고 있다. 즉 선행조건이라는 쟁점에 관한 명시적 계약조항이 있으므로, 위 뉴욕주법의 세 번째 법리에 따르면 그 세부 내용을 신의칙상 묵시적 합의를 인정하는 방법으로 변경하는 것이 허용되지 않는다고 볼 수 있다.[69] ② 영국법에서 말하는 계약상 재량통제는 실질적으로 그 당사자의 주관적 악의가 입증될 것을 요구한다. 특별한 사정 — 가령 상대방을 파산에 이르게 할 목적에서 해당 파생금융거래에 따른 지급을 거절한다거나 유책당사자의 채무불이행을 실질적으로 유도했다는 등 — 이 없는 한, 선행조건에 따라 장기간 지급의무를 이행하지 않는다는 것만으로 그러한 악의가 인정되기는 어려울 것이다. 이는 앞에서 살펴본 뉴욕주법의 두 번째 법리를 적용하는 경우에도 마찬가지다. ③ 영국법이든 뉴욕주법이든 신의칙상 의무는 그것이 계약당사자의 합리적 의사로부터 추단되는 한도에서만 인정되는 것이므로, ISDA 기본계약서와 같이 전문가가 작성한 표준계약서에 있어서는 그 문언에 없는 내용을 신의칙상 의무로 인정하는 데 주저할 가능성이 더 높다.[70]

---

69) 뉴욕주법이 적용된 판결례로서 본문 내용을 뒷받침하는 것으로 Moran v. Erk, 11 N.Y.3d 452 (2008)가 있다. 변호사의 승인을 조건으로 하는 부동산매매계약이 체결된 후 해당 변호사가 이를 승인하지 않은 사안에서, 원고 매수인은 그 불승인이 악의적으로 이루어졌다고 하면서 승인에 관한 재량은 신의칙에 따라 이루어져야 한다는 묵시적 합의를 위반했다고 주장했다. 그러나 항소법원은 그 주장을 받아들이지 않았다. 계약문언상 원고 매수인이 얻을 수 있는 계약상 이익은 변호사의 승인에 달려 있었고 여기에 어떤 제한도 걸려 있지 않았다는 것이다.

70) 가령 ELBT Realty, LLC v. Mineola Garden City Co., 144 A.D.3d 1083 (2d Dep't 2016) 판결은 신의칙에 따른 묵시적 합의가 위반되었다는 주장을 배척하면서, 해당 계약이 변호사의 조력을 받은 사업체 사이에서 오랜 협상을 거쳐 체결된 것임을 이유 중 하나로 들었다.

(2) 우리 민법상 권리남용금지의 원칙

민법 제2조는 '신의성실'이라는 표제하에 제1항에서 '권리의 행사와 의무의 이행은 신의에 좇아 성실히 하여야 한다'고 정하면서 제2항에서 특히 '권리는 남용하지 못한다'고 정한다. 비유책당사자가 선행조건을 원용하면서 지급의무 이행을 거절하는 것은 계약상 부여된 항변권을 행사하는 것이므로, 그러한 항변권 행사가 권리남용금지원칙에 위반되는 것은 아닌지를 살필 필요가 있다. 특히 우리 대법원은 아래와 같이 민법상 동시이행의 항변권을 행사하는 것이 권리남용에 해당되거나 신의칙에 위반되어 금지될 수 있음을 일관되게 인정해 왔다(대법원 2001. 9. 18. 선고 2001다9304 판결, 대법원 1999. 11. 12. 선고 99다34697 판결 및 대법원 1992. 4. 28. 선고 91다29972 판결 등).

일반적으로 동시이행의 관계가 인정되는 경우에 그러한 항변권을 행사하는 자의 상대방이 그 동시이행의 의무를 이행하기 위하여 과다한 비용이 소요되거나 또는 그 의무의 이행이 실제적으로 어려운 반면, 그 의무의 이행으로 인하여 항변권자가 얻는 이득은 별달리 크지 아니하여 동시이행의 항변권의 행사가 주로 자기 채무의 이행만을 회피하기 위한 수단이라고 보이는 경우에는 그 항변권의 행사는 권리남용으로서 배척되어야 할 것이다.[71]

위 동시이행의 항변권 남용 법리에 따르면, 권리행사자의 주관적 요건(악의 또는 해의)은 사실상 요구되지 않으며 단지 동시이행에 걸린 채무와 반대채무를 서로 비교해서 균형을 현저히 잃고 있는지 여부가 쟁점이 된다. 가령 위 99다34697 판결은 반대채무가 32만 6,000원에 상당하는 만

---

71) 대법원 2001. 9. 18. 선고 2001다9304 판결.

큼 부족하게 이행되었다는 이유로 1억 2,522만 6,670원의 자기채무 전부
에 대해서 동시이행의 항변권을 행사하는 것은 신의칙에 위반된다고 보
았다.[72] 또한 위 2001다9304 판결은 반대채무가 6억 7,000만 원가량에
불과한 반면 피고가 이행을 거절하는 채무가 54억여 원에 이른다는 점
및 피고가 앞으로도 반대채무를 이행할 만한 능력은 없다고 보인다는 점
을 들어, 피고가 동시이행의 항변권을 행사할 수 있는 범위는 공평과 신
의칙에 따라 반대채무에 상당하는 부분으로 한정된다고 판단하였다.[73]

　이러한 법리는 영국법과 뉴욕주법상 신의칙 위반이 인정되기 위해서
주관적 요건이 충족되어야 한다고 하는 점과 대비된다. 사실 이는 한국
법에서도 권리남용에 해당하기 위해서 권리행사자의 가해의사가 있어야
한다고 보는 대법원의 일반적인 태도와 구별되는 것이기도 하다.[74] 한국
법에 따를 경우 비유책당사자의 선행조건 원용이 권리남용 또는 신의칙
위반에 해당할 가능성이 크게 높아지는 것은 분명하다.

---

72) 원고 임차인이 32만 6,000원가량이 소요되는 전기시설 원상회복조치를 하지 않은 채
　임차목적물을 반환했음을 이유로 피고 임대인이 자신의 잔존 임대차보증금 1억 2,522만
　6,670원을 반환하지 않은 사안이다. 여기에서 대법원은 "위 전기시설을 원상회복하지
　아니하였다 하여 이 사건 건물 부분을 통상의 용도로 사용하는 데에 지장이 있다고
　보기도 어려운" 점을 덧붙이면서, "임차인이 불이행한 원상회복의무는 사소한 부분이
　고, 그로 인한 손해배상액 역시 근소한 금액인 경우에까지 임대인이 그를 이유로 하여,
　임차인이 그 원상회복의무를 이행할 때까지 … 거액의 잔존 임대차보증금 전액에 대
　하여 그 반환을 거부할 수 있다고 하는 것은 오히려 공평의 관념에 반하는 것이 되어
　부당"하다고 판시하였다.
73) 원칙적으로 하자보수의무와 동시이행관계에 있는 공사대금지급채무는 하자가 발생한
　부분에 한정되는 것이 아니고 그 전액이고, 사안에서 문제 된 하자의 정도가 중하여
　반드시 하자보수가 필요하고 과다한 비용이 소요되는 것도 아니어서 하자보수청구권
　의 행사 자체는 권리남용이 아니라고 하면서도, 본문에서 언급한 사정을 들어 피고가
　하자보수청구권을 행사하여 동시이행의 항변을 할 수 있는 기성공사대금의 범위를
　하자 및 손해에 상응하는 금액으로 한정한 사례이다.
74) 김용담(편집대표) / 백태승(집필), 주석민법 (2010), 226면 참조.

위 대법원 판시 내용을 고려한다면, 비유책당사자의 선행조건 원용이 권리남용 또는 신의칙 위반임을 뒷받침하는 구체적 사정으로 다음과 같은 것을 생각해 볼 수 있다. ① 먼저 비유책당사자가 조기종료에 통상적으로 필요한 시간을 넘어서 장기간 선행조건을 원용하는 경우여야 한다. 앞에서 설명한 바와 같이 선행조건조항에는 조기종료권한을 행사하기 전까지 여유기간을 부여하려는 취지가 담겨 있으므로, 선행조건을 원용한 기간이 얼마 되지 않는다면 이를 두고 계약상 권리의 남용이라고 평가할 수는 없을 것이다. ② 문제 된 채무불이행사유가 파산에 해당하는 등 그 치유(즉 선행조건의 사후적 충족)가 사실상 불가능한 경우여야 한다. 그래야만 대법원이 말하는 "상대방이 그 동시이행의 의무를 이행하기 위하여 과다한 비용이 소요되거나 또는 그 의무의 이행이 실제적으로 어려운" 때에 해당할 것이다. ③ 대법원이 말하는 '항변권자가 얻는 이득이 별달리 크지 않은 경우'에 해당하기 위해서는, 비유책당사자가 선행조건에 따라 이행을 거절하는 채무액이 비교적 크지 않아야 한다. 이를 함부로 평가하기는 어려운 것으로서 법원이 이 요건이 충족되었다고 쉽사리 판단하기는 어려울 것이다. 그러나 적어도 비유책당사자가 유책당사자에 대해서 같은 기본계약하에서 지급채권을 전혀 가지고 있지 않고 향후 그럴 여지도 없다면 여기에 해당한다고 말할 수 있다. 이 경우가 바로 불안의 항변권으로서의 의미가 없는 사안유형으로서, 이에 대해서는 항을 바꾸어 자세히 살펴본다.

5. 불안의 항변권으로서의 의미가 없는 사안유형

선행조건조항의 직접적인 기능은, 비유책당사자가 유책당사자에 대해서 지급채권을 가지고 있거나 장래 가지게 될 것에 대비해서 미리 유책당사자에 대한 지급의무를 이행하지 않을 수 있게 하는 것이다(불안의 항변권으로서의 취지).

그러므로 하나의 기본계약하에서 이루어진 거래들로부터 비유책당사자가 유책당사자에 대해서 지급채권이 전혀 없고 지급채권을 가질 수 있는 여지도 없다면 선행조건을 들어 비유책당사자가 지급의무 이행을 거절하는 것이 더욱 부당해 보일 여지가 있다. 부당한 결과라고 볼수록 법원이 신의칙을 적용해서 선행조건조항의 적용을 배제하려 할 가능성도 높아진다고 할 수 있다.

(1) 처음부터 일방의 지급의무만 남게 되는 거래의 경우

아예 거래 구조상 거래 개시 후부터는 일방의 지급의무만 남는 경우가 적지 않다. 예컨대 현금결제형의 기본적인 옵션거래(plain vanilla option)에 있어 옵션매입자가 그 프리미엄을 거래 개시와 함께 전액 지급하도록 되어 있는 경우가 이에 해당한다. 옵션의 특성상 옵션매도인이 옵션행사에 따른 차액지급의무를 부담할 가능성은 있어도 옵션권리자가 지급의무를 부담할 가능성은 없다. 이후 옵션권리자가 옵션 만기 이전에 파산하는 등 유책당사자가 되었다는 이유로 옵션매도인이 그 옵션에 따른 의무 이행을 거절하는 것은 선행조건조항의 취지와는 맞지 않아 보이기도 한다. 그 외에 일방이 만기까지의 고정금액의 현재가치를 거래 체결 시 미리 지급하도록 정하는 '선불스왑(prepaid swap)'에서 먼저 그 고정금액 지급의무를 이행한 자가 이후 파산했다는 이유로 상대방이 변동금액 지급의무 이행을 거절하는 경우도 마찬가지다.[75]

---

75) 선불스왑은 엔론의 변칙적 회계처리에 적극 활용되었던 전례가 있다. 엔론이 특수목

먼저 이러한 종류의 거래만을 하려는 당사자들은 기본계약을 체결하면서 특약을 추가하는 방법으로 이 문제를 해결할 수 있다. ISDA 기본계약서의 제5부(Part 5)에서 '상대방이 지급의무를 완전히 이행하고 아울러 장래에 그러한 채무가 전혀 발생하지 않는 경우에는 제2조 (a)항 (iii)호 (1)목의 선행조건이 적용되지 않는다'는 특약을 추가할 수 있다. 물론 기본계약하에서 위와 같은 거래만 이루어지는 경우는 드물기 때문에 그 특약이 실제로 추가되는 경우는 많지 않았다고 한다.[76] 그러나 금융소비자와 금융기관 사이에 이루어지는 일회적 파생금융거래라면 이를 상정 못할 것도 아니다.

이러한 특약이 추가되지 않은 상황에서 계약법의 법리만으로 선행조건조항 원용을 막을 수 있을까? '해당 기본계약하에서 위와 같은 거래만

적법인을 개입시킨 3당사자 간의 선불스왑거래를 통해서 실질적으로 대출거래를 달성하였던 것이다. 가령 JP Morgan Chase Bank, for and on Behalf of Mahonia, Ltd. and Mahonia Natural Gas, Ltd. v. Liberty Mutual Insurance Co., 189 F. Supp. 2d (S.D.N.Y., 2002) 판결의 사안(마호니아라는 특수목적법인이 제이피모건 체이스로부터 대출을 받고 엔론이 자회사를 통해 마호니아와 선불스왑거래를 통해 실질적으로 그 대출금을 계약체결일에 일시금으로 수령하면서, 동시에 다른 특수목적법인과 반대의 선불스왑거래를 해서 실질적으로는 대출거래만 경제적 의미를 갖도록 하였다)과 Mahonia Ltd v JP Morgan Chase Bank [2003] EWHC 1927 (Comm) 판결의 사안(엔론과 특수목적법인 마호니아, 그리고 제이피모건 체이스 3당사자 간에 각각 선불스왑거래를 해서 계약체결일에는 제이피모건 체이스로부터 마호니아를 거쳐 엔론에 선금이 지급되고, 만기에 지급될 가스선물가격에 따라 정해지는 변동금액은 엔론으로부터 마호니아 및 제이피모건 체이스를 거쳐 다시 엔론에 되돌아오며, 엔론과 제이피모건 체이스 사이의 스왑거래로 엔론이 만기에 원리금에 해당하는 금액으로 정해진 고정금액을 제이피모건 체이스에 직접 지급하는 거래가 이루어진다)을 참조. 전자의 사건에서 미국 연방지방법원(뉴욕주 남부지구)은 위 거래가 실질적으로 대출에 해당한다고 보았던 반면, 후자의 사건에서 영국 법원은 그 일련의 거래들을 하나의 대출거래로 보지 않았다. 각 판결에 대한 분석으로는 Henderson, 앞의 책 각주 4, 441면 이하 및 Tamar Frankel / Mark Fagan, Law and the Financial System: Securitization and Asset Backed Securities: Law, Process, Case Studies, and Simulations (2009), 67면 이하.

76) 신용진, 앞의 책 각주 5, 260-261면.

이루어진 때에는 본 선행조건이 적용되지 않는다'고 하는 계약해석이 쉽사리 가능할 것이라 보이지는 않는다. 이를 위해서는 적어도 계약 체결 당시 위와 같은 거래만을 한다는 인식이 두 당사자 사이에 공유되어 있었음이 입증되어야 할 텐데, 특수한 경우가 아닌 이상 그 입증은 어려우리라 보인다.

근본적으로, 해당 기본계약하에서 위와 같이 일방적 거래만 이루어졌다고 해서 꼭 선행조건조항이 그 취지를 전부 잃는다고 볼 것도 아니다. 앞에서 설명했듯이 선행조건조항이 지닌 가장 중요한 기능은 상대방의 채무불이행사유 발생 시 잠시 지급을 멈추고 거래를 정리하는 숨 쉴 시간을 갖게 해준다는 것이다. 거래당사자들 사이에 다른 거래관계가 남아 있거나 비유책당사자의 지급의무 거절이 이루어진 기간이 길지 않다면, 이러한 사안유형이라는 이유만으로 선행조건조항 원용이 심히 부당한 것은 아닌 것이다. 그러나 그러한 통상적인 시간적 범위를 넘는 장기간 동안 막연히 선행조건을 원용하며 자신의 지급의무를 거절하고 있을 뿐이라면, 적어도 한국법상으로는 권리남용에 해당할 가능성이 높아진다고 보아도 무리가 없다.

(2) 쌍방 모두 지급의무를 부담할 가능성이 있었지만 실제 채무불이행사유 발생 당시에는 유책당사자의 지급의무가 발생할 가능성이 없는 경우

일반적인 이자율스왑거래에서 내가격의 당사자에게 채무불이행사유가 발생했는데 이어 만기가 도래하여 더 이상 그 거래에 의해서는 유책당사자가 지급의무를 부담할 여지가 없는 경우[77]가 이에 해당한다. 여기

---

77) James Grand / Perry Sayles, "Bankruptcy Code Trumps Isda", 28 International Financial

에서는 처음부터 비유책당사자 측이 지급의무를 부담할 가능성이 없었던 것은 아니므로, 특약을 둘 수 있었던 상황이 아니다. 반면, 채무불이행사유가 발생한 시점 및 당시의 시장 상황에 따라(당사자 일방의 포지션 변화에 따라) 계약해석이 달라지는 것은 타당하다고 보기 어렵다. 결국 이 경우에도 전항(前項)에서 본 바와 같이 이행거절기간에 따라 권리남용으로 될 여지가 있을 뿐, 계약해석만으로 선행조건 위반 주장을 제약하기는 어려울 것이다.

6. 우리나라의 '약관의 객관적 · 통일적 해석 원칙'

ISDA 기본계약서에 따라 체결된 계약은 약관의 규제에 관한 법률(이하 '약관규제법')에서 정하는 '약관'에 해당한다(제2조 제1호). '여러 명의 상대방과 계약을 체결하기 위하여 일정한 형식으로 미리 마련'한 양식을 사용해서 체결된 계약이기 때문이다.[78]

약관의 해석에 대해서는 일반적인 계약과는 다른 해석원칙이 적용된

Law Review 34 (2009), 35면은 영국법상 '재산박탈금지원칙'(후술)에 위반될 가능성이 높은 사안유형 중 하나로 이 경우를 들고 있다. 한편 본문의 맥락과는 다르지만 보장매도자 자신을 준거자산으로 하는 CDS 거래(소위 self-referenced CDS)에서 보장매도자가 파산하는 경우도 재산박탈금지원칙과 관련하여 문제 된다. 이러한 거래는 그 자체로 보장매도자의 파산을 이유로 보장매도자가 지급의무를 부담하게 하는 것이기 때문에, 선행조건조항과는 무관하게 재산박탈금지원칙에 위반될 가능성이 높다. Timothy Cleary, "Lehman Brothers and the Anti-Deprivation Principle: Current Uncertainties and Proposals for Reform", 6(4) Capital Markets Law Journal 411 (2011), 446~447면.

78) 약관규제법 제2조 제1항은 일방이 '마련'할 것만을 요구하고 '작성'하였을 것은 요구하지 않는다. 즉 제3자가 미리 작성해 놓은 것을 계약당사자들이 활용하는 경우 역시 약관규제법의 규제 대상인 것이다. 석광현, "FIDIC 조건을 사용하는 국제건설계약의 준거법 결정과 그 실익", 사법 제29호 (2014. 9), 52면(국제건설계약에서 사용되는 표준계약서인 이른바 'FIDIC 조건'을 사용한 계약 내용이 약관에 해당한다는 취지) 참조.

다. 약관규제법 제5조 제1항은 소위 '객관적·통일적 해석 원칙'을 정하고 있으며, 이는 대법원 판례에 의해서도 수차례 확인되어 왔다. 가령 대법원 2012. 4. 12. 선고 2010다21849 판결은, '보통거래약관의 내용은 개개 계약체결자의 의사나 구체적인 사정을 고려함이 없이 평균적 고객의 이해 가능성을 기준으로 하여 객관적·획일적으로 해석하여야 한다'고 설시한다. ISDA 기본계약서와 관련해서 위 '평균적 고객의 이해 가능성'이란, 장외파생금융상품시장에서 ISDA 기본계약서가 애초 제정된 취지(장외파생상품의 표준화 및 신용위험 감소), 1992년과 2002년 두 차례에 걸쳐 개정되어 온 연혁 내지 경과, 그리고 ISDA가 발간한 해설서(User's Guide)의 내용을 기초로 해서 파악할 수밖에 없을 것이다.[79]·[80]

약관의 객관적·통일적 해석 원칙을 강조하는 경우 장외파생금융계약의 해석에 있어 국제적인 정합성을 맞출 수 있다. 특히 본 선행조건조항과 관련해서는— 앞에서 언급했듯이 —기본계약서라는 단일계약 형식을 채택한 취지를 계약해석에 본격적으로 고려할 수 있는 근거가 된다.

다만 위 해석 원칙 자체에 대한 비판[81]은 차치하더라도, 이것이 다국

---

79) 맥락은 다르지만, 서울고등법원 2001. 6. 20. 선고 2000나56752 판결은, 금융기관 종합보험계약(이른바 '비행담보보험'의 일종) 조항을 해석함에 있어서 '피용자 등의 범죄행위로 인하여 피보험자가 입게 되는 손해를 담보하기 위하여 만들어진 강도보험증권이 발전, 확대되어 만들어진 것'이라는 비행담보보험의 연혁을 중요한 고려요소로 설시하였다.

80) 2002년 ISDA 기본계약서하에서의 조기종료금액 산정과 관련해서 영국 법원의 LBIE v LBSF 〔2013〕 EWCA Civ 188 판결은, ISDA 기본계약서의 연혁과 "User's Guide"의 내용을 상세히 참조하여 판결이유로 활용하였다.

81) 김진우, "약관의 해석에 관한 일 고찰", 재산법연구 제28권 제3호 (2011), 185-187면(개별 당사자들의 공통된 의사가 확인되지 않는 경우에만 위 해석 원칙을 적용해야 한다고 주장) 참조. 다만 윤진수, "계약 해석의 방법에 관한 국제적 동향과 한국법", 비교사법 제12권 제4호 (2005. 12), 358면도 참조(개별약정 우선 원칙이 존재한다는 점을 고려하면 객관적·통일적 해석 원칙을 법문언보다 제한적으로 적용할 필요가 없다고 한다).

적 대규모 금융회사에 일방적으로 유리한 해석으로 귀결될 우려가 없는
것은 아니다. 적어도 금융소비자와의 관계에서 보았을 때에는, 대규모 금
융회사들이 건전성 규제의 대상이 되고 일반적으로 금융거래에 익숙하기
에 비유책당사자가 될 가능성이 더 높다. 즉 선행조건조항은 일반적으로
금융회사에 더 유리하게 작용할 우려가 있는 것이다. 한편 ISDA 기본계
약서는 약관규제법 제6조 이하에서 내용통제의 예외로 정하는 '금융업에
서 국제적으로 통용되는 약관'임이 분명(동법 제15조 및 동법 시행령 제3조
제2호, 대법원 1999. 12. 10. 선고 98다9038 판결 등 참조)하다는 점에서도,
이 문제를 가벼이 볼 것은 아니다.

IV. 도산채무자에 대한 선행조건 주장의 한계: 도산조항의 효력 범위

1. 문제의 소재

ISDA 기본계약서상 내가격에 있던 일방이 도산절차에 들어간 경우,
이는 제5조 (a)항 (vii)호의 채무불이행사유에 해당하므로 상대방이 선행
조건 불충족을 이유로 자신의 지급의무 이행을 거절할 수 있다. 그런데
리먼 브러더스의 경우와 같이 대규모 금융기관이 도산한 경우에는, 이러
한 상태가 오랜 기간 지속되는 것이 그 자체로 금융기관의 신속한 정산
을 방해하여 시스템 위험을 증가시키는 요소로 작용할 수 있다.[82] 특히

---

[82] HM Treasury, 앞의 논문 각주 24, 119면에서는, 도산채무자가 특정 장외파생금융거래
의 존속을 전제로 그에 관한 위험회피거래를 유지·관리하는 것이 실무상 어려워 이
는 결국 도산재단에 해를 끼칠 수 있다는 점을 지적하고 있다. 그러나 최소한 회생절

비유책상대방이 무한정 선행조건을 원용할 수 있다고 본다면 도산채무자
가 당시 내가격이더라도 상대방에 대하여 실질적으로 이행을 구할 수 없
는 것이나 마찬가지다. 물론 회생채무자의 경우 회생절차에 따른 재건이
종료된다면 선행조건을 다시 충족할 수 있게 될 여지가 없는 것은 아니
다. 그러나 근본적으로 선행조건이 이런 식으로 원용될 경우, 회생채무자
의 재산이 일탈된 상태에서 절차가 진행되어 재건에 방해가 된다는 문제
는 여전히 있다.

　이와 같이 도산절차가 개시되는 것을 조건으로 도산채무자의 채권을
제한하는 것은 도산법제를 당사자들의 약정으로 회피하는 것이나 마찬
가지다. 즉 도산재단을 확충하고 도산관리인(이하 이는 파산관재인과 회
생절차상의 관리인을 포괄하는 의미로 사용함)의 관리·처분권을 보장하고
자 하는 도산법제의 입장에서 보면, 선행조건조항과 같은 계약조항은 도
산절차를 회피하고 도산재단으로부터 책임재산을 일탈시키는 것으로
서, 일종의 기회주의적 행태로 이를 바라볼 수 있다. 이 점에서 도산채무
자의 상대방이 선행조건조항을 주장하는 경우 이는 도산법상의 문제로
된다.

　이 문제는 포괄적으로 '도산해지조항'(일방의 도산절차 개시를 이유로 계
약을 실효시키거나 상대방에게 해지권을 부여하는 조항)에 관한 논의에서
다뤄진다. 유엔국제상거래법위원회(United Nations Commission on Interna-
tional Trade Law. 이하 'UNCITRAL')의 도산법 입법지침(UNCITRAL Legisla-
tive Guide on Insolvency Law)을 비롯해서 다수 국가가 도산해지조항과 같
이 도산절차 개시를 이유로 계약을 '실효'시키는 계약조항을 원칙적으로

　차와 같은 재건형 절차에서라면 그러한 관리행위야말로 관리인이 해야 할 행위이므로
그 자체가 과연 문제인지는 의문이 든다.

무효로 보고 있다. 특히 미국 연방파산법은 '도산조항(ipso facto clause) 금
지원칙'을 규정하고 있다. 그러나 위 입법지침에서도 '금융계약(financial
contracts)'에 대해서는 예외를 인정할 것을 권고하며(제71항), 그 외 일정
한 금융계약에 대해서 실제로 예외를 인정하는 입법례가 여럿 있다[가령
미국 연방파산법 제555조 이하의 안전항(safe harbor) 조항]. 반면 영국에서
이 문제는 판례법리인 '재산박탈금지원칙(anti-deprivation principle)'에서
다루어지는바, 이에 따르면 구체적인 사정에 따라 도산해지조항의 유무
효가 결정된다.[83] 한편 우리나라의 채무자회생법은 이에 관한 명시적 규
정을 두고 있지 않으며, 뒤에서 보듯이 대법원 판결로는 합작투자계약에
포함된 도산해지조항의 효력을 인정한 예가 있을 뿐이다.

엄밀하게 보면 ISDA 기본계약서상 선행조건조항이 도산'해지'조항인
것은 아니다. 그러나 도산절차 개시 또는 이에 준하는 사유를 이유로 이
행을 거절할 수 있는 권한을 부여(즉 계약내용을 변경)하는 조항이라는 점
에서 이는 일종의 '도산변경조항'[84]이고 '광의의 도산조항'[85]에 포함된다
(이하 도산해지조항과 도산변경조항을 포함하는 의미로 '도산조항'). 도산변

---

83) 이상 도산해지조항에 관한 입법례와 논의 상황에 대해서는 권영준, "도산해지조항의
효력", 비교사법 제25권 제2호 (2018), 763-774면을 참조하였다(미국·독일·프랑
스·일본·캐나다·호주가 원칙적으로 도산해지조항을 무효로 보고 있으나, 동시에
캐나다의 도산법 제65.1조 제7항, 호주의 1998년 지급시스템 및 네팅법 등이 일정한
금융계약에 대해 그 예외를 인정하고 있다고 한다).
84) 권영준, 앞의 논문 각주 83, 750-751면("계약 당사자 일방에 관하여 도산절차가 개시되
거나 도산 원인 또는 이에 준하는 일정한 사실이 발생하면… 계약관계를 종료하는
대신 계약 내용을 변경할 수 있도록 하는" 조항).
85) 한 민, "미이행쌍무계약에 관한 우리 도산법제의 개선방향", 선진상사법률연구 통권
제53호 (2011), 63-64면("채무자에게 도산절차의 개시 또는 도산절차 개시에 이르는
과정상의 일정한 사실이 발생한 것만을 이유로 채무자의 권리가 소멸하도록 한다든가
혹은 채무자에 의한 재산권 포기의 효력이 생기도록 한다든가 하는 방법으로 채무자의
재산권이 도산재단으로부터 일탈되는 것으로 정하는 계약조항").

경조항에 대해서도 도산해지조항에 관한 논의가 적용될 수 있으나, 도산
절차를 회피하는 정도에 분명 차이가 있기 때문에 그 결론이 꼭 동일해
야 하는 것은 아님에 유의할 필요가 있다.[86]

이하에서는 이 문제에 있어 상반된 결론을 내린 영국 법원과 미국 연
방파산법원의 판결 내용을 검토한 뒤, 우리나라의 채무자회생법하에서
어떤 결론에 이를 것인지를 살피기로 한다.

2. 영국의 재산박탈금지원칙

(1) 재산박탈금지원칙의 의의

도산절차 개시 전에 체결된 계약에서 도산절차가 개시되는 경우 도산
채무자의 책임재산을 감소시키는 결과를 가져오는 조항을 두고 있다면, 그
계약조항은 위법하고 무효라는 재산박탈금지원칙(anti-deprivation principle)
이 보통법으로 인정되어 왔다.[87] 이 법리는 영국 도산법(Insolvency Act
1986) 제238조 이하에서 정하는 부인권과는 별도의 것이다.[88]

선행조건조항과 같이 지급의무를 부담하게 될 자가 상대방의 도산절
차 개시를 이유로 자신의 지급의무를 이행하지 않아도 되게 하는 조항이

---

86) 권영준, 앞의 논문 각주 83, 752면 주 10 및 한 민, 앞의 논문 각주 85, 72면도 유사한
취지다.
87) 처음 이를 인정한 판결로는 Ex p Jay (Jay) (1880) 14 Ch D 19가 들어진다. 금융법의
맥락에서 이 법리를 설명한 문헌으로는 Alastair Hudson, The Law of Finance (2nd.
ed. 2013), Sweet & Maxwell, 683면; Louise Gullifer / Jennifer Payne, Corporate
Finance Law: Principles and Policy (2011), 100–101면. 한편 齊藤 崇 / 上田 瓦, "デリ
バティブを組み込んだ証券化商品に關する近時の諸問題", 事業再生と債權管理 第
131號(2011), 161頁 注 14는 이를 '몰수금지법리(沒收禁止法理)'로 번역했다.
88) 이에 대한 간략한 소개로는 권영준, 앞의 논문 각주 83, 770–771면.

있다면, 이는 위 원칙에 위반될 수 있다. 영국에서는 이러한 문제를 회피하기 위해서, 일방이 내가격에 있어 지급채권을 가지고 있더라도 이는 애초 선행조건조항에 의해 '제한된 상태의 조건부 권리'만을 가지고 있었던 것이므로 도산절차 개시를 이유로 새롭게 권리를 제한당한 것은 아니라고 하는 논리가 제시되어 왔다. 그 맥락에서 선행조건조항과 같은 계약조항을 이른바 '조건부 권리 조항(flawed-asset clause)'이라고 불러 왔다.

그런데 최근 영국 대법원은 LBIE의 합성 부채담보부증권[synthetic CDO (Collateralized Debt Obligations)] 발행조건상의 이른바 '우선순위 전환 조항(flip clause)'[89]이 문제 된 사안에서 위와 같은 논리를 부정했다.[90] 계약의 구조상 처음부터 권리가 제한되어 있었다는 이유만으로 그 권리를 도산절차 개시를 이유로 변경시키는 계약조항이 재산박탈금지원칙에 부합

---

89) 위와 같이 합성 CDO를 발행하면서 포함된 CDS에서 정한 신용사건이 발생하는 경우, 일단 CDS거래가 종료되고 담보자산의 처분대가는 그 CDS거래의 상대방인 자산보유자에게 지급할 보장지급금(protection payment)에 우선 충당되며 남는 금액은 증권 원리금 상환에 충당되도록 되어 있다(이른바 '스왑거래 상대방의 우선권'). 그런데 자산보유자가 파산하는 등으로 그에게 CDS 거래상의 채무불이행사유가 발생하는 경우에는, 그 CDS 거래가 조기종료되면서 그 포지션에 따라 자산보유자가 내가격에 있어 잔존 시장가치를 지급받아야 하는 상황이더라도 위의 경우와 달리 위 담보자산의 처분대가는 증권보유자들의 원리금회수에 우선 충당되도록 하는바(이른바 '증권보유자의 우선권') 이를 '우선순위 전환조항(flip clause)'이라 부른다. 이에 관하여는 김성용, "합성 CDO 거래에서의 Flip Clause의 도산절차상 효력", 성균관법학 제23권 제3호 (2011. 12.), 1043-1047면 참조.

90) Belmont Park Investments Pty Ltd v BNY Corporate Trustee Services Ltd [2011] UKSC 38. 이 판결에서 문제 된 합성CDO거래는 다음과 같다. LBIE는 특수목적기구를 설립하여 ① 그 특수목적기구로 하여금 투자자들로부터 (유동화)증권을 발행하고 받은 투자금으로 담보자산을 취득하도록 하고, ② 동시에 그 특수목적기구는 LBIE 및 계열사가 보유한 자산에 대한 신용보장매도자로서 LBSF와 CDS거래를 하고 LBSF로부터 일정 프리미엄을 지급받으며, ③ 그 프리미엄과 담보자산으로부터의 수익으로 증권보유자들에게 이자를 지급하고, ④ 만기가 되면 그 담보를 처분하여 처분대가로 증권보유자들에게 원금을 상환한다.

하게 되는 것은 아니라고 설시한 것이다.[91] 다만 그 계약당사자들은 일
방이 도산할 것이라고 예견하거나 그것이 임박한 상태에서 그 계약조항
을 삽입한 것이 아니고 이는 오히려 '선의의 상업적 목적(bona fide com-
mercial [purpose])'에서 도산절차상의 제한을 회피할 의도 없이 이루어진
복잡한 상사거래인 점,[92] 그리고 이 사건에서 그 박탈 금지의 대상으로
문제 된 '담보'는 애초 위 조항으로 우선권을 취득하게 되는 증권소지인
들의 투자금으로 매입된 것이어서 도산채무자(LBSF)에게 지나치게 불리
하다고 할 수 없는 점 등을 고려하여 결국 위 원칙에 위반하지는 않았다
고 보았다.[93]

(2) 선행조건조항이 재산박탈금지원칙에 위반되는지 여부

앞에서 본 Lomas 판결의 두 번째 항소사건에서 영국 항소법원은 ISDA
기본계약서 제2조 (a)항 (iii)호 역시 위 영국 대법원 판결의 태도에 비추
어 재산박탈금지원칙에 위반되지 않는다고 보았다.[94] 도산법제를 회피
하기 위한 의도에서 본 조항이 삽입되었다고 볼 만한 사정이 없기 때문
이다.[95] 또한 이 사건은 칼튼 통신회사와 LBSF 사이의 이자율스왑거래

---

91) 앞 판결 [107] 문단.
92) 앞 판결 [102] 문단 이하.
93) 이와 같이 계약당사자들이 도산 여부를 예견하고 체결하였는지 여부와 같이 선의 여
부를 주로 문제 삼는 판결의 태도에 대하여는, 어차피 (도산할 것이 명백하거나 임박
한 예외적인 경우를 제외하면) 일반적으로 대부분의 거래당사자들이 자기 또는 상대
방이 도산하리라고 생각하지 아니하고 계약을 체결할 텐데 그렇다면 모두 선의가 인정
되는 것은 아닌지 모호하고, 또한 위 책임재산박탈금지원칙 자체가 궁극적으로 일반채
권자들을 보호하기 위한 것인데 계약당사자들의 선의 여부만을 문제 삼는 것은 지나치
게 사적 자치에 기운 것이라는 비판이 있다. Cleary, 앞의 논문 각주 77, 415-416면.
94) Lomas 판결 [87] 문단.
95) 앞 판결 [107] 문단.

가 문제 된 것이었는데, LBSF가 파산절차에 들어가기 약 3주 전에 이미 위 거래상 신용보강당사자였던 리먼 브러더스 홀딩스(Lehman Brothers Holdings, Inc. 이하 'LBHI')가 파산절차에 들어가면서 본 조항에 의하여 LBSF 는 지급을 구할 수 없는 상황에 있었다고 보아야 하므로[96] LBSF의 파산 이 원인이 되어 책임재산이 박탈되었다고 볼 수도 없다[97]고도 하였다.

이 사건에서 특이한 점은 LBHI가 파산절차에 들어가 처음 채무불이행 사유가 발생할 당시 위 이자율스왑거래상 이행기가 한 번밖에 남지 않은 상태였다는 점이다. 즉 그 이행기가 도래하여 본 조항에 따라 연기된 칼튼의 지급의무 외에는 향후 더 지급의무가 발생할 여지가 없었던 것이다. 이는 향후 비유책당사자(칼튼)가 가지게 될 수 있는 유책상대방에 대한 지급채권의 신용위험을 감소시킨다는 본 조항의 취지를 무색하게 하는 요소가 될 수 있다(앞 Ⅲ. 5. 참조). 그러나 제1심 법원은, 어떤 계약조항이 위 재산박탈금지원칙에 위반되는지 여부를 판단하기 위해서는 계약 체결 당시를 기준으로 계약 전반을 보아야 하지, 계약의 이행상황과 파산개시 시점에 따라 위 원칙의 위반 여부가 달라질 수는 없다고 보았고, 이 점은 항소심에서 다투어지지 않았다.

결국 영국 법원은 특별한 사정이 없는 한 ISDA 기본계약서 제2조 (a)항 (iii)호가 도산법상 무효로 돌아가지는 않는다는 태도를 취하고 있다고 볼 수 있다. 그러나 위 Lomas 판결을 비롯하여 영국 법원은 재산박탈금지원 칙에 위반하였는지 여부를 판단함에 있어서는 당사자들이 도산법제를 회 피하려는 의도가 있었는지 여부를 중요하게 따지고 있고 이는 개별 사안 별로 달라지는 것이라는 점에 유의해야 한다.

---

96) ISDA 기본계약서 제5조 (a)항 본문은 거래당사자 또는 신용보강당사자에게 각 호의 사유가 발생하는 것이 '채무불이행사유'가 된다고 정하고 있다.
97) 앞의 판결 〔93〕 문단.

3. 미국 연방파산법상 도산조항의 금지

미국의 연방파산법(Bankruptcy Code) 제365조는 쌍방 미이행의 쌍무계
약(executory contract)에 있어 관리인의 이행 여부 선택권을 규정하고 있
다. 그런데 같은 조 (e)항 (1)호에서는 채무자의 도산 내지 재정적 상황을
조건으로 하여 기존 계약상 권리나 의무를 변경·실효시키는 계약조항
(이른바 '도산조항')[98]의 효력을 인정하지 않는다고 규정한다. 동법 제541조
(c)항 (1)호 역시 도산재단의 구성과 관련하여 같은 취지를 정한다.

앞에서 살핀 바와 같이 ISDA 기본계약서 제2조 (a)항 (iii)호는 '도산'
에 해당하는 채무불이행사유가 발생하는 것을 조건으로 도산채권자의 지
급의무를 연기(즉 도산채무자의 권리행사를 제한)시키는 것이기에 연방파
산법이 금지하는 도산변경조항에 해당할 여지가 있다. 이에 대하여 미국
뉴욕주 남부지구 연방파산법원은 Metavante 판결[99]에서 위 선행조건조
항은 원칙적으로 도산조항에 해당하여 효력이 없고, 결국 쌍방 미이행 쌍
무계약에 관한 원칙으로 돌아가 LBSF의 관리인이 그 이행 여부를 선택할
때까지 그 이자율스왑거래의 상대방인 메타반테(Metavante Corporation)가
그 도산해지조항에 불구하고 계약을 계속 이행해야 한다고 판시하였다.

이에 대해서 메타반테는 설사 선행조건조항이 도산조항에 해당하더라
도 연방파산법 제560조의 안전항 조항이 적용된다고 항변했으나, 법원은
이를 받아들이지 아니하였다. 위 제560조는 파생금융거래의 당사자가 거
래를 종료시킬 권한 및 산정된 지급금액을 정산하고 상계할 권한은 그것
이 도산해지조항에 의한 것이더라도 자동정지·부인권·미이행쌍무계약

---

98) '도산해지조항'과 '도산변경조항'을 포괄하는 의미로 정의되어 있음에 유의.
99) In re Lehman Brothers Holdings Inc, et al. (Metavante), Case No.08-13555 (2009).
   이 판결의 사안에 대해서는 박 준, 앞의 논문 각주 7, 15면 참조.

이행 여부 선택권의 대상이 되지 않고 유효하다고 규정한다.[100) 법원은 연방파산법상의 위 안전항 조항이 파생금융거래의 신속한 조기종료 및 정산을 허용하려는 데에 입법목적이 있다고 보면서, 메타반테가 1년간 지급의무를 연기하며 조기종료를 선택하지 않고 있던 것은 설령 조기종료 및 정산을 하기 위하여 적절한 시점을 선택하려 한 것이었다고 하더라도 위 안전항 조항의 보호를 받을 권리를 포기한 것에 해당한다고 보았다. 결국 선행조건도 무효이고 안전항 조항도 적용받을 수 없으므로, LBSF의 관리인이 쌍방 미이행의 쌍무계약에서의 이행을 선택한 이상 메타반테는 지급의무를 이행해야 하게 되었다.[101)

결국 미국 연방파산법상 본 선행조건조항은 도산조항금지 규정에 따라 무효이며, 나아가 이행을 거절하고 있다가 상당기간 후에 이르러서야 종료 및 정산을 하려고 하는 때에는 안전항 조항의 보호도 받지 못한다는 결론이 된다. 이 경우 비유책당사자로서는, 자신이 외가격인 상태에서 상대방이 미국에서 도산절차에 들어갔다면 ① 되도록 신속하게 조기종료를 선택하고 상당한 액수의 조기종료금액을 지불하든지, 아니면 ② 제2조 (a)항 (iii)호에 불구하고 계약상 지급의무를 이행하면서 시장의 변화를 기다려야 할 것이다.[102)

---

100) 우리나라의 채무자회생법 제120조 제3항과 같은 취지다.

101) 이 분쟁은 LBSF · LBHI · 메타반테 사이의 화해로 종결되었다(원래 만기인 2012. 2. 1.에 그 만기까지 상호 발생한 지급금액을 네팅해서 지급하기로 하되 그전에 메타반테가 조기종료권한을 유지하는 취지). 이러한 화해의 내용과 의미에 대해서는 박준, 앞의 논문 각주 7, 16면 참조.

102) Peter Marchette, "The Bankruptcy Court's Ruling in the Lehman-Metavante Matter: Has the Ticking Time Bomb of Enron vs. TXU Exploded or Been Defused?", New York Law School Legal Studies Research Paper No.09 / 10 #29 (http://papers.ssrn.com/sol3/papers.cfm?abstract_id=1568425) (2010), 27면. 이 문헌은 위 판결의 태도를 지지하고 있다. 이와 반대로, 이 사건에서는 계약상대방이던 LBSF보다 그 보증인이던 LBHI의 도산이 먼저 발생하였으므로 메타반테사는 계약상대방이 아닌 보증인

한편 위 영국 대법원의 Belmont 판결에서 유효한 것으로 판단되었던 '우선순위 전환 조항'과 관련해서도 미국 연방파산법원은 그와 반대로 도산조항에 해당하여 무효라고 보았고 안전항 조항 역시 적용될 수 없다고 보았다. 안전항 조항은 '종료 및 정산'에 대하여 적용되는 것인데 우선순위 전환 조항은 이와 관련이 없으며, 또한 그 계약조항은 직접적으로 파생금융거래에 관한 계약 내에 삽입된 조항이 아니고 단순히 신탁증서에 포함되었던 것에 불과하다는 것이다.[103] 영국과 미국에서의 이와 같은 상반된 결론[104]은 영국과 미국의 도산법제 내지 법원의 태도 사이에 존재하는 근본적인 차이를 반영하는 것으로 볼 여지도 있겠다.[105]

의 도산에 따른 교차채무불이행 발생을 이유로 선행조건 불충족을 주장할 수 있었던 것인바, 위 판결은 이를 전혀 고려하지 않았고 그 판시내용도 법적 불확실성을 증대시킨다는 취지에서 이를 비판하는 견해로 Stephen H. Moller / Anthony R. G. Nolan / Howard M. Goldwasser, Section 2(a)(iii) of the ISDA Master Agreement and the Emerging Swaps Jurisprudence in the Shadow of Lehman Brothers, [2011](7) J.I.B.L.R. 313 (2011) 참조.

103) In re Lehman Brothers Holdings Inc., et al., Lehman Brothers Special Financing Inc. v. BNY Corporate Trustee Services Limited, 422 BR 407 (US Bankruptcy Court, S.D.N.Y. 2010). 이 사건은 이후 항소심 단계에서 합의로 종결되었으며, 앞에서 언급한 영국 대법원 판결은 위 수탁기관을 제외한 다른 당사자들을 대상으로 한 것이었다.

104) 물론 위 영국법원의 판결과 미국연방법원의 판결은 서로 다른 법리에 따라 각자의 결론에 이른 것이므로, 서로 명백히 충돌하는 판결인 것은 아니다. 박 준, 앞의 논문 각주 7, 18면.

105) 가령 도산법제를 크게 두 가지 부류로 나누어 하나는 계약관계를 신속하게 종료하고 정산하도록 하여 채권자에게 친화적인 것으로, 다른 하나는 도산채무자에게 갱생의 기회를 부여한다는 취지에 따라 쌍방 미이행 쌍무계약의 이행 여부를 선택할 수 있도록 하는 권한을 강조하는 것으로 분류한 뒤, 영국은 비교적 전자에 가까운 반면 미국은 후자에 가깝다고 설명하기도 한다. Henderson, 앞의 책 각주 4, 483면. 한편 이와 같이 영국과 미국에서의 결론이 달라지면서 내가격에 있는 거래당사자로서는 영국에서 도산절차를 개시하려 할 유인이 생겼다는 견해로 Grand / Sayles, 앞의 논문 각주 77, 35면.

4. 대한민국의 채무자회생법에 따를 경우

(1) 국제도산과 채무자회생법의 적용 범위

우리나라의 채무자회생법과 국제사법에는 도산저촉법적 측면에 관해서 별다른 규정이 없다. 다만, 종래 '도산절차의 목적에 봉사하는 도산전형적인 법률효과'에 관하여는 도산법정지법 내지 도산개시국법에 의한다는 견해(도산법정지법 원칙)가 유력하게 주장되어 오고 있다.[106] 이에 따르면 우리나라에서 파산 내지 회생절차가 개시된 당사자에 대하여는 그 기본계약의 준거법이 미국 뉴욕주 법 내지 영국 법으로 정하여져 있더라도 도산전형적인 법률효과와 관련하여서 우리나라의 도산법인 채무자회생법 등이 적용된다.

일정한 계약조항이 '도산변경조항'에 해당한다고 보아 무효로 보려고 하는 것은, 계약당사자들이 약정을 통하여 도산법제를 회피하는 것을 막고자 하는 데 이유가 있기 때문이다.[107] 그러므로 ISDA 기본계약서 제2조 (a)항 (iii)호가 '도산조항'에 관한 법리에 의하여 무효인지 여부는 위에서 말하는 '도산절차의 목적에 봉사하는 도산전형적인 법률효과'와 관련된 것으로서 도산법정지법에 의하여 해결될 사항이다. 실제로 위 LBSF와 수

---

[106] 석광현, "채무자회생 및 파산에 관한 법률"에 따른 국제도산법", 국제사법과 국제소송 제5권 (2012b), 571–574면; 석광현, 앞의 논문 각주 37, 222–225면. 예컨대 우리나라에서 도산절차가 개시된 경우에는 미이행 쌍무계약의 준거법이 영국법이더라도 우리나라의 채무자회생법에 따른 미이행 쌍무계약의 이행 여부 선택 내지 해지가 가능하다는 것이고, 실제 대법원 2001. 12. 24. 선고 2001다30469 판결은 그와 같은 사안에서 구 파산법을 적용하였다. 이러한 태도는 EU도산규정이나 독일에서의 도산법제도 마찬가지라고 한다.

[107] 오수근, 도산법의 이해 (2008), 403면.

탁기관 사이의 '우선순위 전환조항'이 문제 되었던 사안에서 미국 연방파
산법원은 연방파산법상 도산조항금지 조항을 적용한 반면, 영국 대법원
은 영국의 '책임재산박탈금지원칙'에 관한 법리를 적용하였다. 후자는 별
다른 설시 없이 계약의 준거법을 적용한 것이었기는 하지만, 도산법정지
법을 적용하여야 한다는 위 논리에 따르더라도 그 결과는 같다.

(2) 도산조항에 대한 대한민국법의 취급

앞에서 언급하였듯이 채무자회생법은 이에 관한 명시적 규정을 전혀
두고 있지 않다. 국내 학설은 대체로 '도산해지조항'의 효력을 부정하는
취지인데,[108] 대법원은 구 회사정리법상 회사정리절차와 관련하여 '합작
투자계약'에 포함되어 있던 '도산해지조항'의 효력을 인정한 예가 있다.
그러나 그 후에도 구 서울중앙지방법원 파산부(현 회생법원)의 실무는 적
어도 쌍방 미이행 쌍무계약에 포함된 도산해지조항은 무효로 보는 것이
라고 한다.[109]

우선 유일한 대법원 판결인 대법원 2007. 9. 6. 선고 2005다38263 판
결의 논리를 구체적으로 살펴본다. 이 판결은 "계약의 당사자 사이에 채
무자인 회사의 재산상태가 장래 악화될 때에 대비하여 지급정지, 회사정
리절차의 개시신청, 회사정리절차의 개시와 같이 도산에 이르는 과정상
의 일정한 사실이 그 회사에 발생하는 것을 당해 계약의 해지권의 발생
원인으로 정하거나 또는 계약의 당연 해지사유로 정하는 특약"을 '도산해

---

108) 국내의 논의 상황에 대해서는 권영준, 앞의 논문 각주 83, 758-759면; 김영주, "계약
상 도산해제조항의 효력", 선진상사법률연구 통권 제64호 (2013. 10), 4-5면; 한 민,
앞의 논문 각주 85, 67-69면 참조.
109) 박 준 / 한 민, 금융거래와 법 (2019), 843-844면.

지조항'으로 지칭하면서, 다음과 같이 도산해지조항이 곧바로 무효인 것은 아니라고 보았다.

> 부인권의 대상이 되거나 공서양속에 위반되는 것이 아닌 한 구체적인 사정을 도외시한 채" 어떤 계약조항이 '도산해지조항'에 해당한다는 사정만으로 바로 무효인 것은 아니다. (1) 도산해지조항의 적용 결과가 정리절차개시 후 정리회사에 미치는 영향은 당해 계약의 성질과 그 내용 및 이행 정도, 해지사유로 정한 사건의 내용에 따라 달라진다. 이를 일률적으로 무효로 보는 것은 "상대방 당사자가 채권자의 입장에서 채무자의 도산으로 초래될 법적 불안정에 대비할 보호가치 있는 정당한 이익"을 무시하는 것이다. (2) 회사정리법상 관리인은 정리절차개시 당시 존재하는 회사 재산에 대한 관리처분권을 취득하는 데에 불과하여 "채무자인 회사가 사전에 지급정지 등을 정지조건으로 하여 처분한 재산에 대하여는 처음부터 관리처분권이 미치지 아니"하므로 그 계약조항이 이를 침해한다고 보기도 어렵다.

그러면서도 쌍방 미이행의 쌍무계약에서라면, 계약의 이행 또는 해제에 관한 관리인의 선택권을 정한 취지에 비추어 도산해지조항의 효력을 무효로 보거나 그 효력을 제한하는 취지로 해석할 여지가 있다는 점도 인정했다.[110]·[111]

---

110) 다만 위 판결에서 문제 된 합작투자계약은 조합계약으로서 조합 구성에 관한 채무의 이행을 마친 이상 미이행의 쌍무계약이라고 할 수 없고 또한 고도의 신뢰관계를 전제로 하므로 상대방 당사자로서는 회사정리절차가 개시되어 장차 계약당사자 아닌 제3자인 관리인이 상대방으로 되는 상황에 대비할 정당한 이익도 있어 역시 무효로 보기 어렵다고 보았다.

111) 그 외 서울고등법원 2009. 7. 10. 선고 2008나53555 판결은 주 채무자의 채무를 감면하여 주면서 감면된 채무가 모두 이행되면 연대보증채무도 이행된 것으로 보는 채무변제약정상에 채무자의 회생절차 개시 시 그 변제약정을 해지할 수 있도록 하는 계약조항이 있던 사안에서, 그 조항이 도산해지조항이라 하더라도 무효는 아니지만 4년간 채무가 성실히 변제되어 온 점 등에 비추어 이를 들어 채무변제약정을 해지하고 연대보증채무 전액의 이행을 구하는 것은 신의칙에 반한다고 보았다. 석광현, "도산국제사

결국 위 대법원 판결이 지적한 도산해지조항의 문제점은 다음과 같은 두 가지로 요약된다. 첫째, 사안에 따라 상대방에게 채무자의 도산으로 초래될 법적 불안정에 대비할 정당한 보호가치가 없다면 도산해지조항은 도산재단 내지 그에 대한 관리권을 침해하는 것일 수 있다. 둘째, 계약유형에 따라 파산관재인 또는 관리인의 쌍방 미이행의 쌍무계약 이행·해제 여부 선택권을 침해하는 것일 수 있다. 이러한 논리는 국내 학설이 지적하여 온 바와 크게 다르지 않으며,[112] 앞에서 언급한 회생법원의 실무는 위 둘째 논리를 받아들인 것이라고 할 수 있다. 한편 계약해지(해제)권을 정하는 것이 아니라 계약상 권리의무의 내용을 변경하는 것에 불과한 도산변경조항 역시 근본적인 문제점은 위 틀에서 벗어나지 않는다. 따라서 ISDA 기본계약서의 선행조건조항의 채무자회생법상 효력도 위 두 가지 논리 하에서 다뤄져야 한다.[113]

(3) 선행조건조항의 효력에 대한 검토

가. 관리인의 관리·처분권 침해 또는 도산재단의 일탈이라는 측면

법의 제 문제: 우리 법의 해석론의 방향", 국제사법과 국제소송 제5권 (2012)에 소개되어 있다.

112) 권영준, 앞의 논문 각주 83, 759면 참조.

113) 齊藤 崇 / 上田 瓦, 앞의 논문 각주 87, 164頁 역시 이러한 측면에 주목하면 본 선행조건조항에 따른 이행거절권능이 법적으로 제한될 여지가 있다고 설명하고 있다. 그리고 한 민, 앞의 논문 각주 85, 63~64면 및 임지웅, "도산해지조항의 효력 및 범위: Flip-In 조항의 효력에 관한 영국과 미국의 판례분석을 중심으로", 도산법연구 제1권 제2호 (2010), 38면도 같은 결론이다. 한편 임치용, "지급결제제도에 관한 회생 및 파산 절차의 특칙: 제120조의 해석론", 인권과 정의 제356호 (2006), 107면은 도산절차 개시 후 거래를 계속하는 것은 개별집행금지원칙에 따라 허용되지 않는다고 주장하는데, 거래를 존속시켜 지급채권을 발생시키는 것과 그 채권을 집행하는 것은 다른 것이므로 타당하다고 보기 어렵다.

　도산재단의 일탈이라는 측면은 오히려 선행조건조항의 효력을 인정하는 측의 근거가 되는 것처럼 보이기도 한다. ISDA 기본계약서상의 지급채권은 처음부터 그 내용이 선행조건에 의해 제한되어 있던 것으로서 도산재단이 일탈되었다거나 관리의 관리·처분권이 미치는 대상이 아니었다고 볼 여지가 있기 때문이다[앞에서 언급한 '조건부 권리(flawed-asset)' 논리]. 위 대법원 판결 역시 첫 번째 논리와 관련해서 이를 언급한 바 있다["채무자인 회사가 사전에 지급정지 등을 정지조건으로 하여 처분한 재산에 대하여는 처음부터 관리처분권이 미치지 (않는다)"].

　그러나 단순히 계약의 구조만을 이유로 관리처분권이 침해되지 않는다고 보는 것은 도산법제의 강행적 특성(도산재단 및 관리처분권을 강행적으로 보호하여 일반채권자들의 만족과 회생채무자의 갱생을 추구한다는 특성)보다 계약자유의 원칙을 지나치게 앞세우는 것이어서 타당하지 않다. ISDA 기본계약서상 선행조건조항이 위와 같은 논리로 항상 채무자회생법상 유효하다고 볼 것은 아니고, 위 대법원 판결이 언급하였던 '도산으로 초래될 법적 불안정에 대비하여야 할 상대방의 보호가치 있는 정당한 이익'과 도산재단 내 재산을 보호할 필요성(회생채무자의 충실한 재건 또는 파산절차에서 강행적으로 보호되는 파산채권자들의 권리를 보호할 필요성)을 서로 비교형량해서 개별적으로 문제를 해결할 필요가 있다.

　그런데 일반적으로는 대규모의 명목금액이 문제 되는 금융거래에 있어 상대방의 신용이 중요하다는 점은 부정하기 어렵고, 선행조건조항을 통하여 보호되는 비유책상대방의 이익은 민법이 이미 불안의 항변권을 통하여 쌍무계약에서 일반적으로 보호하는 부류의 이익이기까지 하다. 그렇다면 본 선행조건조항이 도산재단 내 재산을 일탈·감소시킨다는 이유만으로 바로 공서양속 내지 도산법에 반하여 무효가 된다고 보아서는 안 될 것이다. 다만 앞에서 III의 4~5에서 신의칙에 위반되는 것으로 볼 여지가 있는 경우로 검토한 사안유형에서는 비유책당사자의 이익이 보호 가치가 없다고 할 여지가 충분히 있다.[114) 이러한 접근 방법은 "당해 계약의 성질과 그 내용 및 이행 정도"를 면밀히 고려하도록 요구하는 위 대법원 판결의 설시에도 부합한다.

　나. 쌍방 미이행 쌍무계약에 관한 이행 여부 선택권을 침해한다는 측면

　앞에서 언급했듯이 특히 쌍방 미이행의 쌍무계약에 관하여 파산관재인·관리인에게 인정되는 이행·해지 여부 선택권(채무자회생법 제119조 및 제335조)을 침해하는 도산해지조항은 무효로 본다는 것이 현재 하급심의 실무이고, 이는 위 대법원 판결이 암시했던 것이기도 하다. 그러나 ISDA 기본계약서의 선행조건조항은 원칙적으로 위 선택권을 침해하지 않는다고 보인다.

　물론 일반적인 파생금융거래를 위해서 ISDA 기본계약서가 사용된 기본계약이 원칙적으로 위 쌍무계약에 해당함은 별 의문의 여지가 없다. 대법원은 여기에서 "쌍무계약"이란 '쌍방 당사자가 상호 대등한 대가관계에 있는 채무를 부담하는 계약으로서, 쌍방의 채무 사이에 성립·이행·존속상 법률적·경제적으로 견련성을 갖고 있어서 서로 담보로서 기능하는 계약'을 가리킨다고 보고 있다. ISDA 기본계약서에 따라 체결된 기본계약의 경우에도, 그 아래에서 발생한 채권·채무가 향후 지급정산 네팅조항이나 일괄정산 조항에 따라 정산될 것이 예정되어 있어 서로 담

---

114) 예컨대 영국법상 논의이나 Cleary, 앞의 논문 각주 77, 443-444면은, 거래 만기에 이르더라도 선행조건이 만족되지 않는 한 지급의무 이행을 계속 거절할 수 있다고 하는 해석을 취하는 경우에는, 본 선행조건조항이 그 자체로 재산박탈금지원칙에 위반된다고 주장한다. 그 경우에는 도산한 비유책당사자가 당해 거래상의 지급채권을 회수할 방법이 없게 되기 때문이다.

보로서 기능하고 있으며, 선행조건조항에 의하여 그 이행이 견련되어 있다. 다만, 프리미엄이 이미 지급된 기본옵션거래나 선불스왑거래만이 남아 있는 기본계약의 경우와 같이 이행 정도나 내용에 따라 '쌍방 미이행'이 아닐 수 있을 뿐이다. 나아가 본 선행조건조항이 비록 기본계약의 종료권한을 정한 것은 아니지만 이로 인해서 도산관리인은 도산채무자가 내가격에 있는 거래의 이행을 선택하더라도 실질적으로 이행을 받을 수 없게 된다. 쌍방 미이행의 상태임을 전제한다면, 이러한 측면에서 도산관리인의 선택권이 침해된다고 볼 여지가 있기는 하다.[115]

그렇지만 그와 동시에 채무자회생법 제120조 제3항은 기본계약하에 이루어진 적격금융거래를 위 선택권의 대상에서 배제하고 있다. 위 조항이 적용되는 한, 본 포괄적 선행조건조항은 원칙적으로 도산관리인의 위 선택권을 침해할 수 없다. 물론 위 특칙은 적격금융거래의 '종료 및 정산'을 위 선택권의 대상에서 배제한다고 되어 있을 뿐인데, 선행조건조항은 조기종료권한을 주는 것이 아니므로 위 '종료 및 정산'과 무관하다는 반박이 있을 수 있다. 그러나 그러한 반박은 타당하지 않다. 본 선행조건조항은 앞에서 설명한 것처럼 기본적으로 비유책당사자가 조기종료 권한을 행사할 시점을 선택할 여유를 부여하기 위한 것이다. 따라서 선행조건 불충족을 주장하는 것 역시 '종료 및 정산'에 수반되어 있는 것이라고 못 볼 바 아니다. 만약 선행조건조항이 없으면 비유책당사자는 시간적 여유 없이 바로 지급의무의 계속적인 이행 내지는 기본계약의 조기종료라는 선택을 강제당할 것이라는 점에서도, 선행조건조항은 분명 해당 기본계

---

115) 서울중앙지방법원 2010. 1. 11.자 2009회확562 결정 역시 관리인의 선택권 행사 전까지 상대방은 계약을 이행하여야 함을 강조한 바 있다. 한편 이러한 결과에 주목하여 본 선행조건이 도산관리인의 '체리피킹(cherry-picking)'을 막는 기능을 한다고 설명하기도 한다. Andrew McKnight, The Law of International Finance (2008), 612면.

약의 '종료 및 정산'과 밀접하게 관련되어 있다.

이를 종합하면 다음과 같은 결론이 된다. ① 비유책당사자가 선행조건 불충족을 주장하는 것에 대해서도 기본적으로 채무자회생법 제120조 제3항의 특칙이 적용되므로, 쌍방 미이행 쌍무계약에서의 이행 여부 선택권을 침해하는 문제는 발생하지 않는다. ② 다만 이는 선행조건조항을 주장하는 것이 종료 및 정산 과정의 일환이라고 봄을 전제하는 것이다. 따라서 그렇게 보지 못할 특별한 사정이 있는 경우에는 위 특칙이 적용될 수 없다. 그 경우 선행조건조항은 도산관리인의 위와 같은 선택권을 침해하는 도산변경조항에 해당하므로 도산관리인에 대해서 그 효력을 주장할 수 없다고 보아야 할 것이다. 예컨대 위 Metavante 판결에서와 같이, 비유책당사자가 지나치게 긴 기간 동안 선행조건을 주장하며 지급의무를 거절하는 것은 사실상 조기종료권한을 포기한 것이라고 보아 위 특칙의 적용대상에서 벗어난다고 볼 수 있다. 그 경우 도산관리인이 이행을 선택하면 비유책당사자는 조기종료 권한을 행사할 수 없다.

5. 소결론

ISDA 기본계약서의 선행조건조항은 일종의 도산조항으로서 도산절차를 기회주의적으로 회피하는 계약조항으로 평가받을 여지가 있다. 앞에서 검토한 바를 종합하면, 미국·영국·대한민국의 도산법은 이 문제를 다음과 같이 규율한다.

영국의 도산법은 이를 명시적으로 규율하고 있지 않으나, 판례법리로 발전한 재산박탈금지원칙이 이 문제를 다룬다. 영국 법원은 구체적 사안에 따라 재산박탈금지원칙 위반 여부를 결정하고 있는데, 선행조건조항의 경우 원칙적으로 재산박탈금지원칙에 위반되지 않는다고 판단한 예가 있다.

반면 미국 연방파산법에서는 명시적으로 그와 같은 도산조항을 금지
하는 규정을 두고 있다. 본 선행조건조항은 그와 같이 금지되어 있는 도
산조항에 해당하며, 비유책당사자가 1년 넘게 선행조건조항을 주장하면
서 자신의 지급의무를 이행하지 않고 조기종료권한도 행사하지 않았다면
그러한 도산조항 금지에 대한 예외를 인정한 안전항 조항 역시 적용되지
않는다고 본 미국 연방법원의 판결례가 있다.

ISDA 기본계약서상 표준 준거법이 어디로 정해져 있는지와 무관하게
대한민국에서 도산절차가 개시된 당사자와의 기본계약에 대해서는 우리
나라의 도산법제가 적용된다. 채무자회생법은 도산조항에 관해서 아무런
규정을 두고 있지 않지만, 도산조항이 도산재단을 침해할 여지가 있다는
측면 및 도산관리인의 쌍방 미이행 쌍무계약 이행 여부 선택권을 침해한
다는 측면이 있고 이로 인해서 그 효력이 인정되지 않을 여지가 있다는
점은 대법원 판결에서 언급된 바 있으며 학설로도 인정받고 있다. 그렇
더라도 ISDA 기본계약서상 선행조건조항은 원칙적으로 유효하다고 봄이
타당하다. 먼저 신의칙에 위반된다고 볼 정도로 비유책당사자에게 보호
가치가 없는 경우가 아니면, 본 선행조건조항에 도산재단을 부당하게 일
탈시키고 침해한다는 측면이 충족되기는 어렵다. 또한 채무자회생법 제
120조 제3항으로 인해서 쌍방 미이행 쌍무계약 이행 여부 선택권을 침해
한다는 문제 역시 원칙적으로는 발생하지 않는다. 단지 조기종료권한을
행사하지 않고 선행조건을 주장한 기간이 지나치게 길어 '종료 및 정산'
에 관한 위 조항을 적용 받을 수 없는 특별한 경우에는 도산관리인의 위
선택권을 침해하는 도산조항으로서 무효로 될 수 있다. 이 점에서 법원
은 우리나라의 도산법을 통해서 선행조건조항의 기회주의적 원용을 방지
할 수 있다.

V. 선행조건조항에 관한 표준특약조항 공표

영국 재무부에서는 2009년 말경부터 선행조건조항으로 인해서 도산한 대규모 금융기관에 대한 정리절차가 지연되고 있다는 문제점을 지적하면서 선행조건조항 자체가 개정될 필요가 있다고 주장해 왔다. 이에 대응해서 ISDA는 2014년 6월경 선행조건 불충족을 주장하면서 지급을 거절하는 기간에 시간적 제한을 두는 취지의 특약을 둘 수 있도록, 표준 특약조항을 발표했다.

위 특약은 제2조에 (2)항(2002년판의 경우) 또는 (f)항(1992년판의 경우)을 추가하는 형식으로 되어 있다. 먼저 유책당사자는 비유책당사자에게 '조건종료일자(Condition End Date)'가 지나면 선행조건 위반을 주장할 수 없다는 취지를 통보할 수 있다[(i)·(ii)호]. 그리고 그 통보 후 위 조건종료일자가 경과하는 경우 제2조 (a)항 (iii)호의 선행조건을 위반한 효과는 소멸된다[(iii)호]. 위 조건종료일자는 원칙적으로 위 통보 후 90일로 되어 있으나, 기본계약 체결 시 이를 달리 정할 수 있다(제14조의 정의조항에 삽입). 그 외 추가적으로 채무불이행사유가 발생한 경우, 위 통지는 효력을 잃도록 하되 기존 채무불이행사유가 '파산'인 경우에는 그러지 않고 기통지된 날로부터 90일이 기산하도록 하고 있다[(iv)·(v)호]. 그리고 ISDA에서는 위와 같이 '선행조건 불충족의 효과가 소멸'한다는 것이, 비유책당사자의 지급의무가 되살아난다(발생한다)는 취지라고 설명하고 있다.[116]

이와 관련해서는 세 가지 문제가 지적된다. 첫째, 위 조건종료일자를 정함에 있어서는 해당 거래의 각 이행기를 고려할 필요가 있다. 가령 1년에 네 번 미만으로 지급일이 돌아오도록 되어 있는 거래라면 표준기간으

---

116) 이상 ISDA (2014) 참조.

로 정해져 있는 위 90일을 수정할 필요가 있다. 이를 수정하지 않으면, 다음 이행기가 도래하기 전에 비유책당사자가 먼저 지급의무를 부담하는 기간이 생길 수 있기 때문이다.[117]

둘째, 위 표준특약조항을 통해서 '도산해지조항' 금지를 회피할 수 있을 것인지에 대해서 문제가 제기될 수 있다. 앞에서 논의한 바와 같이 연방파산법상 안전항 조항(한국 도산절차에서라면 채무자회생법 제120조 제3항)을 적용 받기 위해서 비유책당사자는 어느 정도 기간 후에는 조기종료 권한을 행사해야 할 것인데, 90일이 그러한 적법한 기간 내라고 할 수 있는가? 사견으로는, 90일이라는 위 표준기간은 물론이거니와 어떤 기간이라도 ─ 지나치게 길게 정해 놓은 것이 아닌 한[118] ─ 일단 계약당사자들이 선행조건조항을 원용할 수 있는 기간을 제한해 놓았다는 것 자체로 쌍방 미이행 쌍무계약상 관리인의 이행·해지 여부 선택권을 침해한다는 문제는 해소할 수 있다고 본다. 이로써 본 선행조건조항은 조기종료 권한을 행사하는 과정의 일부가 된다고 볼 수 있기 때문이다. 다만 사안유형에 따라, '법적 불안정에 대비할 비유책당사자의 이익'이 정당하지 않은 것으로 판단되어 도산재단 또는 그에 대한 관리인의 관리처분권을 침해하는 것이 될 수 있다는 측면은 여전히 유효하다.

셋째, 위 표준특약조항이 실제로 얼마나 사용될지는 의문이다. ISDA가 기본계약서 양식 자체를 수정한 것은 아니거니와, 일괄개정양식의 하

---

117) Catherine Gurney, "Calling Time on Section 2(a)(iii) of the ISDA Master Agreement: ISDA Publishes an Amendment", 8 Butterworths Journal of International Banking and Financial Law 520 (2014), 521면.

118) 다만 영국의 영업행위감독기관인 금융행위감독청(Financial Conduct Authority. 이하 'FCA')은 위 90일을 넘는 기간은 지나치게 긴 기간이 되리라고 의견을 표시한 바 있다[Jeremy Jennings-Mares / Peter Green / David Kaufman / Julian Hammar / Akihiro Wani, "Breaking the ISDA Section 2(a)(iii) Insolvency Stalemate", Morrison & Foerster LLP, 3 (2014)].

나인 '프로토콜(보충협약)'을 사용한 것도 아니기 때문이다.[119] 물론 표준
특약조항을 마련함에 있어 영국 재무부 내지 FCA가 강력하게 개입했다
는 점을 고려하면, 적어도 영국에 소재한 금융기관은 위 표준특약을 많이
채택할 것이다.

한편 ISDA는 브렉시트에 대비해서[120] 2018년 7월경 프랑스법(대륙법
계)과 아일랜드법(영미법계)을 각각 준거법으로 하는 2002년 기본계약서
양식을 추가로 발표했는데, 그 계약서양식에는 처음부터 위 내용을 반영
해서 제2조 (a)항 (iii)호의 선행조건을 원용할 수 있는 기한을 제한하고
있다.

VI. '계약에 의한 규제'와 ISDA의 표준계약서 활용

지금까지의 위 사례분석은, 국제장외파생거래에서 사용되는 표준계약
서의 구체적인 의미와 실제 활용 모습을 보여 주는 것 이상의 의미가 있
다. 무엇보다 상인에 의해서 자체적으로 형성되고 국가의 개입이 어렵다
고 보이는 국제장외파생금융거래 분야에서 계약당사자 일방의 기회주의
가 어떻게 규율되는지를 잘 보여 준다. 이하에서는 '계약에 의한 규제

---

119) Margaret Scullin, ISDA Publishes Bilateral Amendment to Condition Precedent in
Master Agreements (2014). 여기에서 말하는 프로토콜(보충협약)이란, ISDA가 각종
표준계약서를 신속하고 효과적으로 개정하기 위해서 마련해 놓은 양식이다. 해당
프로토콜에 동의한다는 취지를 ISDA에 통지한 당사자들에 대해서는, 그들 사이에서
ISDA 기본계약서에 따라 체결된 모든 기본계약의 내용이 그 프로토콜에 따라 변경
된다.
120) 브렉시트의 구체적인 협상 내용에 따라 달라질 여지는 있으나, 적어도 지금(본고
작성일인 2020. 1.경)까지 논의되어 온 바에 따르면 영국이 EU를 탈퇴할 경우 영국
법원의 판결은 EU 권역 내 법원에서 별도의 승인절차를 거쳐야 할 수 있다.

(regulation by contract)' 및 '계약에 의한 거버넌스(contract governance)'에
관한 최근 이론을 기초로 해서 그 시사점을 간명하게 검토한다.

1. 규제 거버넌스의 일부로서의 계약(법)

규제는, 국가가 일정한 정책적 목표를 달성하려는 목적에서 소속 행정
기관('규제당국')을 통하여 사적 주체들의 경제적 · 사회적 활동에 영향을
끼치는 일련의 활동(법규의 수립, 규제대상에 대한 감시 및 감독, 법규의 집
행)을 말한다.[121] 전형적인 규제는 국가기관이 직접 주도하는 형태 — 소
위 '공법상의 규제' — 이다. 그렇지만 규제는 기능적 개념이다. 그 주체
나 법적 형식, 내용 등을 불문하고 규제로 기능하는 제도는 모두 규제로
포섭되고 분석될 수 있는 것이다.

'규제 거버넌스(regulatory governance)'라는 용어는 법적인 규제권한의
여부를 떠나 기능적 관점에서 기업이나 기타 비정부적 조직의 규제기능
을 논의에 포함시키기 위한 개념이다.[122] 같은 맥락에서 메타규제(meta-
regulation)이론이나 규제공간(regulatory space)이론은 모두 해당 영역에서
활동하면서 사법상 권리를 행사하거나 사법상의 법률관계를 맺는 사적
주체도 실질적인 규제주체(regulator)로 본다. 여기에서 규제권한은 실로
널리 분산되어 있으며, 사적 주체와 공적 주체를 구별하는 것은 큰 의미
가 없다.[123] 또한 사법상 권리를 부과하는 것 자체를 규제의 집행수단

---

121) Bronwen Morgan / Karen Yeung, An Introduction to Law and Regulation: Text and
    Materials, Cambridge University Press (2007); Robert Baldwin / Martin Cave / Martin
    Lodge, Understanding Regulation: Theory, Strategy, and Practice (2nd. ed., 2012).
122) 이혜영, "위험 규제 거버넌스에 관한 시론적 연구: 식품안전 분야에의 적용", 한국사
    회와 행정연구 제24권 제4호 (2014), 386-387면.
123) Baldwin / Martin Cave / Martin Lodge, 앞의 책 각주 121, 63-5면; Neil Gunningham

중 하나로 보는 것 역시 규제이론에 있어서는 새롭지 않다.[124] 이들은 모두 사법(私法)의 이념적 배경은 뒤로한 채 공법(公法)의 목표하에 사법을 수단으로 봄으로써 공법, 사법을 본질적으로 다르지 않은 것으로 보고 있다.

물론 사법(私法) 중에서도 계약법은 물권법·불법행위법·가족법 등 다른 사법 분야와 비교하더라도 사적 자치가 가장 중시되어 온 분야이다. 계약법은 사람들이 자율적으로 관계를 맺는 것을 촉진하고 법이 그들의 의사를 최대한 실현할 수 있게 하는 데에 중점을 두고 있다(이른바 'facilitative function').[125] 그러므로 계약법의 '본질'이 과연 규제라고 볼 수 있는지는 의문스럽다.[126] 그렇지만 적어도 규제 주체가 '계약'을 도구로 활용하는 경우, 계약법은 사실상 그 규제에 법적 근거와 실효성을 제공하

/ Darren Sinclair, "Smart Regulation", in Peter Drahos, ed., Regulatory Theory (2017), ANU Press, 133–48면; Peter Grabosky, "Meta-Regulation", in Peter Drahos, ed., Regulatory Theory (2017), ANU Press, 149–62면 등 참조. 그 외 규제에 관한 공익이론, 사익이론 등에 대해서는 가령 Morgan / Yeung, 앞의 책 각주 121 및 Baldwin / Martin Cave / Martin Lodge, 앞의 책 각주 121, 40면 이하 참조.

124) Baldwin / Martin Cave / Martin Lodge, 앞의 책 각주 121, 105–106면, 126–128면.

125) Brownsword / Gestel / Micklitz, 앞의 논문 각주 1, 6–7면.

126) 이와 관련해서 근래 사법(私法)이라는 규범체계의 본질 내지는 그 철학적 기초를 탐구하는 연구자들[이른바 사법이론(private law theory · Privatrechtstheorie)]은 '교정적 정의'라는 개념을 중심으로 해서 사법(私法)의 본질은 규제가 아니라는 주장을 널리 펼치고 있다. 대표적인 문헌으로 Ernest J. Weinrib, "Law as a Kantian Idea of Reason", 87 Columbia Law Review 472 (1987); Ernest J. Weinrib, "Corrective Justice in a Nutshell", 52 University of Toronto Law Journal 349 (2002); Peter Cane, "Corrective Justice and Correlativity in Private Law", 16 Oxford Journal of Legal Studies 471 (1996); Norman S. Wilson, "Is Corrective Justice Subsidiary to Distributive Justice?: Which Answer Better Captrues the Meaning of Tort Law Practice?", 10 Trinity College Law Review 44 (2007); Douglas Sanderson, "Redressing the Right Wrong: The Argument from Corrective Justice", 62(1) University of Toronto Law Journal 93 (2012); Arthur Ripstein, Private Wrongs (2016) 등이 있다.

는 역할을 담당하게 된다. 그러한 규제의 실효성과 책임성을 검증하기
위해서, 계약법의 역할 역시 규제적 관점에서 분석될 수 있다.[127]

2. ISDA가 수행하는 '계약에 의한 규제'

(1) 계약에 의한 규제의 의의

본고의 맥락에서 이른바 '계약에 의한 규제(regulation by contract)'는
표준계약서라는 수단을 활용해서 계약으로 (사적 규제 주체의) 규제 목표
를 달성하는 것을 말한다. 이러한 규제의 모습의 원형이라고 할 만한 것
은, 사업자가 선언한 '행위준칙(industry code of conducts)'을 통한 규제
다.[128] 행위준칙은 이론상 자발적으로 선언되고 가입되지만 사실상 강제
적으로 가입되는 경우도 많다.[129] 전통적인 계약이론에 따르더라도 행위
준칙이 '계약'에 해당되어 수범자들에게 계약상 권리·의무를 부여하는
것인지,[130] 아니면 이에 접근하는 새로운 법리가 필요한 것인지,[131] 그리
고 행위준칙에 의한 규제가 규제법원리에 비추어 정당한지(효과, 책임성,

---

127) 같은 취지로 Brownsword / Gestel / Micklitz, 앞의 논문 각주 1, 9면.
128) Fabrizzio Cafaggi, "The Regulatory Functions of Transnational Commercial Contracts
New Architectures", 36(6) Fordham International Law Journal 1557 (2013); Brownsword
/ Gestel / Micklitz, 앞의 논문 각주 1, 21~30면 참조.
129) Marie-Claire Menting, "Industry Codes of Conduct, the Foundations of Contract Law
and Regulation: A Bottom-Up Perspective", in Roger Brownsword / Rob A.J. van
Gestel / Hans-W. Micklitz, eds., Contract and Regulation: A Handbook on New
Methods of Law Making in Private Law (2017), Edward Elgar, 46면 fn. 19(시장지배
력 있는 사업자에 의해 강제되는 경우와 규제당국에 의해 강제되는 경우를 언급).
130) 가령 Menting, 앞의 논문 각주 129, 63면(행위준칙이 구속력 있는 계약으로 인정될
수 있는지를 논의).
131) Brownsword / Gestel / Micklitz, 앞의 논문 각주 1, 17면.

민주적 정당성 등)[132]에 대해서 최근 활발한 논의가 있다.

한편 이러한 첫 번째 모습을 변형한 것이 바로 표준계약서를 이용한 규제라고 할 수 있다. 사적 규제 주체는 시장에서 통용되는 표준계약서 양식을 작성함으로써, 규제 목표에 부합하는 거래가 이루어지고 당사자들이 그러한 취지의 계약상 의무를 부담하도록 사실상 유도할 수 있는 것이다. 이와 같은 표준계약서를 활용한 사적 규제에 대해서도 그 규제 목표와의 부합성 및 효과, 책임성 등을 검증하는 것이 필요하다.

(2) ISDA에 의한 사적 규제의 모습과 한계

국제장외파생금융거래 분야는 애초 '장외거래' 및 '국제거래'라는 두 가지 특성이 결부되면서 국가의 직접적 규제 범위에서 벗어나 있었다. 이러한 규제의 공백을 바탕으로, 주요 딜러들의 결사체인 ISDA가 장외파생금융거래의 법적 안정성을 달성한다는 목표하에 이 분야의 규제를 담당하게 되었다.[133] ISDA는 순수한 사적 결사이지만 ISDA 기본계약서를 비롯한 각종 표준계약서 양식을 통해서 이 분야를 실질적으로 규율하고 있다.

---

132) Menting, 앞의 논문 각주 129, 71-2면. 나아가 Colin Scott / Fabrizio Cafaggi / Linda Senden, "The Conceptual and Constitutional Challenge of Transnational Private Regulation", 38(1) Journal of Law and Society 1 (2011)도 참조(국제적 사적 규제가 지닌 헌법적 문제 제기).

133) John Biggins / Colin Scott, "Resolving the Gaps: Embedding ISDA in States' Responses to Systemic Risk", in Nicholas Dorn, ed., Controlling Capital: Public and Private Regulation of Financial Markets (2016), Routledge, 168면. 사적 규제가 공적 규제의 공백을 바탕으로 나타난다는 점과 관련해서는 Olha O. Cherednychenko, "Public and Private Financial Regulation in the EU: Opposites or Complements?", in Nicholas Dorn, ed., Controlling Capital: Public and Private Regulation of Financial Markets (2016), 142면 참조.

가. 표준계약서를 통한 사적 규제의 규제목표정합성

ISDA가 지금까지 가장 크게 중점을 두어 온 것은 표준계약서를 통해서 거래를 표준화하고, 나아가 그 표준화된 거래 내용이 어느 법역에서든 계약법·담보법·도산법에 의해서 그 내용 그대로 집행될 수 있도록 법적 안정성을 보장받는 것이었다.[134] ISDA에 의해서 표준계약서가 마련되기 전까지는 딜러들마다 특유의 약관을 사용했고, 그래서 각 파생상품이 그 거래구조 자체는 동일함에도 법적 조건이 다른 경우가 있었다. 그렇게 되면 당사자들이 부담하는 위험의 내용이 달라져서 경제적 가치도 서로 달라지게 된다.[135] '파생금융상품 가치의 표준화'가 이루어지지 못했던 것이다. 이는 장외파생금융상품을 사용하는 주된 이유 중 하나인 위험회피가 어려워진다는 것을 뜻한다. ISDA의 각종 표준계약서 양식이 통용되면서 이 표준화 문제가 해결될 수 있었다. 또한 ISDA의 사실상의 영향력을 통해서 다수 국가들이 ISDA 기본계약서상의 일괄청산을 도산절차에서 인정하는 안전항을 도입한 것은, 도산절차에서 국제장외파생금융거래의 안정성을 인정받는 결과로 되었다.[136]

나. 표준계약서를 통한 사적 규제의 한계: 계약해석의 문제

이처럼 표준계약서 양식을 통해서 국제장외파생금융거래의 법적 안정성을 달성하고 국제장외파생금융거래의 효율성을 극대화하려는 ISDA의 시도는 비교적 성공적이라고 평가된다.[137] 그렇기는 하지만, 표준계약서

---

134) Biggins / Scott, 앞의 논문 각주 133, 158-159면 참조.
135) David Murphy, OTC Derivatives: Bilateral Trading and Central Clearing, London: Palgrave Macmillan (2013), Kindle e-Book, 26면 미주 4; Stephen J. Choi / G. Mitu Gulati, "Contract as Statute", 104 Michigan Law Review 1129 (2006), 1140면 참조.
136) Biggins / Scott, 앞의 논문 각주 133, 159-160면 참조.
137) 가령 Paolo Saguato, "Private Regulation in the Credit Default Swaps Market: The

에 의한 사적 규제에는 근본적인 한계가 있다. 지금까지 본고의 사례분석에서 보았듯이 항상 다른 계약해석의 여지가 있으며, 또한 도산법상 모든 계약조항이 항상 유효하게 인정받는 것도 아니기 때문이다. 무엇보다 계약당사자 일방의 기회주의적 행태를 효과적으로 규율하고 억제하는 것 역시 거래분야를 규율하는 규제의 중요한 규제목표 중 하나임이 분명하다. 그럼에도 ISDA의 표준계약서가 계약당사자의 기회주의적 행태를 효과적으로 막을 수 있는 것인지에 대해서는 의문이 제기된다. 이하에서는 이러한 문제의식을 계약법의 관점에서 좀 더 자세히 논의한다.

① 법원의 '해석적 개입' 방지

ISDA 기본계약서는 복잡한 파생금융거래를 수행하기 위해서 작성된 표준계약서이고 실제로도 상당한 분량으로 되어 있다는 점에서, 흔히 ISDA 기본계약서가 거의 모든 상황에 대비한 계약조항을 두고 있을 것으로 생각하기 쉽다. 그러나 위 논의에서 볼 수 있었듯이 선행조건조항만 놓고 보더라도 정확한 문언이 없어 보충적인 해석이 필요한 쟁점이 다수 있다. 다른 한편 계약서 양식의 분량을 적절히 유지하는 것은 그 표준계약서가 시장에서 널리 통용되도록 하기 위해서 필요한 것이기도 하다.[138] 결국 아무리 정치한 당사자들이 표준계약서를 작성한다 하더라도

Role of ISDA in the New Regulatory Scenario of CDSs", in Geoffrey P. Miller / Fabrizio Cafaggi, eds., The Governance and Regulation of International Finance (2013), 45-49면, 57-58면 참조.

138) 앨런앤오버리(Allen & Overy LLP)의 미국지사 설립파트너로서 ISDA 기본계약서의 작성 과정에 상당 부분 참여하였던 제프리 골든 변호사에 따르면, ISDA는 ISDA 기본계약서가 너무 복잡하고 방대한 분량으로 되어 시장에서 통용되지 못하는 상황을 우려했다고 한다. 그래서 ISDA는 계약의 상세한 내용은 기본계약서가 아니라 파생금융상품별로 경제적 조건을 정하는 정의집(ISDA Definitions)에 담기로 했다고 한다. Jeffrey Golden, "Interpreting ISDA Terms: When Market Practice Is Relevant, as of When Is It Relevant?", 9(3) Capital Markets Law Journal 299 (2014), 301면.

작성자들이 의도한 모든 것을 표준계약서에 담을 수는 없고 그렇게 하는 것이 바람직하지도 않다는 것이다.

이와 같이 표준계약서는 일정 부분 '계약해석'에 의존할 수밖에 없다. 그런데 계약해석은 근본적으로 계약당사자 사이에서 구체적으로 합치된 의사를 계약 문언의 의미를 통해서 발견하는 것을 목적으로 하는 작업이다. 즉 당사자와 사실관계에 따라 그 해석이 달라지는 것이야말로 계약해석의 본질이다. ISDA 기본계약서 역시 이를 실제 사용한 거래당사자들의 구체적인 제반 사정에 따라 그 해석 결과가 달라질 여지는 충분하다.

여기에서 우리는 강학상 계약해석에 관한 맥락주의와 형식주의를 고려할 필요가 있다.[139] 맥락주의(contextualism)란, 당사자의 정확한 의사를 확인하기 위해서 주변 정황도 널리 고려하여 해당 계약당사자들이 진정으로 의도하고 합의했던 바를 밝혀야 한다고 보는 계약해석 태도이다.[140] 반대로 형식주의란, 계약 문언에 최우선적 의미를 두고 그 외의 주변 정황은 계약당사자의 의사를 확인하는 방법으로 사용해선 안 된다고 보는 계약해석 태도를 말한다.[141] 비교법적으로 우리나라 대법원은

---

139) 맥락주의와 형식주의에 관한 논의를 정리한 국내 문헌으로는 최준규, "계약해석에 있어 형식주의의 정당성 및 한계", 민사법학 제60호(2012), 한국민사법학회가 있다.

140) 전통적인 맥락주의의 입장은 Arthur L Corbin, "Interpretation of Words and the Parol Evidence Rule", 50 Cornell Law Quarterly 161 (1964)(주변 정황을 고려하지 않고 계약 문언만으로 의미를 확정하는 경우 이는 실질적으로 계약자유의 원칙에 반한다고 설명) 및 E. Allan Farnsworth, ""Meaning" in the Law of Contracts", 76(5) Yale Law Journal 939 (1967)(언어의 본질적 불확실성으로 인해서 맥락 없이 계약 문언이 뜻하는 바를 확정할 수는 없다고 강조)에서 발견할 수 있다.

141) 형식주의에 근사한 입장에서 근래 발표되었던 가장 대표적인 문헌으로는 Alan Schwartz / Robert E. Scott, "Contract Theory and the Limits of Contract Law", 113 Yale Law Journal 541 (2003) 및 Alan Schwartz / Robert E. Scott, "Contract Interpretation Redux", 119 Yale Law Journal 926 (2010)이 있다. 앞 저자들은 상사계약의 문언을 엄격히 존중함으로써 계약당사자들이 계약해석방법을 선택할 자유까지도 존중할 수 있게 되고 그것이 경제적으로도 효율적이라고 주장한다.

이른바 '표시상의 효과의사'를 발견하기 위해서 계약 문언뿐 아니라 여러 가지 구체적인 제반 사정들을 고려하고 있어,[142] 영국법이나 뉴욕주법에 비해서 맥락주의적 입장에 있다고 평가된다. 그럴수록 개별 사안의 특수성이 더 강조될 것이다.

ISDA가 이 문제를 해결하기 위해서 택한 방법 중 가장 중요한 것은 바로 표준계약서의 준거법과 법정지를 제한하는 것이었다. ISDA 기본계약서의 표준 준거법은 영국법 또는 뉴욕주법이며, 관할 법원 역시 영국법원 또는 뉴욕주를 관할하는 연방법원이다. 이들 법역은 모두 엄격한 문언 해석의 태도를 취한다고 알려져 있다.[143] 영국 계약법은 일반적으로 유럽계약법원칙(Principles of European Contract Law, PECL)이나 기타 영연방 국가들의 경우보다 계약 문언을 중시한다고 평가되고,[144] 뉴욕주법 역시 구두증거배제법칙 및 완결조항(merger clause) 존중 등의 법리를 통

---

142) 대법원 2000. 10. 6. 선고 2000다27923 판결(원칙적으로 의사표시 내지 법률행위의 해석은 그 당사자의 진정한 의사를 발견하는 것이되 그 대상은 표시행위를 통하여 추단된 효과의사로서 그 표시행위에 부여한 객관적인 의미를 합리적으로 해석해야 하는 것이라고 한다) 및 대법원 2012. 7. 26. 선고 2010다37813 판결(위와 같은 해석 작업에 있어서는 계약 문언의 객관적인 의미가 그 가장 중요한 기준이 되나 그 의미 가 명확하게 드러나지 않을 때에는 '문언 내용과 법률행위가 이루어지게 된 동기 및 경위, 당사자가 법률행위에 의하여 달성하려고 하는 목적과 진정한 의사, 거래관 행 등을 종합적으로 고찰하여 사회정의와 형평의 이념에 맞도록 논리와 경험의 법칙 그리고 사회일반의 상식과 거래의 통념에 따라 합리적으로 해석하여야 한다고 한다) 참조.

143) 이는 다수의 국제상사거래에서 같은 이유로 영국법 또는 뉴욕주법을 준거법으로 정 한다는 점으로 뒷받침된다. 국제중재와 관련해서 사내법무실 및 사내변호사들에 대 해 수행된 한 실증연구에 따르면, 응답자의 40%가량이 영국법이 가장 자주 실체상의 준거법으로 선택된다고 응답하였고, 17%는 뉴욕주법이라고 응답했다고 한다. Loukas Mistelis / Penny Martin, 2010 International Arbitration Survey: Choices in Interna-tional Arbitration, White & Case LLP; Centre for Commercial Law Studies (2011).

144) McKendrick, 앞의 책 각주 43, 165-6면(영국 계약법이 계약해석에 관해서 비교적 문언 중심적인 태도를 보이게 된 연유를, 영국법원에서 다루는 계약해석 문제가 대부분 변호사들이 정교하게 작성한 계약 문언을 대상으로 하고 있다는 점에서 찾고 있다).

해서 엄격한 문언해석의 태도를 취한다.[145] 결국 ISDA는 계약해석방법에 관한 형식주의를 이용해서, ISDA 기본계약서 작성 당시 내포된 ISDA 내지 '(ISDA가 생각하기에) 시장에서 통용되는 의사'와 달리 구체적인 사안에 따라 특수한 계약해석이 이루어지는 것을 방지하고 통일적 해석이 이루어지기를 기대하였던 것이라고 할 수 있다. 여기에서 ISDA가 방지하고자 하는 것은 말하자면 '법원의 해석적 개입(interpretative intervention)'이다.[146] · [147]

② 표준 준거법을 지정하는 방법의 한계와 형식주의적 계약해석의 문제점

앞선 사례분석에서 볼 수 있었듯이, 위와 같은 장치에 불구하고 최근까지도 장외파생금융거래에 관한 일련의 판결들이 ISDA의 의도와 항상

---

145) Golden, 앞의 논문 각주 138, 305-306면.

146) John Biggins, "'Targeted Touchdown' and 'Partial Liftoff': Post-Crisis Dispute Resolution in the OTC Derivatives Markets and the Challenge for ISDA", 13 German Law Journal 1297 (2012); Gina-Gail S. Fletcher, "Engineered Credit Default Swaps: Innovative or Manipulative?", 94(5) New York University Law Review 1073 (2019), 1091-1092면. 마찬가지로 ISDA 기본계약서 등 표준계약서의 해석과 관련해서 법원의 일관된 입장이 필요하다는 점을 역설한 문헌으로 "Jeffrey Golden, Judges and Systemic Risk in the Financial Markets", 18 Fordham Journal of Corporate and Financial Law 327 (2013), 333-334면 참조.

147) 여기에서 나아가 표준계약조항은 아예 법률조항과 같이 개별 계약당사자가 아닌 그 작성자의 의사대로 해석되어야 하는 것이라고 주장하면서, 법원은 표준계약조항의 작성자에게 그 의미와 의도를 물어보고 그에 따라 그 계약조항을 해석해야 하며, 여기에서 형식주의적 해석은 부당할 수 있다고 주장하는 견해도 있다(Choi / Gulati, 앞의 논문 각주 135). 한편 ISDA가 종래 기본계약서나 정의집(Definitions)의 해석과 관련해서 형식주의적 입장을 지지해 왔으나, 최근 ISDA에서 CDS 거래의 중앙청산에 대비해서 '신용사건의 발생 여부' 등과 같은 거래당사자들의 법적 질의에 회신하여 주는 역할로 창설한 '신용파생상품결정위원회(Credit Derivatives Determinations Committee)'에서는 맥락주의적 계약해석을 자발적으로 수행할 것이라고 보는 견해도 있다. Anna Gelpern / Mitu Gulati, "CDS Zombies", 13(03) European Business Organization Law Review 347 (2012) 참조.

부합했다고는 할 수 없다. 특히 선행조건이 불충족된 경우 지급정산네 팅이 아예 불가능하게 된다거나 지급의무가 완전히 소멸되어 그 후 치유의 가능성이 없게 된다고 하는 Marine Trade 판결의 판시사항은 시장이나 ISDA가 생각하고 있던 선행조건조항의 효과와는 명백히 다른 것이었다.[148] 이후 Lomas 사건에서는 ISDA가 처음부터 영국 민사소송절차상 제3당사자로 개입해서 직접 계약해석에 관한 의견을 제출하기에 이르렀다.

또한 최근에는 계약의 준거법을 영국법으로 정한 경우와 뉴욕주법으로 정한 경우, 나아가 재판관할을 영국법원으로 정한 경우와 미국 연방지방법원 뉴욕주 남부지구로 정한 경우 사이에서도 결론에서 차이가 생길 수 있다는 점이 각종 금융 관련 분쟁에서 드러나고 있다.[149] 이론상으로도 영국 법원은 종래 계약 문언의 의미를 밝힘에 있어서 모든 제반 사정이 고려될 수 있다는 점을 인정하여 왔으며, 그 계약 문언의 의미는 '상업

---

148) 그 외에 영국 지방자치단체의 파생금융거래에 관한 권리능력을 부정했던 Hazell v Hammersmith and Fulham London Borough Council & Ors [1992] 2 AC 1 판결 및 1992년 ISDA 기본계약서하에서의 조기종료정산과 관련해서 '손해(Loss)'를 산정함에 있어 당사자들의 실제 이행 가능성(신용도)이 전혀 고려되어서는 안 된다고 하는 소위 "value-clean principle"을 세워 온 일련의 영국 판결들[Peregrine Fixed Income Ltd v Robinson Department Store Public Co. Ltd [2000] EWHC (Comm) 99 등]도 그러한 사례로 들어진다. 특히 후자의 판결에 대해서는 Rupert Macey-Dare, ISDA Valuation Cases (https://ssrn.com/abstract=1651621) (2011), 20면 이하를 참조하고, 같은 태도를 취한 후속 판결에 대해서는 박 준, 앞의 논문 각주 7, 20-21면의 설명을 참조.

149) Golden, 앞의 논문 각주 138, 305면. 가령 앞에서 선불스왑과 관련해서 영국 법원과 뉴욕주 법원 사이에서 '실질적인 대출계약을 인정할 것인지 여부가 달라졌음을 소개한 바 있다. 나아가 국채발행조건에 포함된 '채권자평등취급조항(pari-passu clause)'에 관한 해석에서도 차이가 발생한 바 있다. 특히 후자와 관련해서는 홍성균, "금융계약상 채권자평등취급조항에 관한 NML Capital v. Argentina 판결: 국가채무의 재조정 및 뉴욕주 법상 표준계약조항의 해석", BFL 제69호 (2015. 1) 참조.

적 합리성(commercial reasonableness)'에 맞도록 해석되어야 한다는 법리가 인정되어 왔다.[150]

보다 근본적으로 과연 형식주의적 계약해석이 ISDA가 생각하는 결론을 가져온다고 할 수 있는가 하는 의문도 제기할 수 있다. 선행조건조항에 관한 사례분석에서 보았듯이 선행조건조항에 기대는 비유책당사자의 기회주의적 행태를 막기 위해서는 오히려 맥락주의적 계약해석이나 신의칙을 통한 법원의 개입이 더 효과적이다.[151] 적어도 선행조건조항과 관련해서 형식주의적 계약해석으로는, 이 분야의 일차적 규제목표인 ISDA 기본계약서의 법적 안정성을 달성하지 못하는 것이다.

③ 계약법에 의한 해결의 한계: CDS의 신용사건에 대한 인위적
　　개입 사례

이와 같은 형식주의적 계약해석의 한계는 CDS와 관련하여 최근 불거진 신용사건에 대한 인위적 개입 사례에서 더 극명하게 드러난다.[152]

---

150) 최근 영국 대법원은 Rainy Sky SA v Kookmin Bank [2011] UKSC 50 판결에서 이를 재확인했다. 결국 영국 계약법하에서는 구두증거배제법칙에 따라 계약 체결 전 단계에서 이루어진 협상 내용이 계약내용을 이룬다는 취지의 증거로 제출될 수는 없지만, 동시에 계약 문언의 의도된 의미를 밝히기 위한 일련의 전제사실로서 '협상 과정에서 일방이 상대방에게 표시한 객관적 사실(objective facts)'은 증거로 제출될 수 있다. 물론 그 구별이 용이한 것은 아니다. McKendrick, 앞의 책 각주 43, 164면 및 Oceanbulk Shipping and Trading sA v TMT Asia Ltd [2010] UKSC 44 참조.
151) 일반적으로 계약에 의한 규제에 있어서는 법원의 유연한 맥락주의적 해석이 유용하다고 보는 견해도 같은 맥락에 있다. Paul Verbruggen, "Private Regulatory Standards in Commercial Contracts: Questions of Compliance", in Roger Brownsword / Rob A.J. van Gestel / Hans-W. Micklitz, eds., Contract and Regulation: A Handbook on New Methods of Law Making in Private Law (2017), 321면.
152) 이 문제에 대해서는 별도의 글을 발표할 예정이다. 이를 국내에 간단히 소개한 것으로는 이정명, "CDS 신용위험사건의 인위적 조작에 관한 국제적 논의", 리걸타임즈 (2019. 11. 26.자)가 있으며, 이 문제를 본격적으로 분석한 법학 논문으로는 Fletcher, 앞의 논문 각주 146 (미국) 및 Jeremy Green, "The Influence of Credit Derivatives on Corporate Debt Restructuring", Butterworths Journal of International Banking

CDS는 기준이 되는 준거채무자의 채무불이행(신용사건) 여부에 따라 현금흐름이 달라지는 파생상품인데, 근래 들어서 CDS의 일방 당사자가 준거채무자와 공모해서 신용사건이 발생하도록 또는 발생하지 않도록 인위적으로 개입하는 사례 여럿이 드러났다. 가령 보장매수인이 CDS 거래를 한 뒤 (재무적 어려움에 처한) 준거채무자에게 돈을 빌려주면서 고의적으로 준거채권의 지급기일을 놓쳐 신용사건을 발생시킬 것을 유도하는 경우가 있었다.[153] 우리 법의 관점에서 이는 바로 민법상 조건성취·불성취에 대한 반신의행위(민법 제150조)를 연상시킨다. 그렇지만 이를 실제로 계약법적으로 해결하는 것은—특히 준거법이 영국법 또는 미국 뉴욕주법인 이상— 쉽지 않다. 여러 이유가 있으나 무엇보다, ISDA가 CDS를 위해서 작성한 표준계약서인 '신용파생상품정의집(Credit Derivatives Definitions)'에서 명시적으로 거래당사자 일방이 준거채무자와 사이에서 거래할 수 있고 이것이 해당 CDS에 영향을 끼치지 않는다고 정하고 있기 때문이다.[154]

ISDA는 2019년에 이르러 위 정의집상 '신용사건'에 대한 정의조항을 개정하는 방법으로 이에 대응했다.[155] 개정된 정의집에서는 신용사건 중 하나인 지급불이행(failure to pay)에 대한 정의조항에 '단, 해당 지급불이행이 준거채무자의 신용도나 재무상태의 악화로 인해서 발생한 것이 아

---

and Financial Law 576 (2019)(영국) 참조.
153) Solus Alternative Asset Mgmt. LP v. GSO Capital Partners L.P., No. 18 CV 232-LTS-BCM, 2018 WL 620490 (S.D.N.Y. Jan. 29, 2018)의 사안.
154) Fletcher, 앞의 논문 각주 146도 같은 취지다. 영국법과 뉴욕주법 모두 우리 민법 제150조에 상응하는 법리를 일반적으로 두고 있다. 그러나 앞에서 신의칙과 관련하여 검토했던 내용과 같은 맥락에서, 명시적인 계약조항으로 허용된 행위를 신의칙에 반하는 것으로 인정받기는 쉽지 않을 것이다.
155) ISDA, Proposed Amendments to the 2014 ISDA Credit Derivatives Definitions Relating to Narrowly Tailored Credit Events (2019) 참조.

니거나 그 악화를 불러오는 것이 아닌 경우에는 '지급불이행'에 해당하지 않는다'는 취지의 단서조항을 덧붙였으며, 정의집에 부속서(exhibit) F를 추가해서 이 부분 조항의 해석에 관한 가이드라인을 제시하고 있다. 그 가이드라인에서는 '정교하게 가공된 신용사건(narrowly tailored credit events)'이라는 용어를 사용해서 인위적 개입 사례의 일부를 포착하고 있다. 이는 '준거채무자 자신에 대한 영향을 최소화하면서 신용사건을 발생시킬 수 있도록 계획된 채무불이행 또는 기타의 행위'로 정의되어 있으며, 해당 가이드라인에는 이를 심사함에 있어 고려되어야 할 요소 등을 제시하고 있다.

물론 ISDA가 스스로 인정했듯이 이는 제한적인 해결책에 불과하다.[156]·[157] 무엇보다 신용사건 발생 여부를 심사하는 ISDA 결정위원회 (Determinations Committee)는 여러 이유에서(고려 가능한 정보의 제한, 신속한 결정의 필요성, 예측가능성 유지의 필요성 등) 주관적 의도를 심사하기 어렵기 때문이다.[158] 궁극적으로, 방지되어야 할 부당한 인위적 개입의

---

156) ISDA, ISDA Board Statement on Narrowly Tailored Credit Events, 2018. 영국의 FCA, 미국의 SEC와 상품선물거래위원회(Commodity Futures Trading Commission, CFTC)의 공동성명 역시 그러한 취지다. SEC / CFTC / FCA, Update to June 2019 Joint Statement on Opportunistic Strategies in the Credit Derivatives Market (2019).
157) 인위적 개입은 그와 같이 신용사건 발생을 작출하는 방법뿐만 아니라, 보장매도인이 신용사건 발생 여지를 인위적으로 없애는 방법으로도 가능하다. 가령 CDS 거래 뒤 보장매도인이 준거채무자의 자회사에 돈을 빌려주고 그 자회사로 하여금 준거채무자의 채무를 매입하도록 하는 경우 준거채무자의 채무가 사라져 신용사건이 발생할 여지가 거의 없어진다(소위 orphanization).
158) ISDA, 앞의 발표문 각주 156. 특히 위 Solus v. GSO Capital Partners, 2018 WL 620490 at *4 참조. 위 소송에서 전문가증인으로 출석한 ISDA의 전직 CEO가 같은 취지의 답변을 했다. 참고로 위 소송에서는 준거채무자와 보장매수인 사이에서 신용사건을 인위적으로 작출하기 위한 합의가 이루어졌다고 보장매도인이 주장하면서 준거채무자의 지급지체를 금지하는 예비적 금지명령을 구했으나 받아들여지지 않았다.

양태를 계약 문언으로 모두 정하는 것은 사실상 불가능하다.[159] 흥미로운 것은, CDS의 인위적 개입이 문제 되었던 Solus v. GSO Capital Partners 판결에서 미국연방지방법원(뉴욕남부지구)은 ISDA가 충분히 이 문제를 해결할 역량이 있으므로 예비적 금지명령을 통해 법원이 개입할 필요가 없다는 취지로 설시했다는 점이다.[160] 그러나 위에서 보았듯이, 이러한 기회주의적 행태를 막기 위해서는 법원이 더 적극적으로 개입할 필요가 있다.

④ 새로운 트렌드: 금융중재

현재 ISDA는 장외파생상품이 문제 되는 소송에서 제3자로서 의견서를 제출하는 프로그램을 시행하고 있다.[161] 이는 법원이 '의외의 판결'을 내리는 것을 막기 위한 일차적 방안이라 할 수 있다. 나아가 ISDA는 근래 이 문제를 해결하기 위한 방안으로 '금융중재'를 내세우고 있다. 장외파생금융거래 전문가들에 의한 중재로 분쟁을 해결함으로써 관련 계약을 시장에서 통용되고 기대되는 방식으로 해석되게 한다는 것이다.[162] 단순히 중재합의를 ISDA 기본계약서 내에서 채택할 수 있게 하는 것[163]에서 나아가, ISDA는 별도의 금융분쟁 전문 중재기관을 '프라임 파이낸스 (PRIME Finance)'[164]라는 이름으로 설립하였다.

이러한 시도가 성공할 수 있을 것인지에 대해서는 아직 의문부호가 따

---

159) ISDA 스스로도 이를 인정하고 있다. ISDA (2019), 1면.
160) Solus v. GSO Capital Partners, 2018 WL 620490 at *4.
161) ISDA, Amicus Briefs(2020. 1. 10. https://www.isda.org/1970/01/01/amicus-briefs).
162) Gerard J. Meijer / Richard H. Hansen, "Arbitration and Financial Services", in Nicholas Dorn, ed., Controlling Capital: Public and Private Regulation of Financial Markets (2016), Routledge, 193면; D. Baragwanath, "How Should We Resolve Disputes in Complex International Financing Transactions?", 7(3) Capital Markets Law Journal 204 (2012) 등 참조.
163) ISDA는 '2013년 ISDA 중재 가이드'를 마련해서 ISDA 기본계약서 내에 삽입할 수 있는 표준중재조항[기존 ISDA 기본계약서 제13조 (a)항을 수정]을 발표하였다.
164) "Panel of Recognized Market Experts in Finance"의 약자이다.

라붙는다. 물론 중재절차는 재량적 분쟁해결절차이므로 그 절차 내에서
계약해석법리에 구애받지 않고 기회주의적 행태를 전격적으로 제약하는
분쟁해결을 할 수도 있을 것이다.[165] 그러나 전통적으로 금융분쟁은 그
복잡성 등으로 인해서 대체분쟁해결제도에 친하지 않은 것으로 이해되어
왔다.[166] 실제로 2016년에 공간된 문헌에서도 여전히 대부분의 분쟁이
법원에서 해결되고 있음이 지적되고 있다.[167] 더 근본적인 문제도 있다.
도산절차에서의 법원의 개입은 중재합의로 막을 수 있는 것이 아니다(이
른바 '중재가능성'이 없다).[168]

중재로 금융분쟁을 해결하려는 위와 같은 시도에 대해서는 나아가서
다음과 같은 문제를 추가로 지적할 수 있다. 먼저 이는 장외파생금융상
품시장의 투명성 증진이라는 규제목표에 상반된다. 금융위기에 영향을
끼친 요인 중 하나로 장외파생상품 시장의 불투명성이 들어진다.[169] 그

---

165) 이 점은 표준화가 중요한 국제파생상품거래에서 중재절차가 과연 실효적 역할을 할
수 있는지에 대해 문제를 제기하는 근거가 될 수도 있다고 보인다.
166) Klaus Peter Berger, "The Aftermath of the Financial Crisis: Why Arbitration Makes
Sense for Banks and Financial Institutions", 3(1) Law and Financial Markets Review
54 (2009), 54면.
167) Meijer / Hansen, 앞의 논문 각주 162, 193면.
168) Biggins, 앞의 논문 각주 146, 1327면도 이 점을 지적하고 있다. 일반적으로 도산절차
에 관한 분쟁은 다수의 이해관계자들이 관여하도록 되어 있으므로 개별 쌍방당사자
사이의 중재합의를 전제로 하는 중재절차는 적합하지 않다. 석광현, 앞의 책 각주
16, 38-39면 참조.
169) Glenn Morgan, "Reforming OTC Markets: The Politics and Economics of Technical
Fixes", 13(03) European Business Organization Law Review 319 (2012), 401-403면
〔특히 CDS를 비롯한 장외신용파생상품은 장외에서 당사자들에 의해서 어떤 모습으
로든 구성될 수 있는 유연성이 있을 뿐 아니라 그 파생상품시장의 불투명성으로 인
해서 각각의 상품 가격을 비교하는 것이 어려웠기에, 그 거래를 중개하거나 한쪽
당사자가 되는 대형 금융회사들(이들은 ISDA의 구성원이기도 하다)에 있어 중요한
수익원이 되었다는 점을 지적하고 있다〕. Joseph E. Stiglitz, The Price of Inequality
(2012), 44면도 같은 취지다.

런데 금융분쟁이 소송이 아닌 중재에 의해서 해결되는 경우, 시장의 투명성은 오히려 떨어질 것이다. 실제로 장외파생상품거래에 관한 분쟁이 다수 소송에 의해서 해결됨으로써 시장의 투명성이 일부 증대되었다는 지적은 이를 방증하는 것이다.[170] 또한 금융중재기관의 중재인들은 금융산업에 종사하던 자들일 수밖에 없으므로, 금융소비자와의 분쟁에서 금융산업에 경도된 판정경향을 보여 줄 우려도 없지 않다.[171]

(3) 공적 규제와 사적 규제의 협력(이른바 'co-regulation')

ISDA의 사적 규제는 국제장외파생금융거래에 대한 공적 규제의 공백을 바탕으로 탄생했다. 그러나 사적 규제가 공적 규제를 전혀 전제하지 않는 것은 아니다. 오히려 현재 국제장외파생금융거래에 대한 규제는 ISDA와 공적 규제 주체 사이의 협력을 통해 공동으로 이루어지고 있다고 평가할 만하다. 그 사례로 들어지는 것 중 하나가 바로 ISDA가 2014년 도입한 '정리절차에 따른 정지 프로토콜(Resolution Stay Protocol)'이다.[172] 금융위기 직후 주요 법역에서 새로이 도입된 은행정리절차(도산절차)는 금융규제당국의 판단에 따라 장외파생금융거래에 관한 계약종료권한 행사를 정지할 수 있게 하고 있었는데,[173] 그러한 계약종료권한의 정지가

---

170) Joanne P. Braithwaite, "OTC Derivatives, the Courts and Regulatory Reform", 7(4) Capital Markets Law Journal 364 (2012), 371면.
171) 일반적으로 상사중재가 활성화될 경우 법원은 소비자 관련 법을 다루는 기관으로 제한될 우려가 있다는 Jan Dalhuisen, Dalhuisen on Transnational Comparative, Commercial, Financial and Trade Law Volume 1 (7th ed., 2019), Hart Publishing, 433-434면의 설명과 위 본문의 내용은 동전의 양면 같은 것이다.
172) 이에 대한 본문의 설명은 Biggins / Scott, 앞의 논문 각주 133에 의존한 것이다.
173) 미국 도드 · 프랭크법상의 정리절차(orderly liquidation)와 유럽연합의 은행 회생 및 정리 지침(Bank Recovery and Resolution Directive, BRRD) 등.

각 법역 사이에서 유효하게 인정될 수 있는지 우려가 제기된 바 있었다. 영국·독일·스위스·미국의 금융규제당국은 2013년 공동으로 ISDA에 서신을 보내 이러한 우려를 해소할 수 있는 방향으로 ISDA 기본계약서를 개정할 필요가 있음을 알렸고, 그 결과 ISDA가 이를 반영한 프로토콜을 2014년 발표했다. 그리고 각 법역의 대부분 주요 금융기관들이 위 프로토콜에 자발적으로 가입했다. 표준계약서를 활용한 사적 규제가 공적 규제와 함께 작동한다는 점을 잘 보여 주는 사례이다.

VII. 결론

지금까지 본고는 ISDA 기본계약서의 제2조 (a)항 (iii)호가 정한 선행조건에 관한 법적 쟁점을 상세히 살펴보고, 이를 바탕으로 ISDA의 국제장외파생상품시장에 대한 사적 규제의 실효성을 검토했다. 이를 요약하면 다음과 같다.

적어도 (개정 전의) 선행조건의 문언에는 이를 주장할 수 있는 시간적 범위나 한계에 대한 내용이 전혀 없다. 이를 기화로 계약당사자가 선행조건을 기회주의적으로 주장하는 사례로 문제 되었던 것은 크게 세 가지다. 첫째로는 비유책당사자가 선행조건을 들어 아예 지급의무가 없음을 주장하면서 지급정산네팅 자체를 거부하는 경우가 있고(즉 자신의 지급채권만 발생하였다고 주장), 둘째로는 지급정산네팅은 인정하더라도 선행조건이 위반되어 있음을 이유로 정산금지급의무를 무한정 이행하지 않는 경우가 있다. 세 번째는 두 번째와 연관된 것으로서, 유책당사자의 입장에서 선행조건이 충족되지 않았더라도 거래의 '만기'가 도래하면 비유책당사자의 지급의무가 다시 발생한다고 주장하는 것이다.

첫 번째 쟁점에 관해서 영국 법원은 종래 지급정산네팅을 부정하는 판결을 내린 바 있으나 이후 시장과 학계의 비판을 받은 후 다른 사건에서 방론으로나마 지급정산네팅이 인정되어야 한다는 판결을 내렸다. 또한 두 번째 쟁점과 세 번째 쟁점에 관해서 영국 법원은 비유책당사자 측의 손을 들어 주었다. 지급거절은 선행조건이 위반되어 있는 한 무한정 가능하다고 해석되며, 그것이 영국 도산법상 재산박탈금지원칙에도 반하지 않는다는 것이다. 반면 미국 연방파산법원은, 무한정 지급을 거절하는 것은 파생거래의 정산을 원활히 하려는 취지의 연방파산법 제560조의 안전항의 보호범위를 벗어나는 것이라고 보았고, 그 한도에서 선행조건조항이 도산조항으로서 무효로 된다고 판시했다.

대한민국법이 준거법일 경우에도 지급정산네팅 자체를 부정하는 계약 해석은 받아들여지지 않을 것이며, 만기가 도래했다는 이유만으로 지급의무가 부활한다고 보기도 어려울 것이다.[174] 반면 선행조건을 무한정 주장하는 두 번째 유형이 어떻게 규율될지는 불명확하다. 다만 일정 사안유형에서 항변권 행사를 권리남용으로 보는 판례의 태도에 비추어 그와 같은 선행조건 주장도 권리남용에 해당되어 금지될 가능성이 있다. 또한 유책당사자가 도산절차에 들어간 상황이라면 도산조항금지의 법리를 통해서도 위와 같은 기회주의적 행위가 제한될 수 있다. 선행조건은 기본적으로 도산재단을 일탈시킬 뿐 아니라 쌍방 미이행 쌍무계약에 관한 이행 여부 선택권을 침해하는 것이기 때문에 채무자회생법 제120조 제3항의 보호를 받지 않는 한 도산조항으로서 금지되어야 하는바, 선행조건을 지나치게 장기간 주장하는 것은 위 연방파산법원 판결과 유사한 논리에서 채무자회생법 제120조 제3항의 보호대상이 아니라고 보아야

---

174) 이와 달리 지급의무가 부활한다고 보는 반대견해가 국내에 있음은 이미 언급하였다.

하기 때문이다.

선행조건과 관련한 현실의 사례들은 표준계약서가 당사자의 기회주의적 행동에 노출되어 있음을 잘 보여 준다. ISDA의 '표준계약서를 활용한 사적 규제'(이른바 계약에 의한 규제)는 이를 규율하는 데 분명한 한계가 있다. 무엇보다 ISDA가 의존하고 있는 형식주의적 계약해석은 근본적으로 기회주의적 행동을 규율하는 데 약점이 있다. 이는 최근 불거진 CDS에서의 인위적 개입 사례에서도 나타난다. 그 사례에서 ISDA는 스스로 문언해석에 의해서 이를 해결하기는 어렵다는 점을 인정했다. 한편 금융중재는 재량적 분쟁해결절차로서 위 선행조건 관련 분쟁에서나 CDS 관련 분쟁에서 시장이 일반적으로 생각하는 타당한 결론을 도출할 수 있는 역량이 없는 것은 아니겠지만, 중재절차에는 분명한 한계가 있다. 결국 국제장외파생금융거래에서의 기회주의적 행동에 대한 사법(私法)상 규율을 주로 담당하는 것은 여전히 각 국의 사법부(司法府)일 것이며, 이 점에서 순수한 형태의 사적 규제는 전문가들이 참여하는 국제장외파생상품시장에서도 사실상 불가능하다.

제2부

총수익스왑의 법적 문제

06

총수익률스왑의 현황과 기업금융법상 과제[*]
─ 헤지, 자금조달, 의결권 제한, 그 밖의 규제회피기능의 법적 평가 ─

정순섭[**]

I. 서론

파생상품의 한 종류인 총수익률스왑(Total Return Swap, TRS)[1]은 다양한 목적으로 이용된다. 전통적인 기능인 헤지뿐만 아니라 기업의 자금조달, 순환출자 해소, 의결권 제한, 그 밖의 다양한 규제회피 목적으로 사용된다.[2] 1990년대 초 최초로 등장할 때는 종래의 고객관계를 유지하면서 대규모 여신거래에 따른 신용 위험을 전가하기 위한 수단으로 활용되었

---

[*] 이 글은 BFL 제83호 (2017. 5)에 게재된 글을 전재한 것이다.

[**] 서울대학교 법학전문대학원 교수

1) 총수익률스왑(total rate of return swap, total return swap)은 총수익스왑 등으로 불리지만 본고에서는 총수익률스왑이라는 용어를 사용한다.

2) 국내에서 총수익률스왑의 다양한 이용 사례를 소개한 것으로, 정일묵, "기업의 총수익교환약정(TRS) 활용 사례", 한국기업지배구조원 보고서(CGS Report) 제6권 제5·6호 (2016), 17–22면; 조주현, "총수익스왑(TRS), 재무적 의사결정의 한 수단", POSRI 이슈리포트 (2016. 6), 1–9면.

다.[3] 그러나 파생상품으로서의 구조적·기능적 유연성에 힘입어 총수익
률스왑은 전통적인 헤지는 물론 계열사 신용지원을 비롯한 다양한 목적
으로 이용되고 있다. 이러한 거래형태를 간접적인 형태의 규제회피수단
으로 볼 것인지, 아니면 정당한 재무활동의 일환인 투자행위로 볼 것인지
는 분명하게 정리될 필요가 있다.

파생상품에 대한 일반적인 평가는 긍정과 부정의 양면을 모두 포함하
고 있다. 국제적으로는 지난 2008년 글로벌 금융위기의 진행과 수습과정
에서 금융시장에서 위험의 확대재생산을 통한 시스템 위험의 주된 원인
으로 지적되었다. 국내에서도 파생상품은 전문적 거래 지식과 경험이 부
족한 중소기업을 대상으로 한 은행의 부당한 이익 탈취수단으로 남용된
다거나 전통적 금융상품인 증권에 결합하여 소액투자자를 현혹시키는 장
치라는 등의 부정적 인식[4]이 강하게 남아 있다. 따라서 총수익률스왑의
경제적 기능과 이용행태를 상법과 독점규제 및 공정거래에 관한 법률(이
하 '공정거래법')은 물론 금융규제법적 관점에서 정리하는 논의는 파생상
품시장의 존재이유를 확인하는 작업이기도 하다.

이하에서는 총수익률스왑의 의의와 기능을 간략히 살펴보고 헤지, 자
금조달, 의결권 제한회피 등과 관련된 법률문제를 정리한 후 금융상품의
성질결정에서 고려할 기본원칙을 제시한다.

---

3) Chin-Chong Liew / I-Ping Soong, Hong Kong Derivatives Law and Practice, LexisNexis
   Hong Kong (2010), 392면.
4) KIKO거래나 주가연계증권(Equity Linked Securities, ELS) 불완전판매 소송은 대표적인
   사례라고 할 수 있다.

II. 총수익률스왑의 의의와 기능

1. 의의

(1) 개념

총수익률스왑은 '대출채권이나 증권, 그 밖의 기초자산에서 발생하는 실제현금흐름과 사전에 약정된 확정현금흐름을 교환하는 거래'로서 신용파생상품의 하나로 분류된다. 전통적인 주식스왑의 발전된 형태라고 할 수 있다. 주식에서 발생하는 실제현금흐름을 수취하는 대신 그 주식을 매입하는 데 필요한 자금조달비용에 해당하는 확정현금흐름을 지급하는 구조이다. 총수익률스왑의 기초자산은 주식이나 사채에 한정되지 않고 통화의 가치를 비롯한 자본시장과 금융투자업에 관한 법률(이하 '자본시장법')상 모든 기초자산(동법 제4조 제10항 제1~5호)을 대상으로 할 수 있다. 물론 기초자산의 종류에 따라 발생하는 법률문제에는 많은 차이가 존재한다.

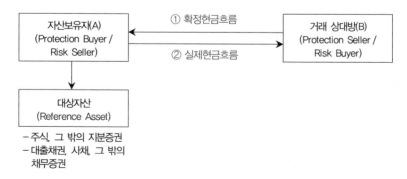

〔그림 1〕 총수익률스왑구조

〔그림 1〕에서 자산보유자인 A가 거래 상대방인 B에게 기초자산인 주식, 그 밖의 지분증권이나 대출채권, 사채, 그 밖의 채무증권에서 발생하는 실제현금흐름을 지급한다. 그리고 거래 상대방인 B가 자산보유자인 A에게 사정에 약정된 확정현금흐름을 지급한다. 이 경우 자산보유자인 A는 보장의 관점에서는 보장매수자(protection buyer), 위험의 관점에서는 위험매도자(risk seller)가 된다. 거래 상대방인 B는 보장의 관점에서는 보장매도자(protection seller), 위험의 관점에서는 위험매수자(risk buyer)가 된다.

본고의 목적을 위하여 총수익률스왑거래를 〈사례 1〉 거래 상대방인 B와 무관하게 기초자산을 자산보유자 A가 보유하고 있던 경우, 〈사례 2-1〉 거래 상대방 B가 C로부터 주식을 인수하면서 그중 일부 지분을 자산보유자 A가 매입하도록 하는 전제조건으로 거래 상대방 B와 자산보유자 A가 총수익률스왑계약을 체결한 경우, 〈사례 2-2〉 B가 현재 보유하고 있는 증권을 A에게 매도하고 그 매도대금에 해당하는 금액을 조달하면서, 동시에 증권매도인인 B가 증권매수인인 A에게 그 증권을 기초자산으로 보장매도자가 되는 총수익률스왑계약을 체결하는 경우, 〈사례 3〉 거래 상대방인 B가 기초자산을 자산보유자 A에게 매도하고 그 전제조건으로 거래 상대방 B와 자산보유자 A가 총수익률스왑계약을 체결한 경우로 구분한다.

(2) 종류

총수익률스왑은 기초자산이 주식과 같은 지분증권인 경우와 대출채권이나 사채와 같은 채무증권인 경우로 구분할 수 있다. 지분증권을 기초자산으로 하는 경우 의결권 제한의 회피와 같은 문제가 발생할 수 있다.[5]

---

5) 이에 대해서는 임정하, "총수익률스왑과 의결권 행사", BFL 제83호 (2017. 5), 18-40면.

대출채권이나 채무증권을 기초자산으로 하는 경우 신용공여 규제나 보증 또는 보험 규제의 회피 가능성이 문제 될 수 있다.[6)]

총수익률스왑은 그 목적 또는 경제적 기능에 따라서 헤지형, 신용지원형, 차입형, 규제회피형 등으로 구분할 수 있다. 당사자들은 어디까지나 정당한 기업재무활동이라고 주장할 것이므로 실질적 효과를 기준으로 한 분류라고 할 수 있다.

2. 기능

(1) 의의

총수익률스왑은 보장매수자의 입장에서는 기초자산인 채권이나 증권의 신용 위험뿐만 아니라 기초자산의 시장 위험도 이전하게 된다. 보장매수자는 형식적으로는 자산을 그대로 보유하지만, 그 위험과 함께 이익의 가능성도 이전하게 된다.

(2) 자본시장법상 파생상품의 정의와 경제적 기능

법원은 특정한 금융거래나 금융상품이 자본시장법상 금융투자상품에 해당하는지 여부의 판단을 위하여 첫째 기업자금조달이나 위험의 회피나 분산기능을 수행하고 있는지 여부, 둘째 거래를 금융투자상품으로 발전·육성할 필요가 있는지 여부, 셋째 거래참여자의 투자자보호

---

6) 이에 대해서는 정성구, "TRS와 지급보증, 신용공여 및 보험 규제의 접점", BFL 제83호 (2017. 5), 41–59면.

필요성 유무, 투자자보호와 건전한 거래질서 유지를 위한 규제방법의 유무 등을 종합적으로 판단하여야 한다고 본다.[7]

법원은 국내 개인고객과 행한 외환증거금거래와 직접 관련되지 않지만 일정한 환율변동에 연계된 수익을 지급하는 변형거래에 대해서는, "① 이 사건 거래는 고객이 1회에 지불하는 돈이 10만 원 이하의 소액일 뿐만 아니라 거래 시간도 길어야 몇 시간에 불과한 것이어서, 그 속성상 투기 목적으로만 이용될 수 있을 뿐이고 환율변동의 위험을 회피하는 경제적 수단으로는 사용될 수 없는 구조인 점, ② 이러한 거래구조와 이 사건 참여자들의 의사 등에 비추어 볼 때 위 거래는 투자자보호라든지 금융투자업의 육성·발전과는 하등의 관계가 없어 보이는 점"을 들어 부정적인 판단을 하고 있다.[8]

자본시장법상 금융투자상품의 경제적 기능을 위험 관리와 자본조달로 한정적으로 보는 것이라면 지나치게 좁은 해석이라고 할 것이다. 그리고 자본시장법상 금융투자상품의 정의를 법률상 개념요소로 명시되어 있지 않은 경제적 기능 등을 이용하여 해석하는 것도 재고할 필요가 있다.[9]

자본시장법은 그 적용범위를 정하는 기본개념인 금융투자상품의 정의를 위하여 기능적 정의를 도입하였다. 그리고 그러한 기능적 정의의 핵심은 금융투자기능이라고 할 수 있다. 그러한 금융투자기능은 자본시장법상 '이익의 취득'이나 '손실의 회피'로 규정되어 있다(제3조 제1항).[10] 현

---

7) 대법원 2015. 9. 10. 선고 2012도9660 판결.
8) 대법원, 앞의 판결 각주 7.
9) 박 준/정순섭, BFL 총서 11: 자본시장법 기본 판례 (2016), 19-24면.
10) 제3조(금융투자상품)
① 이 법에서 "금융투자상품"이란 이익을 얻거나 손실을 회피할 목적으로 현재 또는 장래의 특정(特定) 시점에 금전, 그 밖의 재산적 가치가 있는 것(이하 "금전 등"이라 한다)을 지급하기로 약정함으로써 취득하는 권리로서, 그 권리를 취득하기 위하여 지급하였거나 지급하여야 할 금전 등의 총액(판매수수료 등 대통령령으로 정하는 금액

행 자본시장법은 기업의 자금조달이 아니라 투자와 위험 관리를 기능적 요소로 정의하는 것이다. 기업자금조달이나 위험의 회피나 분산기능을 수행하고 있는지 여부를 금융투자상품에의 해당 여부에 대한 판단기준으로 고려하는 법원의 입장[11]을 관철하면, 증권회사가 발행하는 주가연계증권과 같은 상품도 자본시장법상 증권성이 부정되는 결과가 발생하게 될 것이다. 주가연계증권과 같은 파생결합증권의 발행은 발행인의 손실 등 위험 관리를 위한 수단으로 활용될 수도 있지만, 이를 그 발행을 위한 법적 요건으로 의무화하고 있는 것은 아니다.

III. 헤지

1. 의의

자본시장법은 파생상품을 포함한 금융투자상품의 기능적 정의를 도입하였다. 그리고 그러한 기능적 정의의 핵심인 금융투자기능은 '이익의 취득'이나 '손실의 회피'로 규정되어 있다(자본시장법 제3조 제1항). 그중 헤지는 손실의 회피를 말한다. 최초 '위험의 관리'라는 표현도 검토했으나 위험이라는 용어의 의미가 불확실하다는 지적에 따라 손실의 회피로 규정되었다.

을 제외한다)이 그 권리로부터 회수하였거나 회수할 수 있는 금전 등의 총액(해지수수료 등 대통령령으로 정하는 금액을 포함한다)을 초과하게 될 위험(이하 "투자성"이라 한다)이 있는 것을 말한다.

11) 대법원, 앞의 판결 각주 7.

2. 거래유형

헤지 목적 총수익률스왑거래의 전형적인 사례는 〈사례 1〉 거래 상대
방인 B와 무관하게 기초자산을 자산보유자 A가 보유하고 있던 경우 위험
헤지를 위하여 〔그림 1〕과 같은 거래를 하는 것이다. 보장매수자의 입장
에서는 기초자산인 채권이나 증권의 신용 위험뿐만 아니라 기초자산의
시장 위험도 이전하게 된다. 보장매수자는 형식적으로는 자산을 그대로
보유하고 있지만, 그 위험과 함께 이익의 가능성도 이전하게 된다.

총수익률스왑은 계열사의 신용지원을 위해서도 이용된다. I사는 J사가
발행한 자사주 연계 영구교환사채를 기초자산으로 하는 총수익률스왑계
약을 체결하였다. J사는 2016년 4월 25일 채권단 자율협약을 신청하였다.
교환사채는 J사가 발행인이지만, 뒤의 〈표 1〉에서 보는 바와 같이 I사가
총수익률스왑을 통하여 사채원금을 보장해 준 것으로 볼 수 있다.

〈표 1〉 I사의 총수익률스왑조건

주요 내용		계약 사항
기초자산		J사 영구교환사채(교환가액: 5,970원)
정산방법	중간정산	- 시기: 발행 후 1개월~2년 11개월 - 조건: 발행가액의 120% 이상일 경우 중간정산 가능, 정산차익 20% 한도 내에서 I사와 투자자 간 2대 8 배분
	만기정산	- 시기: 발행 후 3년 1개월 되는 시점 - 조건 L 정산차손에 대해서는 I사가 투자자에게 지급하고, 정산차익에 대해서는 투자자가 당사에게 지급
	조기정산	만기정산과 동일

출처: 정일묵, "기업의 총수익교환약정(TRS) 활용 사례", 한국기업지배구조원 보고서 (CGS
Report) 제6권 제5·6호 (2016), 20면.

3. 법률문제

(1) 보험

가. 의의

보험과 총수익률스왑은 위험의 이전이라는 경제적 실질과 우연한 사고를 요건으로 하는 형식의 양면에서 매우 유사하다. 파생상품과 보험의 유사성은 금리나 주가를 기초자산으로 하는 경우에도 발견할 수 있다. 그러나 신용파생상품 특히 옵션의 요소를 포함한 때에는 보험과의 기능적·형식적 구분이 쉽지 않다.

그러나 현행 보험업법은 보험상품의 종류를 시행령에서 구체적으로 열거한다. 따라서 날씨보험(보험업법 시행령 제1조의2 제3항 제4호)과 날씨파생상품의 관계를 제외하고는 특별히 문제 되지 않을 것으로 본다.[12]

나. 구분기준

이에 대하여 보험은 위험의 이전에 그치지 않고 위험의 분산을 본질적으로 시도하므로, 보험은 단순한 양 당사자 간의 계약관계인 신용파생상품계약과 달리 위험의 분산을 본질로 하는 특이한 계약구조를 가진다는 점, 보험계약은 도덕적 위험을 방지하기 위해 피보험이익원리를 중요하게 평가한다는 점, 보험사고가 발생한 경우 손해의 유무와 무관하게 약속된 금액을 지급하는 신용파생상품과 달리 보험계약에서 보험자는 발생한 손해액만큼 보상한다는 점 등에서 구별된다는 견해가 있다.[13] 이런 관점

---

12) 박 준, "파생금융거래를 둘러싼 법적 문제 개관", 박 준 / 정순섭 편, BFL 총서 6: 파생금융거래와 법 제1권 (2012), 110–112면.

13) 정경영, "파생금융상품의 법적 성격 및 감독제도: 신용부도스왑을 포함한 신용파생상

에서 새로운 "신용파생상품이 보험의 본질에 부합하지 않는 한 이에 대해 성질 면에서 구별되는 보험법리를 적용하는 것은 원칙적으로 적합하지 않다고 보며 새로운 규제체계를 마련할 필요가 있다"는 견해에 주목할 필요가 있다.[14)

영국에서는 파생상품과 보험계약의 구분에서 특히 파생상품거래 당사자의 의사를 강조한다.[15) 보험과 파생상품의 관계가 주로 문제 되어 오던 미국에서도 파생상품에 대한 보험규제의 적용을 배제한 도드프랑크법에 의한 상품거래소법 개정(s12h)과 파생상품 정의에서 보험상품을 제외한 안전항조항으로 해결되었다는 평가를 받고 있다.[16)

(2) 보증

가. 보증과 총수익률스왑

총수익률스왑은 보장매도자가 보장매수자의 기초자산에 대한 신용 위험과 시장 위험을 보장한다는 기능 면에서 보증과 매우 유사하다. 특히 앞 〈표 1〉의 거래는 계열회사 발행증권을 보증한 것과 차이가 없다.

그러나 첫째 총수익률스왑은 일반적으로 기초자산의 채무자나 발행인

품은 보험이며 보험업법의 적용을 받는가?", 금융법연구 제9권 제1호 (2012), 3-32면; 김홍기, "파생상품과 보험규제", 법학연구 제17권 제2호 (2007), 189-213면 참조. 특히 신용파생상품, 채무면제 또는 유예서비스, 날씨파생상품 등이 문제 된다. 한국금융신문 2006. 5. 24.자, "'보험-파생상품' 규제차익 둬 공정경쟁 유도해야."

14) 정경영, 앞의 논문 각주 13, 3-32면.
15) John-Peter Castagnino, Derivatives: The Key Principles (2009), Oxford University Press, 302-304면; Alastair Hudson, The Law on Financial Derivatives (2012), 345-352면.
16) Gary E. Kalbaugh, Derivatives Law and Regulation, Wolters Kluwer Law & Business (2014), 76-77면, 80-81면.

이 모르게 거래하는 점에서 보증에서 주채무자의 부탁이 없는 점, 둘째 총수익률스왑에서 보장매도자의 보장매수자에 대한 지급이 이루어진 경우에도 보장매도자가 보증인의 구상권에 해당하는 권리를 기초자산의 채무자나 발행인에게 행사할 수 없는 점을 고려하면 형식적인 측면에서 총수익률스왑과 보증은 구분된다.[17)]

다만 보증 규제를 회피하는 수단으로 남용될 수 있는 측면은 존재한다. 그러나 은행 등 금융회사는 신용공여 규제의 테두리 안에 포함되어 있음을 주의할 필요가 있다(은행법 시행령 제1조의3 제2항 제1~2호 및 은행업감독규정 〈별표 2〉).

나. 지급보증과 보험업법상 보증보험

① 법적 성질

지급보증과 보험업법의 관계에 대하여 대법원은 흥미로운 판단을 하고 있다. 동 판결은 "보증보험계약은 보험자와 주 계약상의 채무자인 보험계약자 사이에 체결되고, 지급보증계약은 금융기관과 피보증인인 채무자 사이에 체결된 보증위탁계약에 터 잡아 금융기관이 다시 채권자와 보증계약을 체결하는 것이므로 그 계약 당사자 측면에서 차이가 있으나, 지급보증계약도 금융기관과 채무자 사이의 보증위탁계약 체결 후 금융기관이 지급보증서라는 형식의 서면에 보증의 의사표시를 하여 피보증인인 채무자로 하여금 채권자에게 전달하는 방식으로 체결되는 점을 고려하면 실제 계약 체결과정에 있어서도 보증보험계약과 지급보증계약 사이에 별다른 차이가 없다"고 하고, "결국 보증보험과 지급보증 모두 채무자가 채무를 이행하지 않는 경우 보험회사 또는 금융기관이 그 채무를 이행하기

---

17) 박 준, 앞의 논문 각주 12, 109-110면.

로 하고 그에 대한 대가로 채무자로부터 보험료나 수수료를 받는 점에서 동일한 목적과 기능을 수행하고 구조도 유사하므로 그 실체나 경제적 실질은 같다"고 판단하였다.[18]

② 업무의 취급 가부

대법원은 "은행법과 여신전문금융업법 등 관련 법령에 따라 인가 또는 허가 등을 받은 금융기관이 지급보증 업무의 형태로 실질적으로 보증보험업을 하는 것은 적법하다고 할 것"이나,[19] "관련 법령에 따라 인가 또는 허가 등을 받은 금융기관이 아닌 자가 금융위원회의 허가 없이 실질적으로 보증보험업을 경영하는 경우에는 구 보험업법 제4조 제1항에 위반된다고 봄이 상당하다"고 한다.[20]

그러나 이 판결의 원심은 "보험회사의 보증보험과 금융기관의 지급보

---

18) 대법원 2013. 4. 26. 선고 2011도13558 판결; 대법원 2014. 9. 4. 선고 2012다67559 판결: "보증보험은 피보험자와 특정 법률관계가 있는 보험계약자(주 계약상의 채무자)의 채무 불이행으로 피보험자(주 계약상의 채권자)가 입게 될 손해의 전보를 보험자가 인수하는 것을 내용으로 하는 손해보험으로서, 형식적으로는 채무자의 채무 불이행을 보험사고로 하는 보험계약이나 실질적으로는 보증의 성격을 가지고 보증계약과 같은 효과를 목적으로 하는 것이므로, 보증보험계약은 주 계약 등의 법률관계를 전제로 하여 보험계약자가 주 계약 등에 따른 채무를 이행하지 아니함으로써 피보험자가 입게 되는 손해를 보험약관이 정하는 바에 따라 그리고 보험계약금액의 범위 내에서 보상하는 것이다. 따라서 보증보험계약이 효력을 가지려면 보험계약자와 피보험자 사이에 주 계약 등이 유효하게 존재하여야 하는데, 보증보험계약의 전제가 되는 주 계약이 무엇인지와 피보험자가 누구인지는, 보험계약서와 당사자가 보험계약의 내용으로 삼은 보험약관의 내용 및 당사자가 보험계약을 체결하게 된 경위와 과정 등 제반 사정을 종합하여 판단하여야 한다."
19) 은행법상 은행은 은행업무에 부수하는 업무 중 지급보증업무는 금융위원회에 신고하지 않고 운영할 수 있으나(제27조의2), 은행업을 경영하려는 자는 금융위원회의 인가를 받아야 하고(제8조), 여신전문금융업법상 여신전문금융회사는 지급보증업무를 운영할 수 있으나(제46조 제1항 제5호 및 동법 시행령 제16조 제2호), 여신전문금융회사는 금융위원회의 허가를 받거나 금융위원회에 등록하여야 한다(제2조 제15호 및 제3조).
20) 대법원 2013. 4. 26. 선고 2011도13558 판결.

증은 보험회사 또는 금융기관이 채무자와의 계약에 따라 채무자로부터 일정한 돈(보증료 또는 보험료)을 받고 일정 기간 동안 채무자의 채무를 보증한다는 점에서 차이가 없다. 결국 보험회사의 보증보험과 금융기관의 지급보증은 계약의 형식과 내용, 보증료 또는 보험료의 결정방식, 계약자의 인식 등에서만 차이가 있다고 할 것"이라고 하고, "지급보증서 발급행위를 보험회사의 보증보험영업이라고 단정할 수 없고, 오히려 금융기관의 지급보증에 유사한 것으로 보일 뿐이며, 나아가 피고인들이 보증보험업무를 한다는 인식이 있었다고 볼 수도 없다"고 판단하였다.[21]

③ 동일한 기능의 금융상품에 대한 규제

현행 금융법체계는 은행업, 금융투자업, 보험업 등 업종별로 엄격히 구분되는 기관별·상품별 규제체계를 형성하고 있다. 지급보증과 보증보험의 관계에 관한 대법원의 인식은 이러한 기능별 규제체계에 기초한 것이다. 지급보증이 가지는 위험보장기능에[22] 주목하여 보험업법상 보험상품으로 성질결정한 것이다. 그러나 지급보증은 신용 위험의 부담이라는 점에서는 대출과 동일하지만, 자금의 공여가 주채무의 불이행이 있는 때에 이루어진다는 차이가 있을 뿐이다. 위험보장 또는 위험관리라는 동일한 금융기능을 금융업종별로 상이한 형식으로 제공하는 데 따른 당연한 결과라고 할 수 있다.

현행법상으로는 위 대법원 판결의 원심에서 지적하는 바와 같이 "계약의 형식과 내용, 보증료 또는 보험료의 결정방식, 계약자의 인식 등"의 차이[23]에 기초하여 업종별 금융규제법의 적용대상이 된다고 할 수밖에

21) 서울중앙지방법원 2011. 9. 23. 선고 2011노2531 판결.
22) 김진오, "보험업법이 규정하는 보험상품의 개념요소로서 '위험보장의 목적'을 판단하는 기준", BFL 제68호 (2014. 11), 56~67면.
23) 서울중앙지방법원, 앞의 판결 각주 21.

없다. 이러한 현재의 방식은 동일한 기능을 가진 금융상품이나 거래에 대하여 업종별로 규제의 차이에 따른 규제차익이 발생할 수 있다.[24]

(3) 신용공여

총수익률스왑은 보장매도자의 입장에서는 신용공여 효과가 분명히 존재한다. 따라서 은행법 등의 신용공여 규제에 총수익률스왑을 포함하지 않으면 탈법행위의 가능성을 충분히 예상할 수 있다. 현재 은행법은 총수익률스왑을 신용공여 규제의 대상에 포함하고 있다(은행업감독규정 〈별표 2〉).

IV. 자금조달

1. 의의

총수익률스왑은 기초자산인 대출채권이나 증권을 담보로 자금을 조달하는 구조에 활용될 수 있다. 그 형태에서 자산유동화나 환매조건부증권매매와 매우 유사한 구조를 가지게 된다. 국내에서는 총수익률스왑은 기업 인수·합병과정에서 유효한 자금조달수단으로 알려져 있다.[25]

파생상품은 순수한 자금조달 목적으로 활용된 예가 많다. 과거 영국의

---

24) 이러한 관점에서 특히 논의되는 것은 신용파생상품, 채무 면제 또는 유예 서비스, 날씨파생상품 등이다(한국금융신문, 앞의 기사 각주 13).
25) 조선비즈 2017. 2. 27.자, "SK해운, 해운사업 물적분할 후 TRS로 3800억 조달"; 조선비즈, 2016. 4. 27.자, "터키 마르스 인수 CJ CGV, 자본확충+TRS 동시 추진한다."

지방자치단체 스왑 사건[26]이나 태국의 백화점 사건[27]에서 보는 바와 같이 고정금리와 변동금리를 교환하는 만기 20년의 단순한 금리스왑거래도 차입 목적으로 활용할 수 있다.

2. 거래유형

〈사례 2-1〉 C로부터 주식을 거래 상대방 B가 인수하면서 그중 일부 지분을 자산보유자 A가 매입하도록 하는 전제조건으로 거래 상대방 B와 자산보유자 A가 총수익률스왑계약을 체결한 경우, 거래 상대방 B의 관점에서는 유효한 자금조달수단으로 기능할 수 있다.

〔그림 2〕와 같이 A가 현재 보유하고 있는 증권을 C에게 매도하고 그 매도대금에 해당하는 금액을 조달하면서, 동시에 증권매도인인 A가 증권매수인인 C에게 그 증권을 기초자산으로 보장매도자가 되는 총수익률스왑계약을 체결하는 경우에도 A의 관점에서 자금조달 효과가 발생한다.

3. 법률문제

(1) 자산유동화

〔그림 2〕의 경우 A는 현재 보유하고 있는 증권을 유동화자산으로 자산유동화를 한 경우와 형식과 실질의 양면에서 매우 유사하다. 그러나 자산유동화에 관한 법률상 절차를 따르지 않은 점에서 차이가 있다. 그리

---

26) Hazel v Hammersmith & Fulham LBC〔1991〕1 All ER 545.
27) Peregrine Fixed Income Ltd (In Liquidation) v Robinson Department Store Public Co Ltd〔2000〕Lloyd's Rep. Bank. 304.

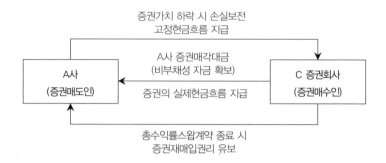

증권가치 하락 시 손실보전
고정현금흐름 지급

A사 증권매각대금
(비부채성 자금 확보)

증권의 실제현금흐름 지급

A사
(증권매도인)

C 증권회사
(증권매수인)

총수익률스왑계약 종료 시
증권재매입권리 유보

〔그림 2〕 증권매도(매도자금 확보)＋총수익률스왑구조

출처: 조주현, "총수익스왑(TRS), 재무적 의사결정의 한 수단", POSRI 이슈리포트 (2016. 6),
2면.

고 자산유동화에 관한 법률은 채권양도의 대항요건이나 등기와 같은 일
정한 부분에서의 특례를 원하는 거래자들이 스스로 선택하여 법적용의
대상이 되는 구조이므로 특별히 문제 되지 않는다.

(2) 환매조건부증권매매

환매조건부증권매매와 총수익률스왑의 가장 중요한 차이는 총수익률
스왑의 경우 기초자산인 증권의 이전이 이루어지지 않는다는 점이다. 환
매조건부증권매매에서는 대상증권의 소유권이 매매에 의하여 완전히 상
대방 당사자에게 이전되는 것이 본질적 요건이다. 그러나 총수익률스왑은
파생상품이므로 기초자산의 실제 보유 여부와 이전 여부는 묻지 않는다.

그러나 〔그림 2〕와 같이 A가 현재 보유하고 있는 증권을 C에게 매도하
고 그 매도대금에 해당하는 금액을 조달하면서, 동시에 증권매도인인 A가
증권매수인인 C에게 그 증권을 기초자산으로 보장매도자가 되는 총수익
률스왑계약을 체결하는 경우에는 A가 증권을 매도하고 자금을 조달한 후

그 일정 기한 내에 환매하는 환매조건부증권매매와 유사한 면이 있다. 그러나 총수익률스왑은 기초자산의 증권의 보유나 이전을 요건으로 하지 않는다. 총수익률스왑은 부외거래로 이루어진다는 점에서 전형적인 환매조건부매매거래(Repurchase Agreement Transaction. 통상 '리포거래'라 부른다)와는 구별된다.

V. 의결권 행사

1. 의의

상법과 자본시장법, 공정거래법 등 다양한 분야에서 일정한 요건하에 의결권 행사를 제한하는 경우가 있다. 자본시장법상 대량보유보고의무 위반이나 은행법상 은행주식의 한도초과보유 등에 대한 제제수단으로서 주식처분명령이 규정되어 있는 경우가 많다. 총수익률스왑은 제제수단으로서의 주식처분명령의 실효성에도 문제를 발생시킬 수 있다.

2. 거래유형

〔그림 1〕의 〈사례 2〉 거래 상대방인 B가 기초자산을 자산보유자 A에게 매도하고 그 전제조건으로 거래 상대방 B와 자산보유자 A가 총수익률스왑계약을 체결한 경우에 주로 문제 될 것이다. 뒤 〔그림 3〕에서 이를 도식화해 본다.

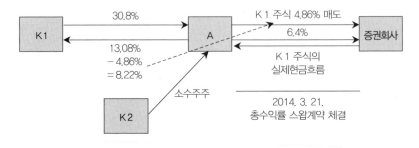

[그림 3] 주식을 기초자산으로 하는 총수익률스왑거래

3. 법률문제

(1) 의결권을 행사할 주주의 확정

[그림 3]에서 K1은 A사의 주식을 30.8% 그리고 A사는 K1의 주식을 13.08% 소유하고 있었다. 상법상 회사, 모회사 및 자회사, 또는 자회사가 다른 회사의 발행주식총수의 10분의 1을 초과하는 주식을 가지고 있는 경우 그 다른 회사가 가지고 있는 회사 또는 모회사의 주식은 의결권이 없다(제369조 제3항).

2014년 3월 21일 A사는 그가 보유하던 K1의 주식 13.08% 중 4.86%를 증권회사에 매도하고, 그 매도한 주식을 기초자산으로 증권회사와 총수익률스왑계약을 체결하였다. 계약조건은 증권회사가 기초자산인 K1 주식에서 발생하는 실제현금흐름을 A사에 지급하고, A사는 고정현금흐름으로 6.4%를 지급하는 것이다. 이 6.4%의 지급금에는 K1 주식 4.86%의 매입자금조달비용과 일정한 마진이 포함되었을 것이다.

그리고 2014년 3월 27일 A사의 주주총회에서 K1의 관계자를 A사의 사내이사로 선입하였다. K2는 그 안건에 반대하였다. K2는 A가 총수익률스왑거래를 통하여 여전히 K 1의 주식 4.86%를 자기계산으로 보유하고 있으므로 K 1의 A사 주주총회에서의 의결권 행사는 상법 제369조 제3항에 위반된다고 주장하였다. 법원은 K 2의 주장을 받아들이지 않았다.[28]

(2) 경제적 이해관계와 법적 의결권의 분리

같은 거래에서 증권회사는 경제적 이해관계가 전혀 없는 상태에서 법률상 형식적으로 K 1의 주주가 되는 것이다. 경제적 이해관계는 총수익률스왑을 통하여 A사에 완전히 전가하였다. 증권회사는 K 1의 주주이지만 K 1에 대해서는 전혀 위험을 부담하지 않고, 오히려 보장매도자인 A사의 신용 위험을 부담하게 되는 것이다.

증권회사는 의결권을 행사할 때 무엇을 기준으로 할 것인가. A사와 증권회사 사이에 별도 합의의 유무를 불문하고 충분히 예측할 수 있는 상황이다. 총수익률스왑계약 시 기업에 우호적인 방향으로 의결권을 행사한다는 계약조항을 포함하기도 한다.[29] 상법의 장기과제 중 하나이다.

(3) 기업 인수 · 합병 규제

동일한 문제는 대량보유보고의무에서도 발생할 수 있다. 만일에 A사가 K 1에 대한 적대적 인수 · 합병을 시도한다고 가정할 경우 동일한 거래방식을 이용하여 A사는 자본시장법상 대량보유보고의무도 회피할 수 있다.

---

28) 서울남부지방법원 2015. 6. 11. 선고 2014가합4256 판결. 이 판결에 대한 소개로는, 이석준, "총수익스왑(TRS)에 관한 연구: 상법상 상호주식 규제 여부에 대한 서울남부지법 2015. 6. 11. 2014가합4256 판결을 중심으로", 상사판례연구 제29권 제3호 (2016), 41-97면.
29) 정일묵, 앞의 논문 각주 2, 18면.

VI. 법률적 검토

1. 금융 규제의 적용범위

금융거래가 다양화하면서 금융 규제의 적용범위를 정하는 것이 쉽지 않은 문제가 되고 있다. 규제의 잠탈 방지도 중요하지만 규제의 적용범위가 과도하게 확대되거나 불명확해지면 새로운 거래나 상품을 개발하는 업자에게는 위축 효과가 발생하게 된다.[30] 금융시장의 발전 속도를 입법에 기초한 금융규제가 실시간으로 따라잡는 것은 거의 불가능하다. 따라서 법학적 방법론으로서 단순한 문리해석이 아니라 목적론적 해석과 같은 유연한 해석이 필요해지는 것이다.

전통적으로 헤지와 투기를 위한 것으로 알려져 온 파생상품의 하나인 총수익률스왑이 자금조달이나 계열사에 대한 신용지원, 의결권 제한의 회피나 순환출자의 해소와 같은 다양한 목적으로 활용되는 것은 분명히 새로운 발전이다. 그러나 이러한 새로운 기능을 모두 파생상품의 일반적 기능에 반하는 것이라고 평가할 수는 없다.

자본시장법상 금융투자업으로 규제할 가능성도 검토할 필요가 있다. 그러나 자본시장법상 금융투자업은 이익을 얻을 목적으로 계속적이거나 반복적인 방법으로 행하는 행위를 말한다(제6조 제1항). 따라서 금융업자가 아닌 일반사업회사[31]의 일회성 스왑거래를 금융투자업에 해당한다고 판단할 수는 없을 것이다.

---

30) 金融取引の多樣化を巡る法律問題研究會, "「金融取引の多樣化を巡る法律問題研究會」報告書: 金融規制の適用範圍のあり方", 金融研究 제36卷 第2號 (2016. 6), 1-2면.

31) 일반사업회사는 금융업을 경영하지 않는 주식회사를 말한다.

그리고 풋백옵션과 같이 일정한 위험보장기능을 가진다고 해서 그러한 거래를 모두 총수익률스왑으로 성질결정할 수는 없다. 결국은 개별 금융 규제의 목적과 구조에 비추어 사안별로 확인할 수밖에 없다.

그런 관점에서 금융거래의 성질결정, 거래의 정당성 판단, 공시의 세 요소를 고려해야 한다.

2. 금융거래의 성질결정

금융거래의 출발점은 당사자 간 계약이다. 당사자들은 일정한 목적을 달성하기 위하여 일정한 형식을 갖추어 금융 규제를 준수하면서 금융거 래를 한다. 그러나 특정한 금융거래의 형식에 대한 판단을 넘어 그 실질 에 비추어 당사자들의 의사와 무관하게 제3의 거래로 성질결정하게 되는 경우가 있다. 이렇게 되면 당사자들은 해당 금융거래를 통하여 달성하고 자 했던 목적을 얻지 못할 뿐만 아니라 경우에 따라서는 제재의 대상이 되거나 규제 위반행위를 한 자로서 평판이나 명성에 심각한 문제가 발생 하기도 한다.

이러한 가능성을 성질재결정 위험(recharacterization risk)이라고 한다. 자 산유동화거래에서의 자산보유자의 유동화기구로의 유동화자산의 양도를 진정매매로 볼 것인지 또는 담보부대출로 볼 것인지의 문제, 환매조건부 증권매매를 매매로 볼 것인지 또는 증권담보부대출로 볼 것인지의 문제 가 대표적인 사례이다.

금융거래의 법적 안정성과 예측 가능성을 위해서는 가급적 당사자의 의사와 형식에 기초한 판단이 필요하다.

3. 거래의 정당성 판단: 목적과 수단

(1) 기업지배구조의 문제

자금조달이나 계열사의 신용지원, 순환출자의 해소를 위한 총수익률스왑의 활용은 그 자체로서 위법한 거래라고 할 수는 없다. 파생상품거래 자체는 어디까지나 수단으로서 당사자들의 목적 달성에 복무하는 것뿐이다. 이런 관점에서 기업지배구조 특히 이사의 의무가 강조되어야 한다. 특히 총수익률스왑거래에서 일반사업회사가 보장매도자가 되는 것에 대해서는 정리가 필요하다.

(2) 보장매도자와 금융업 규제

총수익률스왑거래에서 보장매도자는 주로 보험회사나 헤지펀드와 같은 금융업자들의 영역이었다. 그런데 이상에서 살펴본 자금조달이나 신용지원, 의결권 제한회피나 순환출자 해소 등을 위한 다양한 총수익률스왑거래는 기업이 보장매도자가 되는 데에서 출발한다. 이러한 거래형태를 정상적인 것으로 이해할 수 있는가.

주식회사의 권리능력은 정관에서 정한 목적의 제한을 받지만 그 목적 달성에 필요한 범위에서 권리능력을 가진다.[32] 따라서 주식회사에 총수익률스왑거래에서 보장매도자가 되는 거래를 할 수 있는 권리능력을 부정할 수는 없을 것이다. 그러나 의결권 행사 제한의 근거가 되어 온 자기보유주식을 제3자에게 매도하고, 그 제3자와 해당 매도주식을 기초자산

---

32) 대법원 1987. 9. 8. 선고 86다카1349 판결.

으로 총수익률스왑계약을 체결하여 보장매도자가 되는 것을 정당한 기업의 재무적 투자활동이라고 하기는 어려울 것이다.

총수익률스왑거래의 결과에 따라 해당 거래의 법적 정당성에 대한 판단이 달라질 수는 없을 것이다. 해당 거래가 해당 기업의 최선의 이익을 위한 거래인지라는 관점에서 이사의 의무를 명확히 하는 접근이 필요하다.

4. 공시

총수익률스왑의 다양한 기능은 각각 해당 분야 법규제의 적용 여부라는 새로운 문제를 발생시킨다. 그런데 투자자의 관점에서 오히려 중요한 문제는 총수익률스왑이 보증이나 보험 등의 구조를 취했더라면 명확하게 공시되었을 사항임에도 파생상품으로서의 특성상 공시되지 않거나 투자자의 접근성이 떨어진다는 점이다.[33]

특히 기업 인수·합병의 관점에서 문제 되는 총수익률스왑이 대량보유보고 규제의 회피수단으로 사용될 가능성은 충분히 예상할 수 있다. 총수익률스왑계약 시 주식을 보유하는 보장매수자가 보장매도자에 우호적인 방향으로 의결권을 행사한다는 계약조항을 포함하고 있다면 자본시장법상 공동보유자로서 대량보유보고의무의 대상이 된다. 그러한 약정이 없는 경우에도 총수익률스왑거래 자체를 공시의 대상으로 하거나 보유의 개념을 확대하여 이를 규제대상으로 포함하는 것이 타당하다.

---

[33] 정일묵, 앞의 논문 각주 2, 21-22면. 총수익률스왑의 기업회계상의 문제에 대해서는 이한상, "총수익률스왑의 회계처리 및 세무상 쟁점", BFL 제83호 (2017. 5), 60-74면.

VII. 결론

총수익률스왑은 전통적인 헤지뿐만 아니라 기업의 자금조달, 순환출자 해소, 의결권 제한, 그 밖의 다양한 규제회피 목적으로 사용된다.

총수익률스왑의 헤지기능과 관련하여 보험이나 보증과의 구분, 신용공여 규제에의 포함 여부가 문제 된다. 보험과의 구분은 여전히 불명확한 면이 있지만, 서로 다른 규제의 존재와 주된 기능적 요소의 차이가 주목된다. 보증과는 형태상 명확하게 구분되고 있고, 은행법 등의 신용공여 규제는 총수익률스왑을 대상으로 포함한다.

자금조달기능과 관련하여 자산유동화나 환매조건부증권매매와의 유사성이 지적된다. 오히려 개별 회사별로 존재하는 차입 제한을 적용받지 않는 것이 문제가 될 수 있다.

의결권 행사와 관련하여 경제적 이해관계와 법적 의결권의 분리현상에 대한 상법 차원에서의 대책과 함께 공시 규제의 적용확대가 필요한 분야라고 할 수 있다.

법률적 검토사항으로서 금융 규제의 적용범위를 어디까지 확대할 것인지에 대한 논의는 총수익률스왑에 한정되지 않는 문제이다. 거래의 위축 효과가 발생하지 않도록 유연한 해석이 필요하다. 금융거래의 성질결정, 거래의 정당성 판단, 공시의 세 요소도 고려해야 한다.

07

TRS와 지급보증, 신용공여 및 보험 규제와의 접점*

정성구**

I. 서설

Total Return Swap은 총수익스왑 또는 총수익교환스왑이라고 번역되는데(이하에서는 'TRS'), 매우 전문적인 용어이긴 하면서도 그리 낯설지 않다. TRS라는 용어가 처음 국내 법조계에서 회자가 된 사례는 외환위기 당시인 1997년에 국내의 증권사·투자신탁회사 등이 설립한 다이아몬드펀드가 제이피모건과 체결한 TRS로 인하여 대규모 손실을 입은 사건과, 비슷한 시점에 대한생명보험 주식회사(현재의 한화생명보험 주식회사)가 설립한 모닝글로리펀드가 역시 외환은행을 거쳐 제이피모건과 체결한 TRS로 인하여 대규모 손실을 입은 사건 때문이 아니었나 싶다. 위 두 사

---

* 이 글은 필자가 BFL 제83호 (2017. 5)에 발표한 같은 제목의 글에, 그 이후의 변경된 사정을 더하여 수정한 글이다.
** 김·장법률사무소 변호사

건은 외환위기 당시에 한국의 금융기관에게 재앙과 같은 손실을 끼친 대
표적인 금융사고였는데, 이로 인하여 TRS는 언론을 통해 널리 알려지게
되었고, '매우 위험한 파생상품'의 대명사처럼 인식된 바 있다.[1]

물론, TRS도 파생상품인만큼, 예금이나 채권과 같은 위험수준의 금융
상품으로 보기는 어렵다. 그러나 TRS가 다른 파생상품에 비하여도 위험
한 상품이라고 말하는 것은 지나친 감이 있다. 본문에서 상세히 보겠지
만, TRS는 그 기초자산에 관한 모든 — 신용위험, 시장위험을 막론하고
— 위험을 총수익수취인(total return receiver 또는 floating amount payer)에
게 이전한다. 따라서 총수익수취인의 입장에서는 해당 기초자산을 직접
보유하는 것과 동일한 위험을 보유하게 된다. 이는 기초자산에서 발생하
는 수익 하락의 위험만을 이전하거나[예를 들어 이자율 스왑과 같이 일정한
명목금액(Notional Amount)에서 발생하는 금리의 차이만을 정산하는 것], 아
니면 기초자산의 부도 시 가격하락 위험만을 이전하는 것[예를 들면 아래
에서 상세히 언급하는 신용부도스왑(Credit Default Swap. 이하 'CDS')의 경우
가 이에 해당한다]보다는 더 많은 위험을 이전하는 것처럼 보이게 하는
TRS의 특징이 된다. 그러나 TRS의 위험은 기초자산의 유형에 따라 다른
것이고, 기초자산의 위험이 당사자 사이에서 이전된다는 요소는 모든 스
왑거래 나아가 파생금융거래의 공통적 요소라서, TRS가 다른 파생상품보
다 위험하다고 말하기는 어렵다.[2]

---

1) 다이아몬드 펀드와 모닝글로리 펀드에 관한 투자와 그 실패에 관한 내용은 많은 논문에
소개되어 있다. 대표적인 것으로 정순섭, "대한생명과 제이피모건의 파생상품거래에
관한 뉴욕연방지방법원 판결", BFL 총서 제6권: 파생금융거래와 법 (2012), 409면; 윤
성승, 외국의 장외파생상품 피해 관련사례와 우리나라에 대한 시사점, 금융법연구
제8권 제1호(2011), 39면.
2) 다이아몬드 펀드와 모닝글로리 펀드사건에서 TRS의 총수익수취인이 큰 손해를 입은
이유는 기초자산인 태국 바트화의 가치변동 위험이 매우 컸기 때문이지, TRS 자체의
문제라고 보기는 어렵다.

중요한 것은 TRS가 위험하냐 아니냐가 아니라, TRS가 기초자산에 관한 "모든" 위험을 이전하기 위해 고안된 상품이라는 점이다. 뒤에서 더 자세히 언급하지만, TRS가 이전하는 위험에는 당연히 기초자산에 내재된 신용위험도 포함되며 이로 인하여 TRS도 신용파생상품의 일종이라고 생각하는 입장이 있다. 따라서 TRS는 신용파생상품의 대표적인 스왑계약인 CDS와 비교되는 경우가 많다. 그런데 CDS는 그 성격상 보험, 신용공여 및 지급보증과 같은 전통적인 금융상품에 많이 비교되어 왔고 이에 대한 연구도 많이 축적되어 있는 실정이다. 따라서 이 글의 목적인 TRS에 관하여 지급보증, 신용공여 및 보험에 적용되는 규제를 적용할 필요가 있는가를 검토하여 보기 위해서는, 지급보증, 신용공여 및 보험규제를 CDS에 관하여 적용할 것인가에 관한 논의를 먼저 살펴보고 그 논의 결과를 TRS에도 연장할 수 있는가를 살펴보는 것이 일단 편리한 방법론이 될 수 있을 것으로 생각된다.

이러한 관계로 이 글에서는 ① TRS와 CDS를 먼저 비교해 보고, ② CDS가 보험, 신용공여 또는 지급보증과 어떻게 비교되는지를 살펴보고, ③ 최종적으로 TRS를 CDS에 준하여 보험, 신용공여 또는 지급보증 규제의 대상으로 삼아야 하는지를 판단해 보는 체계를 택하였다.

II. CDS와 TRS

1. 정의

CDS와 TRS를 정의하는 기술적 방법은 다양할 수 있고, 국내에서도 많은 연구자들이 CDS나 TRS를 각각 정의하였지만 그 내용은 대동소이하다. 필자는 서울지방법원 2012. 4. 13. 선고 2009가합46335 판결에서 정리된 TRS와 CDS의 정의를 인용하고자 한다.

위 2009가합46335 판결에 따르면, CDS는 신용위험보장매도인(protection seller. 이하 '보장매도인')이 신용위험보장매수인(protection buyer. 이하 '보장매수인')으로부터 수수료(Premium)를 받고 일정 기간 동안 준거채무자(reference entity)의 파산 등 신용사건(credit event)에 대한 보장을 제공하는 약정이다. CDS에서는 최초에는 당사자 사이에서의 현금흐름이 발생하지 않고, 중간에는 보장매수인이 보장매도인에게 일정 기간 미리 정한 수수료를 지급하고, 신용사건이 발생하면 실물결제(보장매도인이 보장매수인으로부터 준거채무자에 대한 채권을 인도받고 보장매수인에게 일정 가격을 지급하는 것) 또는 현금결제(보장매도인이 보장매수인에게 미리 약정된 가격과 준거채무의 시장가격의 차액을 지급하는 것)의 방식으로 거래를 종결하게 된다. 따라서 보장매도인의 입장에서는 수수료의 이익을 얻는 대신 준거채무자의 신용사건으로 발생하는 손실의 위험을 부담하고, 보장매수인의 입장에서는 준거채무자의 신용위험을 전가하면서 그 대신 고정적인 수수료 상당의 손실을 부담하는 계약이다. 이와 같이 정의되는 CDS를 도해하면 〔그림 1〕과 같다.

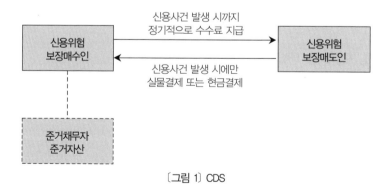

〔그림 1〕 CDS

위 2009가합46335 판결은 다시 TRS에 관하여도 정의하고 있다. 이에 의하면 TRS는 총수익지급인(total return payer)이 총수익수취인(total return receiver)에게 준거자산(reference asset. 은행대출, 신용위험이 있는 유가증권 등)에서 발생하는 총수익을 지급하고, 총수익수취인으로부터 libor와 관련된 금액을 지급받는 약정이다. 최초에는 현금흐름이 발생하지 않고, 중간에는 총수익지급인이 총수익수취인에게 준거자산에서 발생하는 수익을 지급하고 반대로 총수익수취인은 총수익지급인에게 변동금리(libor+xbps)를 지급한다. 최종적으로 만기까지 신용사건이 발생하지 않으면, 준거자산의 시장가치가 계약 당시 시장가치보다 크면 총수익지급자가 총수익수취인에게 그 차액을 지급하고, 반대로 시장가치가 낮으면 총수익수취인이 총수익지급자에게 차액을 지급한다. 신용사건이 발생하는 경우에는 총수익수취인이 총수익지급자에게 손실(계약 당시 시장가치－신용사건 발생 당시 시장가치)을 보상한다. TRS는 총수익수취인의 입장에서는 준거자산을 실제로 소유하기 위해 자금을 조달할 필요가 없고 채무자와 직접 관계를 갖지 않으면서도 경제적으로는 준거자산을 소유하는 것과 동일한 효과를 얻게 되어 준거자산에 대한 직접투자와 유사한 효과를 갖는다. 반면, 총수익지급인의 입장에서는 일반적으로 자산을 매각하지 않고도 준거자산의 위험을 회피할 수 있고 특히 신용등급이 높은 은행이라면 libor 금리로 조달한 자금으로 준거자산을 취득하고 그 준거자산에서 나오는 수익을 총수익수취인에게 이전하면서 libor+xbps를 취득하여 그 차이인 xbps만큼의 무위험수익을 얻게 된다. 위와 같이 정의되는 TRS를 도해하면 〔그림 2〕와 같다.

이상은 위 2009가합46335 판결에 요약된 CDS와 TRS의 정의를 그대로 옮긴 것인데, 이 판결이 내린 CDS와 TRS의 정의는 모두 대체로 타당하다고 생각되나, 군이 보강하자면 다음과 같은 점을 부연할 수 있겠다. 첫째,

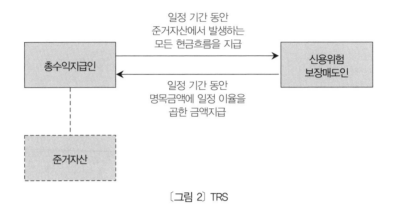

〔그림 2〕 TRS

CDS는 준거채무자에 발생한 사유 외에 외에도 준거자산에 발생한 사유도 신용사건으로 할 수 있다. 둘째, TRS의 경우에는 준거자산이 꼭 신용위험이 있는 자산으로 한정되지 아니하며, 시장위험만 있는 자산이라도 가능하다(예를 들면 주가지수 같은 것이 그러하다). 셋째, 총수익지급인이 반드시 libor 금리를 지급할 필요는 없고 당사자끼리 약정한 금리, 통상적으로는 지급통화의 표준금리에 일정 가산금리를 더한 금리를 지급한다고 보는 것이 더 적절하다.

여하튼 위 2009가합46335 판결상의 CDS와 TRS의 정의에 따르면 CDS와 TRS는 어떻게 구별되는가? 동 판결에서는 다음과 같은 두가지 점을 들고 있다. 첫째, TRS에서는 계약기간 동안 총수익지급인과 총수익수취인 각자가 상대방에 대한 지급의무를 지는 반면 CDS에서는 보장매수인이 보장매도인에게만 일방적으로 수수료의 지급의무를 진다. 둘째, TRS에서는 신용사건이 발생하지 않은 경우에도 만기에 준거자산의 시장가치를 반영한 현금흐름이 발생하게 되는데, CDS는 만기까지 신용사건이 발생하지 않으면 준거자산의 시장가치 하락에 관한 정산이 발생하지 않는다. 이상의 두 가지는 주로 두 상품에서 발생하는 지급의무의 차이에 착

안한 것인데, 이러한 차이에 주안을 두고 TRS와 CDS를 비교해 보면, TRS
는 기본적으로 CDS를 포함하는 상품이다. CDS는 신용위험만을 이전하
기 위한 목적인데, TRS는 신용위험에 더하여 시장위험을 포함한 모든 위
험을 이전할 목적의 상품이라는 점을 감안하면 이는 개념적으로 이해될
수 있다.

2. 파생상품인지 여부와 그 종류

자본시장과 금융투자업에 관한 법률(이하 '자본시장법') 제5조 제1항 제
3호는 스왑계약을 장래의 일정기간 동안 미리 정한 가격으로 기초자산이
나 기초자산의 가격·이자율·지표·단위 또는 이를 기초로 하는 지수
등에 의하여 산출된 금전 등을 교환할 것을 약정하는 계약으로 정의한다.
TRS이건 CDS이건 이러한 스왑계약의 정의에 부합하는 계약임은 부인하
기 어렵다. 즉 둘 다 자본시장법상 파생상품이다.

자본시장법의 파생상품의 정의에서 주목할 것은 "기초자산"의 존재이
다. 자본시장법은 "기초자산"의 존재를 스왑계약 나아가 모든 파생상품의
공통된 특성으로 보고 있다. 따라서 자본시장법은 파생상품의 다른 유형
인 선도와 옵션계약이나, 파생상품을 내재한 파생결합증권을 정의함에
있어서도 기초자산의 존재를 당연시한다(자본시장법 제5조 제1항 제2호 및
제3호, 제4조 제7항 참조). 자본시장법 제4조 제10항에서는 기초자산을 다
음과 같이 5종으로 분류한다. ① 금융투자상품, ② 통화, ③ 일반상품,
④ 신용위험, ⑤ 그 밖에 자연적·환경적·경제적 현상 등에 속하는 위
험으로서 합리적이고 적정한 방법에 의하여 가격·이자율·지표·단위
의 산출이나 평가가 가능한 것. 이 중 신용위험이란 당사자 또는 제3자의
신용등급의 변동, 파산 또는 채무재조정 등으로 인한 신용의 변동을 말하

는 것인데(자본시장법 제4조 제10항 제4호 참조), CDS의 기초자산이 신용
위험이라는 점에 관하여는 의문의 여지가 없다.[3]

그런데 TRS는 기초자산을 기준으로 분류된 스왑계약의 형태가 아니
다. TRS는 어떤 기초자산이든 총수익지급인이 약정한 기간 동안 해당 기
초자산(앞의 〔그림 2〕에서는 '준거자산'으로 표현되었다)에 대한 모든 위험을
총수익수취인에게 전가하는 특징을 기준으로 분류된 상품의 명칭이다.
따라서 자본시장법의 기준으로 보면 TRS의 기초자산이 주식이면 TRS는
주식파생상품, TRS의 기초자산이 채권이면 이는 이자율 파생상품으로 분
류될 여지가 있다. 그런데 TRS가 기본적으로 기초자산에 관한 모든 위험
을 전가하는 특성을 가진 이상, TRS의 기초자산이 채권(債權)과 같이 신
용위험을 포함하고 있는 자산인 경우에는 신용파생상품으로서의 특성이
도드라져 보인다. 위 〔그림 2〕에서 TRS의 총수익지급인이 보유한 기초자
산(준거자산)인 채권이 발행인의 도산 등으로 인하여 그 가격이 원래의
30%로 하락하고 더 이상 수익을 발생시키지 못한다고 가정하자. 이 경우
(TRS의 조건에 따라 다르겠지만, 대개) TRS에 관한 선택적 종료사유가 발생
하게 된다. 이 종료사유에 근거하여 TRS가 종료되면, 총수익지급인은 추
가적인 지급의무를 면하게 되지만, 총수익수취인은 기초자산의 가치하락
분인 70%에 해당하는 금액과 조기종료시점까지 누적된 이자금액을 총수

---

3) 기초자산으로 파생상품을 분류하는 것은 글로벌 스탠더드이다. BIS에서는 통계목적상
   파생상품을 통화(foreign exchange), 이자율(interest rate), 주식(Equity), 상품(commod-
   ity), 신용(credit)으로 대분류하고 있다(http://www.bis.org/statistics/derstats.htm). 또
   한 각국은 장외파생상품의 거래내역을 거래정보저장소(Trade Repository)에 집중하기
   로 하였는데, 이러한 집중을 위해서는 먼저 파생상품을 분류하여 특정하여야 한다. 장
   외파생상품을 거래하는 기관에 관한 국제적 이익단체인 국제스왑파생상품협회(Inter-
   national Swaps and Derivatives Association)에서 이러한 장외파생상품 거래정보 집중
   을 위해 고안한 분류체계에서도 장외파생상품을 위 5종으로 분류하고 있다. 이러한
   5종 분류에서 CDS가 신용파생상품으로 분류되는 것은 너무도 당연하다.

익지급인에게 지급해야 하는데, 여기서 총수익지급인이 총수익수취인으로부터 가치하락분인 70%를 지급받는 부분은 총수익지급인이 보장매수인이 되어 CDS를 체결한 효과와 다를 바가 없다. 따라서 국내외에서 모두 TRS를 기초자산의 종류에도 불구하고 일반적으로 신용파생상품의 하나로 분류하는 경우가 일반적이다.[4] 금융위원회에서도 신용위험을 이전하는 상품으로 CDS와 함께 TRS를 인정하고 있다.[5]

그럼에도 모든 TRS를 일률적으로 신용파생상품으로 보는 것에는 문제가 있다. 기초자산의 내용에 따라서는 신용위험이 전가되는 것으로 볼 수 없는 경우가 있기 때문이다. 예를 들어 KOSPI 200과 같은 주가지수를 기초자산으로 하여 TRS를 체결한 경우에는, 총수익지급인이 총수익수취인에게 기초자산의 신용위험을 전가하는 요소가 개입될 수 없다(이 경우는 뒤에서도 언급하듯이 TRS는 순수하게 신용공여의 효과만 가질 뿐이다). 결국, TRS는 기초자산의 종류에 따라 전가되는 위험의 종류 또한 달라지기 때문에, 그 내용을 기초자산에 따른 전통적인 파생상품 분류법에 맞춰 생각할 수는 없다. 따라서 만약 특정한 TRS를 어떤 이유에서건 자본시장법상의 파생상품의 분류법에 따라 분류하여야 할 필요가 있다면, 해당 TRS

---

4) 구 외국환거래규정 제2조 제13-1호에 의하면, 총수익교환스왑은 신용파생금융거래의 하나였다. 이후 2010년 8월 20일 기획재정부고시 제2010-17호로 개정된 이후의 외국환거래규정은 신용파생금융거래의 종류를 나열하지 않고, 자본시장법 제5조에 따른 파생상품 중 신용위험을 기초자산으로 하는 파생상품을 말하는 것으로 신용파생상품의 정의를 수정하였다. 학계에서도 총수익교환스왑을 신용파생상품의 하나로 보고 있는 것은 마찬가지이다. 정순섭, "복합금융상품의 법적구조에 관한 연구", 민사판례연구 제27권 (2005. 2), 910면; 이금호, "신용파생금융거래의 종류 및 법적 성격", 증권법연구 제9권 제2호 (2008), 190면; Philip R Wood, Set-Off and Netting, Derivatives, Clearing System (The Law and Practice of International Finance Series Vol. 4, 2nd Ed., 2007) Sweet & Maxwell Ltd., 207면. 단 이 저서에서는 기초자산이 채무증권(Bond)인 경우의 TRS를 전제로 하고 있다.
5) 금융위원회 보도자료, 신용파생상품거래에 대한 감독기준 시행 (2006. 3. 7).

의 준거자산을 분석하여 건별로 분류하여야 할 것이다.

III. CDS 및 TRS와 지급보증

1. CDS와 지급보증

(1) CDS와 지급보증의 유사성

CDS와 지급보증의 유사성에 관하여는 국내외에서 이미 오랜 논의가 있어 왔기 때문에 여기서는 기존의 논의에서 축적된 내용을 요약하여 살펴보기로 한다.

먼저 지급보증을 정의해 보면, 지급보증은 은행 등의 금융기관 등이 상품으로 취급하는 보증계약을 말한다.[6] 판례는 '지급보증이란 은행이 거래처(지급보증신청인)의 위탁에 따라 그 거래처가 제3자에 대하여 부담하는 채무를 보증하여 주는 거래로서, 은행과 거래처 사이에 체결된 보증위탁계약에 터 잡아 은행이 다시 채권자와 사이에 보증계약을 체결함으로써 성립하고, 그로 인하여 지급보증을 한 은행은 거래처가 주채무를 이행하지 못할 경우에 그 보증채무를 이행할 의무를 지게 되며, 이러한 지급보증계약은 통상 은행이 지급보증서라는 형식의 서면에 보증의 의사표시를 하여 피보증인인 거래처로 하여금 채권자에게 전달하는 방식으로 체결되고, 그 보증 범위는 지급보증서 등에 표시된 보증의사의 해석을 통

---

6) 은행법 제2조 제1항 제6호는 '지급보증'이란 은행이 타인의 채무를 보증하거나 인수하는 것을 말한다고 규정하고 있다.

하여 결정된다'고 판시하여 지급보증의 성격을 정의하였다.[7] 요약해 보면, 지급보증은 결국 민법 제428조의 보증채무를 지는 계약, 즉 보증계약의 일종으로서, 보증인이 주채무자로부터 수수료 등의 대가를 받고 (상행위로서) 채권자와 체결한다는 특성을 가질 뿐이다. 따라서 일반적인 보증계약과 같이 다음과 같은 주요한 특성을 가진다.

① 주채무자가 주채무의 이행을 못하는 경우 보증인이 이를 대이행할 책임을 진다(민법 제428조 제1항).

② 보증채무의 부담은 주채무를 한도로 한다(민법 제430조).

③ 주채무자의 항변(상계권, 취소권, 해제권 등)을 원용할 수 있다(민법 제434조, 제435조).

④ 보증인이 주채무를 변제한 경우에는 주채무자에 대한 구상권을 가진다(민법 제442조).

지급보증에서의 법률관계를 도해하면 [그림 3]과 같다.

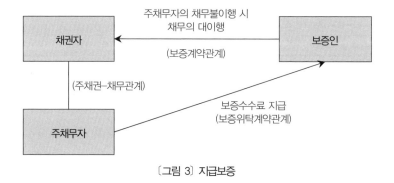

[그림 3] 지급보증

---

7) 대법원 2002. 10. 11. 선고 2001다62374 판결

CDS와 지급보증이 종래 비교되어 왔던 이유는 CDS의 준거자산이 주 채무자에 대한 채권일 경우, 보장매수인인 채권자가 보장매도인으로부터 지급보증을 받은 것과 거의 동일한 경제적 효과를 거둘 수 있기 때문이 다. 즉 앞의 〔그림 3〕에서 채권자를 CDS의 보장매수인으로, 보증인을 CDS의 보장매도인으로 치환하면, 주채무자의 채무불이행 시 보장매수인 은 보장매도인에게 주채권을 양도하고 주채권의 명목가치(통상 잔존원금 가액일 것이다)를 받아서 주채무의 이행과 동일한 효과를 거두거나(실물결 제의 경우) 아니면 주채무자가 이행하지 못한 금액만큼을 보장매도인으로 부터 받아서 주채무의 이행과 동일한 효과를 거둘 수 있다(현금결제의 경 우). 그럼에도 CDS와 지급보증은 법적으로는 구별이 가능한데, 그 이유 는 아래와 같은 4가지 유형의 본질적 차이가 있기 때문이다. 4가지 구별 기준 중에서도 가장 중요한 차이는 〈표 1〉에 기재된 세 번째 사유라고 할 수 있다.

〈표 1〉 지급보증과 CDS의 차이

구분	지급보증	CDS
1. 주채무자와 보증인의 관계	– 주채무자가 보증인에게 비용을 지급하고 보증을 위탁. – 일반적으로 주채무자와 보증인의 관계가 채권자와 보증인의 관계보다 긴밀하며[8]	준거자산의 채무자와 보장매도인은 아무런 관계가 없음.
2. 채권자와 보증인의 관계	채권자와 보증인 사이에 보증계약이 체결되지만, 채권자가 보증인에게 수수료를 지급하지는 아니함.	보장매도인과 보장매수인 간에 CDS 계약체결 후 보장매수인이 보장매도인에게 수수료 지급.

---

8) 극단적으로 채권자가 누구냐와 상관없이 특정인의 채무를 보증하는 계약도 성립할 수 있는데, 한국의 보증계약은 채권자와 보증인 사이의 계약을 필요로 하므로 위와 같은 계약은 보증계약으로 부르기는 어렵다. 단, 보증보험, 사채보증, 어음보증과 같은 경우 에 그러한 유형의 보증행위를 볼 수 있다.

3. 주채무의 존재와 보증계약과의 관계	– 주채무의 존재는 필수적이며 피보증인은 주채무의 채권자여야 함. – 보증인은 주채무의 한도로만 책임을 지고, 주채무에 생긴 사유가 보증계약에 영향을 줌.	– 준거자산은 존재해야 하나 보장매수인이 반드시 준거자산을 보유해야 하는 것은 아님. – 준거자산이 개별적으로 변제·소멸·취소되었다는 사정이 CDS 계약에 영향을 미치지 아니한다.
4. 구상권의 존재	보증인은 주채무자에 대하여 보증인이 대이행한 채무에 상응하는 구상권을 행사할 수 있음.	보장매도인이 보장매수인으로부터 실물결제의 방법으로 준거자산을 양수한 경우에만, 준거자산게 관한 채권자(채권양수인)로서 준거자산의 채무자에게 채권을 행사할 수 있음.

(2) CDS를 지급보증과 같이 규제하는 경우

앞에서 본 바와 같이 CDS와 지급보증은 법적으로는 구별되나 경제적으로는 유사성이 강하다. 따라서 지급보증에 관한 법적 취급에 있어서, 규제의 이유가 그 경제적 효과에 기인하는 경우에는 CDS도 동일하게 취급되는 경우가 많다. 다음과 같은 예를 들어볼 수 있다.

① 보험업법 제113조에 따르면 보험회사는 타인을 위하여 그 소유자산을 담보로 제공하거나 채무보증을 할 수 없다. 단 대통령령에서 정하는 바에 따라 채무보증을 할 수 있는 경우에 한하여는 가능한데, 이에 관한 보험업법 시행령 제57조의2 제1항에서는 "신용위험을 이전하려는 자가 신용위험을 인수한 자에게 금전 등의 대가를 지급하고, 신용사건이 발생하면 신용위험을 인수한 자가 신용위험을 이전한 자에게 손실을 보전해 주기로 하는 계약에 기초한 증권(자본시장과 금융투자업에 관한 법률 제3조 제2항 제1호에 따른 증권을 말한다) 또는 예금을 매수하거나 가입할 수 있다"라고 규정하여 신용연계증권(Credit Linked Note)과 신용연계예금(Credit Linked Deposit)을 예외적으로 허용하고 있다. 그 반대 해석으로, 위 보험업법 제113조 및 보험업법 제57조의2 제1항에 따른 예외로 취급되지 않는 CDS는 허용되지 않는 보증으로서 보험회사가 취급하는 것(보장매도인이 되는

것을 말한다)은 금지된다.[9]

② 은행업감독규정시행세칙 별표 3 '신용·운영리스크 위험가중자산에 대한 자기자본비율 산출기준(Basel III 기준)' 제2장 신용리스크 표준방법, 제6절 신용위험경감기법, 제6관 보증 및 신용파생상품(항목 88부터 98까지를 말한다)에 따르면 일정 요건을 충족하는 보증과 신용파생상품을 동등한 신용위험경감기법으로 인정하고 있다.

③ 금융투자업자는 겸영업무로서 지급보증업무를 수행할 수 있는데(자본시장법 제40조 제5호, 자본시장법 시행령 제43조 제5항 제6호), 이 업무를 영위하기 위하여는 증권 및 장외파생상품에 대한 투자매매업을 경영하는 경우만 가능하다. 그 이유는 신용파생상품 이나 신용파생결합증권을 취급할 수 있는 금융투자업자의 경우에는 지급보증을 금지하 여도 어차피 동일한 경제적 효과를 가진 신용파생상품 또는 신용파생결합증권을 취급할 수 있기 때문이다.[10]

지급보증과 CDS의 기능적 목적 — (채권자가 보유하는) 신용위험의 이전 — 이 상호 유사한 점에 관하여는 의문을 제기하기 어렵다. 따라서 위에 열거된 것 이외에도 지급보증을 규제하는 목적이 보증인에 의한 신용위험 인수를 이유로 하는 경우에는, 같은 기능적 목적을 가진 CDS도 규제하는 것이 타당하다고 보인다.

---

9) 이에 관하여 보험업법 시행령 제57조의2 제1항이 보험회사가 CDS의 보장매도인이 될 수 있게 하기 위한 요건을 설정한 규정으로 보는 견해도 있는데, 대체로 필자와 같은 견해라고 생각한다. 김한준, 신용부도스왑의 재무적 특성과 국내외 제도적 고찰, 선진상사법률연구 통권 제54호 (2011. 4)

10) 단, 자본시장법 제정 이전의 증권거래법 제54조의3 제1항 제3호에서는 증권회사의 채무보증행위가 금지되었었는데, 그 당시 증권회사가 신용파생금융거래를 하면서 보장매도인이 된 사안에 관하여 재정경제부는 채무보증금지 규정을 면탈하기 위한 목적이 아닌 한 신용파생거래는 채무보증행위에는 해당하지 아니한다는 유권해석을 내린 바 있다고 한다. 이금호, 앞의 논문 각주 4, 208면(주 43) 참조.

2. TRS와 지급보증

(1) TRS가 지급보증과 유사해지는 경우의 판단기준

앞서 본 바와 같이 TRS는—준거자산이 채권과 같이 신용위험과 결부된 자산인 한—CDS의 신용위험 이전의 기능을 포함하고 있는 거래이다. 따라서 TRS의 총수익지급인은 CDS의 보장매수인과 유사하게 TRS를 통하여 그가 보유한 준거자산의 신용위험을 이전하는 효과를 누릴 수 있다. 특히, 그 자산의 유형이 시장성이 없는 자산(일반 대출계약이나 거의 유통이 불가능한 사모사채 등과 같은 것을 말함)이라면, TRS를 통해 해당 자산의 시장가치 하락의 위험을 이전하는 효과는 없거나 미미하므로 오히려 해당 TRS의 주된 목적은 신용위험의 이전이 될 것이고 CDS와 매우 유사해 질 것이다. 따라서 TRS도 경우에 따라서는 지급보증으로 볼 여지가 존재한다고 보인다.

그러므로 TRS를 지급보증을 보고 규제할 것이냐가 문제 되는 경우에 있어서라면 다음 두 가지 측면을 고려해 봐야 한다고 생각한다. 첫째, 준거자산이 신용위험을 동반하는 자산이면서 동시에 시장성이 없거나 미약한 자산인 경우인지 여부이다. 이러한 성격의 자산일수록 보증에 가깝다고 보인다. 둘째, 총수익지급인이 준거자산으로부터 취득하는 수익이 TRS의 체결을 염두에 두고 결정된 것인지 여부이다. 예를 들어 준거자산이 대출채권인데 이때 채무자에게 통상적으로 받을 수 있는 이자율보다 낮은 이자율이 책정된 경우라면, 해당 대출채권의 발생 시 TRS의 보증으로서의 효과가 반영되어 있을 것이기 때문이다.[11]

---

11) 반면 TRS의 체결이 전혀 고려하지 않고 결정된 것이라면, 총수익지급인의 입장에서

이상의 요건을 충족한다면, 해당 TRS는 기능적인 면에서 지급보증과 거의 같다고 보아야 한다. 따라서 어느 법규가 지급보증을 금지 또는 제한하고, 그러한 금지 또는 제한의 취지가 TRS의 총수익수취인이 총수익지급인이 갖는 경제적 위험(신용위험)을 공유하는 것 자체를 금지하는 것이라면 TRS 또는 해당 법규에 따라 금지 또는 제한되는 것이 옳다고 보인다. 이러한 예로서 독점규제 및 공정거래에 관한 법률(이하 '공정거래법') 제10조의2에 따른 채무보증제한 기업집단에 속한 회사에 대한 계열사 채무보증금지의무가 있다. 동법상의 채무보증금지의 취지는 순수한 보증행위만을 규제하는 행위라고 보기는 어렵고, 계열사 간 도산위험의 차단이나 한계기업 퇴출의 지원 등 다양한 정책적 목적을 염두에 둔 것이며, 따라서 이러한 정책적 목적을 훼손하는 보증 유사의 거래에도 동 취지를 확대 적용할 명분이 있다.[12]

이와 관련하여 최근의 연구에서는, 채무보증제한 기업집단에 속한 상장기업의 2014년 사업보고서부터 2016년 3분기보고서까지를 대상으로 TRS 거래를 공시한 16건의 사례를 분석하여 이 중 사채를 기초자산으로 한 6건 TRS의 사례는 총수익수취인이 사실상 보증을 선 것이나 다름없고 이는 위 공정거래법상의 계열사 채무보증금지의무를 위반한 것이라는 결론을 내리고 있다.[13] 단, 이 연구에서는 위 TRS의 내용을 관련 회사의

보면 이러한 TRS는 보증이라기보다는 아예 총수익수취인에게 해당 대출채권을 양도하는 효과를 기대하였을 가능성이 크다.

12) 공정거래위원회는 이 제도의 취지를 "금융기관의 중복·과다보증을 제한하고 계열회사 상호 간 빚보증을 통한 계열회사의 연쇄도산을 방지하여 개별회사의 건전한 발전을 도모, 금융자원이 기업집단의 힘이 아닌 효율성에 의해 배분되게 함으로써 자금이용의 공정경쟁기반을 조성하고, 상호 채무보증을 통한 퇴출장벽을 완화하는 기능"이라 설명하고 있다(2020. 4. 17. http://www.ftc.go.kr/www/contents.do?key=46).

13) 이총희, "기업집단의 TRS를 통한 채무보증 분석", ERRI 이슈&분석 (2017. 1). 경제개혁연구소의 홈페이지 http://www.erri.or.kr/bbs/board.php?bo_table=B12&wr_id=284

공시내용을 통하여 간접적으로 추정한 것이기 때문에 필자가 제안한 두 가지 테스트가 모두 수행되기는 어려웠기 때문에 이 연구의 결론까지 완전히 동의하기는 어렵다. 그러나 TRS를 채무보증 금지를 우회할 수 있는 수단으로 본 점에 대하여는 유익한 시사점을 준 연구로 생각된다.

(2) 효성 TRS 사건의 검토

이 글이 BFL 제83호에 게재된 후 1년쯤 뒤인 2018. 5. 21에 공정거래위원회는 기업집단 효성에 소속된 계열회사들인 효성투자개발 주식회사(이하 '효성투자개발'), 갤럭시아일렉트로닉스 주식회사(이하 'GE') 및 주식회사 효성[이하 (주)효성]에 대하여 특수관계인에 대한 부당이익제공행위 및 부당지원행위(공정거래법 위반)를 이유로 과징금을 의결하고[14] 효성투자개발, (주)효성 및 이들 기업의 임직원들을 검찰에 고발하였다.[15] 동 의결서에 나타난 사실관계를 요약하면 다음과 같다.[16]

가. GE는 250억원 규모의 후순위 전환사채[이하 (2)에서 '본건 CB']를 2회에 걸쳐 SPC에 사모로 발행하였다. 본건 CB는 7,500원의 전환가격으로 GE의 보통주 1주로 전환하는 조건이었다.

에서 검색가능하다.

14) 공정거래위원회 의결2018-148 (2018. 5. 21), 기업집단 효성 소속 계열회사들의 특수관계인에 대한 부당이익제공행위 및 부당지원행위에 대한 건 (2020. 4. 16. https://case.ftc.go.kr/ocp/co/ltfrView.do).

15) 공정거래위원회 결정2018-400 (2018. 5. 21), 기업집단 효성 소속 계열회사들의 특수관계인에 대한 부당이익제공행위 및 부당지원행위에 대한 건 (2020. 4. 16. https://case.ftc.go.kr/ ocp/co/ltfrView.do#down_file).

16) 이 글에서는 TRS의 성격을 논의하기 위하여 간략한 사실관계만을 제시하므로 상세한 내용은 위 각주 14와 각주 15의 의결서를 참조하기 바란다.

　나. SPC는 효성투자개발과 본건 CB를 준거자산으로 하는 TRS[이하 (2)에서 '본건 TRS']를 체결하였다. 본건 TRS의 내용은, 본건 CB 발행일로부터 2년이 경과한 정산일에 본건 CB의 청산가격과 공정가액을 비교하여, 청산가격(본건 CB의 원금에 연 이율 5.8%를 가산한 금액)이 공정가액(GE가 IPO에 성공하면 시장가격에 연동하여 산정하는 금액이나, 만약 GE에게 도산사유가 발생하는 경우에는 0원으로 계산)보다 크면 효성투자개발이 그 차액을 SPC에 제공하고, 반대이면 SPC가 효성투자개발에 그 차액을 지급하는 내용이었다(효성투자개발이 실제 준거자산의 가치변동 위험을 부담하므로 총수익수취인이 되었다). 또한 효성투자개발은 본건 CB를 직접 또는 그가 지정하는 제3자를 통해 매수할 수 있는 권리(콜옵션)를 가졌다.

　다. SPC는 금융기관 2곳으로부터 연 이율 5.8%로 만기를 2년후로 하여 금 250억원의 대출[이하 (2)에서 '본건 대출']을 받았다. 본건 대출은 본건 CB의 인수대금으로만 사용될 수 있고, 본건 TRS가 조기종료되는 경우에는 본건 대출도 조기상환되는 조건이었다.

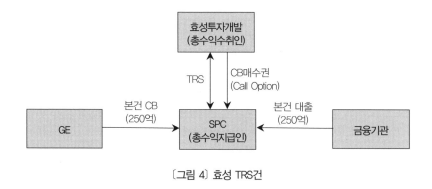

〔그림 4〕 효성 TRS건

　위 (1)~(3)의 거래를 도해하면 위 〔그림 4]와 같다. 간단히 말하면 본건 대출의 대출원금은 SPC를 거쳐 본건 CB의 인수대금 명목으로 GE에게 지급되며, GE가 상환하는 본건 CB의 원리금은 역시 SPC를 거쳐 본건 대출의 원리금 상환 명목으로 금융기관에게 반환되는 구조이다.

만약, GE에 대하여 본건 CB를 상환하지 못하는 사유(도산사유)가 발생하게 되면, 이는 본건 TRS의 조기종료사유가 되며, 이때 효성투자개발은 본건 CB의 원금에 연리 5.8%에 해당하는 금액을 SPC에 본건 TRS의 정산금으로 지급해야 하는데, 이때 본건 대출도 기한의 이익을 상실하게 되어 SPC는 본건 TRS의 정산금을 본건 대출의 원리금으로 상환할 수 있게 된다.

공정거래위원회는 본건 TRS가 ① 오로지 GE의 자금난을 타개하기 위하여 GE에게 상당히 유리한 조건으로 이루어졌고, 이를 통해 GE의 지배주주에게 상당한 이익이 귀속되었고(공정거래법 제23조의2 제1항 제1호에 정한 특수관계인에 대한 부당한 이익제공), ② 위 TRS 거래를 통하여 GE는 250억 원의 자금을 조달하여 퇴출위기를 모면하고 시장에서의 지위가 강화되는 결과에 이르렀다(공정거래법 제23조 제1항 제7호에 정한 부당지원행위)라고만 판단하였다. 즉 공정거래법상 채무보증제한 위반 여부가 쟁점은 아니었다. 그러나 의결서의 주문과 본문 전체에서 본건 TRS의 기능이 채무보증과 동일하다는 점을 공정거래법 위반 판단의 중요한 요소로서 거론하고 있다.

이 사건은 현재 민형사사건으로 발전하여 그 공정거래법 위반 여부가 여전히 다투어지고 있고 이 글에서 요약하지 않은 이 사건의 판단에 참고하여야 할 사실관계도 많기 때문에, 이 글에서는 위와 같이 TRS가 일종의 채무보증과 비슷한 효과를 가지는 이유로 공정거래법적 판단의 대상이 되고 있음을 확인하는 정도로만 마무리하고자 한다. 참고로, 필자가 앞서 TRS가 지급보증과 유사한가의 판단 기준으로 제시한 2가지 원칙은 이 사건에서도 의미있게 적용될 수 있을 것 같다. 즉 ① 준거자산인 본건 CB가 신용위험을 동반하는 자산이면서 동시에 시장성이 없거나 미약한 자산인지 여부에 관하여는, 이 본건 CB가 실은 채무증권에 가까운 것인지 아니면 지분증권에 가까운 것인지 여부와, 당사자들은 실제로 이를 어떻게 판단하였는지를 실제 사실관계에 비추어 따져 볼 필요가 있을 것이다. 또한, ② 총수익지급인이 준거자산으로부터 취득하는 수익이 TRS의 체결을 염두에 두고 결정된 것인지 여부는 결국 5.8%라는 이자율이 공정하냐의 문제이다. 실제 의결서에서도 위 두가지 쟁점이 상당히 비중있게 다뤄지고 있다.

IV. CDS 및 TRS와 신용공여

1. 신용공여의 의미 및 신용공여 규제의 일람

'신용공여'는 여러 법에서 종종 보이는 용어이지만, 가장 상세하고 기준적인 신용공여의 의미를 정하고 있는 법은 은행법이다. 은행법 제2조 제1항 제7호는 신용공여를 대출, 지급보증 및 유가증권의 매입(자금지원적 성격의 것만 해당한다), 그 밖에 금융거래상의 신용위험이 따르는 은행의 직접적, 간접적 거래를 말하는 것으로 정의한다. 그리고 동조 제2항에서 신용공여의 구체적 범위를 대통령령(은행법 시행령 제1조의3)에 맡기고 있으며 다시 은행업감독규정 제3조 및 별표 2에서 신용공여의 범위에 대한 상세한 규정을 두고 있다.

이러한 법률상의 신용공여의 정의는 직접적으로 자금을 공여하는 행위뿐만 아니라 간접적으로 자금을 조달함에 발생하는 채권자의 신용위험을 경감시킴으로써 자금조달을 용이하게 하는 행위까지도 모두 포괄하므로 앞서 이미 검토한 지급보증행위도 모두 신용공여 행위에 포함된다.

앞에서 보았듯이 필자는 이미 지급보증을 신용위험의 이전이라는 기능적인 의미에서 규제하는 경우라면 CDS도 규제대상이 되어야 하고, TRS도 준거자산이 채권과 같은 신용위험을 동반하는 자산이고 특히 시장성이 없는 자산이라면 CDS와 유사하게 취급될 필요가 있다는 결론을 내린 바 있다.

이 결론이 유지되고, 지급보증이 신용공여의 한 유형인 이상 역시 신용공여 규제에 있어서도 CDS와 TRS가 동일하게 규제대상이 될 수 있을 것이라 본다. 일단, 이렇게 결론이 미리 나온 상태이지만, 과연 이런 결론이 적용될 수 있는 경우는 어떤 것인지 사례를 들어 확인해 본다.

(1) 이해관계인에 대한 신용공여를 제한하는 경우

가. 상법 제542조의9 제1항은 상장회사로 하여금, 주요주주나 경영진을 상대방으로 하거나 그를 위하여 신용공여를 하는 행위를 금지하고 있다. 여기서 말하는 신용공여에는 채무의 보증이 포함될 뿐만 아니라, 상법 시행령 제35조 제1항 제4호에 의거 신용공여의 제한을 회피할 목적으로 하는 거래로서 자본시장법 시행령 제38조 제1항 제4호에 정한 거래(동호 나목에 의거 다시 "장외파생상품거래"가 포함)가 포함되므로 결론적으로 신용공여의 제한을 회피할 목적으로 체결하는 CDS와 TRS는 어느 모로 보나 신용공여에 포함되는 것이 명백하다.

나. 금융기관에 대하여 적용되는 법률에는 해당 금융기관으로 하여금

대주주에 대한 신용공여를 제한하거나 금지하는 조항이 많다.[17] 이 조항
의 취지를 생각건대 공정한 조건으로 거래되지 못할 가능성이 상존하는
이해관계인과의 거래를 제한하여 금융기관의 건전성을 유지하고, 궁극적
으로는 대주주가 금융기관을 사유화하는 것을 방지하고자 하는 데 그 주
된 이유가 있을 것으로 짐작된다. 이와 같은 취지라면 금융기관으로 하
여금 형식을 불문하고 대주주의 신용위험을 부담하게 하는 것 자체가 용
납되기 어려우므로 CDS 또는 TRS를 통해 이러한 제한을 회피하는 것을
막을 필요가 있다.

(2) 특정인에 대한 신용위험 노출의 편중을 관리하기 위한 경우

금융기관의 위험관리측면에서, 금융기관이 거래를 통해 특정인에 대
하여 부담하는 신용위험을 일정 수준 이하로 유지하게 하는 의무를 지우
는 경우가 있다.[18] 신용위험의 편중을 방지하고자 하는 차원이므로, CDS
나 TRS를 통해 신용위험을 이전받는 행위를 예외로 할 이유가 전혀 없다
고 보인다. 따라서 지급보증에 준하는 CDS나 TRS라면 이 경우에도 당연
히 규제 대상인 신용공여의 유형으로 볼 필요가 있다.

---

17) 은행법 제35조의2, 제37조 제6항, 자본시장법 제34조, 보험업법 제111조, 여신전문금
    융업법 제49조의2 등.
18) 은행법 제35조, 보험업법 제106조 제1항 제1호, 제3호, 제4호, 은행법 제37조 제3항
    및 보험업법 제106조 제1항 제5호는 은행이 그 자회사에 대한 신용공여의 한도를
    제한하는데, 역시 넓게 보아서는 위험관리의 측면이 있으므로 이에 속하는 것으로
    본다. 자본시장법 제77조의3 제5항의 신용공여는 대출과 어음할인으로만 새겨야 한
    다는 주장도 가능하지만, 동일인 신용위험 편중을 방지하여 위험을 관리해야 한다는
    취지상으로는 이 유형에 속하는 것으로 봐야 한다(CDS나 TRS도 포함하여 신용공여에
    해당한다고 해석할 필요가 있다).

(3) 신용위험을 가진 거래를 대상으로 구조조정을 하기 위한 경우

기업구조조정촉진법은 기업에 대하여 금융채권을 보유한 자가 해당 금융채권을 조정하여 부실징후기업의 개선을 도모하는 것을 그 목적으로 하는데, 금융채권이라 함은 기업 또는 타인에 대한 신용공여로 해당 기업에 대하여 행사할 수 있는 채권을 말하고(기업구조조정촉진법 제2조 제1호), 신용공여란 다음의 어느 하나를 말하는 것으로 정의되어 있다(기업구조조정촉진법 제2조 제8호, 기업구조조정 촉진을 위한 금융기관 감독규정 제3조 제1항).

① 대출(거래상대방과 기업 간에 한도거래약정을 체결한 경우에는 한도액을 기준으로 한다)

② 어음 및 채권 매입

③ 시설취득자금에 대한 거래와 밀접한 관련이 있는 시설대여

④ 금융업(통계법 제22조 제1항에 따라 통계청장이 작성·고시하는 한국표준산업분류에 따른 금융 및 보험업을 말한다. 이하 같다)을 영위하는 자의 시설대여(여신전문금융업법 제2조 제10호에 따른 시설대여를 말한다)

⑤ 지급보증 및 지급보증에 따른 대지급금의 지급

⑥ 특정한 유가증권을 장래의 특정시기 또는 특정조건 충족 시에 미리 정한 가격으로 팔 수 있는 권리를 보유하는 거래

⑦ 기업이 실질적으로 제3자의 채무이행을 담보·보증하기 위한 목적의 거래로서 기업의 지급불능 시 이로 인하여 거래 상대방에 손실을 초래할 수 있는 거래

⑧ 기타 기업의 지급불능 시 이로 인하여 거래 상대방에 손실을 초래할 수 있는 직접적·간접적 금융거래[19]

---

19) '금융거래'란 거래 당사자 사이에 그 거래의 대가로서 이자, 보증료 또는 이와 유사한

성공적인 기업구조조정을 위하여는 가급적 구조조정의 대상기업에 대한 채권을 빠짐없이 구조조정의 대상으로 삼는 것이 유리하다. 이러한 목적에 비추어, 기업구조조정촉진법에 정한 신용공여의 범위는 위에서 살핀 바와 같이 대단히 넓게 정의되어 있고, 해석 또한 그러한 취지에 비추어 일체의 채권을 발생시키는 계약을 모두 포함하여야 할 것으로 보인다. 따라서 CDS나 TRS 거래는 물론 모든 스왑형태의 계약과 이를 포괄하는 파생상품거래도 신용공여의 일종으로 보이며, 금융위원회도 이미 몇 번의 유권해석을 통하여 이를 확인한 바 있다.[20]

2. TRS 거래의 자금조달적 성격

앞서 보았듯이 TRS의 총수익수취인은 일정 기간 동안 준거자산에서 발생하는 모든 현금흐름을 총수익지급인으로부터 이전받는 것에 대한 상환으로, 총수익지급인에게 준거자산의 명목가치에 일정한 이자율을 곱한 금액을 지급한다. 즉 총수익수취인은 마치 준거자산의 명목가치에 상응

성격의 금전적 가치를 지니는 반대급부를 수취하는 목적의 채권을 발생시키는 거래를 말한다(기업구조조정 촉진을 위한 금융기관 감독규정 제3조 제4항).

20) 금융위원회는 "금융채권자와 기업이 「채무자 회생 및 파산에 관한 법률」 제120조 제3항에 따른 기본계약에 근거하여, 같은 항 제1호의 파생금융거래(이하 "적격파생금융거래")를 체결하고 있는 경우, 동 기본계약에서 "기본계약에 근거하여 체결한 '적격파생금융거래'를 일괄 정산하여 잔액만을 결제할 의무를 질 것"을 규정하고 있다면, 금융채권자와 기업 사이의 단일한 기본계약에 기초한 모든 '적격파생금융거래에 근거한 금융채권'이란, 기본계약에서 정한 바에 따라 적격파생금융거래 전부를 일괄 정산한 잔액채권을 의미한다"고 해석하였다. 이는 스왑계약을 포함한 적격파생금융거래도 신용공여의 일종이며, 그럼에도 적격파생금융거래의 기본계약에 정한 일괄정산의 효과는 인정해 주겠다는 점을 확인한 것이다. 금융위원회 법령해석, 기업구조조정촉진법 제9조 관련 유권해석요청 (2016. 6. 7). 금융규제민원포탈 사이트(http://better.fsc.go.kr/user/extra/fsc/50/fsc_lawreq/list/jsp/LayOutPage.do)에 일련번호 160698으로 게시되어 있다.

하는 금전을 총수익지급인으로부터 대출받은 것과 같은 대가를 지급한
다. 반면 총수익수취인이 준거자산으로부터 발생하는 모든 현금흐름(시
장가치의 변동을 포함)을 받는 것은 바꿔 말하면, 경제적으로는 총수익수
취인이 준거자산의 소유자와 동일하다는 점을 의미하는 것이다. 따라서
TRS는 총수익수취인의 총수익지급인으로부터의 준거자산의 명목금액 상
당의 차입거래와, 총수익지급인이 총수익수취인의 계산으로 준거자산을
취득하는[21] 매입거래의 결합으로 볼 수 있다. 이를 그림으로 표현하면
〔그림 5〕와 같다.

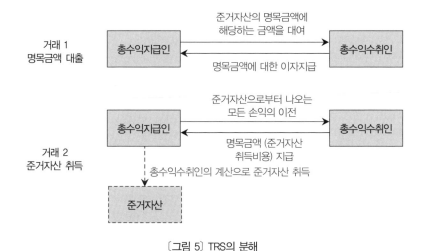

〔그림 5〕 TRS의 분해

---

21) 물론 총수익지급인 입장에서 반드시 준거자산을 실제로 취득해야 하는가는 또 다른
문제이긴 하다. 그러나 준거자산이 시장성이 없거나 있더라도 이른바 Delta 1 Hedge
를 할 수 있을 정도의 유통성을 가질 수 없는 자산인 경우이거나 특히 지분증권과
같이 가격등락도 심하고 현금흐름이 일정하지 않은 경우라면, 거의 100% 준거자산을
취득한다고 봐도 무방할 것이다. 따라서 많은 경우에 TRS는 총수익지급인이 총수익
수취인에게 준거자산의 취득비용(예를 들어 중개수수료, 증권거래세 등)까지 전가시
키는 조건을 갖고 있다.

위와 같이 TRS를 분해하여 보면, TRS는 총수익지급인의 총수익수취인
에 대한 신용공여의 요소를 언제나 포함하고 있다고 볼 수 있으며, 이는
CDS와 구별되는 TRS의 본질적 요소이자 핵심이다. 즉 TRS가 CDS가 제
공하는 지급보증의 효과를 가질 수 있는 것은 사실 TRS는 준거자산에 관
한 지급보증을 넘어선 준거자산의 취득을 위한 신용공여의 효과를 가지
기 때문이다. 이런 의미에서 TRS는 총수익수취인의 입장에서 준거자산의
경제적 취득을 위한 자금조달행위(funding)이며, 총수익지급인의 입장에서
는— 은행법에서 말하는 넓은 의미에서의 신용공여가 아니라 좁은 의미에
서의— 신용공여, 즉 자금공여이다. 이러한 특성은 TRS에 관한 많은 연구
에서 공통적으로 지적되는 TRS의 핵심적 속성인데,[22] 앞서 본 2009가합
46335 판결에서 "TRS는 총수익수취인의 입장에서는 준거자산을 실제로
소유하기 위해 자금을 조달할 필요도 없고 … 경제적으로는 준거자산을
소유하는 것과 동일한 효과를 얻게 되어 준거자산에 대한 직접투자와 유
사한 효과를 갖는다"고 판시한 부분에 있어서도 간접적으로 지적되어 있
는 부분이다.

TRS의 자금조달기능의 특성으로 인하여 TRS의 총수익수취인은 실제
자산을 취득할 비용 전체를 지불하지 않으면서 자산을 향유하는 것과 동
일한 경제적 수익을 기대할 수 있게 한다. 즉 초기투자가 0인 무한의—
물론 TRS를 제조한 자에 대한 수수료나 담보가 필요하므로 초기투자가

---

[22] Janet Tavakoli, Credit Derivatives & Synthetic Structures (2nd Edition, 2001), John
Wiley & Sons Inc., 24면에서는 매우 중요한 의미에서(in a very important sense) TRS
는 신용파생상품이 아니며 파이낸싱 수단이라고 단언하고 있다. Moorad Choudhry,
"Totra Return Swaps: Credit Derivatives and Synthetic Funding Instruments" (2004.
1)에서는 TRS를 repo의 대체물로 이해하고 있다(2020. 4. 17. https://www.resear
chgate.net/publication/242128310_Total_Return_Swaps_Credit_Derivatives_and_
Synthetic_Funding_Instruments).

0이라고 보는 것은 이론이지 실제는 아니다 — 레버리지(leverage)가 가능한 속성을 갖고 있다. 이러한 과다한 레버리지 투자가 가능한 점은 TRS를 가장 많이 이용하는 고객군이 — 레버리지 투자의 대명사와도 같은 — 헤지펀드들인 점과 연결된다.[23]

총수익수취인의 입장에서 TRS의 자금조달 기능을 이용함에 의하여 취득한 준거자산을 합성적 자산(synthetic asset)이라 한다.[24] 따라서 TRS를 통한 합성적 자산의 취득은 자산의 합성적 취득(synthetic acquisition)이라고 부를 수 있을 것이다. 이 합성적 취득을 어떻게 볼 것인가, 특히 준거자산이 주식인 경우 그의 합성적 취득을 — 상법이나 자본시장법상 여러 가지 규제의 대상으로서의 — 주식의 실제적 취득으로 볼 것인가는 국내외에서 매우 열렬히 논의되는 주제이지만, 이 글의 검토범위에서는 배제하고자 한다. 단, 이 글에서는 TRS의 합성적 취득을 실제 취득과 연결시키는 고리는 주로 TRS의 청산과정에서 발생한다는 점만을 지적하고 싶다. 즉 논리적으로 TRS의 청산은 앞서 본 〔그림 4〕의 두 개의 거래를 반대로 하는 것과 같다. 하나는 총수익수취인이 명목금액 상당의 현금을 총수익지급인에게 반환(대출금의 상환)하는 과정이고, 다른 하나는 총수익지급인이 총수익수취인에게 명목금액을 양도하는 과정이다. 이 두 개를 합성하면, 총수익지급인이 총수익수취인에게 준거자산을 명목금액에 양도하는 거래가 된다. 즉 실제로 총수익수취인에 의한 준거자산의 취득을 발생시키며, 이러한 청산을 통하여 총수익수취인은 언제든지 실제투자자로 전환할 수 있는 것이다.

통상적인 TRS 거래에 있어서는 총수익수취인과 총수익지급인 사이에

---

23) Tavakoli, 앞의 책 각주 22, 26면.
24) Tavakoli, 앞의 책 각주 22, 35면.

이러한 준거자산의 양도를 통한 청산과정에 관하여 미리 구체적으로 합의하는 경우는 거의 없다. 양도 방식의 청산이 계약상으로도 예정되어 있다면, 총수익수취인은 합성적 취득을 한 것이 아니라 실제 취득을 예약한 것으로 봐도 무방할 것이다. 그러나 설령 계약상 청산방식에 합의한 바 없다 하더라도 TRS를 중도청산해야 하는 많은 경우에 있어서, TRS의 두 당사자가 이런 간편한 방식의 청산을 마다할 이유는 별로 없다. 따라서 합성적 취득을 실제취득으로 규제할 것이냐의 핵심적 요소로서는 이러한 청산거래가 명시적으로 또는 암묵적으로 전제되어 있는가를 살펴야 할 것이다.[25]

3. 한국투자증권 TRS 사건의 검토

2019. 6. 26. 금융위원회는 한국투자증권 주식회사(이하 '한국투자증권')가 TRS 계약을 체결한 SPC(이하 3.에서 '본건 SPC')가 발행한 사모사채를 매입한 것이 자본시장법 제77조의3 제3항 제1호, 자본시장법 시행령 제77조의6 제2항 제4호 가목에 의하여 금지되는 종합금융투자회사의 개인에 대한 신용공여라고 판단하고 과태료 부과를 의결하였다.[26] 이 의결에

---

25) 예를 들어 다음과 같은 요소가 고려될 수 있을 것이다. ① 총수익지급인에 의한 준거자산의 취득이 예정되어 있는지 여부, ② 준거자산이 유통물량이 적어 시장성이 떨어지는 자산인지 여부, ③ 총수익수취인이 임의로 TRS를 중도청산할 권리를 갖고 있는지 여부 등.

26) 금융위원회, 제12차 금융위원회 의사록 (2019. 6. 26. http://www.fsc.go.kr/info/con_fscc_view.jsp?bbsid=BBS0024&page=4&sch1=&sch2=&sch3=&sword=&r_url=&menu=7220100&no=36694), 금융위원회, 제8차 증권선물위원회 의사록 (2019. 4. 19) http://www.fsc.go.kr/info/con_stcc_view.jsp?bbsid=BBS0025&page=5&sch1=&sch2=&sch3=&sword=&r_url=&menu=7220200&strt_dt=&end_dt=&no=36358 (2020. 4. 16), 금융위원회, 제9차 증권선물위원회의사록 (2019. 5. 8. http://www.fsc.go.kr/info/con_stcc_view.jsp?bbsid=BBS0025&page=4&sch1=&sch2=&sch3=&sword=&r_url=&

배경이 된 사실관계를 검토해 보면 다음과 같다.[27)]

① 한국투자증권은 발행어음을 통해 조달한 자금으로, 본건 SPC가 SK 그룹의 계열사인 SK실트론 주식회사(이하 3.에서 'SK실트론')의 주식(이하 3.에서 '본건 주식')을 기초로 발행한 유동화증권(이하 3.에서 '본건 유동화증권')을 매입하였다.

② SPC는 SK그룹의 총수인 최태원 회장 개인과 TRS 계약(이하 3.에서 '본건 TRS')을 체결하였다. 본건 TRS 조건에 의하여 최 회장은 본건 주식에서 발생하는 변동수익을 지급받는 조건으로, 연 3.4%의 고정수익을 지급하고, SPC에 담보도 제공하였다. 즉 본건 주식의 가치가 하락하면, 최 회장이 그 하락분을 SPC에 지급하게 되며 반대로 상승하는 경우에는 SPC가 그 상승분을 최 회장에게 지급하는 것이었다. 또한, 최 회장은 본건 주식에 대한 Call Option(이하 3.에서 '본건 콜옵션')을 갖고 있었다.

이 거래를 도해하면 [그림 6]과 같다. 간단히 말하여, 한국투자증권은 본건 유동화증권을 매입하여 본건 SPC에게 SK실트론의 주식을 취득할 수 있는 자금을 제공한 것이고, 본건 SPC는 본건 TRS를 통하여 받는 고정수익을 통해 본건 유동화증권의 이자를 지급하고, 동시에 본건 주식을 매각하여 얻는 대금 또는 최 회장이 본건 콜옵션을 행사함으로 인하여

---

menu=7220200&strt_dt=&end_dt=&no=36439), 금융위원회, 제10차 증권선물위원회의 사록 (2019. 5. 22. http://www.fsc.go.kr/info/con_stcc_view.jsp?bbsid=BBS0025&page=4&sch1=&sch2=&sch3=&sword=&r_url=&menu=7220200&strt_dt=&end_dt=&no=36464), 금융감독원, 제재내용공개안(2019. 6. 26), http://www.fss.or.kr/fss/kr/bsn/announce/openinfo_view.jsp?req_page=null&exam_mgmt_no=201800240&em_open_seq=1&SearchText=&StartDate=20190101&EndDate=20200416&openContent=한국투자(2020. 4. 16).

27) 필자는 2019년 2월 18일에 한국투자증권 TRS 사건에 관한 쟁점을 다룬 법령해석심의위원회 위원으로서 참석하였다. 단, 이 글의 내용은 모두 각주 27 및 언론보도에 의하여 공개된 사실에만 근거하여 작성하였다.

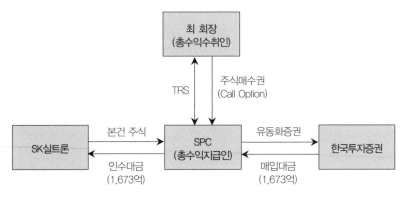

〔그림 6〕 한국투자증권 TRS건

받는 본건 주식의 대금을 통해 본건 유동화증권의 원금을 갚을 수 있게 된다. 만약 본건 주식의 매각대금이 본건 유동화증권의 원금을 갚지 못할 정도로 하락을 하는 경우 그 하락분은 최 회장이 본건 TRS를 통해 지급하는 금액을 통하여 보전받을 수 있게 된다.

금융위원회와 금융감독원이 한국투자증권을 제재한 이유는, 위 거래구조를 통하여 종합금융투자사업자인 한국투자증권이 개인인 최 회장에게 본건 주식을 취득할 수 있도록 신용을 공여한 것이 금지된 신용공여라는 점에 근거한다. 실제 최 회장이 본건 TRS에 근거하여 지급한 고정수익은 본건 유동화증권의 이자를 상환하는 재원이 되며, 본건 콜옵션을 행사하면 그 주식취득대금이 바로 본건 유동화증권 원금을 상환하는 재원이 된다는 점에서 한국투자증권이 최 회장에게 신용을 공여했다고 볼 만한 정황은 있게 된다. 그러나 한국투자증권의 입장에서 법적 채무자는 본건 SPC이기 때문에, 한국투자증권이 직접 최 회장에게 신용을 공여했다고 하려면, 본건 SPC는 도관에 불과하고 최 회장이 한국투자증권에 대한 직접적인 채무자라는 이론 구성을 해야 하는데, 제재와 같은 침익적 행정처분을 하기 위한 근거로 삼기에는 무리한 이론이 아니냐는 지적이 있었다.[28] 그럼에도 불구하고 결론적으로는 한국투자증권이 제재를 받았고 한국투자증권이 제재의 결과를 다투지 않았기 때문에 위와 같은 이론 구성은 선례로서 남게 되었다.

그런데 앞서 언급한 TRS의 신용공여적 기능은 총수익수취인이 준거자산을 합성적으로 취득하기 위한 자금조달적 기능을 의미하는 것으로서 이를 본건에 대입하여 보면, 총수익수취인인 최 회장이 본건 주식을 합성적으로 취득하기 위하여 총수익지급인인 본건 SPC로부터 자금을 조달한 것이 된다. 따라서 최 회장에 대하여 신용을 공여한 것은 한국투자증권이 아니라 본건 SPC이다. 금융위원회와 금융감독원은 본건 SPC에 신용을 공여한 한국투자증권이 결국은 최 회장에 대한 신용공여라고 본 것이지만, 실제로 한국투자증권이 최 회장에 대하여 갖는 법적 권리가 전혀 없다는 점에 비춰보면, 감독당국이 앞으로도 총수익지급인인 SPC가 아닌 SPC의 투자자를 신용공여자로 연장하는 해석을 계속 적용할 수 있을지는 의문스럽고, 사법부가 다른 판단을 할 가능성이 높다는 생각이다. 필자는 TRS를 신용공여의 수단으로 보는 것까지는 인정하더라도, 별도의 법적 근거가 없는 한 TRS 거래에 있어서 신용공여자는 총수익지급인이 되어야 한다는 생각이다.[29]

---

28) 위 각주 27의 제12차 금융위원회 의사록 참조. 행정제재와 같은 침익적 행정행위의 해석을 엄격하게 해야 한다는 원칙은 오랜 기간 동안 여러 판례에 의하여 자리잡은 확고한 법 해석 원칙이다. "침익적 행정행위의 근거가 되는 행정법규는 엄격하게 해석, 적용해야 하며, 행정행위의 상대방에게 불리한 방향으로 지나치게 확장해석하거나 유추해석해서는 안 되며, 그 입법취지와 목적 등을 고려한 목적론적 해석이 전적으로 배제되는 것은 아니라고 하더라도 그 해석이 문언의 통상적인 의미를 벗어나서는 안된다(대법원 2013. 12. 12. 선고2011두3388 판결)". 대법원 2018. 2. 28. 선고 2016두64982 판결, 대법원 2015. 7. 9. 선고 2014두47853 판결 등 다수의 판례가 같은 취지를 판시하였다.

29) 참고로 이 사건으로 징계를 받은 한국투자증권의 임원이 금융감독원을 상대로 제기한 감봉처분 취소소송에서, 서울행정법원은 본건 TRS 거래를 한국투자증권이 최 회장에

V. CDS 및 TRS와 보험

1. CDS와 보험

(1) 보험의 특징

CDS와 보험의 유사성 및 그 구별기준에 대하여는 이미 국내외에서 많은 연구가 이루어져 있다. 학계와 실무에서 두 상품의 유사성에 관한 관심과 연구를 하게 되는 이유는 어느 나라이건 보험과 CDS에 대한 규제를 매우 다른 각도에서 접근하고 있기 때문에, 두 상품 간의 규제차익이 매우 큰 데 비하여 두 상품이 경제적인 면에서 매우 유사하기 때문이다. 즉 보장매도인이, 준거채무자 또는 준거자산에 관한 신용사건이 발생하였을 때 보장매수인에게 발생할 수 있는 손실을 보전해 주는 CDS의 구조에서, 보장매도인을 보험자, 신용사건을 보험사고, 보장매수인을 피보험자로 대체하면 CDS와 보험(그중에서도 손해보험) 사이의 경제적 기능의 차이를 발견하기 어렵다.

두 상품에 적용되는 가장 중요한 규제상의 차이는 진입규제에서 나타난다. 보험은 전통적인 금융상품으로서 일반투자자를 상대로 한 장기수신상품이라는 특성상 어느 나라이건 대개 보험업을 영위할 수 있는 자격을 인허가로 제한하고 있고, 그러한 인가를 받은 보험회사 외에는 보험상품을 다루지 못하게 하고 있다.[30] 반면 CDS는 비교적 최근에 개발된 금

대하여 제공한 신용공여라는 금융감독원의 해석을 부정하고 징계처분을 취소하는 1심 판결을 내렸다. 이 판결은 항소 중에 있다(http://www.finance/article/2020072325 841).

30) 보험업을 영위하기 위하여는, 한국의 경우 보험업법 제4조에 의거 금융위원회의 허가가 필요하다. 미국의 경우 주마다 보험업법을 두고 있는데 뉴욕주보험법의 경우 주정

융상품으로서, 상품 개발 초기에는 아예 규제가 없다가 2008년 금융위기 이후로 각국에서 강력한 규제를 추가하기 시작하게 된 것인데, 앞서 보았 듯이 우리나라의 경우 보험회사는 아예 CDS의 보장매도인이 될 수 없고 다른 나라도 비슷한 규제를 둔 경우가 있다.[31] 이와 같이 보험이냐 CDS 냐에 따라 아예 어느 금융기관이 이를 취급할 수 있느냐 여부(바꿔 말하면, 취급할 수 없는 상품을 취급함으로써 발생하는 매우 중요한 위법사실의 존재 여부)가 결정되므로, 보험과 CDS의 구별은 매우 중요한 의미를 갖게 되는 것이다.[32]

이와 같이 중요한 CDS와 보험의 구별은 어떤 기준으로 행해지는가? 이를 이 글에서 논하기 위하여는 먼저 보험의 정의를 간략히 살필 필요

부의 면허(license)가 필요하다(New York Insurance Law Sec. 1102). 일본은 내각총 리장관의 면허가 필요하다(일본 보험업법 제3조). 영국의 경우 보험의 인수는 The Financial Services and Markets Act 2000 (Regulated Activities) Order 2001 제10조에 의하여 그 영업을 위하여 FCA의 인가(Authorization)가 필요한 행위이다. 이상 진입요 건의 정리는, 이기형／변혜원／정인영, 보험산업 진입 및 퇴출에 관한 연구, 보험연구원 (2012. 10)과 Leonard Ng, "Credit Default Swaps, Guarantees and Insurance Policies: Same Effect, Different Treatment?", Butterworth Journal of International Banking and Financial Law (2010. 12)를 참조하기 바란다. 후자의 논문은 인터넷에서도 검색가능하 다(2020. 4. 17. https://www.sidley.com/~/media/files/publications/2010/12/credit-default-swaps-guarantees-and-insurance-po__/files/view-article/fileattachment/jnl-of-intl-banking-and-finance-law-jibfl-l-ng-a__.pdf).

31) 예를 들어 영국의 경우에도 보험회사는 FCA Handbook에 포함된 Prudential Source-book for Insurers (INSPRU) 1.5.13R에 의거 투자업무에 제한을 받게 되는데, 신용파 생상품을 통한 credit protection을 제공하는 것도 금지된다고 한다. Ng, 앞의 논문 각주 29, 664면 참조.

32) 또한 보험상품은 보험의 주된 고객인 일반투자자의 보호를 위하여 영업행위에 관한 엄격한 제한을 두고 있으며(영업행위규제), 보험회사의 건전성에 관하여는 모든 금융 기관 중 최고수준으로 강력한 규제를 받는다(건전성규제). 이에 반하여 CDS 거래 자 체는 독자적인 건전성 규제의 대상은 아니며, 다른 파생상품과 함께 그 거래에 따른 위험을 계산하여 파생상품을 거래하는 금융투자업자의 자본적정성에 영향을 주게 된 다(건전성 규제). 또한, CDS와 같은 상품은 일반투자자가 거래하는 경우는 거의 상정 하기 어렵다.

가 있는데, 이 또한 간단한 일이 아니며, 무엇이 보험인가에 대하여는 학계에서도 일치된 입장을 갖고 있지 못하고 있는 것으로 보인다.[33] 이 글의 목적은 보험에 관한 심층적 이해가 아니라 CDS와 구별될 수 있는 특징을 탐구하는 수준을 지향하는 것이다. 따라서 이러한 목적 아래 대법원 1990. 6. 26. 선고 89도2537 판결 및 그 이후의 따름 판례에 나타난 보험의 본질적 요소만을 간단히 요약하여 보면 다음과 같다.

① 동질적이고 우연한 사고의 발생에 관한 경제적 위험 및 그 위험을 공유하는 다수의 자(보험가입자)들이 존재하여야 한다.

② 보험자가 다수의 보험가입자들로부터 해당 위험을 인수하고 그 대가로서 대수의 법칙을 응용한 확률계산방식으로 계산한 보험료를 받아 이를 관리 운영하여야 한다.

③ 보험자는 어느 보험가입자에게 실제로 위험이 발생한 경우에 해당 보험가입자에게 발생한 재산상의 수요를 충족하기 위하여 약정한 방식으로 계산되는 금원을 해당 보험자에게 지급하여야 한다.[34]

위 본질적 요소에 근거하여 보험계약과 CDS의 구별을 시도해 보면 〈표 2〉와 같다.

---

33) 주석 상법(보험법) (2001), 33면 이하
34) 이 판례의 해석에 관하여는 김성태, 보험계약의 본질, 상사판례연구 제2권 (1996. 11)을 참조하기 바란다. 정경영, "Is Credit Derivatives Including Credit Default Swap an Insurance and Thus Should Be Regulated by Insurance Business Act?", 금융법연구 제9권 제1호 (2012)에서는 영미 학자들의 논문을 고찰하여, 보험의 특징으로서 ① 동질적 위험을 가진 자들의 출연에 의한 기금조성을 통해 위험을 관리하고(Risk Pooling), ② 확률적으로 발생가능한 위험을 보험회사에 이전하며(transferring of pure risk), ③ 보험자는 실제 보험에 가입할 이익을 가지고 있어야 하고(insurable interest), ④ 보험자는 보험계약자의 손해를 한도로 보상하는 것이 원칙으로 한다는 구별점을 제시하였는데, 대체로 이 글에서 요약한 판례의 태도와 다르지 않다고 보인다.

<표 2> 보험과 CDS의 차이

구별기준	보험	CDS
1. 위험	우연한 사고로 발생하는 위험이 존재해야 한다.	당사자가 통제할 수 없는 신용위험이 존재해야 한다.[35]
2. 당사자	동질적 위험을 공유하는 다수의 자가 존재해야 한다.	보장매수인이 실제로 신용위험을 부담하는 자일 필요는 없다.
3. 비용	다수의 자로부터 대수의 법칙을 응용한 확률계산을 응용해 산정한 보험료를 비축하고, 이 보험료를 운용한 재원으로 급부가 이뤄진다.	수수료의 계산은 반드시 대수의 법칙에 근거할 필요가 없고, 급부의 재원도 다수의 자로부터 출연된 것을 적립·운영한 것일 이유는 없다.
4. 급부	위험 발생 시의 실제 손해에 상응하는 금원의 지급이 있어야 한다.	신용사고 발생 시에는 정해진 공식에 따른 금전을 지급하면 되며, 실제 손해금일 이유는 없다.

(2) 보험과 CDS의 구별의 어려움: 각국의 태도

앞서 보험은 일률적으로 정의할 수 없다고 말하였듯이, 위 89도2537 판결상의 정의에 따른 보험과 CDS의 구별 또한 유일한 기준일 수는 없다. 실제 위 구별기준은 필자가 보기에도 완전하지 못해 보이지만[36] 그래도 가장 보험의 본질과 CDS의 본질을 구별해 주는 기준은 '보험계약의 당사자는 위험을 부담하는 자이지만, CDS의 보장매수인은 실제로 위험을 부담하는 자일 필요는 없다'는 두 번째 기준으로 생각된다. 이를 뒷받침하는 가장 유명한 논거는 국제스왑파생상품협회(International Swaps and Derivatives Association)에서 저명한 법률가인 Robin Potts, QC(Queen's

---

35) 단 필자의 사견으로는 CDS의 경우 자신의 신용위험을 이전하는 것(self-reference swap)이 법적으로 유효하고 가능하다면, 이는 보험과의 구별기준이 될 수 있을 것으로 보인다.
36) 예를 들어 수수료의 산정이 대수의 법칙에 따르는가 여부를 구별기준으로 삼는 것은 일견하기에도 근거가 부족해 보인다. 수많은 보험계약의 보험료 산정근거를 이렇게 단순화할 수 있을 것이라 믿기 어렵기 때문이다

Counel)에 의뢰하여 1997년 6월 24일에 발표한 이른바 포츠 의견서(Potts Opinion)이다.[37] 포츠 의견서에서는, 신용파생상품은 보장매수인이 실제로 손해를 입었는지 여부에 불구하고 디폴트(default)나 다른 관련된 사건이 발생함에 의하여 지급이 발생하는 구조를 갖추고 있기 때문에 (피보험자가 실제 손해를 입었어야 함을 전제하는) 보험과 구별된다는 기준을 제시하였다.[38] 이는 바꿔 말하면, 보험은 피보험자에게 보험을 가입하여야 할 피보험이익(insurabale interest)이 있어야 하는 요건이 존재하는데, 신용파생상품은 이러한 요건이 결여되어 있다는 것으로 요약할 수 있다.

그러나 2004년 7월경 (당시의) 영국의 금융감독기구였던 Financial Supervisory Authority(FSA)가 발표한 Policy Statement(04/19)에서 insurable interest를 보험과 다른 계약을 구별하는 기준으로 제시하지 않음으로써, 포츠 의견서에서의 구별 기준은 영국 감독당국이 보험과 신용파생상품을 구별하는 입장으로 받아들여지지 않은 것이 확인되었다.[39] (현재의) 영국의 금융감독기구인 Financial Conduct Authority(FCA)는 보험계약을 구별하는 상세한 기준을 제시하고 있으나, 그럼에도 보험이 무엇인지

---

37) https://www.isda.org/a/IYTDE/CreditDerivativesOpinion051997.pdf (검색일: 2020. 4. 16). 단, 이 의견서는 International Securities & Derivatives Association이 웹사이트에 게시되어 있고 회원에게만 공개되어 있다. 포츠의견서에 대한 인용과 비판은 상당히 많아서 이를 통해서도 포츠의견서의 내용을 알 수 있는데, 대표적인 것으로 Oskari Juurikkala, "Credit Default Swaps and Insurance: Against the Potts Opinion", Journal of International Banking Law and Regulation, Vol.26, Issue3 (2011), 5면 (2020. 4. 17. https://oskarijuurikkala.files.wordpress.com/2011/03/jiblr_v04.pdf).
38) Ng, 앞의 논문 각주 29, 665면; Oskari Juurikkala, 앞의 논문 각주 36, 5면, Paul C Harding, A Practical Guide to the 2003 ISDA Credit Derivatives Definition, Euromoney Institutional Investor Plc (2003), 19면.
39) The Law Commission and The Scottish Law Commission, Insurable Interest, Issuer Paper 4, 50면 (2020. 4. 17. https://www.scotlawcom.gov.uk/files/1812/7981/4030/cpinsurance_issue4.pdf).

를 명확히 정의하지는 않고, Case by Case로 검토하겠다는 입장을 취하면서 종국적으로 무엇이 보험인지 여부는 법원의 판단에 맡기고 있다.[40]

미국은 각 주에서 보험업을 인가하는데, 대표격인 뉴욕주 보험업법은 보험계약을, "우연한 사건의 발생 시 보험자가 보험계약자 또는 피보험자에게 금전적 보상을 지급하는 내용 계약으로서, 해당 보험계약자 또는 피보험자가 그 우연한 사건의 발생에 관하여 부정적인 영향을 받는 중대한 이해관계(material interest)가 있을 것"이라 정의하고 있다.[41] 이 정의상으로는 보험계약자 또는 피보험자가 실제 손해를 입었어야 보험이 되므로 일응 포츠의견서의 기준에 부합하는 입장으로 보인다. 그런데 거래의 실상을 보면 CDS의 보장매수인은 준거채무자에 대한 채권 또는 준거자산을 보유함에 의하여 실제로도 신용위험을 부담하는 자인 경우가 오히려 많은데, 이와 같이 CDS의 보장매수인이 실제 신용위험을 부담하는 경우를 Covered CDS라고 하고, 그렇지 아니한 경우를 Naked CDS라고 한다. 즉 포츠의견서의 기준에 따라 보장매수인과 손해의 관계에 의하여 보험과 확실히 구별되는 CDS는 사실 Naked CDS만 해당하는 것이다.

미국 뉴욕주의 보험감독당국은 2000년 6월 16일 보장매수인이 준거채무로부터 손실을 입지 않을 수 있다는 전제하에(material interest가 없다는 전제하에) CDS가 보험에 해당하지 않는다는 유권해석을 하였고 이 해석

---

40) FCA Handbook, The Perimeter Guidance Manual (PERG) 6, Guidance on the Identification of Contracts of Insurance 참조. FCA Handbook은 https://www.hand book.fca.org.uk에서 검색 가능하다.
41) New York Insurance Law, Sec. 1101(a)(1). 원문은 다음과 같다: "Insurance contract" means any agreement or other transaction whereby one party, the "insurer", is obligated to confer benefit of pecuniary value upon another party, the "insured" or "beneficiary", dependent upon the happening of a fortuitous event in which the insured or beneficiary has, or is expected to have at the time of such happening, a material interest which will be adversely affected by the happening of such event.

에 근거하여 CDS가 행하여져 왔다. 그러나 2008년 9월 보장매수인이 대상채무에 관하여 material interest를 가지고 있거나 가질 것으로 합리적으로 예상되는 경우에는 — Covered CDS의 경우에는 — 이러한 CDS를 영업으로 하는 것도 보험업에 해당할 수 있다는 입장을 표명하여 CDS의 보험업 해당 여부에 대하여 다시 문제가 제기되었다.[42] 또한 2009년 11월경에는 전미보험입법자협의회(The National Conference of Insurance Legislators)에서는 Covered CDS의 보장매도인을 보험업자로 규제하고, 아예 Naked CDS를 금지하는 모델법을 만들기도 하였다.[43] 그러나 이러한 주보험당국의 움직임에 대하여는 업계와 학계에서 공히 비판적이었는데,[44] 오바마 정부가 들어서 제정된 Dodd Frank Act 722(b)에서는 Commodities Exchange Act에 새로운 조항인 제12(h)조를 신설하여, 스왑상품은 보험상품으로 고려되지 않아야 하며 어느 주법에 의하여도 보험계약으로 규제되지 않는다는 내용이 추가되었다. 즉 미국에서는 CDS가 보험이 아니냐는 문제가 입법으로 해결된 상태이다.

일본의 학계에서는 보험과 파생상품의 구별에 관하여, 손해를 전보할 것인가의 목적 유무로 보험과 파생상품을 구별하는 견해(손해전보기준)와 보험에 고유한 기술을 이용하였는지 유무로 보험과 파생상품을 구별하는

---

42) 박 준, "파생금융거래를 둘러싼 법적 문제 개관", BFL 총서 6: 파생금융거래와 법 (2012), 111면 참조.
43) Davis Polk & Wardwell, "The National Conference of Insurance Legislator's Model CDS Bill" (2009. 6. 3)에 이 내용이 잘 요약되어 있다(2020. 4. 17. https://www.davispolk.com/files/files/Publication/ea407c52-63cb-45b7-9bf0-7d9ce12400f1/Pre view/PublicationAttachment/2ccba63d-5ad8-4078-97fe-83aea7f2b70b/06.03.09.NCOIL.pdf).
44) 이러한 규제당국의 입장과 그 비판에 대하여는 M. Todd Handerson, Credit Derivatives are not "Insurance", John M. Olin Law & Economics Working Paper No.476 (2d series) (July 2009)에 잘 요약되어 있다(2020. 4. 17. https://pdfs.semanticscholar.org/6feb/ a86c7441feba12a0cd80204ab405b0fc8e32.pdf).

견해(보험기술기준)가 존재하였던 것으로 보인다.[45] 그러나 일본 또한 이 문제를 입법으로 해결하였다. 일본의 금융상품거래법 시행령(金融商品取引法施行令) 제1조의15에서는 금융상품거래법 제2조 제22항에 규정한 공익 또는 투자자의 보호에 지장을 주지 않는다고 인정되는 것으로서 장외파생상품에서 제외되는 금융상품들을 열거하고 있는데, 그 제2호에서 보험업법 제2조 제1항에 규정된 보험업 및 동항 각호에 열거된 사업에 관계된 계약의 체결을 추가하였다. 일본 또한 보험계약을 장외파생상품에서 원천적으로 배제한 것이다.

(3) 보증과 보험의 유사성

한편 앞서 언급한 CDS와 지급보증의 유사점에 대하여 상기하면서, 지급보증과 보험의 유사성을 생각해 볼 필요가 있다. 이에 대하여는 대법원은 '보증보험은 보험자와 주계약상의 채무자(보험계약자) 사이에 체결되고, 지급보증은 보증기관인 은행과 주계약상의 채권자 사이에 체결된다는 점을 제외하면 그 실체와 경제적 실질이 같다 판시하고, 이에 근거하여 은행이나 여신전문금융회사가 지급보증의 형식으로 보증보험을 영위하는 것은 (은행법 제27조의2에 의거 은행에게 허용된 업무 또는 여신전문금융업법 제46조 제1항 제5호에 의거 여신전문금융회사에 허용된 업무이므로) 허용되나, 그 외의 자가 지급보증을 영위하는 것은 실질적으로 보증보험을 영위하는 것이므로 보험업법에 위반되는 행위'라고 결론지었다.[46]

---

45) 嘉村雄司, クレジット・デリバティブ取引に對する保險 契約法・保險監督法の適用可能性の檢討, 損害保險硏究, 損害保險事業總合硏究所 (2014. 8), 5면. 다음 사이트에서 검색 가능하다(2020. 4. 17. http://ir.lib.shimane-u.ac.jp/metadata/36893).
46) 대법원 2013. 4. 26. 선고 2011도 13558 판결.

이 판결은 채무자로부터 경제적 대가가 수반되는 보증행위(대부분의 상사보증이 이에 해당한다)를 모두 보험업 위반으로 규율할 수도 있는 단초를 제공했다는 점에서 기업실무에 종사하는 자들이 납득하기 어려운 결론을 담고 있기는 하다. 아무튼 이 판례의 결론과 CDS와 지급보증의 유사성을 연결시키면 결국, "CDS ≒ 지급보증 ≒ 보험"의 유사성의 순환고리가 형성된다. 따라서 규제목적상 CDS, 지급보증 및 보험은 규제목적상 동일하게 취급되어야 하는 경우가 많을 것이라는 짐작이 가능하다.

(4) CDS와 보험의 구별기준

유사성의 연결고리가 존재함에도 불구하고, 보험업과 파생상품에 관한 투자매매업이 별도로 존재하는 국내 규제체계상 CDS와 보험을 같은 상품으로 인식하는 것은 곤란할 수밖에 없다. 즉 CDS와 보험의 동질성 내지는 유사성에 관한 이론은 보험업 규제를 회피하기 위한 목적으로 CDS를 이용하는 경우 및 그 반대의 경우를 규제하기 위하여 동원될 수 있는 논리여야 하며, 처음부터 보험과 CDS를 동일시하기 위하여 동원될 수 있는 논리는 아니다. 그렇다면, 이는 CDS와 보험을 분리하는 현재의 규제 체재에 전혀 들어맞지 않게 되기 때문이다. 결국 우리나라에서도 양자의 구별의 필요는 절실한 것인데, 앞서 언급하였듯이 기능적인 면에서 양자를 구별하기란 매우 어렵고, 따라서 우리도 미국이나 일본의 선례에 따라 입법적인 해결을 도모해 보는 것도 생각해 봄 직하다.[47]

---

47) 보험업법 시행령 제1조의2 제3항에는 14종류의 손해보험이 열거되어 있는데, 이 중 보증보험은 포함되어 있고 신용파생상품은 포함되어 있지 않다. 신용파생상품이 여기에 열거되지 않은 것은 신용파생상품이 보험이 아니라는 점에 대하여 의문의 여지가 없기 때문이라고 한다. 박 준, 앞의 책 각주 41, 112면.

필자가 생각하는 양자의 구별 기준은 아래와 같이 주로 형식적인 면에 기초한 것이며, 주로 실무에서 보험과 CDS를 구별하는 방법을 요약한 것이다. 이를 통하여 CDS와 보험은 대부분의 경우에 구별이 가능할 것으로 예상된다. 비록 파생상품과 보험을 구별하는 입법이 없어도, 실제 보험과 신용파생상품이 규제적 측면에서 서로 문제를 발생시키는 경우는 거의 없는 것으로 보이며, 실무에서는 양자는 완전히 구별되는 것으로 취급되고 있다.

가. 일단은 보험계약을 구별해 내는 것보다는 CDS를 구별해 내는 것이 더 용이하다. 이유는 자본시장법상 스왑계약임을 전제로 하고(자본시장법 제5조 제1항 제3호), 스왑계약의 경우에는 대부분 채무자 회생 및 파산에 관한 법률 제120조 제3항의 기본계약으로 인정되기 위한 독특한 구조를 갖고 있으며, 바로 그 이유 때문에 거의 100%의 스왑계약이 국제적 또는 국내적으로 표준화된 형식의 문서를 사용하여 체결되기 때문에 외관상으로 확연히 구별이 가능하기 때문이다.[48] 한편, 보험의 경우에는 (당사자가 보험업법을 위반할 생각이 아니라면) 대부분 감독당국이 미리 승인한 표준약관을 사용하며, 표준약관이 아닌 경우에도 감독기관에 신고한 약관을 사용한다. 또한, 보험계약에 있어서는 보험계약에 정한 보험가입자의 권리를 표창하는 보험증권을 교부하는 특징이 있다.

나. 나아가 계약 내용을 살펴보면 적지 않은 상이점을 찾을 수 있다.
① 첫째, 앞서 CDS와 보험의 구별에 관한 손해전보설의 입장을 소개

---

48) 국제스왑파생상품협회(International Swaps and Derivatives Association)에서 제정한 ISDA Master Agreement나 한국의 금융투자협회에서 제정한 장외파생상품거래 한글 약정서 권고안 등이 그것이다.

할 때 언급하였듯이 CDS는 보장매수인이 준거자산을 보유하고 있지 않는 경우, 즉 Naked Swap이 존재할 수 있지만, 보험은 그런 경우가 존재할 수 없다. 따라서 준거자산의 보유를 전제로 하거나 그 증빙에 관한 내용이 있다면 보험계약으로 봐야 할 가능성이 높다.

② CDS는 현물결제방식을 통해 보장매도인이 인도자산을 인도하는 경우가 아니라면 보장매도인이 보장매수인을 대위하여 준거채무자에게 채권을 행사할 수 없으나, 보험은 기본적으로 보험자대위가 가능하다. 근래의 CDS의 경우에는 점점 현물결제를 지양하고, 현금결제 특히 경매방식의 결제(auction settlement)를 기본적 결제방법(default settlement)으로 하는 경우가 많아지므로 이 또한 중요한 구별기준으로 작용할 수 있다.

③ CDS의 경우 대리인을 통해 거래하는 경우가 불가능한 것은 아니나 극히 드물다. 반면 보험의 경우는 대리인을 통해서 거래하는 경우가 매우 많다.

④ CDS의 경우 일방의 해지권이 인정되지 않으며 해지 시 환급에 관한 조항이 없거나 명확하지 않다. 그러나 보험의 경우는 법률상의 요건[49] 때문에 해지와 환급에 관한 내용이 대부분 포함되어 있다는 점에서 구별이 가능하다.

⑤ CDS의 경우 계약기간 중간에 위험이 증가된다고 하여 수수료를 올리는 경우는 드물지만, 보험의 경우에는 현저한 위험증가를 사유로 보험료를 조정하는 경우가 많다.[50]

---

49) 상법 제649조, 제652조 등.
50) 상법 제652조, 제653조 등.

2. TRS와 보험

논리적으로는 'CDS ≒ 지급보증 ≒ 보험'의 유사성 관계와, 앞서 살핀 'CDS ≒ 지급보증 ≒ TRS'의 유사성 관계를 조합하면, 'TRS ≒ 보험'의 유사성 관계도 성립해야 한다. 그러나 이런 유사성의 연결고리에 의존하는 것은, 양 극단에 위치한 개념 간에는 유사성의 비약을 가져올 수도 있을 것이므로 언제나 초심으로 돌아가 결론을 검증할 필요가 있다고 보인다. 실제 필자는 TRS와 보험의 연관성을 논한 논문이나 논의를 찾아볼 수 없었는데, 이는 선례적 연구에서도 양자의 유사성을 발견하기 어려웠거나, 실무상 양자가 혼용되는 경우가 적어서 연구의 가치가 적었음을 반영한다고 추측해 볼 수 있다.

신용위험을 이전하는 보험, 즉 보증보험과 비교해 볼 때, 앞서 논의한 바와 같이 TRS의 신용위험 이전기능이 보증보험의 기능과 개념적으로 유사함은 부인하기 어려워 보인다. 즉 기능적 유사성은 인정할 수밖에 없다. 그러나 전형적인 보험의 경우, 보험자는 부보하는 위험과 떨어지려야 떨어질 수 없는 관계인데(보험은 위험으로 인한 손해를 전보받는다는 것을 추구하는 것이지 처음부터 위험이 없는 상태로 만드는 것을 의미하는 것은 아니다), TRS는 그 위험을 포함한 준거자산 전체를 이전하는 것과 다름없는 결과를 추구하는 것이기 때문에, 진정으로 "보험사고 발생 시의 손해의 전보"만을 추구하는 자의 입장에서는 TRS는 다소 과도한 상품이 된다. 즉 CDS의 경우 신용사건(credit event)의 발생 시 CDS가 종료되면서 무조건 보장매도인의 지급이 발생되어야 함에 비하여, TRS는 준거자산에 신용사건이 발생하더라도 반드시 TRS의 종료를 수반하지 않고(단 대개의 경우 선택적 종료사유이다), 보장매도인의 지급이 수반되어야 하는 것도 아니라는 점에 비추어 보면 더더욱 그러하다(물론 그로 인하여 시장가치가 하락한 만큼은 지급하여야 한다).

　TRS가 보험사고의 대비에 과도한 상품인가를 생각해 보기 위하여 다음과 같은 예를 들어 볼 수 있다. 자신의 집에 화재가 발생하여 집의 가치가 하락할 수 있는 위험에 대하여 염려하는 집주인이 있다고 하자. 집주인은 간편하게 화재보험을 들어 해당 위험에서 회피할 수 있다. 그러나 집을 제3자에게 양도하고 스스로 세입자가 되는 방법을 택함으로써 위험에서 근본적으로 벗어나는 방법을 택할 수도 있다. 두 방법 모두 화재로부터 발생하는 재산상 손해의 위험을 제거한다는 점에 있어서는 합리적으로 생각해 낼 수 있는 방법이긴 하지만, 현실에서는 화재보험에 가입하려는 의도와 집을 매각하려는 의도는 상호 간에 대체할 수 있는 선택지로 고려되기는 어려울 것으로 보인다. TRS는 이중 후자에 가까운 상품이다. 즉 준거자산의 현실적 취득을 포기하고, 합성적 취득으로 바꾸는 것을 통하여 위험을 회피하는 상품이기 때문이다. 이와 같이, 위험의 회피 수단이면서도 동시에 자금조달적 성향이 강한 TRS와 현실적인 위험의 회피 자체에 집중하여 개발된 보험은 유사성의 양 극단에 위치하는 상품으로서 기능적 유사성에도 불구하고 현실적으로는 대체재로 고려되지 않을 가능성이 높아 보인다. 규제란 결국 입법취지를 현실에 관철하기 위한 감독당국의 행위일진대, 필자는 이 점에 있어서 TRS와 보험의 관계를 — 특히 신용위험의 이전이라는 점에 초점을 맞추어 — 유사상품으로서 규제하여야 할 현실적 필요가 있는지는 의문이다.

VI. 결론

　이상에서 본 바와 같이 기초자산에서 발생하는 시장위험과 신용위험을 포함한 모든 위험을 이전하는 TRS는, 기초자산에서 발생하는 신용위험만을 이전하는 CDS의 기능을 개념적으로 포함하는 상품이다. 따라서 CDS가 신용위험을 이전한다는 측면에서 지급보증 및 보험과도 늘 비교되고, 규제의 측면에서 동등하게 봐야 할 가능성에 대하여 언급되듯이, (CDS를 포함하는) TRS도 규제의 관점에서도 지급보증이나 보험 등과 동일하게 다룰 필요가 있을 수 있다.

그러나 TRS는 CDS와 구별되는 특징으로 자금조달적 기능이 있다. 따라서 CDS나 지급보증, 보증보험 등이 신용공여를 용이하게 하기 위한 간접적이고 보조적 수단으로 이용됨에 비춰, TRS는 그 자체로 직접적인 신용공여의 효과를 갖는다. 또한, TRS는 CDS처럼 신용사건의 발생과 그로 인하여 발생하는 경제적 손해의 처리에 특화된 구조를 갖고 있지 아니하므로, 지급보증이나 보험을 완전히 대체하기에는 부적절한 경우도 있을 수 있다.

결론적으로, TRS가 CDS, 보증, 보험과 같이 규제될 필요가 있는가는 일률적으로 말할 수 없다. 따라서 관련된 규제의 목적과 함께 해당 TRS의 조건을 따져 볼 필요가 있다. 예를 들어 준거자산이 신용위험을 동반하는 자산이면서 동시에 시장성이 없거나 미약한 자산이라면 신용위험 이전의 기능이 강조되는 경우로서 보증이나 보험과 유사한 기능을 할 가능성이 높다. 또한, 총수익지급인이 준거자산으로부터 취득하는 수익이 TRS의 체결과 관련이 있다면 역시 TRS가 보증이나 보험에 가깝다는 판단에 도움이 될 것이다.

08

총수익률스왑과 의결권 행사[*]
─ 회사법, 공정거래법 및 자본시장법 문제를 중심으로 ─

임정하**

I. 들어가며

파생상품은 기초자산에 관한 위험을 이전 또는 헤지하기 위한 금융투자상품이다. 파생상품은 기초자산과 관련한 위험 또는 권리를 선물, 옵션, 스왑 등을 이용하여 분해하고 결합하여 다양하고 유연하게 설계할 수 있다. 이러한 특성을 이용하여 거래 당사자는 기초자산의 위험의 이전이라는 파생상품 본연의 목적 외에 다른 목적을 위한 파생상품을 설계하는 것도 얼마든지 가능하다. 주식을 기초자산으로 하는 총수익률스왑(Total Return Swap. 이하 'TRS')이 자금조달이나 경영권 확보를 위한 지분 조정의 목적으로 활용되고 있는 것이 좋은 예이다. 주식을 기초자산으로 하는

---

* 이 글은 BFL 제83호 (2017. 5)에 게재되었던 글을 수정·보완한 것이다.

** 서울시립대학교 법학전문대학원 부교수

TRS가 기업과 재무적 투자자의 수요를 모두 충족시킬 수 있는 금융기법으로 사용되는 주된 이유는 기초자산인 주식의 의결권과 경제적 이해관계를 분리하는 이른바 디커플링(decoupling) 방식으로 거래구조를 설계할 수 있기 때문이다. 이처럼 주식소유의 법적 형식과 실질이 분리되도록 설계된 TRS[1]는 규제적 측면에서 법의 회피를 위한 것이 아니냐는 우려가 제기된다. 현행 상법, 독점규제 및 공정거래에 관한 법률(이하 '공정거래법') 또는 자본시장과 금융투자업에 관한 법률(이하 '자본시장법')상 관련 규제를 적용함에 있어 TRS 거래 당사자 중 주식의 소유자 또는 보유자를 누구로 보아야 하는지에 대한 검토가 필요하다.

본고는 먼저 II.에서 TRS의 등장이 회사법상 주요 원칙에 어떠한 영향을 미쳤는지를 살펴본 다음 구체적 사례를 통해서 회사법상 의결권제한(III)과 공정거래법상 상호·순환출자 규제(IV)와 TRS와의 관계를 각각 검토해 본다. V에서 자본시장법상 대량보유보고규제와 TRS 관련 문제점을 살펴보고 마지막으로 주식의 의결권과 경제적 이해관계의 분리거래의 규제관련 개선 방안을 결론에 갈음하여 제시한다(VI).

II. TRS와 회사법상 주요 원칙과의 관계

TRS거래를 통해 의결권과 경제적 이해관계를 분리하는 것의 문제는 현금흐름의 변형에 있는 것이 아니라 주식회사 설립의 기본적 근간인 주식의 '완전성(integrity)'에 대한 도전이라는 점이다.[2]

---

1) 이하 본고에서는 논의의 편의상 특별한 언급이 없으면 TRS라고 하면 주식을 기초자산으로 하는 TRS를 지칭하는 것으로 한다.
2) Henry T. C. Hu, "Financial Innovation and Governance Mechanisms: The Evolution

1. 1주 1의결권 vs. 은닉소유권·공의결권

TRS거래 등을 통해 주식의 의결권과 경제적 이해관계가 분리됨에 따라 이른바 은닉소유권(hidden ownership) 또는 변형가능한 소유권(morphable ownership)과 공의결권(empty voting)이라는 개념이 등장하게 되었다. 은닉소유권(또는 변형가능한 소유권)이란 의결권보다 큰 경제적 이해관계를 가지는 상황으로 정의된다.[3] 은닉소유권은 필요한 경우 의결권을 취득할 수 있는 사실상의 능력을 가지기도 한다.[4] 따라서 은닉소유권은 은닉의 결권으로 부르기도 한다. 투자자의 공시의무는 공식적 의결권에 부과된다. 이러한 공식적 의결권을 분리했기 때문에 공시되지 않는 경제적 소유권이나 필요한 경우 신속하게 주식을 취득할 수 있는 사실상 능력을 가지는 경우 은닉소유권을 가진 것으로 볼 수 있다.[5]

공의결권이란 경제적 이해관계보다 더 큰 의결권을 가지는 상황을 의미한다.[6] 2005년 숀 마틴(Shaun Martin)과 프랭크 파트노이(Frank Partnoy)

---

of Decoupling and Transparency", 70 Business Lawyer (Spring 2015), 351면 (http://ssrn.com/abstract=2588052).

3) Henry T.C. Hu / Bernard Black, "The New Vote Buying: Empty Voting and Hidden (Morphable) Ownership", 79 South. Cal. L. Rev.811 (2006), 812면.

4) Hu / Black, 앞의 논문 각주 3, 812면.

5) Perry의 뉴질랜드 회사, Rubicon에 대한 지분은 2003년에 알려지게 되었는데 미국법 Section 13(d)와 같이 뉴질랜드 대량보유 공시규정에 의하면 5%주주는 공시하여야 한다. Perry는 Rubicon에 대한 공시되지 않은 16%의 경제적 이해관계와 16%의 사실상 의결권을 보유하기 위해 주식스왑(equity swap)을 이용했다. Perry는 16%의 은닉된 의결권을 가지고 있었다. 중요한 표결이 있을 때 Perry는 사실상 의결권이 실제 의결권으로 변경되도록 조치하였다. Perry의 공시되지 않은 16%의 지분은 뉴질랜드 법에 의해 인정되었다. Henry T.C. Hu / Bernard Black, "Empty Voting and Hidden(Morphable) Ownership: Taxonomy, Implications, and Reforms", 5면.

6) Henry T.C. Hu / Bernard Black, "The New Vote Buying: Empty Voting and Hidden (Morphable) Ownership", 812면. 공의결권의 예로 Hu / Black은 Perry / Mylan 사례를 들었다. Perry Corp이라는 헤지펀드는 King Pharmaceuticals 주식 700만 주를 소유하고

는 1주 1의결권원칙을 검토하고 이 원칙은 공의결권으로 인해 더 이상 유효하지 않다는 결론을 내렸다.[7] 1주 1의결권은 주주 우선주의의 핵심을 이루는 것으로 회사법의 명제로 받아들여졌다. 숀 마틴과 프랭크 파트노이는 1주 1의결권 원칙을 두 가지 면에서 비판하였다. 우선 경제적으로 저당 설정된 주주들(encumbered shareholders) — 이른바 숏(short)을 매수하거나 풋(put) 또는 신용부도스왑(credit default swap) 등의 파생상품을 이용하여 주식소유의 위험을 헤지한 주주들은 주식소유의 순수한 경제적 이익을 잃었기 때문에 아무런 헤지 없이 주식을 소유하는 주주들과 같은 인센티브가 없다는 것이다.[8] 마틴과 파트노이는 1주 1의결권 원칙과 반대로 회사와 감독당국은 옵션 매수인과 매도인의 의결권을 제한하는 것을 강력히 고려해야 한다고 주장하였다.[9] 다른 한편 파생상품을 통해서 주식의 취득 없이 회사의 경제적 이해관계만 취득한 자에게 의결권을 부여해야 하는지가 문제 된다. 이러한 자들의 경우 회사에 아무런 지분도 취득하지 않았기 때문에 기업지배에 관여해서는 안 된다는 주장이 있을 수 있다. 그러나 일정한 조건하에서는 이러한 자들이 저당 설정된 주주들보다 전통적인 주주 인센티브 개념에 보다 더 부합하기 때문에 의결권을 갖도록 하는 것이 더 적합할 수도 있을 것이다.

있었다. Mylan Laboratories는 2004년 후반에 주식 대 주식 합병으로 King을 매수하기로 합의하였다. 딜이 발표되었을 때 King 주가가 치솟았다 그러나 Mylan의 주가는 급락하였다. Mylan이 합병에 대한 주주승인 받는 것을 돕기 위해 Perry는 Mylan 주식의 9%를 취득하여 최대주주가 되었지만 Mylan 주식의 시장위험을 헤지하였다. 따라서 Perry는 9.9%의 의결권을 가지고 있었지만 경제적 소유는 0이었다. King에 대한 지위를 포함하여 Perry의 Mylan에 대한 경제적 전반적인 이해관계는 음의 관계였다. Mylan이 King에 더 많이 지급할수록 Perry는 더 많은 이익을 얻었다. High River Ltd. P'ship v. Myla Labs., Inc., 353 F. Supp. 2d 487 (M. D. Pa. 2005).

7) Shaun Martin / Frank Partnoy, "Encumbered Shares", 2005 U. Ill. L. Rev.775 (2005).

8) Martin / Partnoy, 앞의 논문 각주 7, 794면.

9) Martin / Partnoy, 앞의 논문 각주 7, 794면.

2. 주주 이익극대화를 위한 의결권 행사 vs. 왜곡된 의사결정

근대 회사에서 주주 의결권은 일종의 "오류수정"의 역할을 하는 것으로 본다.[10] 이사회의 오류를 확인하는 가장 좋은 신호는 주가이고 주주들은 이 신호를 모니터링할 가장 큰 인센티브를 가진 구성원인 것이다. 한편, 기업지배구조의 적법성은 주주들은 주주총회에서 회사 주식의 가치를 극대화하는 방법으로 의결권을 행사하는 것이 경제적으로 동기화되어 있다는 것을 전제로 한다. 주주의 의결권 행사의 이익과 경제적 이익이 서로 일치한다고 추정하는 것이다.[11] 회사법 이론에서 회사의 가치를 극대화하는 결정을 위해서 주식에 대하여 이해관계를 가지고 있는 주주에게 의결권이 부여된다고 하는 것도 이 때문이다.[12] 그러나 파생상품시장과 새로운 금융기법의 급속한 발달은 이러한 추정에 의문을 제기한다. 요즘은 주주총회에서 다수의 의결권을 행사할 수 있는 권리를 보유하지만 주가가 떨어짐에 따라 투자자들의 수익이 증가하는 포트폴리오를 설계하는 것이 그리 어렵지 않다.[13] 이러한 경우 투자자가 실제로 회사에 경제적 손해를 끼치는 방식으로 의결권을 행사할 수 있는 위험이 있다.

---

10) Robert B. Thomson / Paul h. Edelman, "Corporate Voting", 62 Vand. L. Rev. 129 (2009), 149–150면.

11) IRRC Institute, "Identifying the Legal Contours of the Separation of Economic Rights and Voting Rights in Publicly Held Corporations", Rock Center for Corporate Governance Standard (2010. 10), 3면.

12) 김지평, "주식에 대한 경제적 이익과 의결권의 분리에 관한 연구" (서울대학교 박사학위논문, 2011. 8), 86면.

13) IRRC Institute, 앞의 논문 각주 11, 3면. 예를 들어 회사 주식을 100만 주 가지고 있는 투자자가 이를 기초자산으로 하는 스왑계약을 체결한다고 하자. 스왑은 주식의 가격이 하락하면 투자자의 손실을 전가하는 보험계약처럼 기능을 한다. 그러나 그 대가로 주가가 오르는 경우 투자자는 모든 이익을 포기하여야 한다. 투자자는 이런 경우 회사의 주가가 오르든 내리든 무관심하지만 마치 스왑계약을 체결한 적이 없는 것처럼 여전히 의결권을 가진다.

의결권 행사 이익과 경제적 이익이 서로 일치할 것이라는 추정은 단순히 깨어지기만 하는 것이 아니라 오히려 정반대의 결과를 가져올 수도 있는 것이다.[14)]

공의결권은 주주가 경제적 이해관계보다 더 많은 공식적 의결권을 가지는 현상을 말하고 음(−)의 의결권(negative voting)은 주주가 의결권을 가지는 주식의 가치가 하락함으로써 이익을 얻는 현상을 말한다. 주주가 자신이 보유하고 있는 주식의 양을 넘어서서 주식스왑계약을 체결하는 over-hedge의 경우에는 주식에 대하여 음(−)의 이해관계를 가지게 된다.[15)] 음(−)의 경제적 이해관계를 가지는 공의결권자의 경우 주주는 (전체) 주주의 이익을 극대화하기 위해 의결권을 행사하는 것이 아니라 반대로 주식의 가치를 하락시키는 방향으로 의결권을 행사할 인센티브가 있다.[16)] 즉 의결권 행사과정을 왜곡하고 모든 주주의 일반적 이익을 제대로 대변하지 못하는 지배구조로의 변경에 이르게 한다.

III. 회사법상 의결권 행사와 TRS 관련 사례

1. 상호주의 의결권 제한 해소를 위한 TRS 거래

(1) 회사법상 상호주 규제

상법은 두 회사가 서로 상대방 주식을 소유하는 것을 규제한다. 상법

---

14) IRRC Institute, 앞의 논문 각주 11, 3면.
15) 김지평, 앞의 논문 각주 12, 173면.
16) 김지평, 앞의 논문 각주 12, 173면.

의 주식상호소유 규제는 모자회사 관계인 경우와 아닌 경우로 이원화되어 있다. 모자회사 관계인 경우[17] 자회사가 모회사의 주식을 취득하는 것은 원칙적으로 금지된다(상법 제342조의2 제1항). 그러나 모자회사 관계가 아닌 경우에는 상호소유 자체를 금지하지는 않으나 상호주[18]의 의결권이 제한된다(상법 제369조 제3항).

한편 상호주 판단의 기준시점은 회사의 주주총회 시이므로 실제로 주식을 소유하고 있다면 명의개서가 이루어졌는지 여부와 상관없이 상호주가 성립하여 의결권이 없다는 것이 대법원의 입장이다.[19] 아래 아시아나항공 사례에서도 상호주에 해당하는 주식수 산정의 기준시점이 상법 제354조 제1항의 주주총회 기준일인지, 아니면 실제 주주총회 개최일인지가 문제 되었는데 서울남부지방법원은 위와 같은 대법원 판결에 따라 실제 주주총회 개최일을 기준으로 산정해야 한다고 판시하였다. 상호주 판단의 기준시점은 본고의 논의 주제와 직접적인 관련성이 없으므로 본고에서는 다루지 않는다.

---

17) 상법상 모자회사 관계는 다른 회사의 발행주식 총수의 50% 초과하여 보유하는 경우 성립한다(상법 제342조의2 제1항). 다른 회사의 발행주식총수의 50%를 초과하는 주식을 모회사 및 자회사가 합하여 가지고 있거나 또는 자회사가 단독으로 가지고 있는 경우, 즉 손자회사도 모회사의 자회사로 본다(상법 제342조의2 제3항).
18) ① 회사(A), ② (A의) 모회사 및 자회사 또는 ③ (A의) 자회사가 다른 회사(B)의 발행주식의 총수의 10%를 초과하는 주식을 가지고 있는 경우 그 다른 회사(B)가 가지고 있는 회사(A) 또는 모회사의 주식은 의결권이 없다(상법 제369조 제3항). 상호주가 성립하기 위한 지분비율 10%는 발행주식총수를 기준으로 하므로 의결권이 배제·제한되는 종류주식도 포함한다.
19) 대법원 2009. 1. 30. 선고 2006다31269 판결.

(2) 상호주와 관련한 TRS 사례: 아시아나항공의 금호산업 주식을 기초자산으로 하는 TRS 거래에 관한 서울남부지방법원 2015. 6. 11. 선고 2014가합 4256 판결

가. 사실관계

금호산업은 아시아나항공의 지분을 30.08%를 갖는 1대 주주인데, 아시아나항공이 금호산업의 주식을 10% 초과하여 가지게 되었다. 아시아나항공이 금호산업의 주식을 10%를 초과하여 보유하게 된 경위는 출자전환에 의한 것이다. 아시아나항공은 금호산업에 대한 대여금채권이 있었는데 금호산업이 대여금을 상환하지 못하자 2013년 10월 23일 이 대여금채권을 출자전환함에 따라 금호산업의 주식을 13.08% 취득하게 되었다. 한편, 금호산업과 아시아나항공은 공정거래법상 동일한 상호출자제한기업집단에 속한다. 공정거래위원회는 이러한 출자전환은 공정거래법 제9조 제1항 제2호의 대물변제의 수령으로 볼 수 있어 상호출자금지의 예외사유에 해당하나 이로 인해 형성된 상호출자는 동법 제9조 제2항에 따라 6개월 이내에 해소해야 한다는 유권해석을 한 바 있다.[20] 이에 따라 아시아나 항공은 2014년 3월 21일 출자전환된 주식 중 4.86%를 시간외 대량매매 방식으로 대신증권에 매도하면서 동시에 대신증권과 TRS계약을 체결하였다. TRS계약의 구체적 내용은 다음과 같다.

○ 거래조건

체결일 2014. 3. 21, 발효일 2014. 3. 25, 종료일 2015. 3. 21.

기초자산 및 그 수량: 금호산업 보통주 1,613,800주(이하, "이 사건 주식")

---

20) 공정거래위원회 보도참고자료, "아시아나항공 보유 금호산업 CP채권의 출자전환은 상호출자 금지의 예외 사유에 해당" (2013. 9. 7).

주식금액: 지급자는 대신증권, 수취자는 아시아나항공, 기준가격은 체결일 기초자산의 종가, 결제가격은 평균매도가격에 의한다〔평균매도가격은 결제일의 주식금액 산정을 위하여 종료일 1개월 전부터 종료일까지 대신증권이 매도한 기초자산의 총매도금액을 그 기간 동안 대신증권이 매도한 기초자산 수량(종료일 1개월 전에 거래의 일부에 대한 조기종료가 있는 경우 그 조기종료에 의하여 매도된 기초자산은 제외한다)으로 나눈 값을 말한다〕.

고정금리 지급금액: 지급자는 아시아나항공, 수취자는 대신증권, 고정금리 연 6.4%, 지급금액은 〔기준가격 × 고정금리지급금액 지급일 전일 대신증권이 보유하고 있는 기초자산의 수량 × 고정금리 × 실제경과일수 / 365〕의 방식으로 산정, 2014. 3. 25, 2014. 6. 21, 2014. 9. 21, 2014. 12. 21. 선취로 지급

O **결제조건**

결제방식: 현금결제

결제일: 종료일(2015. 3. 21.) 이후 2영업일

대신증권 또는 피고 회사는 결제일에 다음과 같이 계산된 금액을 상대방에게 지급한다.

- 결제일의 기초자산의 결제가격(평균매도가격)에서 기준가격을 공제한 '행사금액차액'을 산정하고, 기초자산의 수량에 행사금액차액을 곱하여 '주식금액'을 산정한다. 대신증권이 기초자산을 처분함으로써 발생하는 비용(세금 등)을 주식금액에서 공제한다.
- 위와 같이 산정한 주식금액이 양의 값을 가질 경우에는 대신증권이 아시아나항공에 주식금액을 지급하고, 주식금액이 음의 값을 가질 경우에는 아시아나항공이 대신증권이 주식금액의 절대값에 해당하는 금액을 지급한다.
- 아시아나항공과 대신증권의 합의에 의하여 거래의 일부를 조기종료한 경우에는 일부 조기종료일 이후부터 결제가격 결정 시까지 대신증권이 보유한 기초자산 수량을 기준으로 하여 주식금액을 계산한다.

O **본 거래의 조정**

배당에 대한 특약: 대신증권은 거래기간 동안 기초자산에 대하여 배당수익이 발생한 경우 이를 아시아나항공에 지급하지 아니한다.

O **조기종료 및 담보제공**

본 거래는 종료일 이전이라도 쌍방 또는 일방의 요청에 의하여 쌍방 간의 합의에 의하여

본 거래의 일부 또는 전부를 조기종료할 수 있다. 다만, 이 경우 계산대리인이 기초자산의 가격 및 시장상황 또는 고객과의 협의사항 등을 반영하여 합리적이고 정당한 상업적 판단에 의해 선의로 결정한 정산금액으로 본 거래를 종료하기로 한다. 다만, 그 정산금액은 아시아나항공 또는 대신증권이 차기 고정금리지급금액 지급일에 상대방에게 지급한다. 아시아나항공은 대신증권에 위 주식금액 지급의무를 담보하기 위하여 본 계약의 발효일에 기준가격에 기초자산의 수량을 곱한 금액의 30%에 해당하는 금액을 현금으로 담보를 제공한다.

○ 이 사건 주식은 계약의 종료일 내에 대신증권의 임의적인 의사에 따라 아시아나항공 이외의 불특정 다수인에게 처분될 수 있고, 이 사건 주식에 관한 의결권은 대신증권이 독단적인 판단하에 행사하며 아시아나항공은 대신증권에 어떠한 의결권 위임 등의 요청이 불가능하다.

계약의 내용을 요약해 보면, 아시아나항공은 금호산업 지분 4.9%를 대신증권에 매각하면서 계약기간(6개월~2년) 동안 해당 지분 보유분에 대해 연 2.7~4%의 금리를 지급하고 금호산업 주식의 시장가격 변동 책임을 모두 떠안는 구조이다.[21]

한편, 아시아나항공은 2014년 3월 27일 정기주주총회에서 2대주주(12.61% 지분 보유)인 금호석유화학의 반대에도 불구하고 박삼구 회장을 포함하여 금호산업측 인사들(총 4인)을 이사로 선임하였다. 이에 금호석유화학은 이 주주총회의 효력을 다투는 소를 제기하였는데, 주위적으로 금호산업측 인사들을 이사로 선임한 주주총회결의 부존재 확인을 구하고 예비적으로 금호산업측 인사 4인을 각 이사로 선임한 주주총회 결의의 취소를 구하였다. 금호석유화학의 주장을 살펴보면, 아시아나항공이

21) 더벨, "금호산업 지분 TRS, 트루세일일까" (2014. 3. 25. http://www.thebell.co.kr/front/free/contents/news/article_view.asp?key=20140324010003531000 2136).

TRS계약을 통해 실제 자기의 계산으로 금호산업 주식을 보유하고 있는 것이므로 금호산업이 보유하고 있는 아시아나항공 주식은 상호주식에 해당하여 의결권이 제한되고 따라서 2014년 3월 27일자 정기주주총회 결의는 의결정족수(발행주식총수의 4분의 1 이상)를 충족하지 못하였다는 것이다.

금호석유화학은 TRS계약의 내용에 비추어보면[22] 이 사건 주식 매매대금의 출연 및 이 사건 주식 취득에 따른 손익의 귀속이라는 측면에서 아시아나항공은 이 사건 주식을 여전히 자기의 계산으로 보유하고 있고, 회계처리의 측면에서도 아시아나항공은 이 사건 주식을 여전히 자기 소유로 인식하고 있으므로 상호주 보유에 해당한다고 주장하였다.

나. 법원의 판단

① 상호주에 자기계산의 법리가 적용되는지 여부

상법이 회사의 자기주식 취득을 규제하는 취지는 자기주식을 취득하는 경우 발생할 수 있는 자본충실의 저해와 회사지배의 왜곡을 방지하기 위한 것인바, 상법은 자기주식취득을 원칙적으로 금지하면서, 자기주식의 취득이 예외적으로 허용되는 경우에도 그 의결권만을 무조건적으로 제한하고 있으며(상법 341조 제1항, 제341조의2, 제369조 제2항), 자기주식 취득의 범위에 관하여 자기의 명의가 아니더라도 자기의 계산으로 취득

---

22) 금호석유화학은 TRS계약이 공정거래법 제15조 제1항, 제66조 제1항 제8호, 같은 법 시행령 제21조의4 제1항 제2호의2 나목에서 규정하는 탈법행위 및 범죄행위에 해당할 뿐만 아니라 주식의 실질적 처분의사 없이 오로지 상호주 매각의 외관을 작출함으로써 상호주 의결권 제한과 상호출자 해소의무를 회피하려는 탈법적 목적으로 체결된 것이므로 민법 제103조에 위반되어 무효이고 주식매도계약도 효력도 없다고 주장하였으나 법원은 이유 없다고 판시하였다. 자세한 내용은 서울남부지방법원 2015. 6. 11. 선고 2014 가합 4256 판결 참조.

한 주식도 자기주식 취득에 해당된다.

상호주 소유 역시 그 본질은 자기주식의 취득과 동일하고 그 결과 상호주의 보유 또는 자기주식 취득과 마찬가지로 출자의 환급이 일어나 자본충실을 저해하고 상호주를 소유하는 회사의 경영자들이 서로 결탁하는 경우 출자 없는 지배가 가능해져 회사지배의 왜곡이라는 동일한 폐해를 낳게 되므로 상법은 비모자회사 간의 상호주 취득의 경우 의결권을 제한하는 방식으로 규제하고 있다(상법 369조 제3항). 법원은 비록 명문의 규정은 없다 하더라도 상법 제369조 제3항에서 '발행주식의 총수의 10분의 1을 초과하는 주식을 가지고 있는 경우'에 타인의 명의나 자기의 계산으로 가지고 있는 경우도 포함된다고 해석함이 상당하다고 판시하였다. 그 근거로 공정거래법상 상호출자제한기업집단에 속하는 회사가 자기의 주식을 취득 또는 소유하고 있는 계열회사의 주식을 취득 또는 소유하는 것을 금지하고 있는데, 이러한 경우의 하나로 타인의 명의를 이용하여 자기의 계산으로 취득하거나 소유하는 행위를 규정하여(공정거래법 제15조 제1항, 제66조 제1항 제8호, 같은 법 시행령 제21조의4 제1항 제2호의2 나목), 이른바 '자기계산의 법리'를 입법적으로 도입한 점을 들었다. 이렇게 해석하지 않으면 자기의 계산이지만 타인의 명의로 주식을 보유함으로써 상법상 상호주 규제를 용이하게 잠탈할 수 있고, 또한 이러한 경우에도 주식의 상호 소유를 규제하는 위 상법 규정에서 우려하는 주주총회결의의 왜곡이나 회사의 지배구조의 왜곡이 나타날 위험성과 가능성이 있다고 보았다.

② 자기계산으로 보유하는 주식 해당 여부 판단기준

이때 타인의 명의나 자기의 계산으로 보유하고 있는 주식에 해당되는지 여부를 판단함에 있어서는 그 주식취득을 위한 자금이 회사의 출연에 의한 것인지 여부, 그 주식취득에 따른 손익이 회사에 귀속되는지 여부 등을 종합적으로 고려하여야 한다고 판시하였다. 자금의 출연 및 손익의 귀속이라는 기준은 대법원 2003. 5. 16. 선고 2001다44109 판결 등에서 상법 제341조가 금지하는 자기주식의 취득에 해당되는지 여부를 판단하는 기준으로 제시하고 있는 것인데, 이 기준은 자기주식의 취득 해당 여부 이외에 다른 국면에서 비록 타인의 명의로 되어 있으나 자기의 계산으로 주식을 보유하고 있는 것인지 여부를 판단해야 하는 경우에도 충분히 사용될 수 있는 기준이라고 보았다.

③ 본 사안에의 적용

법원은 (i) 대신증권은 아시아나항공에 이 사건 주식의 매매대금을 실제로 지급하였고 당시 아시아나항공은 대신증권에 주식 매매대금을 대여하지 않았으며 대신증권이 주식 매수자금을 마련할 수 있도록 연대보증 등의 방법으로 기여한 바도 없다는 점, (ii) 대신증권은 이 사건 주식을 보유하는 동안 의결권 및 이익배당을 받을 권리를 가지며, 이 사건 주식을 임의로 아시아나항공 이외의 제3자에게 처분할 수 있고(실제로 대신증권은 2014년 9월 23일부터 2015년 1월 14일까지 거래소시장에서 불특정 다수인에게 이 사건 주식 전부를 매도하였고 이로 인하여 아시아나항공은 대신증권에 지급해야 할 고정이자 6.4%의 비용을 제외한 정산차익을 얻었다), 아시아나항공은 이 사건 주식을 우선 매수할 권리를 갖지 아니하며 대신증권에 이 사건 주식의 의결권의 위임 등을 요청할 수도 없다는 점, (iii) 아시아나항공과 대신증권의 정산의무는 이 사건 주식의 가격 변동으로 인한 손익에 한하여 부담하는 것이며 대신증권이 TRS계약이 종료될 때 이 사건 주식을 다시 아시아나항공에 매도하는 등의 방식으로 아시아나항공으로부터 위 주식의 매매대금을 그대로 회수할 수 있는 절차는 마련되어 있지 아니하고 공정거래법상 상호출자 해소의무가 있어 아시아나항공이 이 사건 주식을 다시 취득할 수도 없는 점, (iv) 대신증권이 TRS계약 거래

종료일 이후에도 이 사건 주식 중 전부나 일부를 매도하지 않고 계속 소유하는 경우에 그 잔여주식으로 인한 손익은 모두 대신증권에 귀속되는 점 등을 종합하여 보면, 아시아나항공이 이 사건 주식의 매매대금을 실질적으로 출연하였다거나 이 사건 주식의 취득에 따른 손익이 아시아나항공에 귀속된다고 볼 수 없어 결국 이 사건 주주총회 당시 대신증권의 명의로 이전된 이 사건 주식을 아시아나항공이 더 이상 자기의 계산으로 보유하고 있다고 보기 어렵다고 결론 내렸다. 따라서 이 사건 결의 당시 금호산업이 의결권을 행사한 것은 상법 제369조 제3항에 위반된다는 금호석유화학의 주장은 이유 없다고 판시하였다.

다. 법원 판단에 대한 검토

금호석유화학이 항소하지 않아 위 서울남부지법 판결은 확정되었다. 위 판결은 TRS의 은닉의결권 현상을 이용하여 상호주의 의결권 제한 등 관련 규제를 회피하기 위한 것인지가 문제 된 사안으로 TRS에 대하여 현행 법령으로 규제할 수 있는지 여부를 정면으로 다룬 최초의 판결로 평가받는다.[23]

아시아나항공 사례는 의결권과 경제적 이해관계가 계약매도인과 계약매수인에게 각각 분리되어 있는 TRS의 기초자산인 주식의 소유자를 누구로 볼 것인지가 문제 된 사안이다. 우리 법제에서는 자기의 계산으로 주식을 취득한 경우를 주식을 소유하고 있는 경우와 동일하게 보고 있는 경우가 많다.[24] 가장 대표적인 것이 자기주식취득의 경우이다. 상호주도

23) 이석준, "총수익스왑(TRS)에 관한 연구: 상법상 상호주식 규제여부에 대한 서울남부지방법원 2015. 6. 11. 선고 2014가합 4256 판결을 중심으로", 상사판례연구 제29집 제3권 (2016. 9), 54면.
24) 김지평, 앞의 논문 각주 12, 216면.

본질적으로 자기주식의 취득과 같다고 보기 때문에 상호주식 여부가 문제 된 본 사안에서도 자기계산의 법리에 따라 주식의 소유 여부를 판단한 것으로 보인다.

 일반적인 주식 양도에 있어 주식의 귀속주체를 판단하는 기준은 자금의 출연과 손익의 귀속주체이다. 그러나 이 판단기준을 파생상품거래인 TRS의 기초자산인 주식에도 그대로 적용할 수 있는지 의문이다. TRS의 기초자산인 주식은 권리, 특히 의결권과 경제적 이해관계가 분리되어 있기 때문에 권리적 요소와 경제적 이해관계가 결합되어 있는 전통적인 주식의 개념을 전제로 하는 주식소유 판단기준을 그대로 적용하는 것은 무리가 있어 보인다.

 상호주 여부의 판단은 의결권 제한 가능성과 직결되는 문제이다. 본 사안에서 만일 아시아나항공이 대신증권의 금호산업 주식의 의결권 행사에 "사실상" 영향력을 미칠 수 있는 경우라면 어떠한가? 대신증권은 고객사인 아시아나항공의 요청에 따라 TRS계약을 체결하게 된 것으로 금호산업 주식의 의결권 행사보다는 고정이율 수입과 주식매수로 인한 경제적 손실위험을 부담하지 않는다는 점이 계약체결의 가장 큰 유인일 것이다. 계약상으로는 대신증권이 독자적으로 의결권을 행사하는 것으로 규정되어 있으나 재무적 투자자인 대신증권은 TRS의 기초자산인 금호산업 주식의 의결권 행사에는 큰 관심이 없을 것이므로 고객인 아시아나항공의 사실상 영향력 하에 있을 가능성이 크다.

 위 판결에서는 TRS 거래종료일 이후에 대신증권이 계속 이 사건 주식의 잔여주식을 보유하는 경우에는 대신증권에 그 손익이 귀속되는 점도 상호주 보유가 아니라고 판단하는 근거가 되었다. 그러나 TRS가 상호주인지가 문제 되는 시점은 TRS 계약기간 동안이므로 거래종료일 이후의 주식보유에 따른 손익의 귀속주체를 기준으로 상호주인지 여부를 판단하는 것은 논리적으로 맞지 않다. 또한 TRS계약의 갱신을 통해 계약기간을 필요한 만큼 늘리는 것은 그리 어려운 일이 아닐 것이다. 따라서 아시아나항공이 금호산업 주식의 의결권 행사에 영향력을 미치고자 하는 기간 동안 계약기간을 연장하는 것은 얼마든지 가능한 것으로 보인다.

위 판결은 대신증권이 기초자산인 금호산업의 주식을 임의로 아시아나항공 이외의 제3자에게 처분할 수 있고 실제로 2014년 9월 23일부터 매도하였다는 점을 아시아나항공의 자기계산성을 부인(결론적으로 상호주임을 부인)하는 근거로 제시하고 있으나 매도시점이 아시아나항공의 정기주주총회일인 2014년 3월 27일 이후라는 점은 'TRS를 통한 의결권 행사에 대한 사실상 영향력 행사'라는 목적을 달성하였기 때문에 처분한 것이 아닌가 하는 의구심을 들게 한다. 위 판결은 TRS의 이러한 특성을 간과한 것으로 그 판단을 그대로 유지하게 되면 TRS를 통한 규제의 회피·탈법이 조장될 우려가 클 것으로 보인다.

TRS는 그 자체로는 경제적 합리성을 가지지만 악용되는 경우에는 실제 차명주식 소유에 불과한 것이 되어 주식소유에 관한 상법, 공정거래법, 자본시장법 등 규제를 회피하는 수단이 될 수 있으므로 그 법적 평가를 달리할 여지가 있다고 보는 견해도[25] 이러한 점에 대한 우려 때문일 것이다. TRS의 디커플링으로 인한 은닉의결권을 회사법상 어떻게 평가하고 규제할 것인지에 대한 진지한 고민 없이 전통적인 주식소유판단 기준에 따라 상호주 여부를 판단했다는 점에서 아쉬움이 남는 판결이다.

---

25) 노혁준, "2015년 회사법 중요 판례", 인권과 정의 제456호 (2016. 3), 139면.

2. 경영권 확보를 위한 TRS 거래

(1) 회사법상 규제

가. 경영권 확보

지배주주가 경영권을 확보하는 방법은 신주인수, 구주취득, 우호지분 확보 등을 통해서이다. 상법은 신주인수의 경우 자본충실을 위해 출자납입의무를 부과하고 있다. 상법상 원칙적으로 주식양도는 자유로우므로 구주취득과 관련해서는 특별한 규제를 하지 않는다. 그러나 신주든 구주든 주식을 취득하기 위해서는 자본이 많이 요구될 뿐만 아니라 주식취득 사실이 시장에 노출될 경우에는 경영권 경쟁으로 불거져 주가의 급등을 초래하여 지분확보가 더욱 어려워질 수 있다.

지배주주가 주식을 직접 취득하는 방법의 대안이 일종의 백기사 개념의 우호지분을 확보하는 것이다. 큰 자본을 들이지 않고 단기간 내 우호지분을 확보하는 유용한 기법으로 TRS를 사용하기도 한다. 아래 현대엘리베이터 사례에서 볼 수 있듯이 현대그룹은 장기적이고 신뢰를 쌓을 수 있는 백기사를 확보하기 위해 현대상선 경영권 안정화를 위한 파생상품 모델을 고안해 내며, 그 목적을 "투자 및 현대상선 경영권 안정"으로 공시하였다.[26]

나. TRS 거래와 이사의 선관주의의무

이사는 회사에 대하여 선량한 관리자의 주의의무를 지므로, 법령과 정

---

26) 이민형, "현대엘리베이터의 현대상선 경영권 부당지원 논란과 현대그룹 재무개선 자구대책(안)의 영향", 기업지배구조 리뷰 제73호 (2014. 3 / 4), 39면.

관에 따라 회사를 위하여 그 의무를 충실히 수행한 때에야 이사로서의 임무를 다한 것이 된다. 우리 상법상 이사는 주주총회에서 선임되지만 주주의 대리인이나 사용인이 아니고 "회사의 수임인"이다. 그러므로 이사는 주주에 대하여 직접 의무를 부담하지 않고 오직 회사에 대하여 의무를 부담하고 책임을 진다.[27] 우리 판례는 경영판단이라는 용어를 사용하고 있으나 이는 이사가 업무집행에 임하여 회사의 업무에 관해 내리는 독립적이고 합리적인 의사결정을 두루 의미하는 것으로 미국의 "경영판단원칙"을 그대로 적용하고 있다고 보기는 어렵다.[28] 다만 판례는 상법상 이사가 부담하는 "위임의 본지에 따른 선관주의의무"를 충족하는 하나의 해석기준으로서 경영판단의 이론을 원용한 것으로 볼 수 있다.[29]

우리나라의 법제도는 개별 계열회사의 법인격의 독립성, 계열회사의 채권자나 노동자 등 회사 관련 이해관계인들이 오직 그 해당 계열회사의 책임재산으로부터 마지막으로 만족을 얻게 되는 법제도를 채택하고 있기 때문에 많은 경우 이사들은 기업집단 전체의 이익이 아닌 오직 개별 계열회사의 이익만을 추구할 의무가 있다.[30]

TRS계약 체결과 관련하여 이사의 선관주의의무를 다한 것인지에 대한 판단은 결국 TRS계약이 회사의 장기적인 이익추구행위라고 볼 수 있는지에 달려 있을 것이다.

---

27) 이철송, 회사법(제20판, 2012), 박영사, 708면.
28) 이철송, 앞의 책 각주 27, 753-754면.
29) 이철송, 앞의 책 각주 27, 753-754면.
30) 김차동, "기업집단 이익추구행위와 이사의 선관주의의무", 상사판례연구 제19집 제4권 (2006. 12), 252면.

(2) 현대엘리베이터 사례: 수원지방법원 여주지원 2016. 8. 24. 선고 2014가합10051 판결

가. 사실관계

현대엘리베이터가 속한 현대그룹은 2013년 12월 16일 당시 현대엘리베이터, 현대상선, 현대로지스틱스, 현대증권, 현대아산, 현대글로벌, 현대종합연수원 등의 계열사로 이루어져 있는 대규모 기업집단이다. 현대엘리베이터가 현대상선[31] 주식 24.13%, 현대상선이 현대로지스틱스 주식 47.67%, 현대로지스틱스가 현대엘리베이터 주식 21.25%를 보유함으로써 현대그룹은 현대엘리베이터-현대상선-현대로지스틱스-현대엘리베이터로 이어지는 순환출자구조를 이루고 있었다.

현대중공업그룹은 2006년 5월 2일 현대상선 지분 26.68%를 매수하여 현대상선의 최대주주가 되었는데 위 지분과 현대그룹과 경영권 분쟁을 거쳤던 KCC의 현대상선 지분 6.26%의 합계가 현대엘리베이터 측 지분합계 40.9%(현대엘리베이터 및 특수관계인 20.9%, 케이프포춘 10%)를 초과하게 되자 현대엘리베이터는 경영권 방어를 위하여 이 사건 각 파생상품계약을 체결하였다.

현대엘리베이터 이사들은 2006년 10월 24일 개최된 이사회에서 현대엘리베이터와 넥스젠캐피탈(Nexgen Capital Ltd)과 사이에 다음과 같은 내용의 TRS 계약을 체결하기로 결의함에 따라, 2006년 10월 25일 파생상품계약을 체결하였다.

---

31) 현대상선은 2006~2010년까지 2009년을 제외하고는 1,260억~6,000억 원 상당의 영업이익을 올리고 있었고 같은 기간 동안 현대엘리베이터는 현대상선의 주식을 보유함으로써 약 262억~1,262억 원 상당의 지분법 이익을 올리고 있었다. 현대상선은 2013년 기준 자산총계 및 매출액이 각 8조 원을 상회하는 수준에 이르는 국내 대형 해운회사이다.

[결의 내용]

1. 계약 대상: 현대상선 보통주식 6,000,000주

2. 거래 상대방: 넥스젠캐피탈

3. 계약 목적

장기적으로 현대상선에 대하여 안정적인 주주 지위를 확보. 추가적인 주식 매수에 따른 일시적인 대규모 자금소요의 부담을 덜고, 현대상선의 지분을 보다 안정적으로 확보하기 위한 방안의 일환으로 현대상선 주식을 대상으로 하는 스왑(Swap)거래를 체결하고자 함.

....

5. 거래의 주요 절차

1) 넥스젠캐피탈은 현대상선 주식 총 600만 주를 확보함.

2) 넥스젠캐피탈과 현대상선 주식 600만 주를 기초자산으로 하는 3개의 주식스왑거래(각 200만 주)로 계약을 체결함.

3) 스왑거래 기간 동안에 주식 600만 주의 매입금액에 기초한 변동금액에 일정한 변동요율을 적용한 변동지급액을 넥스젠캐피탈에게 지급함.

4) 만기 시에는 이 사건 회사의 선택에 따라 현금 또는 현물정산이 가능하며, 기초주식의 가격 등락을 반영하여 거래 당사자 사이에 정산하되,

　　- 정산차익이 발생할 경우, 현대엘리베이터 80% : 넥스젠캐피탈 20%로 정산차익을 배분함.

　　- 정산차손이 발생할 경우, 정산차손 전액을 현대엘리베이터가 부담함.

6. 주요 계약 내용

1) 거래 형태: 3개의 Tranche 별로 현대상선 주식 각 200만 주 대상

....

3) 거래 조건

....

⑤ 현금 담보: 주식매입대금액의 20%

⑧ 주식 담보: 현대상선 주식 20만 주를 질권으로 각 Tranche별로 제공

⑨ 헤징(Hedging) 방침

– 넥스젠캐피탈 재량으로 헤징정책을 실행하며, 최초 주식의 최소 90%에 해당하는 540만 주는 의결권을 보유해야 함.

현대엘리베이터는 이외에도 2006년 8월 3일경부터 2014년 4월 29일경까지 사이에 케이프포춘(Cape Fortune B. V.) 등과 대체적으로 위 TRS계약의 내용과 유사하게, 계약상대방이 현대상선, 현대증권 등의 주식을 취득·보유하면서 현대엘리베이터의 주요 주주에게 우호적으로 의결권을 행사하되, 현대엘리베이터가 계약상대방에게 주식취득에 따른 금융비용을 보전하여 주고 주식시세 하락 시 그 손실 전액을 보전하여 주며, 주식시세 상승 시 그 이익 중 일부를 지급하여 주는 등 금전적 이익을 부여하는 내용의 파생상품계약을 수차례 체결하는 한편 기존 계약을 수정, 연장, 변경하여 왔다. 현대엘리베이터가 체결한 각 파생상품계약의 상세내역은 〔그림 1〕과 같다.

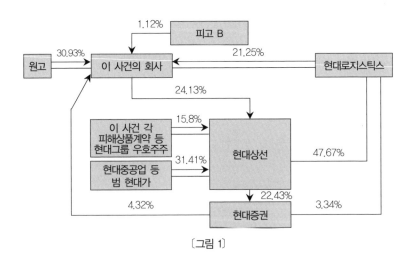

〔그림 1〕

이 사건 각 파생상품계약을 체결로 인해 현대그룹은 10% 정도의 우호

적인 지분을 보유하는 효과를 얻게 되면서 경영권 분쟁 대상인 현대중공
업그룹 측의 지분 합계보다 더 높은 지분율을 보유할 수 있게 되었다.
위 각 파생상품계약으로 인한 영향을 반영한 현대그룹의 개략적인 지배
구조 및 주식보유 현황은 〈표 1〉과 같다(2013. 9. 30. 기준).

　현대엘리베이터(〈표 1〉의 '이 사건 회사') 지분 30.93%를 보유한 2대 주

〈표 1〉

종류	거래 상대방	계약종류	계약일자	만기	현대상선 주식 수	담보	수수료 율
주식 옵션 계약	케이프 포춘	차액정산옵션	2006. 8. 3. 2007.12.28. 2011.12.30. (수정계약)	2007.12.31.	3,011,798주		7.5% (복리)
주식 스왑 계약	넥스젠 캐피탈	TRS1 (Transaction)	2006.10.25. (트렌치1)	2014. 4. 8.	2,000,000주	현금 · 주식	변동
		TRS2	2011. 3.11. (연장계약) 2012.12.26. (TRS2 연장계약)	2014.12.29.	2,000,000주		
		TRS3	2013.12.13. (변경계약)	2012. 6.11.	2,000,000주		
		TRS4	2010. 9.20. (트렌치2)	2014. 4. 8.	900,000주		
		TRS5	2012.12.26. (변경계약)	2014.10.20.	900,000주		
		TRS6	2013.12.13. (변경계약)	2015. 5. 6.	900,000주		
		TRS7	2011. 2. 9. (트렌치3)	2014. 4. 8.	144,058주		
		TRS8	2012.12.26. (변경계약)	2014.10.20.	144,058주		
		TRS9	2013.12.13. (변경계약)	2015. 5. 6.	144,058주		
	NH농협 증권	TRS1	2010.12.30.	2012.12.28.	1,871,402주	주식	7.5%
		TRS2	2011. 1. 7.	2013. 1. 7.	2,185,817주		7.5%
		TRS3	2012. 6. 5.	2014. 6.11.	2,143,000주		6.15%
		TRS4	2012.12.14.	2015.12.28.	1,871,402주		5.4%

주인 Schindler Holding AG(이하 '쉰들러')는 현정은 회장을 포함한 현대
엘리베이터 이사들을 상대로 회사에 대한 손해배상을 청구하는 주주대표
소송을 제기하였다. 쉰들러는 현대엘리베이터의 이사들이 현대그룹 대주
주 일가의 현대그룹 전체에 대한 지배권·경영권 확보를 위하여, 현대엘
리베이터로 하여금 계약상대방에게 금전적 이익을 보장하는 한편 현대엘
리베이터에게는 그만큼의 손실을 부담하게 하는 불평등한 내용의 이 사
건 각 파생상품계약을 체결(변경, 수정, 연장 포함)하게 함으로써 현대엘리
베이터에 고정지급수수료, 만기정산금액 등 상당의 손해를 입게 하였는
바, 이사들이 이사회 결의 등에 따라 이 사건 파생상품계약을 체결하도록
한 행위는 이사의 선관주의의무를 위반한 임무해태행위일 뿐만 아니라
형법상 업무상 배임 및 상법상 금지되는 신용공여에 해당하는 법령위반
행위이므로 피고인 이사들은 연대하여 현대엘리베이터에게 파생상품계
약체결행위로 인한 손해 및 그 지연손해금을 지급할 의무가 있다고 주장
하였다. 쉰들러는 이 사건 파생상품계약이 없다고 하더라도 현대엘리베
이터는 현대그룹 계열사에서 현대중공업그룹 계열사로 바뀔 뿐 현대상선
에 대한 최대주주로서 경영권은 여전히 유지하게 되는 것이므로 이 사건
각 파생상품계약은 현대엘리베이터의 이익을 위한 것이 아니라 피고 현
정은 회장 등 현대그룹 대주주 일가의 현대엘리베이터, 현대상선 등 현대
그룹에 대한 지배권 유지를 위한 것이라 주장하였다. 또한 이 사건 파생
상품계약 체결행위는 정관에서 정한 현대엘리베이터의 사업목적과도 무
관할 뿐만 아니라 구 공정거래법상의 지주회사제도를 회피하기 위한 탈
법행위에 해당하다고 주장하였다.

나. 법원의 판단

법원은 TRS 거래를 통해 현대엘리베이터가 현대상선의 경영권을 보유

함으로써 얻는 이익이 손해보다 크다고 보았다. 법원은 ① 현대상선의 TRS 거래 시점인 2006~2010년 중 현대상선은 상당한 영업이익이 있었으며 이에 따라 현대엘리베이터도 상당금액의 지분법 이익을 얻었다는 점, ② 현대상선은 국내 대형 해운사로 현대엘리베이터보다 자산 및 매출 등이 훨씬 더 큰 현대상선을 자회사로 두고 있는 것 자체가 현대엘리베이터의 신용도 및 평판 그리고 영업활동에 유리하다는 점, ③ 현대상선에 대한 경영권을 보유함으로 인한 유무형의 이익이 있다는 점을 들어 현대엘리베이터가 현대상선의 경영권을 보유함으로써 얻는 이익이 크다는 점을 인정하였다.

2006년경부터 현대중공업그룹과 현대상선에 대한 경영권 분쟁이 발행하였는데 현대엘리베이터는 현대상선의 경영권을 안정적으로 유지하기 위해서는 10% 정도의 지분의 보유가 필요한 상황이었다. 이를 위해 현대엘리베이터가 현대상선의 주식을 직접 취득하는 방안을 선택할 경우 상당한 수준의 자금이 필요하였다.[32] 또한 당시 공정거래법에 의할 때 현대엘리베이터가 보유하고 있는 주식이 현대엘리베이터 총자산의 50% 이상이 될 경우 현대엘리베이터는 지주회사로 간주되어 규제를 받게 되므로 현대엘리베이터가 자금을 차입하여 현대상선 주식을 직접 취득하는 방안은 법률상으로도 어려운 방법이었다.

법원은 현대엘리베이터가 이 사건 파생상품계약의 체결로 인하여 현대엘리베이터에 우호적인 주식을 보유하게 됨으로써 비교적 적은 자본으로 현대상선의 경영권 및 현대그룹 소속의 계열사 지위를 유지할 수 있

---

32) 당시 현대상선 발행주식 총수 1억 1,307만 3,229주의 10%를 2006년 5월 11일 당시의 종가인 2만 6,450원에 취득한다고 가정할 경우 약 2,990억 원이 필요)이 필요하였는 바, 현대엘리베이터의 당시 총자산의 규모(약 5,643억) 등에 비추어 이는 현실적으로 어려운 방법이었다.

게 되는바, 직접 주식매수에 따르는 자금부담, 재무관리상의 부채비율 관리 및 주식신규취득으로 인한 공정거래법상의 지주회사 규제 등과 같은 경제적 법적 제약여건 등을 고려할 때 파생상품계약체결은 상대적으로 적은 자금 부담으로 법령을 위반하지 아니하고 효과적으로 목적을 달성할 수 있는 유효·적절한 수단이었다고 판시하였다.

이에 덧붙여 법원은 직접 주식을 취득하는 경우와 경제적 목적이 유사한 측면이 있다고 하더라도 그 형식과 실질이 동일하다고는 할 수 없는바, 이를 두고 당시 공정거래법의 규정 취지를 잠탈하는 탈법행위라고 볼 수는 없다고 판단하였다.

파생상품계약에 따라 현대엘리베이터가 정산 시 현대상선 주식 하락 등으로 인한 계약상대방의 손실을 보전해주게 되고 정기적으로 계약상대방에게 고정수수료 등을 지급하게 되는 점은 현대엘리베이터에게 불리한 내용으로 보이긴 하나 파생상품계약체결로 인하여 현대엘리베이터가 얻게 되는 유무형의 이익 등을 고려할 때 파생상품계약 중 일부 현대엘리베이터에게 상대적으로 불리하게 보이는 내용이 있다고 하더라도 파생상품계약이 전체적으로 현대엘리베이터에게 불리한 내용의 계약이라고 볼 수는 없다고 판시하였다.

다. 판결에 대한 검토

TRS 거래를 통해 현대엘리베이터가 현대상선의 경영권을 보유함으로써 얻는 이익이 손해보다 크다는 법원의 판단에 수긍하기 어려운 점이 있다. 법원은 현대상선의 경영권을 보유함으로써 얻을 수 있는 이익이 크다는 근거로서 현대엘리베이터가 현대상선의 주식을 보유함으로써 상당한 지분법 이익을 올리고 있었다는 점을 들고 있지만 이러한 지분법 이익은 현대상선의 경영권이 현대중공업그룹으로 넘어가도 달라지지 않는다.[33] 현대엘리베이터가 자신보다 총자산이나 매출액 규모가 더 큰 현대상선을 자회사로 두고 있는 것은 현대엘리베이터의 신용도 및 평판은 물론 목적사업인 승강기 판매 영업 측면에서도 긍정적인 영향을 미친다는 점을 근거로 들고 있지만 이 역시 현대상선의 경영권이 현대중공업그룹으로 넘어가도 달라지지 않는다. 현대그룹측이 30% 이상의 지분을 보유하는 이상 현대엘리베이터가 현대상선을 자회사로 두는 것은 달라지지 않기 때문이다.

오히려 현대엘리베이터는 〈표 2〉처럼 2010년부터 3년간 양호한 영업이익을 보여 주고 있음에도 불구하고, 당기순이익은 손실이 있음을 확인할 수 있는데, 이는 영업외 부분에서 대규모 적자가 났음을 보여 주는 것이다.[34] 영업외 대규모 적자는 아래 표에서 보듯이 현대엘리베이터의 현대상선 파생상품 계약체결로 인한 것으로 자기자본 대비 적게는 5.3% 많게는 49.3%에 달하는 손실을 공시하고 있다.

〈표 2〉 2010~2013년간 현대엘리베이터 주요 재무상태(K-IFRS 개별)[35]

	2010년 결산	2011년 결산	2012년 결산	2013년 결산
매출액	835,389백만 원	879,189백만 원	915,620백만 원	763,696백만 원
영업이익(손실)	107,548백만 원	87,497백만 원	125,153백만 원	132,724백만 원
당기순이익(손실)	79,822백만 원	(137,611백만 원)	(41,415백만 원)	(74,883백만 원)

출처: 현대엘리베이터, 전자공시시스템

33) 금융경제신문, "경제개혁연대, 법원 현대엘리베이터 TRS거래 적법판결 문제", 2016. 10. 31(http://www.fetimes.co.kr/news/articleView.html?idxno=50032); 이상훈, "TRS(총수익교환스왑)거래를 이용한 경영권 방어행위의 적법성: 수원지방법원 여주지원 2016. 8. 24. 선고 2014가합 10051 판결, 현대엘리베이터 사건", 기업지배구조연구 제53권 (2016 겨울), 185면.
34) 이민형, 앞의 논문 각주 26, 39면.
35) 이민형, 앞의 논문 각주 26, 39면.

〈표 3〉 2011~2013년 현대엘리베이터의 파생상품 계약 손실 발생 공시[36]

발생확인일	내용	손실액	자기자본대비
2011. 8.19	넥슨젠, 케이프포춘, NH농협증권, 대신증권 등과 현대상선 주식을 기초자산으로 하는 파생계약	481억 1,700만 원	7.7%
2011.11.23	넥슨젠, 케이프포춘, NH농협증권, 대신증권 등과 현대상선 주식을 기초자산으로 하는 파생계약	1,088억 800만 원	17.4%
2013. 3. 4	넥슨젠, 케이프포춘, NH농협증권, 대우조선해양 등과 현대상선 보통주를, Jabez PEF와는 현대증권 우선주를 기초자산으로 하는 파생계약	737억 2,800만 원	11.7%
2013. 5. 9	넥슨젠, 케이프포춘, NH농협증권, 대우조선해양, 교보증권, 메리츠종합금융증권 등과 현대상선 보통주를, Jabez PEF와는 현대증권 우선주를 기초자산으로 하는 파생계약	1,953억 4,500만 원	49.3%
2013. 8. 8	넥슨젠, 케이프포춘, NH농협증권, 대우조선해양, 교보증권, 메리츠종합금융증권 등과 현대상선 보통주를, Jabez PEF와는 현대증권 우선주를 기초자산으로 하는 파생계약	208억 3,200만 원	5.3%

출처: 현대엘리베이터, 전자공시시스템

그렇다면 회사의 본 사업과 아무런 연관이 없고 오히려 손실만 가져다 주는 이런 파생상품 계약을 현대엘리베이터가 해지하지 못하는 이유는 무엇일까? 영업이익에도 불구하고 당기손실을 가져올 만큼의 대규모적자를 초래하는 파생상품계약을 유지하는 것이 과연 현대엘리베이터의 이익을 위한 것이라고 할 수 있을까? 현대엘리베이터는 이러한 파생상품계약이 없더라도 현대상선에 대한 지분법이익을 향유하는 데 문제가 없는 점, 파생상품계약으로 인한 적자를 면할 수 있다는 점에서 이 사건 파생상품계약을 더 이상 유지하는 않는 것이 현대엘리베이터에 이익이 된다

---

36) 이민형, 앞의 논문 각주 26, 39면.

고 할 것이다.

그럼에도 불구하고 계약의 변경·갱신 등을 계약의 효력을 2014년 또
는 2015년까지 연장하여 온 것은 상기 파생상품계약이 현대그룹의 중간
지주회사인 현대상선의 '안정적인 경영권 확보'와 밀접한 관련이 있기 때
문이다.[37] 현대그룹은 순환출자 구조를 기본으로 지배권이 유지되고 있
었기 때문에 현대상선의 이사회를 확고하게 장악해야만 현대상선의 다른
계열사에 대한 의결권 행사를 결정할 수 있다.[38] 결국 판결에서 강조하
는 현대상선 경영권 유지의 이익이란 투자대상회사에 대한 재무적 영업
적 이익이 아니라 현대상선의 다른 계열사에 대한 의결권 행사를 장악함
으로써 현대엘리베이터가 현대그룹 지배구조상의 최상위 회사로서의 지
위를 유지하는 이익이 주된 것이다.[39] 본 판결은 TRS 거래의 본질이 현
정은 회장의 현대그룹 지배력을 유지하기 위한 행위라는 점을 경시하고
있다.[40]

그룹계열회사로서의 이익과 개별회사의 이익이 충돌하는 경우 기존
판례는 각 계열회사의 상충되지 않는 범위에서 행위가 이루어져야 한다
고 밝히고 있으나,[41] 본 판결은 그룹계열회사로서의 이익과 개별회사의
이익을 구분하지 않았다는 지적을 받는다.[42] 본 사안에서 TRS계약을 체

---

37) 이민형, 앞의 논문 각주 26, 40면.
38) 이상훈, 앞의 논문 각주 26, 184면.
39) 이상훈, 앞의 논문 각주 26, 185면.
40) 이상훈, 앞의 논문 각주 26, 185면.
41) "이익을 취득하는 제3자가 같은 계열회사이고 계열그룹 전체의 회생을 위한다는 목적
에서 이루어진 행위로서 그 행위의 결과가 일부 본인을 위한 측면이 있다 하더라도
본인의 이익을 위한다는 의사는 부수적일 뿐이고 이득 또는 가해의 의사가 주된 것임
이 판명되면 배임죄의 고의를 부정할 수 없다"(대법원 2010. 12. 23. 선고 2008도 8851
판결).
42) 금융경제신문, 앞의 기사 각주 33.

결·유지하는 것은 현대그룹의 이익과 현대엘리베이터의 이익이 상충되는 상황을 초래하였다. 이런 상황에서 현대엘리베이터의 이사들은 현대엘리베이터의 이익을 위하여 업무를 수행하여야 함에도 불구하고 대주주 또는 현대그룹의 이익을 위하여 이 사건 파생상품계약을 체결한 것이므로 선관주의의무 위반에 해당하는 것으로 볼 수 있는 소지가 크다. 그럼에도 불구하고 본 판결은 현대그룹의 이익이 마치 현대엘리베이터의 이익인 것처럼 판단하여 이사의 선관주의의무 위반을 부인하는 것은 문제가 있다고 할 것이다.

IV. 공정거래법상 상호·순환출자 규제와 TRS 관련 사례

1. 공정거래법상 상호·순환출자 규제

공정거래법은 상호출자제한 기업집단[43] 소속 계열회사 상호 간에 주식을 취득 또는 소유하는 것을 금지한다(제9조). 상호출자는 자본충실의 원칙을 저해하고 가공의결권을 형성하여 지배권을 왜곡되는 등 기업의 건전성과 책임성을 해치는 악성적 출자형태로 보는 것이다. 한편, 상호출자제한 기업집단소속 계열회사 간 신규순환출자를 금지하는 공정거래법 규정(제9조의2)이 2014년 7월 25일부터 시행되었다. 새로운 순환출자를 형성하는 경우와 기존순환출자 고리를 강화하는 추가출자를 금지한다.

---

43) 상호출자제한기업집단은 특정 기업집단에 속하는 국내회사들의 자산총액의 합계액이 10조 원 이상인 기업집단을 말한다(공정거래법 시행령 제17조 제1항). 2016년 9월 29일 공정거래법 시행령 개정으로 상호출자제한기업집단 자산총액 기준이 5억 원에서 10억 원으로 상향조정되었다.

순환출자는 가공자본을 이용하여 계열사를 지배하는 여러 다단계 출자형태 중 하나로 대기업집단에서 총수(일가)가 순환출자를 활용해, 적은 지분으로 전체계열사를 지배함으로써 권한과 책임이 괴리되는 구조를 형성하게 되고 이러한 소유구조는 총수(일가)의 부당한 보상추구, 한계기업의 구조조정저해 및 개별기업의 부실이 기업집단 전체로 전이될 수 있는 위험 등의 폐해로 나타날 가능성이 높아 규제가 필요하다.

우리나라 대기업집단 내에는 상호출자나 순환출자 구조를 갖춘 기업이 많은데 이들 기업은 경영권 유지를 위해 출자지분을 쉽게 매각하지 못하는 편이다. 따라서 실질적으로는 의결권을 유지한 채 외관상 지분을 처분해 상호출자 또는 순환출자를 해소하는 형태를 취하고자 하는 유인이 크게 작용한다. 이러한 점을 우려하여 공정거래법은 상호출자 또는 순환출자의 금지 규정의 적용을 면탈하려는 행위를 금지하는 규정을 명시하고 있다(제15조). 공정거래위원회는 금융기관이 고객의 예탁 자금을 고객이 지정한 방법에 따라 운용한 뒤 수익을 배당하는 특정금전신탁이 대기업의 순환출자 편법 수단으로 동원되고 있는 점에 주목하여 이를 근절하기 위한 방안으로 공정거래법 시행령을 개정하여 특정금전신탁을 활용해 신규순환출자를 한 행위를 탈법행위 유형으로 추가한 바 있다(시행령 제21조의4 2의2 가, 다목). 타인의 명의를 이용해 주식을 취득·소유함으로써 신규순환출자하는 것 역시 탈법행위 유형에 추가하였다(시행령 제21조의4 2의2 나, 라목).

2. 상호출자와 TRS 사례: 아시아나항공

공정거래위원회는 아시아나항공의 금호산업 기업어음(CP)채권 출자전환은 공정거래법 제9조 제1항 제2호의 대물변제의 수령으로 볼 수 있어

상호출자금지의 예외에 해당한다고 유권해석 하였다.[44] 이러한 상호출
자는 계열확정, 지배력 강화 의도가 있는 상호출자와 달리 기업구조조정
과정에서 채권단 결정에 따른 출자전환에 의해 발생한 것이기 때문이다.
그러나 아시아나항공의 출자전환에 의해 형성되는 상호출자는 공정거래
법상 6개월 이내에 해소할 의무가 있었다(제9조 제2항).[45]

아시아나항공은 상호출자를 해소하기 위해 금호산업 주식을 대신증권
에 매각하였다. 그런데 금호산업 주식을 매각하면서 이 주식을 기초자산
으로 하는 TRS계약도 같이 체결하였다. TRS계약은 아시아나항공이 대신증
권에 매각한 금호산업 주식을 기초자산으로 하는 것으로 계약기간(6개월~
2년) 동안 연 2.7~4%의 금리를 지급하고 금호산업 주식의 시작가격 변
동으로 인한 수익과 손실을 아시아나항공이 모두 떠안는 구조이다.[46] 이
와 관련하여 아시아나항공의 TRS거래를 주식의 진성매각(true sale)으로
볼 수 있는지 아니면 상호출자금지의 탈법행위에 해당하는 것인가가 문
제 된다.

TRS거래는 '자기의 계산으로 타인 명의를 이용해 주식을 소유하는 사
례'에 해당할 수 있다는 주장이 가능하다. 법리적으로 장외파생상품을 재
산권의 이전이 수반된 '매매'로 보아야 하는지 아니면 '외관상의 매매'일
뿐 실질적 권리이전을 목적으로 하지 않는 '가장매매'인지에 대한 논란이
있다.

아시아나항공의 2대주주인 금호석유화학의 유권해석 의뢰에 대해 금
융감독원은 "금호산업 주식을 TRS 계약기간 중 배당금을 지급할 가능성
이 희박하므로 주식 소유에 따른 순현금흐름을 주로 금호산업 주식의 처

---

44) 공정거래위원회, 앞의 보도참고자료 각주 20.
45) 공정거래위원회, 앞의 보도참고자료 각주 20.
46) 자세한 계약조건은 본고 III. 1. (2) 가. 참고.

분 등에 따라 변동할 것이기 때문에, 금호산업 공정가치의 변동에 따른 위험과 보상의 대부분을 아시아나항공이 보유하고 있는 것으로 판단된다"고 밝혔다.[47] 금융감독원의 유권해석은 금호산업 주식의 회계처리 기준을 제시한 것으로 법률상 소유 판단기준과 반드시 일치하지는 않는다. 한국채택국제회계기준(K-IFRS) 제1039호는 "양도자는 양수자에게 금융자산을 매도하고 양수자와 총수익스왑(TRS)계약을 체결할 수 있다. 이 계약으로 양도자는 확정지급금액이나 변동이자와 교환하여 기초자산의 이자현금흐름 전부를 수취하며, 기초자산의 공정가치 상승이나 하락을 향유하거나 부담한다. 이 경우 (장부상에서) 자산의 제거는 금지된다"고 규정하고 있다.

민법은 매매를 "당사자 일방이 재산권을 상대방에게 이전할 것을 약정하고 상대방이 그 대금을 지급할 것을 약정함으로써 그 효력이 생긴다"라고 규정하고 있다(민법 제563조). 민법에 따른 매매의 경우에는 매매목적물에 대한 '재산권'이 매수인에게 '이전'되어야 하므로 재산권의 내용인 매매목적물의 교환가치 및 사용가치는 매수인에게 확정적으로 귀속되어야 한다.[48] 매도인이 수령한 매매대금은 매수인이 재산이전에 대한 대가로 매도인에게 "지급"한 것이지 빌려준 것이 아니므로, 재산권이 매수인에게 이전되는 한 이 금원에 대한 권리는 매도인에게 확정적으로 귀속된다.[49]

계약의 법적 성격을 확정하는 문제는 법률행위의 해석의 문제이므로 당사자들이 '매매계약'이라는 제목으로 계약을 체결하였다는 사정만으로

---

47) 한겨레 2014. 6. 24.자, "아시아나의 금호산업 주식양도는 차입거래 해당, 금감원, 소유권 이전 회계처리 제동" (http://www.hani.co.kr/arti/economy/economy_general/643958.html).

48) 이미현, "자산유동화와 진정한 매매", 법조 Vol.565 (2003. 10), 97면.

49) 이미현, 앞의 논문 각주 48, 97면.

당사자 간의 계약이 항상 매매로 인정될 수는 없다.[50] 법률행위의 해석
은 당사자의 의사를 밝히는 것으로서 당사자의 숨은 진의 또는 내심적
효과의사를 찾아서 밝히는 것은 아니며 당사자의 의사의 객관적인 표현
이라고 볼 수 있는 표시행위가 가지는 의미를 확정하는 것이다.[51] 자산
유동화에 있어서 자산의 진정매매 여부가 중요한 쟁점이 되어 왔다. 즉
유동화자산이 자산보유자로부터 유동화전문회사로 소유권이 완전히 이
전된 것으로 볼 수 있느냐, 즉 유동화자산이 자산보유자의 도산으로부터
절연되었는지가 자산유동화의 가장 중요한 쟁점 중의 하나이다. TRS거래
의 진성매각 여부를 판단하는 데 자산유동화와 관련한 진정매매 논의를 참
고할 수 있을 것이다. 자산유동화법 제13조는 진정매매의 요건으로 ① 매
매 또는 교환에 의할 것, ② 당사자 일방이 재산권을 상대방에게 이전할
것을 약정할 것, ③ 양도인은 유동화자산에 대한 반환청구권을 가지지 아
니하고 양수인은 유동화자산에 대한 대가의 반환청구권을 가지지 아니할
것 ④ 양수인이 양도된 자산에 관한 위험을 인수할 것 등을 규정하고 있
다. ①의 요건에서 말하는 매매는 민법상 매매가 예정하지 않은 법률효
과들이 수반되는 혼합계약이라도 전체적인 성격상 매매에 가까워 민법
적용시 매매에 관한 규정을 유추적용하는 것이 타당한 계약을 의미하는
것으로 해석하여야 할 것으로 본다.[52] 그러나 이러한 해석에 의하더라도
진정한 매매여부를 판단하는 기준을 제공하는 데 실질적인 도움이 되지
않는다.[53]

　　TRS거래에 위 기준을 대입시켜 보면 진성매각에 해당한다는 결론을

---

50) 이미현, 앞의 논문 각주 48, 36면.
51) 곽윤직 / 김재형, 민법총칙 (제8판 전면개정, 2012), 287면.
52) 이미현, 앞의 논문 각주 48, 104면.
53) 이미현, 앞의 논문 각주 48, 104면.

얻기가 어렵다. 첫째 TRS는 민법상 전형적인 매매에 해당하지 않으며 위 ①요건에서 말하는 매매의 범위에 포함되는지 자체가 명확하지 않은 점, 둘째 TRS는 주식이라는 재산권을 온전하게 이전하는 것이 아니라 의결권과 경제적 이해관계를 분리하는 거래이므로 ②의 요건을 충족한다고 보기 어렵고 셋째 자산의 위험을 계약매수인(자산양도인)이 계속 보유하는 것이므로 ④의 요건도 충족한다고 보기 어렵다.

그럼에도 불구하고 법리적으로 TRS를 진성매각으로 보는 입장이 우세한 것으로 보인다. 공정거래위원회는 당시 내부적으로 TRS거래를 진성매각으로 볼 수 있다고 결론 내리고 아시아나항공의 상호출자 해소를 사실상 인정하였다. 아시아나항공 사례에서 법원은 진성매각 여부를 직접적으로 다루지는 않고 있으나 TRS 거래를 자기의 계산으로 타인의 명의를 이용해 주식을 소유하는 것으로 볼 수 없다는 전제에서 결론을 내린 것으로 보아 TRS 거래를 진성매각으로 보는 입장인 것으로 볼 수 있을 것이다.[54]

그러나 TRS거래 당사자의 진정한 의도가 기초자산인 주식의 완전한 소유권의 이전이라고 보기 어렵다. TRS와 같은 파생상품이 오늘날 자본시장에서 인기가 상승하는 이유는 두 가지이다.[55] 첫째 파생상품은 혁신적인 투자전략을 제공함으로써 위험보장을 제공하기 때문이다. 둘째는 경제적 이익보다 의결권에 의해 각종 의무가 발동되는 규제환경에 있어서 파생상품은 지분을 숨기기 위해 사용될 수 있기 때문이다. 이러한 점을 감안할 때 주식양도계약과 함께 TRS계약을 체결하여 경제적 이해관계

---

54) 더벨 2014. 3. 27.자, "금호석화, 공정위 개입 요청… '곤혹스런' 당국" (http://www.thebell.co.kr/front/free/contents/news/article_view.asp?key=201403260100041040002498).

55) Eugenio De Nardis / Matteo Tonello, "Know Your Shareholders: The Use of Cash-Settled Equity Derivatives to Hide Corporate Ownership Interests", The Conference Board Director Notes-European Series (July 2010), 2면.

와 의결권 분리 거래를 하는 것은 주식의 완전한 소유권 이전의 효과를 저지하면서 규제를 회피하기 위한 의도로 보는 것이 현실에 부합하는 해석일 것이다.

V. 자본시장법상 대량보유보고규제와 TRS 관련 문제점

1. TRS가 '주식 등'에 해당하는지 여부

주식을 기초자산으로 하는 TRS는 주식으로부터 발생하는 현금흐름을 교환하는 스왑거래로서 장외파생상품이다. 자본시장법은 금융투자상품을 증권과 파생상품으로 구분한다. 자본시장법상 대량보유규제의 대상인 '주식 등'은 증권으로 분류되는 것인바, 장외파생상품인 TRS는 '주식 등'에 해당하지 않는 것은 분명해 보인다. 그런데 주식을 기초자산으로 하는 파생상품 중에는 실질적으로 주식의 대체상품의 기능을 하는 경우도 있다. 대량보유보고제도가 증권과 파생상품이라는 법적 형식에 따라 적용대상 여부를 구분하는 경우에는 파생상품을 대량보유보고제도를 회피하기 위한 목적으로 사용할 유인이 커진다.

물론 자본시장법상 '주식 등'에 파생상품이 포함되지 않는다고 하여 파생상품이 대량보유보고규제를 전혀 받지 않는 것은 아니다. 기초자산인 주식 등에 대한 매수포지션을 가지는 파생상품의 경우에는 주식 등을 '보유'하는 경우(자본시장법 시행령 제142조 제2호, 제5호)에 해당한다. 그러나 복잡하게 설계된 파생금융상품의 경우 '보유'라는 개념으로 주식 등의 대량보유규제에 포섭하는 것은 한계가 있는 것으로 보인다. TRS가 주식 등을 '보유'하는 것에 해당하는지에 대해서는 아래에서 살펴보기로 한다.

2. TRS가 주식 등을 '보유'하는 경우에 해당하는지 여부

자본시장법 시행령 제142조는 소유에 준하는 '보유'에 해당하는 경우를 7개의 유형으로 나누어 규정하고 있다.[56] TRS와 관련하여 검토해 볼 수 있는 유형으로는 '누구의 명의로든지 자기의 계산으로 주식 등을 소유하는 경우'(제1호), '법률의 규정이나 금전의 신탁계약·담보계약, 그 밖의 계약에 따라 해당 주식 등의 의결권(의결권의 행사를 지시할 수 있는 권한을 포함한다)을 가지는 경우'(제3호), '법률의 규정이나 금전의 신탁계약·담보계약·투자일임계약, 그 밖의 계약에 따라 해당 주식 등의 취득이나 처분의 권한을 가지는 경우'(제4호), '주식 등을 기초자산으로 하는 법 제5조제1항제2호에 따른 계약상의 권리를 가지는 경우로서 그 권리의 행사에 의하여 매수인으로서의 지위를 가지는 경우'(제6호) 등이다. TRS는 거래당사자들의 의사에 따라 다양한 내용으로 계약이 체결될 수 있으므로 구체적 사례와 관련하여 살펴보기로 한다.

---

56) 제142조(소유에 준하는 보유) 법 제133조제3항 본문에서 "소유, 그 밖에 이에 준하는 경우로서 대통령령으로 정하는 경우"란 다음 각 호의 어느 하나에 해당하는 경우를 말한다.
 1. 누구의 명의로든지 자기의 계산으로 주식 등을 소유하는 경우
 2. 법률의 규정이나 매매, 그 밖의 계약에 따라 주식 등의 인도청구권을 가지는 경우
 3. 법률의 규정이나 금전의 신탁계약·담보계약, 그 밖의 계약에 따라 해당 주식 등의 의결권(의결권의 행사를 지시할 수 있는 권한을 포함한다)을 가지는 경우
 4. 법률의 규정이나 금전의 신탁계약·담보계약·투자일임계약, 그 밖의 계약에 따라 해당 주식 등의 취득이나 처분의 권한을 가지는 경우
 5. 주식 등의 매매의 일방예약을 하고 해당 매매를 완결할 권리를 취득하는 경우로서 그 권리행사에 의하여 매수인으로서의 지위를 가지는 경우
 6. 주식 등을 기초자산으로 하는 법 제5조제1항제2호에 따른 계약상의 권리를 가지는 경우로서 그 권리의 행사에 의하여 매수인으로서의 지위를 가지는 경우
 7. 주식매수선택권을 부여받은 경우로서 그 권리의 행사에 의하여 매수인으로서의 지위를 가지는 경우

(1) 아시아나항공 사례[57)]

아시아나항공은 2014년 3월 21일 출자전환된 금호산업 주식 중 4.86% 를 시간외 대량매매 방식으로 대신증권에 매도하면서 동시에 대신증권과 TRS계약을 체결하였다. 아시아나항공은 상호출자 해소를 위하여 금호산업 주식을 매도한 것이었다. 아시아나항공의 TRS계약의 내용 중 주식의 취득 또는 의결권행사와 관련한 내용 III. 1. (2) 가. 의 계약조건을 참조하기로 한다.

먼저 아시아나항공이 대신증권의 명의로 자기의 계산으로 TRS의 기초자산인 금호산업 주식을 소유한 것으로 볼 수 있는지와 관련하여 서울남부지방법원은 이를 부정하였다. 아시아나항공이 TRS의 기초자산인 금호산업 주식의 매매대금을 실질적으로 출연하였다거나 그 주식의 취득에 따른 손익이 아시아나항공에 귀속된다고 볼 수 없어 결국 대신증권의 명의로 이전된 금호산업 주식을 아시아나항공이 더 이상 자기의 계산으로 보유하고 있다고 보기 어렵다고 판시하였다.

이 판결은 TRS거래가 자기계산의 법리에 따른 상호주에 해당하는가를 판단한 것으로 자본시장법상의 주식 등의 '보유' 문제를 직접 다룬 것은 아니다. 그러나 만일 아시아나항공 사례의 TRS거래를 타인의 명의로 자기의 계산으로 주식을 소유한 것으로서 상호주에 해당한다고 보는 경우에는 TRS는 자본시장법 시행령 제142조 제1호에 따라 기초자산인 주식을 '보유'하는 경우에 해당한다는 결론에 이르게 될 것이다.

아시아나항공의 TRS의 결제조건을 보면 계약기간 동안 주식의 가격변동으로 인한 손익이 모두 아시아나항공에 귀속되는 구조로 되어 있다.

57) 서울남부지방법원 2015. 6. 11. 선고 2014가합 4256 판결 참조.

그런데도 법원이 이 사건 주식의 취득에 따른 손익이 아시아나항공에 귀속된다고 볼 수 없다고 판시한 것에 수긍하기 어렵다. 아시아나항공 사례의 경우에는 주식의 매도와 함께 TRS계약을 체결하였기 때문에 자기계산인지 여부를 판단함에 있어 주식의 매매대금을 누가 출연한 것인지가 쟁점이 되었다. 그러나 일반적인 TRS계약은 계약당사자 간의 주식의 매매와 무관하게 체결된다. TRS 계약매도인이 기초자산인 주식을 소유하고 있을 의무도 없다. 결국 자본시장법시행령 제142조 제1호의 주식의 '보유'에 해당하느냐는 주식의 매매와 함께 TRS계약을 체결한 경우에 한해서 문제 될 것이며 이 경우 기초자산인 주식의 매매대금을 누가 출연한 것인지가 문제 될 수 있다. 그러나 위에서 본 바와 같이 주식의 경제적 손익은 법원의 판단과 달리 TRS계약매수인에게 귀속되는 것으로 보아야 할 것이므로 본 사례의 경우 매매대금의 출연자(대신증권)와 경제적 손익의 귀속주체(아시아나항공)가 달라지게 된다. 이런 경우에는 기존의 계산주체의 판단기준을 그대로 적용하기 어려운 문제가 발생한다. 기본적으로 자기계산의 법리는 전통적인 개념의 주식의 양도를 전제로 한 것이므로 TRS와 같은 혁신적 금융상품에 그대로 적용하는 것은 적절하지 않다.

다음으로 법률의 규정 또는 계약에 따라 주식 등의 의결권(의결권의 행사를 지시할 수 있는 권한 포함)을 가지는 경우(자본시장법 시행령 제142조 제3호) 또는 주식 등의 취득이나 처분의 권한을 가지는 경우(자본시장법 시행령 제142조 제4호)에도 주식 등을 '보유'한 것으로 본다. TRS계약에서 명시적으로 계약매수인에게 의결권 행사 권한을 주거나 주식의 취득권한이나 처분권한을 부여한 경우에는 주식 등을 보유하고 있는 것으로 판단할 수 있을 것이다. 아시아나항공 TRS계약은 현금결제형으로 정산 시 주식 실물을 인도하지 않는다. 또한 TRS계약상 아시아나항공에 주식매수를 청구할 수 있는 권리 등에 관해 아무런 규정을 두고 있지 않다. 대신증권은 계약의 종료일 내에 대신증권의 임의적인 의사에 따라 아시아나항공 이외의 불특정 다수인에게 처분될 수 있고, 이 사건 주식에 관한 의결권은 대신증권이 독단적인 판단 하에 행사하며 아시아나항공은 대신증권에 어떠한 의결권 위임 등의 요청이 불가능한 것으로 규정하고 있다. 따라서 아시아나항공의 TRS는 자본시장법시행령 제142조 제3호 또는 제4호에 의한 '보유'에는 일응 해당하지 않으므로 대량보유보고규제를 받지 않게 된다.

(2) 현대엘리베이터 사례

현대중공업그룹은 2006년 5월 2일 현대상선 지분 26.68%를 매수하여 현대상선의 최대주주가 되었는데 위 지분과 현대그룹과 경영권 분쟁을 거쳤던 KCC의 현대상선 지분 6.26%의 합계가 현대엘리베이터 측 지분합계 40. 9%(현대엘리베이터 및 특수관계인 20.9%, 케이프포춘 10%)를 초과하게 되자 현대엘리베이터는 경영권 방어를 위하여 여러 건의 TRS계약을 체결하였다. 현대엘리베이터는 이외에도 2006년 8월 3일경부터 2014년 4월 29일경 사이에 케이프포춘 등과 대체적으로 위와 유사한 내용의 TRS 계약을 체결하였다. 2016년 10월 25일 현대엘리베이터와 넥스젠캐피탈 (Nexgen Capital Ltd) 사이에 체결된 TRS 계약의 주요 내용 III. 2. (2) 가. 를 참조하기로 한다.

현대엘리베이터의 TRS거래에서 현대엘리베이터가 기초자산인 현대상선의 주식을 보유한 것으로 볼 수 있을까? TRS계약에 의하면 만기시 현대엘리베이터의 선택에 따라 현금정산 또는 현물정산이 가능하다. 즉 계약에 의해 현대엘리베이터가 주식을 취득할 권리가 있는 것이므로 자본시장법시행령 제142조 제4호 소정의 보유에 해당하는 것으로 볼 수 있다.

한편 현대엘리베이터가 TRS계약을 체결한 목적은 안정적인 주주의 지위를 확보하기 위한 것이다. TRS 계약매도인이 계약매수인의 의사에 따라 의결권행사를 하지 않고서는 이러한 목적을 달성할 수 없을 것이다. 안정적인 주주의 지위 확보라는 목적을 위해 TRS계약 당사자들이 의결권을 공동행사하기로 합의한 경우는 공동보유자로 합산하여 대량보유상황보고를 하여야 할 것이다. 2006년 7월 4일 대량보유상황보고서에 의하면 현대엘리베이터는 현대상선의 주식 등을 32.46% 보유하고 있는데 이 중 케이프포춘이 9.99%를 보유하고 있다. 동 대량보유상황보고서에 공시된 보유주식 등에 대한 계약의 내용을 살펴보면 케이프포춘은 이사의 선임, 해임, 이사수 변동 등 현대상선의 경영권 변동에 원인이 되는 안건에 대하여 1대주주(현대엘리베이터)에 동의하여야 하고, 2017년 12월 31일까지 보유주식을 처분하지 못하며, 처분금지기간 종료 후 6개월간 현대엘리베이터는 케이프포춘이 장외거래를 통하여 보유주식을 처분하고자 하는 경우 동일조건으로 주식을 매수할 수 있는 우선매수권을 보유한다. 2006년 11월 20일 대량보유상황보고서에 의하면 현대엘리베이터는 현대상선의 주식 등을 32.95% 보유하고 있는데 이 중 케이프포춘이 9.99%를, 넥스젠캐피탈이 0.47%를 보유하고 있다. 넥스젠캐피탈과의 계약내용을 살펴보면, 넥스젠은 향후 현대상선 보통주식 600만 주를 장내매수 또는 현대엘리베이터로부터 취득할 수 있고 상기 주식 중 540만 주에 관하여 현대엘리베이터와 의결권을 공동행사할 예정인 것으로 되어 있다. 즉 현대엘리베이터는 TRS거래 상대방인 케이프포춘, 넥스젠캐피탈 등과 의결권 공동행사 합의를 하였으므로 케이프포춘, 넥스젠캐피탈은 현대상선의 주식을 현대엘리베이터와 공동보유하고 있으며 대량보유상황보고도 이에 따라 공동보유자로서 공시하였다.

현대엘리베이터가 기초자산인 주식을 취득할 권리를 계약상 보유한 것으로 보는 경우에는 그 주식을 현대엘리베이터의 단독보유 주식 등의 수에 합산하여야 하는 점에서 공동보유로 보는 경우와 차이가 있으나 두 경우 모두 5% 산정에 포함된다는 점에서 실질적인 차이는 없다고 할 것이다. TRS계약의 목적을 명시적으로 경영권 확보라고 밝힌 경우에는 기초자산인 주식을 계약매수자의 보유주식수에 합산하여 공시하는 데 별문제가 없는 것으로 보인다.

(3) 엘리엇 사례

미국계 헤지펀드인 엘리엇(Elliott Associates L.P.)은 2015년 6월 4일 삼성물산 주식을 7.12%를 보유하고 있다고 공시하였다.[58] 2015년 6월 2일까지는 4.95% 보유하고 있다가 6월 3일 하루 만에 장내매수로 2.17%를 추가 확보했다고 밝혔다. 엘리엇은 2015년 6월 2일 기준으로 보유하고 있던 4.95%는 2015년 6월 2일 이전에 취득한 누적분이라고 밝혔다. 이에 대해 감독당국은 엘리엇이 삼성물산 주식을 TRS계약을 통해 직접 보유한 것으로 보아 공시의무 위반으로 검찰에 통보했다. 증권선물위원회는 2016년 2월 엘리엇에 대해 5%보고제도 위반으로 제재하기로 의결하고 검찰에 혐의를 통보한 것이다. TRS계약 해지시점에 주식실물 양수도를 하기로 약정돼 있었다면 TRS 계약을 맺은 시점에 대량보유상황보고를 했어야 하는데 이를 위반했다는 게 금융당국 설명이다.[59] 이에 대해 검찰은 아직까지 아무런 결론을 내리지 않은 것으로 보인다. 엘리엇의 TRS계약의 내용은 공시되지 않아 자세한 사항은 알 수 없으나 증권선물위원회의 판단근거에 비추어보면 TRS계약상 현물정산이 가능했던 것으로 보인

---

58) 2015. 6. 4.자 엘리엇의 대량보유상황보고서 참고.
59) http://biz.chosun.com/site/data/html_dir/2016/02/24/2016022404039.html#csidx822c752a6b1ac0198eb9dc90b91ceee.

다. 우리나라 금융감독당국은 현물정산형의 TRS는 기초자산인 주식 등을 보유하는 것으로 판단하고 있는 것으로 보인다.

3. TRS의 결제유형과 주식 등의 보유

위에서 살펴본 바와 같이 현물결제형 TRS인 경우에는 기초자산인 주식 등을 '보유'하는 경우에 해당하는 것으로 판단할 수 있다. 그렇다면 현금결제형 TRS인 경우에는 어떠한가? 현금결제형 TRS라 하더라도 거래상 대방은 자신의 포지션을 헤지하기 위해 주식 실물을 보유하고 있는 경우가 많다. 이러한 경우 TRS계약이 현금결제형으로 약정하고 있다 하더라도 당사자가 요구하는 경우 현물결제형으로 변경하는 것은 가능하다. 따라서 단순히 TRS계약이 현금결제형과 현물결제형 어느 것으로 약정하고 있느냐에 따라 주식 등의 '보유' 여부에 대한 결론이 달라지는 것은 실질을 도외시하고 법적 의무의 면탈을 용인하는 결과를 가져올 수 있다. 아래 이탈리아 Fiat 사례에서 이탈리아 증권감독당국은 TRS계약 조건의 변경(현금결제에서 현물결제로의 변경)이 처음부터 계획되어 있었다면 현금결제형 TRS도 공시대상이 되는 것으로 결론을 내린 바 있다. 이는 당사자들 사이에 묵시적으로 계약매수인에게 주식을 취득할 권한 또는 옵션을 부여한 것이라고 판단한 것으로 보인다.

4. 의결권행사에 사실상 영향력을 행사할 수 있는 경우

TRS계약에서 계약매수인과 계약매도인이 의결권(의결권의 행사를 지시할 수 있는 권한 포함)을 공동으로 행사하기로 약정하였다면 공동보유자로서 특별관계인에 해당하게 된다. 그런데 이러한 의결권 공동행사의 약정은 현대엘리베이터 사례처럼 경영권 안정 또는 지배권확보를 목적으로 TRS계약을 체결하였다는 것을 밝힌 경우에는 계약의 내용으로 포함될 것이다. 그러나 많은 경우 경영권 확보 목적을 밝히지 않고 TRS계약을 체결할 것이고 이런 경우에는 의결권 공동행사 약정도 TRS계약에 포함되지 않을 것이다.

TRS거래는 대부분의 경우 고객사의 요청에 따라 금융회사와 이루어지는 경우가 많다. 이런 경우 금융회사가 계약매도인으로서 일정한 고정수익률을 보장받고 고객은 계약매수인으로 기초자산의 경제적 손익의 귀속 주체가 된다. 금융회사가 기초자산인 주식의 실물을 보유하고 있는 경우 계약매수자인 고객이 주식의 의결권 행사에 대해 계약상으로는 아무런 권한을 가지고 있지 않더라도 사실상 영향력을 행사할 수 있을 것이다. 자본시장법 시행령 제142조는 '법률의 규정이나 계약에 의해 의결권을 행사할 수 있거나 의결권행사 지시를 할 수 있는 경우를 주식 등을 '보유' 하는 경우로 규정하고 있을 뿐이고 의결권 행사에 '사실상 영향력'을 행사하는 경우는 포함하고 있지 않다.

한편 30% 주주가 아니더라도 본인이 '사실상의 영향력'을 행사하고 있는 법인 등과 법인 등의 임원이나 본인에게 사실상 영향력을 행사하고 있는 자는 특수관계인에 포함된다(자본시장법 시행령 제8조 제1호 카목, 제2호 다목). 특수관계인 해당 여부를 판단할 때의 사실상 영향력 행사 여부는 임원의 선임·해임 또는 직무의 정지, 이사회 등 회사의 기관과 관련된 정관의 변경 등 회사의 경영과 관련하여 사실상 영향력을 행사하는 경우를 말한다. 그런데 자본시장법상 본인과 특수관계인 관계는 아니지만 의결권 행사에 사실상 영향력을 미치는 경우가 있을 수 있다(예로 고객과 금융회사 간에 체결된 TRS). 이에 대해서는 자본시장법상 대량보유보고규제가 미치지 않고 있다. 이처럼 의결권 행사에 사실상 영향력을 행

사하는 경우에 대해 5%보고제도가 적용되지 않는 것은 본인이 '사실상의
영향력'을 행사하고 있는 법인 등을 특수관계인에 포함하는 것과는 일관
되지 않은 규제로 보인다.

5. 소결

TRS 계약매도자 측이 헤지용도로 매수한 지분증권의 의결권을 계약매
수자측의 영향력에 따라 행사한다는 실증적 증명이 거의 없음에도 불구
하고 현금정산형 TRS에까지 지분공시의무를 적용하는 것은 규제의 목적
과 맞지 않다는 주장도 있다.[60] 나아가 주식스압거래에 지분공시의무를
부과하는 것은 투자자가 아닌 경영진을 과잉보호하는 것이며 투자자에게
지나친 공시부담을 지우는 과잉규제로서 시장의 창의성을 억제하는 한편
투자자들의 합법적인 거래활동을 제약할 우려가 있다고 반대하는 견해도
있다.[61] 그러나 엘리엇의 사례와 같이 경영권에 개입할 목적으로 지분을
확보하면서도 이를 공시하지 않기 우해 TRS거래를 하는 경우에 대해 아
무런 규제를 적용하지 않는다면 투자자와 경영자에게 지배권 변동 관련
정보를 제공하고자 하는 지분공시제도의 목적을 달성하기 어렵다.

금융상품구조의 일부에 불과한 법적 형식(파생상품 여부 또는 현금결제
형 여부)에 따라 판단할 것이 아니라 거래의 목적과 태양 등을 전체적으

---

60) ISDA & SIFMA, Brief of Amici Curiae(United States District Court, Southern District
of New York, CSX v. CIF Mgt., et al., 08 Civ. 2764(LAK) (June 2, 2008); 이정두,
"주식관련 장외파생거래의 제반 문제에 관한 문제에 관한 연구", 증권법연구 제17권
제1호 (2016), 232면.

61) Robert T. Law, "The Derailment of Section 13(D) Liability after CSX v. Children's
Investment Fund: An Argument for Maintaining the Beneficial Ownership
Requirement for Section 13(D) Disclosure," 59 Cath. U. L. Rev. 259 (Fall 2009), 284면,
286면. 이정두, 앞의 논문 각주 60, 232면에서 재인용.

로 평가하여 대량보유보고 규제의 적용 여부를 판단하여야 할 것이다.

VI. 결론

현행 회사법과 공정거래법상 주식 또는 의결권 관련 규제는 전통적인 주식 개념을 전제로 한다. 따라서 TRS와 같이 주식의 의결권과 경제적 이해관계가 분리된 거래에 대해서는 규제공백 또는 규제회피의 문제가 발생한다. 물론 자기계산의 법리(회사법) 또는 탈법행위의 유형(공정거래법) 등을 규정하는 방법으로 전통적 주식 개념을 전제로 하는 경우에 발생할 수 있는 규제의 한계를 극복하려는 조치들을 일부 도입하고는 있다. 그러나 TRS와 같은 혁신적인 금융상품을 이용하여 전통적인 주식회사의 기본구조가 당사자들에 의해 임의로 변경되는 상황에서 현행의 규제체계는 무력함을 드러내고 있다. TRS거래 자체를 제한하는 방안도 있을 수 있으나 이는 금융기법으로서의 경제적 효용성을 전면 부정하는 것으로 적절치 않다. TRS거래를 제한하게 되면 다양한 투자전략에 따른 금융상품의 개발을 제한하여 자본시장 발전을 저해할 우려가 있다. 그러나 TRS거래가 허용된다고 하여 규제가 전면적으로 면제되어서는 아니 될 것이다. 위 사례에서 보았듯이 TRS가 규제회피를 위해 사용되고 있는 현실을 부정할 수 없다. 회사법과 공정거래법상의 규제목적을 고려할 때 TRS거래로 인한 공의결권과 은닉의결권에 대해서는 합리적 규제방안을 모색할 필요가 있다. 은닉의결권과 관련하여 또 다른 중요한 규제는 공시규제일 것이다. 회사의 주식에 대하여 경제적 이해관계를 가진 자로서 의결권자로 변모할 가능성을 가진 자가 누구인지에 대한 정보가 투자자에게 사전에 충분히 제공될 필요가 있어 보인다.

09

총수익률스왑의 회계처리 및 세무상 쟁점*

이한상**

I. 들어가며

이 논문의 목적은 총수익률스왑(Total Return Swap. 이하 'TRS')거래와 관련한 회계처리 및 세무상 쟁점을 법률가들에게 간략히 소개하는 것이다. TRS는 장외파생상품 중 위험스왑(risk swap)거래의 하나다. 위험스왑거래는 크게 신용부도스왑(Credit Default Swap. 이하 'CDS')과 TRS로 나눌 수 있다.[1] CDS는 특정 실체에 대한 청구권(보통 이를 'reference or under-lying assets'라 한다)을 가진 거래 일방(risk seller)이 거래 상대방(risk buyer)에게 일정한 수수료를 지급하는 대가로, 특정 실체의 지급 불능 위험이

---

* 이 글은 BFL 제83호 (2017. 5)에 게재된 글을 수정·보완한 것이다.
** 고려대학교 경영학과 교수

1) George Chacko / Anders Sjöman / Hideto Motohashi / Vincent Dessain, Credit Deriva-tives, Revised Edition: A Primer on Credit Risk, Modeling, and Instruments (2016) 참고.

발생하는 경우 거래 상대방에게 원금의 지급을 요구할 수 있도록 구조화
한 파생상품이다. 쉬운 예를 들면 특정 기업의 채권을 들고 있는 은행이
투자은행에 수수료를 지급하고 해당 기업의 파산 시 투자은행으로부터
원금을 보전받는 계약을 생각할 수 있다. 이와 대조적으로, TRS는 거래
일방(이 경우 보통 risk buyer)이 특정 실체에 대한 청구권의 법적 소유권
자인 거래 상대방(risk seller)에게 수수료를 지급하는 대신 해당 청구권에
서 파생되는 수익을 수취하거나 손실을 보전해 마치 경제적으로 해당 청
구권을 소유하는 것과 같도록 구조화한 파생상품이다. 쉬운 예로 甲 기
업이 가지고 있던 乙 기업 주식을 투자은행에 매각하고 투자은행에 수수
료를 지급하되 투자은행이 법적으로 보유한 乙 기업 주식에서 발생하는
이익은 수취하고 손실이 발생하는 경우 투자은행에 이를 보전해 주는 계
약을 생각해 볼 수 있다. 즉 TRS는 CDS에 자산가격의 변동 위험을 더한
효과를 가진다.

　우리나라의 TRS거래는 1990년대 후반 제이피모건이 SK증권 다이아몬
드펀드, 대한생명 등과 맺은 거래로 인한 우리나라 기관의 대규모 손실 및
법정공방을 통해 일반에 처음 회자되었다.[2] 이후 주로 기업의 인수·합
병의 한 방식으로 이용되었다가, 최근 몇 년 동안 국내기업들이 TRS를
활발히 사용하면서 다시 시장 관찰자들의 이목을 끌었다. 이들은 기업들
이 최근 TRS자산의 법적 소유권 및 경제적 실질의 괴리를 독점규제 및
공정거래에 관한 법률(이하 '공정거래법')과 자본시장과 금융투자업에 관
한 법률(이하 '자본시장법')을 우회해 순환출자 해소, 자금조달 및 자본 확

2) Alvin K. Hellerstein / 석명철(역), 대한생명 대 J.P. Morgan소송 판결문 (2003. 7); 최
　영렬, "장외신용파생상품에 대한 미국의 동향과 시사점", 증권법연구 제6권 제11호
　(2005. 6).

충, 경영권 방어를 도모하는 수단으로 활용하는 것으로 파악하고 있다.[3]

Ⅱ.에서는 최근 금융감독원 및 회계기준원 등에 질의가 접수된 TRS 사례를 통하여 문제가 되는 지분의 양도자와 양수자가 각각 어떤 회계문제에 직면하는지 소개하고, 현행 한국채택 국제회계기준하에서 어떠한 회계처리가 가능한지를 살펴본다. Ⅲ.에서는 TRS와 관련된 과세문제를 차례로 살펴본다.

Ⅱ. TRS상 지분증권 양도·양수거래의 회계문제

1. 간단한 TRS 거래구조

다음 〔그림 1〕과 같은 간단한 거래구조를 상정해 본다. A 기업은 기업 B의 주식을 보유하고 있다. A 기업은 B 기업의 지분 일부 혹은 전부를 투자자인 투자은행 C에게 매각하여 B 회사지분의 법률적 소유권을 C에게 이전한다. 동시에 계약을 체결하여 A는 B에게 일정 기간 일정액의 고정 혹은 변동의 수수료를 지급하는 대신, C가 소유한 B 주식의 가격변동 및 처분에 따르는 이익 전부 혹은 일부를 A가 향유하고 손실이 발생할 경우 이를 C에게 보전한다.

구체적으로 다음과 같은 추가적 가정을 한다.

① 매각가격과 관계없이 A는 투자은행 C의 기업 B 주식매각에 따른 모든 매각손익을 부담 또는 향유한다. 특정 기간 동안 투자은행 C가 기

3) 조주현, "총수익스왑(TRS), 재무적 의사결정의 한 수단", POSRI이슈리포트 (2016. 6); 정일묵. "기업의 총수익교환약정(TRS) 활용 사례", 한국기업지배구조원 보고서 (CGS Report) 제6권 제5·6호 (2016) 참조.

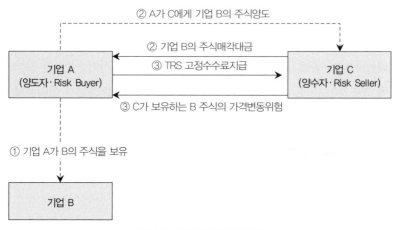

〔그림 1〕 간단한 TRS지분거래

업 B의 주식을 매각하지 못하는 경우에는 기간만료 시 기업 B의 주식시가를 기준으로 취득가와의 차액을 정산한다.

② 만약 기업 B에 대해 청산 또는 파산절차가 진행되어 투자은행 C가 기업 B의 주식을 매각하지 못하는 경우, A 회사는 투자은행 C의 모든 관련 손실을 부담한다. 그럼에도 투자은행 C는 기업 B 주식에 대한 의결권, 배당권 등을 행사할 수 있다. 다만 A 회사가 B사 주식을 재매입할 수 있는 특약은 없고, 처분권은 전적으로 투자은행 C가 보유한다.

③ 기업 B의 수익성·이익잉여금 및 부채비율 등을 감안할 때, 기업 A와 투자은행 C의 이와 같은 TRS계약 체결기간 내에 기업 B가 배당금을 지급할 가능성은 매우 낮다.

2. 회계상 문제점들

위와 같은 상황에서 다음과 같은 회계문제를 생각해 볼 수 있다.

첫째, 양도자인 기업 A는 TRS계약과 함께 B사 주식을 다른 투자자에게 양도한 시점에 B사 주식을 제거할 수 있는가? 즉 이 거래를 진성매각 (true sales)으로 처리할 수 있는가?

둘째, 위 양도자의 회계처리와 관련하여 거래 상대방인 투자은행 C의 회계처리는 무엇인가? 위의 첫 번째 회계처리와 대칭적인 회계처리를 하여야 하는가?

셋째, 위 A와 B의 질문에 대한 대답이 기업 A의 기업 B 주식보유수준에 따라 달라지는가?

(1) 지분증권에 대한 회계투자 처리일반

위에 제시한 질문의 대답에 앞서 어떤 회사가 다른 회사의 지분증권에 투자하는 경우, 어떠한 회계처리를 해야 하는지에 대해 간략하게 알아본다. 투자 후 보유지분의 수준에 따라 뒤 〔그림 2〕에서와 같이 다양한 회계처리가 가능하다.

20% 미만의 지분을 보유하는 경우 그림의 가장 오른쪽의 가지를 따라 금융상품으로 분류된다. 즉 IAS 39(International Accounting Standard 39 Financial Instruments: Recognition and Measurement, 한국채택 국제회계기준 (Korea International Financial Reporting Standards. 이하 'K-IFRS') 제1039호 '금융상품: 인식과 측정')에 따라 단기매매증권이나 매도가능증권으로 분류한다. 단기매매증권으로 분류하는 경우, 금융자산으로 기록하고 매각 전이라도 매 보고기간 말 시가평가를 통해 주식의 공정가치변동분을 이익계산에 반영한다. 배당금을 받을 때 수익으로 인식한다. 이러한 회계처리는 시가 변화에 따른 이익의 변동을 증폭시킬 것인바, 이를 회피하고자 하는 회사들은 해당 증권을 매도가능증권으로 분류할 수 있다. 이 경우, 공정가치변동분은 주주와의 자본거래를 제외한 자본변동으로 기타 포괄손익

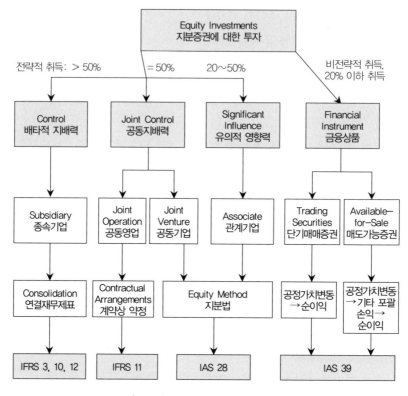

〔그림 2〕 지분증권투자의 회계처리

이 되어 손익계산에 영향을 미치지 않고 기타 포괄손익누적액으로 자본항목에 조정이 되었다가 지분증권의 매각 시 손익계산서항목이 된다.

　20% 이상 50%까지의 지분을 소유하는 경우를 생각해 보자. 이 경우 다른 반증이 없는 한 투자기업이 피투자기업에 유의적 영향력을 행사할 수 있다고 판단하고 IAS 28(K-IFRS 제1028호 관계기업 / 공동기업투자)에 따라 지분법 회계처리한다. 공동지배력을 갖는 공동기업에 투자(예: 50% 지분을 갖는 조인트벤처)하는 경우도 지분법 처리한다. 지분법 회계에서는 피투자회사의 순자산(즉 자산에서 부채를 뺀 것)변동을 투자자산의 변동으

로 기록한다. 따라서 피투자기업이 이익을 보고하면 투자자산의 크기가
늘어나고 배당을 하는 경우, 금융상품과 같이 수익으로 처리하는 것이 아
니라 투자자산 감소로 보고한다.

마지막으로 피투자회사의 지분을 50%보다 크게 취득하는 경우, 반증
이 없는 한 투자회사는 피투자회사에 배타적 지배력을 갖는 것으로 간주
한다. 이 경우 국제회계기준(이하 'IFRS') 10(K-IFRS 제1110호 연결재무제표)
에 따라 지배기업과 그 종속기업으로 구성되는 경제적 실체의 재무상태,
경영성과, 자본변동 및 현금흐름 등에 관한 재무정보를 제공하기 위하여
지배기업이 연결재무제표 작성의 의무를 갖는다.

가. 회계문제 1: 양도자인 기업 A는 TRS계약과 함께 B사 주식을 다른 투자자에게 양도한 시점에 B사 주식을 제거할 수 있는가? 즉 이 거래를 진성매각으로 처리할 수 있는가?

① K-IFRS 제1039호 '금융상품: 인식과 측정' 관련 조문

회사 A가 회사 B의 주식을 매도가능증권 등 금융상품으로 처리하고 있었다고 추가적으로
가정하자. 이때 회계처리와 관련된 K-IFRS 제1039호의 조문은 다음과 같다.

문단 20. 금융자산을 양도한 경우, 양도자는 금융자산의 소유에 따른 위험과 보상의 보유
정도를 평가하여 다음과 같이 회계처리한다.

....

(2) 양도자가 금융자산의 소유에 따른 위험과 보상의 대부분을 보유하면, 당해 금융자산
을 계속하여 인식한다.

(3) 양도자가 금융자산의 소유에 따른 위험과 보상의 대부분을 보유하지도 아니하고 이전
하지도 아니하면, 양도자가 당해 금융자산을 통제하는지를 결정하여 다음과 같이 회계처
리한다.

가) 양도자가 금융자산을 통제하고 있지 아니하면, 당해 금융자산을 제거하고 양도함으로

써 발생하거나 보유하게 된 권리와 의무를 각각 자산과 부채로 인식한다.

나) 양도자가 금융자산을 통제하고 있다면, 당해 금융자산에 대하여 지속적으로 관여하는 정도까지 당해 금융자산을 계속하여 인식한다.

....

문단 21. 위험과 보상의 이전 여부(문단 20 참조)는 양도자산의 순현금흐름의 금액과 시기의 변동에 대한 양도 전후 양도자의 노출 정도를 비교하여 평가한다.

....

문단 22. 소유에 따른 위험과 보상의 대부분을 이전하였는지 아니면 보유하고 있는지가 명백하여 별도의 계산이 불필요한 경우가 있다. 한편 미래 순현금흐름의 현재가치 변동에 대한 양도 전후 양도자의 노출 정도를 계산하여 비교할 필요가 있는 경우가 있을 것이다.

....

문단 23. 양도자가 양도자산을 통제하고 있는지 여부(문단 20. (3) 참조)는 양수자가 그 자산을 매도할 수 있는 능력을 가지고 있는지 여부에 따라 결정한다. 양수자가 자산 전체를 독립된 제3자에게 매도할 수 있는 실질적 능력을 가지고 있으며, 양도에 대한 추가적인 제약 없이 그 능력을 일방적으로 행사할 수 있다면, 양도자는 양도자산에 대한 통제를 상실한 것이다.

....

적용지침(Application Guidance, 이하 "AG") 40. 양도자가 소유에 따른 위험과 보상의 대부분을 보유하는 경우의 예는 다음과 같다.

....

(3) 시장위험을 다시 양도자에게 이전하는 총수익스왑과 함께 금융자산을 매도한 경우.

AG 51. 다음은 이 기준서의 제거원칙을 적용한 예이다.

....

(15) 총수익스왑. 양도자는 양수자에게 금융자산을 매도하고 양수자와 총수익스왑계약을 체결할 수 있다. 이 계약으로 양도자는 확정지급금액이나 변동이자와 교환하여 기초자산의 이자현금흐름 전부를 수취하며, 기초자산의 공정가치의 상승이나 하락을 향유하거나 부담한다. 이 경우 자산의 제거는 금지된다.

② 가능한 주장

(i) 제거가능설: 기업의 경우 애초 TRS계약의 목적이 해당 지분의 법적 소유권과 경제적 실질을 분리시키는 것이므로 해당 지분을 장부에서 제거하려는 유인이 강하다. 이러한 경우, 회사들은 다음과 같은 주장을 펼 수 있다. 예시의 TRS계약하에서 투자회사 C는 기업 B 주식에 대한 의결권·배당권·처분권 등을 보유하므로, 이러한 TRS계약은 K-IFRS 제1039호의 문단 AG.40(3), AG.51 (15)에서 언급된 총수익스왑과 정확히 같지 않다. 또한 이러한 거래에서 기업 B 주식 소유에 따른 도산·배당 및 잔여재산 분배위험과 의결, 경영 참여 및 처분과 같은 보상이 투자은행 C에게 이전되고, 주식가격변동으로 인한 손익 부분만 A에게 귀속된다. 따라서 B사 주식 소유에 따른 위험과 보상의 대부분을 A사가 계속 보유한 것으로 보기 어렵고, K-IFRS 제1039호의 문단 20(3)에 따라 회사 B 주식에 대한 통제 이전 여부를 살펴야 한다. 이 거래에서 투자은행 C가 기업 B 주식을 매각할 수 있는 능력이 있으므로, 기업 A가 기업 B 주식에 대한 통제를 상실한 것으로 본다. 이 경우 진성매각으로 해당 주식을 장부에서 제거할 수 있다고 할 것이다.

(ii) 제거불가능설: K-IFRS 제1039호의 문단 20·AG.40(3)·AG.51(15)에 따르면, 양도자가 금융자산의 소유에 따른 위험과 보상의 대부분을 보유하면 해당 금융자산을 계속하여 인식하도록 정하고 있다. 특히 "시장위험을 다시 양도자에게 이전하는 총수익스왑과 함께 금융자산을 매도한 경우"를 특정한 사례로 적시하고 있는데, 위 예시의 TRS 주식양도는 이러한 경우에 해당한다. 여기에서 시장위험은 "시장가격의 변동으로 인하여 금융상품의 공정가치나 미래현금흐름이 변동할 위험으로서 환위험, 이자율위험 및 기타 가격위험의 세 유형의 위험으로 구성"된다(K-IFRS 제1107호 '금융상품: 공시'). 위 TRS 예시에서 기업 B 주식의 가격변동위험을 부담

하는 기업 A는 명백히 기업 B 주식의 시장위험에 노출되었다. 따라서 위 TRS계약은 경제적으로 K-IFRS 제1039호의 문단 A40(3), A51(15)에서 언급된 '총수익스왑'에 해당한다. 기업 B 주식의 배당현금흐름이 없다고 가정했기에 시세차익이, 양도 전후 A가 해당 주식 소유로 얻을 사실상 유일한 현금흐름이라고 할 수 있다. 투자은행 C가 회사 B 주식에 대한 의결권·처분권 등을 갖고 있으나, 이 점은 현금흐름과 직접 관련이 없어 위험과 보상의 이전과 관련한 직접 고려사항이 아니다. 따라서 A는 위 TRS계약과 관련해 B 주식을 장부에서 제거할 수 없다. 결론적으로 투자은행에서 유입되는 현금은 매각거래가 아닌 담보부차입거래로 처리하여야 하고 TRS수수료는 이자비용으로 계상한다.

③ 회계처리

K-IFRS 도입 이전인 2009년 금융감독원은 이 예시 사례와 유사한 사후정산조건이 있는 상장 예정주식의 양수도 관련 회계처리에 관한 질의에 매각거래가 아닌 담보부차입거래로 보아 회계처리하는 것이 타당하다는 의견을 제시한 바 있다.[4] 또한 IFRS도입 이후인 2014년 금융감독원과 회계기준원은 위와 유사한 사례에서 제거불가능설에 따라 회신한 것으로 알려져 있다. 법원의 판결문을 인용하는 것과는 달리 여기에서 "알려져 있다"라는 표현을 쓰는 이유는 다음과 같다. IFRS 채택국가는 원칙적으로 IFRS 해석위원회와 별도의 질의·회신기구를 운영하는 것을 지양하는 것이 권장되고 있다. 이는 감독기구 등이 비조치의견서(no-action letter) 등을 통해 실질적으로 회계기준의 해석에 개입할 여지를 최소화하기 위한 것이다. 우리나라는 금융감독원과 회계기준원이 연석회의 등을 통해 질

---

4) 금융감독원, 금감원 2009-064, 사후 정산조건이 있는 상장 예정 주식의 양수도 관련 회계처리에 관한 질의 (2009).

의·회신을 처리하고 있으며 회신은 공식적으로 질의자에게만 전달되나, 주요한 질의·회신은 비공식적으로 금융감독원의 품질관리실장회의 등을 통해 전파되고 있다.

나. 회계문제 2: 위 양도자의 회계처리와 관련하여 거래 상대방인 투자은행 C의 회계처리는 무엇인가? 위 양도자와 대칭적인 회계처리를 하여야 하는가?

① 문제의 제기

위 회계문제 1에서와 같이 기업 A가 기업 B 주식을 TRS계약하에서 양도함에 있어 이를 K-IFRS 제1039호를 적용해 담보부차입으로 처리하는 경우, 거래의 상대방인 양수자(즉 투자은행 C)는 이 주식을 양수도거래와 TRS를 각각 유가증권과 파생상품으로 계상하여야 하는지, 아니면 주식과 TRS를 인식하지 않고 기업 A에 지급한 기업 B 주식양수대금을 대출채권자산으로 인식하여야 하는지의 회계문제가 남아 있다. 이때 회계처리와 관련된 K-IFRS 제1039호의 문단은 다음과 같다.

> AG.49 금융자산의 양도가 제거조건을 충족하지 못할 때, 양도자산이나 양도에서 발생하는 부채와 파생상품을 모두 인식함으로써 양도와 관련된 계약상 권리나 의무를 이중으로 인식하는 결과가 된다면, 당해 계약상 권리나 의무는 별도의 파생상품으로 회계처리하지 아니한다 ....
> AG.50 금융자산의 양도가 제거조건을 충족하지 못하면, 양수자는 양도자산을 양수자의 자산으로 인식하지 아니한다. 양수자는 지급한 현금이나 그 밖의 대가를 제거하고, 양도자에 대한 채권을 인식한다 ....

② 가능한 주장

(i) 양도자와 대칭적 회계처리설: K-IFRS 제1039호는 제거조건을 충족

하지 못한 양도거래에 대한 양수자의 회계처리와 관련하여 양도자 회계처리와 대칭적인 관점을 제시한다고 보는 관점이다. 즉 AG.50에 따르면, 양수자는 제거조건을 만족하지 못하고 양도자가 계속 인식하는 양도자산을 본인의 자산으로 인식할 수 없으므로, 제거되지 않는 양도자산과 관련한 대가를 양도자에 대한 채권으로 인식하는 것이다. PwC 및 딜로이트(Deloitte) 등 대형 회계법인의 실무지침을 살펴보아도 이러한 관점을 따르는 것으로 보인다. 결국 양도자가 양도자산 전체를 제거하지 않고 담보부차입으로 회계처리한다면, 양수자도 동 거래 전체를 담보부대출로 회계처리하여야 할 것이다. 관련하여 이 주장은 TRS와 같은 파생계약으로 금융자산이 제거되지 않는 경우, 파생계약 관련 현금흐름은 담보부대출·차입의 일부로 파악하여야 하기에 양도자와 양수자 모두 해당 파생계약을 인식하지 않는다고 보는 입장이다.

(ii) 별도 회계처리가능설: K-IFRS 제1039호가 명시적으로 양수자와 양도자의 대칭적인 회계처리를 주문하고 있지는 않다. 따라서 양수자 입장에서 양도자와는 독립적으로 금융계약을 분석하여 회계처리해야 한다는 견해도 존재한다. 이 견해에 따르면 주식양수도거래와 TRS를 다음과 같은 삼단 논리로 접근해 파악할 수 있다.

가) 이 건 주식양수도거래와 TRS는 단일 금융상품이다.

금융상품은 계약 단위로 회계처리하는 것이 원칙이다. 그러나 복수의 거래가 서로를 고려하여 체결되었거나 각각 구분하여 개별적으로 설계한 실질적인 사업 목적이 없다면 복수의 계약을 하나의 단위로 본다. 위 예시에서 주식양수도와 TRS가 각각 체결되었다고 하여도, 두 개의 거래가 하나의 사업 목적 달성을 위하여 상호 의존적이므로 실제로는 하나의 계약에 해당한다고 볼 수 있다.

나) 이 단일 금융상품은 채권 및 주식선도계약으로 구성된 복합상품이다.

위 사례의 두 거래를 하나의 금융계약으로 볼 때, 동 계약은 대출금 (B 주식을 담보로 B사에 금전을 대여하고 사전 계약된 금리를 수취)과 주식 선도계약(만기일에 정산가격으로 B 주식을 투자은행 C로부터 매입하기로 약정)으로 구성된 복합상품으로 파악할 수 있다.

다) 해당 주식선도계약의 최초 계약시점의 공정가치는 '0'이다.

상기 주식선도계약은 회사가 만기일에 주식을 매각한 경우에는 동 매각가격을, 그 외의 경우는 시장에서의 거래가격을 회사 B의 공정가치로 파악해 볼 수 있다. 그러나 계약시점에서 파악할 때는 이 선도계약의 공정가치는 0이다.

③ 회계처리

결론적으로 제거조건을 충족하지 못한 양도거래에 대한 양수자의 회계처리와 관련하여 양도자 회계처리와 대칭적인 관점을 선택하는 경우, 거래 전체는 담보부대출로 회계처리한다. 이와는 달리 양도자와 별도 회계처리가 가능하다는 점을 고려하더라도 선도계약의 계약시점 공정가치가 0이라는 점을 고려하면, 투자은행 C가 기업 A에 지급한 B 주식 양수대금은 전액 대출채권에 해당한다는 동일한 결론에 이른다. 결국 이론의 여지가 있으나, 실질적인 차이는 발생하지 않는다.

다. 회계문제 3: 위 A와 B의 질문에 대한 대답이 기업 A의 기업 B 주식 보유수준에 따라 달라지는가?

① 문제의 제기

지금까지 A 기업이 B 기업을 K-IFRS 제1039호에 따라 매도가능증권으로 평가하는 경우를 상정하였다. 즉 A 기업의 B 기업 지분소유가 20% 미만인 경우를 고려한 것이다. 이제 이 조건을 완화시켜 A 기업이 B 기업의 지분을 20% 이상 보유하여 관계기업으로 지분법 회계처리를 하고 있었다고 가정해 보자. 이때 A 기업이 지분 일부를 C에게 이전하고 TRS계약을 맺은 후에도 A 기업이 B 기업의 지분을 충분히 가지고 있고 유의한 영향력을 행사할 수 있어 B 기업이 A 기업의 관계사로 남는다고 가정해 보자. 이때 양도된 B 기업 지분과 관련하여 양도자 A의 회계처리와 양수자 C의 회계처리는 앞서의 경우와 달라지는가? 이 문제와 관련한 K-IFRS 제1028호 '관계기업투자주식'의 문단은 다음과 같다.

> 문단 7. ... 기업이 유의적인 영향력을 보유하는지를 평가할 때에는, 다른 기업이 보유한 잠재적 의결권을 포함하여 현재 행사할 수 있거나 전환할 수 있는 잠재적 의결권의 존재와 영향을 고려한다. 예를 들어 잠재적 의결권을 미래의 특정일이 되기 전까지 또는 미래의 특정 사건이 일어나기 전까지는 행사할 수 없거나 전환할 수 없는 경우라면, 그 잠재적 의결권은 현재 행사할 수 있거나 전환할 수 있는 것이 아니다.
>
> ....
>
> 문단 12. 잠재적 의결권이나 잠재적 의결권이 포함된 파생상품이 있는 경우, 관계 기업이나 공동기업에 대한 기업의 지분은 현재 소유하고 있는 소유지분에만 기초하여 산정하며, 문단 13이 적용되지 않는 한 잠재적 의결권과 그 밖의 파생상품의 행사 가능성이나 전환 가능성은 반영하지 않는다.
>
> ....
>
> 문단 13. 어떤 경우에 기업은 소유지분과 연계된 수익에 대해 현재 접근할 수 있게 하는 거래의 결과로 실질적으로 현재의 소유권을 보유하는 경우가 있다. 그러한 경우 기업에 배분될 비례적 부분은 기업이 수익에 접근할 수 있게 하는 잠재적 의결권과 그 밖의 파생상품의 궁극적인 행사를 고려하여 결정된다.
>
> ....
>
> 문단 14. 기업회계기준서 제1109호(1039호) '금융상품'은 지분법을 이용하여 회계처리되는 관계기업이나 공동기업에 대한 지분에 적용하지 않는다. 잠재적인 의결권을 포함하는 금융상품이 관계기업이나 공동기업에 대한 소유지분과 연계된 수익에 실질적으로 현

재 접근할 수 있게 하는 경우, 그 상품은 기업회계기준서 제1109호의 적용대상이 아니다. 이외의 모든 경우에는 관계기업이나 공동기업에 대한 잠재적인 의결권을 포함한 금융상품을 기업회계기준서 제1109호에 따라 회계처리한다.

....

문단 22. 기업은 투자가 다음과 같이 관계기업이나 공동기업의 정의를 충족하지 못하게 된 시점부터 지분법의 사용을 중단한다.

....

(3) 지분법의 사용을 중단한 경우, 그 투자와 관련하여 기타 포괄손익으로 인식한 모든 금액에 대하여 기업은 피투자자가 관련 자산이나 부채를 직접 처분한 경우의 회계처리와 동일한 기준으로 회계처리한다.

....

문단 25. 관계기업이나 공동기업에 대한 투자자의 소유지분이 감소하지만 기업이 계속 지분법을 적용하는 경우, 기업은 이전에 기타 포괄손익으로 인식했던 손익이 관련 자산이나 부채의 처분에 따라 당기손익으로 재분류되는 경우라면, 그 손익 중 소유지분의 감소와 관련된 비례적 부분을 당기손익으로 재분류한다.

② 양도자 A의 회계문제

다음과 같은 세 가지 처리방법을 고려해 볼 수 있다.

(i) 담보부차입거래(K-IFRS 제1039호 적용): K-IFRS 제1028호가 관계기업투자주식 양도거래의 회계처리에 관한 규정이 없는 점을 고려할 때, 관계기업투자주식도 금융상품의 일종이므로 K-IFRS 제1039호를 적용하는 것이 타당하다는 관점이 있을 수 있다. 이 경우 앞에서와 마찬가지로 A 기업이 양도거래 후에도 TRS를 통해 기업 B 주식의 소유에 따른 위험과 보상의 대부분을 여전히 보유하고 있으므로 앞서와 마찬가지로 담보부차입 회계처리가 적정하다.

(ii) 양도지분 제거 및 TRS의 파생상품 회계처리(K-IFRS 제1028호 적용):

관계기업투자주식의 경우 분명히 K-IFRS 제1039호의 적용범위에서 제외되는 것이 사실이다. 따라서 기업 A는 K-IFRS 제1028호의 '현재의 소유권' 여부에 따라 양도한 기업 B 주식의 소유에 따른 의결권 · 순자산청구권 등을 더 이상 보유하지 않으므로, 해당 지분은 제거하여야 한다는 주장이다. 이때 TRS는 파생상품으로 별도 회계처리하여야 한다.

(iii) 위 두 가지 안 중 하나를 회계정책으로 선택하여 제거 여부 결정: 현행 K-IFRS상 관계기업투자지분 양도거래에 대한 규정이 명확하지 않다. 따라서 회사가 관련 기준 중 합리적이라고 판단되는 것을 회계정책으로 선택하여 사용하는 것은 무방하다는 주장이다.

③ 양도자 A의 회계처리

위에 제시된 세 가지 회계처리안과 관련하여 첫 번째 논점은 양도거래 이전 및 이후, 기업 B가 여전히 기업 A의 관계기업인 상황에서 C에게 양도된 지분 및 아직 보유하고 있는 지분에 어떤 회계기준서를 적용해야 하는가의 문제이다.

우선 양도된 지분에 대해 생각해 보면, K-IFRS 제1028호에서는 양도 후의 지분이 관계기업지분인지 아닌지에 관계없이 실질적으로 소유지분과 연계된 수익에 접근할 수 없다면, 양도분에 대해 장부에서 제거 후 기타 포괄손익으로 인식한 부분 중 소유지분의 감소와 관련된 부분을 당기손익으로 인식하도록 규정하고 있다[제1028호 문단 22(3) 및 25 참죄]. 따라서 양도분에 대해 소유지분과 연계된 수익에 접근할 수 없음에도 이를 장부에서 제거하지 않고 매도가능금융자산으로 분류하거나 관계기업지분으로 계속 인식하는 것은 K-IFRS 제1028호에 반하는 회계처리라고 할 수 있다. 결국 양도 이후 기업 B에 대한 유의적 영향력의 상실 · 보전 여부에 관계없이, 실질적인 지분율 감소는 관계기업지분의 감소로 처리하는 것이 타당하다. 양도 후 잔여보유지분에 대해서는 유의적 영향력 보유 여부에 따라 앞에서 살펴본 대로 금융자산 혹은 지분법으로 처리할 수 있다. 아울러 K-IFRS 제1028호에서 관계기업투자지분 일부 양도 시 회계처리를 명확히 고려하고 있으므로, 경영진이 관련 규정이 없는 것으로 자의적 회계정책을 개발하거나 적용할 수 없는 경우라고 판단된다.

이렇게 이전된 관계기업지분이 제거될 때, TRS는 어떻게 회계처리하는가가 두 번째 논점이다. 파생상품은 K-IFRS 제1039호 '금융상품: 인식과 측정'에 따라 회계처리하는데, 해당 기준서에서는 파생상품을 다음 세 가지 특성을 가진 금융상품이나 기타 계약으로 파악하고 있다.

(i) 기초변수의 변동에 따라 가치가 변동되고, 기초변수가 비금융변수인 경우에는 계약 당사자에게 특정되지 아니하여야 한다.

(ii) 최초 계약 시 순투자금액이 필요하지 않거나 다른 유형의 유사한 계약보다 적은 순투자금액이 필요하다.

(iii) 미래에 결제된다.

기준서 문단 9에 따르면 파생상품은 당기손익인식금융자산·부채범주에 포함되고, 최초 인식시점 및 후속 기간에 공정가치로 측정한다. 예시의 TRS계약은 B사 주가에 따라 해당 계약의 가치가 변동되고 최초 계약 시 거래원가가 없다고 가정했으며, 정산시점인 미래에 결제되므로 위의 세 조건을 충족한다고 판단된다.

결론적으로 A사는 양도한 관계기업투자지분을 제거하고 TRS계약은 파생상품으로 회계처리하는 것이 타당하다.

④ 양수자 C의 회계문제와 처리

양도자가 의무적으로 K-IFRS 제1039호를 적용하는 경우, 양수자는 대칭적인 회계처리를 해야 함은 앞에서 본 바와 같다. C가 A사로부터 양수한 B 주식(A사의 관계기업투자주식)의 경우, 양도자가 K-IFRS 제1039호의 제거 관련 규정을 선택·적용하였음에도, 문단 AG.50에 따라 양수자가 대칭적으로 회계처리해야 하는지에 관해 이견이 존재한다. 현재 금융감독원과 회계기준원의 입장은 양도자가 양도거래에 K-IFRS 제1039호의 제거 관련 규정을 준용하는 회계정책을 선택한 이상 그 정책이 일관되게 양수자에게도 적용되어야 한다는 것으로 알려져 있다. 즉 양도자가 K-IFRS 제1039호를 선택하여 적용한 결과 금융자산의 양도가 제거조건을 충족하지 못한다면, 제거조건 미충족 양도거래에 적용하도록 되어 있는 문단 AG.50도 적용하는 것이 타당하다는 것이다.

그럼에도 불구하고 일부 실무가는 양수자가 아니라 양도자가 선택하여 적용하는 규정임에도 이를 양수자에게 강제하는 것은 양수자에게 과도한 부담을 준다고 주장한다. 즉 K-IFRS 제1039호가 양도자의 의무규정이 아니라면 양도자의 판단 결과에 따라 적용 여부가 결정되는 문단 AG.50도 양수자의 의무 규정이 아니라고 해석해야 하고, 양수자는 독립적으로 금융계약을 분석하여 회계처리할 수 있다는 견해를 피력하고 있다.

이상 살펴본 것과 같이 지분율, 양도지분율, 그리고 잔여지분율에 따라 양도한 주식 및 TRS의 회계처리가 달라질 수 있다는 점을 기억할 필요가 있다. 실제 거래에 있어서는 해당 거래의 구체적 조건에 따라 위의 결론이 바뀔 수 있음은 물론이다.

III. TRS와 관련된 세무상 문제

1. 우리나라의 파생금융상품 과세체계

파생상품을 과세하는 방식에는 크게 세 가지가 있다. 대만과 같은 거래세방식, 미국·일본·영국·프랑스·독일 등과 같은 자본이득세방식, 그리고 호주·홍콩·싱가포르·스위스와 같은 비과세방식이다. 우리나라의 경우 2004년에 낮은 일본금리만 부담하고 과세 없이 높은 투자수익을 누리는 소위 엔화스왑예금 개인투자자에 대한 비판 여론에 힘입어, 개인투자자의 자본이득과세를 기타 소득으로 과세하는 소득세법개정안이 검토되었으나 성사되지 못한 바 있다.[5] 또한 외환위기 이후 투기거래의 억제 등의 논의에 바탕을 두고 거래세방식 등이 논의되어 2012년 증권거래세법 개정안이 발의되었으나,[6] 자본시장의 위축 등을 이유로 성사되지 못한 바 있다. 결국 2014년 12월 소득세법 개정(제94조 제1항 제5호 및 제118조의2 제4호)을 통해 파생상품의 거래 또는 행위로 발생하는 소득을 양도소득의 범위에 포함시켜 2016년 1월 1일부터 비과세방식에서 자본이득방식으로 과세를 허용하였다. 2016년 말 기준 소득세법상 우리나라의 장내·장외 파생상품 및 파생결합증권거래에 대한 과세를 요약하면 뒤 〈표 1〉과 같다.[7]

개정 소득세법은 2016년 1월 1일부터 파생상품과 관련하여 KOSPI 200지수 선물 및 옵션에서 발생한 이익의 연간 합산에 대해 양도소득세를 부과한다. 양도소득세율은 지방소득세를 포함하면 5.5%이며, 기본공제 250만 원이 허용되고 거래 관련 수수료를 수익에서 제외할 수 있다.

---

5) 2011년 대법원 판결에 의해 엔화스왑예금의 이득을 이자소득으로 볼 수 없게 되자, 정부는 대응에 나서 2012년 소득세법 제16조 제1항 제13호 및 동법 제17조 제1항 제10호를 신설하였다. 이 규정은 기존의 이자소득·배당소득에 해당하는 소득을 발생시키는 거래 또는 행위와 파생상품이 대통령령으로 정하는 바에 따라 결합된 경우에는 해당 파생상품의 거래 또는 행위로부터의 이익은 이자소득 또는 배당소득으로 보아 과세할 수 있는 근거를 마련하고 있다.

6) 송대호, "증권거래세법 일부개정법률안(정부 제출: 1902079) 검토보고", 대한민국국회 (2012. 10) 참조.

7) 김용민 / 박동규 / 양중식, 2017 금융상품과 세금 (2017) 참조.

<표 1> 우리나라의 파생금융상품 과세체계

구분	상품종류	장내상품	장외상품
파생상품	선도(선물)	파생상품 양도차익과세 (양도소득의 5%)	과세 없음
	옵션		
	스왑	과세 없음	
파생결합증권	주식워런트증권	과세 없음	-
	주가연계증권	-	배당소득
	기타 파생결합증권	-	배당소득
	상장지수증권	배당소득	-

파생결합증권과 관련하여서는 2011년 개정된 이자발생상품과 결합된 금융투자상품은 이자소득으로, 배당발생상품과 결합된 금융투자상품은 배당소득으로 과세한다는 원칙을 세워 2012년부터 적용해 오고 있다. 결국 금리연계 파생금융상품의 이익은 이자소득으로 과세되고, 주가연계예금 이익도 이자소득으로 과세된다. 비슷하게 주가연계증권 및 기타 파생결합증권은 배당소득으로 과세된다. 그러나 주식워런트증권은 옵션과 같이 취급되어 과세 제외대상이다.

이러한 소득세법 개정의 효과는 주로 개인투자자들에 국한하는데, 이는 국내 법인은 당기순이익에 대해 법인세를 납부하고 여기에는 이미 파생상품에 대한 양도차익도 포함되어 있기 때문이다. 또한 외국인은 조세조약이 체결되어 있는 경우, 파생상품 양도차익의 회피가 가능하다. 파생상품 매매차익은 조세조약상 기타 소득으로 분류되는데, 미국·싱가포르·호주 등 20여 개국은 원천지국인 한국에서의 과세가 가능하지만, 일본·중국·영국·독일 등 60여 개국은 해당 국가 과세로 국내 과세가 불가능하다. 미국·싱가포르·호주 자금도 과세회피를 위해서는 얼마든지 자금의 국적세탁이 가능하므로 절세전략을 세우는 경우, 효과적으로 파생상품 양도차익의 과세를 회피할 수 있다.

2. 금융거래 기업소득에 대한 과세체계와 TRS

(1) 지분을 제거하지 못하는 경우

II.에서 본 회계문제 1 및 2에서처럼 TRS와 관련해 지분을 양도하는 자는 해당 지분을 제거하지 못하면, 담보부차입거래로 처리하고 거래 상대방인 양수자의 경우 담보부대출로 회계처리하게 된다. 따라서 이자, 기타 확정소득의 일반원리가 적용될 것이다. 즉 법인세법에 따라 준용되는 소득세법에 따라 이자를 실제로 지급하는 날이 속하는 사업연도에 각각 익금과 손금이 귀속된다. 따라서 금리에 상당하는 TRS수수료가 지급되는 경우, 법령에 정해진 원천징수대상이 아닌 이자이므로 기업회계원칙에 따라 발생주의로 각각 익금과 손금에 산입된다. 다만 발생주의를 따를 때, 미수수익은 장부상 수익으로 인식하지 않고 손금산입의 경우에는 이미 경과한 기간에 대응하는 이자를 당해 사업연도의 손금으로 계상할 수 있기에 손익귀속시기 차이에 따른 이익조정의 문제가 발생할 수 있다.

(2) 지분을 제거할 수 있는 경우

다음으로 II.의 회계문제 3에서처럼 지분증권의 일부가 양도자의 회계장부에서 제거되고 TRS가 별도의 파생상품으로 기록되는 동시에 양수자도 해당 지분 취득을 장부에 기록하고 TRS를 별도의 파생상품으로 기록하는 경우를 살펴본다.

가. 양도주식

이 경우 해당 주식이 관계기업주식의 요건(통상 20%의 지분)을 만족하지 않을 때, 양수자는 인수하는 주식을 당기손익금융자산 혹은 매도가능금융자산으로 분류하게 된다.

기업회계기준은 해당 증권에 대해 공정가치평가를 하지만, 법인세법은 원가법을 적용한다. 원가법을 적용하면, 배당이 발생하는 경우에는 익금으로 산입하고 시가의 변화는 손익에 반영하지 않는다. 다만 처분 시 처분가액과 역사적 원가의 차이를 처분손익으로 과세한다. 단 양수자가 투자회사라면 시가법을 따른다.

만약 양수자가 인수하는 증권이 피투자회사에 유의적 영향력을 미칠 만큼 중대한 경우(통상 20% 이상), 기업회계상 지분법 회계처리를 한다.

이때 피투자회사의 이익 증가는 기업회계상 지분법 평가이익 및 투자주식 증가로, 배당의 경우 현금 증가 및 투자주식 감소로 기록된다. 세법상으로는 지분법 평가이익이 익금불산입 유보처분되며, 배당은 배당소득으로 기록하였다가 익금산입 유보처분될 것이다. 투자주식의 공정가치가 하락하여 회복 불능에 이르는 손상차손이 발생하는 때, 기업회계상으로는 전액 손실이나 세법의 경우 감액손실은 일반적으로 손금불산입하며, 예외적으로 법인의 파산·부도·회생계획인가 등 몇 가지 경우만 예외적으로 손상차손을 인정한다. 주식의 처분과 관련하여서는 원가법과 유사하게 처분 시 처분가액과 역사적 원가의 차이가 처분손익으로 과세된다.

나. TRS

다른 파생상품과 마찬가지로 TRS는 소득 구분과 손익 귀속시기와 관련하여 '채권과 주식, 이자와 배당, 확정소득과 미확정소득의 구별'이라는

전통적 이분법에 매우 어려운 과세문제를 제기한다.[8]

① 투자은행 C의 세법상 쟁점

우선 예시 사례에서 투자은행 C는 B 주식을 매입하고 지급받는 배당이 있는 경우, 계약에 따라 기업 A에게 지급하기에 과세대상 소득이 발생하지 않는다. 계약 종료 시 발생하는 주식양도차익과 관련한 현금흐름도 계약에 의해 기업 A가 부담하기에 완전히 상쇄된다. 즉 C의 입장에서 보면 주식보유에 따라 발생할 수 있는 위험으로부터 완전한 회피가 가능하다. 표현을 바꾸면, 내재되어 있는 주식선도거래의 공정가치가 0이기에 별도로 자산으로 기록할 것이 없고 이는 변화하지 않는다. 따라서 기업 A가 지불하는 거래비용에 상당하는 수수료에 대해서만 수취하는 사업연도의 익금으로 귀속하면 된다. 국세청은 이러한 수수료를 이자소득이 아닌 사업소득으로 판단하고 있는 것으로 보인다(국조, 국업46017-63. "미국법인에게 지급하는 파생금융상품거래 수수료의 소득구분" 2001. 2. 6. 참조). 관련된 또 하나의 문제는 C가 금융기관이기에 발생하는 교육세 계산문제이다. 교육세는 대표적인 외형과세이다. 따라서 파생거래 이익도 수입금액에 포함될 것이기에 교육세 납부와 관련하여 담보대출로 볼 것이냐 파생계약으로 회계처리할 수 있느냐(이 경우 순액처리 가능)에 따라 교육세 납세액이 달라질 수 있다.

② 기업 A의 세법상 쟁점

A 기업 입장에서는 배당 상당액을 받으면, 계약 만료 시 주가상승분에 대한 과세문제가 발생한다. 배당 상당액의 경우 이를 소득세법에 열거되어 있지 않은 전혀 새로운 소득으로 볼 것인지, 법인세법 제93조 제5호의 사업소득으로 볼 것인지, 그것도 아니면 기초자산의 성격에 따라 법인세

법 제93조 제2호에서 규정하는 배당소득으로 취급할 것인지와 관련하여
명확하지 않다. 다만 새로운 소득으로 보는 경우 소득세법상 열거주의에
의해 과세하지 못하며, 사업소득으로 처리되는 것보다 배당으로 처리되
는 경우 과세액이 더 클 것이기에 과세당국과의 분쟁을 최소화하기 위해
서는 배당처리가 유리한 점이 있다. 또한 해당 금액을 사업소득으로 인
정받기 위해서는 해당 거래의 영리성과 계속성을 입증하고 다투어야 하
는 번거로움이 있어 A 기업이 금융기업이 아닌 경우 사업소득 처리가 쉽
지는 않을 것으로 판단된다.

다음으로 A 기업 입장에서 계약이 만료되고 투자은행 C로부터 계약에
따라 주가상승분이 생기거나 하락에 따른 보전액이 발생하는 경우를 살
펴보자.[9] 이 경우에도 해당 금액을 어떤 소득으로 분류할 것인가에 대해
합의된 바가 없는데, 새로운 소득, 사업소득, 양도소득 등이 후보가 될
수 있다. 새로운 소득으로 파악하는 경우 과세할 수 없을 것이나, A 기업
이 금융업을 영위하여 해당 거래의 영리성과 계속성이 인정되면 사업소
득 처리를 할 수 있을 것이다. 한편으로 해당 거래의 경제적 실질 A 기업
이 B 기업의 주식을 실질적으로 보유하는 것이라고 한다면 계약 만료일
의 정산을 일종의 주식양도차익으로 보아 법인세법 제93조 제9호에서 규
정하는 유가증권 양도소득으로 파악하는 것이 합리적일 것이다. 과세 예
상금액을 비교하면, 새로운 소득으로 보는 경우 소득세법상 열거주의에
의해 과세하지 못하고, 사업소득으로 처리되는 것보다 양도소득으로 처
리되는 경우 과세액이 더 클 것이기에 과세당국과의 분쟁 최소화를 위해
서는 양도소득 처리가 안전한 세무처리방식일 것이다. 또한 해당 금액을

---

9) 변혜정, "파생금융상품에 대한 원천징수 방안에 관한 연구", 조세학술논문집 제28집
   제1호 (2012), 249-279면 참조.

사업소득으로 인정받기 위해서는 해당 거래의 영리성과 계속성을 입증하고 다투어야 하는 번거로움이 있음을 기억하여야 한다.

3. 거래 일방이 외국인일 경우의 조세회피 문제

만약 A가 외국인이라면 어떤 문제가 생길 것인가?[10] 외국법인은 국내원천소득에 대하여만 납세의무가 있기에 소득원천의 구분에 따라 과세의 차이가 발생한다.

앞에서 본 사례에서 만약 A가 외국인인 경우 배당 상당액이 사업소득으로 구분되는 경우 고정사업장 문제가 등장하고, 우리나라에서의 영리업무를 계속하였음을 입증하기 어려워 비과세 처리된다. 반면 배당소득의 경우 국내원천이 인정됨에 따라 과세할 수 있다. 마찬가지로 계약 만료에 따른 주가 상승·하락에 따른 정산과 관련하여서도 영리성과 계속성요건의 충족이 어려워 사업소득은 비과세되기 쉽고, 양도소득으로 구분하면 법인세법 시행령 제8항 제4호에 따라 유가증권을 양도함으로써 발생하는 소득은 그 양수인이 비거주자인 경우도 포함하고 있으므로 국내원천 양도소득으로 과세하는 것이 가능하다. 물론 이 모든 것은 해당 법인이 조세조약을 통해 해당 원천소득이 국내에서 과세되지 않는 체약국가로 법인을 이동할 때 무력화되나, 그러한 조세회피 문제는 이 논문의 범위를 넘어서므로[11] 다음에서 미국의 사례를 통해 간략하게 언급하는 수준에서 그친다.

---

10) 변혜정, 앞의 논문 각주 7; 박 훈, "파생상품 소득과세의 주요 쟁점", 금융투자 제165호 (2015. 2), 12-23면.
11) 마찬가지로 국외특수관계자의 거래에서 해당 금액을 차입금으로 보는 경우, 차입금범위금액에 따라 과소자본세제가 문제 될 수 있다.

4. 미국 재무부와 국세청의 TRS 관련 원천세 대응

미국은 2015년 9월 17일 미국 연방세법[the U.S. Tax Code, Internal Revenue Code Section 871(m)]을 발표해 2017년 1월 1일부터 효력을 발생시켰다. 이 법안의 발효 전 미국 원천배당세 원천소득세율은 해외 투자자에 대해 30%였다. 하지만 주식스왑과 같이 미국배당을 기초자산으로 하는 파생상품으로부터 해당 금액이 지급되는 경우, 그 원천은 해당 해외 투자자의 거주국으로 간주되어 원천소득세를 부과하지 않았다.

미 의회는 장기간 이러한 파생상품을 조사한 후, 해외 투자자들이 미국의 원천세를 피하기 위한 수단으로 사용해 왔다고 결론을 내린다. Section 871(m)은 미국 주식의 배당을 기초로 파생금융상품과 관련한 배당 상당액(dividend equivalents)이 해외로 흘러가는 경우, 이를 해외금융계좌신고법(the Foreign Account Tax Compliance Act)상 원천세 과세대상으로 불러오기 위한 조치다. 특정 회피조건, 즉 ① 해당 기초자산 주식을 외국법인이 상대방에 이전, ② 거래 종결 시 외국법인의 기초자산 취득약정, ③ 기초자산이 시장에서 용이하게 거래하는 거래가 아닌 경우, ④ 기초자산을 외국법인에 담보로 드는 경우를 만족시키는 때, 경제적 수익이 기초자산이 되는 미국주식과 매우 높은 연관성이 있는지를 다음의 공식에 의거해 파악한다.

Delta=[파생금융상품 계약의 공정가치 변화분/기초자산이 되는 미국 주식의 공정가치 변화분]

만약 이 Delta가 0.8 이상의 상관관계를 보이는 경우(TRS의 경우 상관도가 1이 된다) 이 법안의 대상이 되며, 그러한 경우 배당 상당액을 계산하

고 관련 현금흐름은 미국에 원천을 둔 것으로 간주되어 30%의 원천세율
이 적용된다. 구체적 적용과 관련한 자세한 내용은 EY(2016)[12] 및 PwC
(2016)[13]를 참고하기 바란다.

5. 국세청의 의결권: 경제적 실질 분리에 대한 과세 경향

TRS는 공정거래법 및 자본시장법의 각종 규제를 피하는 수단으로 사
용되고, 특히 지배주주의 경영권 방어에 사용될 수 있다는 우려가 있다.
따라서 TRS 주식 관련 손실이 발생하는 경우, 과세관청은 경영권 방어과
정에서 생긴 TRS 손실을 지배주주의 이익을 위한 것으로 간주하고 손비
처리를 인정하지 않으려는 경향이 있다.

실제로 보도에 따르면 국세청은 2014년 11월 4일, 7월 말부터 10월 말
까지 3개월간 현대엘리베이터에 대한 법인세 세무조사를 벌이고 현대그
룹의 지주회사 격인 현대엘리베이터에 358억 원의 세금을 추징하겠다는
내용이 담긴 과세 예고 통지서를 보낸 것으로 알려졌다.[14] 현대엘리베이
터는 지난 2006년 현대상선 경영권 분쟁 시 여러 금융기관과 파생상품계
약을 맺어 현대엘리베이터가 파생상품 계약 상대방이 취득한 현대상선
주식의 의결권을 양도받는 대신 현대상선의 주가가 하락하면 계약 상대
방의 손실을 보전하기로 했다. 이 거래에서 사후적 가격변동으로 인해
막대한 손실이 발생했고, 국세청은 해당 비용은 특정 주주의 경영권 방어

---

12) EY, "US IRS Issues Section 871(m) Transition Rules", International Tax Alert
    (December 9, 2016).
13) PwC, "Immediate Action Required by Asset Managers to Address US Tax Withholding
    and Reporting on Dividend Equivalent Payments", Tax Insights from Global Information
    Reporting (April 1, 2016).
14) 연합뉴스 2014. 11. 5.자, "국세청, 현대엘리베이터에 350억 원 과세 통지."

용이므로 회사의 손금으로 인정할 수 없다는 입장을 견지했다. 보도에 따르면 현대 측은 "국세청이 파생상품계약 거래손실을 비용으로 인정하지 않는다면 거래이익도 회사이익에 포함시켜서는 안 되는데, 지난 2007년에 발생한 547억 원의 거래이익에 대해서는 세금을 납부했다"며 반발했다. 결국 이듬해인 2015년 2월 17일 과세적부심을 통해 345억 원을 감면받은 것으로 알려졌다.

이렇게 국세청이 특수관계자 간의 거래에 대해서는 세법 측면과 관련하여 공정하지 않은 거래로 실제 거래를 부인하는 경우 지분율이 중요해진다. 즉 단계적 지분율, 대주주 해당 여부, 실제 주식매각 시 특수관계의 존재 여부가 문제 될 수 있다. 결국 과세 근거가 마땅하지 않음에도 TRS가 공정거래법과 자본시장법을 우회하여 특수관계자 간의 거래로 혹은 지배주주의 이익에 기여하는 것으로 비추어질 때, 정치적 풍향에 따라[15] 국세청이 해당 손실을 손비로 인정해 주지 않을 가능성은 앞으로도 상존할 것으로 판단된다.

6. 인수·합병 시 간주취득세 과세회피도구로서의 TRS

TRS는 인수·합병 시 과점주주에게 부과되는 간주취득세를 회피하는 수단으로 자주 사용된다. 최근의 예는 롯데그룹의 KT렌탈 인수 관련 TRS 거래였다. 롯데는 인수필요자금 총 1조 2,000억 원 중 약 반에 해당하는 5,100억 원을 외부에서 조달하며, 이 중 3,100억 원을 금융기관과의 TRS 계약으로 해결하였다. 지방세기본법 제47조 제2호는 지분 50% 초과 소

15) 채이배, "현대엘리베이터의 파생상품거래 관련 국세청의 현정은 회장 미과세 조치에 대한 논평", 경제개혁연대 (2014. 12. 15) 참조.

유한 과점주주[16]에게 간주취득세를 부과하도록 하고 있으며, 롯데의 경우도 KT렌탈 지분을 50% 초과해서 인수할 경우 약 400억 원 가량의 간주취득세가 예상되었으나, 무사히 TRS거래가 성사되어 정확히 KT렌탈의 50% 지분만 확보하게 되어 간주취득세 이슈에서 벗어난 것으로 알려졌다.

IV. 마치며

이상으로 최근 활발한 거래가 이루어지고 있는 TRS와 관련한 회계 및 세무문제를 간략히 살펴보았다. 계약의 법적 성격을 중요시하는 법원의 해석과는 다르게 K-IFRS는 원칙에 입각해 경제적 실질에 부합하는 회계처리를 요구하고 있다. 구체적으로 기업 A가 보유한 B 회사 주식을 C에게 이전하고 양수대가를 수취하되, 일정액의 수수료를 일시 혹은 정기적으로 지급하고 특정 기간 내에 발생하는 배당의 수취 및 가격변동위험 노출의 흡수, 만기의 사후 정산 등을 약속한 경우를 살펴보았다. 이 경우 양도자는 해당 거래를 매각으로 처리할 수 없다. 또한 양수자도 대칭적인 회계처리를 하여야 한다. 즉 양도자는 해당 거래를 담보부차입거래로, 양수자는 담보부대출거래로 처리하여야 한다. 만약 이전된 B 회사 주식이 관계회사 주식의 일부인 경우에는 양도자는 자산을 제거하고 TRS가 파생상품의 정의를 만족하는 경우 별도의 계약으로 인식할 수 있다. 양수인의 경우 논란에도 불구하고 감독당국의 해석에 따르면 대칭적인 회

---

16) "주주 또는 유한책임사원 1명과 그와 친족 및 그 밖의 특수관계에 있는 자들의 소유주식의 합계 또는 출자액의 합계가 해당 법인의 발행주식총수나 출자총액의 100분의 50을 초과하는 자들로 실질적으로 지분에 관한 권리행사자, 사실상 경영지배자와 그 배우자 및 직계존비속에 해당하는 자."

계처리를 통해 지분증권의 취득을 기록하고 TRS를 별도의 파생상품으로 기록할 수 있다.

TRS의 과세와 관련하여 B 회사 주식을 제거하지 못하면 양도인 양수인 모두 채권과 관련한 이자 기타 확정소득의 일반원리가 적용된다. 즉 현금주의에 기반한 원가법이 과세액계상에 이용된다. 지분을 제거할 수 있는 경우에는 해당 주식이 당기손익금융자산 혹은 매도가능금융자산이면 법인세법의 원가법을 따라 세무처리를 한다. 지분 소유가 유의적 영향력을 가지는 경우에는 기업회계상으로는 지분법 처리를 하나, 지분법평가이익은 익금불산입 유보처분하고 배당은 배당소득 익금산입 유보처분한다.

TRS와 관련하여서는 C의 경우 수수료 부분만 사업소득 혹은 이자소득으로 기록하면 된다. A 기업 입장에서 계약기간 중 배당 상당액 수령은 배당소득 혹은 사업소득으로 익금산입할 수 있으나, 사업소득 주장 시 영리성과 계속성을 증명하여야 한다. A 기업의 계약 만료 정산금액은 사업소득 혹은 양도소득으로 처리할 수 있다. 거래의 일방이 외국인인 경우에는 국내원천소득에 대해서만 납세의무가 있기에, 외국인이 조세조약을 통해 해당 원천소득이 국내에서 과세되지 않는 체약국으로 이동해 조세회피문제가 생길 가능성이 상존한다. 이와 관련해 미국 국세청은 미국 배당을 기초자산으로 하는 파생상품으로부터 지급되는 금액이 미국 기초자산과 0.8 이상의 상관관계가 있을 경우, 미국에서 원천세 과세를 가능하게 하는 미국 연방세법개정안을 2017년 1월 1일부터 발효시켰다. 우리의 경우에도 TRS와 관련한 과세제도를 정비할 필요성이 있다. 한편 TRS가 각종 규제를 피해 특수관계자 간의 거래를 통해 지배주주의 이해를 강화하는 데 사용된다는 의구심이 있기에 부당행위 계산부인을 전가의 보도처럼 사용할 가능성이 상존한다는 것을 기억할 필요가 있다.

마지막으로 TRS는 기업 인수·합병에 있어 지분 50% 초과 과점주주의 간주취득세를 줄여 주는 과세회피도구로서 유용하게 기능하나 역시 과세당국의 대응이 예견된다.

제3부

파생결합증권 관련 법적 문제

10

최근 주가연계증권 소송과 민법상 조건성취 방해 법리[*]

이상훈[**]

I. 연구의 배경과 의의

2015년과 2016년 두 해 동안 주가연계증권(Equity Linked Securities. 이하 'ELS')[1]에 관한 대법원 판결이 여러 개 나왔다.[2] ELS를 운용하는 증권사 또는 그 헤지(hedge)거래 상대방인 헤지운용사가 ELS의 중도상환평가

---

[*] 이 글은 BFL 제80호 (2016. 11)에 게재된 글을 수정·보완한 것이다.

[**] 경북대학교 법학전문대학원 부교수

[1] 이광배, "ELS 상품의 손익구조와 헷지운용: 이론과 실제(Step Down Autocall 구조를 중심으로)" (한국증권법학회 / 한국파생상품학회 공동세미나자료집, 2016. 4), http://ksla.org 2016. 8. 1. 국내 ELS의 발행규모는 2009년 발행금액 11조 8,000억 원, 2014년 71조 8,000억 원, 2015년 상반기 47조 3,000억 원으로 현재 100조 원대로 추산되고 있다.

[2] 2016년 6월 30일자로 7개이며 다음과 같다. ① 2016. 3. 24. 선고 2013다2740 판결, ② 2016. 3. 10. 선고 2013다7264 판결, ③ 2015. 6. 11. 선고 2014도11280 판결, ④ 2015. 5. 14. 선고 2013다2757 판결, ⑤ 2015. 5. 14. 선고 2013다3811 판결, ⑥ 2015. 4. 9.자 2013마1052, 1053 결정, ⑦ 2015. 4. 9.자 2014마188 결정.

를 앞두고 그 보유주식을 시장에 대량 매도한 결과, 주가가 하락하여 ELS 상환금 지급조건의 성취가 무산되는 바람에 투자자들이 손해를 보았다는 것으로, 금융규제와 민사 및 형사 모두 문제 되었다.

특이한 점은 투자자들이 증권사들을 상대로 민사소송을 제기함에 있어, 당초 예상과 달리 자본시장법상 시세조종을 이유로 한 불법행위(민법 제750조)가 아닌 민법 제150조의 신의칙에 위반한 조건성취 방해를 주된 청구원인으로 삼았다는 점이다. 소송이 진행된 약 7년간 금융규제 내지 자본시장법상 책임에 대하여는 꽤 많은 논문이 나왔으나,[3] 민법 제150조 조건성취 방해 법리의 관점에서 본격적으로 다룬 논문[4]은 많지 않다.[5]

---

3) 김주영, "ELS 시세조종쟁송의 주요 쟁점과 법리" (2015. 5. 8), 법무법인 한누리(홈페이지 2016. 6. 25); 김주영, "헤지거래기법을 이용한 투기거래와 이에 대한 법적 규제", 증권법연구 제12권 제3호 (2012. 1), 187면; 김홍기, "자본시장법상 연계불공정거래 규제체계 및 입법론, 해석론에의 시사점: 주가연계증권(ELS) 연계거래를 중심으로", YGBL 제2권 제2호 (2010), 73면; 김홍기, "자본시장법상 파생상품 연계 불공정거래행위에 관한 연구", 법조 제58권 제9호 (2009), 32면; 나지수, "주가연계증권(ELS) 델타헤지거래 관련 분쟁의 분석", 증권법연구 제17권 제1호 (2016. 4), 109면; 나승철, "주가연계증권(ELS)에 있어서 발행사와 투자자 사이의 이해상충", 기업법연구 제24권 제4호 (2010. 12), 193면; 맹수석, "ELS투자에 있어서 증권회사의 고객보호의무" (증권법학회 세미나 자료집, 2015. 8), 1면; 배승욱 / 안수현, "파생결합증권을 둘러싼 금융소비자보호 강화 방안", 은행법연구 제6권 제2호 (2013. 1), 129면; 성희활, "자본시장법상 연계 불공정거래의 규제현황과 개선방향: 주가연계증권(ELS) 연계거래를 중심으로", 금융법연구 제6권 제2호 (2009), 48면; 엄세용, "자본시장에서의 ELS규제 및 감독방향: ELS헤지거래 가이드라인을 위주로", YGBL 제2권 제2호 (2010), 11면; 양기진, "ELS 판결 동향과 투자자보호 쟁점: 이해상충 이슈를 중심으로" (한국증권법학회 / 한국파생상품학회 공동세미나 자료집, 2016. 4), http://www. ksla.org 2016. 6. 25; 이숭희, "ELS분쟁의 현황과 법적 쟁점", YGBL 제2권 제2호(2010), 41면; 정승화 / 안수현, "ELS, DLS 투자자보호에 관한 연구", 금융소비자연구 제3권 제1호 (2013); 조유현 / 이영애 / 이성림, "주가연계증권(ELS)의 소비자 이해 수준에 관한 사례 연구", 소비자학연구 제24권 제4호 (2013), 147면.
4) 이숭희의 논문(주 3)과 김주영, "파생결합증권거래와 민법 제150조 (조건성취, 불성취에 대한 반신의행위)", BFL 제75호 (2016. 1), 33면은 ELS 소송에서의 민법 제150조 쟁점을 다룬 선구적인 논문으로 본 연구에도 많은 참고가 되었다.
5) 그 외에 민법 제150조에 관하여 다룬 논문으로는 김대규, "항공마일리지의 법적 성격과

이에 ELS 소송에 민법 제150조가 구체적으로 어떻게 적용되었는지 그 내용을 소개하고 법리를 검토해 보려는 것이 본 연구의 배경이다.

이 글의 의의 및 주요 내용은 다음과 같다. 첫째, ELS 사건에 적용된 민법 제150조 제1항의 요건별 쟁점 분석을 시도하였다.[6] 둘째, 자본시장법상의 시세조종에 의한 청구원인으로 구성하는 경우와 민법 제150조의 조건성취 방해 법리로 구성하는 경우의 차이점을 분석하고, 양자는 사안을 바라보는 시각과 핵심 요건이 다르다는 점을 논구하였다. 셋째, 증권사가 자체헤지를 한 경우와 백투백(back-to-back)헤지를 한 경우의 증권사와 헤지운용사 각각의 민사책임구조를 분석하고 민법상 이행보조자 법리의 적용 가능성을 검토하였다. 넷째, 민법적 관점에서 증권사가 지켜야 할 행동수칙을 생각해 보고 이것은 자본시장법상 시세조종규제의 관점과 다를 수 있음을 주장하였다.

II. 판결의 내용과 민법 제150조 적용의 의의

1. ELS 소송 대법원 판결의 내용

민법 제150조에 관한 조건성취 방해에 관하여 자세히 판시한 것은 대

약관해석", 한국항공우주법학회지 제25권 제2호 (2010), 163면 등.
6) 김주영, 앞의 논문 각주 4는 민법 제150조와 관련한 소송상 주요 쟁점을 ① 신의칙 위반의 요건에 관한 쟁점과 ② 금융거래에 민법 제150조의 적용 가능성이라는 쟁점의 두 가지로 구분하고, 그중 ②의 쟁점을 다시 세 가지로 제시하고 있다. 즉 ELS의 중도상환조건이 민법 제150조의 조건인지, 복잡한 ELS상품에 민법 제150조의 적용이 제한되어야 하는지, 조건성취 주장의 시한 등이 그것인데, 이 글은 ②의 쟁점들은 다루지 않는다.

법원 2015. 5. 14. 선고 2013다2757 판결인데 그 내용은 다음과 같다.

　　1. ... 위와 같은 민법과 구 증권거래법 등의 규정 취지에 비추어 보면, 증권회사는 유가
증권의 발행, 매매, 기타의 거래를 함에 있어 투자자의 신뢰를 저버리는 내용 또는 방법으
로 권리를 행사하거나 의무를 이행하여 투자자의 보호나 거래의 공정을 저해하여서는 안
되므로 투자자와의 사이에서 이해가 상충하지 않도록 노력하고, 이해상충이 불가피한 경
우에는 투자자가 공정한 대우를 받을 수 있도록 적절한 조치를 취함으로써 투자자의 이익
을 보호하여야 하며, 정당한 사유 없이 투자자의 이익을 해하면서 자기 또는 제3자의 이
익을 추구하여서는 안 된다.

　　....

　　(증권회사는) 기초자산의 공정한 가격 형성에 영향을 끼쳐 조건의 성취를 방해함으로
써 투자자의 이익과 신뢰를 훼손하는 행위를 하여서는 안 된다.

　　2. 원심 판결 이유 및 기록에 의하면 다음과 같은 사실을 알 수 있다.

　　....

　　3. 이러한 사실관계를 앞에서 본 법리에 비추어 살펴본다.

　　가. 이 사건 주가연계증권은 기초자산인 삼성SDI 보통주의 중간평가일의 종가에 따라
중도상환조건의 성취 여부가 결정되어 피고가 투자자에게 지급할 중도상환금의 지급 시
기와 금액이 달라지는 유가증권이다. 그리고 이 사건 주가연계증권의 중도상환조건은 법
률행위 효력의 발생을 장래의 불확실한 사실에 의존케 하는 정지조건이고, 피고는 이 사
건 주가연계증권을 발행하여 판매한 증권회사로서 위 정지조건이 성취되는 경우 이 사건
주가연계증권의 투자자에게 이 사건 주가연계증권의 판매계약에서 정한 바에 따라 액면
금에 약정 수익금을 더한 중도상환금을 지급하여야 할 의무를 부담하게 되므로, 위 정지
조건의 성취 여부에 따라 이 사건 주가연계증권의 투자자와 이해관계가 상충한다.

　　나. 피고가 이 사건 주가연계증권과 관련된 델타헤지거래로 삼성SDI 보통주를 매도하
는 것은 기본적으로 위험회피라는 자신의 이익을 위하여 행하는 것이므로 그 과정에서
투자자의 신뢰나 이익이 부당하게 침해되어서는 안 된다고 할 것인바, 이 사건과 같이
중간평가일의 기초자산가격이 중도상환조건을 성취시키는 가격에 근접하여 형성되고 있

어 그 종가에 따라 중도상환조건이 성취될 가능성이 커서 피고와 투자자 사이의 이해관계
가 서로 상충하는 상황에서는 피고는 중도상환조건의 성취 여부에 최소한의 영향을 미치
는 방법으로 헤지거래를 함으로써 투자자를 보호해야지 그 반대로 중도상환조건의 성취
를 방해함으로써 투자자의 신뢰를 저버리는 헤지거래를 하여서는 안 된다.

다. 그런데 피고는 이 사건 중간평가일의 삼성SDI 보통주 종가가 이 사건 주가연계증
권의 상환기준가격인 10만 8,500원으로 결정되는 경우 그 델타값인 −12만 7,137에 따라
보유하고 있던 삼성SDI 보통주 28만 7,221주 중 약 16만 주(≒287,221주−127,137주)를,
종가가 상환조건이 성취되지 아니하는 10만 8,000원으로 결정되는 경우 그 델타값인
−19만 2,137에 따라 약 9만 5,000주(≒ 287,221주−192,137주)를 각 매도할 필요가 있었
는바, 중도상환조건 성취 여부와 무관하게 보유하고 있던 삼성SDI 보통주 중 상당량을
이 사건 중간평가일의 접속매매 시간대 전체에 걸쳐 분산하여 매도함으로써 중도상환조
건 성취 여부를 결정하는 요소인 종가 결정에 미치는 영향을 최소화할 의무가 있었다.
나아가 단일가매매 시간대 직전의 삼성SDI 보통주의 가격이 기준가격을 상회하여 투자자
로서는 이 사건 주가연계증권의 중도상환조건이 충족될 것으로 기대할 수 있었으므로,
피고는 단일가매매 시간대에 시장 수급에 영향을 줄 것이 예상되는 대량의 매도주문을
하려면 조건성취에 영향을 미치지 않도록 기준가격 이상의 호가를 제시하였어야 했다(피
고가 이 사건 중간평가일에 이르기까지 델타헤지를 하면서도 삼성SDI 보통주를 델타값에
일치시키지 않고 그 이상으로 보유하여 온 점에 비추어 볼 때 이를 요구하는 것이 피고에
게 과다한 위험을 부담시키는 것도 아니다).

그럼에도 피고는 이 사건 중간평가일의 접속매매 시간대에는 매도주문 시 그 호가 대
부분을 직전 체결가보다 높게 제시하여 대부분의 계약 체결이 무산되는 결과를 초래하고
오히려 총 7만 주의 매수주문을 내기도 하는 한편, 단일가매매 시간대에는 같은 시간대
전체 매도주문의 약 79%를 차지하는 13만 4,000주에 관하여 매도주문을 하면서 그중
9만 4,000주에 관하여는 기준가격인 10만 8,500원에 미치지 못하는 호가를 제시하였고,
단일매매 시간대 전까지 기준가격인 10만 8,500원 이상으로 거래되고 있던 삼성SDI 보통
주가 피고의 위와 같은 대량 매도주문으로 인하여 종가가 10만 8,000원으로 결정되었고,
결국 이 사건 주가연계증권의 중도상환조건 성취가 무산되었다.

피고의 이러한 행위는 원고들에 대한 투자자보호의무를 게을리한 것으로서 신의성실에 반하여 이 사건 주가연계증권의 중도상환조건성취를 방해한 것이라고 볼 여지가 충분하다.
....

이 글에서는 상기 대법원 판결을 주된 대상으로 하되(이하 '본건 대법원 판결'), 그 하급심 및 다른 사안의 하급심 판결(총칭하여 이하 '본건 소송') 에서 논의된 쟁점도 검토대상으로 삼는다.

2. 민법 제150조[7] 적용의 의의

민법 제150조는 '조건의 성취'로 '불이익을 받을 당사자'가, '신의칙에 반하여' '조건성취를 방해'한 때에 '조건의 성취를 주장'할 수 있음을 규정 하고 있다(제1항). 그리고 그 반대의 경우, 즉 조건의 불성취로 이익을 받 을 당사자가 신의칙에 반하여 조건을 성취시킨 때에는 조건의 불성취를 주장할 수 있음도 규정한다(민법 제150조 제2항). 이 중 본건 소송에 적용 된 조문은 제1항이다. 즉 ELS 만기상환금 지급조건인 일정한 주가 수준 도달이라는 조건의 성취로 만기상환금을 지급하여야 하는 불이익을 받을 당사자인 증권사가, 신의칙에 반하여 만기일 종가매매 시간에 주식을 대 량 매도함으로써 조건(정지조건부)의 성취가 무산되었다는 것이 청구원인 이다.

---

7) 제150조(조건성취, 불성취에 대한 반신의행위)
 ① 조건의 성취로 인하여 불이익을 받을 당사자가 신의성실에 반하여 조건의 성취를 방해한 때에는 상대방은 그 조건이 성취한 것으로 주장할 수 있다.
 ② 조건의 성취로 인하여 이익을 받을 당사자가 신의성실에 반하여 조건을 성취시킨 때에는 상대방은 그 조건이 성취하지 아니한 것으로 주장할 수 있다.

자본시장법상 시세조종을 이유로 한 불법행위책임을 묻는 것에 대비한 민법 제150조의 실익이 주된 관심을 모으는 부분인데, 원고 측을 대리한 법무법인 한누리의 설명은 다음과 같다.[8]

① 중도상환일이나 시세조종이라는 불법행위가 아닌 반신의행위 입증만으로도 청구가 인용될 수 있다.

② 학설 및 판례상 반신의행위는 합법적인 권리의 행사나 의무의 이행이라도 성립할 수 있다.

③ 한국거래소는 기초자산 대량 매도를 이미 시장감시규정상 '공정거래질서 저해행위'로 인정하였다.

④ 손해배상청구가 아닌 이행청구이므로 청구액 산정이 간명하고 과실상계나 책임제한 여지가 없다.

위 이유 중 눈길을 끄는 부분은 ①과 ②이다. 이 부분은 민법 제750조[9] 불법행위 조문에 대비한 장점인데, 이 부분이 시세조종에 의한 불법행위책임 대신 민법 제150조의 책임을 주위적 청구로 내세운 주된 이유로 보인다.[10] 이 부분은 소송 전략상 분쟁의 본질을 어떻게 프레임할 것인지와 관련된 중요 문제임과 동시에 법리적인 측면에서도 불법행위책임으로 구성할 것인지, 채무불이행책임 또는 계약이행책임으로 구성할 것인지의 문제로서 요건 사실 전반에 상당한 차이를 낳는다. 불법행위책임으로 구성할 경우 일반적인 요건, 즉 고의·과실·손해·위법성·책임능력이라는 민법 제750조의 요건과 증권회사의 책임을 묻기 위한 사용자책임(민

---

8) 김주영, 앞의 논문 각주 3 전자.
9) 민법 제750조(불법행위의 내용) 고의 또는 과실로 인한 위법행위로 타인에게 손해를 가한 자는 그 손해를 배상할 책임이 있다.
10) 민법 제148조의 손해배상책임의 성질을 불법행위책임설로 보는 경우에는 민법 제148조에 대비한 장점이 될 수도 있다.

법 제756조)의 요건이 필요한 반면,[11] 조건성취 방해로 구성할 경우에는
신의성실에 반하는 조건성취 방해만 입증하면 나머지는 계약조건에 의해
모두 결정된다. 사용자책임은 사실상 면책을 허용하지 않는 형태로 운용
되는 현실[12]을 고려하면, 핵심적인 차이는 위법성 부분이다. 불법행위책
임을 물으려면 위법성, 즉 의무 위반을 주장·입증해야 하는데, 본 사안
의 경우 주식매매행위가 구체적으로 어떠한 의무에 위반하였다는 것인지
주장·입증이 쉽지 않을 수 있다. 자본시장법상의 시세조종 또는 사기적
부정거래에 해당함을 입증하면 비교적 용이할 것이나, 시세조종은 엄격
한 요건 입증이 필요하고,[13] 그것을 일반 주식시장 참여자가 아닌 ELS
투자자를 보호하기 위한 규범으로 보아 손해배상책임을 부담시킬 수 있
는 '위법'이라고 볼 수 있을지는 민법 제750조의 독자적인 판단이 다시
요구된다. 반면 민법 제150조의 조건성취 방해는 굳이 시세조종과 같은
불법행위가 성립하지 않더라도 성립 가능하다. 신의칙 위반이 되려면 일
반 불법행위의 요건을 충족해야 한다는 반론 가능성도 배제할 수 없고,[14]
그 경우 양자는 수렴할 수 있으나 제150조가 법률행위의 조건과 관련하
여 특별히 인정된 제도라는 점을 고려하면 신의칙 위반은 해당 법률행위,

---

11) 사용자책임이 성립하기 위하여 반드시 피용자의 행위가 불법행위책임의 요건을 갖추
어야 하는지에 대하여 견해가 나뉘나, 긍정설(대위책임설)이 다수설·판례이다. 양창
수/권영준, 민법 II: 권리의 변동과 구제 (제2판, 2015), 690면 참조.
12) 양창수/권영준, 앞의 책 각주 11, 691면.
13) 민사 판결인 대법원 2016. 3. 10 선고 2013다7264 판결에서는 델타헤지가 시세조작이
아니라며 원고의 청구를 기각한 반면, 형사 판결인 대법원 2015. 6. 11. 선고 2014도
11280 판결에서는 델타헤지와 관련 시세조종 혐의를 인정하였다.
14) 민법 제148조의 조건부 권리 침해의 책임에 대하여 채무불이행책임설과 불법행위책임
설의 대립이 있고 채무불이행책임설(청구권경합설 포함)이 다수설인 것으로 보인다.
곽윤직, 민법주해 (3, 1992), 347면; 곽윤직/김재형, 민법총칙 (제9판, 2013), 405면;
송덕수, 신민법강의 (제9판, 2016), 294면; 지원림, 민법강의 (제14판, 2015), 364면
참조.

즉 계약관계 자체에서 도출 가능하며 양자는 구별된다고 봄이 타당할 것이다. 계약관계에서 도출되는 의무로 볼 경우에는 주식시장의 관점에서는 시세조종이 아닌 정상적인 거래로서 불법행위가 아니었다고 하더라도, 증권사와 투자자 사이의 계약관계라는 관점에서 보았을 때 신의에 반하는 것이면 책임을 물을 수 있다. 증권사가 지켰어야 할 규범적 수준이 더 높아지는 것이다. 이 부분이 바로 원고 측이 주목한 부분으로 보인다.[15] 주식시장의 공정성, 즉 주식시장에 대한 신뢰에 중점을 두느냐(자본시장법적 관점), 두 당사자 사이의 신뢰 관계에 중점을 두느냐(민법 제150조)는 불법행위책임과 계약책임의 일반론적 차이가 그대로 적용되는 것으로서, 요건의 설정 및 분석, 종국적인 규범적 가치판단, 분쟁의 본질 파악에 커다란 차이를 낳을 수 있다. 그간 발표된 논문이나 금융규제, 그리고 판결 중 일부는 이 점을 명확히 구분하지 않고 다소 혼용하여 접근한 면이 없지 않은데(뒤에 상술), 이 점을 인식하는 것은 대단히 중요하다고 본다.

III. 민법 제150조의 요건 충족 여부에 관한 쟁점

앞에서 설명한 바와 같이 조건성취 방해의 요건은 '조건의 성취'로 인하여 '불이익을 받을 당사자'가, '신의칙에 반하여' '조건성취를 방해'한 때에 '조건의 성취를 주장'하는 것이다. 이하 요건별로 본건 소송에서 주로 쟁점이 되었던 내용을 살펴본다.

---

15) 민법 제150조에 의할 경우 계약상 이행청구이므로 손해배상에 적용될 민사 법정이율인 5% 대신 상사 법정이율인 6%가 적용된다는 점이 현실적으로 매우 중요한 고려요소였다고 한다(2016. 9. 24. 제106회 자본시장연구회 토론자인 김주영 변호사 발언).

1. 조건부 법률행위

(1) 법원의 판단

대법원은 "이 사건 주가연계증권은 기초자산인 삼성SDI 보통주의 중간평가일의 종가에 따라 중도상환조건의 성취 여부가 결정되어 피고가 투자자에게 지급할 중도상환금의 지급 시기와 금액이 달라지는 유가증권이다. 그리고 이 사건 주가연계증권의 중도상환조건은 법률행위의 효력의 발생을 장래의 불확실한 사실에 의존케 하는 정지조건"이라고 하여 본 사안의 ELS계약을 정지조건부 법률행위로 판단하였다.

(2) 조건부 법률행위와 파생상품의 '외생성'

본 요건과 관련한 한 가지 쟁점은 증권회사가 시장에 참여하여 주식매매행위를 함으로써 시세에 영향을 줄 수 있다면, 과연 그 주가가 특정 값에 도달하는지 여부를 '조건'이라고 할 수 있는지의 점이다. 계약 당사자 사이에서 조건이라 함은 일정한 법률 효과의 발생 여부가 (계약 당사자들에게) 불확실한 사실에 좌우되도록 함을 본질로 한다. 그런데 계약 당사자 한쪽이 직접 매매에 참여함으로써 주가를 움직일 수 있다면(반드시 불법적인 시세조종이 아니더라도 주식거래에 참여하는 순간 잠깐이나마 시세 형성에 관여할 수 있다), 그것은 "불확실한 사실에 좌우된다"고 말하기 어려운 면이 생긴다.

이와 관련하여 원고들은 파생상품의 외생성, 즉 파생상품의 기초 변수는 외생적으로 결정되어야 한다는 전제하에, 증권사가 파생상품의 기초자산인 주식 시세에 인위적인 영향을 주는 행위를 하여서는 안 된다고 주장하였다.[16] 반면 피고 측은 이를 부정하며 파생상품의 외생성은 분석의 편의를 위한 개념일 뿐 규범적으로 지켜져야 하는 개념은 아니라는 취지로 주장하였고, 서울고등법원 2012. 12. 14. 선고 2010나58607 판결은 외생성 주장을 배척하고 피고의 주장을 받아들였다.

외생성 주장은 민법상 조건의 일반론과는 일견 맞지 않는 주장이라고 할 수 있다. 주식시장에서의 매매에 의한 주가 형성은 매매의 양 당사자의 의사가 함께 작용하는 것인데, 제3자의 의사와 더불어 당사자 한쪽의 의사에도 의존하는 조건은 이른바 '혼성조건'으로서 그 유효성에는 다툼이 없기[17] 때문이다. 그러나 외생성 주장은 "주가가 일정한 수준에 도달하리라는 조건이 '조건'으로서의 적격성이 인정되기 위해서는 혼성조건에 관한 민법 일반론과는 달리 증권사가 조건의 성취 여부(매매·시세 형성)에 관여하지 않아야 하며, 그것이 본건 ELS의 '조건'에 관한 당사자 간의 전제 내지 암묵적인 합의"라는 취지로 이해해야 그 의미가 보다 무겁게 고려될 수 있다. 이렇게 이해할 경우, 한쪽 당사자는 ELS계약에 내재된 일종의 신의칙상의 부수의무[18]로서 매매에 관여하여 시세에 영향을 주지 않아야 할 의무를 부담하게 된다. ELS상품 하나 팔았다는 이유만으로 이러한 의무 부담은 과도한 것이라 생각될 수도 있으나, 증권사로서는 해당 고객이 가입한 특정 ELS상품 외에도 여러 ELS 상품을 취급할 수 있고 그 외에도 다양한 금융투자업 영위과정에서 유발된 수요를 서로 합산하

---

16) 김주영, 앞의 논문 각주 3 후자, 191면. 파생상품의 외생성(파생상품은 기초자산의 가격을 기초로 가격이 형성되므로 파생상품의 거래가 기초자산의 가격에 영향을 주어서는 아니 된다는 원칙)이 중요하며 이를 훼손해서는 아니 된다고 한다.

17) 송덕수, 앞의 책 각주 14, 289면; 지원림, 앞의 책 각주 14, 360면.

18) 송덕수, 앞의 책 각주 14, 924면: 본래의 급부의무 외 계약상 의무로서 채무를 이행하는 과정에서 법률이나 신의칙 등에 의하여 부담하는 의무를 가리키는 것으로, 학자들에 따라 '기타의 행위의무'라고 표현하기도 한다.

여 델타헤지를 할 수 있기에 이해상충 가능성은 생각보다 클 수 있다. 증권사 내부의 이러한 수요들은 서로 상쇄될 수도 있지만, 반대로 증폭될 수도 있고 특정 국면에서는 기관(개별 증권사)이 차지하는 주식시장에의 영향력이 상당할 수 있다는 점도 고려될 필요가 있다. 요컨대 증권사가 고객에게 수수료[19]를 받고 상품을 팔고 바로 뒤돌아 자신의 이익을 위해 투자자와 반대 방향(조건의 성취와 역방향)의 대량 매도를 할 수 있고, 그 규모와 영향력 정도를 가늠하기 어려운 상황에 빠질 수 있다는 것 자체가 합의에서 벗어난 행동이라고 보는 관점이다.

이처럼 외생성 주장은 시세조종이 아니더라도 계약관계의 특성상 수급 및 시세에 영향을 미칠 수 있는 매매거래 자체를 부정적으로 보는 의미로 이해될 수 있다. 반면 외생성을 부정하는 시각은 금융투자업자의 델타헤지 등 업무 활동에 중점을 두어 시세조종 등 불법거래만 금지될 뿐, 정상적인 매매거래를 통한 시세에의 영향력은 허용된다고 보는 자본시장법적 관점에 기반한 것이라 할 수 있다. 이 점에서 외생성 논쟁은 신의칙의 도출 근거에 관한 시각 차이(계약적 관점 v. 자본시장법적 불법행위 관점)와 연결되어 있다고 할 수 있다.

2. '불이익'을 받을 당사자

(1) 법원의 판단

민법 제150조에서의 불이익은 조건의 성취로 인하여 직접 법률상 불이익을 받게 되는 경우를 뜻하며, 간접적인 불이익은 제외된다는 것이 통

---

19) 상품 매입가의 3~5%라고 한다. 배승욱 / 안수현, 앞의 논문 각주 3, 164면.

설[20]이다. 본건의 경우, 증권사는 ELS의 조건이 성취되면 계약상 상환금 지급의무를 부담하므로, 직접 법률상 불이익을 받게 된다는 점에 의문이 없어 보인다. 그러나 증권사 측에서는, 자신은 상환금 지급의무의 부담으로 인한 경제적 손실을 회피하고자 델타헤지를 실행하였고 그 결과 '불이익'을 보지 않게 되었으니 결국 '불이익을 받을 당사자'에 해당하지 않는다고 주장하였다.[21]

대법원은 증권사의 주장을 배척하였다. 명확한 이유를 제시하지는 않았으나, 전체적인 설시 취지와 그 제1심에서 제시된 이유[22]를 합쳐서 보면 증권사는 조건성취 시 상환금 지급의무를 부담하게 되고, 델타헤지라는 것은 증권사가 그의 고유한 책임 아래 취한 위험회피조치의 효과에 기인하는 것에 불과하기 때문이라는 것으로 보인다. 반면 증권사에 승소를 선고한 서울고등법원 2012. 12. 14. 선고 2010나58607 판결은 증권사의 주장을 배척하기는 하였지만 다른 이유를 제시하였다. 델타헤지가 이론적으로 완벽하게 이루어진다면 손실이 회피되기 때문에 증권사의 주장이 타당하지만, 현실거래에 있어서는 그와 같은 완벽한 델타헤지는 불가능하기에[23] 결국 '불이익을 받을 당사자'성이 인정된다는 것이다. 대법원은 '법률적 권리·의무'를 기준으로 삼고, 손실 회피를 위한 헤지라는 '경제적인 손익기준'은 당사자의 주관적인 내부 사정에 불과한 것으로 본 반면, 서울고등법원 2012. 12. 14. 선고 2010나58607 판결은 헤지라는 '경제적인 손익기준'의 가능성을 인정은 하되, 다만 그 현실적 불완전성을 이유로 채택하지 아니한 것이라고 평가할 수 있다.

---

20) 곽윤직, 앞의 책 각주 14, 361면; 최성준, 주석민법 (총칙 3, 2010), 421면.
21) 이숭희, 앞의 논문 각주 3, 63면.
22) 이숭희, 앞의 논문 각주 3, 63면.
23) 델타헤지의 불완전성에 대하여는 성희활, 앞의 논문 각주 3, 73-75면; 나지수, 앞의 논문 각주 3, 116면; 김주영, 앞의 논문 각주 3 후자, 204면.

(2) 판단기준: 법률적 권리·의무기준 vs. 경제적 손익기준

이 문제는 법률적 권리·의무기준과 경제적 손익기준의 충돌되는 상황에서 어떠한 기준에 의할 것인지, 또는 법률적 권리·의무가 가져다주는 포지션을 헤지 내지 손익중립화 목적으로 파생거래를 할 경우 이를 어떻게 판단할 것인지라는 일반화된 질문으로 바꾸어 볼 수 있다. 재무회계[24]나 세법(국세기본법 제14조 및 법인세법 제4조)에서는 법적 형식보다는 경제적 실질을 중시[25]한다고 선언하는데, 이것은 경제적 손익기준을 우선시하는 것에 가깝다고 볼 수 있다. 재무나 세무뿐 아니라 일반적인 법률 실무에서도 법적 형식과 경제적 실질 중 어떠한 것에 의할지 문제 되는 경우는 많다. 예컨대 상법상 엄밀한 의미의 자기주식 취득은 아니지만, 자기주식 취득의 경제적 손익 효과를 그대로 복제한 파생계약인 총수익스왑(Total Return Swap. 이하 'TRS')계약을 체결하는 것이 상법상 자기주식 취득 금지[26]에 위배되는지, 최근 엘리엇 사건에서 보듯이 주식에 대한 법률상 소유권(의결권)은 갖지 아니한 채 그 수익권만 복제하는 파생계약(TRS)의 경우 지분공시의무(소위 5% 보고의무) 판단 목적상 보유 개념을 어느 정도 인정할지의 문제[27]도 넓게는 이 연장선상에 있다. 근

---

24) 한국채택국제회계기준, "제1000B호(2008제정) 재무제표의 작성과 표시를 위한 개념체계" (2007. 11), 35면. 형식보다 실질의 우선.
25) 김주훈, "세법상 실질과세원칙과 회계상 실질우선원칙 간의 해석 차이에 대한 사례연구" (성균관대학교 경영대학원 석사논문, 2016), 8면. 세법의 경우 법적 실질이냐 경제적 실질이냐 중 대법원 판결(2008두8499) 이후 경제적 실질설에 따라 국세기본법 제14조의 내용을 폭넓게 해석하여 과세가 가능하다는 판례가 계속해서 증가하고 있다고 한다.
26) 상법 제341조 참조. 비상장주식은 일정한 경우에만 자기주식 취득이 허용된다.
27) 법률신문 2016. 2. 29(https://www.lawtimes.co.kr/Legal%20-News/Legal-News-View?serial=98853. 2016. 7. 26): 금융 당국에서는 TRS계약이 지배권에 영향을 주는 계약으로서 공시대상이라는 관점에서 검찰에 의무 위반으로 통보한다.

자에 꽤 논의되었던 공의결권(empty voting) 쟁점, 즉 주식을 공매도 또는 선도(forward) 등의 파생거래를 함으로써 법률적 권리 · 의무인 주식의 소유권(의결권)으로부터 경제적 손익이 분리되는 경우, 회사와 주주의 이해상충에 관한 법적 질문들[28]도 유사한 판단 문제를 안고 있다. 주주의 법적 지위는 유지하되 파생거래를 통해 그 손익을 매도한 경우와 매도인의 법적 지위는 유지하되 그 손익을 매도하였다는 본건은 서로 유사한 면이 있는 것이다.

앞에서 설명한 바와 같이 민법 제150조에서 말하는 불이익을 받을 지위는 직접적인 법률적 이익을 얻을 지위를 의미한다는 것이 통설이다. 하지만 그것만으로 '실질적으로 불이익이 희석되는 경우'를 어떻게 볼 것인지까지 명확하지는 않은 것 같다. 파생상품에 민법 제150조를 적용한 것은 처음이고, 파생상품은 본래 법적 지위와 경제적 손익을 분리하는 기능이 있기에 본건 대법원 판결은 이 논점에 관한 판단의 의미가 있었다. 이러한 함의를 고려하면, 대법원이 판단 이유를 조금 더 자세히 제시해주었으면 하는 아쉬움이 남는다. 특히 대법원의 언급처럼 본건에서 신의칙이라는 규범을 자본시장법상 금융투자업자로서 고객과의 이해상충을 방지하기 위한 데에 주된 취지가 있다고 본다면, 파생거래를 통해서 손익을 중립화해 놓았다는 사정은 위 공의결권에 관한 논의에서 보듯이 '이해상충 방지' 목적상으로는 중요하게 고려될 여지가 있다. 또한 이 논점은 자본시장법상 장외파생상품 매매업의 업태(業態)에 관한 쟁점과도 관련

---

28) 미국에서는 관련 소송이 제기된 바 있다고 한다. 주식의 소유권과 경제적 손익의 분리 현상에 관하여는 최민용, "주식 등의 대량보유의무의 재검토: 의결권과 수익권의 분리 현상을 중심으로", 상사법연구 제26권 제2호 (2007), 457면; 김지평, "장외파생상품 규제의 새로운 전개: 주식에 대한 이해관계와 의결권의 분리에 대한 소고", BFL 제44호 (2010. 11), 41면; 박 준 · 정순섭 편저 / 김지평(집필), 파생금융거래와 법 1 (2012), 451면 등.

이 있다. 장외파생상품 매매업은 헤지거래자와 정반대의 입장에서 일종의 베팅(betting)을 하는 투기적 거래형태보다는 시장의 여러 위험에 대한 수요를 인수하여 총합하고 이를 투기적 거래자에게 연결시켜 시장에 배포하는 위험의 중개기능·시장기능[29]을 수행하는 업태에 가까운 면이 있다. 따라서 업태의 속성상(적어도 일반적·규범적으로는) 중립적인 포지션을 추구하는 성향을 갖는다고 할 수 있으며, 금융투자업자에게 부과된 위험관리의무[30]는 이러한 각도에서 바라볼 수도 있다. 불이익을 받을 당사자성 여부 판단 시 이러한 장외파생영업의 성격이 고려되지 못하였다는 취지의 피고 측 주장[31]과 구체적·현실적 요소를 강조하는 이에 대한 반론[32]은 이러한 관점의 논쟁이라고도 볼 수 있다. 이번 판결은 이에 관한 간접적인 판단의 의미도 있었다.

이처럼 이 문제는 민법 제150조가 파생계약에 의한 헤지거래와 금융투자업자의 업태를 규율하는 자본시장법의 영역에 발을 디디면서 생긴

---

29) 이한재 / 김영빈, 자본시장론 (2014), 167면. 파생상품시장은 현물가격의 불리한 가격 변동의 위험을 원하지 않는 헤저로부터 가격변동 위험을 감수하면서 보다 높은 이익을 추구하려는 투자자로 위험을 전가하는 기능을 수행한다.

30) 금융투자업자에게 부과된 위험관리의무(자본시장법 제166조의2, 제31조 제1항 제4호 및 동법 시행령 제35조 제1항 제1호 등)에 주목하여 델타헤지의 정당성을 인정한 서울고등법원 2012. 12. 14. 선고 2010나58607 판결 및 이승희, 앞의 논문 각주 3, 67면도 이와 비슷한 맥락으로 이해할 수 있다.

31) 이승희, 앞의 논문 각주 3, 64면: ③ ELS에 관하여 발행회사와 투자자 간에 이해상충이 있어 고객의 이익이 발행회사에 불이익이 되고, 고객의 불이익이 발행회사의 이익이 된다는 논리는 ELS상품이 발행회사와 투자자 사이에 제로섬 게임으로 우연의 결과에 따라서 승패를 좌우하는 도박의 개념으로 파악하는 것과 크게 다르지 않을 수 있다.

32) 금융기관의 헤지가 실상은 헤지 목적과 투기 목적의 구별이 어렵다는 점에 관하여는 김주영, 앞의 논문 각주 3 후자, 198면 이하. 헤지 때문에 증권사가 거액의 손실을 입고 있다는 보도에 비추어 보면 헤지가 손익중립화를 달성한다고 보기는 어려운 것 같다. 매일경제 2016. 8. 26.자, "ELS 무리수 제 발등 찍은 한화증권, 자체헤지에 1조어치 타사 상품까지 떠맡아 상반기 2천억 눈덩이 손실", 1면.

일종의 적응 문제라는 관점에서 바라볼 수도 있다. 그 점에서 헤지에 의한 손실 회피 가능성은 인정하되 델타헤지의 현실적 불완전성을 이유로 삼은 위 서울고등법원 2012. 12. 14. 선고 2010나58607 판결의 판시는 세심한 고려의 흔적을 보여 주었다고 평가할 수 있다.

사견으로는, 파생거래 일반으로는 위 서울고등법원의 접근방법이 경청할 만하지만, 본건의 경우 그렇게 보기 어려운 점이 있다. 본건의 경우, '불이익을 받을 당사자' 지위가 생김을 전제로 그것을 해소할 목적으로 헤지거래를 하는 것이기 때문이다. 즉 헤지거래라는 반대 방향의 대량 매도행위 자체에 반신의성이 내재되어 있다고 보는 필자의 입장에서는 〔앞의 III. 1. (2) 조건부 법률행위와 파생상품의 '외생성' 참조〕, 반신의행위 이전에 이미 '불이익을 받을 당사자' 요건은 충족된다. 따라서 법률적 기준과 경제적 손익기준 쟁점까지 나아갈 필요 없이 '불이익을 받을 당사자'성이 충족된다고 본다. 그 점에서 결론은 위 대법원의 판시에 가깝다고 할 수 있는데, 다만 법률적 기준을 중시하였기 때문은 아니라는 점에서 그 이유까지 같다고 볼 수 있을지는 확실치 않다.[33] 반면 대량 매도행위 자체는 문제가 없고 구체적인 매매 태양이 시세조종적일 경우에만 반신의행위에 해당한다는 자본시장법적 불법행위 관점을 취할 경우, 시세조종과 같은 반신의행위 이전 단계에서 '완벽한' 헤지거래를 통해 '불이익을 받을 당사자' 지위가 해소될 수 있기 때문에 법률적 기준과 경제적 손익기준 중 어느 것에 의할지가 중요 쟁점이 될 수 있다. 이 쟁점도 신의칙 위반의 근거를 무엇으로 볼 것인지와 관련이 있고 다분히 자본시장법적

---

33) 대법원 판시를 필자의 논리까지 아우를 수 있는 포용적인 표현으로 볼 여지도 없지는 않다. 그러나 본건 대법원 판결은 매매에 의한 시세 관여 자체를 신의에 반하는 방해행위로 보지는 않고 있다는 점에서 필자의 시각과 다르며 법률적 기준을 중시한 입장이라고 생각된다.

불법행위 관점에 입각한 쟁점임을 알 수 있다.

3. 불이익을 받을 '당사자': 백투백헤지의 문제

불이익을 받을 '당사자'라 함은 조건의 성취로 직접적인 불이익을 입을 당사자이므로 원칙적으로 해당 법률행위의 당사자인 경우가 보통이며, 제3자를 위한 계약의 제3자처럼 법률행위의 당사자가 아니더라도 불이익을 받을 당사자가 될 수 있다.[34] 당사자 개념과 관련하여 소송상 명시적으로 부각된 쟁점은 아니나 필자의 관점에서 매우 중요한 쟁점은 백투백헤지의 경우 운용사를 어떻게 볼 것이냐라는 점이다.

델타헤지를 하는 방식은 ELS의 발행 증권사가 자체적으로 수행하는 경우(자체헤지)와 백투백헤지, 즉 발행회사가 외국계 증권사 또는 투자은행 등(헤지운용사)과 발행회사가 고객에게 부담하는 현금흐름을 보장할 수 있는 파생금융계약을 체결하여 헤지하는 방식으로, 마치 보험회사가 재보험을 이용하는 것과 같이 발행에 따르는 위험을 헤지운용사에 전가하는 방식의 두 가지로 나뉜다.[35]

법률적 권리·의무의 관점에서 보면, 발행 증권사는 계약 상대방인 고객(투자자)과의 관계에서 여전히 '불이익을 받을 지위'에 있다. 그러나 '조건성취 방해'행위, 즉 주식의 대량 매도는 발행 증권사가 아니라 백투백헤지계약을 맺은 헤지운용사가 실행하기 때문에, '불이익을 받을 당사자'

---

34) 앞의 책 각주 20, 421면.
35) 이상 백투백헤지의 개념은 이승희, 앞의 논문 각주 3, 44면에서 인용. 백투백헤지의 구체적인 방법으로는 ELS에 대한 헤지를 위하여 외국 금융회사에서 동일한 구조의 상품을 사거나 처음부터 외부 회사가 개발하고 운용하는 상품을 판매하여 상환재원에 대한 리스크를 전가시키는 등의 방법이 있다고 한다. 맹수석, 앞의 논문 각주 3, 4면 주 13; 나승철, 앞의 논문 각주 3, 199면 참조.

지위와 '조건성취 방해행위자' 지위의 분리가 일어난다. 그렇다고 헤지운
용사를 '불이익을 받을 당사자'로 의율하기는 어렵다. 이들은 원고들과는
직접적인 계약상 권리·의무 관계가 없고, 제3자를 위한 계약의 '제3자'
로 보기도 어렵기 때문이다.

여태까지 진행된 소송의 피고 선택 및 청구원인 구성을 살펴보면, 백
투백헤지의 경우는 민법 제150조를 청구 근거로 삼기 어렵다고 이해한
것으로 보인다. 자체헤지구조에서는 민법 제150조를 주위적 청구원인으
로 내세워 발행 증권사를 피고로 삼은 반면, 백투백헤지구조에서는 헤지
운용사를 피고로 삼고 청구원인 또한 민법 제150조가 아니라 자본시장법
상 시세조종에 의한 불법행위를 내세운 점[36]이 그것이다.

그러나 동일한 사람이 헤지를 하면 조건성취 방해를 해서는 안 될 신
의칙상의 의무를 부담하는데, 이 기능을 떼어서 제3자로부터 아웃소싱
(outsourcing)하면 이제 그 의무를 부담하지 않는다는 결론은 불공평해 보
인다. 그렇게 되면 피해를 입은 사람은 계약관계에서는 구제받기 어렵고,
그 제3자가 일반 불법행위를 저질렀다는 점을 입증해야만 한다.[37]

사견으로는, 이 문제에 관하여는 민법 제391조[38]의 이행보조자 법리
의 (유추)적용이 가능하리라 본다. 과거에는 이행보조자 개념을 협의의
이행보조자와 이행대행자로 나눈 뒤, 협의의 이행보조자는 손발과 같이
사용하는 자여서 그 고의·과실이 곧바로 채무자에게 귀속되지만, 이행

---

36) 양기진, 앞의 논문 각주 3, 6면 표 참조.
37) 대법원 2016. 3. 10. 선고 2013다7264 판결 사건에서는 백투백헤지를 운용한 비엔피파
리바를 상대로 시세조종에 의한 불법행위책임을 물었으나, 델타헤지가 위법한 시세조
종이라 볼 수 없다는 이유로 원고의 청구가 기각되었다.
38) 민법 제391조(이행보조자의 고의, 과실) 채무자의 법정대리인이 채무자를 위하여 이
행하거나 채무자가 타인을 사용하여 이행하는 경우에는 법정대리인 또는 피용자의
고의나 과실은 채무자의 고의나 과실로 본다.

대행자는 채무자의 이행을 단순히 보조하는 것이 아니라 독립하여 채무의 전부 또는 일부를 채무자에 갈음하여 이행하는 자이므로 이행대행자의 사용이 그 자체로 채무불이행이 되거나 선임감독상의 과실에 한하여 채무자의 과책을 인정하여야 한다는 견해가 통설[39]이었다. 따라서 이러한 논리에 따르면 헤지운용사는 전문 금융기관으로서 독립하여 헤지업무를 수행하며 델타헤지의 전문성과 복잡성 등을 고려할 때, 이행대행자로 취급되어 그 행위를 곧바로 증권발행회사의 행위로 귀책시키기 어렵다.

그러나 최근에는 이러한 구별에 반대하여 양자 모두 구별 없이 민법 제391조의 이행보조자가 될 수 있다고 보는 견해[40]가 유력하며 판례의 입장도 그러하다. 즉 "민법 제391조에서의 이행보조자로서의 피용자라 함은 일반적으로 채무자의 의사 관여 아래 그 채무의 이행행위에 속하는 활동을 하는 사람이면 족하고, 반드시 채무자의 지시 또는 감독을 받는 관계에 있어야 하는 것은 아니므로 채무자에 대하여 종속적인가 독립적인 지위에 있는가는 문제 되지 않는다"는 것이다.[41] 타당한 결론이라고 생각된다. 이렇게 본다면 백투백헤지를 맡는 헤지운용사를 전문 독립 금융기관으로서 이행대행자로 본다고 하더라도 그의 행위책임은 민법 제391조의 이행보조자 법리에 따라 민법 제150조의 적용에 있어서도 발행증권사에 귀속될 수 있다고 보게 될 것이다.[42]

생각건대 이 문제는 자본시장법적인 관점, 즉 금융기관의 독립성과 전문성 및 피규제기관성, 델타헤지의 복잡성과 전문성을 강조하는 관점과,

---

39) 곽윤직, 채권총론 (제6판 중판, 2009), 84면; 송덕수, 앞의 책 각주 14, 984면.
40) 양창수 / 김재형, 민법 I: 계약법 (제2판, 2015), 417면.
41) 대법원 2002. 7. 12. 선고 2001다44338 판결; 대법원 1999. 4. 13. 선고 98다51077, 51084 판결.
42) 헤지업무가 ELS 판매에 필요하다는 것인바, '이행 보조 활동'성은 인정될 수 있다고 본다.

계약의 이행이라는 당사자 간의 전체적·유기적 측면에 주목하는 민법적 관점 사이에 시각 차이가 있을 수 있는 부분으로 보인다. 특히 이행보조자 법리는 불법행위책임의 인정에는 적용될 수 없기에[43] 자본시장법적 관점에서 시세조종의 불법행위 문제로 접근할 경우에는 이행보조자 법리의 적용은 어렵다는 점에서 이 쟁점도 자본시장법적 불법행위 관점과 민법적 계약 관점 간의 시각 차이와 연결됨을 알 수 있다.

참고로 금융위원회는 2009년 9월 「ELS 발행 및 운영관련 제도개선 방안」[44]을 발표하였는데, 여기에서 백투백헤지를 하는 경우 발행회사는 ELS 운용지침을 마련하여 자체헤지를 하는 ELS 발행회사는 헤지 관련 운용지침을 반드시 마련하고, 백투백헤지를 이용하는 ELS 발행회사는 헤지사가 동 운용지침을 마련하고 있는지 여부 등을 확인하도록 하였다.[45] 민법적 관점에서 보면, 증권사의 헤지운용사에 대한 계약적 통제력을 빌려 행정규제를 확장한 것이라고 평가할 수 있는바, 이로써 이행보조자 관계를 창설하였다기보다는 양자의 관계의 본질이 민법상 이행보조 관계임을 인식한 위에 펼쳐진 확인적 의미의 조치로 이해함이 타당할 것이다.

4. 신의칙 위반

(1) 법원의 판단

방해행위는 신의칙에 반해야 하는데 구 민법은 고의를 요건으로 하고 있어(제130조) 그 성립범위가 좁았다. 현행 민법은 독일의 입법례(독일 민

---

43) 송덕수, 앞의 책 각주 14, 983면.
44) 금융위원회 보도자료 (2009. 9. 10), 1-3면.
45) 엄세용, 앞의 논문 각주 3, 20면.

법 제162조)에 따라 신의칙 위반을 요건으로 하고 있어 고의뿐 아니라 과실에 의한 신의칙 위반도 성립된다는 것이 통설이며[46] 판례도 같다.[47]

대법원은 피고의 대량 매도행위로 ELS의 중도상환조건 성취가 무산되었다고 판단하고, 나아가 이러한 행위는 원고들에 대한 투자자보호의무를 소홀히 한 것으로 신의성실에 반하여 이 사건 ELS의 중도상환조건성취를 방해한 것이라고 판단하였다.[48] 피고가 이 사건 중간평가일의 장종료 무렵 대량의 삼성SDI 보통주를 매도한 행위는 델타헤지를 위한 정당한 거래행위이므로 이를 신의성실에 반하여 조건의 성취를 방해한 것으로 볼 수 없다는 원심 판단 및 피고 측 주장에 대하여는 "위험회피거래에서의 신의칙상 주의의무 등에 관한 법리를 오해하여 판단을 그르친 것"이라고 하였다.

위 대법원의 판시 내용 중 신의칙 위반요건과 관련한 핵심어는 '투자자의 신뢰'라 할 것인데, 여기에서의 '신뢰'는 증권회사가 이해상충 상황에서 투자자의 이익을 저버리고 자신의 이익을 앞세우지 않으리라는 신뢰, 투자자의 이익을 보호하리라는 신뢰를 말하는 것으로 이해된다. 신뢰의 내용을 이렇게 파악한다는 것은 민법 제150조의 해석에 있어 중요한 함의를 갖는다. 이 경우 자본시장법적 논점들, 예컨대 증권사가 주식시장에 인위적인 시세 관여를 하였는지 여부, 그것이 위법한 시세조종행위인지 여부, 주식매매가 델타헤지를 위한 업무상 활동으로서 민사상 위법성 조각 사유로 인정되는 정당행위[49]에 해당하는지 여부 등은 중요한 것이

---

46) 곽윤직, 앞의 책 각주 14, 362면; 최성준, 앞의 책 각주 20, 423면.
47) 대법원 1998. 12. 22. 선고 98다42356 판결.
48) 대법원 2015. 5. 14. 선고 2013다3811 판결; 대법원 2015. 5. 14. 선고 2013다2757 판결.
49) 형법 제20조(정당행위) 법령에 의한 행위 또는 업무로 인한 행위 기타 사회상규에 위배되지 아니하는 행위는 벌하지 아니한다.

아니며 간접 사실로서의 의미만을 갖게 된다. 자본시장법상 시세조종 이슈는 직접 쟁점이 아니게 되며, 이것이 민법 제150조가 가지는 독자적인 의의이자 실익임은 앞에서 설명한 바와 같다.

그러나 현재까지의 논문이나 판결문들을 보면 자본시장법상 시세조종 이슈와 민법 제150조의 이슈를 명확히 구별하고 있지 못한 것으로 보인다. 자본시장법적 관점에서 이 문제를 바라본 것이라 할 수 있는데,[50] 델타헤지가 정상적인 거래라는 이유로 민법 제150조의 상환금 청구를 기각한 서울고등법원 2012. 12. 14. 선고 2010나58607 판결[51]도 이러한 예에 해당한다.

그러나 주식시장의 주가가 공정하게 형성되리라는 신뢰는 시장 자체에 대한 것이지, 계약 상대방인 증권사에게 특별히 기대할 성질의 것은 아니다. 증권사 자신이 시세조종을 해서는 안 됨은 물론이지만, 그것은 일반 시민 누구에게나 부과되는 의무이기에 그것을 준수하였다는 점만으로는 부족하다. 일반 불법행위책임과 계약책임의 근본적인 차이라 할 수 있다.

그 점에서는 본건 대법원 판결의 표현, 즉 "위험회피거래는 시기·방법 등에 비추어 합리적으로 하여야 하며 그 과정에서 기초자산의 공정한 가격 형성에 영향을 끼쳐 조건의 성취를 방해함으로써 투자자의 이익과 신뢰를 훼손하는 행위를 하여서는 안 된다"고 한 부분도 오해 소지가 있다. 매매 자체는 허용되고 시세조종만 아니면 된다는 뉘앙스를 주기 때문이다. '시장의 공정한 가격 형성'이라는 문구는 시세조종을 하지 말아

---

50) 예컨대 이승희, 앞의 논문 각주 3, 66면 외 다수.

51) 나지수, 앞의 논문 각주 3, 130면도 이 판결과 같은 입장이라고 보인다. 이 판결과 달리 대법원이 델타헤지의 정당성 논점에서 벗어나 조건성취 방해의 법리로만 판단한 것은 문제라는 취지로 주장하고 있다.

야 한다는 의미에서 '시장의' 공정한 가격 형성을 넘어서는 의미로, 즉 증권회사가 개입·관여하지 아니한 '양 당사자 사이에서' 공정한 가격 형성이라는 뜻으로 이해함이 타당할 것이다.

(2) '신의칙 위반'의 예외: 델타헤지는 동의된 사항인가

동의가 있는 경우, 신의칙 위반을 이유로 한 조건성취 주장을 할 수 없다.[52] 따라서 델타헤지를 위한 매도가 허용된다는 점에 동의가 있었다고 볼 수 있는지 문제 된다. 증권사는 사업설명서에 헤지거래로 인하여 주가에 중대한 영향을 미칠 수 있다는 투자 위험을 투자자들에게 고지하였으므로 신의칙 위반이 아니라고 주장하였다. 이에 대하여 대법원은 명시적인 언급을 하지 않은 채 배척 취지로 결론을 내렸는데, 그 뒤의 서울고등법원 2015. 10. 8. 선고 2013나53535 판결은 이를 배척하면서 "이 사건 주가연계증권에 대한 거래가 있었을 당시에 계약 당사자가 예측하기 어려운 장래의 사실로서, 원고들과 같은 이 사건 주가연계증권을 매입한 일반투자자들이 중간평가일 무렵 삼성SDI 보통주 주가가 기준가격 근처에서 형성되는 경우 특별한 상황이 발생하면 피고가 델타헤지에 따라 보유한 상당한 수량의 삼성SDI 보통주를 일시에 매각해야 한다는 것을 인식하고 피고의 모든 대량 매도행위를 용인하기로 하였다고 보기 어렵다"는 등의 이유를 제시하였다(참고로 이러한 시각은 일반적인 매도는 허용하는 전제에서 특정 시점에서의 매도행위만을 문제 삼고 있는 것으로 보인다).

여기에서 하나 짚어 볼 쟁점은 위 사업설명서에 기재한 것이 형식적인

---

52) 곽윤직, 앞의 책 각주 14, 362면; 최성준, 앞의 책 각주 20, 424면; 곽윤직 / 김재형, 앞의 책 각주 14, 405면.

의미에서 '합의'에 준하는 효력을 갖느냐 하는 점이다. 과거 구 간접투자 자산운용업법 시절의 판례[53]는 투자설명서에 관하여 "그 기재 내용 자체가 투자신탁계약의 당사자 사이에서 당연히 계약적 구속력이 있다고 볼 수는 없고 투자설명서에 기재된 내용이 신탁약관의 내용을 구체화하는 내용인 경우에 신탁약관의 내용과 결합하여 계약적 구속력을 가진다. 다만 그 기재 내용이 개별 약정으로서 구속력을 가질 수는 있지만, 개별 약정으로서 구속력이 있는지 여부는 투자설명서에 기재된 구체적인 내용, 그러한 내용이 기재된 경위와 당사자의 진정한 의사 등을 종합적으로 고려하여 판단하여야 한다"고 판시한 바 있다. 이러한 판시기준에 비추어 본다면, 사업설명서에 기재되어 있다는 것만 가지고는(그 내용이 구체적이고 자세하였다고 하더라도), 그것이 다른 계약 문구를 보충하는 의미를 갖는다거나 기타 당사자의 진정한 의사로 인지하고 승낙하였다는 등의 특별한 사정이 없는 한 민법 제150조의 신의칙 위반 주장을 미리 포기하는 의미에서의 합의 내지 동의라고 보기는 어려울 것으로 생각된다.

이 문제를 설명의무 내지 불완전 판매의 관점에서 접근하는 시각도 있을 수 있는데, 델타헤지에 관한 설명과 그 설명을 들은 투자자의 계약 체결과정에 비추어 그것이 신의칙 위반을 면책하는 합의에 준하는 것으로 볼 수 있을지에 귀착될 문제로 생각된다. 위 투자설명서의 기재 내용을 합의로 인정하는 기준에 관한 대법원 판시처럼 구체적인 설명 내용,

---

53) 대법원 2013. 11. 28. 선고 2011다96130 판결: 신탁재산 대부분을 장외파생상품에 투자하는 펀드의 수익증권을 취득한 갑 등 투자자들이 투자신탁의 자산운용회사인 을 주식회사를 상대로 을 회사가 투자설명서에 기재된 장외파생상품의 거래 상대방을 투자자들의 동의 없이 임의로 변경하는 바람에 손해를 입었다며 채무 불이행 또는 불법행위에 따른 손해배상을 구한 사안에서, 을 회사가 구 간접투자자산 운용업법 제19조에 따른 손해배상책임을 부담한다고 판단한 원심 판결에 법리 오해의 위법이 있다고 한 사례.

그러한 내용이 설명된 경위와 당사자의 진정한 의사 등을 종합적으로 고려하여 판단하여야 할 것이다.

5. 조건의 '불성취' 및 '방해행위'와의 '인과관계'

(1) 법원의 판단: 면책(safe-harbor)행동수칙이라 볼 수 있는가

'방해행위'는 법률행위든 사실행위이든 종류를 묻지 않는다. 조건의 불성취를 초래하는 일체의 작위·부작위를 포함하며, 조건의 불성취와 사이에는 인과관계가 있어야 한다.[54] 따라서 ① 방해행위가 있더라도 조건이 성취된 때, ② 방해행위가 있었으나 장래의 조건 성부에 영향이 없을 때, ③ 방해행위가 있었으나 이것과는 별개의 요인에 의하여 조건이 성취되지 아니한 경우에는 본 조의 적용이 없다.[55]

이러한 요건들과 관련하여 대법원은 종가 결정구간인 단일가매매 시간대의 시간대별 주문 내역 및 가격 움직임의 내역을 분석하며, 증권사의 주문으로 인하여 체결가격이 하락하여 중도상환조건 성취가 무산되었음을 설명하고 있다.[56] 대법원의 판시 중 재미있는 부분은, ① "증권사로

---

54) 곽윤직, 앞의 책 각주 14, 361-362면.
55) 곽윤직, 앞의 책 각주 14, 361-362면.
56) "피고는 삼성SDI 보통주에 관하여 이 사건 중간평가일의 단일가매매 시간대인 14 : 52 : 54에 2만 주, 14 : 53 : 10에 8,000주 (14 : 53 : 48에 주문이 취소되었다), 14 : 53 : 27에 2만 주, 14 : 54 : 11에 6,000주에 관하여 각 10만 7,500원에 매도주문을 하였고, 그로 인하여 삼성SDI 보통주 예상 체결가격은 10만 9,500원에서 10만 8,500원으로 하락하였다. 피고는 같은 날 14 : 54 : 56에 2만 주, 14 : 55 : 40에 2만 주에 관하여 각 10만 8,500원에, 14 : 57 : 46에 2만 주, 14 : 58 : 48에 1만 주, 14 : 59 : 42에 1만 주에 관하여 각 10만 8,000원에 매도주문을 하였고, 그 결과 이 사건 중간평가일의 종가는 10만 8,000원으로 결정되어 이 사건 주가연계증권의 중도상환조건이 성취되지 아니하였다."

하여금 접속매매시간대에 걸쳐 분산 매도함으로써 중도상환조건 성취 여부를 결정하는 요소인 종가 결정에 미치는 영향을 최소화할 의무가 있"으며, ② "단일가매매 시간대에 시장 수급에 영향을 줄 것이 예상되는 대량의 매도주문을 하려면 조건성취에 영향을 미치지 않도록 기준가격 이상의 호가를 제시했어야 했다"고 판시한 부분이다. 이처럼 매매의 시기나 방법 등 매매 태양을 규제하는 접근방법은 ELS 관련 구체적인 행동기준으로서 시장에서 일반적으로 인정되는 것으로 보인다.[57]·[58]

대법원 판시에서 제시하고 있는 두 가지 조치에 대하여는 몇 가지 의문이 든다. 과연 그렇게 하면 주가가 안 떨어진다고 장담할 수 있는가? 그렇게 하더라도 주가가 떨어져서 조건성취가 무산되면 그때는 어떻게 할 것인가? 그런 일이 발생하더라도 위 조치를 취하였다면 면책된다는 safe-harbor의 의미인가 하는 점이다. 예컨대 직전 체결가가 기준가격과 동일한 1만 850원인데, 대법원 판시 취지대로 '기준가격 이상'의 가격인 1만 850원에 대량의 매도호가를 제출하면 어떻게 될까? 그 순간 주식을 매도하려는 제3자로서는 가격우선·시간우선원칙[59]상 1만 850원에 몰려 있는 대량 물량이 모두 소진되어야 자신의 차례가 오기 때문에 이들을 제치려면 그 밑의 단계인 1만 800원 이하의 가격에 제출해야 한다. 이처럼 1만 850원의 대량 매도주문은 그 가격 밑으로 주가를 하향 안정

---

57) 엄세용, 앞의 논문 각주 3, 24면 이하. 여기에 거래소의 가이드라인 내용을 보면, 시장 수급에 의한 공정한 가격 형성에의 부당한 영향력을 중시하고 있음을 알 수 있다. 분산 매도, 헤지 목적의 정당성 객관화, 시세조종 오인거래 금지, 평가기준일의 거래에 대한 제한 등 거래 태양에 대한 규제에 집중되어 있는 것으로 보인다.

58) 금융감독원의 파생결합증권 발행 및 운용기준에서도 시장가격의 의도적인 조정 금지에 주된 초점이 있는 것으로 보인다. 정승화 / 안수현, 앞의 논문 각주 3, 65면; 김주영, 앞의 논문 각주 3 후자, 218면 참조.

59) 한국거래소, 접속매매의 체결방법(http://regulation.krx.co.kr/contents/RGL/03/030 10203/RGL03010203.jsp 2016. 7. 31).

화 내지 상승을 억누르는 이른바 '누르기 효과'를 유발한다. 공매도를 할 때 직전 체결가 이하로는 매도주문을 못 내도록 하는 소위 업틱룰(up-tick rule)규정이 시세조종의 면제부가 될 수 없으며, 그에 따르더라도 시세조종이 될 수 있다는 증권선물위원회의 최근 판단[60]도 같은 맥락이다. 또한 기관의 대량 매도 물량은 그 자체가 시장에 시그널로 작용하여 주식시장 참여자들의 매도 심리를 유발하기도 한다. 기관들의 매매종목과 거래량은 매일 언론에 보도되고 그것을 추종하는 것 자체가 하나의 투자전략임은 주지의 사실이다.

이상의 점들을 고려하면, 대법원이 제시한 위와 같은 호가방식이 과연 조건성취 방해 위험이 없는 매매방식이라고 할 수 있을지, 그러한 매매방식을 취하였더라면 설령 조건성취가 무산되더라도 과연 증권사에게 제150조 책임을 물을 수 없다고 볼지는 의문이다. 민법 제150조의 '신뢰'의 대상은 자본시장법상 시세조종 관점으로 접근해서는 안 되며, 두 당사자 사이의 계약관계로 접근해야 한다. 따라서 신의칙에 위반한 '방해행위'의 범위 또한 직전 체결가보다 낮은, 주가를 직접 떨어뜨리는 시세조종성 의심호가로 국한할 것이 아니라 정상적인 매매행위일지라도 수요량을 잠식하는 공급 물량의 출회행위 자체, 체결이 되지 않았더라도 수요를 위축시키고 공급을 촉진시키는 일체의 주문행위, 그럼으로써 종가를 기준가격 미만으로 떨어뜨리는 데 기여할 수 있는 일체의 잠재적인 모든 활동으로 확대되어야 한다. 예컨대 중간평가일 1주일 전부터 대량 매도를 하였다

---

60) 매일경제 2016. 8. 2.자, "공매도 업틱룰, 시세조종 면죄부 안 돼", A23면. 업틱룰을 지켰다는 당사자의 항변에 대하여, 업틱룰을 준수했더라도 주가를 끌어내릴 의도로 다량의 공매도 호가를 냈다면 시세조종으로 보아야 한다고 판단했다는 내용이다. 2016년 제8차 증권선물위원회 의결자료 참고(http://www. fsc.go.kr/info/con_stcc_list.jsp?menu=7220200&bbsid= BBS0025 2016. 8. 3).

면 아직까지 시장의 가격에 그 영향력이 남아 있을 수 있고, 주가는 이미
떨어질 만큼 충분히 '넉넉하게' 떨어진 상황일 수도 있다. 그 상황에서 마
지막 날에만 거래를 하지 않았다고 해서 '방해행위가 없었다'고 말할 수
는 없다. 예컨대 조건성취가 무산되었으나 종가결정일에 매매가 없었기
때문에 분쟁으로 비화되지 아니한 계약 건 중에도 사실은 증권사의 그
훨씬 전부터의 매도행위가 없었더라면 거뜬히 조건이 성취되었을 경우도
얼마든지 있을 수 있다. 그 경우에는 그전부터의 매매행위(미체결 호가 포
함)도 문제 후보군에 들어간다고 봄이 합리적이다. 수요나 공급은 경제학
에서 말하는 이른바 플로(flow) 개념으로 특정 시점을 기준으로 하는 스
톡(stock) 개념과 달리 일정 시간을 단위로 하는 변수이다. 매매행위가 수
급에 미치는 영향력이 그 즉시 완전히 소멸한다고 보기는 어려우며, 그후
의 종가 결정일까지의 남은 기간 동안의 수급에 미칠 영향력, 가격에 미
칠 영향력을 고려할 필요가 있다. 매 거래가 그 직전의 행위가 없었던
것과 같은 상태로 되돌아가 제로베이스 상태에서 이루어진다고 가정하는
것은 비현실적이다. 현실적으로 그 고려할 기간을 며칠, 1주일, 몇 달 등
어떻게 잡고 어떻게 영향력을 산정할 것인지 실무적 입증의 문제는 있으
나 적어도 개념적 · 법리적으로는 이와 같이 보아야 할 것이다. 이 점에서
마치 중간평가일에 주가가 모호한 상황에 이르러서만 이해상충 상황이
새로이 창출되고 그 순간의 매매 태양만 문제 되는 것처럼 읽힐 수 있는
앞의 대법원 판결이나 위 서울고등법원 2015. 10. 8. 선고 2013나53535
판결 등의 판결들과 논문들[61] 또는 종가평가일의 매매 규제에 주력하고
있는 앞에서 본 규제 당국의 가이드라인들[62]은 민법 제150조의 관점에

---

61) 예컨대 나승철, 앞의 논문 각주 3, 202면 "2. 상환평가일에서 발행사와 투자자 간의
    이해상충."
62) 각주 57 및 58 참조. 배승욱 / 안수현, 앞의 논문 각주 3, 164면 이하에 따르면 미국이

서는 오해 소지가 있고 부족하다. 민법 제150조의 관점에서는 종가일 당
일의 가격 여하에 따라 그 순간의 매매 태양만 문제 되는 것이 아니라,
ELS와 같은 상품을 팔아 놓고 바로 뒤돌아서 반대 방향으로 매도를 제출
한다는 것 자체가 장차 일정 기간 수급과 가격에 영향을 미칠 수 있는
행위로서 조건성취를 무산시킬 수 있는 '방해행위'라고 봄이 타당할 것이
다. 현실적으로 그것이 시간 간격이 떨어져 있어 종가평가일의 주가에
미칠 영향이 확실치 않더라도 그것은 '인과관계'의 문제이지 '방해행위'가
아니라고 말하기는 어렵다고 보아야 할 것이다(방해행위와 인과관계 요건
의 구별[63]).

　요컨대 평가일 당일의 기준가 동향이나 매매 태양에 집중하는 것은 시
장규제 내지 시세조종규제 또는 금융투자업자규제와 같은 자본시장법적
관점이고, 민법 제150조의 관점에선 계약기간 동안의 시장 수요를 흡
수·위축시키고 공급을 촉진함으로써 종국적으로 조건성취 무산에 기여
했을 가능성이 있는 매매행위의 범위를 더 폭넓게 고려해야 한다. 따라
서 ① 장중 접속매매 시간대에 매매를 하였어야 한다거나, ② 직전 체결
가보다 높은 호가로 주문을 냈어야 한다는 등의 위 대법원 판시(또는 그
와 유사한 상환평가일 당일 부근의 매매 태양 규제방식[64] 포함)는, 마치 그렇
게만 하면 괜찮다는 '면책(safe-harbor)'의 의미로 이해되는 것은 적절치 않
다. 민법 제150조의 관점에서는, 그저 본 사안의 행위가 적절치 않음을
강조하기 위한 의미로서, "적어도 그와 같은 조치조차 취하지 아니한 본

나 EU의 경우 진정한 헤지거래의 정의규정을 두어 규제를 면제받는 헤지거래의 범위
　를 엄격하게 해석한다고 한다.
63) 양자를 분리하는 것은 '방해행위' 여부 판단을 용이하게 하고 '방해행위'를 한 자에게
　인과관계 입증을 부담시키는 것이 공평하다는 발상을 가능케 하는 실익이 있다.
64) 예컨대 나승철, 앞의 논문 각주 3, 206면은 이해상충 관리방법으로서 상환평가일 당일
　의 매매 관리방법에 대한 규제를 제시하고 있다.

건의 매매행위는 '조건성취를 무산시킨 방해행위'에 해당함이 확실하다"
는 정도의 강조적·예시적 의미로 이해함이 타당할 것이다.

(2) 민법 제150조의 관점에서 바라본 증권사의 행동수칙

이상의 논의를 요약할 겸 필자가 생각하는 민법 제150조의 관점에서
증권사가 취했어야 할 합리적인 행동수칙을 제시해 보면 이렇다. ① 주
식의 매도행위는 주식물량의 수요곡선과 공급곡선을 하방 이동시킴으로
써 주가에 하방 압력을 행사, 결국 조건성취에 악영향을 줄 수 있으므로
중간평가일까지 영향력을 미칠 수 있는 기간 동안(예컨대 중간평가기간인
매 3개월의 계약기간 동안)의 매도행위는 조건성취를 무산시킬 위험이 있
는 '방해행위'로서 하지 말아야 한다(외생성 관점). ② 이것이 불편하다면
매매를 하되 '조건 불성취'라는 결과를 야기하지 않아야 한다. 다만 매매
를 통한 시세 관여는 '방해행위'에 해당함이 원칙이기에, 일단 그 행위를
한 이상 '조건 불성취'라는 결과가 발생할 경우 '인과관계', 즉 해당 매매
행위가 조건성취 무산에 영향을 주지 않았음에 대한 입증은 증권사가 부
담한다고 봄이 타당하다. 이러한 인과관계 입증의 곤란에 미리 대비해
두는 구체적인 방안으로는 업무담당자들이 지켜야 할 매매수칙(기간 및
호가 제한 등이 담긴)을 마련하여 원칙화하는 것이 도움이 될 것이다. 규
제당국이 제정한 가이드라인도 이러한 효과를 의도한 것으로 볼 수 있으
나, 자본시장법상 시세조종 예방 관점에 치우친 것일 경우 민법 제150조
의 관점에서는 부족할 수 있음은 앞에서 설명한 바와 같다. ③ 위 ①과
②가 과도하고 불확실하여 지나치게 영업 활동(델타헤지를 위한 매매)의
자유를 제약하는 것으로 여겨져 어느 것도 마음에 들지 않는다면, 제3의
방안은 이러한 이해상충 문제를 해소할 수 있도록 계약서에 면책조건을

사전에 명시, 투자자로부터 동의를 받아 둠으로써 신의칙 위반 이슈를 제거하는 것이다. 동의를 구함에 있어서는 시기적인 제한, 호가상의 제한, 물량상의 제한, 매매를 허용할 경우와 허용하지 않을 경우의 거래비용을 감안한 수수료 요율의 조정 등 다양한 고려가 가능할 것이다. ④ 여전히 위 어느 것도 마땅치 않다면 그것은 델타헤지로 야기되는 이해상충 해소비용을 현재의 시장 여건이 흡수하기 곤란함을 의미하므로 상품성이 없다고 보고 판매를 접어야 할 것이다. ELS 소송이 제기되면서, 문제가 되었던 두 종목을 기초자산으로 하는 이른바 '투스타' 상품은 거의 사라져[65] 지금은 주가지수형이 주를 이루고 있다고 하는데, 이것은 상기와 같은 이유에 기인한 것으로 이해함이 타당할 것이다.

IV. 결론

이상에서 민법 제150조의 요건별로 ELS 소송의 주요 쟁점이 되었던 사항과 그에 따른 함의를 검토해 보았다. 그간의 문헌이나 일부 판결 중에는 민법 제150조의 관점과 자본시장법상 시세조종규제의 관점이 다소 섞여 있었다고 보인다. 양자의 관점 차이는 계약관계 규범과, 일반 시민 사이에 지켜야 할 규범인 불법행위 규범의 차이로서, 외생성 개념을 어느 정도 중요하게 바라볼 것인지, 헤지거래에 의한 불이익을 받을 당사자 지위의 해소 가능성 정도, 백투백헤지에서 헤지운용사의 매매행위에 이행보조자 법리를 적용할 수 있을지, 신의칙 위반에서 신뢰의 대상을 무엇으

---

65) 이광배, 앞의 논문 각주 1, 1면: 2015년 상반기기준 개별 종목을 기초자산으로 하는 상품은 발행금액기준 전체의 약 1% 수준이라고 한다.

로 볼 것이고, 조건성취 방해행위를 무엇으로 정의할 것이며 이를 피하기 위한 행동수칙은 무엇으로 볼 것인지 등 분쟁의 본질을 규정하는 근본적인 부분에서 세세한 요건 사실 그리고 금융 정책적 시사점에 이르기까지 전반적인 시각 차이를 낳을 수 있다. 이와 같은 여러 차이가 자본시장법적 시장 규율, 즉 일반 시민으로서 누구나 지켜야 하는 규범에 주목하는 시세조종·불법행위로 이어지는 청구 근거 대신, 당사자 간의 계약적 신뢰 관계에 기초한 민법 제150조의 청구 근거를 선택하게 만든 한 원인이었으리라 짐작된다.

ELS와 같은 첨단 파생금융상품 사건에서 자본시장법과 같은 특별법이 아닌 민법을 청구원인으로 선택하여 대법원의 최종 승인까지 받은 것은 기초법으로서의 민법의 저력 — 사안의 본질에 대한 섬세한 인식 및 탄력적 대응능력 — 을 보여 준 사례로 시사하는 바가 크다. ELS 소송에서 조건성취 방해 법리가 자본시장법상 불법행위의 관점과 다소 섞여 있는 부분에 대하여는 향후 좀 더 자세한 분석과 논의가 이루어지기를 기대해 본다.

11

파생결합증권과 집단소송*

김연미**

I. 들어가며

파생결합증권은 자본시장과 금융투자업에 관한 법률(이하 '자본시장법')
에서 증권의 하나로 규정되어 있으며,[1] 기관투자자뿐만 아니라 일반투자
자도 투자할 수 있는 증권이다. 특히 금융투자업자가 발행[2]하는 파생결

---

* 이 글은 금융법연구 제16권 제3호 (2019)에 "파생결합증권과 집단소송"이라는 제목으로
발표된 논문을 보완하였다. 이 글에 포함된 집단소송 실태에 관한 자료는 별도의 표시
가 없으면 2020년 6월을 기준으로 한다.
** 성균관대학교 법학전문대학원 부교수
1) 자본시장법 제4조 제2항 제5호.
2) 자본시장법 시행령 별표 1 비고 1에 의하면, 원칙적으로 증권과 장외파생상품에 대한
투자매매 인가를 받은 금융투자업자에 한하여 파생결합증권을 발행할 수 있으며,
이러한 파생결합증권의 발행은 투자매매업으로 규율된다(자본시장법 제7조 제1항). 다
만 전문투자자가 발행하는 이종통화증권으로 일정한 요건을 갖춘 경우에는 그러하지
아니하다(자본시장법 시행령 제7조 제1항).

합증권은 원칙적으로 파생금융상품이 아니라 증권으로 규율된다.[3] 그러
나 일반투자자들이 파생결합증권에 투자하는 경우 일반적인 증권에 대한
투자와 동일한 방식으로 규율하면 충분한지, 특히 투자과정에서 분쟁이
발생했을 때 일반 증권투자와 관련된 구제수단으로 충분히 보호할 수 있
는지에 대한 논의는 부족하다. 일반투자자의 파생결합증권 투자와 관련
된 우려는 오래전부터 제기되어 왔으나,[4] 금융당국의 대처는 다수의 투
자자가 발생하는 사건이 생기면 사후에 제도를 개선하는 방향으로 이루
어졌고 이미 발생한 피해자들의 집단적인 구제수단에 대하여는 의미 있
는 논의나 개선작업이 부족한 실정이다.[5]

---

3) 자본시장법 제5조 제1항 단서 및 동법 시행령 제4조의3에 의하면, 자연적·환경적·경
   제적 현상에 속하는 위험을 제외한 나머지 기초자산을 대상으로 하는 파생결합증권은
   파생상품으로 규율하지 아니하고 증권으로만 규율한다. 자연적·환경적·경제적 현상
   에 속하는 위험을 기초자산으로 하는 파생결합증권을 제외한 이유는 이러한 증권이
   발행될 개연성이 높지 않다는 입법자의 판단에 따른 것이라고 설명된다. 로앤비/정성
   구(집필), 온주 자본시장과금융투자업에관한법률 제5조 (2016. 3). 그러나 이러한 위험
   을 기초자산으로 하는 파생결합증권이 발행된다면, 파생결합증권에 대한 규율과 파생
   상품에 대한 규율이 모두 적용되어야 할 것이다.
4) 안수현, "DLS(Derivative-Linked Securities)의 법적 과제", 금융법연구 제8권 제2호
   (2011), 76면.
5) 2009년 일부 주가연계증권(Equity Linked Securities. 이하 'ELS')이 만기일의 헤지거래
   를 통하여 상환조건이 충족되지 못하게 되자 금융위원회는 「ELS 발행 및 운용관련 제
   도개선 방안」을 발표하여 ELS의 지급조건을 인위적으로 조작하기 어렵도록 만기일 종
   가 대신 만기 이전 3일 이상 종가평균 등을 사용하도록 하고, 한국거래소는 「ELS 헤지
   거래 가이드라인」을 제정하는 제도 개선을 통해 분쟁이 발생한 ELS와 동일한 구조로
   ELS가 추가로 발행되거나 헤지거래가 이루어지는 것을 막았으나, 피해자의 구제는 개
   별적 소송과 집단소송을 통해 이루어졌다. 엄세용, "자본시장에서의 ELS 규제 및 감독
   방향", YGBL 제2권 제2호 (2010), 19-21면. 최근의 독일 금리 연계 파생상품연계증권
   (Derivatives Linked Securities, DLS)과 관련하여 피해자들이 다수 발생하자 금융당국은
   유사한 위험상품을 은행을 통해 판매하는 것을 제한하는 등의 제도적 개선책을 발표하
   고 있으나, 피해자의 구제는 개별적으로 분쟁조정이나 민사소송을 통하는 것을 전제로
   하고 있다. 한국경제신문 2019. 11. 19.자, "DLS 성급한 규제는 자본시장에 毒 … 불완
   전판매엔 핀셋 대책을".

국내 파생결합증권과 관련된 가장 중요한 사건은 2009년 발생한 ELS 관련 분쟁이라고 할 수 있다. ELS 발행사 또는 발행사와 헤지를 위해 스왑거래를 체결한 금융기관이 ELS의 기초자산이 되는 종목을 헤지거래하는 과정에서 만기상환일 또는 조기상환일의 지급조건이 불충족되는 상황이 다수 발생하였고, 그 결과 다수의 투자자들이 원금 손실을 입었다. 발행사 또는 스왑금융기관의 시세조종으로 인하여 지급조건이 불충족된 것이 아니냐는 의혹이 제기되었는데, 정부는 감리 후 ELS 개선방안을 내놓았고 금융감독원을 통해 분쟁조정을 하였으나, 이와 별도로 많은 피해자들이 민사소송을 제기하였고, 일부 사건은 형사절차도 진행되었다.[6] 그중 2건에 대하여는 증권 관련 집단소송이 제기되었는데, 오랜 기간을 거쳐 소송이 종결되고 2019년 7월까지 분배도 모두 종료되었다.

ELS 사건의 여러 쟁점에 관하여는 활발한 연구가 이루어졌으나,[7] 집단소송 및 다수 피해자의 구제방안과 관련된 쟁점은 상대적으로 소외되었다. 이 글에서는 두 건의 집단소송의 진행과정을 살펴보고 그 과정에서

6) 정순섭, "주가연계증권 관련 소송의 유형별 분석과 법적 판단기준", 정순섭·노혁준 편저, BFL 총서 14: 증권 불공정거래의 쟁점 (제1권, 2019), 408면.
7) 관련된 연구는 주로 헤지거래의 위법성 여부 및 불공정거래 해당 여부에 집중되었다. 해당 쟁점을 중점적으로 다룬 자료로 김주영, "헤지거래기법을 이용한 투기거래와 이에 대한 법적 규제", 증권법연구 제12권 제2호 (2012); 김주영, "파생결합증권거래와 민법 제150조", BFL 제75호 (2016); 김창희, "주가연계증권 연계 불공정거래행위: 상환평가일에 이루어진 기초자산 대량매각행위의 위법성을 중심으로", 저스티스 제137호 (2013); 김홍기, "ELS 델타헷지의 정당성과 시세조종에 관한 연구", 상사판례연구 제29권 제2호 (2016); 나승철, "주가연계증권에 있어서 발행사와 투자자 사이의 이해상충", 기업법연구 제24권 제4호 (2012); 나지수, "주가연계증권 델타헤지거래 관련 분쟁의 분석", 증권법연구 제17권 제1호 (2016); 맹수석, "ELS투자에 있어서 증권회사의 고객보호의무", 선진상사법률연구 제72호 (2015); 양기진, "ELS 헤지활동에 관한 판결 동향과 투자자보호 쟁점시세조종 의도 판단 시의 이해상충회피·관리의무를 중심으로", 증권법연구 제17권 제2호 (2016); 이숭희, "ELS 분쟁의 현황과 법적 쟁점", YGBL 제2권 제2호 (2010).

드러난 문제점들을 살펴봄으로써 파생결합증권 투자자들의 집단적인 보호 및 구제를 위한 효율적이고 실제 사용가능한 방안을 모색하고자 한다.

이 글은 다음과 같이 구성한다. 우선 II에서는 두 건의 ELS 집단소송이 어떻게 진행되었는지를, 소송 허가과정과 별소의 진행, 본안심리 및 확정과정을 순서대로 살펴보고자 한다. III에서는 파생결합증권의 피해자들을 집단적으로 구제하기 위한 방안으로 증권 관련 집단소송이 적절한지, 또는 집단소송을 어떻게 운용하여야 하는지에 대하여 ① 증권관련집단소송법과 관련된 쟁점, ② 파생결합증권의 증권성과 관련된 쟁점과 ③ 파생결합증권의 파생상품성과 관련된 쟁점으로 나누어 살펴본다.

II. 주가연계증권 집단소송의 경과

1. 로열 뱅크 오브 캐나다 사건(서울중앙지방법원 2010가합1604 사건; 대법원 2013마1052, 1053 결정에 따른 집단소송)

(1) 사실관계

가. ELS의 발행

한화증권은 2008년 4월 22일 주식회사 포스코 보통주와 SK 주식회사 보통주를 기초자산으로 한 '한화스마트 주가연계증권 제10호'(이하 '이 사건 ELS') 68억 원 상당을 공모 발행하였다. 이 사건 ELS는 3개월 단위의 조기 및 만기 상환기준일에 두 기초자산 모두의 종가가 상환기준가격(3개월 단위로 기준가격의 90%, 85%, 80%, 75%에 해당하는 금액) 이상으로 결정되면 액면금에 연 22%의 수익금을 더하여 상환하고(즉 상환금은 원금의

122%), 두 종목 중 하나라도 만기 상환기준일의 종가가 만기 상환기준가격 미만에서 결정되는 경우에는 원금 손실을 보는 조건으로 설계되었다.

나. 스왑계약의 체결

ELS 발행인은 발행 후 기초자산과 관련된 위험을 관리하기 위하여 자체 헤지를 하거나 제3자와 스왑거래를 통하여 헤지거래를 하게 되는데,[8] 한화증권은 이 사건 ELS의 지급위험을 스스로 헤지하지 아니하고 로열 뱅크 오브 캐나다(이하 'RBC')에게 헤지업무를 넘겼다. 즉 한화증권은 이 사건 ELS의 상환조건이 성취될 경우 투자자들에게 지급할 상환자금을 마련하기 위하여[9] 2008년 4월 25일 RBC와 이 사건 ELS와 동일한 구조의 스왑계약을 체결하였다.

다. 만기 상환기준일의 기초자산 거래

이 사건 ELS의 만기 상환기준일인 2009년 4월 22일 당일 장내에서 SK 보통주는 만기 상환기준가격(기준가격의 75%인 11만 9,625원) 이상인 12만 ~12만 4,000원 정도의 가격으로 거래되고 있었다. RBC는 당일 장 종료 무렵에 보유하고 있던 SK 보통주를 대량으로 매도하였고, 그 결과 당일 SK 보통주의 종가는 11만 9,000원으로 결정되어 이 사건 ELS는 만기 상환기준가격에 미달하여 만기상환조건이 성취되지 아니하였다.

---

8) 정순섭, 앞의 논문 각주 6, 406면.

9) 이 사건 집단소송허가에 대한 대법원 2013마1052, 1053 결정에서는 "투자자들에게 일정한 상환금을 지급해야 하는 위험을 회피하기 위하여"라는 표현을 사용하였으나, 상환금 지급의무 자체는 ELS 발행조건에 명시된 것으로 위험이라고 지칭하는 것은 적절하지 아니하고, 실제로는 상환자금을 마련하기 위하여 발행사가 직접 기초자산으로 헤지운용을 하거나 백투백(back-to-back) 헤지거래를 체결한다고 표현하는 것이 맞다. 김주영, "주가연계증권 관련 소송의 법적 쟁점과 과제", BFL 제80호 (2016), 66면.

라. ELS의 지급

한화증권은 만기상환조건이 성취되지 않았음을 근거로, 2009년 4월 27일 이 사건 ELS의 투자자들에게 조건미성취 시의 상환금으로 투자금의 약 74.6%에 해당하는 금액을 지급하였다. 한화증권과 RBC 사이의 스왑계약 역시 만기 상환조건이 성취되지 아니한 것으로 정산되었다.

(2) 소송의 진행

가. 증권 관련 집단소송의 제기

이 사건 ELS 투자자 중 양○○, 최○○는 2010년 1월 7일 RBC를 피고로 서울중앙지방법원에 증권관련 집단소송을 제기하였다(사건번호 2010가합1604). 총원은 한화증권이 2008년 4월 22일 발행한 이 사건 ELS(한화스마트 주가연계증권 제10호)를 매수하여 만기에 상환받은 사람들로 기재하였다. 청구금액은 총 발행금액 68억 원 중 만기 상환조건이 성취되면 받았을 금액(원금의 122%)과 실제 상환금액(원금의 74.6%)의 차액(47.4%)에 해당하는 금액인 약 32억 원과 이에 대한 지연손해금이다. 청구원인으로는 시세조종행위와 부정거래행위를 주장하였다. 이와 별도로, 동일한 원고들은 2011년 11월 25일 서울남부지방법원에 한화증권을 피고로 동일한 내용의 증권관련 집단소송을 제기하였다(사건번호 2011가합23003).

기초자산에 대한 시세조종행위 또는 부정거래행위는 백투백스왑계약을 체결한 RBC가 실행하였는데 굳이 ELS 발행사인 한화증권을 피고로 포함한 이유는 집단소송 허가요건 중 "구성원이 보유하고 있는 증권의 합계가 피고 회사의 발행 증권 총수의 1만 분의 1 이상"(증권관련집단소송법 제12조 제1항 제1호)이라는 항목 때문이었다. 원고들은 RBC가 발행한 증권을 보유한 것이 아니므로 RBC만을 피고로 하면 해당 요건을 충족할 수가 없게 되며, 이 요건의 해석에 따라서는 문제 된 증권의 발행회사가 반드시 피고로 포함되어야만 하는 것으로 해석될 여지가 있었다.[10] 또한 집단소송은 피고의 보통재판적 소재지를 관할하는 지방법원 본원 합의부의 전속관할 사건이기 때문에(증권관련집단소송법 제4조), 피고가 여럿이고 보통재판적 소재지가 다른 곳이라면 피고의 보통재판적 소재지별로 소를 제기할 수밖에 없어 서울중앙지방법원과 서울남부지방법원에 각각 소를 제기하게 된 것이다.[11]

나. 집단소송허가

원고들은 집단소송으로 소를 제기하면서 바로 소송허가신청서를 제출하였다. 이에 대하여 서울중앙지방법원에서 2012년 5월 1일 소송불허가 결정을 하였고, 이에 원고들이 항고하여 2013년 5월 31일 서울고등법원에서 다시 소송불허가 결정을 하였으나, 재항고 이후 대법원에서는 2015년 4월 9일 소송허가 취지로 파기환송하였다(2013마1052, 1053 결정).

파기환송 후 서울고등법원에서는 2015년 11월 16일 소송허가결정을 내렸고(원고의 항고 인용결정), 이에 피고가 다시 재항고하였으나 대법원에서 2016년 3월 28일 재항고를 기각함으로써 드디어 소송허가결정이 확정되었다.

제1심에서 소송허가 여부에 대한 결정이 나오는 데에도 2년이 넘게 걸렸으며, 소송허가 여부에 대한 대법원의 판단을 받기까지 3년이 추가로 걸렸다. 대법원의 판단 이후에도 소송허가가 확정되기까지 거의 1년이

---

10) 법무법인 한누리 소송게시판 (http://www.hannurilaw.co.kr/).
11) 남부지방법원에 제기된 한화증권을 피고로 한 소송은 결국 RBC에 대한 소송이 계속 중이던 서울중앙지방법원으로 이송되어 병합심리되었다. 이 과정에서 무의미한 소송 비용과 시간이 허비되었다.

추가로 소요되었다.

다. 별소의 진행

이렇게 집단소송이 오래 진행되다 보니 일부 투자자들은 집단소송의
본안심리를 기다리지 못하고 별도로 민사소송을 진행하였다. 총원에 해
당하는 투자자[12] 중 142명은 RBC를 피고로 만기 상환조건이 성취되면
받았을 금액(원금의 122%)과 실제 상환금액(원금의 74.6%)의 차액(47.4%)
을 청구하는 민사소송을 진행하였다. 별소에서 원고들을 대리한 소송대
리인은 집단소송의 원고 소송대리인을 담당한 법무법인이었다.

별도의 소송진행 중 2016년 11월 30일 서울고등법원에서 피고가 원고
들에게 피해금액의 124%에 해당하는 금원을 지급하는 내용으로 조정이
성립하였다(서울고등법원 2014나5540호).[13]

라. 집단소송 본안의 진행

2010년 1월 제소된 집단소송에 대하여 2016년 6월에 가서야 본안심리
가 시작되었다. 그런데 별소에 대하여 2015년 말 조정이 성립하면서 집
단소송에서도 화해가 성립하였다. 당사자들은 2016년 12월 21일 법원에
화해허가를 신청하였으며, 2017년 2월 15일 화해허가결정이 나와 집단소
송은 그대로 종료되었다.

화해내용은 총 412명의 구성원 중 제외신청을 한 4명, 별소를 제기하

---

12) 소송허가단계에서 총원에 해당하는 구성원은 412명으로 확인되었다.
13) 대우증권이 발행한 ELS와 관련하여 유사한 발행사의 종가 관여가 문제 된 사안에 대하
여 대법원은 2015년 5월 14일 민법의 조건성취방해를 근거로 원고승소 취지로 판결을
내렸고(2013다2757 판결, 2013다3811판결), 이 사건 집단소송에 대하여 대법원은
2015년 4월 9일 소송허가를 하여야 한다는 취지의 결정을 내렸다. 이와 같이 상황이
피고에게 불리하게 변경된 이후에 조정이 성립한 것이다.

였다가 조정이 성립한 142명을 제외한 나머지 266명의 손해액 — 만기 상환조건이 성취되면 받았을 금액(122%)과 실제 상환금액(74.6%)의 차액 (47.4%)에 해당하는 금액 — 의 110%를 피고가 지급하고, 피고가 별도로 소송비용 및 분배비용으로 3,000만 원을 지급한다는 것이다.

마. 분배

집단소송에서 원고를 대리한 법무법인이 분배관리인으로 선임되었으며, 2017년 4월 4일 분배계획안을 제출하였고, 이에 대하여 2017년 4월 26일 법원의 인가가 있었다. 이후 분배가 진행되어 2019년 1월 분배보고서가 5월 분배종료보고서가 제출되었고 7월 15일 공시되었다.[14]

2. 도이치뱅크 사건(서울중앙지방법원 2012가합17061 사건; 대법원 2014마188 결정에 따른 집단소송. 이하 '도이치뱅크 사건')

(1) 사실관계

가. ELS의 발행

한국투자증권은 2007년 8월 31일 삼성전자 보통주와 국민은행 보통주[15]를 기초자산으로 한 '한국투자증권 부자아빠 주가연계증권 제289회' (이하 '이 사건 ELS')을 198억 9,000만 원 공모·발행하였다. 이 사건 ELS는

---

14) 분배보고서와 분배종료보고서는 이해관계인이 볼 수 있도록 법원에 갖추어 두어야 한다고 법에서 규정하고 있으나(증권관련집단소송법 제52조 제3항 및 제54조 제3항), 증권관련집단소송에 관한 예규(재민 2004-7)에 따라 법원의 집단소송 공고란에 게시하고 있다(https://www.scourt.go.kr/portal/notice/securities/securities.jsp).

15) 국민은행 보통주는 이후 주식의 포괄적 교환·이전에 따라 KB금융 보통주로 변경되었다.

6개월 단위의 조기 상환기준일에 두 기초자산 모두의 종가가 상환기준가격(6개월 단위로 최초 기준가격의 90%, 85%, 80%에 해당하는 금액) 이상으로 결정되면 액면금에 각각 7.15%, 14.3%, 21.45%의 투자수익금을 더하여 상환하고, 만기 상환기준일에는 ① 두 기초자산 모두의 종가가 상환기준가격(최초 기준가격의 75%에 해당하는 금액) 이상으로 결정되면 액면금에 28.6%를 더하여 상환하고(만기상환금은 원금의 128.6%), ② 두 기초자산 중 하나라도 종가가 최초 기준가격의 75% 미만이어도 어느 한 종목도 최초 기준가격의 60% 미만으로 하락한 적이 없으면 여전히 원금의 128.6%를 상환하지만, ③ 두 기초자산 중 하나라도 종가가 최초 기준가격의 75% 미만이고 최초 기준가격의 60% 미만으로 하락한 적이 있으면 원금 손실을 보는 조건으로 설계되었다.

나. 스왑계약의 체결

한편 한국투자증권은 2007년 8월 30일 이 사건 ELS의 상환조건이 성취될 경우 투자자들에게 지급할 상환자금을 마련하기 위하여, 공모·발행한 198억 9,000만 원 중 일부인 88억 9,000만 원에 관하여 도이치뱅크 아게(이하 '도이치뱅크')와 이 사건 ELS와 동일한 구조의 스왑계약을 체결하였다.

다. 만기 상환기준일의 기초자산 거래

이 사건 ELS의 만기 상환기준일인 2009년 8월 26일에 근접하여 KB금융 보통주는 만기 상환기준가격(기준가격의 75%인 5만 4,740원) 근처에서 등락하고 있었다(2009. 8. 20.의 종가 5만 3,800원; 2009. 8. 21.의 종가 5만 4,500원; 2009. 8. 24.의 종가 5만 6,000원; 2009. 8. 25.의 종가 5만 4,400원). 도이치뱅크는 만기 상환기준일 장 종료 무렵에 보유하고 있던 KB금융 보통주를 대량으로 매도하였는데, 매도주문을 낸 시점에는 주가가 5만 4,800원으로 상환조건 기준가격을 근소하게 넘어섰으나, 도이치뱅크의 매도주문이 체결되면서 종가가 5만 4,700원으로 결정되어 결국 이 사건 ELS는 만기 상환조건이 성취되지 아니하였다.

라. ELS의 지급

한국투자증권과 도이치뱅크 사이에서는 만기 상환조건이 성취되지 아니한 것으로 스왑계약이 정산되었고(만기 상환조건에 따라 지급하여야 할 113억 원보다 훨씬 적은 약 66억 원만을 지급하였다), 한국투자증권은 2009년 8월 31일 이 사건 ELS의 투자자들에게 조건미성취 시의 상환금으로 투자금의 약 74.9%에 해당하는 금액을 지급하였다.

(2) 소송의 진행

가. 증권관련집단소송의 제기

이 사건 ELS 투자자 중 김○○ 등은 2012년 3월 2일 한국투자증권과 도이치뱅크를 공동피고로 서울중앙지방법원에 증권관련 집단소송을 제기하였다(사건번호 2012가합17064). ELS 발행회사인 한국투자증권이 피고로 포함된 이유는 RBC 사건(서울중앙지방법원 2010가합1604 사건; 대법원 2013마1052, 1053 결정에 따른 집단소송. 이하 'RBC 사건')과 같다.[16] 총원은 한국투자증권이 2007년 8월 31일 발행한 이 사건 ELS(한국투자증권 부자아빠 주가연계증권 제289회)를 매수하여 만기에 상환받은 사람들이다. 청구원인으로는 부정한 수단, 계획 또는 기교를 사용한 부정거래행위(자본

---

16) 이후 한국투자증권에 대한 청구는 취하되었다.

시장법 제178조)를 주장하였다.

나. 집단소송허가

원고들의 소송허가신청에 대하여 서울중앙지방법원에서는 2012년 9월 9일 소송허가 결정을 하였으나, 피고가 이에 항고하였고 2014년 1월 13일 서울고등법원에서는 소송불허가 결정을 하였다. 재항고 이후 대법원에서는 2015년 4월 9일 소송허가 취지로 파기환송하였다(2014마188 결정).[17]

파기환송 후 서울고등법원에서는 2016년 1월 29일 소송허가결정을 내렸고 이에 피고가 다시 재항고하였으나, 대법원에서 2016년 5월 27일 이를 기각함으로써 소송허가결정이 확정되었다.

제1심에서 소송허가결정은 비교적 빨리 나왔으나, 소송허가 여부에 대한 대법원의 판단을 받기까지 결국 3년이 걸렸으며, 대법원의 판단 이후에도 소송허가가 확정되기까지 1년이 넘게 걸렸다.

다. 별소의 진행

RBC 사건과 마찬가지로, 집단소송의 총원에 해당하는 투자자들 일부는 집단소송이 아닌 민사소송을 진행하였다. 투자자 18명은 도이치뱅크를 상대로 동일한 청구를 구하는 민사소송을 진행하였는데, 청구원인으로는 자본시장법상 시세조종 또는 부정거래로 인한 손해배상책임(자본시장법 제179조)과 민법 750조에 따른 불법행위책임을 주장하였으며, 소송대리인 역시 동일한 법무법인을 선임하였다. 이 소송은 제1심에서 원고들이 승소하였으나 제2심에서는 원고들이 패소하였고, 결국 대법원에서

---

17) RBC 사건 소송허가에 대한 결정과 같은 날 결정이 나왔다.

사기적 부정거래가 성립한다는 취지로 파기환송(대법원 2016. 3. 24. 선고 2013다2740 판결)된 후 원고가 전부승소하였다.

라. 집단소송 본안의 진행

2012년 3월 제소된 집단소송에 대하여 2016년 10월 변론준비기일이 열렸고, 11월에 단 1회의 변론기일을 열고 바로 변론을 종결하였다. 2017년 1월 20일 제1심 판결이 선고되었으며, 피고에게 만기 상환원리금에서 실수령액을 뺀 금액과 지연손해금을 지급하라는 원고 전부승소판결이었다. 도이치뱅크가 한국투자증권과 체결한 스왑금액이 기준이 아닌, 투자자들이 투자한 ELS 원금을 기준으로 전액을 지급하라는 판단이었다.

이러한 제1심 판결에 피고가 항소하였으나, 2017년 7월 7일 항소를 취하함으로써 원고 전부승소인 제1심 판결이 그대로 확정되었다. 구성원은 피해자 494명 중 일반소송을 제기한 18명과 제외신고를 한 12명을 제외한 464명이다.

마. 분배

집단소송의 원고들을 대리한 법무법인이 분배관리인으로 선임되었으며, 2017년 11월 3일 분배계획안을 제출하였고, 이에 대하여 2017년 11월 23일 법원의 인가가 있었다. 분배계획안 제출 이전에 소송비용확정 결정에 따라 피고가 상환하여야 할 소송비용이 7,348만 2,462원으로 결정되었으며, 이 내용도 분배계획안에 반영되었다.

이후 분배가 진행되어 2018년 9월 분배보고서가, 2019년 5월 분배종료 보고서가 제출되었고 각각 공시되었다.[18]

---

18) https://www.scourt.go.kr/portal/notice/securities/securities.jsp.

3. 분석

RBC 사건과 도이치뱅크 사건을 보면, 결과적으로는 이 사건 ELS 투자자들은 모두 전액 구제를 받았다. 그러나 2009년 만기상환일에 받았어야 하는 금액을 제대로 받는 데 거의 10년이 걸린 셈이다. 도이치뱅크 사건의 경우 집단소송과 별도로 진행된 민사소송에서 대법원이 2016년 3월에야 원고 승소 취지로 파기환송하는 판결을 내렸고, 그 이후 실제로 파기환송심에서 심리를 다시 하여 승소판결이 확정되고 집행되는 데 걸리는 시간을 고려하면, 집단소송이 일반 민사소송에 비하여 지나치게 오래 걸린 것은 아니라고 볼 수도 있다. 하지만 도이치뱅크 사건에서 집단소송 허가가 확정된 이후 본안판결이 신속하게 나오고 항소 포기로 빨리 확정된 이유는 별도의 개별 소송에서 원고 승소판결이 대법원의 판단을 거쳐 이미 확정되었기 때문이며, 일부 투자자가 별도로 소송을 진행하지 않고 모두 집단소송의 결과만 기대했다면 집단소송허가 확정 후 본안판결이 확정되는 데에 또 6~7년이 걸렸을 수도 있다. RBC 사건의 경우 개별 소송은 조정으로 집단소송 본안은 화해로 종결되었는데, 끝까지 소송을 진행한 도이치뱅크 사건에 비교하여 신속하게 종결된 것으로 보이지는 않는다. 여러 가지 불확실성을 이유로 화해나 조정이 부진하다가, 집단소송허가 취지의 대법원 결정이 나오고 유사 사건에서 ELS 발행사의 책임을 인정하는 대법원 판결이 나오자 비로소 피고가 화해나 조정에 진지하게 임한 것으로 보인다.

최근 증권 관련 분쟁은 손해의 공평한 분담이라는 이유로 전액 배상을 인정하지 않는 경우가 꽤 있는데, 두 사건에서는 원고들이 청구한 금액을 모두 인정받았다. 이는 대우증권 사건(대법원 2015. 5. 14. 2013다2757 판결 및 2013다3811 판결)의 영향을 받은 것으로 보인다. 대우증권 사건은 RBC

사건이나 도이치뱅크 사건과 유사하게 ELS 상환기준일 장 종료 직전의 헤지거래로 상환조건이 성취되지 못하였는데, 원고들은 이러한 ELS 발행사의 행위가 민법 제150조에 따른 조건성취방해에 해당한다고 주장하여, 손해배상이 아닌 "조건이 성취된 것으로 주장"하여 상환금 전액을 청구하였다. 자본시장법상 불공정거래에 대한 손해배상이나 민법의 불법행위로 인한 손해배상의 경우 '손해의 공평한 분담'이라는 손해배상법의 기본이념에 따라 손해액수에 비하여 피고의 책임을 제한하는 경우가 많은데,[19] 민법 제150조의 경우에는 조건성취 방해로 인정되면 손해배상이 아니라 조건이 성취된 것으로 보기 때문에 지급금액을 법원이 경감할 근거가 없게 된다. 대우증권 사건에서 민법 제150조에 따라 ELS 발행사에게 전액 지급을 명한 결과, 동일한 행위가 문제 된 도이치뱅크 사건에서도 법원이 같은 금액을 인정하게 된 것으로 보인다. RBC 사건에서 원고들이 청구하는 금액을 거의 수용하는 내용으로 조정과 화해가 이루어진 것에도 대우증권 사건의 영향이 있었을 것이다.

III. 파생결합증권과 집단소송을 통한 구제

1. 개관

이 사건 ELS 소송의 진행을 보면 결과적으로는 파생결합증권의 피해자들을 집단적으로 구제하기 위하여 증권관련집단소송이 적절하였다고

---

19) 민법의 경우 대법원 2009. 11. 26. 선고 2009다59350 판결 등, 자본시장법의 경우 대법원 2015. 1. 29. 선고 2014다207283 판결, 대법원 2016. 10. 27. 선고 2015다218099 판결 및 대법원 2016. 12. 15. 선고 2015다243163 판결 등 다수.

볼 수 있으나, 소요된 시간과 비용을 감안하면 유사한 분쟁이 다시 발생할 때 과연 피해자들이 집단소송을 선택할 것인지 의문이 들게 된다. 특히 증권관련 집단소송제도와 관련하여서는 법에서 명문으로 규정하고 있는 소송허가요건이나 적용대상이 적절하지 않아 법원이 문언을 넘어선 해석을 통해 합리적인 운용을 시도하고 있으며, 소송허가에서 지나치게 시간과 비용이 많이 소요되는 문제가 있고, 소송수행과정에서의 어려움과 대표당사자에 대한 인센티브가 없는 점 등의 문제를 발견할 수 있다. 이 중 일부는 국회에 제출된 집단소송법 개정안에 이미 반영되어 있다.

파생결합증권의 증권성과 관련하여서는 파생결합증권이 상법에 따른 파생결합사채인지, 그렇다면 상법에 따른 사채권자의 집단적 처리와 구제에 관한 제도들의 적용을 받는지의 문제가 있다. 마지막으로 파생결합증권의 파생상품성과 관련하여서는, 파생결합증권의 경우 파생거래의 외생성을 준수하도록 설계하여야 하는지, 적합성이나 설명의무는 어떻게 준수하는지, 발행 이후에도 고객에 대한 주의의무를 부담하는지를 검토할 필요가 있다.

2. 증권관련집단소송과 관련된 쟁점

(1) 증권관련 집단소송의 이용실태

증권관련집단소송법은 도입을 논의하기 시작하던 1990년대부터 엄청난 반발과 우려의 대상이었다. 2001년부터 본격적인 제정 작업에 들어가 2004년 1월 20일 법률 제7074호로 증권관련집단소송법이 공포되는 과정에서 남소를 방지하기 위한 엄격한 제소요건, 소송허가제, 원고 및 원고대리인에 대한 규제 등의 장치를 마련하고, 부칙으로 적용대상을 유예하는 방식으로 타협이 이루어졌다. 2005년 1월 1일부터 증권관련집단소송법이 시행되었으나 우려와 달리 2009년 4월에 가서야 첫 집단소송이 제기되었다. 첫 집단소송인 주식회사 진성티이씨 사건은 화해를 전제로 수월하게 진행되었으며 재판상 화해, 법원의 화해허가를 거쳐 2010년 말까지 분배가 완료되었다. 그러나 그 이후에도 집단소송은 매우 드물게 제기되었고 2010년 1월에 제소된 RBC 사건이 사상 두 번째 집단소송이었다.

집단소송법 제정 후 거의 15년이 경과하였으나 아래와 같이 제소건수가 10건밖에 되지 않으며, 종결된 사안은 더 적다.[20]

〈표 1〉

순번	사건	사건번호	내용
	피고	총원	진행상황
1	진성티이씨	수원지방법원 2009가합8829	반기보고서 부실공시(자본시장법 제162조 손해배상)
	진성티이씨 (발행회사)	반기보고서 제출일부터 정정공시일 사이에 보통주를 취득한 자로서 정정공시일 현재 전부 또는 일부를 보유한 자	2009. 4. 13. 제소 2010. 1. 21. 소송허가 2010. 4. 30. 재판상 화해 허가 피고는 총 29억 원을 현금과 자사주로 지급
2	한화스마트 ELS[21]	서울지방법원 2010가합1604	ELS 기초자산 거래로 상환 방해행위가 사기적 부정거래(자본시장법 제179조 손해배상)
	RBC[22](백투백헤지)	한화증권 발행 한화스마트 ELS 제10호를 취득하여 만기에 상환받은 자	2010. 1. 7. 제소 2016. 3. 28. 소송허가 확정 2017. 2. 15. 재판상 화해 허가

---

20) 김홍기, "금융소비자 보호를 위한 집단소송제도의 개선방안", 상사법연구 제33권 제2호 (2014), 255면 이하의 표를 법원의 집단소송공고란에 게시된 내용으로 업데이트하였다.
21) II에서 분석한 RBC 사건이다.
22) 공동피고로 발행인인 한화증권에 대하여도 집단소송을 제기하였으나 계속 유지되지 아니하였다.

3	씨모텍	서울남부지방법원 2011가합19387	유상증자 증권신고서에 허위기재(자본시장법 125조)
	동부증권23)(증권인수인)	유상증자에 참여하여 주식을 발행시장에서 취득하여 거래정지일까지 계속 보유한 자(유통시장에서 취득한 주식이 있는 경우에는 선입선출로)	2011. 10. 13. 제소2016. 11. 4. 소송허가확정(대법원 2016. 11. 4. 자 2015마4027 결정)2018. 7. 13. 1심 판결(손해액의 10%만 배상책임 인정), 2020. 2. 27. 상고기각
4	한투 부자 아빠 ELS24)	서울중앙지방법원 2012가합17061	ELS 기초자산 거래로 상환 방해행위가 사기적 부정거래(자본시장법 제179조 손해배상)
	도이치뱅크25)(백투백헤지)	한국투자증권 발행 부자아빠 ELS 289회를 취득하여 만기에 상환받은 자	2012. 3. 2. 제소2016. 5. 27. 소송허가 확정2017. 1. 20. 제1심 판결(원고 승소)2017. 7. 7. 항소 포기로 확정
5	GS건설	서울중앙지방법원 2013가합74313	사업보고서 부실공시(자본시장법 제162조 손해배상)
	GS건설(발행회사)	사업보고서 제출일부터 잠정실적 공시일 사이에 보통주를 취득한 자로서 잠정실적공시일 현재 보유한 자	2013. 10. 8. 제소2016. 6. 10. 소송허가(대법원 2016마253 결정)현재 제1심 진행 중
6	진매트릭스	서울남부 2013가합107585서울서부 2013가합35856수원지방법원 2013가합26404	시세조종 또는 사기적 부정거래(자본시장법 제177조, 제179조)
	유○○, 장○, 진매트릭스26)(시세조종자)	시세조종기간 동안 보통주를 정상주가보다 높은 가격으로 취득한 자	2013. 11. 제소2018. 8. 22. 소송허가(2013카기2787, 2014카기10064, 2014카기10065)2018. 7. 15. 재판상 화해 허가

---

23) 공동피고로 발행인인 주식회사 씨모텍의 관리인에 대하여도 집단소송을 제기하였으나 회생절차 중이어서 소를 취하하였다.

24) II에서 분석한 도이치뱅크 사건이다.

25) 공동피고로 발행인인 한국투자증권에 대하여도 집단소송을 제기하였으나 취하되었다.

26) 피고의 보통재판적 소재지에 전속관할이 있어 공동으로 시세조종을 한 자들을 상대로 여러 법원에 집단소송을 나누어 제기하였다. 이후 이송을 통해 한 법원에서 진행되었다.

7	(주)동양 회사채	서울중앙지방법원 2014가합 31627	사업보고서 부실기재로 회사채 취득(자 본시장법 제125조)
	동양증권 외 20명	(주)동양이 발행한 회사채 를 취득하여 회생절차개시 일 현재 보유한 자	2014. 6. 제소 2018. 7. 5. 소송허가(대법원 2017마58 83)
8	동양증권 기업어음	서울중앙지방법원 2014가합 30150	사기적 부정거래(자본시장법 제179조)
	동양증권 외 10명	동양증권이 판매한 동양 계 열사 회사채, CP, 전자단기 사채, 유동화증권 등 취득자	2014. 7. 제소 2017. 1. 소송불허가
9	동양네트웍스 분식회계	서울서부지방법원 2016가합 30418	분식에 대한 회계감사인의 책임(자본시 장법 제170조)
	삼일회계법인	2013. 4. 1~10. 1. 사이에 동양네트웍스 보통주를 취득 하여 10. 1. 현재 보유한 자	2016. 1. 제소 2018. 11. 20. 소송불허가
10	STX조선해양	서울중앙지방법원 2015가합9047	사업보고서 부실공시(자본시장법 제162조 손해배상)
	STX조선해양 외 2명	2013. 3. 21~2014. 2. 6. 사이에 STX조선해양 보통 주를 취득하여 보유한 자	2017. 9. 소 제기 공고

15년 가까이 되는 기간 동안 사건수로 10건밖에 제기되지 아니하였으며, 그중 본안판결이 나온 사안은 도이치뱅크 사건과 씨모텍 사건 2건이다. 도이치뱅크 사건은 1심 판결 후 항소포기로 확정되었고, 씨모텍 사건은 1심 판결에 원고들이 불복하였으나 2020년 대법원에서 상고기각되었다. 재판상 화해로 종결된 사안은 RBC 사건을 포함하여 3건이다.

종국판결을 받는 경우이든 재판상 화해가 성립하는 경우이든 소송불허가가 확정되어 종결하는 경우이든 최초의 사건인 진성티이씨를 제외하고는 모든 집단소송 사건에서 시간이 오래 걸린다는 문제점을 확인할 수 있다. 피고가 소송허가결정에 대해 다투지 않고 바로 화해를 시도하여 1년 남짓한 기간 경과 후 종결된 진성티이씨 사건을 제외하면, 모두 5년 이상의 시간이 소요되고 있다.

한편 미국의 집단소송 이용실태에 대한 개략적인 정보는 아래와 같다.[27]

<표 2>

제소 건수	5,562건
화해건수(settled)	2,484건
기각건수(dismissed)	2,475건
계속 중(ongoing)	575건
환송(remanded)	26건
최장 10건(longest lawsuits)[28]	최장 1위 6,373일 최장 10위 4,898일

소요시간이 오래 걸린 순으로 10위 안에 드는 사건들은 제소 시부터 확정까지 13~17년이 소요되어, 미국에서도 집단소송은 오래 걸릴 수 있음을 보여 준다. 그러나 대부분의 사건은 훨씬 신속하게 해결되는데, 제소된 사건의 64%는 3년 내에 집단인가(class certification)를 받으며, 중앙값(median)은 2.5년이다.[29] 집단인가 여부와 별도로, 집단소송 중 상당수는 2년 이내에 종결된다.[30] 2001~2014년 사이에 제소된 사건의 39%는 2년 이내에 종결되었으며, 61%는 3년 이내에 종결되었다.[31]

---

27) 1996년부터 2019년 11월 30일까지의 자료이다(http://securities.stanford.edu/list-mode.html).

28) 1996년 이후 제소된 사건 중 최장사건 10건이다(http://securities.stanford.edu/top-ten.html?filter=longest_lawsuit).

29) 2000~2018년 제소된 사건에 대한 분석이다(Stefan Boettrich / Svetlana Starykh, Recent Trends in Securities Class Action Litigation: 2018 Full-Year Review, National Economic Research Associate, Inc., 22 (2019. 1. 29)).

30) 기각과 화해, 종국판결 등 모든 경우를 포함한다.

31) Boettrich / Starykh, 앞의 자료 각주 29, 26-27면.

자본시장 규모의 차이와 집단소송의 연혁, 법률시장의 규모 등을 감안하면 미국과 우리나라의 집단소송 이용실태를 단순히 제소건수로 비교하는 것은 적절하지 않다. 그럼에도 불구하고 우리나라에서 제소되는 집단소송의 수가 지나치게 적고, 특히 최근 3년간은 전혀 제소되지 않고 있다는 사실은,[32] 현재 우리나라의 집단소송제도나 운용이 피해자 구제에 효율적이거나 적절한 방안이 되지 못하고 있음을 보여 준다. 또 미국에서 집단인가에 소요되는 시간과 종결까지 소송에 소요되는 시간을 보면, 우리나라에서 집단소송 허가에 소요되는 시간이 상당히 길다는 점도 확인할 수 있다.

(2) 집단소송허가와 관련된 문제점

남소를 방지하기 위하여 집단소송의 경우 법원의 허가를 얻도록 설계되었으나, 실제 운용과정에서 아래와 같이 여러 문제점이 발견되었다.

가. 허가요건

증권관련집단소송법 제12조 제1항의 소송허가 요건은 다수성, 공통성, 효율성의 요건으로 설명되며, 그 문제점에 대하여는 이미 많은 지적이 있다.[33]

① 다수성

다수성 요건으로 구성원이 50인 이상이고, 청구의 원인이 된 행위 당

---

32) 한 예로 2019년 인보사 사태로 코오롱티슈진이 상장폐지되자 손해를 입은 2,200여 명의 소액주주가 소송을 제기하고 있으나, 증권관련집단소송이 아닌 공동소송형태로 진행하고 있다(더벨 2019. 10. 23.자, "500억 송사 휩싸인 코오롱생명, 인소바 소송만 20건").

33) 최광선, "현행 증권관련집단소송법 주요내용과 개선방안", 서울지방변호사회 법제연구원 편, 증권관련집단소송법 개정론 (2014), 218-222면.

시를 기준으로 그 구성원이 보유하고 있는 증권의 합계가 피고 회사의 발행증권총수의 1만 분의 1 이상일 것을 요구한다(집단소송법 제12조 제1항 제1호). 인원요건의 50인은 근거가 분명하지 않은 인위적인 숫자이며, 구성원의 수가 50인이 넘는지를 확인하기 위하여 소송허가과정에서 증권사들에게 사실조회를 보내는 등 소명의 절차를 거치게 된다.

구성원 보유증권총수를 1만 분의 1 이상으로 규정하는 부분은 실제로 권리구제에 큰 장애가 될 수 있다. 규모가 큰 상장회사의 경우 다수의 소액 피해자가 발생해도 보유주식 총수가 1만 분의 1에 미달할 수 있어, 소액 피해자들이 집단소송을 제기하는 데 장애물이 된다.[34] 또한 이 1만 분의 1 요건은 보통주의 발행시장 공시나 유통시장 공시에 따른 손해배상을 발행회사에 대하여 청구하는 것을 염두에 두고 만들어진 것으로 생각되며, 다른 형태의 손해배상에는 적용에 난점이 있다. 우선 발행회사 이외의 자를 피고로 집단소송을 제기하는 경우에는 이 요건을 어떻게 충족하는지가 문제 될 수 있다. RBC 사건이나 도이치뱅크 사건에서 ELS 발행회사를 피고로 추가한 이유가 이 요건 때문인데, 결국 피고로 적시될 필요가 없는 자를 피고로 추가하면서 소송비용이 낭비되었다. 법원에서도 이 요건의 해석에 있어 "피고회사"는 "유가증권 발행 법인"으로 해석하면 충분하다고 본다.[35] 또한 문제 된 증권이 보통주가 아닌 경우에는 어떻게 계산할 것인가의 문제가 생긴다. 종류주식이나 조건부자본증권을 발행한 경우에는 해당 종류주식이나 조건부자본증권별로 계산하는지, 회사채의 경우 회차별로 계산할 것인지의 문제가 있다.

---

34) 최광선, 앞의 논문 각주 33, 219면; 변환봉, "증권관련집단소송법의 실제 운용과정에서의 문제점", 증권관련집단소송법 개정론 (2014), 174-175면.
35) 대법원 2016. 11. 4.자 2015마4027 결정; 법원행정처, 증권관련집단소송실무 (2005), 56면.

또한 소송허가과정에서 이 요건을 얼마나 엄격하게 증명해야 하는지의 문제가 있다. 현재 거래시스템은 동일인이 여러 증권사에 계좌를 개설하고 거래하는 것이 가능하므로, 모든 증권사에 사실조회를 하여 구성원의 수와 구성원별 보유증권 수를 확인한 다음 동일인을 지우는 작업을 해야 한다면, 소송허가단계에서 이미 너무 많은 시간과 비용을 허비하게 된다. ELS 집단소송 사건은 ELS 발행사인 증권사가 ELS를 직접 판매했고 발행 후 ELS가 유통되지 않아서 보유자의 확인이 간단한 편이었지만, 활발하게 유통되는 증권을 대상으로 한다면 시간과 비용이 많이 들게 된다. 그러나 구체적인 구성원은 소송허가단계가 아닌 본안과 분배절차에서 확인하면 충분하고, 소송허가단계에서 지나치게 오랜 시간과 비용을 소모하는 것은 적절하지 않다. 1만 분의 1 요건은 삭제되는 것이 바람직하다.[36)]

② 공통성

증권관련집단소송법 제3조 제1항 각 호의 손해배상청구로서 법률상 또는 사실상의 중요한 쟁점이 모든 구성원에게 공통될 것을 요구하는데(집단소송법 제12조 제1항 제2호), 이 점에서 동일한 위반행위로 여러 종류의 피해자가 나온 경우에도 공통성을 인정할 것인지, 아니면 피해자의 종류별로 별도의 집단소송을 제기하라고 할 것인지의 문제가 생긴다. 예를 들어 특정 회사의 사업보고서에 분식회계가 기재된 경우 해당 회사의 주식에 투자해서 손해를 본 사람들과 동일 회사의 회사채 등 다른 증권에 투자해서 손해를 본 사람들, 그 회사 발행주식의 주가를 기초로 한 다른 금융투자상품을 산 사람들은 공통성이 인정되어 하나의 집단소송을 제기

---

36) 증권관련 집단소송법 개정안에서는 이를 삭제하고 있다. 임재연, 자본시장법 (개정판, 2019), 536면.

할 수 있는 것인지의 문제가 있다. 사실관계의 인정을 효율적으로 하기 위해서는 모두 공통성이 있다고 해야겠지만, 법률적으로는 손해액의 계산이나 인과관계 인정 여부가 다를 수밖에 없다.

③ 효율성

마지막으로 소송허가요건으로 증권관련집단소송이 총원의 권리 실현이나 이익 보호에 적합하고 효율적인 수단일 것을 요구하는데(집단소송법 제12조 제1항 제3호), 이 문구는 너무 추상적이어서 이 부분에 대한 구체화가 필요하다는 지적이 있다.[37]

현실적으로 이용가능한 다른 권리구제수단이 있다는 점만으로 효율성 요건을 갖추지 못했다고 보아서는 아니된다. ELS 집단소송은 사실 원고들의 숫자가 각각 412명, 494명으로, 모두 ELS 발행 시점에 매수한 자이고 ELS는 발행 이후 유통이 되지 않았으므로, 제소단계에서 피해자들의 인적 사항을 파악하여 선정당사자소송을 진행하는 것도 충분히 가능한 상황이었다. 그러나 당사자들이 선정당사자제도 대신 집단소송을 선택했다면, 그 선택을 존중하고 선정당사자제도가 더 효율적이라는 이유로 집단소송허가를 불허하여서는 아니될 것이다. 감독당국이 금융분쟁조정절차를 운영하고, 또는 감독당국이 금융기관에 대한 감독권한을 이용하여 피해자 구제를 명하는 등 다른 구제절차가 진행되고 있다고 하더라도, 피해자들이 집단소송이 더 효율적이라고 믿고 집단소송을 제기한다면 그 선택을 존중하여야 한다. 효율성 요건은 법원이 임의로 재단하여서는 아니되며, 피해자들이 자발적으로 시간과 비용이 소요되는 증권관련집단소송을 구제수단으로 선택했다면 특별한 사정이 없는 한 권리 실현이나 이익 보호에 적합하다고 판단해서 선택한 것으로 존중하여야 할 것이다.

---

37) 최광선, 앞의 논문 각주 33, 222면.

현행 집단소송은 opt-out 형식이어서, 피해자 다수의 합의나 지지로 집단소송에 의한 구제를 선택하는 것이 아니라 일부 피해자가 대표당사자로 집단소송을 시작하게 되고, 집단소송에 대해 허가가 나온 이후에는 그 선택에 따른 효과가 모든 피해자들에게 미치게 된다. 그렇다면 집단소송을 제기한 일부 피해자의 선택이 항상 모든 피해자를 위한 것은 아닐 수도 있다는 우려가 생길 수 있다. 그럼에도 불구하고 집단소송이 제도화된 이상 일단은 대표당사자의 선택을 존중하여야 하며, 함부로 효율성 요건에 대한 추가적인 입증을 요구하거나 다른 가능한 수단이 존재한다는 이유로 효율성 요건을 충족하지 못한 것으로 판단하여서는 아니된다.

구성원 중 상당수가 별도의 민사소송을 진행하고 있다는 사실이 효율성 요건이나 허가요건에 영향을 주어야 하는가의 문제가 있다. 이 사건 ELS 분쟁은 두 건 모두 집단소송과 별도로 민사소송을 제기하여 진행하였는데, 이러한 진행은 소송대리인이 전략적으로 선택한 것으로 보인다. 별개의 소송이 진행되어 본안에 대한 심리가 충분히 이루어진 점이, 집단소송에 대한 소송허가가 확정된 후 신속하게 본안이 종료하게 된 원인으로 볼 수 있다. 즉 별소의 제기가 오히려 집단소송을 효율적으로 진행하는 데에 도움이 되었다고 할 수 있으나, 이를 섣불리 일반화하여 별소의 제기를 장려하여서는 아니될 것이다.

최근 금융당국은 다수의 피해자 중 일부에 대하여 금융기관의 책임을 인정하는 판결이 나오는 경우 소송을 제기하지 아니한 동일한 금융상품에 대한 피해자들에 대하여도 동일한 보상을 하도록 지도하기도 하고, 금융기관이 자발적으로 소송을 하지 않은 동종피해자들에게 보상을 하기도 한다. 즉 소수의 시범소송의 결과를 모든 피해자들이 향유할 수 있도록 하는 것이다. 이러한 방식은 결과만 보면 집단소송보다 효율적이고 신속한 제도로 보이나, 시범소송에서 항상 전체 피해자들의 구제에 합당한 주장과 입증이 있게 될 것인지 담보할 수 없다. 특히 나서서 시범소송을 하려는 원고가 아예 나타나지 않거나, 시범소송에서 소송수행을 부적절하게 하여 피고에게 상응하는 책임을 묻는 데 실패하거나 전체 피해자를 고려하지 않고 피고와 합의한다면 나머지 피해자들은 스스로 소를 제기하지 않는 이상 적절한 구제를 받을 수 없으며, 본인의 피해액과 소송비용 등을 비교하여 결국 구제를 포기하는 경우가 많을 것이다.

이 점에서 집단소송제도의 효용이 더욱 절실하게 느껴진다.[38] 다양한 방식의 분쟁해결이나 일률적인 보상도 금융소비자 보호에 도움이 될 수 있지만, 집단소송을 활성화하여 강력한 책임을 물을 수 있다는 점을 확실히 하는 것이 오히려 피고들이 조정이나 다른 분쟁해결방식에 응할 유인으로 작용할 것이다.

나. 소송허가절차의 문제점

RBC 사건의 경우 제소로부터 소송허가가 확정될 때까지 6년 반이 걸렸고, 도이치뱅크 사건도 5년이 넘게 걸렸다. 다른 집단소송도 소송허가를 받기까지 시간이 많이 걸리고 있다. 이러한 소송지연으로 피해자의 구제가 늦어진다는 문제도 있지만 본안에 대한 재판이 늦어짐에 따라 본안소송이 개시된 이후에는 관련자료가 이미 폐기되는 등의 현실적인 문제로 입증이 어렵게 되고, 또한 피고회사가 장기간 소송에 노출되어 영업이나 구조조정 등에 어려움이 있을 수 있다.

소송허가에 걸리는 시간을 단축하려면 소송허가요건을 판단할 때 원

---

38) 최완진, "증권집단소송제도에 관한 법적 고찰: 증권관련집단소송법의 문제점을 중심으로", 경영법률 제16집 제1호 (2005), 75면 이하에서는 집단소송의 효용으로 동일소송의 반복을 피하는 소송경제와 법원의 부담 경감, 개인의 소송비용 경감으로 법적·경제적 정의 실현, 소송수행의 곤란성 극복 등을 들고 있다.

칙적으로 원고의 주장만을 기초로 하고 원고에게 지나치게 강한 입증을 요구하지 않아야 한다. 즉, 주장 자체로 집단소송법 제3조의 손해배상청구의 범위나 대상에 해당하지 않으면 불허가결정을 하고, 주장 자체가 형식적으로 집단소송법의 대상에 해당한다 하더라도 그 주장이 막연한 의혹이나 결과적 사실에 기초하였을 뿐 구체적 사실의 기재가 없거나 상당한 정도의 개연성이 소명되지 않으면 불허가결정을 하게 되겠지만, 그러한 경우가 아니라면 원고의 주장을 기초로 소송허가결정을 하여야 할 것이다.[39] ELS 사건의 경우 피고가 헤지과정에서 기초자산에 해당하는 주식을 매도한 사실까지는 소명되어야 하겠지만, 헤지행위로 종가형성에 얼마나 영향을 주었는지, 그러한 매도행위가 시세조종행위나 사기적 부정거래에 해당하는지, 피해자가 얼마나 되는지는 소송허가 후 본안심리 과정에서 입증할 사항이고 소송허가는 기본적으로 원고의 주장만으로 신속하게 결정되도록 운영해야 할 것이다.[40]

실제 집단소송 운영실태에서는 소송허가과정에서 항고, 재항고 등을 여러 번 거치면서 시간이 많이 소요된 면이 있다. 항고를 전면적으로 금지하는 방식으로 당사자의 재판을 받을 권리를 부정할 수는 없으나, 소송허가결정에 대한 불복에 원칙적으로 집행력을 인정하지 않는 등의 방식

---

39) 서울중앙지방법원 2016. 9. 29.자 2014카기3556 결정.

40) 최광선, "집단소송과 관련된 국회 입법 및 대법원 판례의 동향과 그 시사점", 민사소송 제23권 제1호 (2019), 179면에서는 씨모텍 사건에 대한 소송허가결정인 대법원 2016. 11. 4.자 2015마4027결정에서 대법원이 증권관련집단소송의 소송허가절차에서 손해배상청구권의 성립 여부 등 실체판단을 하여서는 아니 된다는 점을 분명히 하였다고 본다. ELS 사건에 대한 대법원 2013마1052, 1053 결정과 2014마188결정에서 대법원이 해당 행위가 사기적 부정거래에 해당한다고 판단한 점에 대하여는, 원심결정이 사기적 부정거래에 해당하지 않는다고 판단하였기 때문에 이를 지적할 수밖에 없었으며, 사기적 부정거래 행위가 있었는지에 대한 실체 판단을 한 후 소송허가를 해야 한다는 취지의 결정은 아니라고 본다.

으로 절차의 신속성을 담보하는 것은 고려할 수 있겠다.[41]

(3) 집단소송 적용대상과 관련된 문제점

증권관련집단소송법은 적용대상을 자본시장법 제125조(증권신고서 등 허위공시에 따른 손해배상), 제162조(사업보고서 등 허위공시에 따른 손해배상), 제170조(외부감사인의 감사보고서에 대한 손해배상), 제175조(미공개 중요정보 이용행위에 따른 손해배상), 제177조(시세조종에 따른 손해배상), 제179조(부정거래행위에 따른 손해배상)로 한정하고 있으며, 주권상장법인이 발행한 증권의 매매 또는 그 밖의 거래로 인한 것으로 한정하고 있다.[42]

현행법에 따른 적용대상인 자본시장법 제125조, 제162조, 제175조, 제177조, 제179조의 손해배상은 그 전제로 자본시장법 제119조(증권신고서 작성)와 제123조(투자설명서 작성), 제159조(사업보고서 제출), 제160조(반기 분기보고서 제출), 제174조(미공개 정보이용행위 금지), 제176조(시세조종행위 금지), 제178조(부정거래행위 금지)에 위반한 행위가 있어야 한다. 그런데 실제 소송 수행과정을 보면 이러한 위반행위를 원인으로 피고에게 일정한 청구를 하는 근거는 자본시장법의 해당 손해배상 청구규정만이 아니고, 민법 제750조(불법행위)나 제756조(사용자책임)가 될 수도 있으며, 이를 근거로 다른 법률행위를 무효로 하거나 부당이득을 구할 수도 있다. 더 나아가 이러한 위반행위에는 다른 법령 위반이 수반되기도 하며, 그에 따른 손해배상이나 구제수단이 별도로 마련되어 있기도 하다. 자본시장법상 금융투자업자의 설명의무 위반 내지 적합성 위반 등이 이

---

41) 최광선, 앞의 논문 각주 40, 170면.
42) 집단소송 자체를 더 넓은 범위로 확장하자는 논의는 이 글에서는 검토하지 않는다.

에 해당할 수 있다.

일반소송에서는 진행과정에서 가능한 모든 주장을 펼치게 되고 그에 따라 판단을 하게 된다. 예컨대 자본시장법 제176조 위반행위가 인정되지만 자본시장법 제177조의 손해배상이 아닌 다른 법령이나 다른 규정으로 구제를 청구할 수도 있고 구제를 인정할 수도 있다. ELS 시세조종 사건 중 민법 제150조의 조건성취 방해를 주장하고 인정한 예가 대표적인 경우이다.[43] 그런데 동일한 사실관계를 증권관련집단소송으로 제소하면 다른 법령이나 조항에 근거한 주장을 할 수 없다는 것은 지나치게 소송수행을 제한하는 규제로 볼 수 있다.[44] 집단소송 적용범위를 꼭 제한하여야 한다면, 손해배상조항이 아니라 자본시장법상 금지행위 위주로 변경하는 것이 바람직하다.[45] 즉 자본시장법 제179조에 따른 손해배상을 적용대상으로 하는 대신, 자본시장법 제178조 위반행위를 원인으로 하는 청구를 적용대상으로 하는 것이다. 현행 증권관련집단소송법은 손해배상조항을 적용대상으로 적시하고 있지만, 법을 개정하지 않고도 법원이 확대하여 해석하는 것이 가능하고 입법취지에도 부합한다고 생각하며, RBC 사건과 도이치뱅크 사건에서의 대법원의 소송허가결정 역시 엄격한 문언해석이 아닌 법의 취지를 고려한 것으로 보인다.

(4) 소송수행 및 입증과 관련된 문제점

두 건의 ELS 증권관련 집단소송은 투자자들의 손해액이 분명하여 손

---

43) 대법원 2015. 5. 14. 선고 2013다2757, 2913다3811 판결.
44) 다만 소송물이 달라질 수는 있다. 증권관련집단소송과 소송물이론에 대한 연구로는 최광선, "증권관련 집단소송법에서의 청구권경합", 법학논총 제36권 제4호 (2016).
45) 변환봉, 앞의 논문 각주 34, 170-172면.

해액 인정에 큰 어려움이 없었다. 반면, 헤지거래와 관련된 증거는 원고 대리인이 입수하기 어려웠다고 한다.

실제 증권분쟁은 손해배상 청구에 필요한 정보나 자료의 대부분을 원고 측이 보유하고 있지 않고, 원고 대리인이 분석하여 작성할 수 있는 자료도 아니어서 소송수행에 어려움이 있다.[46) 자본시장법상 손해배상 책임규정에는 입증책임을 일정부분 피고에게 전환하고 있으나, 여전히 중요한 사항을 원고 쪽에서 입증하여야 한다. 이러한 연유로 민사소송과 별도로 금융당국의 감리·조사, 거래소의 조사, 형사사건의 조사 등을 기대하고, 그 자료를 확보하고자 하게 된다. 집단소송절차에 미국식의 디스커버리를 도입하기 어려운 이상, 최소한 금융당국과 거래소의 조사자료는 원고 쪽이 손쉽게 이용할 수 있도록 하여야 할 것이다.

피해자인 원고들로서는 증권관련 불공정행위와 인과관계 있는 손해액수의 입증도 쉽지 않으므로, 자본시장법에서는 발행시장 부실공시나 유통시장 부실공시의 경우 손해배상액 추정규정을 두고 있다. 개별 원고가 직접 소송을 수행할 때에는 이러한 손해배상액 추정규정이 도움이 되지만, 집단소송의 경우 자본시장법의 손해배상액 추정규정을 이용하려면 모든 구성원의 인적 사항과 거래사항을 먼저 확정하지 않으면 안 된다. 구성원과 거래내역을 모두 파악하려면 심리에 시간과 비용이 많이 들고 결국 집단소송의 효율성을 기대할 수 없다.[47) 사실 개별 구성원과 손해액의 파악은 분배과정에서 이루어지면 충분하다.

집단소송법 제34조 2항에는 법원이 "여러 사정을 고려하여 표본적·평균적·통계적 방법 또는 그 밖의 합리적인 방법으로 손해액을 정할 수

---

46) 나지수, "증권관련집단소송법의 문제점과 대안의 모색", 서울지방변호사회 법제연구원 편, 증권관련집단소송법 개정론 (2014), 142면.
47) 변환봉, 앞의 논문 각주 34, 108면.

있다"고 규정하고 있는데, 구성원별로 손해액이 달라지는 상황에서는 이 조항을 적극적으로 이용할 필요가 있다.[48]

(5) 대표당사자에 대한 인센티브

마지막으로 소송비용과 대표당사자의 인센티브라는 문제점을 언급하고자 한다. 증권집단소송이 많이 이용되지 않는 현실에 대하여는 여러 가지 이유를 찾아볼 수 있겠지만, 소송허가와 소송진행이 일반소송에 비해 수월하지 않다는 점이 하나의 큰 요소로 작용하는 것으로 생각된다. 특히 제1심 판결이 나오기까지 소송비용을 부담해야 하는 원고대리인과 대표당사자가 이를 적극적으로 이용할 유인이 없다면, 집단소송이 궁극적으로 분쟁의 집단적 해결에 도움이 된다 하여도 실제 이용이 저조할 수밖에 없다.[49] ELS 사건의 분배계획안을 보면 다수의 구성원들에게 매번 연락을 하는 비용만도 상당하다는 것을 볼 수 있다. 분배과정에서 대표당사자에게 단순한 실비정산을 해주는 정도에 그치지 말고 대표당사자의 시간과 노력에 대한 정당한 보상을 인정할 필요가 있다.

3. 파생결합증권의 증권성과 관련된 쟁점

(1) 파생결합증권의 사채성

자본시장법상 파생결합증권은 증권으로 분류되지만, 상법에 따른 파

---

48) 반면 임재연, 앞의 책 각주 36, 544면에서는 집단소송법 제34조 제2항은 보충적으로만 적용하여야 한다고 주장한다.
49) 변환봉, 앞의 논문 각주 34, 178면.

생결합사채와 동일한 의미인지는 분명하지 않다. 상법상 파생결합사채 (제469조 제2항 제3호)는 "유가증권이나 통화 또는 그 밖에 대통령령으로 정하는 자산이나 지표 등의 변동과 연계하여 미리 정하여진 방법에 따라 상환 또는 지급금액이 결정되는 사채"로 규정하고 있어 정의규정은 자본시장법상 파생결합증권과 동일한 내용을 담고 있다.[50] 그러나 자본시장법상의 채무증권이 항상 상법에 따른 사채인 것은 아닌 것처럼, 자본시장법상 파생결합증권이 반드시 상법상 파생결합사채이어야 하는 것은 아니다. 반면, 자본시장법상 파생결합증권이 상법에 따른 파생결합사채가 아니라면, 상법 회사편의 다른 어느 규정을 근거로 발행하는 것인지, 또는 발행인의 준거법에 발행근거가 되는 규정이 전혀 없어도 발행할 수 있는 성질의 증권인지는 함부로 단정할 수 없는 사항이다.

발행인 입장에서 파생결합사채라면 파생결합사채에 따른 발행절차를 거쳐야 하고, 투자자 입장에서는 사채에 따른 보호를 추가로 받을 수 있을 것이다. 상법상 파생결합사채의 경우에는 이사회에서 기초자산과 결정방법을 결정하여야 하는데(동법 시행령 제24조 및 제25조 제4호), 현재 파생결합증권 발행실무도 이사회에서 주요 조건을 정하고 공모서류를 승인하고 있으므로, 절차적인 차이는 존재하지 않는다. 그러면 파생결합증권 투자자를 사채권자로 보호하여야 하는지에 따라 상법상 파생결합사채로 인정하여야 하는지가 결정되어야 할 것이다.[51]

회사의 정형화·단위화된 채무인 사채에 투자하는 분산된 다수의 사채권자는 개개인으로는 정보수집능력과 교섭능력이 부족하여 권리를 지키기 위해 집단적인 행동이 요구되는데, 이를 위하여 상법에서 사채권자

50) 박 준, "상법상 사채의 속성", 상사법연구 제31권 제3호 (2012), 43면.
51) 박 준, 앞의 논문 각주 50, 44면에서는 파생결합증권의 발행조건에 비추어 볼 때 ELS는 상법상 파생결합사채에 해당하는 데 의문이 없다고 한다.

보호를 위한 일정한 규율을 두고 있다.[52] ELS를 포함, 공모 파생결합증권의 경우 투자자는 발행사와 교섭을 통해 개별적으로 장외파생계약을 체결하는 경우와 달리 발행사가 일방적으로 조건을 정한 정형화·단위화된 파생금융거래에 투자하게 되며, 정보수집능력과 교섭능력이 부족하여 거래조건을 협상할 수 없는 점에서 사채권자와 동일한 위치에 있다. 발행회사의 입장에서도, 거래조건에 대하여 개별 투자자를 일일이 상대하기보다 다수의 투자자들을 일률적·획일적으로 규율하기를 원한다. 그렇다면 공모 파생결합증권의 경우에는 상법의 파생결합사채로 보아 사채권자보호에 관한 제도가 적용되는 것이 상당하다고 생각된다.

(2) 사채관리회사의 필요성

2011년 상법 개정으로 사채관리회사를 도입한 취지는, 회사채 투자자들과 발행회사 사이는 이해관계가 상반되므로 회사채 투자자들 전체의 이익을 도모하는 기구가 필요한데, 이 업무를 회사에 대하여 신인의무를 부담하는 자가 수행하는 것은 적절하지 않기 때문이었다.[53] 실제 ELS 사건들을 보아도, 사채관리회사가 있었다면 발행사가 투자자들의 이익에 반하는 방식으로 헤지거래를 수행하는 데 적절하게 제동을 걸고 분쟁해결에 적극적으로 나설 수 있었을 것으로 기대할 수 있다.[54] 현재 상법상

---

52) 박 준, 앞의 논문 각주 50, 17면.
53) 박 준, "회사채 관련 법제의 개선", 상사법연구 제36권 제1호 (2017), 72-73면.
54) BNP 파리바사건(대법원 2016. 3. 10. 선고 2013다7264 판결)에서는 헤지금융기관의 헤지거래로 중도상환이 무산되자 발행증권사가 이를 문제삼고, 투자자들에게 연락을 하여 중도상환을 희망하는 투자자들에게는 중도상환조건이 성취한 것으로 상환을 해주었다. 이러한 투자자 보호의 역할을 발행사가 직접 적극적으로 하기를 기대하기는 어렵지만, 사채관리회사가 있었다면 그러한 역할을 기대할 수 있다.

사채발행에 있어 반드시 사채관리회사를 지정하여야 하는 것은 아닌데, 사채관리회사의 도입취지에 따라 모든 공모발행의 경우에는 사채관리회사를 선임하도록 할 필요가 있다.[55] 더 나아가 실제로 사채관리회사로 선임된 자가 적극적으로 투자자 전체의 이익을 보호하는 임무를 수행하여야 할 것이다.[56]

(3) 집단소송과의 관계

사채의 경우 사채관리회사를 통하거나 사채권자집회를 통해 단체적인 행동이 가능하지만, 사채권자가 개별적으로 자신의 권리를 행사하는 것도 가능하다. 그런데 개별 투자자가 사채관리회사나 사채권자집회를 통하지 아니하고 집단소송을 이용하여 단체적인 해결을 도모하는 것은 허용되는가 의문을 제기할 수 있다. 특히 집단소송 허가요건 중 효율성의 면에서, 사채권자들의 집단적 이해를 단체법적으로 해결하기 위한 제도가 상법에 마련되어 있는데 이를 이용하지 아니하고 opt-out 형식의 집단소송을 이용하는 것이 "총원의 권리 실현이나 이익 보호에 적합"한지 문제삼을 여지가 있다.

실제로 사채관리회사의 업무수행 실무나 사채권자집회의 현실적인 어려움[57] 등을 고려하면, 일부 사채권자들이 사채에 따른 단체법적 해결을

---

55) 박 준, 앞의 논문 각주 53, 81면.
56) 박철영, "회사채 투자자 보호의 문제점과 개선책", 증권법연구 제15권 제1호 (2014), 143면은 사채관리회사의 도입에 불구하고 그동안 회사의 수임인으로 사채관리업무를 수행하던 증권회사들이 사채관리회사로 선임되면서 기존과 동일한 업무만을 수행하고 사채권자들의 이익을 보호하기 위한 업무를 소홀히 하고 있음을 지적한다.
57) 사채권자가 사채권자집회를 소집하려면 사채 총액의 10분의 1 이상을 소지하여야 한다(상법 제491조).

포기하고 집단소송을 제기했을 때 이를 불허할 근거는 없다고 생각된다. 반대로 사채권자집회를 통하여 사채관리회사에게 집단적인 해결을 요청하고 사채관리회사가 이를 성실하게 수행하기 시작했다면, 이를 거부하고 개별 소송을 진행하는 것은 사채권자의 자유이나, 일부 사채권자가 사채권자집회에서 찬성한 다른 사채권자들에게까지 효력을 미치는 집단소송을 독단적으로 시작하는 것은 적절한 분쟁해결방법이 될 수 없다고 보아도 될 것이다. 다만 주주의 경우에는 다른 주주들의 의견을 확인하거나 공동으로 행동하기 위해 다른 주주들의 연락처를 알아내기 위한 주주명부 열람등사청구권 등의 제도가 마련되어 있는데, 무기명사채의 경우에는 사채원부에 사채권자의 인적 사항을 기재하지 아니하므로 다른 사채권자들의 연락처를 알아내어 의견을 조율하기 어렵고, 사채권자집회의 소집을 요구하는 방안만이 있을 뿐이다. 기명사채의 경우에는 사채원부에 사채권자의 인적 사항이 기재되지만, 국내에서 대부분의 사채는 무기명식으로 발행되고 있다. 이러한 점에서 사채권자들의 집단행동에 어려움이 있음을 고려할 때, 사채권자들이 집단소송을 선택하는 경우 "총원의 권리 실현이나 이익 보호에 적합"한 것으로 인정하여야 할 것이다.

4. 파생결합증권의 파생상품성과 관련된 쟁점

다음에서 살펴보는 파생상품성과 관련된 쟁점은 그 자체로는 집단소송과 관련이 없으나, 동일한 문제가 다수의 피해자들에게 공통된다는 점에서 집단적인 해결책이 요구된다.

(1) 파생결합증권의 판매와 관련된 주장의 유형

ELS를 비롯한 파생결합증권의 투자자는, 발행인이 발행한 증권이라는 점에서 발행인의 지급능력에 대한 위험을 인수하는 이외에 기초자산과 관련된 위험을 추가로 인수하게 된다.[58] 파생결합증권 투자에 따른 분쟁은 대체로 증권에 결합된 파생상품거래에 따른 기초자산에 대한 위험에 기초하는데, 투자자가 주장할 수 있는 문제점은 다음과 같이 세 가지로 구분할 수 있다. ① 파생결합증권의 조건 또는 파생상품거래의 설계 자체가 문제가 있어, 투자자가 부당한 손해를 보게 되었다. ② 파생결합증권의 조건 또는 파생상품거래의 내용에는 문제가 없으나, 그 조건이나 내용에 대한 설명이 부족하였다. 이렇게 위험한 상품인 줄 알았다면 투자하지 않았을 것이다. ③ 파생결합증권의 조건 또는 파생상품거래의 설계나 내용 설명에는 문제가 없으나, 투자 이후 발행인의 부당한 행위로 손해가 발생하였다.

ELS 관련 분쟁을 이에 맞추어 설명하면 ②는 ELS 자체의 위험성 및 발행인 등의 헤지거래로 조건불성취가 있을 수 있다는 위험에 대한 설명의무 위반이나 적합성에 위반한 투자권유 등 불완전판매를 주장하는 입장이고, ③은 ELS 발행 이후 발행인 또는 발행인 등이 헤지거래를 실행하면서 조건불성취를 유발하는 행위가 불공정거래행위라는 주장이다.[59] ①의 입장은, 파생결합증권의 발행인 등이 헤지거래를 수행함으로써 파생결합증권의 조건성취에 관여할 수 있는 방식으로 설계한 파생결합증권

---

58) 박 준, 앞의 논문 각주 53, 67면.
59) 정순섭, 앞의 논문 각주 6, 408면에서는 ELS 관련 국내소송을 불공정거래 관련 사례와 불완전판매 관련 사례로 분류한다. 이 글에서 분석한 RBC 사건과 도이치뱅크 사건은 모두 불공정거래를 인정한 사례이다.

은, 파생상품의 외생성[60]에 위반하여 설계되었기 때문에 그 자체로 무효인 거래가 된다. ①의 입장에 따라 잘못 설계된 파생결합증권의 경우에는 설명의무를 다하거나 관련 위험을 충분히 공시하는 것으로 문제를 해결할 수 없으며, 아직 손해가 발생하지 아니한 상황에서도 투자를 취소할 수 있어야 한다. ①과 ③의 차이는, ①은 발행인의 헤지행위가 파생결합증권의 조건성취에 영향을 줄 수 없도록 상품을 설계하여야 한다는 입장으로, 발행인으로서는 일정한 위험을 헤지하지 못하고 인수하여야 하고, ③은 그렇게 완벽한 외생성을 요구하지는 않지만, 발행인의 헤지행위로 조건성취 여부가 좌우될 수 있는 상황에서는 투자자를 보호하는 방향으로 행위하여야 한다는 것이다. 이론적으로는 세 가지를 구분하였으나, 실제 상황에서는 셋 중 하나로 정리되는 분쟁은 오히려 드물고, 두 가지 또는 세 가지 모두 문제 되는 사안이 더 많을 것이다.

(2) 파생결합증권과 적합성

파생결합증권의 판매에 있어서는 파생상품과 마찬가지로 적합성원칙 및 설명의무가 적용된다. 파생결합증권을 공모발행한다고 하더라도 증권신고서와 투자설명서만 제공하면 되는 것이 아니고, 개별 고객에게 적합한지를 판단하여 투자권유를 해야 한다. 적합성원칙과 설명의무의 준수 여부는 대부분 투자자에게 설명을 다 들었고 이 상품은 본인에게 적합하다는 확인을 받는 방식으로 이루어지는데,[61] 파생상품에서는 이러한 방

---

60) 파생상품의 외생성은 파생상품의 기초 변수는 외생적으로 결정되어야 하고 거래 당사자가 이에 관여할 수 있어서는 아니 된다는 파생상품거래의 전제가 되는 개념이다. 이상훈, "최근 주가연계증권소송과 민법상 조건성취방해법리", BFL 제80호 (2016), 53면.
61) Michael Bennet, "Complexity and its Discontents: Recurring Legal Concerns with Structured Products", 7 NYU Journal of Law and Business 811 (2011), 820면; 안수현,

식으로는 충분하지 않다는 지적이 있다.[62] 파생결합증권은 점점 복잡하게 설계되고 있어, 투자자가 지급구조를 이해했다고 하더라도 투자자가 그 거래의 가치나 투자위험까지 이해한 것은 아닐 수 있다.[63] 기초자산에 어떤 상황이 발생하면 원금 손실이 있을 수 있다는 것까지 설명을 들은 경우에도 그에 따라 원금 손실이 있을 위험의 크기가 얼마나 되는지, 그 정도의 위험을 인수하려면 가격이 어떻게 책정되어야 하는지에 대해서는 일반투자자로서는 알 수 없으며, 위험의 크기나 가격에 대해서는 판매자의 설명을 그대로 믿고 의사결정을 하게 된다. 개인인 일반투자자뿐만 아니라, 국가기관이나 지방자치단체에 속한 투자의사결정자도 잘못된 판단을 하는 경우가 종종 있다.[64] 더 나아가 고객에게 파생결합증권을 설명하는 금융투자업자의 담당자도 해당 상품의 위험을 제대로 알지 못할 수도 있다.

일반적인 주식이나 회사채 등 투자자들이 친숙한 증권의 경우, 투자대상에 대한 충분한 설명이 있으면 투자판단은 투자자들의 몫이라고 볼 수 있다. 반면 파생결합증권의 경우 투자자들이 위험의 크기나 가격에 대해 스스로 판단할 능력이 없기에 이를 판매하는 금융투자업자에게 의존하게 되는데, 이 경우 금융투자업자는 거래구조와 위험을 설명하는 것으로 충분하지 않고 해당 상품의 위험의 크기나 가격이 고객에게 적합한 것인지까지 검토하고 권유해야 적합성 원칙과 설명의무를 다한 것으로 보아야 할 것이다.[65]

앞의 논문 각주 4, 85면.

62) Bennet, 앞의 논문 각주 61, 820면.

63) Bennet, 앞의 논문 각주 61, 815면.

64) Bennet, 앞의 논문 각주 61, 822면에서는 2009년 이탈리아 밀라노시와 JP Morgan 등 간의 파생거래와 관련한 분쟁을 예로 들고 있다.

65) 상품조사의무(know-your-product)에 대한 세계적인 추세에 대한 상세는 안수현, 앞의

(3) 파생결합증권 발행인의 의무

일반적인 회사채 발행인과 사채권자 사이의 관계는, 발행인으로서는 사채 상환을 위한 지급능력이 저하되지 않도록 하는 범위 내에서만 사채 권자의 이익을 보호할 의무를 부담한다고 할 수 있다. 반면 파생결합증 권의 경우 투자자는 발행인의 신용위험뿐만 아니라 기초자산과 관련된 위험도 인수하는데, 그러한 위험과 관련하여 발행인과 투자자는 서로 상 반되는 입장에 있게 된다. 파생결합증권의 발행인과 투자자는 항상 이해 가 상반되므로 이익충돌상황에서 발행인에게 투자자 보호의무를 부과하 는 것은 파생거래의 본질에 반하는 것일까? 해당 파생결합증권의 외생성 이 충분히 지켜진다면 발행인과 투자자의 이해상반관계에 불구하고 분쟁 이 발생할 이유는 없다. 반면 발행인의 행위로 파생거래의 가격이나 조 건성취에 영향을 미치게 된다면, 발행인으로서는 투자자의 보호를 우선 할 의무를 부담하여야 한다.

현재 파생결합증권의 발행은 장외파생상품을 영업범위로 하는 투자매 매업자에 한정하여 허용되고, 해당 금융투자업자의 파생결합증권 발행은 자금조달의 성격보다는 파생상품을 정형화·단위화하여 다수에게 판매 하는 영업의 목적이 강하다고 보아 투자매매업으로 규율하고 있다.[66] 그 렇다면 증권회사가 투자자에게 파생결합증권을 발행하는 경우에는 사채 발행인의 입장에 더하여 투자자에게 적합한 투자상품을 조사하여 권유하 여야 하는 금융투자업자로서의 의무까지 부담한다고 할 것이다. 또한 파 생결합증권의 상환이 완료될 때까지 이익충돌상황에서 투자자에게 손해

논문 각주 4, 95면 이하 참고.

66) 주 2 참고. 이러한 규율의 문제점에 대하여는 김병연 / 권재열 / 양기진, 자본시장법 사례와 이론 (제4판, 2019), 52-56면.

가 발생하지 않도록 주의할 의무가 계속된다고 보아야 한다. 해당 파생
결합증권 발행 자체에서는 외생성이 준수되었더라도 금융투자업자는 향
후 다양한 거래를 영위하면서 파생결합증권 투자자와 이익충돌상황을 야
기할 수 있으며 이는 파생결합증권 발행 시점에도 충분히 예상할 수 있
는 상황이므로, 금융투자업자가 파생결합증권을 발행하려면 앞으로의 이
익충돌상황에서도 투자자들이 부당한 손해를 보지 않도록 주의할 것을
약속하여야 할 것이다.

IV. 나오며

이 글에서는 두 건의 ELS 관련 분쟁에 대한 증권관련 집단소송의 경과
를 살펴보고, 파생결합증권 투자자들의 집단적 피해를 구제하기 위한 현
행 제도 또는 현실의 한계를 살펴보았다. 증권관련집단소송은 다수의 피
해자들을 빠짐없이 구제할 수 있는 제도이기는 하지만, 지금까지 우리나
라의 집단소송 진행절차를 볼 때 소송허가과정에서 시간과 비용이 지나
치게 많이 들어 효율적인 제도로 운용되고 있다고 판단하기는 어렵다.
우리나라에서 증권관련집단소송의 이용이 더 활발해지려면 소송허가요
건 및 절차의 개선이 필수적이며, 소송수행과정에서 입증방법이 개선되
고 대표당사자에 대한 인센티브가 인정되면 이 역시 증권관련집단소송의
활발한 이용에 도움이 될 것이다. 이 글에서는 깊이 분석하지 아니하였
으나, 손해의 공평한 분담을 이유로 피해자들의 구제를 지나치게 제한하
는 것은 집단소송의 이용을 저해하고 더 나아가 자본시장과 금융산업에
대한 불신을 키우게 될 것이다.

또한 파생결합증권은 상법에 따른 파생결합사채에 해당하고, 상법에

따른 사채권자의 집단적 처리와 구제에 관한 제도들의 적용을 받을 수 있다. 따라서 파생결합증권의 경우 증권관련집단소송 이외에 사채권자집회나 사채관리회사를 통한 집단적 권리행사도 가능하다. 다만 사채관리회사의 선임이 강제되지 않는 상황에서 사채권자들이 집단소송을 선택하는 경우에는 그러한 선택을 존중해야 할 것이다.

  파생결합증권은 파생거래와 마찬가지로 적합성 원칙과 설명의무가 요구되는데, 발행인은 투자자에게 파생결합증권의 거래구조와 위험을 설명하는 것으로 충분하지 않고 해당 상품의 위험의 크기나 가격이 해당 투자자에게 적합한 것인지까지 검토하고 권유해야 한다. 파생결합증권의 발행은 금융투자업자의 영업행위로 인정되기 때문에, 발행인은 고객에 대한 보호의무를 부담한다. 파생결합증권과 관련하여 이러한 의무위반이 있게 되면 다수의 피해자들에게 공통된 사항으로 집단소송과 같은 집단적인 구제가 유용할 것이다.

12

ELS 분쟁의 현황과 법적 쟁점*

I. ELS 분쟁 현황

1. 서론

주가연계증권(equity-linked securities. 이하 'ELS')은 지수, 채권, 주식 등
을 기초자산으로 내장한 구조화증권[1]의 일종으로서 투자수익이 특정 주
권의 가격 또는 주가지수의 변동에 연계되어 결정되는 금융투자상품이

---

* 이 글은 YGBL 제2권 제2호 (2010. 12)에 실렸던 논문이다. 내용 중 사실관계 부분은
현 상황에 부합하도록 각주로 [추가]를 기재하고 정리하였다.
** 법무법인(유) 화우 변호사
1) 통상적인 채무증권이나 지분증권에 옵션, 선물, 스왑 등 파생상품을 내장시키거나 금융
공학기법 또는 리스크관리기법 등 특정한 구조를 첨가시켜 현금흐름을 변형시키거나
합성 또는 유동화시킨 증권으로 이해된다. 반기로, "구조화상품의 도입과 전망", BFL
제1호 (2003. 9), 9면 참조.

다.[2] 이러한 ELS는 당해 증권 내에서 정한 발행조건 자체만으로 만기 시 투자자에게 지급될 금액이 사전에 확정되는 통상적인 증권과는 달리, 만기 시 투자자에게 지급되는 금액이 다른 기초자산의 가격 또는 이를 기초로 하는 지수의 변동과 연계하여 미리 정하여진 방법에 따른다는 점에서 선도 내지 옵션과 같은 파생금융상품의 요소가 결합된 형태의 신종증권으로 볼 수 있다.[3]

ELS는 법률적으로 자본시장과 금융투자업에 관한 법률(이하 '자본시장법') 제4조 제7항의 "기초자산의 가격·이자율·지표·단위 또는 이를 기초로 하는 지수 등의 변동과 연계하여 미리 정하여진 방법에 따라 지급금액 또는 회수금액이 결정되는 권리가 표시"된 파생결합증권의 성격을 갖고 있다. 따라서 ELS는 현행법하에서 다른 증권 또는 지수를 기초자산으로 하여 조건 충족 시 약정된 바에 따른 손익이 발생하는 파생결합증권으로 간단히 정의되기도 한다.[4] 과거 구 증권거래법령상으로도 ELS가 도입되던 2003년에 그 근거 규정이 마련되어 있었다.[5]

주가연계증권에 관련된 법적 문제가 2009년부터 민사 또는 형사적으로 쟁점화되어 사회적으로 논란이 되고 있다. 최근 동일 ELS 종목에 관한 2개의 사건에 대하여 1심 법원의 엇갈린 판단이 내려졌고,[6] 위 두 사건

---

2) 한국거래소 시장감시위원회, 2009 주가연계증권(ELS) 기초주식 감리백서 (2009. 11), 7면.
3) 임지웅, "주가연계상품의 금융규제법상 문제점", BFL 제1호 (2003. 9), 30면 참조.
4) 임재연, 자본시장법 (2010), 812면.
5) 구 증권거래법령상으로도 ELS가 도입되던 시기에 "재정경제부령이 정하는 기준에 따라 발행하는 증권이나 증서로서 특정 주권의 가격이나 주가지수의 수치의 변동과 연계하여 주권 또는 금전(그 주권·증권 또는 증서의 가치에 상당하는 금전을 말한다)의 지급청구권을 표시하는 증권 또는 증서"로서 이미 그 근거가 명시되어 있었다(2003. 2. 24. 시행 대통령령 제17907호, 제2조의3 제7호).
6) 서울중앙지방법원 2010. 5. 28. 선고 2009가합116043 판결; 대법원 2010. 7. 1. 선고 2009가합90394 판결.

은 모두 항소되어 현재 서울고등법원의 동일한 항소심 재판부에서 심리 중이다.[7] ELS에 관련된 법원의 판단에는 ELS 상품의 근간이 되는 증권회사들의 헤징(hedging) 방법 또는 헤징 양태의 적법성에 대한 판단이 포함될 가능성이 있고, 이는 현재 매년 20조 원 이상의 막대한 규모로 발행되고 있는 ELS 및 이와 유사한 구조를 갖는 금융투자상품의 법적 안정성에 대한 문제에도 직결될 수 있다. 이 글은 위와 같은 문제에 관심을 갖고 분쟁 과정에서 문제가 되고 있는 주요 법률상 쟁점을 정리해 보고자 한다.

2. ELS 현황

ELS는 그 종류가 다양한데, 투자자가 관심을 가질 만한 원금 보장 측면에서 보면 원금보장형과 원금비보장형을 들 수 있고, 헤지 주체 측면에서 보면 자체 헤지형(internal hedge)과 백투백 헤지형(back-to-back hedge)을 제시할 수 있다. 원금 보장 여부 측면에서 ELS의 발행 현황을 비교하면, ELS가 처음 등장한 2003년도를 제외하고는 비보장형이 압도적으로 많다(뒤 〔그림 1〕~〔그림 4〕 참조). 원금비보장형은 대체로 조기상환형이 압도적인데, 원금손실 위험이 있는 반면에 원금보장형에 비하여 목표수익률이 더 높고 매월 환매청구의 기회와 중도상환조건이 추가되어 있어 일정한 경우에 중도상환이 가능하다. 원금비보장·조기상환형 ELS 상품 중에는 조기상환기준가격이 단계적으로 낮아지는 스텝다운형(step-down)의 다단계 조기상환구조를 갖고 있는 것도 보인다. 이 구조하에서는 1차 조기상환을 달성하지 못한 경우 상환기준주가가 단계적으로 하락되며 만기까지 조기상환이 안 되는 경우 투자 기간 중 원금보존 barrier 아래로 내려

---

7) 〔추가〕 두 사건 모두 대법원 파기환송을 거쳐(2013다2757, 2013다3811 판결) 확정되었다.

간 적이 있으면 원금 손실이 발생하는 것이 보통이다.[8]

ELS 발행사의 헤지 측면에서 볼 때, 자체 헤지형은 발행사가 헤지북 운용, 대차물량 확보 또는 거래비용 부담 등 트레이딩 부담을 전적으로 자기 계산하에 책임지면서 현물주식이나 옵션 등을 직접 거래하여 델타 헤징(delta hedging)으로 헤지를 수행하는 방법이다. 이에 관하여는 뒤에서 자세히 논의한다. 백투백 헤지형은 발행사가 외국계 증권회사 또는 투자은행 등과 발행사가 고객에게 부담하는 현금흐름을 보장할 수 있는 파생금융계약을 체결하여 헤지하는 방식으로 마치 보험회사가 재보험을 이용하는 것과 같이 발행에 따르는 위험을 외국계 증권회사 또는 투자은행에 전가하는 방식이다. 이 방식은 발행사가 헤지 상대방과의 계약 시 ELS 발행 원금을 일괄 지급하고 만기 때 수익금을 더해 되돌려 받는 자금공여형스왑(fully funded swap) 방법과 계약 시 ELS 발행대금을 지급하지 않고 중간에 ELS 평가액의 변동에 따라 일정 담보금을 서로 정산만 하는 자산소유형스왑(unfunded swap) 방법 등이 있다.[9]

ELS 상품은 기본적으로 거래소 장내시장에 상장·유통되지 않고 장외에서 사모 또는 공모 방식으로 판매된다. 우리나라에서 ELS 상품은 2003년 최초 발행될 당시 3조 4,000억 원 규모이었는데 금융위기 이전인 2007년에는 25조 6,000억 원의 규모로 성장하여 그 기간 동안 640% 정도 증가하였으나, 2008년과 2009년에는 글로벌 금융위기로 인한 증시 침체로 특히 사모발행 위주로 발행금액이 크게 감소하였다. 그러나, 최근에는 다시 2007년 수준으로 회복 중인 것으로 보인다. 다음 그림들은 현재 ELS의

---

8) 한국거래소 시장감시위원회, 앞의 책 각주 2, 14면 참조.
9) 국내 증권회사의 경우 경험이 축적되면서 백투백 헤지형에서 자체 헤지형으로, 백투백 헤지형 중에서는 자금공여형스왑 방법에서 자산소유형스왑 방법으로, 헤지 방식이 변환되고 있는 것으로 관측된다.

발행 현황을 간단히 보여 준다.[10)]

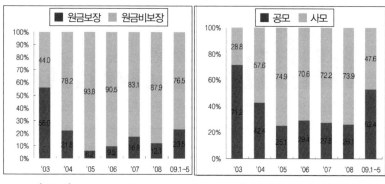

〔그림 1〕 원금보장 / 비보장 비중   〔그림 2〕 공모 / 사모 비중

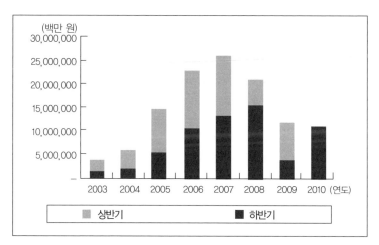

〔그림 3〕 반기별 발행 규모 추이

* 출처: 동양증권금융(주)

---

10) 한국거래소 시장감시위원회, 앞의 책 각주 2, 8면; 금융투자협회 2009. 6. 16.자 보도
   자료; The Korea Financial Times 2010. 7. 15.자 기사; 금융감독원 2010. 3. 22.자
   보도자료) 등 참조

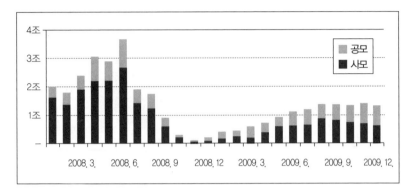

〔그림 4〕 2008년 및 2009년 금융위기 당시 ELS 발행 추이

3. 분쟁 경과

ELS 상품이 투자자로부터 위와 같이 높은 관심을 받고 있는 상황에서, 한국거래소가 2009년 6월경 ELS 상품에 대하여 본격적으로 감리를 실시하게 된 계기는 일부 증권회사들이 발행한 ELS 상품의 기초자산 주가가 만기상환 또는 중도상환 기준일 장 마감 직전 집중적인 대량 매도물량으로 인하여 종가 미달로 만기상환 또는 중도상환 조건이 무산되었고 이로 인하여 투자자가 투자원금의 손실을 보았다는 민원이 제기된 건에서 시작된 것으로 보인다. 당시 만기일에 대량 매도한 계좌 주체가 해당 ELS의 헤지 운용을 담당한 외국계은행으로 알려지면서 종가 조작의 개연성에 관하여 언론에서도 본격적으로 보도되기 시작하였다.[11]

연이은 투자자들의 민원과 언론의 보도 이후 한국거래소 시장감시위원회는 ELS와 관련된 감리 및 심리를 착수하였고, 감리 결과 일부 증권사

---

11) 한국거래소 시장감시위원회, 앞의 책 각주 2, 21면 참조.

들의 ELS에 관련된 행위가 한국거래소의 시장감시규정 제4조 제1항
제1호의 "종가 등 특정 시세의 형성에 관여하는 호가를 계속적으로 또는
순차적으로 제출하여 시세의 상승·하락 또는 고정·안정을 초래하는 행
위" 또는 같은 항 제4호의 "시장 수급 상황에 비추어 과도하게 거래하여
시세 등에 부당한 영향을 주거나 오해를 유발하게 할 우려가 있는 호가
를 제출하거나 거래를 하는 행위" 등에 해당하고 "회원은 증권의 매매거
래 또는 장내파생상품거래와 관련하여 공정거래질서를 저해하거나 신의
칙에 반하는 행위를 하여서는 아니 된다"는 한국거래소 회원관리규정을
위반하였다고 판단하였다.[12] 이에 따라 한국거래소는 2009년 7월 21일
경 일부 증권사들에 대하여 자율규제조치로서 회원제재금 부과 등의 징
계조치를 취하였다.[13] 그 이후 금융위원회는 2009년 9월 10일 ELS 발행
및 운영 관련 제도개선 방안을 마련하였고, 한국거래소는 2009년 9월 21일
ELS 헤지거래 가이드라인을 제정·시행하였다.[14]

한편, 한국거래소로부터 ELS 관련 종가 조작의 논란 문제를 통보 받은
금융감독원은 해당 금융투자업자들에 대하여 자본시장법 또는 구 증권거
래법 위반 여부를 조사하였다. 위 사안은 금융위원회 증권선물위원회의
심의 및 의결을 거쳐 2009년 12월경 수사기관에 통보되었고, 현재 서울
중앙지방검찰청에서 수사 중인 것으로 알려져 있다. 문제가 되는 법규는

---

12) 통상 거래소의 자율규제는 법적 규제보다 더 높은 수준의 행위규범을 설정한다. 따라
서 거래소 규정의 위반행위가 곧 법규 위반이나 불법행위에 해당하는 것은 아니다.
위 관련된 시장감시규정의 내용에서 보는 바와 같이 거래소 규정상 공정거래질서에
관련된 회원의 주의의무 위반 여부는 행위자의 목적이나 의도 등 주관적 요건에 관계
없이 행위의 객관적 결과에 대해서만 판단한다. 성희활, "자본시장법상 연계 불공정거
래의 규제현황과 개선방향", 금융법연구 제6권 제2호 (2009. 12), 71면 주 49 참조.
13) 한국거래소 2009. 7. 21.자 보도자료 참조. 다만 한국거래소는 시장감시위원회의 위
조치가 자본시장법 위반으로 인한 조치는 아니며 거래소 차원의 회원사 자율규제임을
명시하고 있다.
14) 각 기관의 당일자 보도자료 참조.

확실하지는 않으나 자본시장법(법률 제9407호 기준) 제176조 제3항이나 제 4항 제3호[15] 또는 구 증권거래법(법률 제7114호 기준) 제188조의4 제3항 이나 제4항[16]일 가능성이 있다.

한편, 모 증권회사의 원금 비보장형 주가연계증권 상품에 관련하여 만 기상환 또는 재매입청구 결과 원금손실을 입은 2인의 투자자가 민법 제 150조(조건성취, 불성취에 대한 반신의행위) 제1항의 적용을 주장하면서 해 당 증권회사를 상대로 2009년 8월 10일 상환금청구소송을 제기하였고(서 울중앙지방법원 2009가합90394. 이하 '90394 사건' 또는 '이 사건'), 동일한 주 가연계증권 상품에 관련하여 만기상환 결과 원금손실을 입은 또 다른 3인 의 투자자가 동일한 증권회사를 상대로 2009년 10월 13일 상환금청구소 송을 제기하였다(서울중앙지방법원 2009가합116043. 이하 '116043 사건'). 위 사건들 중 116043사건은 2010년 5월 28일 원고 패소 판결(이하 '116043판

---

15) ③ 누구든지 상장증권 또는 장내파생상품의 시세를 고정시키거나 안정시킬 목적으로 그 증권 또는 장내파생상품에 관한 일련의 매매 또는 그 위탁이나 수탁을 하는 행위를 하여서는 아니 된다. 다만, 다음 각 호의 어느 하나에 해당하는 경우에는 그러하지 아니하다.

④ 누구든지 상장증권 또는 장내파생상품의 매매와 관련하여 다음 각 호의 어느 하나 에 해당하는 행위를 하여서는 아니 된다.

3. 증권의 매매에서 부당한 이익을 얻거나 제삼자에게 부당한 이익을 얻게 할 목적으 로 그 증권과 연계된 증권으로서 대통령령으로 정하는 증권의 시세를 변동 또는 고정 시키는 행위

16) ③ 누구든지 단독 또는 공동으로 대통령령이 정하는 바에 위반하여 유가증권의 시세 를 고정시키거나 안정시킬 목적으로 유가증권시장 또는 코스닥시장에서의 매매거래 또는 그 위탁이나 수탁을 하지 못한다.

④ 누구든지 유가증권의 매매 기타 거래와 관련하여 다음 각호의 1에 해당하는 행위 를 하지 못한다.

1. 부당한 이득을 얻기 위하여 고의로 허위의 시세 또는 허위의 사실 기타 풍설을 유포하거나 위계를 쓰는 행위[다만 위 구 증권거래법 제188조의4 제3항은 헌법재판소 에 의하여 죄형법정주의 중 명확성의 원칙 및 위임입법의 한계를 일탈하였다는 이유 로 위헌 판단을 받았는데(헌법재판소 2005. 5. 26. 전원재판부 2003헌가17 결정), 협 의 대상 사안의 시점에 따라서는 적용이 어려울 것으로 보인다.]

결')이, 90394사건은 2010년 7월 1일 원고 승소 판결이 각 선고되어 결론에서 서로 엇갈렸고, 앞서 보았듯이 위 두 사건은 모두 항소되어 서울고등법원의 동일 항소심 재판부에 계류 중이다.[17]

II. 법적 쟁점

이하에서는 ELS 헤지 거래에 관련해 형사적으로 문제가 되고 있는 자본시장법 제176조(시세조종행위 등의 금지) 및 구 증권거래법 제188조의4(시세조종 등 불공정거래의 금지)상의 쟁점과 민사적으로 문제가 되고 있는 민법 제150조(조건성취, 불성취에 대한 반신의행위)상의 쟁점을 검토해 본다.

1. 자본시장법 제176조 위반 문제

(1) 자본시장법 제176조 제3항

자본시장법 제176조 제3항은 상장증권 또는 장내파생상품의 시세를 고정시키거나 안정시킬 목적으로 그 증권 또는 장내파생상품에 관한 일련의 매매 등을 금지하고 있다. 시세고정·안정의 목적은 그러한 행위로 볼 수 있는 일정한 행위 정형적 요인이 있어야 비로소 인정될 수 있도록 엄격하게 해석하는 것이 합리적이다. 이는 어떠한 거래를 하는 경우라고

---

17) 위 사건들 이외에도 ELS 관련 민사 분쟁이 다수 있으나, 이 글에서는 추가로 구체적인 논의의 대상으로 하지 않는다. 또한, 이 글에서 구체적인 사안을 언급하는 것은 일반적인 법적 쟁점의 논의를 위하여 필요한 범위에 그치고자 한다. 이를 위하여 ELS 관련 제반 쟁점 사항에 대한 판단이 비교적 자세히 기재되어 있는 이 사건 판결에 기재된 사실관계와 판단을 주로 참조 및 검토하였다.

하더라도 그러한 거래가 시세에 미치는 영향은 일반적으로 존재할 수 있음을 부인하기 어렵기 때문이다.[18] 즉 일반적으로 헤지거래로 인한 물량 자체가 이미 시장의 수급요인의 하나를 이루는 것으로 이해될 수 있고, 크고 작은 모든 거래가 시세고정이나 시세안정의 효과를 나타낼 수 있는 개연성은 피할 수 없으므로 위 목적 요건을 엄격하게 적용하지 않을 경우, 오히려 정상적인 거래까지 위축시켜 관련 법규가 보호하고자 하는 거래소 시장의 자유로운 수급질서를 해칠 수 있다는 고려가 필요하다.

ELS 자체는 현재 상장되어 있는 사례가 거의 없으므로 ELS의 기초자산인 상장증권에 대한 관련 당사자의 시세고정·안정 목적이 인정되어야 할 것이다. 그런데 증권·금융업계에서 일반적으로 인정되고 있는 헤징 방법으로서 증권·금융회사들이 대체로 사전에 수만 번의 시뮬레이션을 기초로 정해진 바에 따라 시스템에서 미리 정해진 헤지 방식에 의한 델타헤지거래로 ELS의 기초 자산을 매매하고 있는 상황에서 이러한 행위에 대하여 위와 같은 목적을 인정하는 것은 일반적으로 어려울 것으로 보인다.[19]

물론, 자본시장법 제176조 제3항의 "시세를 고정시키거나 안정시킬 목적"은 적극적으로 시세를 변동시키고자 하는 것뿐 아니라 소극적으로 시

18) 서울고등법원 2002. 5. 23. 선고 2000노1542 판결에서 이와 비슷한 견해를 발견할 수 있다. 비록 대법원에 의하여 파기환송 되었으나 시세조종·안정행위의 유형을 제한하여야 한다는 하급심의 판단 자체가 부인된 것은 아닌 것으로 이해된다.
19) ELS 발행회사가 발행에 따른 경제적 위험을 헤지하고 투자자에게 수익금을 지급하기 위하여 투자자로부터 수취한 발행대금 중 일부를 이용하여 복잡한 방식의 계산에 따른 기초자산의 변동성 및 가격에 따라 기초자산의 가격 상승 시에는 매도하고 하락 시에는 매수하는 소위 델타 헤징 매매는 시세를 고정시키거나 안정시킬 목적으로 하는 일련의 매매로 보기 곤란할 것이다. 임재연, 앞의 책 각주 4, 812-813면. 델타 헤지 거래에 관하여는 민법 제150조 제1항의 논의 시 상술한다.

세를 특정 수준에서 유지시키고자 하는 것도 포함하는 것으로 보이고, 위 규정이 주가에 인위적으로 영향을 가하는 행위를 포괄적으로 규제의 대 상으로 한다고 이해할 여지가 있다.[20] 그러나 위에서 본 바와 같이 증 권·금융업계에서 일반적으로 인정되고 있는 헤징 방법으로 일관성 있고 예측 가능한 시스템에 의하여 헤징 거래를 하는 경우 이러한 행위는 ELS 를 발행할 당시에 내포하고 있는 금융공학적 복제방식을 실현하는 것으 로 이해되고 특별한 사정이 없다면 위와 같은 목적이 인정되기는 곤란할 것으로 생각한다.

(2) 자본시장법 제176조 제4항

가. 적용 여부

현·현 연계 시세조종[21]에 관한 규정인 자본시장법 제176조 제4항 제 3호와 같은 법 시행령 제207조 제4호 중 ELS에 관련성 있는 내용을 정리 하면, ① 상장증권 또는 장내파생상품의 매매와 관련하여, ② 증권의 매 매에서 부당한 이익을 얻거나 제3자에게 부당한 이익을 얻게 할 목적으 로, ③ 그 증권과 연계된 증권으로서 ④ 대통령령으로 정하는 증권(파생 결합증권의 매매에서 부당한 이익을 얻거나 제3자에게 부당한 이익을 얻게 할 목적인 경우에는 그 파생결합증권의 기초자산으로 되는 지분증권)의 시세를 변동시켜서는 아니 된다.

---

20) 한국증권법학회, 자본시장법: 주석서 I (2009), 930면 참조.
21) 가격조작상품이 현물이고 이익획득상품이 현물이 되는, '현물→현물' 유형은 연계 가 격조작의 대상이 되기 어렵다는 의견이 있다. 주식 현물 간에는 일정한 가격관계가 존재하더라도 약하게 존재하여 한 상품의 가격 변화가 다른 상품의 가격 변화를 유발 하게 되는 가격연계성이 약하기 때문이다. 선정훈, "파생상품 관련 불공정거래 유형과 규제방안", 선물시장 (2005. 9), 7면 참조.

이와 관련하여 ELS는 비상장이고 그 기초자산이 상장주식인 경우 위 규정의 적용이 가능할지 논란이 있다. 위 ②의 "증권"과 ③의 "그 증권"을 동일하게 보고 ③의 "연계된 증권"과 ④의 "대통령령으로 정하는 증권"을 동일하게 보면서 ②의 "증권"이 비상장증권까지 포함하는 것으로 보아 ELS가 비상장이고 그 기초자산이 상장주식인 경우에도 적용된다는 견해가 있다.[22] 이 견해는 ①의 상장증권을 ②의 증권과 동일한 것으로 이해하지 않거나, ②의 "증권"과 ③의 "그 증권"이 상장증권인지 여부를 불문하는 것으로 보인다.

기본적으로 제176조 제4항은 상장증권 또는 장내파생상품을 규제대상으로 하고 있다. 또한, 위 규정의 체계상 ①의 "장내파생상품"과 제176조 제4항의 제1호 및 제2호의 "장내파생상품"이 동일한 것으로 보이는 점을 고려하면 ①의 상장증권과 제3호에 기재된 ②의 "증권"은 동일한 것으로 이해될 가능성이 있다. 즉 비상장증권인 ELS의 경우에는 제178조(부정거래행위 등의 금지) 제1항의 적용이 검토의 대상이 될 수는 있어도 제176조 제4항의 적용이 가능한지는 의문의 여지가 있다.[23]

또한 위 관련 조항의 위반은 형사 처벌의 대상이 될 수 있으므로 죄형법정주의 관점에서 보더라도 엄격하게 해석할 필요가 있다.

나. 위법 가능성

한편 연계거래 시세조종 규정인 제176조 제4항의 경우 다른 시세조종 규정의 '매매를 유인할 목적' 등을 요구하는 것과 달리 "상장증권 또는 장내파생상품의 매매와 관련하여 — 증권의 매매에서 부당한 이익"을 얻을

---

22) 한국증권법학회, 앞의 책 각주 20, 937면 참조.
23) 임재연, 앞의 책 각주 4, 813면 참조.

목적만 요구하고 있으므로, 조기상환일이나 만기일 종가에 관여하여 시세를 변동시킨 행위는 사회적으로 비난 받을 소지가 높고 따라서 그러한 반사회적 행위의 결과 발생한 이익은 곧 부당하다는 것을 입증하기에 충분하다고 본 견해가 있다.[24]

위 견해에 따르면, ① 조기상환일 또는 만기일에 투자자에게 상환자금을 마련하기 위하여 보유한 주식을 매도하는 것은 통상의 헤지와는 다르고, ② ELS에 대한 헤지 방법으로 ELW나 주식선물을 보유하는 방법도 있을 수 있으므로 꼭 기초자산인 현물을 보유하여야 하는지 논란의 여지가 있으며, ③ 조기상환일이나 만기일의 장 종료 시 보유주식을 처분하기보다는 그날 시간외매매나 장외거래 또는 익일매매의 방법에 의한 거래구조가 보다 합리적이라는 취지의 지적이 제기된다.[25]

위 ①에 관련하여 다음과 같은 논의를 생각해 볼 수 있다. 파생상품의 경우 헤지 포지션이 만기에 청산되어야 함은 당연하다. 마찬가지로 ELS 발행사 입장에서 ELS를 현물 주식의 매수로 헤지하였으므로 만기에 잔량을 매각하여 헤지 포지션을 청산하는 것이 마땅하다고 본다. 중도상환일에 산정된 델타값[26]이 0이 나올 수도 있는데, 이에 따라 역시 현물 주식을 처분하여 헤지 포지션을 청산하는 것에 문제가 없을 것이다. 위 ①의 내용은 마치 투자자에 대한 상환 자금을 조기상환일 또는 만기일에만 특정하여 기초자산을 처분함으로써 마련하는 것으로 비추어질 수도 있겠으

---

24) 성희활, 앞의 논문 각주 12, 76면 참조. 한편, 자본시장법상 연계 불공정거래행위에서는 매매거래를 유인할 목적을 넘어서서 '부당한 이득을 취할 목적'이 요구되고 있으므로 그 입증이 훨씬 까다로울 것으로 보는 견해가 있다. 김홍기, "자본시장법상 파생상품 연계 불공정거래행위에 관한 연구", 법조 제636호 (2009. 9), 39면 각주 10 참조.
25) 성희활, 앞의 논문 각주 12, 73-74면 참조.
26) 델타값은 기초자산 가격의 변화에 따른 옵션가치의 변화율이고, 이 델타값에 의하여 ELS 판매에 따른 포지션의 헤지를 위해 보유하여야 하는 기초자산의 수량인 델타수량이 산정된다.

나, ELS는 기본적으로 소정의 수익률을 확보하기 위하여 델타 헤징의 원칙하에 시장 변수에 따라 산정된 델타값에 따라 그때그때 기초자산을 매매하는 것이므로[27] 조기상환일 또는 만기일에만 특정하여 상환대금을 마련하고자 기초자산을 처분한다는 개념이 상정되기는 어렵다. ELS발행사 및 트레이더의 입장에서 볼 때, 통상적으로 ELS 발행사들은 기초자산을 통합 관리하므로 해당 트레이더들은 개별 ELS의 중도상환 또는 만기상환 여부는 염두에 두지 않고 전체 헤지 물량을 고려하는 것이 원칙이다. 트레이더들은 뒤에서 보듯 ELS의 중도 또는 만기상환이 발행사에 불이익한 것도 아니고 장중에 헤징 시스템이 제시하는 전체 델타수량을 기준으로 주문을 내기 때문에 구체적으로 어느 ELS 상품이 중도상환에 처해져 있다는 이유로 그 상환 자금을 마련하기 위하여 기초자산을 처분한다는 인식을 가질 필요성이 없는 것으로 이해된다.

위 ②에 관련하여 다음과 같은 논의를 생각해 볼 수 있다. 주식선물을 활용하여 헤지를 하게 된다면, 동적 헤징(dynamic hedging)[28]을 하기 위해 매수/매도를 반복함에 따라 발생하는 거래비용을 대폭 감소시킬 수 있을 뿐만 아니라,[29] 선물의 투자에는 현금을 직접적으로 사용하지 않기 때문에 이에 대한 이점까지 추가적으로 존재한다. 따라서 KOSPI200을 기초자산으로 하는 ELS의 경우에는 실제로 선물을 헤징에 활용하고 있으며, 거래비용의 감소를 반영하여 개별 종목을 기초자산으로 구성하는 경

---

27) 다만, 거래비용 및 거래의 물리적 한계상 매 순간 델타값에 정확하게 수렴하여 기초자산을 매매할 수 있는 것은 아니다.

28) 초기에 포지션을 취한 후 이를 재조정하지 않는 정적 해지(static hedge)와 달리 블랙 숄즈 옵션가격 결정 모형으로 산정된 관련 지표(델타, 감마, 세타, 베가, 로우 등 그릭 변수)에 맞추어 계속적인 거래를 수행함으로써 위험을 회피하는 방법.

29) 주식의 경우 거래비용으로 거래 가격의 0.3%가 부과되는 반면, 선물은 거의 존재하지 않는다.

우와 비교하여 상대적으로 작은 마진으로 투자자에게 공급할 수 있을 것이다.

그런데 개별종목에 대한 ELS의 헤징 과정에서 현물을 사용할 수 밖에 없는 이유는, 위와 같은 이점에도 불구하고, 해당 종목의 선물거래가 거의 이루어지지 않아 당해 시장이 존재한다고 보기 어렵거나, 또는 존재하더라도 상기와 같은 이점에도 불구하고 거의 유동성이 없어 헤징의 수단으로 사용하기에 부적절하기 때문인 것으로 이해된다.

아울러 ELW로 ELS를 헤징할 수 있는지에 관하여는 실무적으로 쉽지 않을 것으로 보인다. 옵션의 성질을 갖는 금융투자상품은 기초자산이나 선물이 보유하고 있지 않은 감마라는 위험 요인을 갖고 있다.[30] ELS를 발행한 금융투자업자는 이에 대한 손익구조를 복제하기 위하여 동적 헤징 과정을 수행하는데, 이 과정에서 델타의 민감한 변화는 헤징 오차(hedging error), 결국은 복제 오차(replication error)를 크게 만드는 요인이 될 수 있고, 이와 같은 위험 요인을 표현해 주는 것이 바로 감마이다. ELS는 일반적으로 발행자 측에서는 (+)의 감마값을 갖는다. ELW도 마찬가지로 매수포지션을 취한다면 일반적으로 (+)의 감마값을 갖게 된다. 따라서 ELS를 헤징하기 위하여 ELW를 매수하는 행위는 통상적으로 감마값을 더욱 증대시키는 방향이므로 헤징 오차를 더욱 크게 만드는 행위로서 적절한 헤징이라고 볼 수 있을지 의문이다. 오히려 ELW 매도포지션을 취하는 행위가 감마값을 줄일 수 있는 것으로 적절한 헤징에 해당될 수 있겠으

---

30) 감마(gamma)는 기초자산의 가격변화에 대한 옵션 델타의 변화로서, 이는 기초자산의 가격에 대한 옵션가격의 2차 편도함수(second partial derivative)로 이해된다(즉, 델타의 기울기). 만일 감마가 작으면 델타는 천천히 변하고, 이에 따라 델타중립(delta neutral)을 유지하기 위해서는 비교적 드물게 재조정이 필요한 반면, 감마가 큰 경우에는 델타중립을 위해 조정하여야 할 수량 및 빈도가 증가되어 헤징 오차(hedging error)를 크게 만들게 된다.

나, ELW에 대한 공매도는 현행법상 허용되지 않는 것으로 알려져 있다.[31]

위 ③에 관련하여 다음과 같은 논의를 생각해볼 수 있다. ELS를 발행하기 위해서는 ELS 손익구조를 복제할 수 있는 금융공학적 방식을 신뢰하고, 이 방식에 근거하여 적절한 마진(margin)을 붙인 상태에서 발행이 되어야 한다. 그렇지 않게 되면 우연에 의해 손익이 변동하는 결과를 초래하여 이는 건전한 재무상태를 유지하여야 할 금융투자업자가 영위할 적절한 업무가 될 수 없을 것이다. ELS의 발행에 내재된 옵션에 대한 금융공학적 복제 방식은 발행일부터 만기일까지 기초자산가격 등의 변화에 따라 기초자산의 수량을 변화시킴으로써 이루어지게 되며, 해당 권리·의무 관계가 종료되는 만기일에는 당연히 헤징을 위해 보유하고 있는 기초자산의 잔여분을 처분하도록 되어 있다. 그런데 중도상환일/만기일이 지난 이후에 그 보유분을 처분하는 행위는 ELS를 발행할 당시에 내포하고 있는 복제방식을 임의로 변경하고, 하루 동안의 가격변동위험을 인수하는 것으로 이는 금융투자업자의 손익구조를 우연에 맡기는 결과로 될 것이다. ELS 발행사와 그 ELS 헤지운용담당자와의 관계에서 보더라도, 이러한 행위를 ELS의 헤지운용담당자가 임의로 선택한다면 금융공학적 복제방식을 신뢰하고 ELS를 발행하는 증권회사에 대하여 오히려 책임을 부담하게 될 가능성이 있는 상황이 생길 수 있다.[32] 나아가 ELS 발행사와

---

31) 자본시장법 제180조(공매도의 제한)은 일반적으로 공매도를 제한하고 있고, 허용되는 경우를 엄격하게 제한하고 있는데(제2항), 통상적인 ELW의 공매도는 이와 같이 허용되는 공매도에 해당하기 어려울 것으로 보인다.

32) 구체적으로 볼 때, 일단 하루가 지나서 매도할 경우 당연히 하루 뒤의 가격과 만기일 등의 가격이 다르므로 가격변동위험에 노출이 된다(overnight risk). 가격이 불규칙적인 랜덤워크(random walk)를 따른다면, 전날이나 다음날의 가격변동위험이 마치 동일한 것처럼 될 가능성이 있다고 생각할 수 있을 것이다. 만일 규모가 동일하다면 그럴 가능성도 있겠으나, ELS 헤지로 인해 만기 시 처분해야 하는 수량은 천차만별로

다양한 투자 성향과 효용함수 및 이해관계를 가진 투자자들과의 관계에서도 ELS 상품의 근간이자 투자자들이 갖는 신뢰의 근거인 ELS 헤징이 제대로 이루어지지 않음으로 인하여 경우에 따라서는 다양한 효용함수를 지닌 투자자들 중 일부가 ELS 발행사에 대하여 문제를 삼을 가능성도 배제할 수 없을 것이다.[33]

따라서 ELS 발행사가 델타 헤징에 따른 시스템적 거래를 행한 경우 일반적으로 '증권의 매매에서 부당한 이익"을 얻을 목적이 있었다고 인정하기는 어렵다고 생각한다.[34]

2. 구 증권거래법 제188조의4 위반 문제

자본시장법의 시행 이전에 이루어진 ELS 연계거래에 대하여는 구 선물거래법 제31조(시세조종 등 불공정행위의 금지)의 적용이 문제 될 수 있다. 그러나 ELS 연계거래는 기본적으로 증권(파생결합증권)과 증권(기초자산 주식 등) 간의 연계거래이므로 구 선물거래법상의 현·선 연계거래가

매 시점마다 다르므로 위와 같은 통계학적인 추측은 현실성 측면에서 문제가 있다. 조건부시간외매매 및 장외거래는 현재 사용하기 어려울 것으로 보인다. ELS 발행사가 예컨대 100만 주의 매각을 시도할 때 누가 위 물량을 그 가격에 받아야 하는데 시장에서는 당연히 가격이 하락할 것으로 생각하여 오히려 발행사의 포지션이 노출되고 발행사의 리스크만 증가될 가능성을 배제할 수 없다.

33) 델타 헤징의 실패로 투자자에게 손해를 부담한 사례로서 Louis S. Caiola v. Citibank, N.A., New York, 295 F.3d 312 (2nd Cir., 2002) 참조. 위 판결에는 델타 헤징의 유용성에 대한 재판부의 인식도 정리되어 있는 것으로 보인다.

34) 한편, ELS 헤지매매는 시장상황 및 해당 기초자산인 주식의 변동성에 따라 차이는 있지만 기초자산의 시장가격에 영향을 미치게 되는데, 기초자산인 주식을 대량 매도한 행위가 시세조종행위로서 범죄구성요건에 해당한다 하더라도 헤지 목적의 거래로서 형법 제20조(정당행위)의 업무로 인한 행위로서 위법성조각 여부도 문제 될 수 있다는 지적이 있다. 임재연, 앞의 책 각주 4, 813면.

적용될 수는 없다.[35]

구 증권거래법상 제188조의4(시세조종 등 불공정거래행위의 금지)가 문제 될 수 있는데, 제1항의 "그 거래가 성황을 이루고 있는 듯이 잘못 알게 하거나 기타 타인으로 하여금 그릇된 판단을 하게 할 목적"의 요건이나 제2항의 "매매거래를 유인할 목적"의 요건은 ELS 연계거래에서 일반적으로 충족될 수 없을 것이다. 제3항의 "시세를 고정시키거나 안정시킬 목적"도 주가를 변동시키는 것이 아니라 특정 가격에 고정시키려는 의도와 그 고정행위에만 적용된다고 보아야 하므로[36] 역시 적용이 어려울 것으로 보인다. 제4항의 "부당한 이득을 얻기 위하여 위계를 쓰는 행위" 또한 사기적 부정거래행위를 금지하는 것으로서 판례상 그 적용 사례가 잘 알려져 있지 않고, "위계"를 거래상대방이나 불특정투자자를 기망하여 일정한 행위를 유인할 목적의 수단·계획·기교 등으로 보는 경우[37] 일반적으로 ELS 연계거래에 적용하기는 쉽지 않을 것으로 보인다.

3. 민법 제150조 제1항의 적용 문제

(1) 민법 제150조 제1항의 적용을 원인으로 한 제소의 배경

이 사건의 원고들의 대리인은 이 사건의 제소 배경에 대하여 다음과 같이 설명하고 있다. 이번 소송은 증권사가 ELS의 조기상환 여부를 결정하는 기초자산의 가격을 조작한 불법행위를 했음을 주장하며 이에 따른 손해배상을 주장하는 손해배상청구소송이 아니라 증권사의 매매행태가

---

35) 김홍기, 앞의 논문 각주 24, 54면 참조.
36) 성희활, 앞의 논문 각주 12, 76–77면 참조.
37) 사법연수원, 증권거래법 (2005), 347면

신의칙 위반행위임을 주장하면서 민법 제150조에 의거하여 ELS 조기상
환조건의 성취를 주장하는 상환금청구소송이다. 손해배상청구소송의 경
우에는 증권사가 기초자산의 주가를 조작했다는 사실을 입증해야 하지만
조기상환조건 성취를 주장하는 소송은 증권사의 특정 매매행태가 신의칙
위반행위임을 입증하면 되기 때문에 승소가능성이 높다고 볼 수 있으며
과실상계도 적용될 여지가 없어 승소 시 예상되는 보상금액도 크다는 장
점이 있다.[38]

즉 이 사건의 원고들은 피고 증권사가 장 종료 직전에 대량 매도주문
을 내어 결과적으로 기초자산의 종가 형성에 영향을 준 행위는 당시 적
용되던 증권거래법 등 각종 법령, 증권선물거래소의 제반 규정, 피고의
내부통제기준에 비추어 신의칙 위반에 해당한다고 주장하면서도 증권거
래법 등의 위반으로 인한 손해배상청구의 소를 제기하기보다는 소송 전
략 및 승소가능성을 고려하여 민법상 조건성취 의제 규정의 적용을 주장
하며 제소한 것으로 보인다.[39]

(2) ELS 계약의 주요 내용

이 사건에서 문제가 된 주가연계증권('이 사건 ELS')의 주요 내용을 이
사건 판결은 다음과 같이 정리하였다.

38) 법무법인 한누리, "ELS 상환방해 첫 소송 제기" (2009. 8. 10.자 보도자료, http://www.hannurilaw.co.kr/kor/community/notice/view.asp?idx_num=130&page=3&ftcn=&findf=&fkeywd=&sel=) 참조.
39) 원고들로서는 구 증권거래법 제188조의5(시세조작의 배상책임), 자본시장법 제177조(시세조종의 배상책임) 해당, 제1항에 의한 청구적격의 제한 문제 또는 제2항에 의한 소멸시효의 문제가 보다 실질적인 이유이었을 것으로 보인다.

① 종목명: ――증권 제――회 주가연계증권(원금 비보장형)

② 기초자산: 한국증권선물거래소에 상장된 – 보통주

③ 납입일: 2005. 3. 16.

④ 발행일: 2005. 3. 16.

⑤ 기준가격 결정일: 2005. 3. 16.

⑥ 기준가격: 기준가격 결정일의 ―― 보통주 종가

⑦ 중간평가일: 아래의 날을 중간평가일로 하며, 해당일이 거래소 영업일이 아닌 경우 익 거래소 영업일을 중간평가일로 한다.

　4개월: 2005. 7. 18, 8개월: 2005. 11. 16, 12개월: 2006. 3. 16,

　16개월: 2006. 7. 18, 20개월: 2006. 11. 16, 24개월: 2007. 3. 16,

　28개월: 2007. 7. 16, 32개월: 2007. 11. 16.

⑧ 중간평가가격: 중간평가일의 ―― 보통주 종가

⑨ 중도상환일: 아래의 날을 중도상환일로 하며, 해당일이 영업일이 아닌 경우 익 영업일을 중도상환일로 한다.

　4개월: 2005. 7. 20, 8개월: 2005. 11. 18, 12개월: 2006. 3. 20,

　16개월: 2006. 7. 20, 20개월: 2006. 11. 20, 24개월: 2007. 3. 20,

　28개월: 2007. 7. 19, 32개월: 2007. 11. 20.

⑩ 만기평가일: 2008. 3. 17.

⑪ 만기평가가격: 만기평가일의 ― 보통주 종가

⑫ 만기일 및 지급일: 2008. 3. 19.

⑬ 상환금액 지급방식

　i) 중도상환

　증권발행 후 4, 8, 12, 16, 20, 24, 28, 32개월 경과 시점인 각 중간평가일에 기초자산의 중간평가가격이 기준가격보다 크거나 같을 때 또는 기준가격 결정일 익일부터 해당 중간평가일까지 기초자산의 가격이 장중가를 포함하여 한 번이라도 기준가격의 110% 이상 상승한 적이 있는 경우에 피고는 해당 중도상환일에 다음의 금액을 지급(중도상환)하고, 추가적인 상환의무를 부담하지 않는다.

– 발행 후 4개월 경과 시점에 중도상환 시: 액면금액 X [100% + 3%]

– 발행 후 8개월 경과 시점에 중도상환 시: 액면금액 X [100% + 6%]

– 발행 후 12개월 경과 시점에 중도상환 시: 액면금액 X [100% + 9%]

– 발행 후 16개월 경과 시점에 중도상환 시: 액면금액 X [100% + 12%]

– 발행 후 20개월 경과 시점에 중도상환 시: 액면금액 X [100% + 15%]

– 발행 후 24개월 경과 시점에 중도상환 시: 액면금액 X [100% + 18%]

– 발행 후 28개월 경과 시점에 중도상환 시: 액면금액 X [100% + 21%]

– 발행 후 32개월 경과 시점에 중도상환 시: 액면금액 X [100% + 24%]

ii) 만기상환

중도상환이 발생하지 않은 경우 피고는 만기일에 이 사건 주가연계증권의 보유자에게 아래의 금액을 지급한다.

– 만기평가가격이 기준가격보다 크거나 같은 경우 또는 32개월 중간평가일 익일부터 만기평가일까지 기초자산의 가격이 장중가를 포함하여 한번이라도 기준가격의 110% 이상 상승한 적이 있는 경우: 액면금액의 127%

– 만기평가가격이 기준가격보다 작고, 32개월 중간평가일 익일부터 만기평가일까지 기초자산의 가격이 장중가를 포함하여 한 번도 기준가격의 110% 이상 상승한 적이 없고, 기준가격 결정일 익일부터 만기평가일까지 한 번도 기준가격 대비 40% 이상 하락한 적이 없는 경우: 액면금액의 100%

– 만기평가가격이 기준가격보다 작고, 32개월 중간평가일 익일부터 만기평가일까지 기초자산의 가격이 장중가를 포함하여 한 번도 기준가격의 110% 이상 상승한 적이 없고, 기준가격 결정일 익일부터 만기평가일까지 한 번이라도 기준가격 대비 40% 이상 하락한 적이 있는 경우: 액면금액 X (만기평가가격 / 기준가격)

※ 단, 이 경우 원금 손실이 발생할 수 있고, 만기평가가격이 기준가격보다 작을수록 손실이 커진다.

⑭ 피고에 의한 증권의 재매입

이 사건 주가연계증권의 보유자는 발행 후 매월 20일(해당일이 거래소 영업일이 아닌 경우 이후 도래하는 최초 거래소 영업일)에 이 사건 주가연계증권의 재매입을 피고에 요청할 수 있다. 피고는 투자자가 이 사건 주가연계증권의 재매입을 요청할 경우 이 사건 주가연계증권에 대한 위험회피(Hedge) 거래상황, 기초자산의 가격, 시장상황 및 기타 가격결정요인들을 고려해 가격을 결정하여 증권을 재매입하도록 하며, 이 경우 일정 부분 원금의 손실이 발생할 수 있다. 단, 피고는 주식시장 및 채권시장이 정상적으로 운영되지 않아 피고가 보유한 이 사건 주가연계증권의 위험 회피거래 포지션(헤지 포지션)의 시장 청산이 불가능할 경우에 한하여 재매입에 응하지 않을 수 있다.

i) 재매입 신청일: 매월 20일(해당일이 거래소 영업일이 아닌 경우 이후 도래하는 최초 거래소 영업일)

ii) 신청방법: 피고 지점에서 오후 4시 이전에 서면으로 요청

iii) 재매입 가격: 재매입 신청일 익일을 기준으로 위험회피거래(헤지거래)에 대한 청산가치를 기준으로 신의성실의 원칙에 따라 피고가 산출한 금액(가격 산정 시 피고가 본 거래의 헤지 등을 위하여 보유하고 있던 기초자산, 관련 선물·옵션, 외화, 채권 및 이자율 스왑 등의 매수·매도 포지션을 청산할 때 발생하는 매수·매도 호가 차이로 인한 비용 등을 포함하므로, 이 사건 주가연계증권의 평가금액과 다를 수 있음)

iv) 지급일: 재매입 신청일 이후 3영업일에 해당하는 날

(3) 민법 제150조 제1항의 적용 요건 및 검토

가. 적용 요건

이 사건에서 민법 제150조 제1항이 적용되기 위해서는 ① 조건의 성취로 인하여 ② 불이익을 받을 당사자가 ③ 신의성실에 반하여 조건의 성취를 방해하였어야 한다.

이 조항은 민법 제148조(조건부권리의 침해금지)의 특별규정으로 이해되고 있다. 당사자가 민법 제148조에 의한 권리 구제를 시도하는 경우 조건부 권리자로서는 의무자의 방해행위가 없었더라면 조건이 성취되었으

리라는 것을 입증하여야 하는데, 이미 조건불성취의 결과가 초래된 경우 제148조에 의한 조건부 손해배상책임이 발생할 여지가 없게 되므로 이론상 제148조에 의하여 보호받을 수 없는 경우에도 제150조에 의하여 보호를 가능케 하는 의미에서 제150조가 제148조의 특별규정이라는 것이다.[40]

나. 조건부 법률행위

① 조건 성취와 2단계 의제 문제

민법의 이 규정은 유효한 조건부 법률행위에 대해서만 적용이 있다. 116043사건에서 1심 법원은 조건이 법률행위와 일체적 관계에 있어 법률행위가 소멸하면 조건도 이에 따라 소멸한다는 전제하에 116043사건의 ELS 관련 법률관계는 피고가 만기상환을 하고 원고들이 만기상환금을 수령하여 만기상환을 원인으로 한 피고의 이행이 완료됨으로써 이미 종료된 것으로 봄이 상당하고, 이에 따라 원고들이 피고에게 중도상환의 성취를 이유로 중도상환금의 지급을 구할 수 없게 되었으므로 그 조건의 성취를 전제로 한 원고들의 주장은 더 나아가 살필 필요 없이 이유 없다고 판단하였다. 즉 민법 제150조 제1항에 있어서 상대방은 그 조건이 성취한 것으로 주장할 수 있을 뿐이고 이러한 주장이 없음에도 조건의 성취가 당연히 의제되는 것은 아니라는 점[41]과 조건성취를 주장할 수 있는 권리는 그 발생의 기초가 되는 법률관계가 종료되면 함께 소멸한다는 점을 지적하고 있다.

이에 비하여 이 사건의 1심 법원은 신의성실에 반하는 조건 성취 방해 행위가 있었음을 이유로 민법 제150조에 의하여 조건이 성취되었음을 주

---

40) 한국사법행정학회, 주석민법(총칙 3), 420면 참조.
41) 한국사법행정학회, 앞의 책 각주 39, 424-425면 참조.

장할 수 있는 시기에 제한이 있는 것은 아니고, 다른 조건의 성취나 기한의 도래로 계속적 법률관계가 종료된 외형을 갖추게 되었다고 하더라도 그 종료 전에 신의성실에 반하는 계약상 조건 성취 방해행위가 있었다면 상대방은 그 종료 이후라도 계약에 기한 그 조건이 성취되었음을 주장할 수 있다고 보았다.

이에 따라 만기상환이나 재매입 전에 피고의 신의성실에 반하는 중도상환조건 성취 방해행위가 있었던 경우에는 원고들이 만기상환금이나 재매입금을 수령한 이후라도 중도상환조건이 그 이전에 성취되었음을 주장할 수 있다고 판단하였다.

116043판결이 116043사건의 ELS 관련 법률관계가 종료된 것으로 본 반면에 이 사건 판결은 이 사건의 ELS 관련 법률관계에 대하여 "계속적 법률관계가 종료되는 외형" 또는 "계약상 법률관계가 모두 소멸되었다고 볼 수는 없다"는 문구로 보아, 분명하지는 않으나, 기본적인 법률관계의 종료 여부에 대하여 116043판결과 그 의견을 달리한 취지로 보인다. 이 사건에서 ELS 관련 기본 법률관계가 종료된 것으로 정리할 수 있다면, 이 사건 판결의 논리에 따라 조건이 성취된 것으로 의제된다고 할 경우 일견 "2단계의 의제"가 이루어진다는 문제점이 있다. 즉, 원고가 조건이 성취되었음을 주장하여 기본적인 법률관계에 기초한 상환금을 청구할 수 있다고 한다면 조건부 법률행위 내지 법률관계가 여전히 존속함을 전제로 하는 것인데, 이 사건 판결에 따르면 조건 성취의 의제 단계를 넘어서 기본이 되는 법률관계 자체의 존속도 2단계로 의제하는 것으로 보아야 하는 문제가 제기될 수 있다. 이는 민법 제150조 제1항의 적용 범위를 넘는 새로운 쟁점이 아닌가 생각한다.

② 복합적인 조건들이 결합된 법률관계에 대한 적용 문제

이 사건 ELS는 만기상환 이외에도 문제가 된 제2차 중도상환의 조건을

포함하여 8개의 중도상환 조건과 이 사건 ELS 보유자에게 매월 20일 재
매입을 신청할 수 있는 35회의 재매입 요청의 기회가 부여되어 있었다.
이렇게 복합적인 조건이 결합된 법률관계에 대하여도 제2차 중도상환의
조건불성취에 관련하여 민법 제150조 제1항의 단순 적용이 가능한지 문
제가 된다.

이 사건의 1심 법원은 이 사건 ELS가 수 개의 조건이 결합되어 있는
구조로 결합된 다른 조건이 존속하고 있다 하더라도 피고의 방해행위와
2차 중간평가일의 중도상환조건 불성취 사이에 인과관계가 없다고 할 수
없고 조건의 성취로 불이익을 받을 당사자가 신의성실에 반하여 조건성
취를 방해하는 때에 상대방은 그의 선택에 따라 그 조건이 성취되었음을
주장하거나 주장하지 않을 수 있으므로 이 사건 ELS에 부가된 다른 조건
들이 유효하게 존속하고 있었는지 여부와는 상관 없이 원고들은 피고의
방해행위로 인하여 민법 제150조에 의하여 위 2차 중도상환조건이 성취
되었다고 주장할 수 있다고 판시하였다.

이 사건 ELS와 같이 단순한 조건이 아닌 복수의 조건과 특히 원고들의
자발적인 수십 회 재매입 요청의 기회가 있는 경우에 민법 제150조를 기계
적으로 적용할 경우 다음과 같은 결과가 발생할 수 있음을 고려해야 한다.

이 사건 원고들은 고수익 가능성을 노리고 이 사건 ELS를 만기까지 보
유하다가 총 8회의 중도상환 기회와 수십 회의 재매입 청구 기회도 모두
향유한 후 만기상환금을 받거나, 만기 직전에서야 재매입을 청구하여 재
매입금을 받았다. 이와 같이 수차에 걸친 중도상환 기회와 수십 회의 재
매입 청구 기회를 모두 향유하면서 투자판단을 해 왔던 원고들이 여전히
피고회사를 상대로 제2차 중도상환조건이 성취되었음을 주장하며 그 차
액을 추가로 취득할 수 있다고 한다면, 원고들은 최소한 원금 및 이에
대한 6%의 수익(제2차 중도상환조건이 성취되는 경우의 수익)을 확보해 놓

은 상태에서 마지막 만기상환일까지 위 제2차 중도상환조건보다 더 나은 상환조건이 성취될 수 있는 기회를 추가로 확보한 상품에 투자한 셈이 된다. 즉 이 사건 ELS는 원래 고위험 · 고수익의 원금비보장형 · 조기상환형 ELS였는데, 이제 고위험은 사라지고 오로지 고수익의 기회만이 남아 있는 원금보장형 ELS라는 전혀 다른 금융투자상품으로 바뀌는 결과가 된다.

이러한 복합적인 조건에 관련된 사항은 가사 민법 제150조 제1항이 이 사건에 적용되어야 하는 경우에도 추가적으로 다음 문제를 고려하도록 한다. 즉, 피고가 책임을 져야 할 금액을 산정함에 있어서, 이 사건 ELS가 제2차 중도상환일에 중도상환되어 원고들이 수령할 수 있었던 금원(원금 및 이에 대한 6%의 수익)에서 원고가 제2차 중도상환일 이후 가장 좋은 조건으로 재매입 청구를 하였더라면 재매입 청구일에 수령할 수 있었던 금원[42]을 차감한 차액으로 보아야 할 것인지 검토가 필요하다. 원고들이 제2차 중도상환일 이후에도 스스로 좋은 조건에 행사 가능하였던 재매입 청구권을 행사하지 아니함으로써 원고들 스스로 초래한 손해는 원고들의 투자판단에 의한 것이므로 스스로 책임지는 것이 투자자의 자기책임 원칙에 부합하기 때문이다.

결국 이 사건과 같이 복합적인 조건이 결합된 법률관계에 민법 제150조 제1항을 단순 적용하게 되면 투자자 스스로의 투자판단으로 인한 책임 전체까지도 금융투자업자가 부담하게 되는 문제가 생긴다.

다. 조건의 성취에 의하여 직접 불이익을 받는 자

이 사건의 1심 법원은 이 사건 주가연계증권의 중도상환조건은 법률행

---

42) 실제로 제2차 중도상환기일 이후 바로 재매입 청구권을 행사하여 원금 대비 104% 등 100% 이상의 재매입금을 받은 투자자들도 있다.

위 효력의 발생을 장래의 불확실한 사실에 의존케 하는 정지조건으로서 피고는 이 사건 ELS의 발행·판매자로서 위 조건이 성취되는 경우에는 이 사건 ELS의 매입자들에게 원금에 약정이자를 더한 중도상환금을 지급하여야 할 의무를 부담하게 되므로, 피고는 위 정지조건의 성취로 인하여 불이익을 받을 당사자라고 판단하였다. 나아가, 피고가 이 사건 ELS의 기초자산의 가격변동에 따른 위험을 회피하기 위하여 기초자산을 매입하거나 매도하는 이른바 델타헤지거래를 해 왔으므로 위 조건이 성취되어 중도상환의무를 부담하게 되더라도 불이익을 입지 않는다고 주장한 바에 대하여, 1심 재판부는 피고의 주장 자체에 의하더라도 이는 피고가 그의 고유한 책임 아래 취한 위험회피조치의 효과에 기인하는 것에 불과하고, 피고는 위 조건의 성취에 따라 중도금상환의무를 부담함으로써 법률상 불이익을 받는 당사자의 지위에 있다고 할 것이므로, 피고의 위 주장은 이유 없다고 판시하였다.

이 쟁점은 ELS 발행사와 ELS 투자자 간에 이해상충의 관계가 존재하는지 여부에 관한 문제에서 출발하여야 한다. 판결이유와 같이 중도상환조건이 성취되는 경우 ELS 발행사는 소정의 중도상환금을 지급하여야 하므로 일견 중도상환조건의 성취로 직접 불이익을 받는 자로 이해될 수 있다. 그러나 ELS 발행사가 과연 불이익을 받는 자로 볼 수 있을지 여부에 관하여는 다음의 사정이 고려되어야 한다.

① 이 사건 ELS의 중도상환조건은 상품 설계 당시 주로 발행사의 면책을 위하여 부여된 조건이다. 그 근거로서 이 사건 ELS 사업설명서의 내용을 참조할 필요가 있다. 사업설명서의 'I. 모집 또는 매출의 요령, 3. 공모유가증권의 내용, (1) 권리의 내용, 13) 상한금액 지급방식, 나. 발행 후 8개월 시점'에서 "i) 8개월 중간평가일에 기초자산의 중간평가가격이 기준가격보다 크거나 같을 때, 혹은 ii) 8개월 중간평가일까지 기초자산의

가격이 한번이라도 기준가격의 110% 이상 상승한 적이 있는 경우에 8개월 중도상환일에 액면금액 전체에 대하여 액면금액 × 〔100% + 6%〕을 지급하고 발행사는 추가적인 상환의무를 부담하지 않음"이라고 명시하고 있다. 이는 만기 시 조건성취를 통하여 고수익을 기대하는 투자자들에게 중도상환에 의해 투자수익률이 낮아질 수 있음을 사전에 고지하는 것이다. 특히 위 사업설명서의 'II. 투자위험에 관한 사항, (6) 증권의 특성에 관한 사항'에서는 "본 주가연계증권은 3년 만기이나 상환조건에 따라 4개월, 8개월, 12개월, 16개월, 20개월, 24개월, 28개월, 32개월 되는 시점에 의무중도상환이 발생할 수 있습니다"라고 기재되어 있다. 이처럼 발행사가 중도상환에 관한 사항을 '투자위험에 관한 사항'에 기재한 것은 대부분의 ELS 투자자들이 만기 시 조건성취를 통한 고수익을 기대하므로, 이러한 투자자들에게 중도상환에 의해 투자수익률이 낮아질 수 있음을 투자위험에 관한 사항으로서 사전에 고지하고 있는 것이다.[43]

② 또한 ELS 발행사로서는 중도상환조건이 성취되더라도 ELS 발행사가 지급해야 하는 중도상환금은 델타헤지거래 결과 처분한 기초자산의 매각대금을 통해 자연스럽게 충당될 뿐만 아니라, 잔여기간 동안 발생할 수도 있는 추가적인 중도상환의무 또는 만기상환의무를 확정적으로 면하게 되어 운용위험과 거래비용 부담을 더 이상 부담하지 않아도 되는 반면에 ELS 운용기간이 늘어나게 되면 지급해야 할 쿠폰이 증가함에 따라 필연적으로 함께 증가하는 헤지 거래 비용과 운용리스크를 부담하게 되므로 중도상환조건의 성취가 금융투자업자에게 불이익이 된다고 할 수 없다.

---

[43] 중도상환조건은 투자자들에게 재매입청구의 기회를 주는 것에 대한 반대급부로서 ELS 발행사에 부여되는 것으로서 중도상환조건이 성취되면 투자자도 이에 응할 의무를 부담한다는 점이 간과되기 쉽다.

③ ELS에 관련하여 발행사와 투자자 간에 이해상충이 있어 고객의 이익이 발행사에 불이익이 되고, 고객의 불이익이 발행사의 이익이 된다는 논리는 ELS 상품이 발행사와 투자자 사이에 제로섬 게임으로 우연의 결과에 따라서 승패를 좌우하는 도박의 개념으로 파악하는 것과 크게 다르지 않을 수 있다. 위와 같이 파악하는 것은 ELS에 관련하여 발행사는 고객이 원하는 손익 구조를 만들어 파는 것이고 그 손익구조는 금융투자업자의 복제기술에 의거 복제되는 금융투자상품으로서 손익구조의 복제 과정이 판매일부터 만기일까지 주가 경로에 의존하는 것이지 헤징의 성과가 특정 중도상환기일이나 만기일의 주가에 따라 결정되는 것이 아니라는 점을 고려하지 않은 데 기인하는 것으로 보인다. 이는 대체로 ELS 발행사들의 운용실적에서 드러나듯 중도상환이 이루어지더라도 델타헤지거래를 수행함으로써 일정한 수준의 이익을 보고 있는 사정에 의하여 ELS 발행사의 손익이 중도상환과 무관하다는 점에서도 설득력이 부족하다.[44]

④ ELS 투자자들은 기초자산 가격이 상승 또는 하락할 것이라는 기대를 갖고 투자를 하며 그 방향성을 통해 이익을 추구한다. 반면 ELS 발행사들은 기초자산의 가격 변화에 영향을 받지 않는 헤징 포트폴리오를 구성하기 때문에 기초자산의 가격이 상승했다고 하여 이득을 보고 하락했다고 하여 손해를 보지 않고 기초자산 가격의 등락이라고 하는 변동과정에서 델타헤지거래를 하고 그러한 헤지거래를 통해, 즉 변동성을 통해 이익을 추구한다. 결국 ELS 투자자와 판매사들의 목적과 이해관계는 처음

---

44) 〔추가〕 대법원은 증권회사가 중도상환조건의 성취 여부에 따라 액면금에 약정 수익금을 더한 중도상환금을 지급하여야 할 의무를 부담하게 되므로 정지조건의 성취 여부에 따라 ELS의 투자자와 이해관계가 상충한다고 보았고, 증권회사가 ELS와 관련된 델타헤지거래로 기초자산을 매도하는 것은 기본적으로 위험회피라는 자신의 이익을 위하여 행하는 것이므로 그 과정에서 투자자의 신뢰나 이익이 부당하게 침해되어서는 안 된다고 판시하였다(2013다2757, 2013다3811 각 판결).

부터 전혀 다른 방향에 있으므로 발행사가 중도상환금을 지급하게 되면 손해를 보고, 지급하지 않으면 이득을 본다는 식으로 단순히 판단하는 것은 적절하지 않다.[45)]

따라서 이 쟁점에 관하여는 중도상환조건의 성취 시 ELS 발행사가 상환대금을 지급할 의무가 발생하는 것에 국한하여 볼 일은 아니다.[46)]

라. 신의성실의 원칙에 반하는 방해행위

① 1심 법원의 판단과 취지 등

이 사건의 1심 법원은 피고의 이 사건 ELS의 기초자산이 되는 주식의 대량매도가 이 사건 ELS와 관련하여 노출된 기초자산의 가격변동에 따른 위험을 회피하기 위한 '델타헤지거래(기초자산의 가격변동에 따른 위험을 회피하기 위하여 기초자산 자체를 보유한 다음 기초자산의 가격 변화에 연동하여 일정 수량의 기초자산을 다시 매매함으로써 현물의 손익과 이 사건 주가연계증권상의 손익이 서로 상쇄되도록 하여 위험을 조정하는 방식)'의 일환으로서 이루어진 것이라 하더라도, 위험회피거래는 증권사가 그 자신의 이익을 보호하기 위하여 그의 책임과 판단 아래 수단과 방법을 결정하여 행하여지는 것이므로, 기초자산의 공정한 가격 형성에 영향을 주거나 투자자의 이익과 신뢰를 부당하게 훼손하지 않는 범위 내에서 이루어져야 하는데, 피고는 장중 분할 매매 등 시장 충격을 완화하려는 노력을 기울

---

45) 그 외에도 ELS 발행사 수입의 대부분을 차지하는 판매수입(초기 마진)의 측면에서 보면 조기상환 이후 조기상환금을 받은 투자자는 다시 다른 ELS에 청약하는 것이 일반적이므로 조기상환이 이루어지지 않을 경우 이러한 재청약 시의 초기 마진 수익 기회가 상실될 수 있다는 점이 실무적으로 지적될 수 있다.

46) 투자자의 성향이나 개별 효용함수에 따라서는 오히려 중도상환조건의 성취로 나중에 더 높은 수익을 얻을 기회를 상실하게 되어 불이익을 입는다고 주장할 수 있을 것이다. 결국 이 쟁점은 금융투자업자의 델타헤지거래에 대한 법적·실무적 신뢰와 연계된다.

이지 않은 채 거래 종료 직전 한꺼번에 기초자산을 기준가격 이하의 매도주문을 통하여 대량 매도한 점 등을 종합하면, 피고가 이 사건 ELS의 제2차 조기상환평가일인 2009. 11. 16. 거래 종료 10분 전에 기초자산 주식을 대량 매도함으로써 이 사건 주가연계증권의 중도상환조건이 성취되지 못한 것이고, 결국 이는 시장의 수요·공급의 원리에 따라 기초자산의 주가가 공정하게 결정되고, 그 주가가 중도상환 조건을 충족할 경우 그에 따른 중도상환금을 지급받을 수 있으리라는 투자자의 정당한 신뢰와 기대를 해친 행위라고 판시하였다.

우선, 이 사건에서 ELS 발행사의 기초자산 주식 매각 행위로 중도상환 조건이 성취되지 못하였다는 판단에 대하여는 논란의 여지가 있다. 피고의 그 당시 종가단일가 결정시간대 매도주문내역을 보면 분할하여 주문이 이루어졌고 중도상환 기준가격에 미달하지 않은 가격으로도 주문이 이루어졌으며 종가에 영향을 미치고자 의도하였다고 보기에는 이와 일치하지 않은 주문이 있는 점 등 피고의 매도주문으로 종가가 중도상환 기준가격 이하로 하락하였다고 단정할 수 없는 사정이 제시될 수 있기 때문이다. 만일 당시 종가의 형성이 시장수급상황에 따른 것으로서 이 사건의 헤지거래와 중도상환조건의 불성취 사이에 인과관계가 인정되지 않으면 더 이상 논의의 전개가 불필요함은 물론이다. 이 글에서는 이 점에 관한 논의를 생략하고 일반론적인 의미에서 ELS 발행사의 델타헤지거래와 투자자의 정당한 신뢰와 기대의 문제를 생각해보고자 한다.

위 판시 내용의 기저에는 위 다.항 기재 판시 내용 중 델타헤지거래 및 그 효과에 대하여 "피고가 그의 고유한 책임 아래 취한 위험회피조치의 효과에 기인하는 것에 불과"하다는 1심 법원의 시각에 비추어 발행사가 수행하는 델타헤지거래와 ELS 상품이 별개라는 판단이 전제되어 있음을 알 수 있다. 위와 같이 1심 법원으로서는 이 사건 ELS와 델타헤지거래가 별개라고 보았기 때문에 이해 당사자들 간의 관계에서 법적으로 의미가 없는 델타헤지거래를 굳이 함으로써 중도상환 조건 성취를 방해한 금융투자업자의 행동이 신의성실의 원칙을 위배한 것이라는 판단으로 이어진 듯 하다.[47]

② 고려할 사항

이 사건의 델타헤지거래가 신의성실의 원칙에 위배하였는지 여부에 관한 논의에 있어서는 다음의 점이 고려되어야 할 것으로 보인다.

(i) 이 사건은 ELS 발행사의 ELS 헤지 과정에서 기초자산의 가격에 영향을 미쳤는지 여부가 중요하게 다루어지고 있으므로 투자자들에게 이 사건 ELS의 위험성과 수익구조에 관하여 설명이 되었는지 여부가 문제될 수 있다. ELS 발행으로 조달된 자금이 헤지거래에 사용된다는 점과 헤지거래 과정에서 기초자산의 가격이나 이 사건 ELS의 가치에 영향을 미칠 수 있다는 점에 관하여 설명이 되었는지 검토되어야 한다.

(ii) 이 사건 ELS를 포함한 보편적인 ELS 상품에서 사용되고 있는 델타헤지거래는 이 사건 판결에서 기재된 것처럼 단순히 발행사의 위험회피를 위한 수단에 불과한 것인지,[48] 아니면 금융기관의 자산건전성 유지,[49] 투자자 보호[50] 및 ELS 시장 자체를 유지하기 위한 수단[51]으로서

---

47) 〔추가〕 대법원은 증권회사는 단일가매매시간대에 시장수급에 영향을 줄 것이 예상되는 대량의 매도 주문을 하려면 조건성취에 영향을 미치지 않도록 기준가격 이상의 호가를 제시하였어야 했다고 판시하였다(2013다2757, 2013다3811 각 판결).

48) 델타중립(delta neutral)을 위한 헤지비용 등을 감안한 헤지거래의 간격(rebalancing timing)에 대한 고려, 입력 변수 중 변동성 등에 대한 평가 측면에서 ELS 발행사의 입장에 차이가 있을 수 있고 이러한 사정이 델타헤지거래의 구체적인 수행 과정에서 ELS 발행사마다 델타헤지거래의 구체적인 수행 양태의 차이로 나타날 수 있다. 그러나, ELS 발행사가 금융·증권 분야에서 기본적으로 인정되고 있는 델타헤징의 원칙하에 합리적으로 가능한 범위에서 일관성과 예측가능성을 시스템에 구축하여 운용한다면 이는 일반적으로 존중받아야 할 것으로 본다.

49) 자본시장법 제31조 제1항 제4호 및 시행령 35조 제1항 제1호 등에 따라 금융투자업자

필요한 거래인지 검토되어야 한다.

(iii) 다양한 투자성향과 효용함수를 가진 ELS의 투자자와의 관계에서 헤지거래의 일관성 혹은 예측가능성이 어떠한 의미를 갖는지 검토되어야 한다.[52] 투자자와의 관계에서 헤지거래의 일관성과 예측가능성이 담보되지 않을 경우 어떠한 책임 문제가 발생하는지, 이를 위하여 시스템에서 미리 정해진 헤지방식에 의한 델타헤지거래가 ELS에 필수적인지 검토되어야 한다.

(iv) ELS 발행사의 헤지운용담당자와 해당 발행사와의 관계에서도 헤지거래의 일관성 혹은 예측가능성이 어떠한 의미를 갖는지 검토되어야 한다.[53] 헤지운용담당자가 헤지거래의 일관성과 예측가능성을 담보하지 않을

는 위험관리에 관한 사항에 관하여 금융위원회가 정하여 고시하는 경영건전성 기준을 준수하여야 하며 이를 위한 적절한 체계를 구축·시행하여야 한다.

50) 제(3)항에서 다룬 금융투자업자와 투자자 간의 이해상충 또는 금융투자업자가 중도상환조건의 성취로 불이익을 받는 당사자인지의 문제와 연계된다.

51) ELS가 투자가치가 있는 자산으로서 시장의 수요를 맞출 수 없고 발행사가 ELS 발행으로 노출된 포지션을 적절히 헤지하지 못하면 발행사는 ELS 발행으로 인해 막대한 손실을 입을 가능성을 피할 수 없다. 이러한 발행사의 위험은 ELS 가격이나 수익률에 반영될 수밖에 없어 결국 ELS 시장 자체에 영향을 미칠 것이다.

52) 앞서 보았듯이 ELS 상품의 경우에는 투자금 회수의 시기와 기대수익률 등과 관련하여 투자자들 간에 그 성향이나 효용함수가 다르므로, 발행사는 시스템에서 미리 정해진 헤지방식에 의한 델타헤지거래를 하여 헤지거래의 일관성과 예측가능성을 지키는 것이 중요하다. 나아가 발행사가 위와 같이 시스템적으로 델타헤지거래를 충실히 수행했다면, 가사 이러한 델타헤지거래로 인하여 결과적으로 투자금의 조기 회수 기회를 잃은 투자자들이 있더라도 민법 제150조 제1항에 의하여 발행사에게 책임을 묻거나 또는 뜻하지 않은 조기상환으로 향후 더 높은 수익의 기회를 잃게 되는 투자자들이 있더라도 같은 조 제2항에 의하여 발행사에게 문제를 삼는 것은 원칙적으로 타당하지 않다고 보아야 한다. 만일 그렇지 않고 정상적인 델타헤지거래를 일종의 신의칙 위반 행위로 의율하게 된다면 불합리한 결과를 초래하게 될 것이다.

53) ELS 헤지운용담당자가 헤지거래의 일관성과 예측가능성을 지키지 않으면 ELS를 발행할 당시에 내포하고 있는 복제방식을 임의로 변경하는 것으로서 이는 금융투자업자의 손익구조를 우연에 맡기는 결과로 될 것이다. 이렇게 ELS 헤지운용담당자가 금융투자상품의 손익구조의 복제 과정을 임의로 선택한다면 금융공학적 복제방식을 신뢰하고

경우 어떠한 책임 문제가 발생하는지, 이를 위하여 시스템에서 미리 정해진 헤지방식에 의한 델타헤지거래가 ELS에 필수적인지 검토되어야 한다.

(v) 만일 구체적인 델타헤지거래 과정에서 과실이 있는 것으로 인정되는 경우, 그러한 사정만으로 민법 제150조 제1항의 신의성실 위반에 해당할 수 있는지, 어느 정도의 귀책사유가 있어야 신의칙 위반으로 의율할 수 있을지 검토되어야 한다.[54] 민법상 신의성실의 원칙은, 법률관계의 당사자는 상대방의 이익을 배려하여 형평에 어긋나거나 신뢰를 저버리는 내용 또는 방법으로 권리를 행사하거나 의무를 이행하여서는 아니 된다는 추상적 규범으로서 법률관계의 한쪽 당사자가 상대방에게 신의를 공여하였거나 객관적으로 보아 상대방이 신의를 가짐이 정당한 상태에 있

ELS를 발행하는 증권회사에 대하여 책임을 부담하여야 할 상황이 발생할 수도 있다.
54) 이에 관하여 일본 민법을 보면 우리나라 민법 제150조와 동일한 체계적 지위를 보유한 일본 민법 제130조의 아래 내용에 비추어 고의를 요건으로 하고 있는 것으로 이해된다.
"(條件の成就の妨害) 第百三十條 條件が成就することによって 不利益を受ける当事者が故意にその條件の成就を妨げたときは、相手方は、その條件が成就したものとみなすことができる.: (조건의 성취의 방해) 제130조 조건의 성취에 따라 불이익을 받는 당사자가 고의로 그 조건의 성취를 방해한 경우에는, 상대방은 그 조건이 성취한 것으로 간주할 수 있다."
우리나라의 다수 의견은 신의성실 위반이 고의에 국한되는 것은 아니라고 하지만, 과실에 기한 행위에 신의칙 위반을 적용한 구체적인 사례가 쉽게 발견되지는 않는다. 이 사건 판결이 인용하고 있는 대법원 1998.12.22. 선고 98다42356 판결은 과실에 의한 경우에도 신의성실에 반하여 조건의 성취를 방해한 때에 해당할 수 있다고 판시하였지만 위 판결의 사안은 상대방이 하도급 받은 부분에 대한 공사를 완공하여 준공필증을 제출하는 것을 정지조건으로 하여 공사대금채무를 부담하거나 위 채무를 보증한 사람들이 위 공사에 필요한 시설을 해주지 않았을 뿐만 아니라 공사장에의 출입을 통제함으로써 위 상대방으로 하여금 나머지 공사를 수행할 수 없게 한 경우로서 그것이 과실에 의하여 이루어졌다고 하더라도 신의성실에 반하여 조건의 성취를 방해한 때에 해당한다고 본 것이다. 이 사안에서 인정된 방해 행위의 구체적인 내용에 비추어 보면 신의성실 위반에 의한 민법 제150조의 적용이 과실에 기한 행위에 일반적으로 적용될 수 있을지는 의문이다.

음에도, 이러한 상대방의 신의에 반하여 권리를 행사하는 것이 정의관념에 비추어 용인될 수 없는 정도의 상태에 이른 경우를 의미하므로[55] 사안에 따른 구체적인 형량이 필요할 것이다.

III. 결론

ELS 상품은 올해 발행 규모가 20조원 이상이 예상되는 등 다른 여타 금융투자상품에 비하여 투자자들의 관심이 높고 이미 대중적인 금융투자상품으로 자리를 잡았다. 델타헤지거래는 ELS 상품과 분리될 수 없고 상품의 근간을 이루는 기본 구조 자체라고 할 수 있다. 델타헤지거래를 단지 ELS 발행사의 고유한 책임 아래 취한 위험회피조치라고 평가하여 그에 따른 헤지의 결과만을 놓고 법적인 판단을 한다면 ELS 및 이와 유사한 금융투자상품은 그 법적 안정성이 크게 훼손되고 그 존립의 근거를 상실할 위기에 놓일 가능성이 있다.[56] 악의적인 헤지거래의 남용과 구분하여 델타헤지거래와 ELS 상품과의 관계 및 구체적인 헤지거래의 타당성 여부에 대하여 합리적인 판단이 필요한 시기이다. 악의적인 헤지거래의 남용과 구분하여 델타헤지거래와 ELS 상품과의 관계 및 구체적인 헤지거래의 타당성 여부에 대하여 합리적인 판단이 필요한 시기이다.

---

55) 대법원 2002. 3. 15. 선고 2000다13856 판결.
56) 이 사건의 본질은 ELS 발행사의 투자자들에 대한 신뢰위반의 법률 문제보다는 ELS 및 델타헤지거래를 둘러싼 제도의 미정비로 귀착될 가능성이 있다. 과거 프로그램매매의 문제점이 시장에 충격을 주었을 때 제도적인 접근으로 보완을 모색한 사례는 좋은 참조가 될 수 있을 것으로 본다.

BFL 총서 17
파생금융거래와 법(제2권)

초판 1쇄 발행 | 2020년 8월 25일

지은이 | 정순섭 편저
발행인 | 고화숙
발행처 | 도서출판 소화
등록 | 제13-412호
주소 | 서울시 영등포구 버드나루로 69
전화 | 02-2677-5890
팩스 | 02-2636-6393
홈페이지 | www.sowha.com

ISBN 978-89-8410-506-5 94080
ISBN 978-89-8410-284-2 (세트)

값 31,000원